证据科学技术译丛/丛书主编：李玉基　郑志祥/丛书主审：魏克强　郭武

Criminalistics：An Introduction to
Forensic Science（Thirteenth Edition）

法庭科学概论
（原书第十三版）

〔美〕R. 塞弗斯坦（Richard Saferstein）
〔美〕T. 罗伊（Tiffany Roy）　　著

魏克强　马宝龙　郑志祥　**主译**
关颖雄　王　炜　**主审**

甘肃省证据科学技术研究与应用重点实验室　**组译**

科学出版社

北　京

图字：01-2023-1518号

内 容 简 介

本书已是第十三次再版。第十三版在之前版本的基础上，增加了很多实际案例，补充了丰富的科学原理内容，是理论与实践紧密结合的完美体现。本书通过案例分析并结合现代技术揭示了法庭科学的前沿内容。详细介绍了确定犯罪现场和证据相关的化学、生物、物理、医学和计算机技术以及心理学、人类学、网络电子证据等实践领域的最新研究。重点阐述了犯罪现场勘察、尸体解剖、痕迹分析、玻璃、毛发与纤维、毒品、金属、油漆、土壤、DNA、火灾与爆炸、文件检验及电子数据等领域的法庭科学问题，应用于犯罪现场证据分析的新技术及其原理，以及犯罪现场收集和保存证据的最新技术。旨在用简单的文字激发读者对法庭科学的兴趣，为相关专业学生和技术人员提供参考。

图书在版编目(CIP)数据

法庭科学概论：原书第十三版／（美）理查德·塞弗斯坦（Richard Saferstein），（美）蒂法尼·罗伊（Tiffany Roy）著；魏克强，马宝龙，郑志祥主译；甘肃省证据科学技术研究与应用重点实验室组译. —北京：科学出版社，2024.1

（证据科学技术译丛／李玉基，郑志祥主编）

书名原文：Criminalistics: An Introduction to Forensic Science, Thirteenth Edition

ISBN 978-7-03-075974-0

Ⅰ.①法… Ⅱ.①理…②蒂…③魏…④马…⑤甘… Ⅲ.①司法鉴定 Ⅳ.①D918.9

中国国家版本馆 CIP 数据核字（2023）第 125543 号

责任编辑：谭宏宇／责任校对：郑金红
责任印制：黄晓鸣／封面设计：殷 靓

科学出版社 出版
北京东黄城根北街16号
邮政编码：100717
http://www.sciencep.com

南京展望文化发展有限公司排版
苏州市越洋印刷有限公司印刷
科学出版社发行 各地新华书店经销

*

2024年1月第 一 版　开本：B5（720×1000）
2024年1月第一次印刷　印张：47 3/4
字数：803 000

定价：380.00元
（如有印装质量问题，我社负责调换）

Authorized translation from the English language edition, entitled CRIMINALISTICS: AN INTRODUCTION TO FORENSIC SCIENCE, 13th Edition, ISBN 9780135218310 by Richard Saferstein, Tiffany Roy, published by Pearson Education, Inc. Copyright © 2021, 2018, 2015 by Pearson Education, Inc. This edition is authorized for sale and distribution in the People´s Republic of China (excluding Hong Kong SAR, Macao SAR and Taiwan).

All rights reserved. No part of this book may be reproduced or transmitted in any form or by any means, electronic or mechanical, including photocopying, recording or by any information storage retrieval system, without permission from Pearson Education, Inc.

CHINESE SIMPLIFIED language edition published by CHINA SCIENCE PUBLISHING & MEDIA LTD. (Science Press), Copyright © 2023.

本书中文简体字版由培生教育出版公司授权科学出版社出版，未经出版者书面许可，不得以任何方式复制或抄袭本书内容。本书经授权在中华人民共和国境内（不包括香港特别行政区、澳门特别行政区和台湾地区）销售和发行。

本书封面贴有 Pearson Education 激光防伪标签，无标签者不得销售。

版权所有，侵权必究。

证据科学技术译丛
编委会

丛书主编：李玉基　郑志祥
丛书主审：魏克强　郭　武
编　　委：（按姓氏笔画排序）
　　　　　丁耍军　史玉成　安德智
　　　　　李玉基　郑永红　郑志祥
　　　　　秦冠英　郭　武　魏克强

译者名单

主译：魏克强　马宝龙　郑志祥
主审：关颖雄　王　炜
译者：（按姓氏笔画排序）
　　　马丽英　马宝龙　王仲来　王　炜
　　　王轶群　任书芳　刘　迪　刘　敏
　　　张子龙　张延霞　陈　壮　岳　佳
　　　郑志祥　曾俊玲　谢明仁　魏克强
　　　魏　科　魏铄蕴

证据科学技术译丛之《法庭科学概论》为甘肃省级一流学科——证据科学 学科建设成果之一。

丛书序

证据是"以审判为中心的刑事诉讼制度改革"的核心要素。证据科学是研究证据采集、物证鉴定、证据规则、证据解释与评价的一门证据法学与自然科学的交叉学科，其理论体系与应用研究是一个具有创新性和挑战性的世界性课题。证据科学是发现犯罪、证实犯罪的重要手段，是维护司法公正和公平正义的有力武器之一。随着科学技术的迅速发展和我国法治化进程的快速推进，我国证据科学技术研究、学科发展和人才培养取得了长足发展，国内专家也已出版多部证据科学技术领域的著作，并形成了一套相对完善的证据科学理论和方法体系。然而，相对欧美等国家对证据科学的研究和应用，我国对于证据科学的研究仍处于起步阶段，对国外证据科学体系了解相对欠缺，在一定程度上限制了我国证据科学技术与国际前沿的有效衔接。为顺应学科交叉融合发展和司法实践需要，甘肃省证据科学技术研究与应用重点实验室以甘肃省级一流学科"证据科学"为依托，历时三年完成"证据科学技术译丛"系列丛书的编译工作，为我国证据科学技术注入了国外血液，有力推动了我国证据科学技术的发展与实践应用。

该译丛遴选了国外证据科学技术领域最前沿或影响力较大（多次再版）的经典著作，其内容涵盖了犯罪现场勘查技术、血迹模拟技术、枪伤法庭科学技术、文件检验技术、毒品调查技术、反恐程序与技术、火灾现场证据解读技术、网络及数字取证与调查技术、指纹技术、法医植物学、法医微生物学、法医毒理学、法医病理学、爆炸物识别调查与处理技术、法医影像技术、法医人类学、毒品物证信息解读技术、犯罪现场毛发和纤维、爆炸物和化学武器鉴定技术、法医埋葬学土壤分析技术、环境物证及犯罪心理学技术等多个领域。该译丛是我国第一套证据科学技术领域的译著，是一套物证信息解读技术研究与应用及我国法庭科学/司法鉴定高层次专业人才培养和科学研究工作非常有价值的国外参考资料，对推动我国证据科学学科发展、法学与自然科学的深度交叉融合发展具有十分重要的意义。该译丛汇集了领域多位知名专家学者的集体智慧，可供广大法庭科学/司法鉴定从业人员和相关研究人员借鉴和参考。

中国工程院院士，法医毒物分析学家

2023 年 1 月 16 日

译者前言

法庭科学是一门逻辑性和技术性要求非常强的学科。本书的目的就是为了揭示法庭科学的本质。本书是原作者的一部力作,特别是第十三版的内容与时俱进,增加了大量的案例,向读者介绍了现场物证收集和保存的最新技术,通过"走进科学"专题,向读者提供深入理解相关主题的科学本质。这本书不论是对本科生、研究生,还是一线的实务工作者来说,都是非常有价值的参考书,特别是典型的案例,把知识融入到案例中。

本书翻译工作自 2020 年初开始,历时两年,非常感谢参与本书翻译工作的各位老师。感谢中国政法大学刘世权博士对本书翻译给出的宝贵建议和意见,感谢华东政法大学关颖雄博士对本书的审校工作,感谢甘肃省证据科学技术研究与应用重点实验室李全芳博士对第十一章翻译提出的宝贵意见和建议。感谢甘肃政法大学司法警察学院贾宗平副教授对部分章节的审校。由于时间和水平有限,译著中难免有翻译不准确及疏漏之处,恳请各位专家及同仁批评指正。

本书按照章节顺序具体分工如下:

张延霞(甘肃政法大学 司法警察学院公安分院,博士,副教授)翻译第一章、第十八章。

张子龙(甘肃政法大学 甘肃省证据科学技术研究与应用重点实验室,硕士,副教授)翻译第二章及部分章节的审校。

岳　佳(甘肃政法大学 司法警察学院公安分院,博士,副教授)翻译第三章。

刘　敏(甘肃政法大学 司法警察学院公安分院,硕士,讲师)翻译第四、五章。

魏铄蕴(甘肃政法大学 甘肃省证据科学技术研究与应用重点实验室,博士,副教授)翻译第六章及部分章节的审校。

谢明仁(甘肃政法大学 司法警察学院公安分院,硕士,副教授)翻译第七、八章。

陈　壮(甘肃政法大学 司法警察学院公安分院,硕士,助教)翻译第九章。

马宝龙(甘肃政法大学 司法警察学院公安分院,博士,副教授)翻译第十章,负责全文统稿、部分章节的审校等工作。

任书芳(甘肃政法大学 甘肃省证据科学技术研究与应用重点实验室,博士,副研究员)翻译第十一章及部分章节的审校。

郑志祥(甘肃政法大学 甘肃省证据科学技术研究与应用重点实验室,博士,教授)翻译第十二章并进行本书翻译的协调、统稿及全文校对审核及审校等工作。

王 炜(甘肃政法大学 司法警察学院公安分院,硕士,副教授)翻译第十三章及部分章节的审校工作。

王仲来(甘肃政法大学 司法警察学院公安分院,博士,教授)翻译第十四章。

刘 迪(甘肃政法大学 甘肃省证据科学技术研究与应用重点实验室,博士,副教授)翻译第十五章。

马丽英(甘肃政法大学 甘肃省证据科学技术研究与应用重点实验室,硕士,讲师)翻译第十六章。

曾俊玲(甘肃政法大学 司法警察学院公安分院,博士,副教授)翻译第十七章。

王轶群(甘肃政法大学 人工智能学院,博士,副教授)翻译第十九、二十章。

魏 科(甘肃政法大学 司法警察学院公安分院,硕士,助教)翻译前言、附录。

前　言

公众对法庭科学的迷恋

本书的许多读者受到法庭科学犯罪调查类电视节目的吸引,描写法庭科学专家破案能力的故事情节极大地激发了公众的想象力。此外,法庭科学的实际案例也经常成为头版新闻。无论是流行音乐巨星迈克尔·杰克逊的突然死亡、狙击手枪击事件,还是"911"恐怖袭击的悲惨情景,法庭科学是公众关注的焦点。

在备受关注的O.J.辛普森案件中,法庭科学家通过DNA分析、头发和纤维鞋印以及比较,获得辛普森的犯罪证据。数以百万计的大众追踪案件进展,在某种意义上成了法庭科学的爱好者。媒体对犯罪现场勘察过程进行了跟踪报道,犯罪现场物证的发现成为研究、评论和推测的主要话题。

对于法庭科学专家来说,法庭科学能够吸引那些对任何科学领域都不感兴趣的人不足为奇。例如,O.J.辛普森案充分展示了法庭科学与刑事调查之间的相互交叉。

或许我们可以将公众对法庭科学的迷恋归因于对社会的期望。法治社会应该惩恶扬善、逮捕罪犯,但必须建立一个公正权威的司法系统。法庭科学为刑事调查带来了权威性,抛开案情的复杂性,法庭科学是一门强调逻辑和技术的学科。

本书的写作目的

第十三版《法庭科学概论》就是为了揭示法庭科学的本质。这本书的基本目标是让法庭科学的主题清晰且让大众读者易于理解,是法庭科学专业人员学习的基础读物。

DNA分析已经改变了刑事调查的过程。从杯子上的唾液、头皮屑或帽子上的汗液中提取DNA,是犯罪现场出现的非传统证据收集方式。目前,法庭科学系统正在创建庞大的 DNA 数据库,以便捕获那些在犯罪现场留下微量生物物证的犯罪分子。

新版更新内容

- 添加了大量案例,说明法庭科学技术如何应用于犯罪调查。
- 第四章更新"犯罪现场重建:血迹形态分析",反映专业术语的变化和对血迹形态证据的解读。
- 第十六章更新"DNA:不可或缺的法庭科学工具",包括使用快速 DNA 检测系统、概率基因分型和法医遗传谱系学的信息。
- 第一章"引言"已扩展到围绕咬痕比较的可靠性和争议的讨论。
- 第二十章更新"移动设备取证",以讨论 Carpenter 诉美国案的影响以及 StingRay 设备的使用概述。
- 整本书的内容已经更新,并添加了许多新的图表以说明章节中所讨论的概念。

专注于尖端工具和技术

通过第十三版《法庭科学概论》描绘法庭科学专家在刑事司法系统中的作用。当前版本建立在上一版本的内容之上,并向读者介绍了法庭科学专家可用的最新技术。

该版本增加了一个新章节,涉及法医生物识别学主题。读者将了解 FBI 最新的下一代识别系统,该系统包含指纹和面部识别数据库。

计算机、互联网和移动电子设备已经影响了现代生活的方方面面,法庭科学也不例外。第十九章"计算机取证"和第二十章"移动设备取证"探讨了在刑事调查过程中被认为丢失或删除的计算机信息的检索,并深入研究了黑客事件的调查。

主要内容集中在讨论犯罪现场遇到的常见物证类型。各个章节包括对刑事案件调查分析的描述,以及在犯罪现场正确收集和保存证据的最新技术。通过阅读"走进科学"专题,读者可以选择性深入研究该主题更详细的技术内容。在不影响对法庭科学基本理解的情况下,可以绕过此专题。

DNA 分析具有重要的意义,因此将其单独划分为一个章节。第十六章以易于理解的方式向缺乏相关专业背景的读者描述了 DNA。讨论定义 DNA 并解释它在生物化学中的核心作用。最后,第十六章解释了DNA分型的过程,并通过实际案例说明其在刑事调查中的应用。

通俗的讲解

《法庭科学概论》的内容反映了作者作为一名法庭科学专家和大学法庭科学讲师的经历。作者假定读者没有相关原理或技术知识储备,故尽可能以最少的科学术语和公式呈现相关的化学和生物学领域内容。涉及化学和生物的专业性讨论被限制在最基本的事实和原则范围内,这对非科学家来说易于理解且富有意义。虽然本书的目的不是让读者成为科学家或法庭科学专家,但如果本书能激励一些学生探寻更深入的科学知识,并将他们引向法庭科学的职业道路,作者一定会感到欣慰。

法庭科学是新泽西州许多大学刑事司法课程中一个学期的内容,但这本书的价值不局限于服务大学生。如要充分发挥犯罪刑事物证鉴定实验室的作用,应要求刑事调查员了解实验室的技术和能力。这种要求超出了相关物证说明书的范围。调查人员必须将法庭科学原理技术与逻辑常识相结合,以全面了解物证的意义及其在刑事调查方面的意义。法庭科学的运用始于犯罪现场,如果调查人员不能正确识别、收集和包装证据,那么再多的设备或专业知识都无法破解迷局。

同样,实践中迫切需要消除存在于律师、法官和法庭科学专家之间的"沟通鸿沟"。对科学家提供的数据和后续证词的评估将取决于对法庭科学基本原理的熟悉程度。太多的法律从业者声称对原理方面一无所知,或者仅能在与专家证人会面前试图短时间理解其含义和意义。希望这本书能为理解法庭科学的基本原理提供一条轻松的途径。

为使理论与实践相结合,书中包含了法庭科学的实际案例。这些插图旨在将法庭科学从抽象领域转至刑事调查的现实世界。

第十三版的主要特点

第十三版目前有多种印刷版和电子版,借助现实生活中的例子、最新信息和媒体互动,介绍了现代法庭科学的方法和技术。主要包括:

每章开头的**新闻头条**故事,通过引出备受瞩目的犯罪调查中使用的相关法庭科学技术,向读者介绍本章主题。

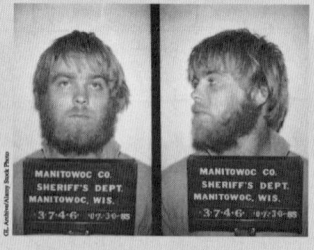

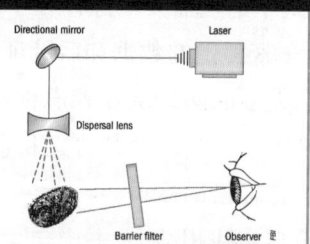

文本框内包含与章节主题相关的科学现象和技术，并在章节末尾附有"**走进科学**"的问题回顾。

贯穿全文的**案例分析**提供了简短的真实案例，阐述章节中相关的法庭科学主题和技术。

case files >>>>>>>>>

The Night Stalker

Richard Ramirez committed his first murder in June 1984. His victim was a 79-year-old woman who was stabbed repeatedly and sexually assaulted and then had her throat slashed. It would be eight months before Ramirez murdered again. In the spring, Ramirez began a murderous rampage that resulted in 13 additional killings and 5 rapes.

His modus operandi was to enter a home through an open window, shoot the male residents, and savagely rape his female victims. He scribed a pentagram on the wall of one of his victims and the words *Jack the Knife*, and was reported by another to force her to "swear to Satan" during the assault. His identity still unknown, the news media dubbed him the "Night Stalker." As the body count continued to rise, public hysteria and a media frenzy prevailed.

The break in the case came when the license plate of what seemed to be a suspicious car related to a sighting of the Night Stalker was reported to the police. The police determined that the car had been stolen and eventually located it, abandoned in a parking lot. After processing the car for prints, police found one usable partial fingerprint. This fingerprint was entered into the Los Angeles Police Department's brand-new AFIS computerized fingerprint system.

The Night Stalker was identified as Richard Ramirez, who had been fingerprinted following a traffic violation some years before. Police searching the home of one of his friends found the gun used to commit the murders, and jewelry belonging to his victims was found in the possession of Ramirez's sister. Ramirez was convicted of murder and sentenced to death in 1989, where he died from natural causes in 2013.

Richard Ramirez, the Night Stalker.

每章末尾的**应用与批判性思考**问题，测试考察学生对材料的理解，其中包括假设场景和用于视觉识别和分析的图片。教师手册中提供了这些测试的答案。

Webextras 通过视频演示、互联网相关信息、动画和图形等方式扩大本书

application and critical thinking

1. Indicate the phase of growth of each of the following hairs:
   a. The root is club-shaped
   b. The hair has a follicular tag
   c. The root bulb is flame-shaped
   d. The root is elongated

2. A criminalist studying a dyed sample hair notices that the dyed color ends about 1.5 centimeters from the tip of the hair. Approximately how many weeks before the examination was the hair dyed? Explain your answer.

3. Following are descriptions of several hairs; based on these descriptions, indicate the likely race of the person from whom the hair originated:
   a. Evenly distributed, fine pigmentation
   b. Continuous medullation
   c. Dense, uneven pigmentation
   d. Wavy with a round cross-section

4. Criminalist Pete Evett is collecting fiber evidence from a murder scene. He notices fibers on the victim's shirt and trousers, so he places both of these items of clothing in a plastic bag. He also sees fibers on a sheet near the victim, so he balls up the sheet and places it in a separate plastic bag. Noticing fibers adhering to the windowsill from which the attacker gained entrance, Pete carefully removes them with his fingers and places them in a regular envelope. What mistakes, if any, did Pete make while collecting this evidence?

5. For each of the following human hair samples, indicate the medulla pattern present.

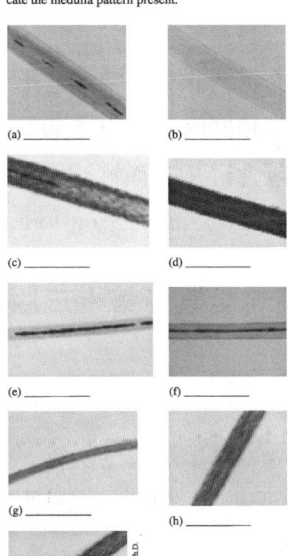

(a) _____ (b) _____

(c) _____ (d) _____

(e) _____ (f) _____

(g) _____ (h) _____

(i) _____

的知识面,增强读者对主题概念的理解。Webextras 可在网站上访问 www.pearsonhighered.com/careersresources。

教学补充材料

教师手册与测试题库 包括内容大纲、教学建议,以及章末测试的答案,还包含测试题库的 Word 文档。

TestGen 这种计算机测试系统为创建和管理纸质、电子或在线测试提供了极大的灵活性。提供最先进的功能,用于查看和编辑测试库问题,将选定的问题拖入正在创建的测试中,可编辑打印测试例题。从 TestGen 附带的测试库中选择测试项目以快速创建测试,或从头开始编写例题。TestGen 的随机生成器可在每次编辑测试时显示不同文本或计算分值。

PowerPoint 演示文稿 演示文稿清晰明了。书中的演示文稿包含照片、插图、图表和表格。

在线访问补充材料,教师需要申请教师访问代码。访问 www.pearsonhighered.com/irc,可以注册教师访问账号。注册后 48 小时内,您将收到一封确认电子邮件,其中包括教师访问代码。收到代码后,请访问该站点并登录获取下载完整材料。

替代版本

电子书 该文本还提供多种电子书格式。作为购买印刷教科书的替代方案,学生可以购买相同内容的电子版。借助电子教科书,学生可以搜索文本、在线做笔记、打印包含讲义的资料,以及为重要段落添加书签以供日后复习。如需更多信息,请访问 www.mypearsonstore.com。

启发式的法庭科学概论第十三版是由 Richard Saferstein 和 Tiffany Roy 合著

专为您的教学方式和学生的学习方式而设计

启发式(Revel)教学是通过创建一个互动学习环境,以吸引学生并帮助他们为课堂作准备。重构教学内容,将媒体和评估整合到整个学习中,以便学生可以同时阅读、探索和练习。

启发式(Revel)将 Pearson 最畅销的刑事司法书籍的全部内容与多媒体学习工具无缝结合。解释性视频、应用练习、调查问题和小测验可以吸引学生,并在他们学习内容的过程中增强他们对核心内容的理解。通过其引人入胜的学习体验,Revel帮助学生更好地理解课程材料,同时让他们为更好地参与课堂学习作好准备。

作者说明视频

简短的 2~3 min 作者视频,嵌入在学习中,为学生提供对重要主题或概念的口头解释,并通过附加示例阐明概念。

《法庭科学》虚拟实验室练习

《法庭科学》虚拟实验室练习旨在让学生直观了解在犯罪实验室进行的测试和检查。这些实验室练习使用 360 度摄影、显微镜图像和说明视频,将内容带入生活,让学生有机会体验法庭科学专家的一天。

点对点视频

学生们可以通过点对点视频批判性地思考关键话题,而不是简单地阅读刑事司法案例,这些视频探讨了对第四修正案的有效性、隐私、搜查和扣押、囚犯权利、死刑等有争议的问题的不同观点和其他主题。

学生调查问题

学生调查问题要求学生回答有关争议话题和重要问题。然后,学生们将自己的回答与其他回答进行对比。

跟踪整个课程的任务时间

绩效仪表板可让您查看班级或个别学生阅读一节或完成作业所花费的时间,以及每项作业获得的分数。这些数据有助于将学习时间与表现联系起来,并为了解学生在学习中可能存在的困难提供帮助。

学习管理系统集成

Pearson 提供 Blackboard Learn™、Canvas™、Brightspace by D2L 和 Moodle 集成,使机构、教师和学生可以轻松访问 Revel。Revel 提供了学生在学习管理系统(LMS)中所需的一切访问。

Revel 应用程序

Revel 移动应用程序让学生可以随时随地在任何设备上阅读、练习和学习。内容可在线和离线使用,应用程序在所有注册设备上同步运行,让学生可以灵活地在手机、平板电脑和笔记本电脑之间切换。该应用程序还允许学生设置作业通知、截止日期提醒。可从 App Store 或 Google Play 下载。访问 www.pearsonhighered.com/revel/ 了解更多信息。

致谢

向 Richard Saferstein 博士和他的家人表示最诚挚的感谢,感谢他们给予我撰写本文的机会。这是一种荣誉,我会努力确保达到 Richard 设定的高标准。

我非常感谢我以前的学生,现在是法庭科学的同事,他们在这个项目上与我密切合作。感谢棕榈滩警长办公室犯罪实验室 DNA 部门的 Tatum Price 在开发交互式内容方面所做的工作。感谢西棕榈滩警察局 CSI 单位的 Taj Laing 和 Karlee Jonas 在案例选择和文本修订方面的协助。

我要感谢审阅本文内容并提出建议的专家,包括新罕布什尔州伦敦德里警察局的 Michael McCutcheon 博士;棕榈滩警长办公室枪支部门的詹姆斯·帕尔马;

Vuyronx Technology/Federal Resources 的 Melissa O'Meara 和堪萨斯州 Mission 的 Johnson County Crime Lab 的 Jeremiah Morris。此外,我要感谢 Andrew Donofrio 和 Peter Stephenson 博士之前对本书在移动和数字取证方面的贡献。

我要感谢 Michael Dosmann 和哈佛大学 Arnold 植物园的工作人员的帮助。

许多人在本书的编写过程中提供了帮助和建议。我要感谢 Syracuse 大学的 Michael Marciano;Onondaga 县卫生局的 Kristi Barba 分别对 DNA 和毒理学章节发表评论。非常感谢波士顿大学医学院的 Amy Brodeur、Robin Cotton 博士、Sean Tallman 博士、Adam Hall 博士、Sabra Botch-Jones 博士和 Robert Bouchie,使用他们的实验室设施开发 Revel。感谢所有提供照片和材料帮助 Richard 使本书取得成功的人,包括 Robert Thompson、Roger Ely、Jose R. Almirall、Darlene Brezinski、Michael Malone、Robert J. Phillips、David Pauly、Barbara Needell 博士、Marla Carroll、Robin D. Williams、Peter Diaczuk、Jacqueline A. Joseph、John Lentini 和 Robert Welsh。感谢 Dr. Claus Speth、Dr. Mark Taff、Dr. Elizabeth Laposata、Thomas P. Mauriello 和 Michelle D. Miranda 的指导和建议。

感谢法医牙科学领域 DDS 的 Adam Freeman 博士提供的帮助,为法医咬痕比较领域的同行评审、出版文献提供指导。

Pearson Education 和我要感谢本版审稿人的意见和指导:

Gail Anderson, Simon Fraser University; Lisa Dadio, University of New Haven; Barry Michael, University of Memphis; and Charla Perdue, Florida State University - Panama City。

我感谢文中引用的执法机构、政府机构、个人和设备制造商提供的照片和插图。最后,我要感谢我的家人、朋友和同事,感谢他们为支持我的学术和职业追求所做的一切。我一生中所取得的任何成功,都要归功于家人和朋友。他们爱我,支持我度过困难时期,与我一起庆祝美好的时光。

Tiffany Roy, JD, MSFS

关于作者

Richard Saferstein 博士在美国最大的犯罪刑事物证鉴定实验室之一新泽西州犯罪刑事物证鉴定实验室，担任了21年的首席法庭科学家，退休后担任法庭科学领域的律师和媒体顾问。在 O. J. Simpson 刑事审判期间，Saferstein 博士出席 Rivera Live 节目、电视网、ABC 电台和各种电台脱口秀节目。Saferstein 于1970年获得纽约城市大学的化学博士学位。从1972年到1991年，他在新泽西学院和海洋县学院的刑事司法课程中教授法庭科学入门课程。这些教学经验在 Saferstein 博士于1977年撰写的教科书《法庭科学概论》中发挥了重要作用，目前是第十三版。Saferstein 撰写《法庭科学概论》的基本理念是让非专业读者能够理解法庭科学，同时让读者对该主题的科学原理产生兴趣。

Saferstein 博士撰写或共同撰写了超过45篇涵盖各种法庭科学主题的技术论文和章节。Saferstein 博士与人合编了《法庭科学实验室手册》(Pearson，2015年)，可与本书结合使用。他还是《法庭科学概论》(Pearson，2008年和2011年)和《法庭科学：从犯罪现场到犯罪刑事物证鉴定实验室》(2009年和2015年)的作者。编辑了广泛使用的专业参考书《法庭科学手册》，第Ⅰ、Ⅱ和Ⅲ卷，第2版（分别由 Pearson 于2002年、2005年和2010年出版）。

Saferstein 博士是美国化学学会、美国法医科学院、加拿大法医科学家协会、国际鉴定协会、东北法医科学家协会和法医毒理学家协会的成员。他是美国法庭科学协会2006年 Paul L. Kirk 奖的获得者，以表彰他对法庭科学领域的杰出服务和贡献。

Tiffany Roy，MSFS，JD，是一名法医 DNA 专家，在美国公共和私人实验室拥有超过13年的法医生物学从业经验。在她的职业生涯中，处理了数千个 DNA 样本和数千个病例。她在州、联邦和国际法院的一百多个案件中提供专家证人证词。她在棕榈滩大西洋大学、马里兰大学全球校区和南新罕布什尔大学指导本科生。目前通过她的公司 ForensicAid，LLC 担任法医生物学领域的律师和媒体顾问。

Roy 拥有雪城大学、马萨诸塞州法学院和佛罗里达大学生物学、法律和法医学领域的学位。她在教学、法律咨询方面的经验帮助其接受复杂的科学概念。Roy 协助 Saferstein 博士完成了《法庭科学：从犯罪现场到犯罪刑事物证鉴定实验室》（Pearson，2019 年），撰写了《美国法庭科学分子生物学考试委员会完整指南》（CRC Press，2020 年）。

　　Roy 是美国法医科学院、东北法医科学家协会和马萨诸塞州律师审查委员会的成员。她是美国犯罪学委员会法医生物学领域的认证专家。除了教学、写作和咨询之外，Roy 还协助开展国际能力建设，为中东和非洲的刑事司法相关从业者提供专业知识培训。

目 录

第一章 概述 ... 1
法庭科学的定义和范围 ... 2
法庭科学的历史与发展 ... 5
犯罪刑事物证鉴定实验室 ... 9
犯罪刑事物证鉴定实验室的组织架构 ... 11
案例分析
　法庭科学帮助揭开炭疽信件之谜 ... 18
法庭科学专家的职责 ... 21
案例分析
　科波利诺博士的致命家访 ... 28
其他法庭科学服务 ... 30
章节小结 ... 34
问题回顾 ... 35
应用与批判性思考 ... 37
参考文献与延伸阅读 ... 39

第二章 犯罪现场 ... 40
犯罪现场处置 ... 41
物证的收集和包装 ... 57
维持证据保管记录链 ... 63
保证犯罪现场的安全 ... 66
关于犯罪现场的法律考量 ... 67
章节小结 ... 68
问题回顾 ... 69
应用与批判性思考 ... 71

参考文献与延伸阅读 ·· 72
案例分析 ··· 73
案例分析
　　恩里克·卡马雷纳案：法证噩梦 ·· 73

第三章　物证 ·· 80
物证的常见类型 ··· 82
物证的意义 ··· 83
法庭科学数据库 ··· 93
案例分析
　　杰拉德·华莱士案 ··· 98
案例分析
　　中心城市强奸案 ··· 98
案例分析
　　NIBIN 将手枪与嫌疑人联系起来 ·· 98
案例分析
　　肇事逃逸案 ··· 99
章节小结 ·· 100
问题回顾 ·· 101
应用与批判性思考 ·· 102
参考文献与延伸阅读 ·· 103

第四章　犯罪现场重建：血迹形态分析 ·· 104
犯罪现场重建 ·· 106
案例分析
　　皮斯托瑞斯案：情人节发生的谋杀案 ······································ 108
血迹形成的一般特征 ·· 109
血迹飞溅形态 ·· 111
撞击模式分类 ·· 112
撞击形态的来源 ·· 114
其他血迹飞溅形态 ·· 115

案例分析
    血迹飞溅证据 ·· 117

记录血迹形态证据 ·· 124

案例分析
    血迹重建 ·· 126

章节小结 ·· 129

问题回顾 ·· 130

应用与批判性思考 ·· 131

参考文献与延伸阅读 ·· 133

第五章 死亡原因调查 ·· 134

法医病理学家的角色 ·· 136

尸体解剖 ·· 138

死亡原因 ·· 142

案例分析
    哈罗德·希普曼，死亡博士 ····································· 143

死亡方式 ·· 148

案例分析
    谢里丹：谋杀或自杀 ··· 150

估算死亡时间 ·· 151

法医人类学家的角色 ·· 154

案例分析
    识别一名连环杀手的受害者 ····································· 161

法医昆虫学家的角色 ·· 162

案例分析
    妮尔·范·达姆谋杀案 ··· 164

章节小结 ·· 165

问题回顾 ·· 166

应用与批判性思考 ·· 168

参考文献与延伸阅读 ·· 170

第六章　指纹 … 171

指纹识别的历史 … 173

指纹识别的基本原理 … 175

指纹分类 … 182

指纹自动识别系统 … 183

案例分析

　　暗夜跟踪者 … 186

案例分析

　　梅菲尔德事件 … 187

指纹的探测方法 … 189

经显现指纹的保存 … 196

用于指纹增强的数字成像 … 197

章节小结 … 200

问题回顾 … 201

应用与批判性思考 … 202

参考文献与延伸阅读 … 205

第七章　法证人体生物特征识别技术 … 206

生物识别技术简介 … 208

注册和提取生物特征数据 … 211

虹膜 … 213

面部识别 … 218

案例分析

　　双重身份的生活 … 221

下一代身份识别（NGI）系统 … 222

章节小结 … 226

问题回顾 … 226

应用与批判性思考 … 229

参考文献与延伸阅读 … 229

第八章　显微镜 230

显微镜的基础知识 232
复式显微镜 233
比较显微镜 236
体视显微镜 238
偏光显微镜 239
显微分光光度计 240
可见光显微分光光度计 241
扫描电子显微镜（简称：扫描电镜） 243
探讨扫描电镜 244
案例分析
　无名女童案 247
案例分析
　玉米地里的蛛丝马迹 249
章节小结 250
问题回顾 250
应用与批判性思考 252
参考文献与延伸阅读 252

第九章　枪弹、工具及其他形象痕迹 253

枪支类型 255
子弹和弹壳比对 257
自动枪支搜索系统 264
案例分析
　萨科和万泽蒂 264
火药残渣 268
手上的射击残留物 273
序列号恢复 276
枪支证据的收集和保存 277
工具痕迹 278
其他形象痕迹 281

案例分析
  O. J. 辛普森审判——谁在犯罪现场留下了痕迹？ ················ 288
章节小结 ··· 289
问题回顾 ··· 291
应用与批判性思考 ·· 292
参考文献与延伸阅读 ··· 294

第十章　物质、光和玻璃的检验 ···································· 295
物质的本质 ·· 297
物质的物理性质 ··· 301
光学理论 ··· 311
玻璃的取证分析 ··· 314
玻璃破裂 ··· 321
收集和保存玻璃证据 ··· 324
章节小结 ··· 325
问题回顾 ··· 326
走进科学问题回顾 ·· 328
应用与批判性思考 ·· 328
参考文献与延伸阅读 ··· 329

第十一章　毛发与纤维 ·· 331
毛发的形貌 ·· 333
毛发的鉴别与比较 ·· 339
案例分析
  重审中央公园慢跑者案 ·· 341
毛发证据的收集和保存 ·· 345
纤维法庭证据检验 ·· 346
案例分析
  Ennis Cosby 谋杀案 ··· 346

人造纤维的鉴别 ·· 353
案例分析
　　Jeffrey MacDonald：致命幻影 ··· 357
纤维证据的收集和保存 ·· 360
案例分析
　　纤维证据和 Wayne Williams 的审判 ·· 361
章节小结 ·· 368
问题回顾 ·· 369
科学性问题 ··· 371
应用与批判性思考 ·· 371
参考文献与延伸阅读 ··· 374

第十二章　毒品 375

毒品依赖 ·· 377
毒品类型 ·· 381
毒品管控法律 ·· 396
毒品证据的收集与保存 ·· 399
法庭科学毒品分析 ·· 400
色谱分析 ·· 403
分光光度法分析 ··· 412
质谱分析法 ··· 418
章节小结 ·· 421
问题回顾 ·· 422
走进科学问题回顾 ·· 424
应用与批判性思考 ·· 425
参考文献与延伸阅读 ··· 427

第十三章　法医毒理学 428

酒精毒理学 ··· 431
醉酒检测 ·· 436
现场清醒度测试 ··· 440

血液中酒精含量的分析……442
酒精与法律……443
毒理学家的作用……446
案例分析
　Michael Jackson：超级巨星的消亡……448
案例分析
　意外服药过量：Anna Nicole Smith 的悲剧……449
案例分析
　Joann Curley：因头发而被逮捕……455
药物识别专家……457
章节小结……459
问题回顾……461
走进科学中的思考题……462
应用与批判性思考……463
参考文献与延伸阅读……464

第十四章　金属、油漆和土壤……465

微量元素的物证分析……466
痕量分析原理与技术……471
案例分析
　辐射中毒死亡……480
油漆物证检验……483
案例分析
　捕食者……490
土壤物证分析……492
案例分析
　土壤：无声的证据……494
土壤证据的收集和保存……495
章节小结……496
问题回顾……497
走进科学问题回顾……498

应用与批判性思考 ·· 499
参考文献与延伸阅读 ·· 499

第十五章　法医血清学 ·· 501
血液的本质 ·· 503
血型 ·· 506
免疫分析技术 ··· 507
血迹的法医鉴定 ·· 508
遗传原理 ··· 515
精液的法医鉴定 ·· 519
强奸证据的收集和保存 ·· 523
案例分析
　　DNA优势 ··· 527
章节小结 ··· 528
问题回顾 ··· 529
走进科学问题回顾 ··· 530
应用与批判性思考 ··· 531
参考文献与延伸阅读 ·· 531

第十六章　DNA：不可或缺的法庭科学工具 ················ 532
什么是DNA？ ·· 534
DNA的作用 ··· 537
DNA的复制 ··· 539
短串联重复序列的DNA分型 ··································· 540
案例分析
　　重启波士顿凶杀案 ·· 552
线粒体DNA ··· 554
案例分析
　　悬案调查 ··· 555
DNA生物学证据的收集和保存 ································ 558

案例分析
    隐形眼镜证据 ·· 563
案例分析
    JonBenét Ramsey 谋杀案 ······································ 564
章节小结 ·· 570
问题回顾 ·· 571
走进科学问题回顾 ·· 572
应用与批判性思考 ·· 573
参考文献与延伸阅读 ··· 575

第十七章　火灾和爆炸的法庭科学研究 ············· 577

火的化学变化 ·· 579
热传递 ··· 586
传导 ·· 586
辐射 ·· 587
对流 ·· 588
火灾现场勘察 ·· 588
案例分析
    Sackett 街大火 ·· 592
纵火证据的收集和保存 ······································· 593
易燃残留物分析 ·· 595
爆炸与炸药 ··· 600
炸药的类型 ··· 602
案例分析
    液体炸药 ··· 608
爆炸物证据的收集与分析 ···································· 609
章节小结 ·· 614
问题回顾 ·· 615
走进科学问题回顾 ·· 617
应用与批判性思考 ·· 617
参考文献与延伸阅读 ··· 620

第十八章　文件检验 …… 622

- 文件检验 …… 623
- 笔迹比对 …… 624
- 收集笔迹样本 …… 628
- 打印文字的比较 …… 631
- 添改、擦除和消退 …… 634
- 其他文件检验问题 …… 640
- 章节小结 …… 642
- 问题回顾 …… 643
- 应用与批判性思考 …… 644
- 参考文献与延伸阅读 …… 644

第十九章　计算机取证 …… 646

- 从输入到输出：计算机是如何工作的？ …… 648
- 数据的存储与检索 …… 655
- 电子犯罪现场处理 …… 657
- 电子数据分析 …… 662
- 互联网数据取证分析 …… 671
- 互联网通信取证调查 …… 674
- 非法入侵 …… 677
- 移动设备取证 …… 679
- 章节小结 …… 681
- 问题回顾 …… 683
- 走进科学问题回顾 …… 684
- 参考文献与延伸阅读 …… 685

第二十章　移动设备取证 …… 686

- 移动设备的邻居：什么让移动设备可以"移动"？ …… 689
- 取证的挑战：移动设备如同小型计算机 …… 691
- 提取有用数据：不同类型移动设备的差异 …… 693
- 移动设备架构：设备内部是什么，它的用途是什么？ …… 696

分析移动设备：寻找有价值的物证 …………………………………… 699
案例分析
　FBI诉苹果：加密争端 ………………………………………… 703
混合犯罪调查：将移动设备融入数字取证调查 ………………………… 703
案例分析
　卡彭特诉美国政府 ……………………………………………… 706
章节小结 ……………………………………………………………… 707
问题回顾 ……………………………………………………………… 708
应用与批判性思考 …………………………………………………… 709
参考文献与延伸阅读 ………………………………………………… 710

附录一　法庭科学执业专业责任规范 …………………………… 711
附录二　法庭科学服务手册——FBI …………………………… 713
附录三　射击残留物（GSR）收集说明 ………………………… 714
附录四　潜指纹显现的化学配方 ………………………………… 716
附录五　血液中鞋印显现的化学配方 …………………………… 722

第一章

概 述

学习目标

1.1 区分法庭科学和犯罪学
1.2 描述刑事司法系统中一家典型的综合犯罪实验室的组织架构以及所提供的服务
1.3 解释法庭科学专家如何分析物证并在法庭上呈现这些物证,以及庭审当中人们是如何确定证据可采信的
1.4 解释专家证人的角色和责任,以及除了从犯罪实验室之外,执法人员一般还可以获得哪些专业法庭服务

关键术语

expert witness　　　　　　　　　专家证人
Locard's exchange principle　　　洛卡德(物质)交换原理
scientific method　　　　　　　　科学方法

新 闻 头 条

史提芬·埃弗里:被制造的杀人犯

　　当 Netflix 纪录片《制造杀人犯》播出时,史提芬·埃弗里(Steven Avery)的案件引起了美国人的普遍关注。这部纪录片详细介绍了埃弗里的案件,他于1985年被法院错误认定有性侵犯和谋杀未遂罪,被判处20年有期徒刑,而在监狱服刑18年后,通过DNA测试手段证明其是无辜的并被释放。

　　2003年,埃弗里以错误定罪和监禁为由起诉马尼托瓦克县前警长和前地区检察官,要求赔偿3 600万美元。2005年11月,在他的有关民事诉讼案件审理过程中,其却因被指控谋杀威斯康星州摄影师特雷莎·哈尔巴赫(Teresa Halbach)而被捕。

特雷莎·哈尔巴赫已知的最后一次露面是在 2005 年 10 月 31 日，她前往埃弗里家中拍摄其妹妹的小型货车用于在 Autotrader.com 网站出售。在失踪案件调查期间，有关部门发现哈尔巴赫的车辆被藏匿在废旧车场中，并且从车辆内部发现提取的血迹经化验后确定与埃弗里的 DNA 相匹配。调查人员后来发现，在埃弗里家附近的一个火坑中有属于哈尔巴赫的被烧焦的骨头碎片。马尼托瓦克县的一名警官在埃弗里的卧室里发现了哈尔巴赫的车辆钥匙。对此，埃弗里的辩护律师声称，马尼托瓦克县治安官部门的参与存在利益冲突，并暗示其中存在证据被篡改的可能性。

GL 档案/埃弗里库存照片

埃弗里于 2005 年 11 月 11 日被捕，警方指控其谋杀、绑架、性侵犯哈尔巴赫并肢解其尸体。尽管马尼托瓦克县因埃弗里的诉讼而将谋杀案件调查的管辖权转移到邻近的卡柳梅特县治安官部门，但马尼托瓦克县警长的副手在卡柳梅特县官员的监督下，仍参与了对埃弗里拖车、车库和财产的重复搜查。该案件是一个典型的例子，说明由于缺乏对犯罪现场搜索和提取程序的充分考虑可能会引发有关法律问题。

法庭科学的定义和范围

　　法庭科学最广泛的定义是科学在法律中的应用。随着我们身处的社会变得越来越复杂，人们越来越依赖法律制度来规制社会成员的活动。因而，法庭科学将科学知识和技术应用于有关法律的定义和执行。

　　近年来，由于政府正逐渐认识到对给日常生活带来重要影响的有关方面活动加强监管的必要性，科学与民法、刑法等法律部门之间的融合更趋紧密。例如，法律和有关机构负责监管食品质量、药品的性质和功效，汽车排放的程度，燃油的种类，饮用水的纯净度以及我们在作物和植物上使用的杀虫剂，等等。很难想象在缺乏科学技术以及科学团体支持的情况下，有关机构将如何高效监测和执行有关的食品或药品法规或环境保护法案。

法律本身通过拓宽适用范围并适时修订以应对犯罪率惊人增长的情况。作为对公众关切的回应,执法机构也在扩充自身的巡查防控和调查职能,希望能够有效阻止犯罪浪潮的上升。与此同时,人们更多地将目光投向科学界以寻求相关建议和技术支持。人们不禁要问,那些将宇航员送上月球、分裂原子、根除最可怕疾病的技术,能够适用于这场生死攸关的斗争吗?

让人感到遗憾的是,科学尚难以为由于各种复杂的社会和心理因素带来的问题给出终局性和权威性的解决方案。然而,正如本书的内容所证明的那样,科学在刑事司法系统中扮演着重要且独一无二的角色——这个角色所涉及的是科学家们提供犯罪现场所发生事件的准确和客观信息的能力。如果要实现科学在刑事调查中的全部潜力,人们还有大量工作要做。

由于规范社会的民事法和刑事法种类繁多,法庭科学,在其最广义上已经成为一门综合性学科,这就使得很难写出一本有意义的导论性质的教科书来讨论其作用和相关技术,并且可能由于全书体系过于庞杂而缺乏可读性。出于这个原因,我们根据最常见的定义缩小了该主题的范围,即:法庭科学是将科学应用于刑事和民事法律,并由刑事司法系统中的警务机构来实施。法庭科学是一个总括性的术语,涵盖了各式各样运用专业技能帮助执法人员开展调查的职业。

美国法庭科学学会,世界上最大的法庭科学专业组织,其分设的 11 个专业委员会充分说明了法庭科学领域相关专业的多样性:

1. 刑事技术
2. 数字与多媒体科学
3. 工程科学
4. 通用技术
5. 法理学
6. 牙科学
7. 病理学/生物学
8. 体质人类学
9. 精神病学/行为科学
10. 可疑文件
11. 毒理学

上述职业目录实际上属于非穷尽列举式。目录当中不包括诸如指纹检验,枪支与工具痕迹检验和摄影等技能。

显然，要编写一本适用于警务机构刑事和民事执法活动并涵盖法庭科学领域各种主体活动的教材，这对作者而言将是一项重大任务。因此，本书将进一步将范围限定在对化学、生物学、物理学、地质学和计算机技术等主题的讨论，这些主题对于确定犯罪现场及其相关联证据的证据价值非常有帮助。法证心理学，人类学和牙科学等学科包含着重要且相关的知识，其在执法中也被广泛使用，这当中的每个领域都是为不断更新完善的刑事司法系统作出贡献的总体法庭科学服务体系的组成部分。然而，由于这些主题已经超出了本书的预设范围，因此，书中会对其进行简短的讨论并推荐相关网站，读者可以到其他地方获得有关应用和技术的参考。同时，本书所聚焦的是被普遍称为"犯罪实验室"中的有关专业服务，在这些场域中，人们将物理和自然科学原理和技术应用于分析犯罪现场证据。

对于许多人来说，在描述犯罪实验室的服务范围和内容时，使用术语"刑事技术"似乎比术语"法庭科学"更具描述性。无论他或她的职位头衔是什么——刑事技术学家或者法庭科学专家——学科发展趋势将使犯罪实验室的科学家成为刑事司法系统的积极参与者。

在黄金时段播出的电视节目，如《CSI：犯罪现场调查》等，极大地提高了公众对刑事和民事调查中所使用科学技术的认知（图 1-1）。然而，为了适应电视播放的时间安排，这些节目往往将科学程序予以简单化，故而，使公众群体和法

图 1-1　法庭科学主题电视节目《CSI：犯罪现场调查》中的一幕

律界对法庭科学产生了不切实际的期望。在电视节目中,犯罪现场调查团队成员在犯罪现场收集证据,处理所有证据,询问证人,审问嫌疑人,执行搜查令,并且出席法庭作证。在现实世界中,上述专门工作几乎总是需要委托给刑事司法系统中不同部门的不同人员来完成。电视节目中只需数分钟便完成的有关程序,实际上可能需要数天、数周、数月甚至数年。这种虚假的印象也是引起公众对 DNA 证据产生高度兴趣和预期的主要原因。

电视节目当中对于法庭科学的戏剧化处理使得公众相信每个犯罪现场都会留下法庭科学证据,并且对其产生了不切实际的期望,即,检察官办理的所有案件应该始终得到法庭证据方面的支持。这种现象被称为"CSI 效应"。不少法学家开始认识到,这种现象最终会减弱法庭对真相和正义的追求。

法庭科学的历史与发展

法庭科学的起源,首先应归功于推动识别或比较物证所需原则和技术发展的个人,其次则应归功于那些认识到需要将这些原则整合成为一门具有内在关联性的学科,并且能够实际应用于刑事司法系统的个人。

文学根源

如今,许多人认为,阿道夫·柯南·道尔(Arthur Conan Doyle)爵士通过他笔下的虚构人物夏洛克·福尔摩斯(Sherlock Holmes)(见图 1-2)为普及科学的犯罪侦查方法产生了相当大的影响,在书中,侦探福尔摩斯首次提出应用新发现的血清学方法(见第 14 章)、指纹识别、枪支鉴别和文件检验等方面新技术,其远远早于人们在真实世界的犯罪调查中发现并承认这些技

图 1-2 阿道夫·柯南·道尔爵士笔下的传奇侦探夏洛克·福尔摩斯广泛运用现代法庭科学原理并远远早于这些原理被警方所广泛采用

术价值的时间。福尔摩斯的壮举激发了新一代法庭科学专家和刑事案件调查员的想象力。即便在1887年出版的首部夏洛克·福尔摩斯主题小说《血字的研究》(A Study in Scarlet)中,我们能够发现道尔展现出惊人想象力的例子,他在科学探测方法被实际发现和投入使用多年前便在作品中对有关方法作出了描述。例如,福尔摩斯探究并认识到法医血清学对刑事调查的潜在用处:

"我找到了。我找到了,"他对我的同伴喊道,手里拿着一根试管朝我们跑来。"我发现了一种试剂,它是由血红蛋白沉淀的,而不是由其他任何东西沉淀的。为什么,伙计,这是多年来医学-法律学方面最实用的发现。难道你没有看到它给了我们一项无懈可击的血迹测试方法吗?旧的愈创木脂测试方法十分繁复并且结果有较大的不确定性,血球的显微镜检查也是如此。如果污渍是几个小时前形成的,后者的检验结果将是毫无价值的。现在,无论血液是陈旧的还是新鲜形成的,这似乎也起作用了。如果这个测试被成功发明出来,现在逍遥法外的数百人早就该为他们所犯下的罪行付出代价,刑事案件一直取决于这一点。一名男子涉嫌数月之前所发生的一起罪案。警方在检查他的亚麻布衣服时,发现了褐色的污渍。它们是血迹,还是锈渍,还是水果渍,或者它们是什么?这是一个让许多专家感到困惑的问题,为什么?因为没有可靠的测试。现在我们有了夏洛克·福尔摩斯的测试,将不再有任何困难"。

法庭科学领域的重要贡献者

许多人因其对法庭科学领域的特定贡献而值得被提及。以下只是推动形成现在我们所看到的法庭科学的相关学科并做出最早贡献的人员简要列表。

马蒂厄·奥菲拉(Mathieu Orfila)(1787—1853)

奥菲拉被认为是法医毒理学的创始人。他是土生土长的西班牙人,最终成为法国著名的医学教师。1814年,奥菲拉发表了第一篇关于检测毒物及其对动物影响的科学论文。这篇论文确立了法医毒理学作为一项合法的科学事业。

阿方斯·贝蒂隆(Alphonse Bertillon)(1853—1914)

贝蒂隆设计了第一个科学的人身识别系统。1879年,贝蒂隆开始发展人体测量学(见第6章),这是一套系统化的程序,通过一系列的身体测量结果作为区分人与人的手段(见图1-3)。自该系统发明的近二十年来,人体测量法被认为是最准确的个人身份识别方法。虽然人体测量学最终在20世纪初被指纹识别所取代,但贝蒂隆早期所作出的努力为他赢得了犯罪识别创始人的称号。

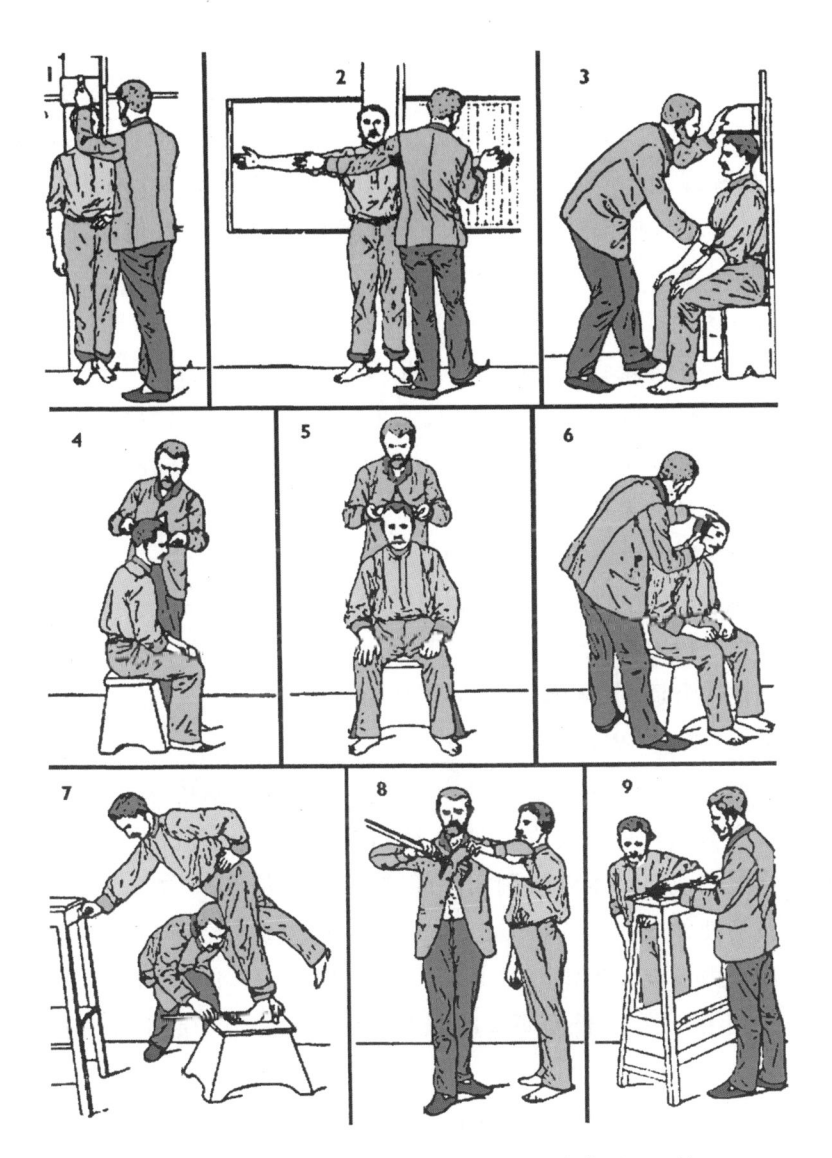

图 1-3 贝蒂隆发明的用于识别个体的身体测量系统

弗朗西斯·高尔顿(Francis Galton)(1822—1911)

高尔顿首次对指纹进行了描述性研究,并建立起一种适用于指纹档案存储检索的指纹分类方法。1892 年,他出版了名为《指纹》的著作,书中包含了支持他所提出的个人身份识别方法特定性的首个统计学证据。他的开创性工作还包括对当前所使用的指纹鉴定体系基本原理的描述。

利昂·拉特斯(Leone Lattes)(1887—1954)

1901年,卡尔·兰德斯坦纳博士发现可以将血液划分为不同类别。这些血型或类型现在被称为A、B、AB和O型。划分血液类型的可能性成为识别人身个体的有用特征,意大利都灵大学法医学研究所教授拉特斯博士对此很感兴趣。1915年,他设计了一种相对简单的程序来确定干血迹的血型,他立即将这一技术应用于刑事调查。

卡尔文·戈达德(Calvin Goddard)(1891—1955)

要确定某颗子弹是否为特定的一支枪支所发射的,人们需要比较该子弹与嫌疑人武器试射的子弹。美国陆军上校戈达德通过使用比较显微镜改进了检验技术。从20世纪20年代中期开始,戈达德所发明的比较显微镜成为现代枪支检验人员不可或缺的工具。

阿尔伯特·S.奥斯本(Albert S. Osborn)(1858—1946)

奥斯本所建立的文件检验基本原则推动了(美国)法院接受文件检验意见作为科学证据。1910年,奥斯本撰写了该领域的第一部重要著作《可疑文件》。本书至今仍被认为是文件检验人员的主要参考读物。

沃尔特·麦克隆(Walter C. Mccrone)(1916—2002)

麦克隆博士的职业生涯与复杂分析技术的惊人进步并行,是世界上最杰出的显微镜学家之一。通过他的书籍,期刊出版物和研究机构,麦克隆孜孜不倦地倡导将显微镜应用于分析型实际问题,特别是法庭科学案件。麦克隆出色的沟通技巧使他成为一名备受追捧的讲师,他为世界各地成千上万的法庭科学专家应用微观技术提供教育培训。麦克隆博士使用显微镜时,通常与其他分析方法相结合,在漫长而辉煌的职业生涯中检验数千起刑事和民事案件的证据。

汉斯·格罗斯(Hans Gross)(1847—1915)

格罗斯在1893年撰写了第一篇专题论文,描述了科学原理在刑事调查领域的应用。格罗斯是奥地利格拉茨的一名检察官和法官,他花了多年时间研究和制定刑事调查的原则。在格罗斯的经典著作《司法检验官手册》(该书英文版以"刑事侦查"为标题)当中,他详细介绍了调查人员可以从显微镜、化学、物理学、矿物学、动物学、植物学、人体测量学和指纹学等领域获得的帮助。后来,格罗斯筹备出版了法庭科学期刊《犯罪人类学档案》,该杂志至今仍是报道和交流科学的犯罪侦查方法进展的重要平台。

埃德蒙·洛卡德(Edmond Locard)(1877—1966)[①]

尽管格罗斯是在刑事调查中使用科学方法的倡导者,但是,他并没有对这一哲学理念作出具体的技术贡献。法国人洛卡德将格罗斯所阐述的原则具体地纳入现实运作的犯罪实验室当中。洛卡德具备医学和法律双重背景。1910年,他说服里昂警察局给他两个阁楼房间和两个助手,让他开办一个警察实验室。

在洛卡德工作的头几年,实验室唯一配备的仪器设备是显微镜和初级光谱仪。然而,凭借着热情,他很快就克服了遇到的技术和资金困难。从此,洛卡德的研究和成绩就被广大法庭科学专家和刑事调查人员所熟知。最终,他成为里昂大学犯罪学研究所的创始人和主任。该研究所迅速成为法庭科学领域教学和科研方面具有领先优势的国际中心。

洛卡德认为,当一个人接触到另一个物体或人时,相互之间就会发生物质的交叉转移(洛卡德交换原理)。洛卡德坚持认为,可以通过从犯罪现场携带的尘埃颗粒等物质将犯有罪行的每一个人与犯罪行为关联起来。这一概念经过一系列成功和广为人知的案件调查得到了加强。在一起案件中,洛卡德获得了物证假币和三名嫌疑人的名字等信息,并敦促警方将嫌疑人的衣服带到他的实验室。经过仔细检验,他在提交检验的服装中发现了微细金属颗粒。化学分析表明,衣物中发现的微细金属颗粒与物证假币具有完全相同的金属组成元素。根据上述证据,嫌疑人被抓捕后很快供述了所犯罪行。第一次世界大战后,洛卡德实践所取得的成功进一步推动了维也纳、柏林、瑞典、芬兰和荷兰等国家成立警察实验室。

犯罪刑事物证鉴定实验室

美国对法庭科学所表现出的高度重视体现在其系统架构起国家层面和州一级的犯罪刑事物证鉴定实验室。国家和州立犯罪刑事物证鉴定实验室的建立,推动了法庭科学的发展。

美国的犯罪刑事物证鉴定实验室

1932年,在J.埃德加·胡佛(J. Edgar Hoover)的领导下,美国联邦调查局

[①] 洛卡德交换原理:每当两个物体相互接触时,相互之间就会发生物质交换。

(Federal Bureau of Investigation, FBI)组织成立国家级实验室,为全美的执法机构提供法庭科学服务。在实验室筹备和初创阶段,有关工作人员向商业代表、制造商以及有关领域科学家进行了广泛咨询,积极借助他们的知识和经验指导新成立组织的建设工作。联邦调查局实验室目前已经成为世界上规模最大的法庭科学实验室,每年检案量超过一百万。该实验室建设和检验方面取得成绩赢得了全世界范围内的广泛认可,其组织架构也成了美国联邦和州立法庭科学实验室以及其他国家法庭科学实验室建设的重要参照。此外,1981年联邦调查局法庭科学研究和培训中心落成启用,其成为美国首个旨在研发适用于法庭科学领域前沿和可靠科学技术方法的研究机构。该中心还承担着培训犯罪刑事物证鉴定实验室人员掌握最新法庭科学技术和方法的任务。

美国最古老的法庭科学实验室是洛杉矶警察局实验室,这是由加利福尼亚州伯克利警察局长奥古斯特·沃尔默(August Vollmer)于1923年创建的。在20世纪30年代,沃尔默在加州大学伯克利分校担任全美第一所犯罪学与刑事技术研究所领导。然而,直到1948年犯罪学学院成立之前,该研究所在大学中并不享有正式地位。著名的犯罪学家保罗·柯克(Paul Kirk)(见图1-4)被提名担任犯罪学系主任。犯罪学学院培养的众多毕业生参与了加州以及美国其他地区法证实验室的筹建工作。

图1-4 保罗·利兰·柯克(Paul Leland Kirk,1902—1970)

在加利福尼亚州,有各类隶属于联邦、州、县和城市的犯罪刑事物证鉴定实验室,而其中的许多实验室采用独立运作模式。然而,在1972年,加州司法部启动了一项雄心勃勃的计划,建立一个由国家运营的犯罪刑事物证鉴定实验室网络。因此,加利福尼亚州创建了一个由区域性机构和卫星机构组成的一体化法证实验室模范系统。通过成立区域性的专业组织(加州犯罪学学会),促进加州地区犯罪学家团体之间开展非官方的信息和专业知识交流。该组织带动了全美其他区域性组织在各地的发展,增进了数量不断增加的犯罪学家团体之间的协作。

美国国家科学院2009年出版的《加强美国法庭科学》一书成为提升法庭研发质量和标准化的催化剂。美国商务部下属的美国国家标准与技术研究所（National Institute for Standards and Technology, NIST）是政府方面促进《加强美国法庭科学》倡议目标实现的牵头机构。目前，国家标准与技术研究所协助管理挂靠在美国司法部的美国国家法庭科学委员会，该委员会旨在协调法庭科学实践方面的联邦政策方针。国家标准与技术研究所同时还领导着"科学领域机构委员会"（Organization of Scientific Area Committees, OSAC）下设的一系列委员会和分委会，推动法庭科学各分支学科实践的标准化。此外，国家标准与技术研究所还在内部资助实施开展法证研究项目。

国际范围内的犯罪刑事物证鉴定实验室

与美国设置独立的地方实验室系统的做法不同，英国政府内政部指导下建立起区域实验室国家体系。在20世纪90年代初期，英国内政部将该国的法证实验室改组为"法庭科学服务局"（Forensic Science Service），其建立起警察机构有偿使用实验室服务的制度。有偿服务的概念鼓励社会成立面向警察和刑事辩护律师提供专业服务的私营实验室。LGC便是其中的一个。2010年，英国政府以财政收入减少为由宣布关闭法庭科学服务局。这些实验室已于2012年关闭，英格兰和威尔士地区的法庭科学专业服务目前已外包给私营部门完成。自法庭科学私有化制度改革以来，LGC已发展成为英国最大的法庭科学专业服务提供商，雇用了700多名法庭科学专家，能够为警务机构和其他私营部门提供服务。

在加拿大，主要由三家政府资助设立的机构提供法证专业服务：（1）隶属于加拿大皇家骑警系统的三大区域实验室；（2）多伦多法庭科学中心，（3）蒙特利尔法律医学与警察科学研究所。加拿大皇家骑警于1937年在萨斯喀彻温省的里贾纳设立了首个实验室。总体而言，全世界有一百多个国家拥有至少一家实验室专门提供法庭科学服务。

犯罪刑事物证鉴定实验室的组织架构

美国犯罪刑事物证鉴定实验室发展所呈现的基本特征是数量快速增长但缺

乏国家和区域层面的总体规划协调。据估计,各级政府(联邦、州、县和市)运营着超过411家公立犯罪实验室,其数量是1966年犯罪实验室数量的三倍多。这些实验室所聘用的全职人员超过14 000名。

犯罪刑事物证鉴定实验室的规模大小不一,服务领域也存在多样性,这就使得人们难以通过一个模型对所谓的典型犯罪刑事物证鉴定实验室作出描述。尽管大多数的实验室属于警察局组成部分,但是也有一些实验室是在检察官或地区检察官办公室的指挥下运作。有些实验室则与法医或验尸官实验室合作。大学附属的或者作为独立于政府的实验室在数量上相对较少。实验室人员的规模从一人到一百多人不等,其所提供服务类型也存在多样化或专门化的区别,这通常取决于实验室隶属组织的职责。

犯罪刑事物证鉴定实验室的发展

在大多数情况下,成立犯罪刑事物证鉴定实验室的组织要么是已经预见到犯罪刑事物证鉴定实验室在刑事案件侦查中的应用潜力,要么是由日益增长的检案需求所驱动。可以从以下几个方面解释过去35年犯罪刑事物证鉴定实验室数量快速增长现象。首先,美国最高法院在20世纪60年代作出的裁决令警方更加重视对证据进行科学评估的保障。其次,法律所要求的向犯罪嫌疑人告知其所享有的宪法权利和立即获得律师帮助的权利,几乎消除了将讯问犯罪嫌疑人作为常规调查方式的空间。再次,过往成功起诉的刑事案件通常都需要以全面透彻和专业的警察调查作为支撑,这当中离不开法庭科学专家的技能运用。最后,法庭科学专家能够依靠现代技术所提供的新技能和新技术以应对常态化介入刑事司法系统所面临的挑战。

过去40年来,美国犯罪率的增长情况让人感到惊讶,这与司法需求的变化不谋而合。这一因素本身可能解释了为何警务机构越来越多地使用犯罪实验室服务,但只有一小部分警察调查形成了对证据进行科学检验的需要。然而,通过对现实观察发现的一个重要例外情形是涉及毒品的逮捕。按照有关要求,在对案件作出裁决前,必须将缉获的所有非法毒品送至法庭科学实验室进行确证化学分析。而自20世纪60年代中期开始,滥用毒品的情形逐渐发展至几近失控的状态,这就导致了犯罪刑事物证鉴定实验室被送检的毒品样品所淹没。根据目前的情况估计,差不多一半的法证证据检验要求都是与毒品有关的。

未来的挑战

一个更加新近的引起犯罪刑事物证鉴定实验室数量增长和不断成长的推动力，便是 DNA 检测技术的发明。自 20 世纪 90 年代初以来，该技术已经发展到通过邮票、杯子、咬痕等物证当中的血痕、精斑，毛发以及唾液残留物检验，使得生物学证据可以达到同一认定或者接近同一认定的水平。为了满足 DNA 技术的需求，犯罪实验室扩大了专业人员队伍规模，而且在多数情况下会对现有仪器设备进行现代化改造。这项技术的劳动密集型特性以及技术应用需求的复杂性影响了犯罪刑事物证鉴定实验室的组织架构，这种情况在过去 50 年当中是其他任何技术所无法比拟的。同样地，DNA 分析已成为公众看待现代犯罪刑事物证鉴定实验室运作和能力水平的主要方面。

在未来几年，估计将有 10 000 名法庭科学专家加入公立和私营法庭科学实验室，负责处理犯罪现场上的 DNA 证据，并且根据各州法律规定，从数十万被判有罪的罪犯那里获取 DNA 图谱信息。为完成这项任务，需要新招聘大量科学家，最终将使美国法证实验室所聘用的科学家数量增加一倍以上。

法医 DNA 技术团队所面临的一个主要问题是，采集自犯罪现场的未经分析的 DNA 样本大量积压。州和国家机构报告的未经分析的案例 DNA 样本数量超过 57 000 份。据估计，未经测试的已定罪罪犯样本数量超过 500 000 份。为了能够消除积压已久的已定罪罪犯或被捕者的待测 DNA 样本并将信息输入到"联合 DNA 索引系统"（Combined DNA Index System，CODIS）当中，联邦政府已开始为在犯罪实验室内部分析样本工作提供资助，或者将样本分析工作外包给私人实验室进行。

从 2008 年开始，加利福尼亚州开始收集所有因涉嫌重罪而被捕的人的 DNA 样本，而不是等到被定罪才收集。该州的数据库拥有大约一百万份 DNA 图谱，其规模排名世界第三，仅次于英国和美国联邦调查局的数据库。联邦政府计划开始实施同样的项目。

犯罪刑事物证鉴定实验室的类型

从历史上看，美国政府采取联邦体系，加之保留地方控制的愿望，这就使美国出现了形形色色的独立实验室，而非建立国家层面的统一体系。犯罪刑事物证鉴定实验室在很大程度上反映了国家、州和地方层面存在的分散型执法机构组织形式。

联邦犯罪刑事物证鉴定实验室

美国联邦政府缺少一个具有广泛管辖权的单一执法或调查机构。通过设立四家大型联邦犯罪刑事物证鉴定实验室,协助开展相关调查或者开展超出州和地方机关管辖范围的刑事执法活动。

美国联邦调查局(隶属于美国司法部)拥有世界上规模最大的犯罪刑事物证鉴定实验室。联邦调查局法庭科学服务部位于弗吉尼亚州的匡蒂科(见图1-5),拥有最现代化的设施。服务部所具备专业的知识和相关技术能够支持联邦调查局行使范围宽广的调查权力。美国缉毒局(隶属于美国司法部)实验室对因违反药物生产、销售和运输联邦的法律而被缉获的药物开展分析。美国酒精、烟草、火器和爆炸品管理局(隶属于美国司法部)的实验室分析酒精饮料和与酒精、枪支消费税执法有关的文件,并检查武器、爆炸装置和相关证据,以执行1968年《枪支管制法》和1970年《有组织犯罪控制法》。美国邮政检查局设立了服务涉及邮政服务领域刑事调查的实验室。每一个联邦实验室都可以向任何要求在相关调查事项上提供帮助的地方机构提供专业知识支持。

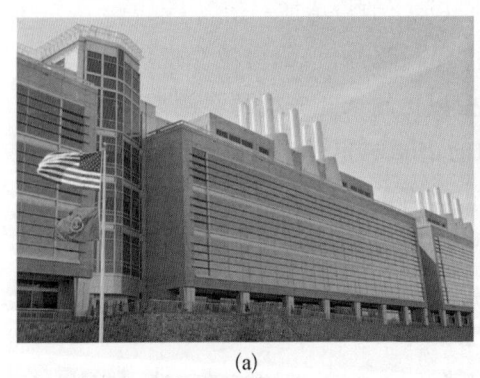

图1-5 (a)弗吉尼亚州匡蒂科的联邦调查局犯罪实验室的外观和(b)内部视图

位于佐治亚州的国防部防御性法庭科学中心提供传统的法证服务,以支持全球所有军事部门开展的刑事调查。该组织还通过提供研发服务来满足军方的法证需求,并且为调查人员和军事律师提供培训。

州和地方犯罪刑事物证鉴定实验室

大多数州政府都设有犯罪刑事物证鉴定实验室,为那些无法获得实验室服务的州和地方执法机构提供专业服务。一些州,如阿拉巴马州、加利福尼亚州、伊利诺伊州、密歇根州、新泽西州、得克萨斯州、华盛顿州、俄勒冈州、弗吉尼亚州和佛罗里达州,已经建立起覆盖全州范围的区域实验室体系或者卫星实验室体系。这些实验室在中心实验室的指导下运作,并为该州大部分地区提供法庭科学服务。把区域实验室作为全州实验室系统组成部分的理念,让更多地方执法机构能够获得犯罪实验室服务,与此同时,通过专家和设备共享机制,既能保证实验室间合作最大化,又能最大限度减少服务类型的重复。

地方实验室直接为县和市相关机构提供服务。一般情况下,这些实验室独立于国家犯罪刑事物证鉴定实验室运作,并由地方政府直接出资设计。然而,随着运营成本上升,一些县已经通过整合资源创建跨县实验室来为其辖区提供服务。美国许多大型城市都有自己的犯罪刑事物证鉴定实验室,其通常接受当地警察局指导。通常而言,大型城市的人口数量多而且犯罪率高企,迫切需要城市犯罪刑事物证鉴定实验室的支持,例如,纽约市便拥有该州最大规模的犯罪实验室。

犯罪刑事物证鉴定实验室的服务

考虑到美国犯罪刑事物证鉴定实验室的独立发展历程,不同社区所能提供总体服务差异甚大的情形毫不令人感到意外。造成这种情况的原因有很多,其中包括:(1)不同地方法律制度的差异,(2)实验室所属组织所具备的能力和职责差异,以及(3)预算和人员配备方面的限制。

近年来,许多地方之所以创建犯罪刑事物证鉴定实验室完全是为了处理毒品样品。通常而言,这些实验室人员规模小而且运营预算有限。尽管许多实验室正逐步拓宽法庭科学服务范围,但是有些实验室仍然以开展毒品分析为主要业务。然而,即使是在能够提供毒品鉴定之外服务的犯罪实验室之间,所能够提供服务的类型和服务品质也大不相同。需要说明的是,出于本书论述之目的,作者在非限定意义上认为"全业务"犯罪实验室都设立有关部门。

全业务犯罪刑事物证鉴定实验室提供的基本服务

物理科学部门

物理科学部门应用化学、物理和地质学的原理和技术来识别和比较犯罪现场证据。该部门由具备使用化学测试和现代分析仪器专业知识检验毒品、玻璃、油漆、爆炸物和土壤等物品的刑事技术家所组成。在人员数量足以开展专门方向检验的实验室中,该部门的职责可以进一步细分为毒物鉴定、土壤和矿物分析以及各类微量物证检验。

生物学部门

生物学部门配备了生物学家和生物化学家,他们通过识别干燥血迹和其他体液证据并开展 DNA 分析,比较毛发和纤维,鉴别和比较木材和植物等材料(见图 1-6)。

图 1-6 法庭科学专家进行 DNA 分析

图 1-7 法庭科学专家在检查枪支

枪械部门

枪械室负责检验枪械、被发射的子弹、子弹盒、霰弹枪弹壳以及各类型弹药。还要检验服装和其他物体,以探测射击残留物,并估计发射枪械与射击目标之间的距离。枪械检验所遵循的基本原理也适用于工具形成痕迹的比较鉴别(见图 1-7)。

文件检验部门

文件检验部门研究可疑文件上的笔迹和打字机印迹,以确定文件的真实性或者来源。相关的任务包括分析纸张和墨水并检验潜在书写压痕(该术语通常是指将某页纸张因衬垫在另一纸张之下而形成的部分可见笔迹压痕变得可见)添改、消退以及被烧毁或烧焦的文件。

摄影部门

完整的摄影实验室负责检验并记录物证。其实施过程中可能需要使用高度专业化的摄影技术,例如数字成像,红外线、紫外线和 X 射线摄影等,以使物证上的不可见信息变为裸眼可观测。该部门还为证据的法庭出示提供有关图片展示。

全业务犯罪实验室提供的可选服务

毒理学部门

毒理学小组负责检验体液和器官以确定是否能够检出药物和毒物。通常而言，这些职能与在法医或验尸官办公室指导下的独立实验室共享，或者可能直接由这些实验室全权负责。

在大多数司法管辖区，诸如Intoxilyzer之类的现场快速测定仪器被广泛应用于确定个体的酒精摄入量。毒理学部门还经常培训操作人员并对有关仪器提供维护和服务。

潜在指纹部门

潜在指纹部门处理和检验其他实验室检验项目中涉及的潜在指纹印痕证据。

"测谎"部门

多导生理记录仪，或测谎仪，更常被看作是刑事调查员而非法庭科学专家的基本工具。然而，在测谎技术开发和运用的早期，许多警察机构将这个部门纳入实验室体系管理，直到今天有些地方仍然沿用这种体制。在任何情况下，必须由经受过相关技术培训的刑事调查和审讯人员使用测谎仪。

声纹分析部门

对于涉及电话威胁或磁带记录留言信息的案件，调查人员可能需要声纹分析部门有关专业技能将案件语音材料与特定的嫌疑对象加以关联。至今，声纹分析部门已经利用声谱仪完成了大量检案工作。声谱仪是一种能够将语音信息转化为被人们形象地称作"声纹"的可视化显示信息的仪器。这种技术作为个人识别手段的有效性是基于这样一个前提，即每个人语音中的声音模式是独一无二的而且声纹能够表现出这种特定性。

犯罪现场勘查部门

在美国，将犯罪现场证据采集环节纳入总体法庭科学服务框架的理念正逐渐获得人们认同。该部门指派经过专门培训人员（普通公民或警察）到犯罪现场采集和保存那些需要在犯罪实验室进行后续处理的物证。

无论法庭科学实验室的组织结构如何，实验室检验的专门化都不能妨碍当今刑事调查员所强调的整体协调性。实验室管理层需要保持化验人员（普通公民或警察）、犯罪现场调查员以及警务机关工作人员等方面的沟通交流渠道畅通。法证调查难免需要多方面的专业人员参与。一起知名案件的调查说明了该过程——查找2001年9月11日后不久邮寄的炭疽信件来源。图1-8为其中一封涉案信件，当中解释了开展调查所需的多种相关专业技能——即法庭科学化学家和生物学家，指纹检查员和文件检查员拥有的专业技能。

案例分析

法庭科学帮助揭开炭疽信件之谜

2001年9月和10月，至少五个装有大量炭疽杆菌的信封被邮寄给哥伦比亚特区的美国参议员帕特里克·莱希（Patrick Leahy）和托马斯·达施勒（Thomas Daschle）以及位于纽约市和佛罗里达州博卡拉顿的媒体组织。写给参议员莱希和达施勒的两封信具有相同的虚构回信地址。四个信封各有一个新泽西州特伦顿的邮戳。通过对涉案范围内的621个邮箱开展炭疽菌取样，调查人员在普林斯顿大学正门对面的街道上发现一个已被严重污染的蓝色邮箱。

到2007年，研究人员最终确定，由位于马里兰州弗雷德里克的美国陆军医学研究所的布鲁斯·E·艾文斯（Bruce E. Ivins）博士制备的单个孢子批是炭疽菌的母体材料。随后对能够接触到这些材料的个人进行了深入调查。从调查中发现的证据指向的事实是，艾文斯博士独自邮寄了炭疽信件。

发动袭击所使用的四个信封均为6¾英寸（1英寸=2.54 cm）规格的留有"联邦鹰"预制标记的34美分信封。"联邦鹰"名字位于信封正面右上角的邮资免付标记，是一只鹰的形象图案，它栖息在带有字母"USA"的栏杆上。这些字母的下方是数字34，表示34美分邮资。这些信封是在2001年1月8日至2002年6月期间由美国邮政局制造和独家销售的。

这些信封均采用柔版印刷工艺印制。这种印刷工艺属于凸版印刷范畴，印版中的图案区域相对空白部位凸起；上墨后的印版经过冲击而将图像直接转印到承印物信封上。这些印版由柔性高分子材料组成，在信封生产过程中，印版本身由于瑕疵以及黏附上其他物质，使得印版会黏附多余油墨或者磨损，这就形成了具有区别价值的特征。

2005年1月，美国特勤局实验室的法证检验人员在对发动袭击所使用的预制鹰图案和信封文字中发现了一系列印刷瑕疵特征。基于这一发现，调查人员将这些瑕疵特征与从全美各地邮局回收上来的其他信封进行比较以期找到涉案信封的购买地点。调查人员尽可能多地从有关邮局采集已预付邮资的联邦鹰信封样本以便与案件中的物证信封进行比较。在该案中，调查人员总共收集并检验了 290 245 个"联邦鹰"信封。

通过对证据信封的仔细检查显示，邮寄给汤姆·布罗考(Tom Brokaw)和参议员莱希的信封具有相同的印刷瑕疵特征。邮寄给《纽约邮报》的信封和参议员达施勒的信封具有相同的印刷瑕疵特征，但与邮寄给布罗考和莱希参议员的信封上可观察到的印刷瑕疵特征存在差异。事实上，在制作和印刷过程中，存在使用单个印刷机滚筒上的两个印版以交替模式印刷信封的情形。上述情况证明，邮寄给布罗考和莱希参议员的信封所使用印刷印版相同，而邮寄给《纽约邮报》和参议员达施勒的信封所使用的印刷印版相同，但其与给布罗考和莱希参议员的信封的印刷印版不同。因此，合乎逻辑的推论是，这四个信封是连续生产的，并以这种方式分组，因为它们是按照在机器上打印的顺序从信封盒中取出的。

在对已知的鹰标信封进行检验的过程中，专家们确定，来自马里兰州埃尔克顿办公室的一盒信封具有与涉案证据中所观察到的明显相似的交替印刷瑕疵特征。货运记录进一步显示，马里兰州埃尔克顿和弗雷德里克的邮局在同一天收到了鹰标信封。而不幸的是，弗雷德里克邮局的信封被销毁了。

在接下来的数月里，检验人员专注于研究印刷瑕疵特征在生产流程中的变化情况以及开始形成变化所需要的时间。专家检验人员所得到的研究结论是：在短至经过印制四盒(约 2 000 个信封)信封的过程后，信封上可以出现相同的印刷瑕疵特征。印刷瑕疵的发生率和具有相同瑕疵特征形态的信封数量相当小。据此，专家认定，与袭击中使用的信封最相似的信封同时也分发给马里兰州埃尔克顿和弗雷德里克的邮局。后者距离艾文斯博士的家只有几个街区，艾文斯博士在那里开设有邮政信箱。

这些炭疽信件是从普林斯顿大学附近的一个信箱地址寄来的，该办公楼里有一个特定的联谊会，伊文斯博士对这个联谊会的痴迷可以追溯到 40 年前的大学时代。这个邮箱地址与他在马里兰州弗雷德里克的家相距大约三个小时路程。

由于意识到联邦调查局正在开展调查并且自己存在被检控的可能，艾文斯博士服用了过量的非处方药自杀身亡。

资料来源：《美洲狮调查摘要》，美国司法部根据《信息自由法》发布，2010 年。

法庭科学概论

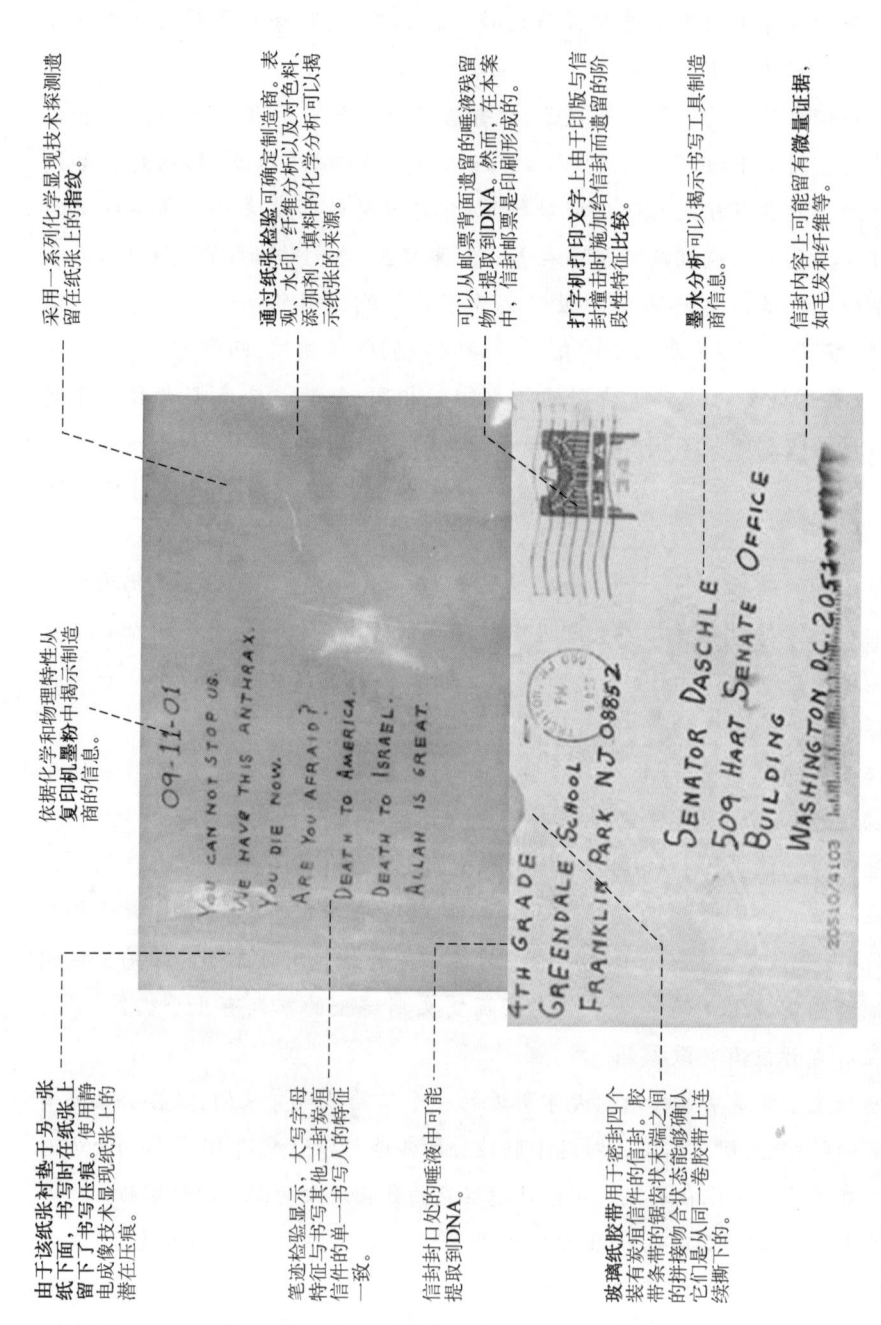

采用一系列化学显现技术来检测遗留在纸张上的指纹。

通过纸张检验可确定制造商，表观、水印、纤维分析以及对色料、添加剂、填料的化学分析可以揭示纸张的来源。

可以从邮票背面遗留的唾液残留物上提取到DNA。然而，在本案中，信封邮票是印刷而形成的。

打字机打印文字上由于印版与信封撞击时施加给信封而遗留的阶段性特征比较。

墨水分析可以揭示书写工具制造商信息。

信封内容上可能留有微量证据，如毛发和纤维等。

由于该纸张衬垫于另一张纸下面，书写时压痕上留下了书写压痕。使用电成像技术显现纸张上的潜在压痕。

依据化学和物理特性从复印机墨粉中揭示制造商的信息。

笔迹检验显示，大写字母特征与书写其他三封装殖杆菌的单一书写人特征一致。

信封封口处的唾液中可能提取到DNA。

玻璃纸胶带用于密封四个装有炭疽信件的信封。胶带末端的锯齿状末端之间的拼接吻合状态能够确认它们来自同一卷胶带上连续撕下的。

图 1-8　2001年9月11日恐怖袭击发生后不久，一个装有炭疽杆菌孢子的匿名信封被送到参议员汤姆·达施勒（Tom Daschle）的办公室。各种法庭科学技术被用于检验案件中的信封和信件。此外，信封正面和背面的条形码包含了邮寄地址信息以及信封首次被邮件分拣机构处理的信息

法庭科学专家的职责

虽然法庭科学专家主要依靠科学知识和技能开展工作,但是,只有大约一半的工作是在实验室完成的;另一半工作则是在法庭上开展的,即需要在法庭上确定证据的最终意义。法庭科学专家不仅要分析物证,还要说服陪审团接受从该分析中得出的结论。

物证分析

首先并且最重要的方面是,法庭科学专家必须能够熟练运用物理和自然科学的原理和技术分析刑事调查中提取到的各类物证。在警方调查人员据以破案的三大途径,即犯罪嫌疑人的供述、受害者或证人陈述,以及对于从犯罪现场提取物证的评估当中,唯有物证不容易受到内在差错或偏见的影响。

物证的重要性

刑事案件中不乏由于人的记忆错误或判断失误而引发错误指控和定罪的例子。例如,调查人员在初步评估围绕犯罪行为有关的事件和情况时可能被引入歧途。目击者的误导性陈述以及犯罪嫌疑人所提供的不确切供词会加剧此类错误。然而,物证并不存在上述这些担忧。

那么,能够让调查人员厘清事实之本来面目而不是遵照所预期事实的物证是什么呢?物证的标志性特点是必须经过科学探究。科学的完整性来源于遵守严格准则,这些准则确保人们仔细并且系统地收集、组织和分析信息——这一过程被称为**科学方法**。[②] 科学方法的基本原则提供了一个安全网,以确保调查结果既不会受人类情感的负面影响,也不会因歪曲、贬低或忽视相反证据而受到损害。

科学方法是通过坚持系统收集、组织和分析信息的方式来寻求答案。所要研究的特定问题被称为"假设",科学方法论基于对假设的检验以确定有关假设是否可以被证实或证伪。具有持久解释力并经过不同条件下检验的假设将被整合成为理论。理论代表了对各种自然和物理现象的最佳解释,并且能够经受不同的独立开展的研究所反复检验。

---

② 科学方法:采用严谨的指南以确保仔细和系统收集,组织和分析信息的过程。

科学方法将成为刑事调查员工作的基本模型。首要的事情是提出一个具有调查意义的问题,例如,是谁犯下了某一特定罪行等。接下来,调查员将提出一个假设并形成关于这个问题的一个合理解释。紧接着的就是科学探究的根基——用实验检验假设。检验过程必须全面并且已为其他科学家和研究人员所认可。尽管与预设的情形不同,科学家和调查人员也必须接纳有关发现。最后,通过实验所确认的假设就适合于作为科学证据,能够应用于刑事调查,并且最终具有成为证据的可采性。

确定证据的可采性

1923年,哥伦比亚特区巡回法院在审判中认定测谎仪不具备科学上的有效性,并通过裁决形成了后来确定科学检验是否具有司法可采性的标准指南。在弗莱诉美利坚合众国(Frye v. United States)一案中③,法院作出如下陈述:

"当一个科学原理或发现跨越实验阶段和可证明阶段之间的界限时,其很难被定义。必须承认科学原理在这个灰色地带中的证据力,尽管法院在承认从公认的科学原理或发现中推导出的专家证词方面还有很长的路要走,但是经过演绎而形成的东西也必须获得充分确立,以便在它所属之特定领域中获得普遍接受"。

为了达到"弗莱"标准,法院必须确定被质疑的程序、技术或原理是否已被相关科学团体中的主要群体所"普遍接受"。在实践中,这种方法要求一项科学测试的支持者须向法院提交一批专家名单,这些专家可以证明摆在法院面前的科学问题已被科学界的有关成员所普遍接受。此外,在确定一种新技术是否符合与"普遍接受"准则有关的相关标准时,法院经常注意到与该主题有关的书籍和论文,以及先前与该技术的可靠性和普遍接受有关的司法判决。近年来,这种方法引起了一场关于它是否足够灵活地处理可能尚未在科学界获得广泛支持的新科学问题的辩论。

其他可采性标准

作为"弗莱"标准的替代方案,一些法院开始认为,《联邦证据规则》所坚持的是一种更加灵活的标准,其不依赖于将是否具备"普遍接受"作为接受科学证据的绝对性先决条件。《联邦证据规则》的部分内容规定了联邦法院对所有证据(包括专家证言)的可采性规则,许多州已经采用了类似于《联邦证据规则》的法规。具体而言,《联邦证据规则》第702条涉及专家证词的可采性:

---

③ 293 Fed.1013(D.C.Cir.1923).

只要科学、技术或其他专业知识将有助于事实审理者理解证据或确定有争议的事实,则根据知识、技能、经验、培训或教育资格等方面而具备证人资格的专家证人可以以意见或其他形式作证,如果(1)证词基于足够的事实或数据,(2)证言是可靠原则和方法的产物,(3)证人已将原则和方法可靠地应用于案件事实。

在 1993 年"多伯特诉梅里尔道药品公司"一案具有里程碑意义的裁决中[④],美国最高法院声称,"普遍接受"或"弗莱"标准并不是《联邦证据规则》所要求的接受科学证据的绝对先决条件。法院认为,《证据规则》——特别是规则的第 702 条——所赋予审理案件法官的任务是确保专家证词建立在可靠的基础之上,并且与案件相关。虽然这项裁决只适用于联邦法院,但是,许多州法院应将这一决定作为制定科学证据可采性标准的指导方针。

判断科学证据

法院在多伯特案中所主张的观点是:审判法官在判断向法院提供的科学证据之可采性和可靠性时,要承担起"守门人"的最终责任(见图 1-9)。法院就法官如何衡量科学证据的真实性提出了一些具体指导方针,并强调有关聆讯活动应该采取灵活开放的方式进行。所建议进行聆讯的方面包括:

图 1-9 美国最高法院听证会示意图

---

④ 509 U.S.579(1993).

1. 科学技术或理论是否可以(并且已经)得到检验
2. 该技术或理论是否已经过同行评审和发表
3. 该技术的潜在错误率
4. 已有的控制有关技术操作的标准及其更新情况
5. 科学理论或方法是否在相关科学界得到广泛接受

一些法律从业者对此表示担心：放弃弗莱案所确立的"普遍接受"检验要求可能会导致将荒谬的和非理性的伪科学主张引入法庭。美国最高法院驳回有关主张并提出：

"由此，在我们看来，回应者似乎对于陪审团以及通常而言的对抗制诉讼制度所具有的能力持有过于悲观的看法。有力的质证、提出相反的证据以及对举证责任加以仔细说明，将成为打击不可靠证据并接纳具有可采性证据的传统和适当手段。"

在1999年"锦湖轮胎有限公司诉卡米歇尔"(Kumho Tire Co., Ltd. v. Carmichael)一案中[⑤]，法院一致裁定，审理案件法官的"把关"作用不仅适用于科学证词，也适用于所有专家证词：

"我们的结论是，多伯特的一般主张——规定了审理案件法官的一般'守门人'义务——不仅适用于基于'科学'知识的证词，而且适用于还有基于'技术'和'其他专业'知识的证词……。我们还得出如下结论，即，法院可能会考虑多伯特案判决中所提到的一个或多个更为具体的因素，只要这样做有助于确定证词可靠性。但是，正如法院在多伯特案中指出的那样，可靠性的测试是'灵活的'，多伯特规则的具体因素清单不一定能够完全适用于所有案件中的不同专家"。

一个能够充分体现多伯特案所明显赋予审理案件法官在科学聆讯方面所享有的灵活性和广泛自由裁量权的重要案件，就是"科波利诺诉州"(Coppolino v. State)[⑥]。在该案中，一名法医在庭上作证声称，他所发现的是受害者死于过量服用一种称为琥珀酰胆碱氯化物的药物。这种药物以前从未在人体内被发现过。法医的发现是基于一份毒理学检验报告，该报告确定了受害者体内异常高浓度的琥珀酸，这是药物在体内的分解产物。辩方认为，这种检出氯化琥珀酰胆

[⑤] 526 U.S.137(1999).
[⑥] 223 So. 2d68(Fla. App. 1968), app. dismissed, 234 So. 2d(Fla. 1969), cert. denied, 399 U. S. 927(1970).

碱的测试是全新的,其他科学家对此缺乏确凿的实验数据,这就意味着它尚未在毒理学专业中获得普遍接受。法院在驳回这一论点时指出,应当承认有必要设计新的科学检测方法来解决法庭科学实验室不断出现的特殊问题。然而,它所强调的是,尽管这些检测可能是新的和独特的,但只有当它们基于科学上有效的原则和技术时才是可以被接受的:"法医试图确定死亡是否由琥珀酰胆碱氯化物引起的有关检测是新颖的,并且是专门为本案设计的。然而这并未因此降低证据的可采性。只有建立起一整套特定致命物质的医学文献后,社会才能够无须再容忍凶杀案件。"

提供专家证词

由于法庭科学专家的工作结果将成为确定一个人最终有罪或无罪的因素,法庭科学专家需要在审判或听证会上为他们所采用的方法和所作出的结论作证。

案件审理法院在接受个人作为特定主题的**专家证人**[7]方面拥有广泛的裁决权。一般而言,如果证人能够成功向审判法官表明他们拥有特定的技能或具有行业或专业知识,并且将有助于法院确定与审判有关事项的真实性,该人可以被接纳成为专家证人。根据所系争的不同学科领域,法院通常会考虑将基于经验、培训、教育获得知识或者上述方面的集合作为判断专家证人资格的充分理由。

在法庭上,专家证人可能会被问及旨在证明他或她是否具备与当前所争论事项有关的素质和能力的问题。可以通过让专家证人援引所获得的教育学位、所参加特殊课程、所加入专业协会以及曾发表的各类专业文章或书籍来证实是否具备有关能力。同样重要的方面是专家证人在出席法庭作证之前在与案件相关领域的执业经历和年资。

为了做好从事法庭科学相关职业的准备,大多数化学家、生物学家、地质学家和物理学家会在资深检验人员指导下接受培训和开展独立研究。当然,物理科学的正规教育为学习和理解法庭科学原理和技术提供了坚实基础。尽管如此,在大多数情况下,法院必须通过所接受的培训和执业经历方面来衡量专家的知识和能力。

在法官对证人的资格作出裁决之前,对方律师可以对证人进行交叉询问,并

---

[7] 专家证人:被法院认定为具备一般外行人所不具备的而又与审判有关专门知识的人。

指出培训和知识方面的不足之处。大多数法院并不倾向于取消一个人作为专家出庭作证的资格，即便该人员的背景与目前系争问题之间关联不大。关于作为专家需要取得什么样的证书等问题的答案是充满歧义并且具有高度主观性的，这也是法院明智地试图避免的问题。

然而，法官或陪审团在随后的审议中所赋予"专家"证词之权重却是另一回事。毫无疑问，教育和经验对专家意见的价值产生相当大影响。同样重要的是他或她的举止和向由非科学家组成的法官和陪审团清晰、简洁并合乎逻辑地解释科学数据和结论的能力。整理专家证词优缺点的问题落在了控辩律师的肩上。

普通或者非专家证人只能够就其个人所知晓的事件或观察到的情况作证。这种证词必须是事实性的，除少数情况外，不能包含证人的个人意见。另一方面，当法院缺乏评估证据的专门知识时，会要求传召专家证人。然后，这位专家会针对调查发现的意义提出意见。专家在法庭上所表达的观点仅被接受为代表专家本人的意见，其在随后的陪审团审议中可能会被接受或忽略（见图 1-10）。

专家不能绝对确定地提出任何观点。充其量而言，专家所提出的意见只能基于来自培训和经验所获得的合理的科学上的确定性。显然，专家应该积极地

图 1-10 专家证人出庭作证

捍卫分析的技术和结论,但与此同时,他们也不能拒绝公正地讨论任何可能降低分析重要性的相关发现。法庭科学专家不应该是一方事业的拥护者,而应该只是真理的拥护者。对抗性司法系统必须给予检察官和辩护人充分的机会来提供专家意见并就此类证词进行辩论。最终,法官或陪审团的职责是在决定有罪或无罪时权衡所有信息的正反两面。

美国司法部发布了一系列指南,界定了法庭科学工作者在实验室和法庭当中的道德责任(见附录Ⅱ)。这些基础性指南有望成为执业法庭科学专家所普遍接受的准则。同时,这些指南将在刑事司法系统的实践中作为衡量法庭科学完整性和能力的标尺。2009年美国最高法院审理的"梅伦德斯-迪亚兹诉马萨诸塞州"(Melendez-Diaz v. Massachusetts)案[8]提出了刑事司法系统中要求法庭科学专家出庭作证的必要性。在梅伦德斯-迪亚兹案的裁决中,法院评论了将证据宣誓书或实验室证书替代法证化验人员亲身作证的实践。在裁决的论证中,法院所依据的是"克劳福德诉华盛顿"(Crawford v. Washington)案[9]的裁决,其所解释的是宪法第六修正案中对抗条款的含义。在克劳福德案中,一对夫妇的录音陈述被用作对丈夫的起诉指控证据。克劳福德辩称,这侵犯了他依据宪法第六修正案所享有的与指控他的证人对质的权利,法院支持了克劳福德的主张。法院在梅伦德斯-迪亚兹案[10]中使用了相同的逻辑论证方法,即通过宣誓书或证书引入法证证据剥夺了被告询问法证化验人员的机会。2011年,最高法院在"布尔康诉新墨西哥州"(Bullcoming v. New Mexico)案中重申了梅伦德斯-迪亚兹的裁决,拒绝了用其他专家证人代替原来的法证化验人员:[11]

"(我们)所面对的问题是,对抗条款是否允许控方引入包含有作证宣誓证书的法庭科学实验室报告——制作这份宣誓证书是为了提出一个特定事实,即出庭法庭作证的科学家并未签署证书,或者其并未执行或观察证明书指向的被报告的检测。我们认为该命令的替代证词不符合宪法要求。被告的权利是与出具证书的化验师对质,除非该化验师在审判时无法出庭,并且被告在审前有机会询问这名特定的科学家。"[12]

---

[8] 557 U.S.305(2009).
[9] 541 U.S.36(2004).
[10] 131S.Ct.2705(2011).
[11] WEBEXTRA1.1 观看法证专家证人作证—Ⅰ
[12] WEBEXTRA1.2 观看法证专家证人作证—Ⅱ

案例分析

科波利诺博士的致命家访

一个打破宁静的深夜电话将一位当地医生带到了佛罗里达州卡尔博士（Drs. Carl）和卡梅拉·科波利诺（Carmela Coppolino）博士的家中。医生赶到现场时，发现卡梅拉已经无法救治。卡梅拉·科波利诺的尸体未经任何人检查，然后被埋葬在她家乡新泽西州的家人的土地上。

一个多月后，卡尔嫁给了一位有钱的社交名流玛丽·吉布森（Mary Gibson）。卡尔结婚的消息激怒了玛乔丽·法伯（Marjorie Farber），她是科波利诺医生的前新泽西州邻居，曾与该医生有染。不久，玛乔丽向调查人员讲述了一个故事：她丈夫两年前的死，虽然被裁定为自然原因，但实际上却是谋杀！麻醉师卡尔给了玛乔丽一个装有药物的注射器，并让她在丈夫威廉睡觉时为他注射。最终，玛乔丽声称，她无法注射全剂量，并打电话给卡尔，卡尔用枕头使威廉窒息。

玛乔丽·法伯的惊人故事被以下事实所支持：卡尔最近增加了他妻子的人寿保险。卡梅拉的 65 000 美元保单，连同他新婚妻子的财产，将使科波利诺博士的余生都能够留在上流社会。根据这些信息，新泽西州和佛罗里达州的当局获得了威廉·法伯和卡梅拉·科波利诺的挖掘令。在对两具尸体进行检查后，科波利诺博士被指控谋杀威廉和卡梅拉。

官方决定首先在新泽西州审判科波利诺博士，指控的罪名是谋杀威廉·法伯。法伯的尸检并未发现任何中毒的证据，但似乎显示出勒死的强有力的证据。由于缺乏毒理学方面的发现，这就令陪审团不得不审议医学专家的证词与玛乔丽·法伯给出耸人听闻故事两者的矛盾之处。最后，科波利诺博士被裁定无罪释放。

佛罗里达州的审判为将卡尔·科波利诺绳之以法提供了另一个机会。回顾科波利诺博士作为麻醉师的职业生涯，检控方推测，科波利诺犯下这些谋杀罪所采取的手段是利用他在手术中曾经使用过的许多特效药物，特别是一种称为氯化琥珀胆碱的可注射麻痹剂。

在卡梅拉的尸体被挖出后，调查人员发现卡梅拉在死前不久在她的左臀部曾被注射物质。最终，技术人员设计了一种用于检测氯化琥珀酰胆碱的全新方法。通过运用这种方法,在卡梅拉的大脑中发现了琥珀酸的水平明显升高,这证明了她在去世前不久接受了大剂量的麻醉药物注射。上述证据,以及她臀部被注射部位留有相同类型药物残留的证据,在佛罗里达州对卡尔·科波利诺(Carl Coppolino)的谋杀案审判中由检方提出,最终,卡尔·科波利诺被判犯有二级谋杀罪。

提供正确识别、收集和保存物证方面的培训

如果不能在犯罪现场合适地识别、收集和保全相关证据,那么实验室工作人员的能力以及实验室分析设备的精密程度等方面几乎没有任何价值。因此,法证工作人员应负有影响犯罪现场调查活动的责任。

对这一问题最直接和有效的反应是向犯罪现场派遣经过专门培训的取证技术人员。越来越多的犯罪实验室和他们所服务的警察机构配有24小时待命的训练有素的"证据技术人员",以帮助刑事调查人员提取证据。这些技术人员经过实验室工作人员开展识别和采集犯罪现场物证的培训,然后被分配到实验室全职工作,持续接触法证技术和程序。他们配备有个人可支配的所有合适的一次性工具和耗材用于收集和包装证据以便将来进行深入科学检验。

不幸的是,许多警察机构仍然没有采纳这种做法。通常情况下,由巡逻警官或侦探收集证据。个体在这个岗位中开展工作的有效性取决于其所接受过的培训以及这些培训与实验室工作的相关程度。为了最大限度地利用犯罪实验室的专业能力,犯罪现场调查员的培训除了单纯课堂讲授之外,还应当包括与法庭科学专家进行深度个人接触。每个人都必须意识到对方所存在的问题、技术和局限性。

对警官进行证据收集方面的培训以及增强他们对犯罪实验室能力的熟悉程度,不应局限于警察机构中所选定的一组人员。每个从事一线工作的官员,无论是交通、巡逻、调查还是青少年控制等,通常都必须对证据进行处理以便开展实验室检验。显然,要为每个人提供合格刑事调查员所需的深度培训和关注将是困难且耗时巨大的。但是,通过提供定期讲座,开展实验室参观和分发实验室工作人员所编写的描述收集并向实验室提交物证的正确方法的有关手册等,可以让他们更熟悉犯罪实验室所提供的服务和能力(见图1-11)。

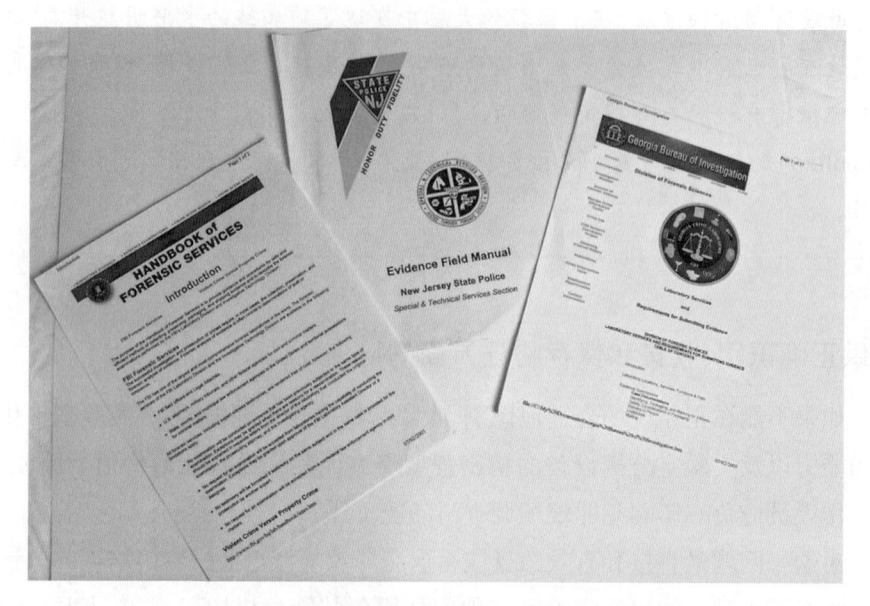

图 1-11 各警察机构编制的代表性取证指南

本书的附录二列出了常见类型物证的正确收集和包装的简要描述。在以后的章节中,我们会对该附录中总结的程序和信息加以详细讨论。

其他法庭科学服务

尽管这本书专门描述了那些通常由犯罪实验室提供的服务,但是,法庭科学领域绝不仅限于本书所涵盖的领域范围。执法人员经常在犯罪实验室之外获得专门化的法庭科学服务。这些服务是刑事调查的重要辅助手段,需要具有高度专业化技能的人员参与其中。

法医精神病学

法医精神病学是一个专门研究人类行为与法律诉讼之间关系的专门领域。法医精神病专家受聘参与民事和刑事诉讼活动。在民事案件中,法医精神病专家一般需要确定人们是否有能力作出关于准备遗嘱、财产安置或拒绝医疗治疗的决定。而在刑事案件中,他们评估被指控人员是否存在行为障碍并确定有关当事人是否有能力出庭参加庭审。法医精神科专家还通过识别犯罪人员的行为模式以帮助分析犯罪嫌疑人的行为特征。

法医牙科学

法医牙科专家在尸体处于无法识别的状态时帮助识别受害者。牙釉质由珐琅质组成,珐琅质是体内最坚硬的物质。由于牙釉质具有稳定性,牙齿比人体组织和器官的分解时间要更长。牙齿的特征、牙齿之间的排列和口腔的整体结构为识别特定的人员提供了相对独立的依据。通过查询牙科治疗记录,如X射线照片和牙科石膏倒模,甚至是患者微笑的照片等,人们可以将一组牙齿遗骸与疑似遇害者进行比较(见图1-12)。

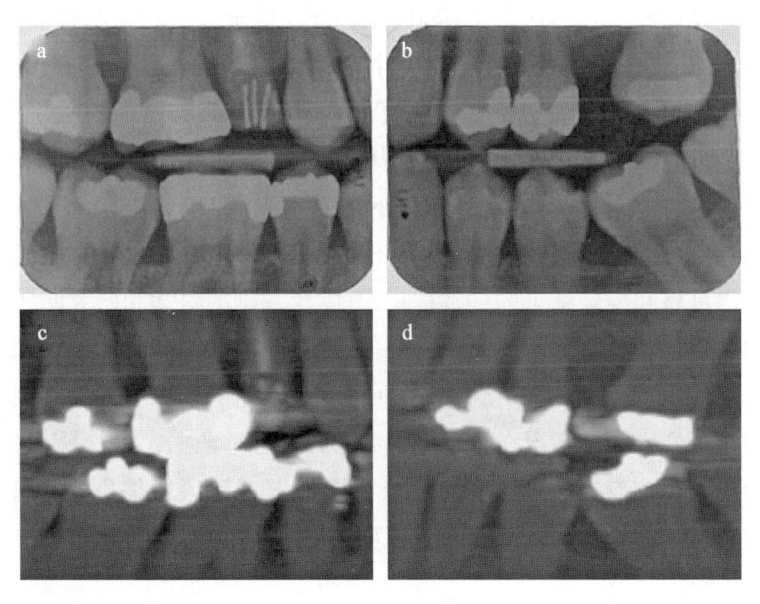

图 1-12 图像(a)和(c)以及(b)和(d)是从同一个人身上拍摄的死后和生前牙科 X 光片。这些图像可用于个体识别

从历史上看,法医牙科专家也会将人类形成的咬痕诠释为识别在受害者身上留下了咬痕的潜在嫌疑人的方法。1975 年,美国法院首次认可咬痕比较证据,并且全美 50 个州的法院很快作出跟进。鉴于新近科学进展,即 DNA 检测的出现,证明了法证齿科专家通过咬痕比较所作出的判断存在严重缺陷。自 DNA 检测技术问世以来,不少进入到庭审环节的涉及咬痕鉴定的案件经过 DNA 检测后,有关判决被推翻。2009 年,美国国家科学院认真研究了法证咬痕识别的

科学基础并发现相关科学研究中存在明显空白。

人类咬痕比较鉴别实践基于以下两个假设：首先，人类的牙列具有实质意义的特定性，因此，可以通过牙齿的印迹来识别个人；其次，如存在之时，人类皮肤将是牙齿特征的精准承痕体。美国法医牙科委员会在2016年发表了一份声明，反对过去将咬痕作为人体识别依据的做法。至今，在该领域执业一些专家仍不同意外界所作出的一些批评意见，即认为缺乏科学证据支持"法医牙科专家在比较咬痕时所依据的假设和所作出的判断"。[13]

这场争论凸显了法律与科学交叉地带中的一场重要斗争。在刑事审判中接受的证据往往受法律先例的约束。一旦这一法律先例得到牢固确立，就像人类咬痕比较一样，就很难改变过去40年来法院所接受的内容。随着越来越多的科学证据拒绝使用咬痕比对作为个体识别的手段，科学家们越来越怀疑其在法庭上的使用，但是许多检察官和法官对此并没有气馁。

2016年2月12日，得克萨斯州法庭科学委员会[14]发布了一份关于咬痕比较的报告，以回应"国家无罪项目"代表史蒂文·马克·钱尼（Steven Mark Chaney）所提出的申诉。委员会作出如下结论：（1）目前，由于分析活动具有主观判断的性质，绝大多数的已有研究并不支持在不同检验员之间进行咬痕比较时具有获得可靠和准确结果的一致性；（2）除了基础的科学和研究问题外，法医牙科学检验与已获认可的实验室中的其他印痕检验领域之间在质量控制和基础设施方面存在显著差异。委员会建议，在得克萨斯州的刑事案件中，除非并且直至能够确定下列方面的情况，否则不得接受咬痕比对证据：（1）具有图案特征的伤痕构成人类咬痕的识别标准；（2）鉴别咬痕是成年人还是儿童的识别标准；（3）严格并且经过合适确认的能力验证项目。

法证工程学

法证工程师所关注的是事故分析、事故重建以及火灾或爆炸的原因和起源。法证工程师能够回答以下问题：事故或结构故障是如何发生的？有关各方是否负有责任？如果是这样，他们负有何种责任？他们检验事故现场，审查相关照片，并检查所涉及的机械物件。

---

[13] Bowers, C. M., "Review of a Forensic Pseudoscience: Identification of Criminals from Bitemark Patterns," Journal of Forensic and Legal Medicine 61 (2019): 34-39. doi: 10.1016/j.jflm.2018.11.001

[14] https://www.txcourts.gov/media/1440353/fsc-annual-report-fy2017.pdf

法证计算机和数字分析

法证计算机科学是一个新兴且快速增长的领域,其涉及识别、收集、保存和检查来自计算机和其他数字设备,如手机等的信息。这项工作在执法方面的运用通常是从计算机硬盘驱动器中恢复已被删除或覆盖的数据,追踪被入侵系统中的黑客活动。本书的第 18 章和第 19 章将详细讨论法证计算机分析以及恢复移动设备中的数据。

在互联网上探索法庭科学

在互联网上可以找到的信息数量或类型是无穷无尽的。执法和法庭科学领域并没有落后于计算机技术的进步。可在互联网上查找到与法庭科学有关的广泛信息。互联网上能够获得的信息类型范围,从对于法证各领域的简单介绍到犯罪现场重建的复杂细节。人们还可以找到哪些大学提供法庭科学学位项目的信息,同时,执法机构发布的网页会详细介绍他们的活动和相关招聘机会。

法证综合信息网络站点

雷迪法证门户主页(Reddy's Forensic Home Page, www.forensicpage.com)是一个十分有价值的起始点。该网站是法庭科学分类网页的集合,例如法证领域的新链接;综合法证信息资源;协会、学院和社团;相关文献和期刊;法证实验室;一般网页;与法庭科学有关的邮件列表和新闻组;大学、会议和法庭科学各专业领域等。

另一个能够提供法庭科学多维度信息的网站是芝诺法庭科学网站(Zeno's Forensic Site, www.forensic.to/forensic.html)。在这里,用户可以找到法庭科学教育和专家咨询的网络链接以及有关法庭科学专门领域的丰富信息。

对于那些对执法机构感兴趣的人来说,Officer.com(www.officer.com)是一个综合且有用的网站。在该网站当中,各方面的刑事司法资源集被组织成易于阅读的不同子目录,各个子目录分别与执法机构、警察协会和组织网站、刑事司法组织、法律研究页面以及警察邮件目录等主题相对应。

"法证枪械鉴定简介"(http://www.firearmsid.com/)

该网站包含与枪械识别有关的大量信息。用户可以详细探索如何检验子弹、子弹盒和衣服上是否留有射击残留物,以及如何检验可疑射击者手部是否有火药残留。在此网站还能够找到自动枪支搜索系统 NIBIN 的最新技术信息。[15]

"卡彭特的法庭科学资源"(http：//www.tncrimlaw.com/forensic/)

该网站提供了涉及法庭科学证据的参考书目。例如,用户可以找到 DNA,指纹,头发,纤维和可疑文件检验方面的参考资料,由于它们与犯罪现场有关并且能够帮助推进相关调查。该网站是启动法庭科学研究项目的绝佳场所。[16]

"犯罪现场调查员网络"(http：//www.crime-scene-investigator.net/index.html)

对于那些有兴趣学习犯罪现场调查过程的人来说,本网站提供了有关犯罪现场首先响应以及证据收集和保全的详细指南和信息。例如,通过本网站可以找到血迹、头发、纤维、油漆、玻璃、枪支、文件和指纹等证据包装和分析方面的信息。这些信息解释了勘验犯罪现场的重要性以及法庭科学证据对调查所带来的影响。[17]

"犯罪和线索"(http：//crimeandclues.com/)

如果网站使用者有兴趣了解法证指纹识别的话,其将会发现这是一个十分有用且信息丰富的网站。该网站涵盖了指纹的历史,以及与潜在指纹显现有关的主题。用户还能够找到其他网站的链接,这些网站涵盖了与犯罪现场调查、记录和专家证词有关的各种主题。[18]

"可疑文件检验"(http：//www.qdewill.com/)

这个基础性、信息性的网页能够解答文件检验方面的常见问题,解释典型的文件检验技术应用,并且详细介绍笔迹和签名检验的基本事实和理论。还有关于知名文件检验案例的网页链接,这些案例向网站用户展示了法证文件检验在真实生活中的应用。[19]

章节小结

就最广义的定义而言,法庭科学是将科学应用于刑法和民法的学科。本书强调将科学应用于刑事司法系统中由警察机构执行的刑事和民事法律。法庭科

[15]　WEBEXTRA1.3　法医枪械鉴定简介
[16]　WEBEXTRA1.4　卡彭特的法庭科学资源
[17]　WEBEXTRA1.5　犯罪现场调查员网络
[18]　WEBEXTRA1.6　犯罪和线索
[19]　WEBEXTRA1.7　可疑文件检验

学的起源归功于贝蒂隆、高尔顿、拿铁、戈达德、奥斯本和洛卡德等人,他们建立了识别比较物证所需的原理和技术。

美国犯罪实验室发展的特点是迅速增长,缺乏国家和区域规划协调。目前,大约有四百个公共犯罪实验室在各级政府(联邦、州、县和市)中运作。

犯罪实验室所提供的技术支持大体分为五项基本服务。物理科学部门利用化学、物理和地质学的原理来识别和比较物证。生物部门利用生物科学知识研究血液样本、体液、头发和纤维样本。枪支部门调查射击子弹、子弹盒、霰弹枪弹和弹药。文件检验部门开展笔迹分析和检验其他可疑文件。最后,摄影部门采用专门摄影技术记录和检验物证。一些犯罪实验室能够提供毒理学、指纹分析、测谎仪管理、声纹分析以及犯罪现场调查和证据采集等服务。

法庭科学专家必须熟练掌握物理和自然科学原理和技术运用以分析刑事调查过程中提取的各类型证据。法庭科学专家也需要提供专家证词。被传召出庭作证的专家证人要根据所接受的专门培训和执业经验来评估证据,并就调查结果的意义发表意见。此外,法庭科学专家还参与培训执法人员,使其能够合适地识别、收集和保存物证。

"弗莱诉美利坚合众国"一案的裁决为确定科学证据是否可被法庭采纳确立了指引。为了达到"弗莱"标准,有关证据必须被科学界"普遍接受"。然而,在 1993 年"多伯特诉梅里尔道药品公司"一案中,美国最高法院声称,"弗莱"标准不是确定科学证据可采性的绝对先决条件。审判法官作为"守门人",对于向法院提交科学证据的可采性和有效性负有最终责任。

除了犯罪实验室之外,执法部门还可以接触到多项特别法庭科学服务,这些服务包括法医精神病学、法医牙科学、法证工程以及法证计算机和数字分析等。

问题回顾

1. "将科学应用于法律"描述了_____。
2. _____的虚构功绩激发了新一代法庭科学专家和刑事调查员的想象力。
3. 使用一系列身体测量的个人识别系统首先是由_____设计的。
4. _____负责开展第一项统计研究,证明指纹的独特性。
5. 意大利科学家_____设计了第一个分析干燥血迹的可操作程序。
6. 经过_____的努力,比较显微镜成为枪支检验不可或缺的工具。

7. 将科学原理应用于文件检验的早期工作与_____有关。
8. 奥地利地方司法官_____主张将科学应用于刑事调查。
9. 在_____的指导下,法国里昂成立了第一批具有实体功能的犯罪实验室。
10. 当两个物体相互接触时会发生证据转移,这是由法庭科学专家_____首先倡导的概念。
11. 美国第一个法庭实验室由_____警察局于1923年创建。
12. _____州是美国地理区域上的一个很好例子,它创建了一个综合的区域和卫星实验室系统。
13. 与美国不同,英国的犯罪实验室系统的特点是_____实验室国家系统。
14. 对于_____分析的需求不断增长,这是美国最近犯罪实验室服务扩展的最重要因素。
15. 美国提供法庭科学服务的四个重要的联邦机构是_____、_____、_____和_____。
16. 美国目前在_____、_____、_____和_____各级政府相关机构的主持下,维持着一个去中心化的犯罪实验室体系。
17. 犯罪实验室的_____部门所承担的任务是将化学、物理和地质学应用于犯罪现场证据的识别和比较。
18. 对血液、毛发、纤维和植物材料的检验是在犯罪实验室的_____部门进行的。
19. 检验子弹、弹壳、霰弹枪弹壳和各类弹药,由_____部门负责。
20. 对人体体液和器官中的药物和毒物检验是_____部门的一项任务。
21. _____单元部门派遣经培训的人员到犯罪现场提取证据以开展实验室检验。
22. "普遍接受"原则是科学证据司法可采性的标准,其是由_____一案所确立的。
23. 在_____一案中,最高法院裁定,在评估新的和独特的科学检测的可采性时,审判法官不必仅仅依赖于"普遍接受"的概念。
24. 判断对错:美国最高法院在"锦湖轮胎有限公司诉卡米歇尔"一案中将审判法官的"守门人"角色仅限于科学证词。_____
25. 佛罗里达州的一个案件,体现了审判法官在科学聆讯问题上的灵活性和广泛的自由裁量权,该案件是_____。
26. _____是能够证明掌握特定技能或具有行业或专业知识的人,其有助于法院确定所争议事项的真相。

第一章 概 述　　37

27. 判断正误：专家证人在法庭作证时的表现可能在法庭确定其证词权重时发挥重要作用。_____
28. 判断正误：专家证人的证词所包含的是与其所研究或者所进行检验内容有关的个人意见。_____
29. 调查人员合适识别和收集犯罪现场证据的能力取决于从犯罪实验室收到的_____的数量。
30. 判断正误：2004 年，美国最高法院在"克劳福德诉华盛顿"一案中所解决的是与第六修正案对抗条款有关的问题。_____
31. 2009 年美国最高法院在_____案件中作出的裁决所解决的是使用证言宣誓书代替法证检验人员亲自出庭作证的做法。

应用与批判性思考

1. 美国大多数犯罪实验室由政府资助和运营，为警察和检察官提供免费服务。然而，英国使用私人实验室，对其服务收取费用并保留其获得的任何利润。请指出每个体系的潜在优势和劣势。
2. 警方在现场收集了以下物品：据称由受害人写的便条、一把存在潜指纹的左轮手枪，以及受害人指甲下的皮肤和血迹。这些证据将由犯罪实验室的哪些部门进行检验？

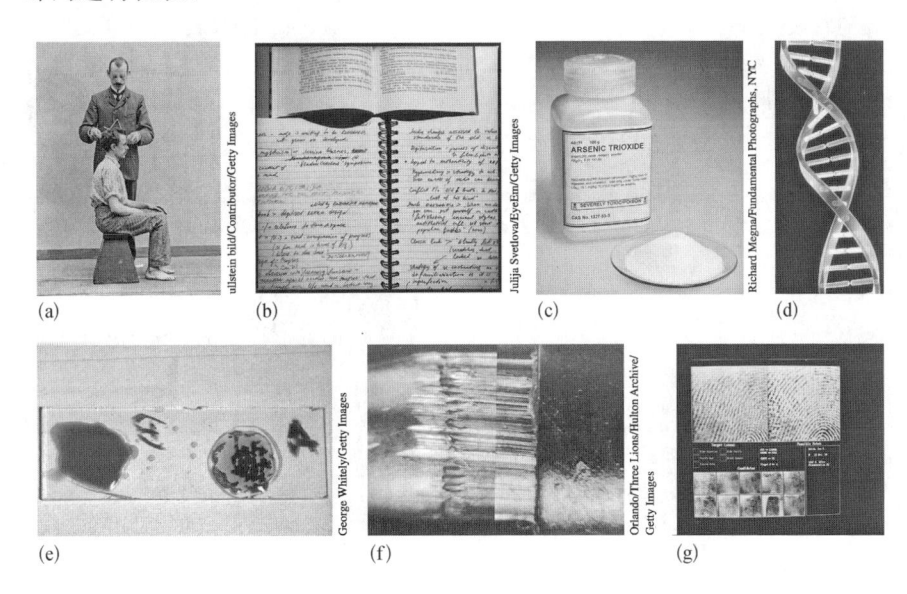

(a)　(b)　(c)　(d)

(e)　(f)　(g)

38 法庭科学概论

3. 至少列出三个让证据采集部门处理犯罪现场而不是由巡逻人员或侦探处理犯罪现场的优点。

4. 在卡尔·科波利诺(Carl Coppolino)的佛罗里达州谋杀案审判中,辩方在上诉中提出了什么法律问题?哪项法院裁决与驳回上诉的决定最相关?解释你的答案。

5. **法庭科学的时间轴**。以下图片描绘了不同类型的证据或分析证据技术。按照历史上的时间(从新近到最新近)的顺序排列图片,每种类型的证据或技术都是首次引入的。请使用分配给图像的字母来排列。

6. **犯罪实验室中证据处理**。现在假设您是州立犯罪实验室前台的证据技术人员。在一个繁忙的工作日当中,您将收到以下证据并办理登记手续。您必须指明每份证据应发送到哪个部门进行分析。进一步假设您所在的犯罪实验室有一个刑事技术(物理科学)部门,一个毒品分析部门,一个生物学部门,一个枪械部门,一个文件检验部门,一个毒理学部门,一个潜在指纹检验部门,一个人类学部门,以及一个法证计算机和数字分析部门。

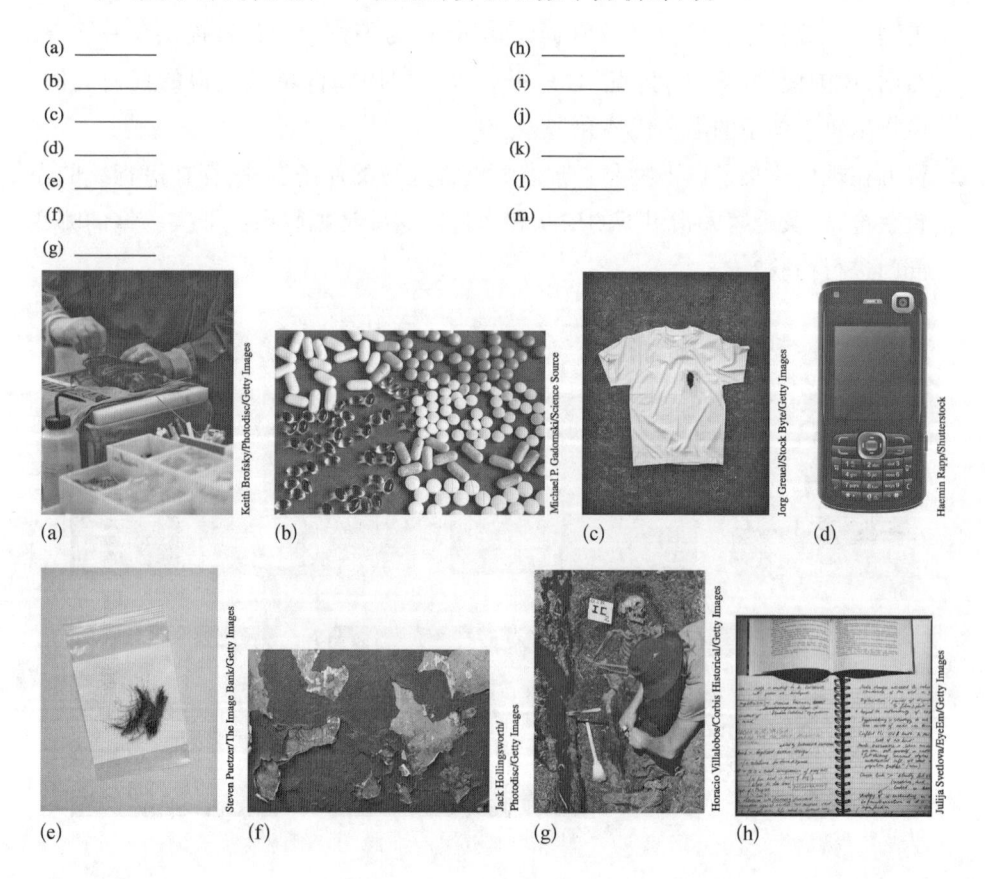

(a) _____   (h) _____
(b) _____   (i) _____
(c) _____   (j) _____
(d) _____   (k) _____
(e) _____   (l) _____
(f) _____   (m) _____
(g) _____

(i)　　　　　(j)　　　　　(k)　　　　　(l)　　　　　(m)

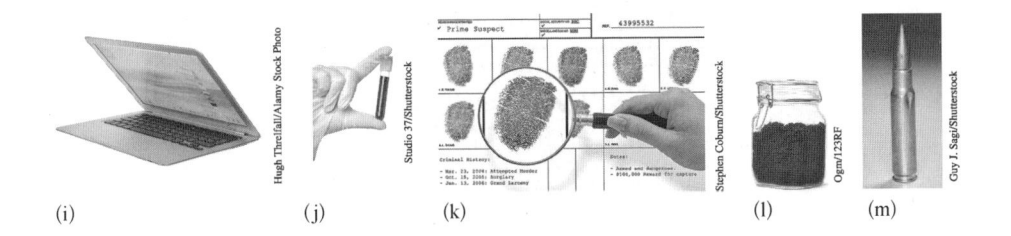

参考文献与延伸阅读

A Simplified Guide to Forensic Science, http://www.forensicsciencesimplified.org/Cohen, StanleyA.,"The Roleof the Forensic Expert in a Criminal Trial,"*Canadian Society of Forensic Science Journal* 12(1979): 75.

Doyle, Sir Arthur Conan, The Complete Sherlock Holmes, vol.1.NewYork: Double day,1956.

Kagan,J.D.,"On Being a Good Expert Witness in a Criminal Case,"*Journal of Forensic Sciences* 23(1978): 190.

Lucas,D.M.,"North of 49-The Development of Forensic Science in Canada,"*Science & Justice* 37(1997): 47.

National Research Council, *Strengthening Forensic Science in the United States: A Path Forward*, Washington,D.C.: National Academies Press,2009,http://books.nap.edu/openbook.php record_id=12589&page=R1

Sandercock,P.MarkL.,"75 Years of Forensic Chemistry in the Royal Canadian Mounted Police. A Time line for Trace Evidence, 1937–2012,"*Canadian Society of Forensic Science Journal* 46 (2013): 120.

Sapir, GilI., "Legal Aspects of Forensic Science," in R. Saferstein, ed., *Forensic Science Handbook*, vol 1,2nd ed.Upper Saddle River,NJ: Prentice Hall,2002.

Shelton,D.E.,"The CSI Effect: Does It Really Exist?" http://www.nij.gov/journals/259/csi-effect.htm

Waggoner, Kim,"The FBI Laboratory: 75 Years of Forensic Science Service,"*Forensic Science Communications* 9, no. 4 (2007). https://www2.fbi.gov/hq/lab/fsc/backissu/oct2007/index.htm

第二章

犯罪现场

学习目标

2.1 描述保护、记录及搜索犯罪现场时采取的各种方法
2.2 描述关于常见物证包装的合适技术
2.3 解释证据保管记录链的概念
2.4 关联为了维持犯罪现场上合适的健康与安全标准而典型地需要进行的步骤
2.5 理解美国最高法院作出的与犯罪现场保护有关的裁决的影响

关键术语

buccal swab	口腔拭子
chain of custody	证据保管记录链
finished sketch	已完成的现场图
physical evidence	物证
rough sketch	粗略的现场图
standard/reference sample	标准/参考样本
substrate control	基底控制

新 闻 头 条
阿曼达·诺克斯：疑点丛生的谋杀案

　　2007年9月,阿曼达·诺克斯(Amanda Knox)作为国际交换生来到意大利佩鲁贾生活学习。诺克斯与梅雷迪思·克尔切(Meredith Kercher)及另外两名女性合租一间公寓。在诺克斯到达意大利后的几周内,其就和一位名叫拉弗列·索利斯图(Raffaele Sollecito)的意大利学生建立了恋爱关系,并开始在他家里过夜。

　　11月1日下午早些时候,克尔切在她的卧室里被残忍杀害。克尔切被发现

时全身赤裸，身上盖着一块浸满鲜血的床单，喉咙处有刀伤。检方指控诺克斯和索利斯图犯有性侵及谋杀。这起案件在国际引发极大震动，英国和意大利的新闻媒体肆意诋毁诺克斯，更有甚者将该起案件称为欧洲的"世纪审判"。诺克斯被判处诽谤、性暴力和谋杀罪名，并服刑26年。四年后，意大利最高法院撤销了对诺克斯的判决。

一审中检方的关键证据是一件文胸扣和一把菜刀。检方声称在索利斯图家的厨房里发现的菜刀刀刃上有克尔切的DNA，刀柄上有诺克斯的DNA。文胸是克尔切的，但扣子上有诺克斯的DNA。在诉讼过程中，受聘的辩护专家在检查证据后，质疑当地DNA实验室以及犯罪现场调查人员的专业水平。辩护专家在查看犯罪现场拍摄的照片和视频后确定意大利当局在妥善控制、记录和保存现场证据方面存在重大失误。例如，文胸不是在第一次搜查犯罪现场时收集的，而是在首次调查40天后收集的。2015年，意大利最高法院以证据可能受到污染为由，宣判诺克斯和索利斯图无罪。在审查证据后，法院指出"调查程序存在严重的缺陷，媒体关注度过高"，并以此作出庭审意见：该案中收集的物证上的"生物痕迹"无法有效将诺克斯和索利斯图与谋杀联系起来。

调查人员随后在克尔切的卧室里发现了第三名嫌疑人鲁迪·古德（Rudy Guede）的指纹，同时在克尔切的尸体上和体内发现了他的DNA，之后鲁迪·古德被判犯有谋杀罪，目前在意大利的一所监狱里服刑。

犯罪现场处置

正如汽车运行需要汽油一样，犯罪调查实验室的"运行"主要依靠**物证**。[①] 物证包括任何一切能够证明犯罪发生或者没有发生或者能够将犯罪行为

---

① 物证：任何一切能够证明犯罪发生或者没有发生或者能够将犯罪行为与其受害者或行凶者关联起来的客体。

与其受害者或行凶者关联起来的客体。为使物证被有效用于协助调查人员,人们必须首先能够在犯罪现场发现物证。如果将犯罪现场范围内的所有自然物和人造物都收集起来,科学家就有可能从中发现重要线索,但与此同时,大量物证会使实验室迅速陷入瘫痪状态。只有当物证收集者充分了解犯罪调查实验室的技术、能力和局限性等情况之时,物证才能在刑事调查中发挥其最佳作用。

我们将在之后的章节中专门讨论适用于法庭科学专家评估物证所采用的技术和方法。虽然目前犯罪调查实验室的技术能力远超从前,但是,这些进展从来都不是刑事调查人员自鸣得意的理由。犯罪调查实验室并不直接解决犯罪问题;犯罪问题的解决依赖于由专业警务人员开展的全面有效的刑事侦查。虽然法庭科学目前是,并且将来都会是总体调查过程中的重要环节,但这也只是整个刑事侦查中所需要的团队协作努力的一个方面,一个案件的侦破需要各个方面的积极合作才能完成。如果调查人员认为犯罪调查实验室是解决一切问题的"灵丹妙药"并因此而放松或懈怠,那么他们将会遭到当头棒喝。

法庭科学始于犯罪现场。如果调查人员不能识别或妥善保存物证以供实验室检验,那么即使他们拥有再精湛的技术、设备再先进的实验室也无法解决有关问题。作为一项必备技能,每一名警察都应知晓如何对犯罪现场开展适当的搜查和寻找物证。合适的培训能确保警官胜任犯罪现场调查工作。在美国的许多司法管辖区,警察部门已将这项业务委托给专门技术小组。应当看到,犯罪现场调查技术并非难以掌握的事物,这些技术也必然在普通警员理解范围之内。

不是所有案件的犯罪现场都需要收集物证,而由于资源和人手不足,许多警察部门只能将有限精力集中于侦破恶性案件。只有在必要时,警察部门才会彻底搜查犯罪现场,当然,有关工作必须遵循基本的操作流程。

保护并隔离犯罪现场

首先到达犯罪现场的警官应尽可能地保全和保护现场区域。警官应提高警惕并依靠先前接受过的专业训练以处置现场上的暴力或毒害情况。要特别留意所有离开现场的车辆和人员。

当然,应优先考虑为现场有需要的人提供医疗援助和逮捕行凶者。然而,只要可能之时,都要杜绝一切未经授权人员进入现场。在需要医疗部门提供援助时,现场负责警官应指挥医务人员通过非直接路径走近尸体,以尽量降低证据污染的可能性。首先响应的警官必须评估受害者伤情并记录受害者所作陈述。这些信息将在后续流程中被记录在案。

当其他警员到达现场时,应立即采取措施隔离现场区域(见图2-1)。隔离范围一般为案发中心现场、所有进出口以及怀疑证据可能被丢弃或移动的区域等。通过使用警戒带、路障以及安排警卫人员等措施,阻止未经授权人员进入隔离区域。警方必须全力识别核查现场人员身份,并留置现场所有可疑人员或目击者。与此同时,警方应将所有未经授权的人员隔离于现场之外,包括受害者的家人和朋友。只能允许被分配任务的调查人员进入。负责响应的调查人员必须准确记录现场人员进出情况和具体时间等信息。

图 2-1 首批抵达现场的调查人员必须确保犯罪现场安全并设立警戒区域

有时候,阻止未经授权人员进入现场的工作要比预想中困难。暴力犯罪极易受到政府高层、媒体、情绪激动的公众以及好奇者的关注。即使尽了最大努力,也难以保证进入现场的每个人都不会破坏物证。为了加强对犯罪现场的管控,负责保护现场的警员必须阻止包括没有直接参与现场处理或调查的其他警员在内的一切人员进入现场。经验丰富的刑事调查人员期望能够重建犯罪现场,但其常常苦于现场物证被人为破坏。因此,保护和隔离犯罪现场是侦查中的关键步骤,这一目标的完成情况将成为犯罪现场调查队伍是否训练有素、专业的主要标志。

犯罪现场一旦得以保护，案件首席调查员将开始勘查该区域。调查员会首先确定现场范围，确定行凶者的进出路线。根据逻辑推理，调查员会首先关注犯罪现场上的明显的证据。这些物品将被记录并拍照固定。然后，调查员开始对现场进行初步巡查，以了解案发情况和制定系统勘验和记录整个犯罪现场的策略。

弗格森、巴尔的摩、克利夫兰以及斯塔顿岛等事件所引发的种族关系紧张状况将警员执法记录问题推到了风口浪尖。执法部门将一种可以夹在制服或眼镜上的微型摄像头分发给首先响应人员以便实时监控犯罪现场安全，这似乎是一种合理措施。然而，在这个时刻使用这种工具也会引发一系列严肃关注。在现行有关法律中，这一技术并未被执法部门所普遍接受，也没有涉及穿戴式摄像头（body-worn cameras，BWCs）如何部署的管理协议。除了设备的使用成本问题，公众所关注的一个主要方面便是数据的存储和管理。使用穿戴式摄像头的过程会生成大量视频数据，而这些数据需要被正确且合适地存储。因此，尽管已经通过有关管理协议，但其不能取代在犯罪现场上使用的数码相机和数码摄像机等设备。

现场调查人员在犯罪现场不得进行可能引起现场变动的事情，如吸烟、饮食和乱扔垃圾。除非严重威胁到在场的调查人员和旁观者，不得随意翻动现场物品，包括翻动现场的尸体。这也就意味着任何人都不应该在现场开关水龙头或者使用厕所。此外，应避免开关门窗、暖气、空调等可能改变现场温度的行为。

记录犯罪现场

调查员只能获得有限时间以在未被破坏的犯罪现场开展工作，因而，要抓住每一个记录现场原始状态的机会。这些记录不仅能在后续案件分析工作中起作用，在法庭审判过程中也需要出示这些记录以表明犯罪现场的情况和描述物证所处位置。笔录、摄影和素描是记录犯罪现场的三种主要方式（见图2-2）。理想情况下，三种方式都应该由专门人员分别进行。然而，人手和资金的不足往往制约了在每个现场都配置专门摄影摄像力量。在这种情况下，调查机构将根据实际情况对摄影摄像资源加以合理调配。但是，在犯罪现场上制作草图或笔录则是必需的。

现场笔录

现场记录应从犯罪现场调查员收到电话时开始。笔录应该首先从识别来电

图 2-2 制作犯罪现场上被害人的草图以说明被害人与犯罪现场之间的关系

人员身份、通话时间以及包括案件编号在内的所有信息开始。当首席调查员到达现场时,记录人员应记录其到达的日期和时间、在场人员以及所联系的所有相关人员的身份。如果联系了其他方面的工作人员,则需要记录联系对象的姓名、职位头衔和到达时间。调查员必须准确记录现场人员进出现场的活动情况,最重要的是询问首位到达现场警官以记录他们在现场的活动情况。同样重要的是记录分配给团队各成员的任务,以及处理现场的开始及结束时间。

在现场被描绘、拍摄或搜索之前,首席调查员会进行初步巡查。在巡查过程中,调查员需要记录犯罪现场原始状态下的方方面面。所有案件采用的笔录的排列格式应当保持一致。应该采用墨水(以黑色或蓝色为宜)书写在装订好的笔记本上。最重要的是,在调查犯罪现场的时候要同步记录,而不是待工作结束后凭借回忆制作记录。

开始寻找证据时,团队成员会标记所有证据的位置,并在笔录中加以详细描述。在凶杀案件现场尚存在受害人的情况下,调查人员应在法医或验尸官移动现场尸体之前观察并记录尸体的原始状态。同样,对被害人或者嫌疑人的任何初步鉴别情况也应加以记录。

采用现场音频录制方式是一个不错的选择,因为录音速度要比手写速度快。

这样可以让有关人员在记录时腾出手来做其他事情。调查员有时可能会使用数码录音设备来记录。虽然人们可以将这些录音便捷地上传到电脑,但是,应首先将其复制到碟片上以形成硬拷贝。另一种制作笔录的方法是对犯罪现场进行边摄录边叙述。这样做的好处是可以把笔录和摄影结合起来。然而,在某些情况下,所制作的视频材料需要被转录成为书面文档。

最后,在归档过程中编辑制作犯罪现场调查清单的做法也是十分有帮助的。犯罪现场内所开展的相关工作可能会很零散,并且容易出现遗漏。通过制作详细的犯罪现场核对清单,其可以确保所观察和收集到的所有必要且重要的信息不会被遗漏。清单当中包含各类现场应当采集的通用信息,以及特定类型现场的个性化信息(如入室盗窃案件现场、涉及车辆碰撞的现场等)。本书附录三给出了通用型犯罪现场调查核查清单实例。

现场摄影

犯罪现场摄影的一个最重要的要求就是保持原始性。除非现场有伤者需要立即救治,否则,非经过从各个必需角度拍摄,不得移动物体。如果在照片中出现物品被移动、位置被改变或者物品增加的情况,那么这些照片在审判中可能被视作不具有证据可采性。如果证据在摄影固定前被移动或移走,有关人员应在勘验报告中注明,而不要为了拍照而将证据重新放进现场。

犯罪现场照片在显示现场布局、收集证据的位置以及现场物体之间的关系方面具有重要价值。从多个角度拍摄的照片可以重现受害者、嫌疑人或目击者可能的视角。为调查人员准确提供现场描述将是后续现场分析的重要保障。摄影对于记录生物证据的原始状态也是十分重要的,因为此类证据在检验过程中经常发生变化。然而,请牢记现场照片不是孤立存在的,其与犯罪现场笔录以及草图等互为补充。

犯罪现场调查人员使用数码相机,如图 2-3 所示的数码单反相机,来记录犯罪现场,因而,数码摄影正迅速成为法庭科学领域的首选方法。数码相机内置感光微芯片接收到来自物体或现场反射的光信息之后便生成数码照片。数码相机能够捕捉到数以百万计

图 2-3 数码单反相机示例
(digital single lens reflex,DSLR)

的被称为像素的微小图像元素上的光信息。各像素上的光子将通过电耦合器件（charged coupled device，CCD）或互补金属氧化物半导体（complementary metal oxide semiconductor，CMOS）转化为电信号。相机读取相应的电位数字信号而形成图像信息并存储到存储卡当中。

用于捕捉光线的像素数量与图像的分辨率直接相关。分辨率被定义为能够将两个不同客体区分开来的最小距离。所需的分辨距离越小，照片分辨率就越高。而照片的分辨率越高，所能够呈现出的细节越多，照片就越清晰。因此，数码相机的像素越高，分辨率就越高。

由于数码相机上的像素数量通常用"百万像素"来表示。一个标准的400万像素相机可以在8×10英寸规格的照片上呈现出清晰的图像。随着像素数量的增加，清晰度也会提高，摄影人员也就可以拍摄出更大、更清晰的照片。犯罪现场摄影人员通常使用高达1 200万甚至更高像素级别的相机。

然而，数字图像的本质属性使得数字照片在法庭科学检案中饱受指责。因为照片是以数码形式存在的，人们很容易通过电脑软件对其加以篡改。这种篡改的程度远远超过对传统摄影照片修改的程度，如，调整亮度、对比度或者颜色平衡等。犯罪现场摄影技术的主要任务是准确提供现场情况并准确记录，因而，易被篡改就成了人们主要关注的方面。为了保证数字图像具有证据可采性，美国许多司法管辖区都制定了严格的标准以确定什么情况下能够采用数字图像，而且还建立和执行严格的图像安全和证据保管记录链协议。

拍摄流程

应该尽可能全面拍摄记录犯罪现场的每个细节。这就意味着应拍摄记录犯罪发生的区域和所有在犯罪发生之前或之后有重要行为的邻近区域。必须留存通过各个角度拍摄的现场和周围地域的全景照片，包括出、入口照片等。如果犯罪行为发生在室内，则应从房间的不同区域进行拍摄。犯罪现场相邻的房间也必须拍摄与之相同角度的照片。如果犯罪现场有尸体，则必须拍摄能够显示尸体所处具体位置和相对于整个现场位置的照片。此外，拍摄尸体损伤情况和凶器的特写（细目）照片也是必要的（见图2-4）。尸体被移出现场后，需要拍摄记录尸体下方表面的情况。

在发现物证之时，应第一时间记录其发现位置以及相对于整个现场的位置。

图 2-4 犯罪现场拍摄的照片显示进入现场和物证发现的顺序。(a) 首先是进入受害者卧室的全景照片,显示证据标记到位。(b) 中景照片显示门旁边的证据标记,指示弹壳位置。(c) 细目照片详细地显示了弹壳并放置有比例尺

在拍摄完这些全景照片后,应该通过细目照片记录物证本身的细节信息。在证物规格具有重要意义的情况下,可以在该客体旁边摆放尺子或比例尺并将其摄入照片之中,以作为参照。最低限度要对犯罪现场拍摄四张照片:一张全景照片、一张中景照片、一张近景照片和一张附有比例尺的细目照片。这些照片是关于犯罪现场上证据位置和表观状态的充分视觉记录。

数字革命有望为犯罪现场带来更强的技术支持。例如,用数码相机捕捉到的犯罪现场的单个图像可以通过应用信息技术加以拼接,以呈现犯罪现场的近 3D 全景图(见图 2-5)。随着无人机技术的出现,航空摄影正在被越来越多的案件犯罪现场调查工作所采用。

数字时代为记录犯罪现场提供了新方法。如图 2-6 所示的摄像头可以在扫描犯罪现场时拍摄数十张数码照片。来自多个位置的影像数据融合产生全彩场景的三维模型,可以从任何位置观看及测量,并可用于后续检验分析及在法庭上演示。

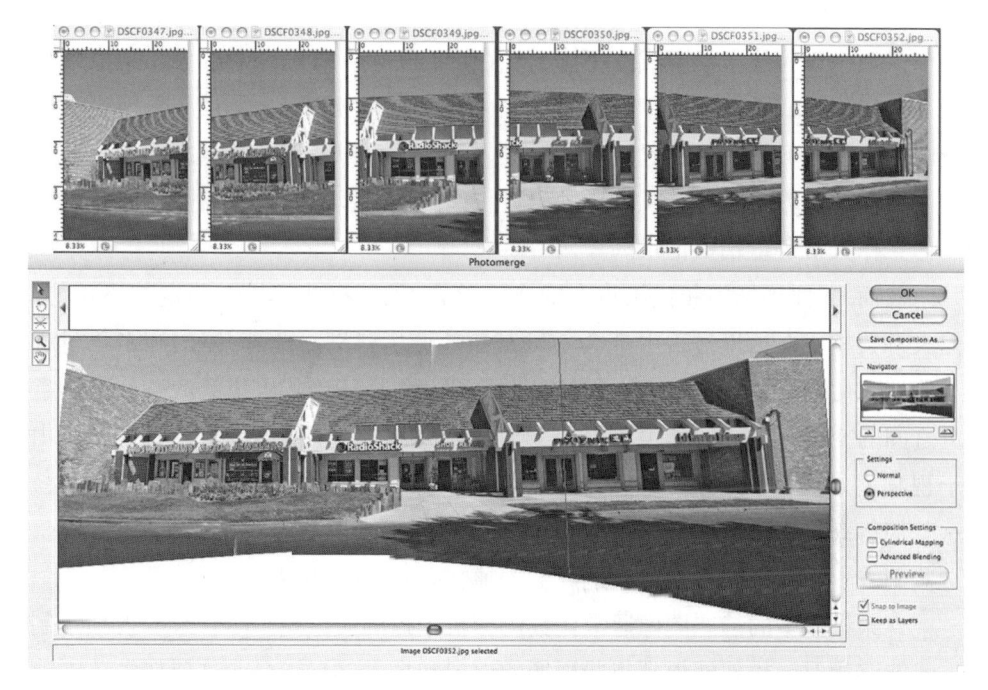

图 2-5 单幅照片(上)及其被数字合成为一张全景图像(下)。各幅照片之间应有大约 30% 的重叠区域

图 2-6 采用计算机控制的扫描仪配备有高分辨率的专业数码相机和远程激光测距仪。这个安装在三脚架上的设备可以进行 360° 旋转,拍摄数十张照片,测量数百万个单独点。采集自多个扫描地点的图片和激光测距数据可以融合产生有关场景的 3D 模型

视频记录

因数字视频技术设备成本下降,其在犯罪现场使用得越来越多。犯罪现场照片的应用方式同样适用于数字视频技术。与传统摄影一样,录制数字视频时应将整个现场场景和周围区域都囊括在内。长镜头以及细目场景之间切换应采取缓慢和系统方式进行。此外,最好是由一名犯罪现场调查员叙述案件情况,另一名工作人员负责拍摄记录。

然而,犯罪现场视频记录也有缺点。首先,虽然有些相机有稳定拍摄功能,但大多数相机在拍摄过程中都会不可避免地产生抖动。此外,缩放和平移过程只能偶尔使用,并且应该非常缓慢地进行。同时,由于现场上风吹或者其他调查员之间的交谈等造成的噪声可能会影响人员叙述,并且是不恰当且有害的。由于视频记录具有"现场演播"的特点,调查人员的叙述可能会因而缺乏系统性,这就使得人们在法庭上使用视频证据时会产生不少困惑。为了避免这种情况,一些调查人员在录制视频时会把声音关掉,随后再加上配音。

视频拍摄中的静态图像通常比数码相机拍摄的质量差。尽管采取视频录制方式能够相对轻松地捕捉到犯罪现场的声音和场景,但是,目前这项技术还不能完全取代静态摄影。静态照片为人眼确定细节发挥着不可比拟的优势。当然,在某些场合中,数字视频技术比静态摄影更有优势。例如,摄像机允许回放场景的录音并检查其完整性。此外,许多摄像机还具备静态拍摄功能,或者可以从计算机上截取静态照片。视频技术在实质上融合了笔录和摄影两种功能。

可穿戴执法记录仪

近年来,由于媒体对美国警察不良行为的报道和社会的谴责,警察和社区之间的关系已撕裂。许多人认为,警察在执法过程中过度使用武力,而且不遵循正确的证据收集和处理程序。同时,在案件中存在目击者之间证词相互冲突的情形下,如发生在密苏里州弗格森的迈克尔·布朗(Michael Brown)(见图2-7)以及马里兰州巴尔的摩的弗雷迪·格雷(Freddy

图2-7 2014年8月9日,迈克尔·布朗(Michael Brown)被弗格森警察达伦·威尔森(Darren Wilson)开枪射杀。这起案件引起了全国关注执法部门使用可穿戴执法记录仪问题

Gray）案，促进警方配备使用可穿戴执法记录仪。在美国各地爆发抗议活动后，时任总统奥巴马请求联邦资金援助，以支持开展新警培训项目以及推广使用可穿戴执法记录仪。在过去几年当中，全美各地执法人员使用可穿戴执法记录仪的数量快速增加。有望通过这项技术增强执法部门的合法性以及提振公众对执法的信心（图2-8）。

图2-8 2014年10月8日，一名白人休班警察在圣路易斯开枪打死一名黑人少年后，示威者巴赛姆·马斯里（Bassem Masri）与圣路易斯警察对峙

图2-9 在警官制服上佩戴可穿戴执法记录仪示例

可穿戴执法记录仪是一种带有至少一个麦克风和内部数据存储的摄像机，它可以存储音频及视频片段，并使用各种兼容软件进行分析（图2-9）。近年来，技术的进步已经使信息化在美国各地的警察执法中成为现实。每个警察都可以配备一个轻便、易于操作的小型相机。便携式相机操作简单，可以通过一键操控使用。

随着执法机构全面推广可穿戴执法记录仪项目，执法部门间使用程序和协议方面也会存在差异。这种差异是由于技术和生产商的不同而造成的。各执法部门都将制定适合本部门的使用政策和规例以规范摄像头的激活与停用、禁止使用、数据记录的保留与保密等活动。

可穿戴执法记录仪是证据收集和犯罪现场记录的有效工具。当警官在混乱的现场上报告有关情况时，现场安全以及协助为受害者提供医疗救护等方面都要求立即开展行动，相比较而言，记录现场证据则处在较低的优先级。在初始阶段，证据可能被人为移动或破坏。因而，可穿戴执法记录仪所发挥的一个重要作用就体现在为警员执行其他任务时记录形成时间线。对犯罪现场勘验技术人员和警官来说，证据收集往往是一项艰巨而乏味的工作。犯罪现场需要加以记录、处理和提取的物证数量繁多。以可穿戴执法记录仪作为中心点，以便重现犯罪现场发现时的精确动态关系。当回看警官收集证据过程的录像时，可以通过周围其他物体来确定不同物体的位置。可穿戴执法记录仪也可以在法庭上证明证据采集人员工作过程的合适性以及证据的完整性。当辩护律师尝试通过援引收集或处理程序来质疑证据的可靠性时，可穿戴执法记录仪将发挥不可估量的工具价值。

现场制图

当完成现场照片拍摄后，犯罪现场调查员将制作现场素描草图。素描在犯罪调查中发挥着多方面作用。在准确描绘的情况下，现场草图能够清楚地显示室内或室外犯罪现场的布局、物品及特征。**素描草图**[②]对于证据收集位置的说明尤为重要。制作良好的草图指明了犯罪人出入现场以及在现场的活动路径。

调查员也许没有能力和时间制作精致的现场草图。但是，在调查的初期阶段，不需要制作精美的现场图。但是，必须制作包含场景尺寸、所有客体准确位置的现场草图。这可以通过使用如图 2-10 所示的草图绘制工具包来实现。

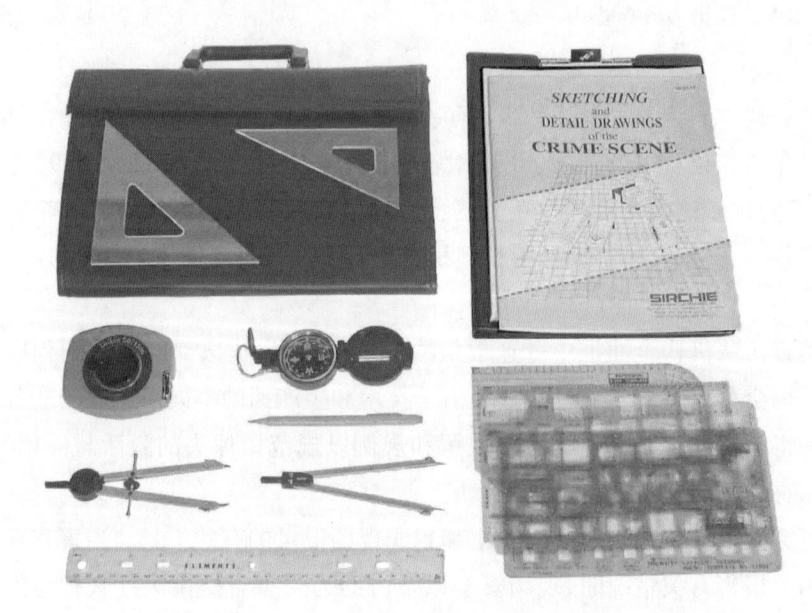

图 2-10　犯罪现场素描的基础工具包

---

② 素描草图：在犯罪现场上绘制能够表征犯罪现场所有基本信息和测量数据的草图。

图 2-11 是关于现场草图的说明。该图说明了需要在现场收集的物证以及犯罪现场的其他方面重要特征。草图中的客体位置通过与两个固定点（如房间的墙壁）之间的相对距离的方式来确定。草图上所标注的距离应当准确而不是猜测或估计，因而，需要使用卷尺进行测量。标示物品最简单的方法就是为其分配一个数字或字母。图例或列表应放在草图的下方，相关的物证袋与物品的描述应当做到一一对应。此外，草图上还应该标注一个指北针作为犯罪现场方位指示，并且需要附上包含案件基本信息的表格。

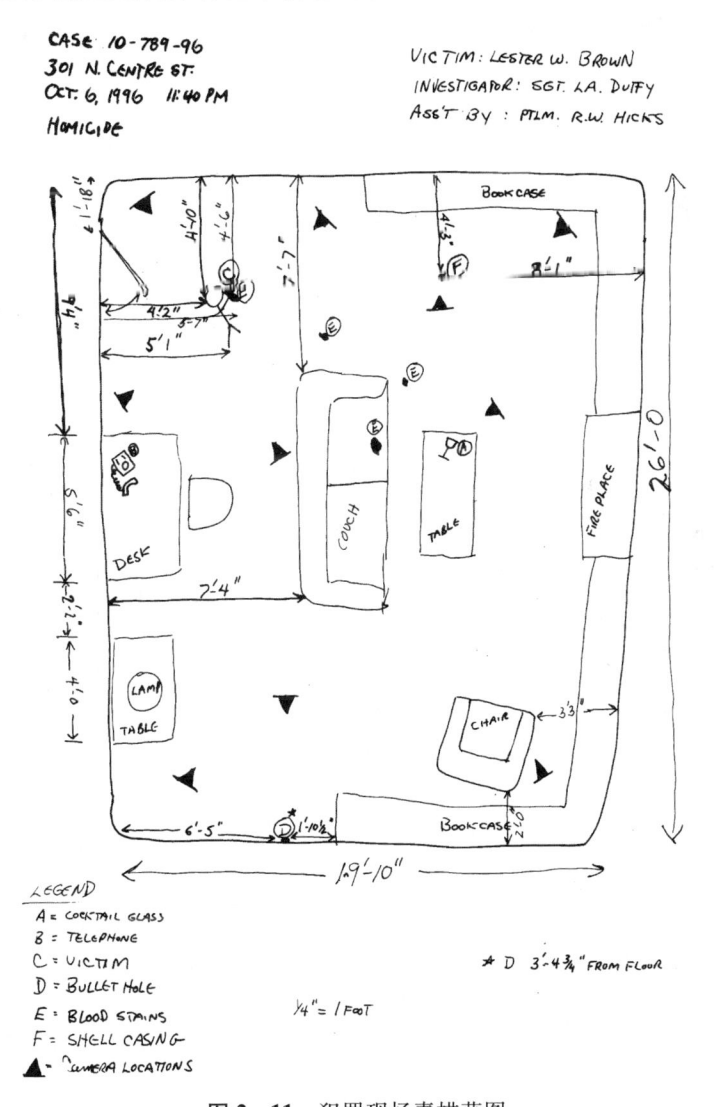

图 2-11 犯罪现场素描草图

与草图不同的是,图 2-12 是制作完成的标准示意图,其经过谨慎考虑并注重艺术效果。标准示意图必须能够全面反映草图中所包含的各方面信息,以便成为法庭上具有可采性的证据。计算机辅助制图(Computer-aided drafting,CAD)已经成为犯罪现场重建标准草图最有效的工具。该软件分为简单、低成本以及复杂、完整版本,包含了预先绘制的路口、道路或建筑物和房间等图标,可直接调用(如图 2-13 所示)。丰富的信息库为操作人员提供了各式各样图像,可用于添加复杂细节,如血液飞溅等。该软件还配备了缩放功能,可以聚焦在特定区域以获得更详细的画面。CAD 软件允许操作人员调节输出画面的尺寸,以适合于法庭演示。

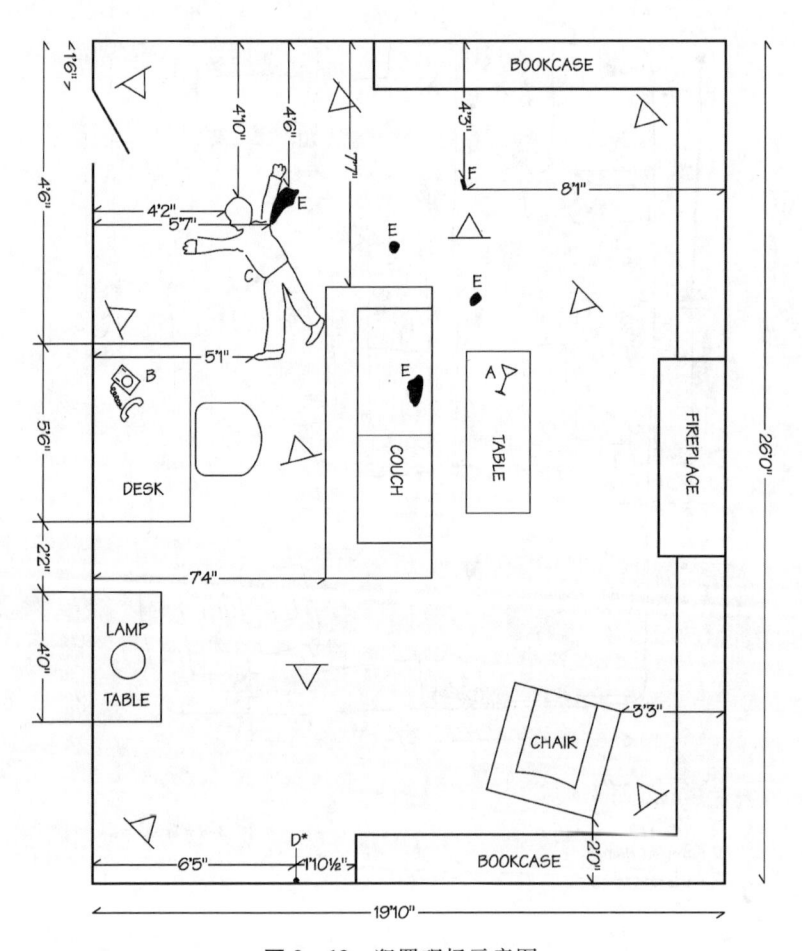

图 2-12 犯罪现场示意图

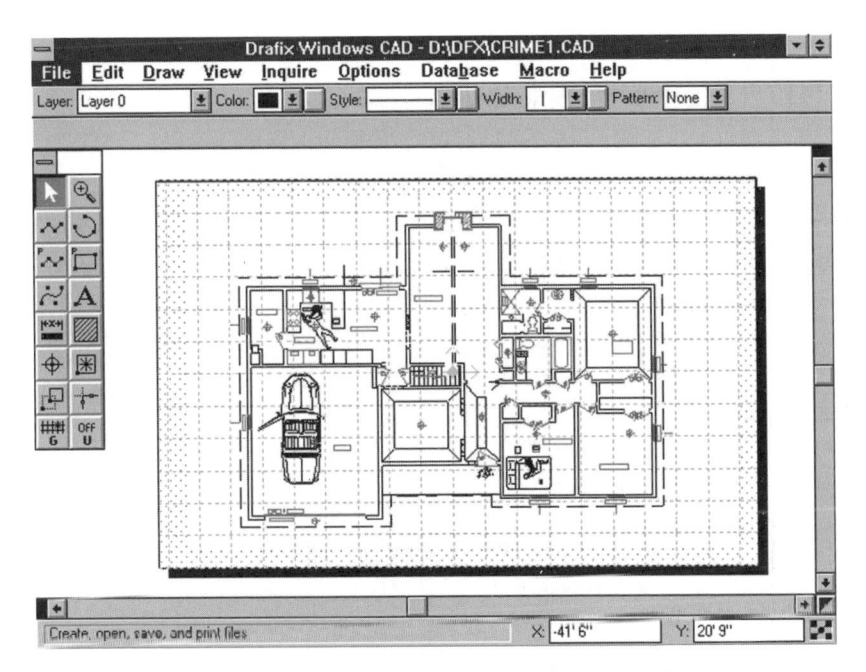

图 2-13　使用计算机辅助绘图程序建构犯罪现场图

开展系统的证据搜索

犯罪现场物证的搜寻工作必须做到系统、彻底。调查人员通过运用他们的专业技能和经验并以客观公正的态度开展犯罪现场重建,同时,必须重视一切相关的证据。即使嫌疑人已被抓获,犯罪动机和犯罪情节明确,人们也必须及时进行全面细致的物证搜查。如果不能做到这一点,即便有时看起来没有必要,调查人员也可能因失职或以故意"掩盖"证据而被调查机构指控,这将得不偿失。

主持犯罪现场工作的调查人员要为现场工作人员分配现场搜索任务。除非是重大刑事案件或涉及复杂证据的案件,否则,一般不需要法庭科学专家到场协助;法庭科学专家的工作开始于证据提交给犯罪调查实验室。就目前所观察到的情况而言,已有许多警察部门开始训练一线技术人员以提升搜索现场物证能力。他们具备专业技能并配备有拍摄设备以拍摄犯罪现场,对现场的指纹、脚印、工具痕迹或任何其他可能与犯罪有关的证据进行勘验。

搜索方式

搜索区域的大小、嫌疑人和受害者的行动轨迹等方面共同决定了应当采用的犯罪现场搜索方式。在可能之时,应由专人负责监督、协调取证工作。如果缺乏适当的管控,搜索工作可能会变得无序并出现不必要的重复取证现象。图 2-14 给出了各种可能的搜索方式的说明。

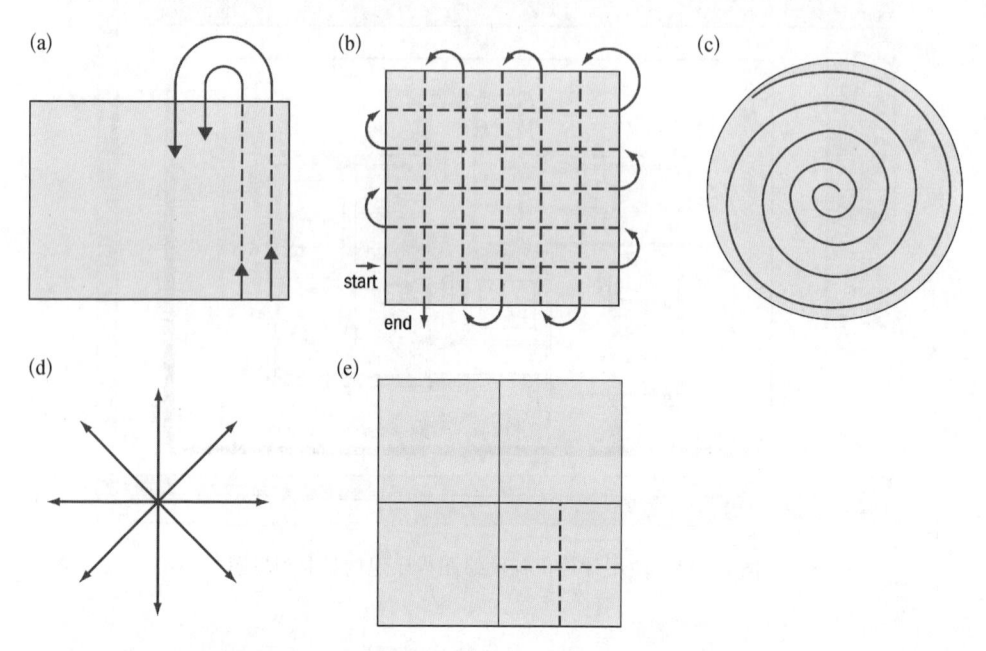

图 2-14　(a) 线型搜索模式;(b) 网格式搜索模式;(c) 螺旋式搜索模式;(d) 辐射式搜索模式;(e) 象限或区域搜索模式

线型搜索模式

在线型搜索模式中,一至两个调查员从现场一端的边界开始,径直走到边界的另一端。之后他们会沿着边界平移一定距离,然后径直再走回开始的那一端。这种搜索方式易于实施,因为现场的边界决定了搜索线的开始和结束位置。但是,如果边界设定得不正确,重要的证据可能会丢失。

网格式搜索模式

网格式搜索方法需要由两名调查人员以现场的相邻角为起点,以沿着相互垂直的方向实施线性搜索。这种方法是非常实用的彻底搜索现场模式,但是,实施过程中必须清晰确定现场边界。

螺旋式搜索模式

螺旋搜索模式通常由一名人员进行。调查员从边界向现场中心呈内旋式方向移动,或者从中心点向边界以外旋式方向移动。内旋式搜索相对比较有用,因为调查员可以在距离案件发生中心位置更远的地方发现更多证据。参与搜索的人员可以轻易地确定行进方向。然而,完美的螺旋通常是不可能的,因此也可能会遗漏掉一些现场证据。

轮式或辐射式搜索模式

辐射式通常需要个人从边界向案件发生地的中心位置(向内)或从中心位置向边界(向外)移动搜索。一般情况下不推荐使用这种方法,因为各"射线"之间的区域往往不能被搜索活动所覆盖而遗漏现场证据。

划分象限或区域搜索模式

象限或区域模式是指将现场人为地划分为大小不等的子区域并分配专人在不同区域中开展搜索。每个区域可细分为更小的部分,以便进行更彻底的搜索。这种方法能更好地覆盖大范围的犯罪现场。搜索区域必须包括犯罪嫌疑人所有可能的进出通道。

物证定位

要根据犯罪行为的具体情况确定搜索内容范围。证据识别和搜索的专业技能对犯罪现场调查员来说至关重要,这是保证犯罪现场有效处置的基础。虽然现场调查基本知识可通过专业培训获得,但最终还是要靠调查人员的经验积累并最终形成保护和还原物证的有效策略。

例如,凶杀案的搜索重点集中在凶器和一切能证明受害者和凶犯之间有过接触的物证。涉及犯罪人员之间的转移证据,如头发、纤维和血液,对于将嫌疑人与犯罪现场联系起来或验证犯罪行为的发生特别有用。入室盗窃案件的搜索重点是寻找入室时形成的工具痕迹。在绝大多数犯罪现场调查中,调查人员都需要彻底和全面搜索潜在指纹。

车辆的搜索必须做到细致、有计划和系统地开展。案件性质决定了搜索强度。针对肇事逃逸案件,必须仔细检查汽车的外部和底盘,尤其要注意寻找汽车和受害者之间物证转移的证据,包括血液、组织、头发、纤维和织物印痕等。在受害者身上有可能找到油漆或玻璃碎片。杀人、入室盗窃、绑架等案件中涉案车辆内外的所有区域都要同样仔细地搜索,以寻找有效的物证。

物证的收集和包装

任何东西都可能成为物证,从大型物体到微量痕迹。多数证据比较明显,但有少数证据只有通过实验室检验才能被发现。例如,衣物上微细血迹只有在实验室环境下仔细检验后才能发现,或者通过真空吸附才能发现衣服上的毛发和纤维。基于上述理由,除了采集可辨识的客体外,收集可能留有微量物证的载体就是十分重要的方面。因此,有必要扣押涉案人员所穿着的衣物。

收集物证

应小心处理衣物等证物,将其单独包装以防止微量物质的丢失。犯罪现场的关键区域应用真空吸尘器吸取处理,并将所收集提取到的内容提交给实验室分析。来自不同区域的垃圾必须分开收集和包装。如图 2-15 所示,收集时可使用带有过滤附件的便携式吸尘器。此外,接触过他人的指甲内可能含有微量证据,能够将罪犯和受害者联系起来。应使用牙科镊子等钝物刮取指甲的下表面,避免划伤皮肤。实验室将使用显微镜检验这些刮取的痕迹物证。

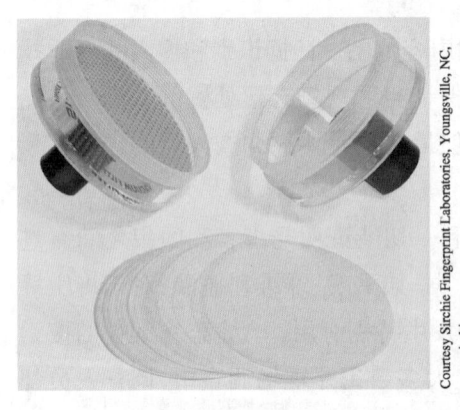

图 2-15 吸尘器附件,由两片透明塑料配件构成,通过螺纹连接。中间安装一个金属筛网以支持滤纸收集碎片。该装置连接到真空吸尘器的软管上。在犯罪现场的指定区域用真空吸尘器吸附搜索后,将滤纸取出以备实验室开展后续检验

物证的搜寻工作范围从犯罪现场延伸至解剖室的受害者。在解剖室中,法医或验尸官会仔细检查受害者以确定其死因和死亡方式。常规保留的人体组织和器官可进行病理和毒理学检验。同时,必须做好验尸官和调查员之间的工作衔接以确保能够从实验室尸体检验中获得各种各样的信息(可参见原书 106 页)。

近年来,不少警察部门投入大量资源设立"移动式犯罪调查实验室"(见图 2-16),为技术人员提供服务。"移动式犯罪调查实验室"这个词或许不太准确。这些可移动设备能够携带上可用于开展犯罪现场保护、拍摄、物证收集和包

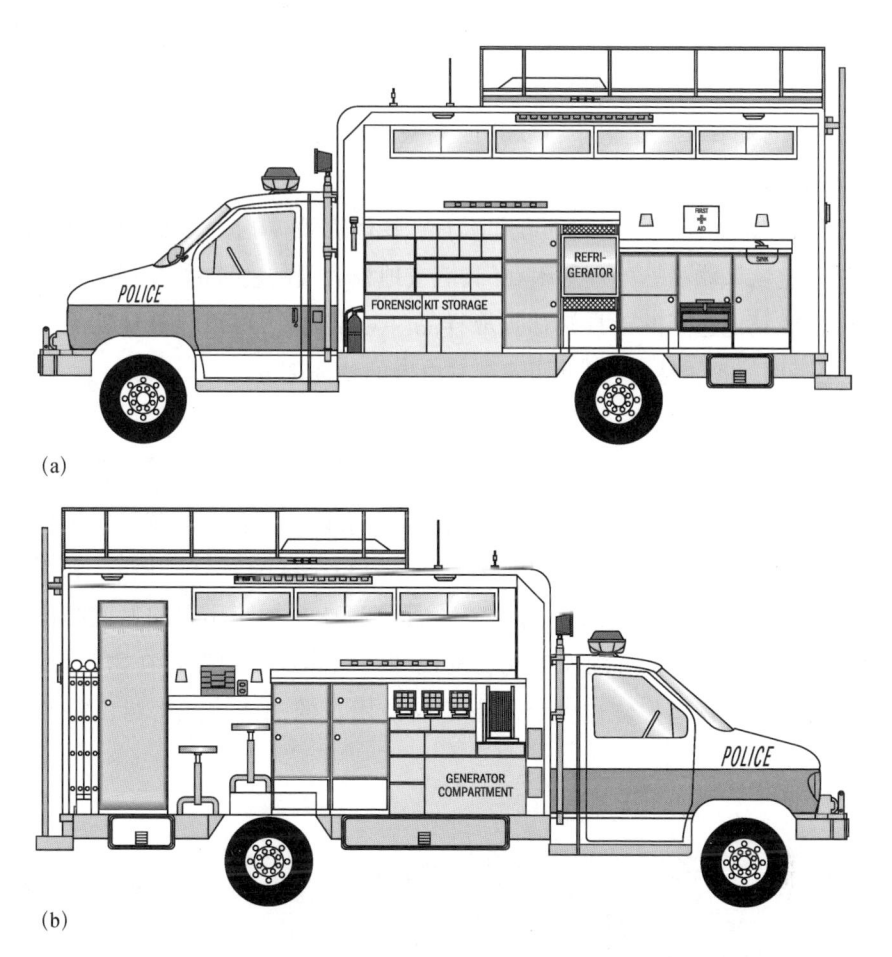

图 2-16　现场勘查车内视图：(a) 驾驶员侧；(b) 乘客侧

装、潜在指纹显现等工作的必需品。它们不是用来代替传统化验实验室功能的，因此，尽管不那么让人感兴趣，但是将这种车辆称为"犯罪现场勘查车"可能是更合适的。

处理物证

调查人员必须掌握物证处理的基本原则，以防止证据在移交过程中发生污染、破损、挥发、意外损伤或其他由于人为原因造成的情况。调查人员接触物证时可佩戴一次性乳胶手套或使用干净的镊子，以避免此类问题的发生。在收集不同证据之前，都应清洗并消毒非一次性设备。在调查人员记录、描绘和拍照取证之前，所有现场物证应保持原始形态。

当发现现场物证时,应保持其原始形态的完整性。如有可能,调查人员应完整地向实验室移交物证。调查人员不应有意地移动衣服、凶器或其他物品上带有的血迹、毛发、纤维、土壤颗粒或其他类型的痕迹。而是应该把整个物体移交实验室进行处理。

当然,如果物证以不稳定的方式附着在物体表面,调查人员经合适评估之后应转移并包装该物品。处理黏附在门、墙或地板表面的物证时,要根据专业常识使用镊子或其他适当的工具转移提取样品。对于血迹,可以将其从物品表面刮掉,或用医用棉签转移,又或者切除带有血迹的物体部分。

包装物证

专业的技术人员会随身携带不同类型的物证包装材料和工具,随时应对各种情况。镊子和类似的工具可以用来捡取小的物体。带压盖的塑料瓶是存放毛发、玻璃、纤维或其他微量证据的绝佳容器。当然还有"马尼拉"信封、旋盖玻璃小瓶、可密封塑料袋或金属小盒等都是大部分犯罪现场能用上的痕迹物证包装容器(见图 2-17)。从可疑火灾现场发现的烧焦碎片必须保存在密封容器中,防止挥发性残留物蒸发。这种情况下建议使用新的油漆罐或密封良好的容器(见图 2-18)。

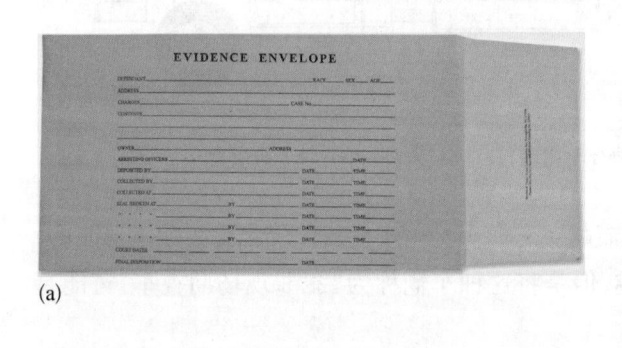

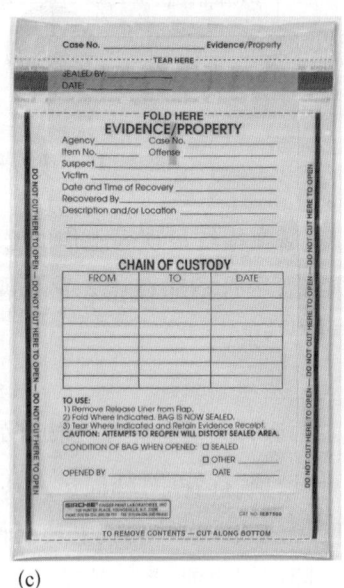

图 2-17 (a)"马尼拉"证物信封;(b)金属药丸盒;(c)可密封的塑料证物袋

图 2-18　用于包装纵火案件中易挥发物证的密封金属罐

图 2-19　药品用折好的包装纸转移

严禁使用普通信封作为物证存放容器，因为粉末和细小颗粒会从信封的边角散落。可以小心地用纸张折叠包装少量的固体物证，即采用所谓的"药物折纸法"（见图 2-19）。这种方法就是将纸的一个边按照三分对折，然后另一个方向同样操作。以这种方式折叠纸张后，把外侧的边向内对折，形成一个封闭的环境，防止所采集样品掉落。

切记要将不同来源的物证分别存放。独立包装可以防止物品互相接触造成的损害及交叉污染的发生。

生物样本

生物样本应使用一次性工具收集、保存。如果将血液等生物材料储存在密封容器中，液体中的水分会促进霉菌生长，从而破坏物证。此时，建议使用包装纸、牛皮纸信封或纸袋包装血液等样本，如图 2-20 所示。作为惯例，所有生物

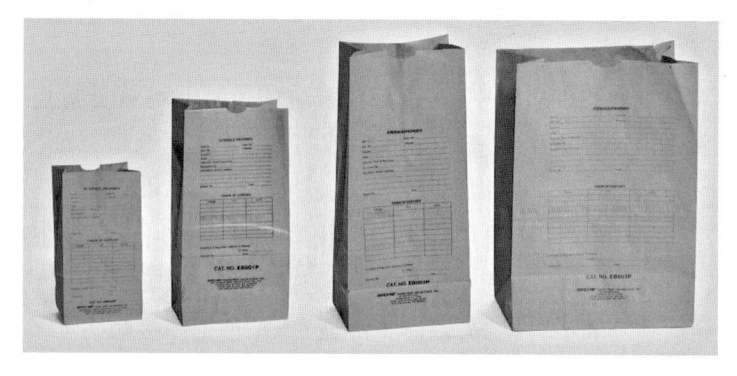

图 2-20　对于疑似含有血液和精液的物品，建议使用纸袋包装，每件物品都独立包装保存

液体样本都应风干并分别放在单独的纸袋中,以确保空气循环流动。这样可以防止霉变和霉菌的形成。纸质包装物表面更方便书写,但密封性不强。所有收集工作完成后,应在生物样本的物证袋和签收单上粘贴红色的生物危害标识,以确保所有接触人员都能意识到有被生物液体(如血液、唾液或精液)污染的可能,并提前做好防护(见表2-1)。

表2-1 生物样本包装流程包括

容器:
- 使用纸袋、马尼拉信封、纸板箱或类似的透气材料来保存生物样本。
- 使用软纸或绘画纸来包裹证据,或作为保存证据的容器填充物,或防尘包装。
- 包裹物证和密封容器,以防止产生外源DNA转移、污染或有害的变化。
- 出于安全考虑,密封包装的方式应是包装打开时会对容器或其密封造成明显的损坏或改变。

证物包装方法:
- 每件物品单独包装;避免混装,防止交叉污染。
- 粘贴生物危害标识的包装表明存在的潜在生物危害。
- 由于可能滋生细菌或霉菌,不建议使用塑料袋储存生物样本。
- 如果物证不可能风干水分,应将物证置于防水物证袋内放置在冰箱保存,或置于温度2~8℃(大约35~46℉)避免阳光直射到的地方阴干,又或者直接提交给实验室。
- 用物证胶带或其他封条密封包装,如热封和胶封;如果可能的话,不要使用订书钉。在印章上标明封存者的身份或姓名首字母和日期。

部分内容转载自 The Biological Evidence Preservation Handbook:Best Practices for Evidence Handlers,http://nvlpubs.nist.gov/nistpubs/ir/2013/NIST.IR.7928.pdf.

DNA证据

犯罪现场调查最重要的新进展之一是DNA技术的出现。这项技术可以通过检测和分析残留在物证表面的唾液、汗液或皮肤细胞等微量DNA来锁定嫌疑人。DNA证据应包括与犯罪嫌疑人或受害人可能接触过的任何物体,来源有被舔过的邮票及信封、用过的杯子或罐子、咀嚼过的口香糖、帽子上的防汗带及床单上的脱落细胞等。

在DNA样本收集的过程中,一个需要解决的关键问题就是防止产生污染。外源DNA污染可能是由于调查人员咳嗽或打喷嚏,也可能是在证据收集过程中不当地操作。为防止污染,物证收集人员必须佩戴口罩和穿着实验服,并使用一次性乳胶手套及一次性实验用品。物证收集人员还必须考虑到生物材料,如干燥的血液具有的潜在生物危害。建议在操作时,生物物证采集者应穿着一次性防护服、穿戴鞋套和护目镜等,以避免污染DNA证据和接触病毒。

有受害者和嫌疑人血液沾染的物证是十分重要的,因此,调查人员应尽可能收集受害者和嫌疑人所有衣物,即使是衣服上没有明显的血迹。实验室的检查远比在犯罪现场进行的搜查更加仔细,也更敏感。

不同物证正确收集和包装的详细描述将在接下来的章节中加以讨论。

维持证据保管记录链

当人们将证物呈交法庭时,必须附有完整且连续的证据保管记录链。完整记录物证的位置、标记识别、实验室分析、妥善完成证据移交等标准程序是在法庭上陈述完整证据的最好方式。

这意味着每位参与处理或检查证据的工作人员都必须清楚地记录处理流程。如果没有完整的证据保管链③,将会引发对证据真实性和完整性的质疑,同时会对证据的审查造成严重影响。

所有物证都应仔细包装,并记录收取时所在的地点。应避免损害其证据价值和影响刑事技术专家后续检验。尽可能对证据进行标记,以方便鉴定。通常,物证收集人员的姓名首字母和收集日期直接标记在物品包装表面。但是,如果证据收集者还不确定证据的必要性或标记好位置,则建议最好省略这一步操作。无论是盒子、袋子、小瓶还是罐子,一旦这些容器被用作证据包装物,那么就必须标记清楚以便识别其中的物证。证据包装通常都附有证据收集者填写的信息,或者证据标签。证据收集者必须在证据胶带封条上写上他们姓名的首字母和日期。任何能够接触到证据的人员都应避免破坏原始封条,并防止封条上的信息丢失。重新封装的人员应在新封条上记录其姓名首字母和日期。

保管记录链相关记录的最低要求是标记收集者的姓氏缩写、证据的位置和收集日期。如果证据曾流转至他人保管或送交实验室,必须以笔录或者其他合适方式记录有关流转过程。事实上,每一个保管过证据的人都必须保存一份交收证据的书面记录。参与到证据采集和运输的人员经常被传召到法庭作证。因而,为了避免产生混乱并且对证据实施全时段的完全控制,要在最低限度上保留证据保管记录链。

---

③ 保管链,特定物证经手人名单。

获取标准/对照样本

土壤、血液、玻璃、毛发以及纤维等证据的检验往往需要与已知**标准对照样本**④进行比较。尽管大多数调查人员都忙于识别和收集犯罪现场的相关证据，但似乎很少有人意识到为犯罪调查实验室提供标准样本的重要性。这些样本可以从受害者、嫌疑人或其他已知来源获得。例如，调查肇事逃逸时需要从可疑车辆上采集油漆样本作为对照。这样就可以将其与现场遗留的油漆样本进行比较。同样，在犯罪现场发现的毛发只有与从嫌疑人和受害者身上取下的对照样本比较才具有价值。DNA 样本的比对必须附有所有相关人员的口腔拭子采集样本作为参考。标准对照标本的质量和数量往往决定了犯罪现场证据的价值，必须同等谨慎对待。

某些类型的证据还必须附带收集**背景对照样本**⑤。这些样本通常是物证相邻或接近区域的材料。例如，纵火现场通常需要收集对照样本。如果调查员怀疑某片区域曾暴露于汽油或其他助燃剂之下，就会收集没有暴露于助燃剂表面相邻区域的材料样本。对照样本的检验应在实验室内进行，以确保不干扰测试结果。提取现场血迹时应该同时提取靠近血迹周围的对照样本，以确定该对照样本是否会对实验结果产生影响。

全面细致地收集和正确的标准/对照样本保存是一个专业调查人员最基本的素养。

将证据提交至实验室

证据通常需要现场调查人员亲自或以邮寄的方式移交给犯罪调查实验室。移交的方式取决于提交机构与实验室的距离以及案件的紧急程度。如果是亲自移交，移交人应做到熟悉案情，以方便实验室人员与移交人讨论案情。

多数证据将通过邮寄的方式移交。然而，美国的邮政条例严格限制某些化学品和弹药的运输，并且禁止邮寄爆炸物。这种情况下，调查人员必须通过专业咨询以确定物质的处置方式，还必须注意证据的包装，以防止在运输途中破损。

美国大多数犯罪实验室要求在移交证据的同时提交一份证据移交表。其中

---

④ 标准对照样本：已知来源物证，如，嫌疑人的毛发或所穿衣服的纤维。
⑤ 背景对照样本：靠近沉积物证表面未被污染的材料样本。用于排除样本表面物质对测试的影响。

一种形式如图 2－21 所示。此表格必须正确填写，因为它的信息将直接影响实验室分析人员能否对证据进行精准和全面的检查。应特别注意病理检查信息的移交。这些信息将影响样本的分析以及对比顺序，同时也有助于微量证据的寻找。

CRIME: Homicide; Aggravated Sexual Assault
COUNTY OF: Mercer

VICTIM:	Age	Sex	Race	SUSPECT:	Age	Sex	Race
Jane Doe (v)	25	F	C	John Doe(s)	30	M	C

SUBMITTING AGENCY: (Address)
Trenton P.D. Central Evidence 225 N. Clinton Avenue, Trenton, N.J. 08609

FORWARD REPLIES TO: (Name) (Address) Telephone Number:
Capt. John Smith, Chief of Detectives Same as above 609 555-5555

INVESTIGATED BY: Detective John Jones
DELIVERED BY: (Signature of Person Delivering Evidence)

BRIEF HISTORY OF CASE: (Include Date and Location, if Applicable)
On March 1st, 2001 the victim was found dead in her bedroom. Victim was partially clothed and autopsy revealed that victim was stabbed numerous times and medical examiner stated that there was evidence of sexual assault. Victim was last seen drinking with suspect at a local tavern. Suspect was arrested and item # 23, a folding knife, was found in his pocket.

* Note* Suspect is HIV+

EXAMINATION REQUESTED ON SPECIMENS LISTED BELOW:

Examine items 2, 5, 8-11, 13-15, 18 and 19 for seminal material and compare to controls #'s 12 and 26. Examine #1, 2, 4, 7,13, 14, 15, 18, 20, 21, 22 and 23 for trace evidence transfer. Examine #3 for saliva from suspect. Examine #6 for skin, blood and trace evidence. Examine #'s 20-23 for transfer blood evidence and compare to control #'s 12 and 26.

Item #	* Code	LIST OF SPECIMENS *SOURCE OF EVIDENCE CODE (V-Victim, S-Suspect, SC-Scene)
1	V	Debris collection
2	V	Clothing, white panties
3	V	Dried Secretions/bite marks
4	V	Head Hair Combings
5	V	Oral Specimens
6	V	Fingernail Specimens
7	V	Pubic Hair Combings
8	V	External Genital Specimen
9	V	Vaginal Specimens
10	V	Cervical Specimens

(LABORATORY USE ONLY) DRUG ☐ TRACE ☐ BIOCHEM ☐ TOX ☐ ABC ☐ EQUINE ☐ BALLISTICS ☐

FOR ADDITIONAL INFORMATION USE FORM 631A AND ATTACH Page 1 of 2 pages

图 2－21 正确填写的证据移交表单示例

应描述对每一份证据所需开展的检验项目类型。但是，分析人员不必拘泥于调查人员的要求。随着检验工作的推进，分析人员可能会发现新的突破性的证据。此外，分析人员可能会发现一些不完整或与案件关联不大的信息。最后，证据提交表格上必须注明移交审查的项目清单。每件物品应分别包装，并分配特定编码，该编码应按逻辑顺序排列。

保证犯罪现场的安全

艾滋病和乙型肝炎的日益蔓延使执法部门意识到犯罪现场的潜在健康危害。虽然执法人员在犯罪现场感染艾滋病或肝炎的概率极低,这两种疾病通常通过体液交换传播,如血液、精液、阴道及宫颈分泌物;静脉注射器针头;受感染的血液制品。但是现场调查员在犯罪现场上面对的是来自不知名个人的血液和精液;调查员也无法判断这些物证可能潜藏会什么样的健康威胁。因此,在任何时候都必须做好个人防护。

人类可以通过接种疫苗预防大多数人感染乙肝。此外,美国联邦职业安全与健康管理局(Occupational Safety and Health Administration,OSHA)要求全美执法机构向所有可能在工作时接触体液的执法人员免费提供乙肝疫苗接种。

各起案件的现场都是独一无二的,其所潜在的危险类型也不尽相同。幸运的是,对于犯罪现场调查人员来说,预防犯罪现场潜在的危险有多种选择。一旦现场被安全隔离,通常不可能存在如盗窃等紧急安全问题。然而,日常安全措施还是必须严格强制执行的,包括佩戴乳胶手套或亚硝酸盐手套。手套可以防止不慎接触血液或其他生物材料,同时还能防止现场调查人员遗留指纹。同时亚硝酸盐手套能够提供更好化学防护。手套必须做到经常更换,每处理一件证物都必须换新手套。工作完毕,手套必须放入生物危害袋处理。

防护鞋也是犯罪现场调查员必备的重要装备。在室内环境,调查人员应穿着能够提供良好牵引力和充分支撑的橡胶鞋子或靴子。建议穿着便宜的鞋子,因为调查人员必须时刻做好鞋子被未知的液体或化学物质污染而处理的准备。

犯罪现场调查最需要防护的部位就是眼睛。在犯罪现场佩戴眼镜或护目镜是最有效的防护手段。如果担心飞溅的液体侵蚀面部,则还应戴上面罩,以最大限度地保护眼睛和面部。

犯罪现场调查时最大的健康和安全隐患来自致命的生物污染。这就需要调查人员佩戴口罩来最大限度地保护呼吸道和皮肤。口罩分为单滤和双滤两种。特种防护服也是防止接触性生物危害的不错选择,并且穿着者行动不受影响。

在犯罪现场采集样本时,应注意尖锐物品、刀具、注射针头、刀片等物品。如果遇到此类物体,必须作为证据回收,并将这些物品放在贴有标签的防刺破容器中。

当处理潜在传染性物质时,调查人员应使用带有红色标识的生物危害包装袋保存受污染的手套、衣服、口罩、铅笔及包装纸等。离开现场后,生物危害包装袋必须用胶带密封,并转运到有资质的生物危害废品处理点。

关于犯罪现场的法律考量

在警务工作中,也许没有什么比因法律方面的考虑而导致有价值的物证被排除更令人恼火和泄气的了。一般来说,这种情况是由非法搜查、违法扣押证据所引起的。因此,从人体或现场获得的任何证据,其收集及移交工作都必须符合美国宪法"第四修正案",即"公民享有维护自身安全的权利,任何人不得以任何理由侵犯公民的人身及财物,除非程序合法或有线索证明被搜查的地点以及被羁押人员或物品与案情有关,否则法庭不得签发搜查令,并禁止不合理的搜查和扣押行为。"

自20世纪60年代以来,美国最高法院特别界定了几种警察在没有得到法院批准搜查的情况下可以进行搜查的情况。这是对无证搜查合理性的让步:(1)紧急情况;(2)出于防止证据丢失或销毁的需要;(3)搜查已被羁押的人员和财产,但羁押程序必须合法;(4)经当事各方同意。在其他情况下,警察必须谨慎处理没有搜查令的情况。1978年,美国最高法院为规范无证搜查行为,为调查人员制定了特别的指导方针,以保护在犯罪现场进行无证搜查。值得注意的是,涉及谋杀和纵火的犯罪现场通常都是警方物证搜查最密集的地方。

在"明西诉亚利桑那州"(Mincey v. Arizona)一案中,法院对杀人案进行了为期四天的搜查合法性的审议。在这个案件中,警方突袭了涉嫌贩毒的嫌疑人鲁福斯·明西(Rufus Mincey)的家。一名卧底警察以购买毒品为借口强行进入明西的公寓,并在随后的混战中被枪杀。在没有搜查令的情况下,警方花了四天时间搜查公寓,发现子弹、毒品及吸毒用具等物品。这些物品后来作为证据提交法庭。明西虽然被判有罪,但他在上诉中声称,警方在没有搜查令或得到本人同意的情况下从他家中收集的证据是非法的。最高法院支持明西的申诉,并声明:

"法庭无法质疑执法人员应对紧急情况时的权利。许多案件表明,当执法人员有理由相信屋内有人需要紧急援助时,美国宪法'第四修正案'赋予他们进行无证进入和搜查的权利。同样,当执法人员到达凶杀现场时,他们会立即进行无证搜查,以检查是否有其他受害者或凶手在现场……除非是命案,本案不涉及紧急情况……同时没有迹象表明,在获得搜查令所需的时间内,本案的证据会丢失、销毁或转移。事实上,当时在公寓里的卧底执法人员已经将证据丢失的可能性降到了最低。没有迹象表明,搜查令不便获得。我们不认为正在调查的罪行本身的严重程度符合'第四修正案'中规定的可以用以进行无证搜查的紧急状况"。

在"密歇根州诉泰勒"(Michigan v. Tyler)案中,洛伦·泰勒(Loren Tyler)和他的合伙人租用的一家商业机构发生火灾,大火最终在凌晨被扑灭。浓烟、蒸汽和视线不清影响了消防官员和执法人员检查现场以及寻找纵火证据等工作。当天上午 8 点之前,被烧毁的建筑一直处于无人看管的状态,之后执法人员开始对房屋的检查。在上午的搜查中,执法人员发现并转移了多处证据。调查人员分别在火灾调查开始后的第 4 天,第 7 天和第 25 天三次重新进入房屋并移走了其他证据。这些搜索工作都是在没有搜查令或未经同意的情况下进行的,而扣押的证据被用来以故意纵火及其他相关罪行给泰勒和他的合伙人定罪。美国最高法院推翻一审判决,并指出火灾发生当天早上的第一次搜查是合理的,但之后再次进入现场获得的证据不合法;"法庭认为,进入大楼内部灭火不需要搜查令,而且一旦进入大楼,官员可以在那里停留一段时间来调查火灾的原因。火灾原因的后续调查必须依据搜查程序进行。"

美国最高法院传达的信息很明确,即在时间和情况允许下,进行现场调查和获取物证必须先得到当地法院签发的搜查令。

章节小结

物证包括能够证明犯罪行为已经发生,或能够将罪行与受害者或嫌疑人联系起来的所有物体。法庭科学的应用始于犯罪现场。在这里,调查人员必须发现并妥善保存证据,以供后续的实验室检查。第一位到达现场的警官有保护犯罪现场的责任。一旦确保现场安全,相关调查人员就会使用拍照、素描和笔记来记录犯罪现场情况。在对犯罪现场进行物证处理之前,调查人员应该对现场进行初步检查。在犯罪现场寻找物证必须做到全面、系统。搜索模式的选择通常取决于现场的大小和位置,以及参与搜索人员的数量。

物证包括大型物体以及微量痕迹。多数物证是清晰可见的,但也有只有通过实验室专业检查才能发现的痕迹物证。因此,除衣服、真空吸尘器、伤痕等容易识别的物品外,可能携带痕迹证据的物品收集工作也十分重要。在不同地点收集的物品必须独立包装。独立包装是为了防止物证因接触而损坏或污染。在证据收集过程中,必须严守保管链规则,即标明证据存放位置。此外,在犯罪现场采集相应的标准或对照样本如头发、口腔拭子和纤维也是十分重要的。从他人或犯罪现场移动任何证据的工作都必须按照一定的搜查和扣押规则进行。

问题回顾

1. ＿＿＿＿＿是指包含了所有能够证实或反证已犯或未犯的犯罪行为,或者能够将犯罪行为与其受害者或嫌疑人联系起来的事物。
2. 判断正误:对犯罪现场证据的科学评估通常可以克服不良的刑事调查的结果。＿＿＿＿＿
3. 判断正误:物证收集的技术需要由调查领域的专业人士执行。＿＿＿＿＿
4. 所有未经授权的人员必须＿＿＿＿＿犯罪现场。
5. 判断正误:不保护好犯罪现场可能导致证据被破坏或篡改。＿＿＿＿＿
6. 到达犯罪现场的＿＿＿＿＿负责采取措施,最大限度地保护该区域,同时他们必须依靠专业的训练来处理任何暴力或危险情况。
7. 在犯罪现场,首先应该优先获得＿＿＿＿＿并试图尽量减少人为因素对证据的干扰。
8. 判断正误:犯罪现场的边界需要用警示带、绳子或交通锥进行标示,范围仅包括犯罪的中心现场。＿＿＿＿＿
9. 虽然不允许未经授权的人员进入现场,但必须对进入和离开现场的人员和时间进行准确的＿＿＿＿＿。
10. 判断正误:首席调查员会立即着手全面了解现场情况,并为之后的调查取证制定系统的犯罪现场检查的策略。＿＿＿＿＿
11. 犯罪现场记录的三种方式分别是＿＿＿＿＿,＿＿＿＿＿和＿＿＿＿＿。
12. 判断正误:犯罪现场记录开始于通知犯罪现场调查员到现场汇报情况之时。＿＿＿＿＿
13. 犯罪现场记录应该包括从＿＿＿＿＿时候开始的进出现场人员的精确记录。

14. 判断正误：犯罪现场记录应该在实验室凭记忆写出来。_____
15. 在标记的证据被收集之前，它必须在调查者的_____中被充分描述。
16. 判断正误：当受伤或死亡的受害者在现场时，尸体在移动前的状态应被观察，但不应被记录。_____
17. 拍摄犯罪现场最重要的先决条件是使其处于_____的状态。
18. 物证的照片必须包括环境全景以及_____，用来记录物体的细节。
19. 判断正误：犯罪现场照片的价值在于能够表现现场的布局、目击者的位置以及现场人员之间的关系。_____
20. 最常用的犯罪现场摄影设备是_____相机，它可以是胶片或数码式。
21. 数码相机通过_____感光。
22. 判断正误：每个犯罪现场应在逻辑上连续拍摄，尽可能完整，照片应包括犯罪实际发生的地区和所有重要行为发生的邻近地区。_____
23. 在犯罪现场拍摄的照片是连续的，_____照片在前，_____照片在后。
24. 判断正误：现场全景照片应只包括现场出口和入口。_____
25. 为了确保数码影像能够被认可，许多司法管辖区已开发或正在开发_____，以消除数码摄影照片在使用过程中被增强或篡改的可能性。
26. 犯罪现场_____的制作过程本质上是笔记和摄影的结合。
27. 与粗略的草图不同，_____是精心构建的，并且必须按比例绘制。
28. _____程序为三维草图的创建提供了丰富的符号库资源。
29. 调查人员需要画一张犯罪现场_____素描，标注其尺寸和相关的情况。
30. 对犯罪现场进行详细的物证搜查必须以_____的方式进行。
31. 犯罪现场搜索是为了找到_____。
32. 判断正误：可用于在犯罪现场证据搜索的搜索模式包括线式模式、网格模式、极坐标模式和螺旋模式。_____
33. 判断正误：如果在调查人员没有发现物证或没有妥善保存它以供实验室检查的情况下，专业的实验室仪器设备或技术可以挽救情况并获得预期的结果。_____
34. 除了较明显的物证外，可能的_____微量证据也必须收集起来在实验室进行详细的检查。
35. 只要有可能，痕迹证据（可以/不可以）从承载物中移除。

第二章　犯罪现场　　71

36. 在犯罪现场收集的任何物品都必须存放在_____容器中。
37. 判断正误：普通的信封被认为是一个很好的通用证据收集容器。_____
38. 建议（使用/不使用）密封容器来包装带有血迹的衣服材料。
39. 按照惯例，所有的服装在包装前都要_____。
40. 判断正误：从纵火现场找到的烧焦碎片最好放在多孔容器中。_____
41. 未来法庭诉讼可能要求在保管和存放物证方面建立_____。
42. 大多数在犯罪现场收集的物证将需要附带提交_____材料，以供比较。
43. 在"明西诉亚利桑那州"一案中，美国最高法院否定了在凶杀现场进行_____搜索的做法。
44. 在"密歇根州诉泰勒"案中，美国最高法院在_____情况下处理了搜查和扣押程序。

应用与批判性思考

1. 如果您是第一个出现在户外袭击现场的警官，并且您发现受害者在流血，但意识清醒，旁边站着两名受害者的朋友和几个旁观者。在您呼叫支援时，迅速扫视四周，发现没有人员离开现场。请描述在等待支援时您将采取的步骤。
2. 在下列每种情况中，什么样的搜索模式是调查者最有可能采用？a. 两个人搜索一个有明确边界的小区域；b. 几个人搜索一大片区域；c. 一个人搜索一大片区域。
3. 警官 Bill Walter 到达了一个谋杀现场，案情如下：7 月下旬，在一间没有空调的小房子里，一人身中多枪死亡。当警官进入房子时，闻到了一股刺鼻的气味，因此他打开一扇窗户透风，以便可以进行现场调查。在通风的同时，他对现场进行了保护并询问周围的人员。当他检查现场时，他发现房间里几乎没有血迹，也没有打斗的迹象。Walter 警官在调查中犯了什么错误？他从观察中能得出了什么结论？
4. Martin Guajardo 警官是第一个到达凶杀现场的警员。在确保了该区域的安全之后，他询问了现场唯一的证人，并在呼叫支援后开始寻找证据。他注意到尸体旁边放着一把沾满血迹的刀，刀上还沾着一小块带血的布。因为当天风很大，Guajardo 警官取走了这片带血的布，并把它密封在一个塑料袋里。几分钟后，包括一名摄影师在内的犯罪现场小组接手调查。如果有的话，Guajardo 警官犯了什么错误？

5. 在搜查凶杀现场的过程中，调查员 David Gurney 收集了包括一件带血的衬衫在内的许多证据。在犯罪现场调查小组已经处理完现场之后，调查员 Gurney 才将衬衫保存在一个密封纸袋并标记。然后他把衬衫与证据提交表格一同送到实验室。在实验室，法医科学家去除包装取出衬衫，并对其进行了一系列的测试。他将衬衫原有的标记去除后，重新密封并标记上包括他的姓名首字母和重新密封的日期。请问在处理这件衬衫时调查人员犯了什么错误？
6. 下面的犯罪现场素描图中缺少了什么重要内容？

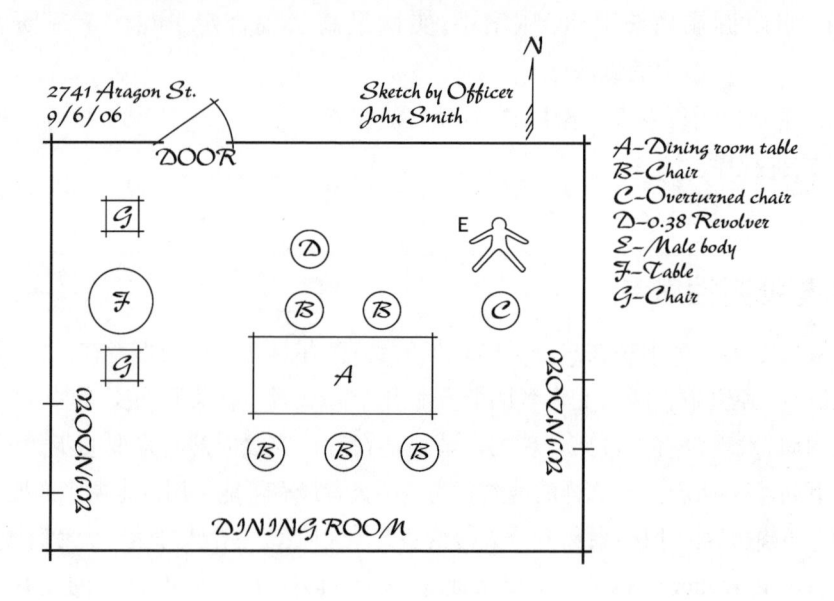

```
2741 Aragon St.              Sketch by Officer
9/6/06                       John Smith

                                              A-Dining room table
            DOOR                              B-Chair
                                              C-Overturned chair
     G                                        D-0.38 Revolver
                  D           E               E-Male body
                                              F-Table
     F           B    B       C               G-Chair

     G
                ┌─────────────┐
                │      A      │
                └─────────────┘
                  B   B   B

                  DINING ROOM
```

参考文献与延伸阅读

The Biological Evidence Preservation Handbook: Best Practices for Evidence Handlers, http://nvlpubs.nist.gov/nistpubs/ir/2013/NIST.IR.7928.pdf

Crime Scene Investigation: A Guide for Law Enforcement, 2013, http://www.nfstc.org/bja-programs/crime-scene-investigation-guide/Gardner, R. M., Practical Crime Scene Processing and Investigation, 2nd ed. Boca Raton, FL: CRC Press, 2012.

Ogle, R. R., Jr., Crime Scene Investigation and Reconstruction, 3rd ed. Upper Saddle River, NJ: Prentice Hall, 2011.

Osterburg, James W., and Richard H. Ward, Criminal Investigation—A Method for Reconstructing the Past, 6th ed. Cincinnati, OH: Anderson, 2011.

Shaler, R. C., Crime Scene Forensics: A Scientific Method Approach. Boca Raton, FL: CRC Press, 2012.

案例分析

美国缉毒调查局在调查特工恩里克·卡马雷纳(Enrique Camaren)和缉毒局卧底阿尔弗雷多·萨瓦拉(Alfredo Zavala)被绑架和谋杀案件中,面临着几个可能会影响案件证据收集的问题。这些问题影响法证专家对案件事实的判断,进而威胁到对犯罪的调查。然而,尽管面对重重困难,但通过应用标准的法证技术手段,人们还是最终使案情真相大白。阅读以下关于卡马雷纳案的档案,然后回答以下问题:

1. 案件中调查人员在收集证据时面临的主要挑战是什么?给出具体的例子。
2. 请解释调查人员如何利用参考样本确定受害者被关押在洛佩德维加881号住宅内。
3. 解释调查人员如何使用土壤证据确定受害者的尸体已经被埋葬,然后转移到他们被发现的地点。

案例分析

恩里克·卡马雷纳案:法证噩梦

迈克尔·P.马龙(Michael P. Malone)　联邦调查局华盛顿特区实验室特工

1985年2月7日,美国联邦缉毒调查局(DEA)特工恩里克·卡马雷纳(Enrique Camarena)在墨西哥瓜达拉哈拉的美国领事馆附近被绑架。不久之后,阿尔弗雷多·萨瓦拉(Alfredo Zavala)上尉(据DEA消息来源)也在瓜达拉哈拉机场附近的一辆车中被绑架。这两起绑架使美国缉毒调查局采取自其成立以来最大规模之一的调查行动,并使其成为FBI实验室有史以来收到物证最多的案件之一……

绑架

1985年2月7日,卡马雷纳特工在离开了缉毒局办公室之后,与他的妻子共进午餐。目击者称,在Camelot餐厅前看到一名男子被强行拖进

恩里克·卡马雷纳(Enrique Camarena)照片

一辆浅色汽车,目击者还描述了几名袭击者的情况。墨西哥联邦司法警察机构(MFJP)的首席指挥官帕文·雷耶斯(Pavon-Reyes)在极不情愿的状态下被派去负责调查该案件。很快,两名毒贩 Rafael Caro-Quintero 和 Ernesto Fonseca 被锁定为嫌疑人……

调查

在 1985 年 2 月期间,尽管美国缉毒局派出了特别工作组来调查此事,同时美国政府也对墨西哥政府施压,但搜索工作毫无进展。美国和墨西哥政府的高级官员也直接过问此案。据悉,鉴于事态的严重性,墨西哥毒贩和某些墨西哥执法官员编造了一个解决方案。根据该方案,墨西哥司法部将收到一封匿名信,信中说卡马雷纳特工和萨瓦拉上尉被关押在 Bravo 贩毒团伙位于米却肯州距离瓜达拉哈拉东南约 60 英里(1 英里=1 609.34 米)处的 LaAngostura 的农场里。墨西哥联邦司法警察突袭农场并消灭了 Bravo 团伙,最终发现被掩埋在农场的卡马雷纳和萨瓦拉的尸体。然后墨西哥警方通知美国缉毒局结案。因此,Bravo 贩毒团伙就理所当然地成为该起案件的替罪羊。

3 月初,墨西哥联邦司法警察在美国缉毒局特工到达之前突袭了 Bravo 团伙的农场。突袭行动导致 Bravo 团伙的所有成员以及一名墨西哥联邦司法警察死亡。然而,由于场面混乱,卡马雷纳特工和萨瓦拉上尉的尸体没有按计划被及时掩埋在农场里。枪战发生后不久,一名路人在农场附近的路上发现了两具部分腐烂的尸体,尸体被包裹在塑料袋里。尸体被转移到当地的停尸房进行尸检。随后,墨西哥警方将发现尸体的消息告知了美国缉毒调查局。

通过指纹比对,很快确定 1 号尸体是卡马雷纳。尽管墨西哥官员此时不想确认第二具尸体的身份,但后来通过牙科记录确认 2 号尸体是萨瓦拉上尉。

美国联邦调查局法医小组请求处理在尸体上发现的衣物、绳索和埋单,遭到墨西哥方面的拒绝。但美方被允许从这些物品上剪取部分样本,并从两具尸体上获取毛发样本及尸体和衣物上的土壤样本。

1985 年 3 月底,美国缉毒局特工发现了一辆疑似绑架或运输卡马雷纳特工的黑色车辆。这辆车停放在瓜达拉哈拉的一个隐秘车库内。这辆车隶属于 Caro-Quintero 开的福特车行。在瓜达拉哈拉机场墨西哥联邦司法警察的监视下,美国联邦调查局的法医小组对这辆车进行了处理,以寻找车上可能残留的毛发、纤维、血液或指纹等证据。

1985 年 4 月期间,墨西哥司法部通知美国缉毒局,声称墨西哥方面找到了疑似关押卡马雷纳特工和萨瓦拉上尉的地方。联邦调查局的法医小组立即前往瓜达拉哈拉，但却被禁止进入位于洛佩德维加 881 号的住宅，直到墨西哥司法部法医小组处理了住宅并移除了所有明显的证据之后，才容许美方人员进入。

美国联邦调查局法医小组到达后的第一天，便开始对住宅和周围的区域进行搜查（见图 1）。该栋住宅一共两层，院内还有游泳池、顶层露台、鸟舍和带围

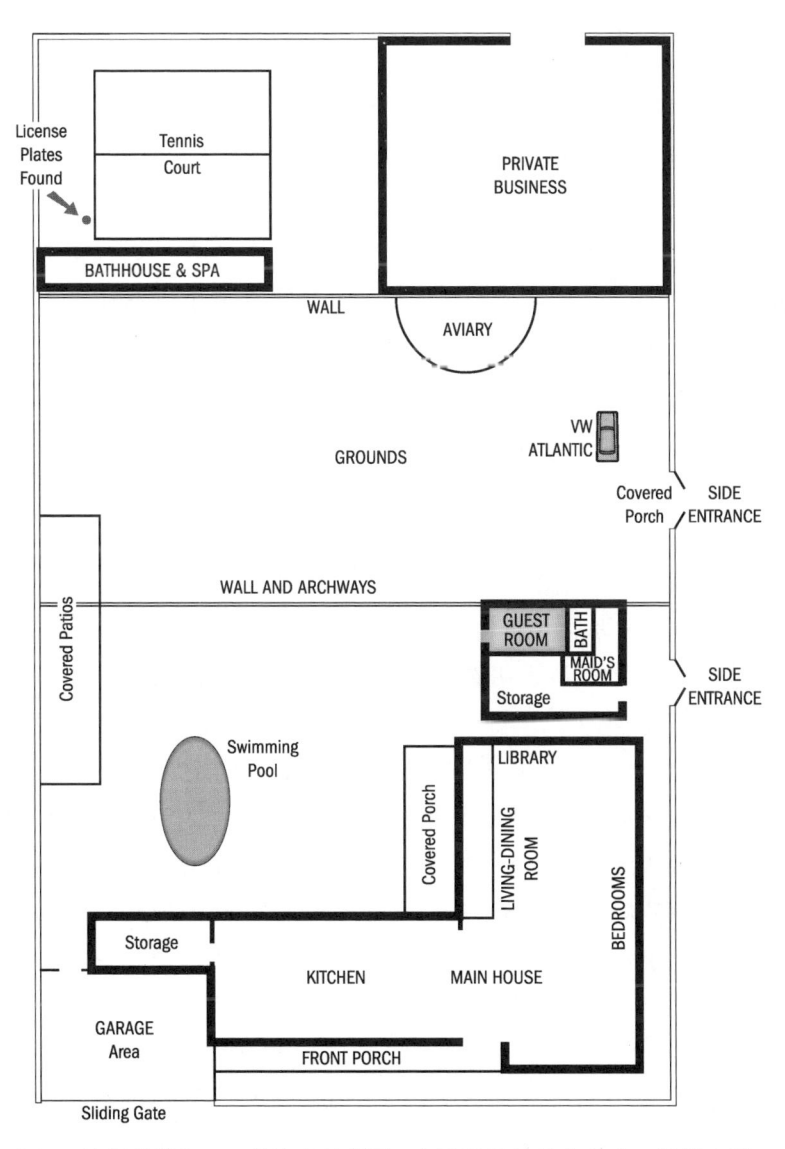

图 1 洛佩德维加 881 号住宅示意图。卡马雷纳被关在客房。资料来源：美国联邦调查局《执法动态》，1989 年 9 月

墙的网球场。在这个位置关押犯人最合理的地方应该是位于主建筑后面的小屋。这栋被调查人员认定为羁押地点的小屋有一个小房间，房间地面铺着米色地毯，房间隔壁是一间浴室。调查人员对整个房间和浴室进行了毛发、纤维和潜在指纹的检查。这个房间的唯一一扇门是由钢制成的，并用钢筋加固。根据证词和法医证据，最终确定在这间屋子里卡马雷纳被人审问以及拷打。此外，美方对位于主建筑二楼的一间锁着的卧室也进行了检查，并收集了该房间内的床单，同时提取了住宅每个房间的地毯样本。

一辆米色的大众牌汽车停在住宅后面的车棚下，该车辆符合目击证人对绑架车辆的大致描述。调查人员对大众牌汽车也经过了包括头发、纤维和指纹在内的检查。

美国缉毒局到达的第二天，美方人员对该处建筑进行了彻底的搜查。联邦调查局法医小组成员在网球场周围的排水沟里发现了一个蓝色物品。经过辨认该物品似乎是一个折叠的车牌。车牌被打捞、恢复并拍照记录。当时所有在场的墨西哥警察都对这个发现感到不安，其中一名警察立即联系了他的上级。墨西哥方面命令他们在助理指挥官到达现场之前，确保车牌"安全"。大约20分钟后，助理指挥官到达现场并夺走了车牌，他不允许美方对车牌进行深入搜查。

1985年9月，美国缉毒局人员前往LaPrimavera公园，采集了一份土壤样本。此地的土壤样本与在卡马雷纳和萨瓦拉尸体上发现的土壤样本相匹配，并含有相似的谷物，这些证据表明在尸体被转移到农场之前，这里就是尸体的埋葬地点。

1985年晚秋，经过美国政府与墨西哥政府的谈判，美国联邦调查局的法医小组终于获准检查4月份墨西哥联邦警察机关法医小组在洛佩德维加881号缴获的证据。证据包括墨西哥联邦警察从包裹卡马雷纳尸体的布上取下的一小片样本，一段用来捆绑卡马雷纳的绳子，从3号卧室取下的部分枕套，从有盖的天井取到的一根干净的绳子，以及一份由墨西哥司法部犯罪调查实验室准备的化验报告。剩下的证据因为墨西哥方面所谓的"健康原因"被销毁了。

1986年1月，被认为是Caro-Quintero贩毒团伙高级成员Rene Verdugo被捕，他被带到圣地亚哥由美国缉毒局羁押。随后，Rene Verdugo被押至华盛顿特区，并在那里采集了他的头发样本。Rene Verdugo拒绝在美国联邦大陪审团面前作证。1986年晚些时候，美国缉毒局人员在墨西哥城，获得了原联邦警察指挥官 Sergio Espino-Verdin 的头发样本，他被怀疑是卡马雷纳在洛佩德维加 881 号羁押期间的主要审讯者。

庭审

1988 年 7 月，对卡马雷纳被绑架谋杀案的审讯和审判在洛杉矶的美国地方法院开庭。在这次审判中，法医证据确定洛佩德维加 881 号是卡马雷纳被关押的地点。证据还表明，两名墨西哥公民 Rene Verdugo 和 Sergio Espino-Verdin 与洛佩德维加 881 号的客房有着密切的联系。不同的法医证据将卡马雷纳与洛佩德维加 881 号联系在一起，其中包括：在囚禁点、4 号房间、大众牌汽车以及黑色车辆内发现的毛发样本；两种类型的涤纶地毯纤维，其中一种是暗玫瑰色，另一种是浅色（见图 2 和图 3）。此外，还有证据表明包裹卡马雷纳尸体的布与洛佩德维加 881 号当中 3 号和 5 号卧室发现的两个枕套在颜色、成分、结构和设计上有相似性。

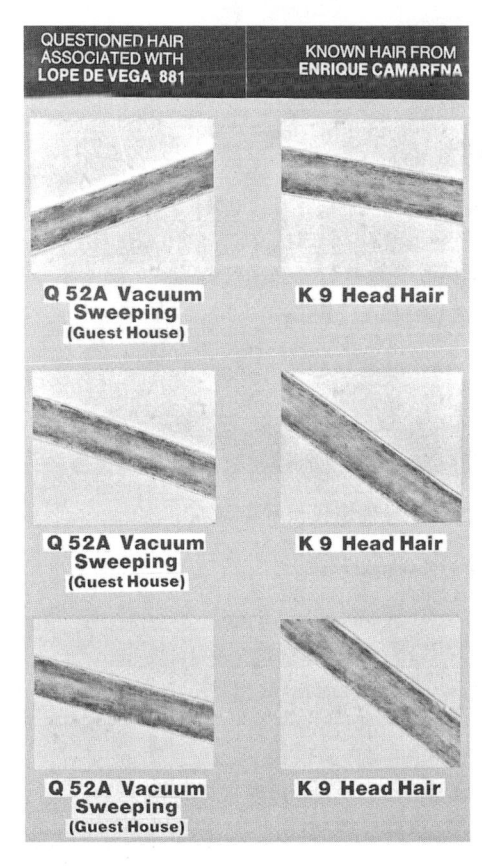

图 2　实验图显示了卡马雷纳头发与从洛佩德维加 881 号住宅内发现的头发的对比结果

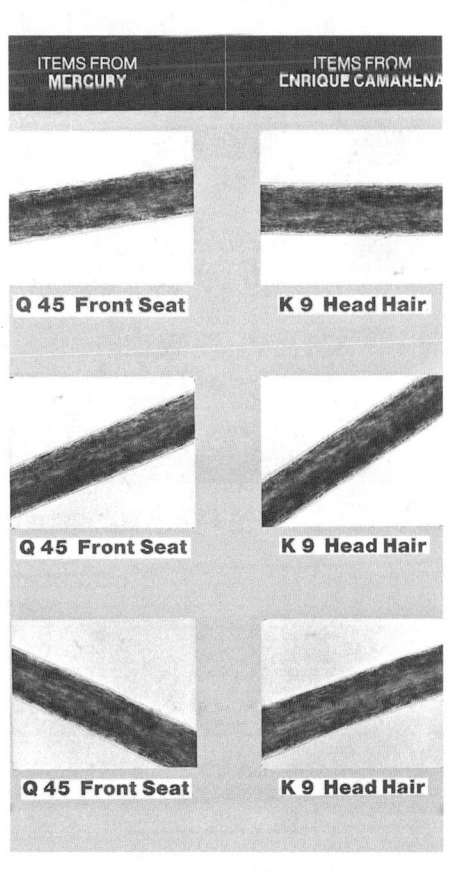

图 3　实验图显示了卡马雷纳头发与从黑色车辆内发现的头发的对比结果

美国联邦调查局实验室人员能够通过住宅、车辆上的毛发证明,卡马雷纳与洛佩德维加 881 号之间有着紧密联系。洛佩德维加 881 号的客房也与萨瓦拉上尉的死亡有关。在第二次尸检时发现,萨瓦拉上尉衣服上的浅色尼龙地毯纤维与囚禁地点地毯上的纤维相匹配。

洛佩德维加 881 号住宅的详细模型是由美国联邦调查局犯罪调查实验室的特别项目部绘制的(见图 4)。同时该部门还准备了 20 多个实验图表来解释各种类型的法庭科学证据。这些图表在阐明头发、纤维、织物和绳索证据检查的复杂技术和特征方面是极其重要的(见图 5)。

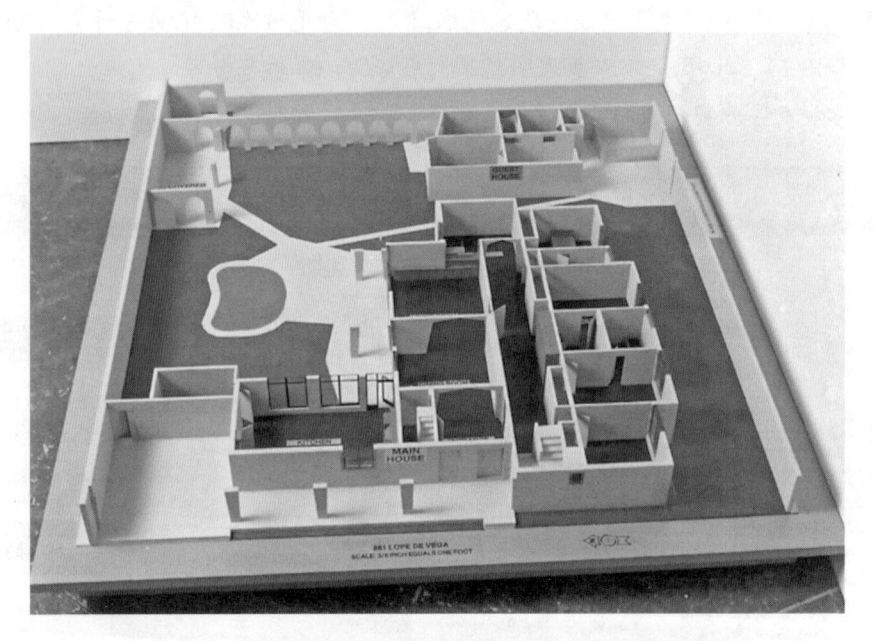

图 4 作为展示的洛佩德维加 881 号住宅模型示意图

CATEGORIES OF FORENSIC EVIDENCE
IN CAMARENA CASE

LOCATION	Hair	Carpet Fibers	Fabric Match	Cordage Match	Tape Match	Misc.
Mercury	Camarena Head Hair					Blood on Floor Mat
VW Atlantic	Camarena Head Hair					Blood on Tissue

Guest House	Camarena Head Hair	Zavala Clothes Nylon				
Bedroom #3		Camarena Blindfold Polyester	Pillow Case Camarena Burial Sheet			
Bedroom #4	Camarena Head Hair	Camarena Blindfold & Burial Sheet Polyester				
Bedroom #5			Pillow Case Camarena Burial Sheet			
Tennis Court						License Plate VW/Merc.
Camarena Burial Sheet	Camarena Head Hair	Bedroom #4 Polyester	Pillow Case Bedrooms #3 and #5			Soil La Primavera
Source — Blindfold/ Rope	Camarena Head Hair	Bedrooms #3 and #4 Polyester			Camarena Blindfold Tape	
Camarena Burial Cordage				Burial Rope from Covered Patio		
Zavala Clothing	Zavala Head Hair	Guest House Nylon				Soil La Primavera

图 5 用于展示卡马雷纳和萨瓦拉之间不同位置的关联图。来源：美国联邦调查局

判决

审判在严密的安全措施下经过八周才得以结束，数百名证人参与庭审，所有被告均被判有罪，目前正在服刑。

第三章

物 证

学习目标

3.1 回顾在犯罪现场遇到的常见物证类型
3.2 总结物证的重要性和物证分析的步骤
3.3 解释法证科学家所使用的国家数据库的功能

关键术语

Class characteristics	种类特征
Comparison	比较/比对
Identification	鉴定
Individual Characteristics	个体特性
Product rule	乘法法则
Rapid DNA	快速 DNA 检测技术

新 闻 头 条

布鲁斯·麦克阿瑟(Bruce McArthur)：物证之山

在十年的时间里，多名男同性恋者离奇失踪。2017 年 1 月 26 日该系列案件最后一名受害者安德鲁离奇失踪。警方在调查时，通过安德鲁的财物等，了解他失踪时的行动轨迹。一个名为"布鲁斯"的名字出现在警方视线内。警方能够提取金斯曼失踪当天进入红色 2004 年道奇大篷车的监控录像。当调查员交叉引用这些信息时，只有一个名叫"布鲁斯"的人拥有一辆红色的 2004 年道奇大篷车。

第三章　物　证

　　警方开始监视来自多伦多的66岁园艺师布鲁斯·麦克阿瑟(Bruce McArthur)。经过数周的监视,警察观察到一名年轻人进入麦克阿瑟的公寓。出于对该男子安全的考虑,警方决定进入公寓,警方发现这个年轻人被绑起来,但并未受伤害。之后布鲁斯·麦克阿瑟因涉嫌谋杀而被拘留。随后搜查发现的大量物证,将麦克阿瑟与八名与多伦多同性恋村有联系男子的遇害联系起来。在对他的面包车搜查的过程中提取到其他受害者的血液DNA。警方在麦克阿瑟的卧室里发现了一个黑色的行李袋,里面装有胶带、手术手套、绳索、拉链带、黑色蹦极绳和注射器。他割掉了受害者的头颅并剃掉了胡须,然后将其焚烧掉,并把男人的头发放在袋子里。他将肢解受害者的遗体埋葬在园林绿化客户家中的花盆内。

　　面对检察官提供的"确凿的法医、数字和文件证据",布鲁斯麦克阿瑟于2019年1月29日在多伦多法庭承认了八项谋杀罪。在量刑听证会上,检察官仔细检查了调查人员收集的每一份物证,并指出:"多年来,多伦多LGBTQ社区住户一直认为他们被杀手盯上了。"他们是对的。麦克阿瑟被判处终身监禁,不予假释。

　　现实中,人们无法列举完对犯罪行为具有重要意义的客体;显然每个犯罪现场都有其独特的演变过程、现实情况和存在问题,因此必须具体问题具体分析。唯一可行的做法就是把那些能够通过科学检验获得重要结果并确定犯罪性质和情节的物证清单全部罗列出来。调查人员全面掌握各类物证的识别、收集和分析的能力以及实验室相关流程程序和水平,则是对犯罪现场各种特殊情况作出合乎逻辑评判的决定因素。同样重要的是,合格的证据收集者不能依赖从小册子中记住的收集程序,而必须能够在犯罪现场作出具有创新性、即时性的决策。

物证的常见类型

1. 血液、精液和唾液。所有可疑的血液、精液或唾液——不论是以液体或固体形式存在的,或是来自动物或人类的——都以某种形式存在,以表明其与犯罪或参与犯罪的人之间的关联。此类物证包括干燥后附着在织物或其他物体上的血液或精液,以及可能含有唾液残留物的烟头。这些物质能够经过血清学和生化分析,以确定其特性和可能的来源。

2. 文件。需要确定其真实性或来源的各种笔迹和打印文字。相关证物包括纸张、墨水、文字、被消退、烧毁或烧焦的文件。

3. 毒品。因违反关于销售、制造、分发、使用毒品监管法律而被扣押的各类物质。

4. 爆炸物。任何含有炸药的装置,以及从爆炸现场收集的被怀疑含有爆炸残留物的各类物质。

5. 纤维。任何可能有助于在物体和(或)人之间建立相关性的天然或合成纤维。

6. 指纹。具有潜在的和可见特性的指纹印迹。

7. 枪支和弹药。涉嫌刑事犯罪的各种枪支以及被击发过或完好的弹药。

8. 玻璃。任何可能已转移到人或物体上的玻璃颗粒或碎片。这类物证还包含由于子弹或其他弹丸所造成的玻璃窗上的洞孔。

9. 毛发。所发现的可能将某人与犯罪行为关联起来的动物或人类毛发。

10. 形象痕迹。轮胎印痕、鞋印、软土洼地中的立体痕迹以及其他形式的印迹。手套和其他织物的印痕也包括在内。

11. 器官和生理体液。被提交以进行毒理学检验并分析是否含有药物和毒物的人体器官和体液。此类物证分析包括在血液中是否检出酒精和其他药物。

12. 涂料。在犯罪实施过程中各类油漆、液体或固体可能从一个物体表面转移到另一个物体表面。常见的例子是汽车发生碰撞时车体上的油漆从一辆车转移到另一辆车上。

13. 石油产品。从嫌疑人身上或从犯罪现场找到的任何石油产品。最常见的是从纵火案件现场提取的汽油残留物，或者能够指向与犯罪之间关联的各类油脂或油污。

14. 塑料袋。在凶杀案或毒品案件中往往有证据意义的一次性聚乙烯包装物，如垃圾袋等。检验塑料袋是为了确立这些塑料袋物证与嫌疑人所持有的类似袋子之间的关联。

15. 塑料、橡胶和其他聚合物。这些在犯罪现场发现提取到的残余物，可能与从嫌疑人处所收集到的物质有关联。

16. 残留粉末。任何被怀疑含有发射火药残留物的物品（见图3-1）。

17. 序列号。此类物证包括提交到实验室以恢复物品上已擦除的识别号码。

18. 土壤和矿物。各种能够将个人或物体与特定地点关联起来的土壤或矿物。常见的是嵌入鞋底的土壤颗粒和在服装上找到的安全绝缘物质。

图3-1 枪支在距离射击目标一定距离的地方发射，将留在射击目标上的火药分布情况与受害者衣服上的射击残留物分布情况进行比较。射击残留物的分布密度和形态会随着发射距离的变化而变化

19. 工具痕迹。这一类型物证包括各种疑似犯罪工具所遗留在其他物体上的印痕。例如，螺丝刀或撬棍经过挤压或刮擦作用而在墙壁表面形成工具痕迹。

20. 车灯。通常对车辆前大灯和尾灯进行检验，以确定车辆在撞击时灯是开启还是关闭状态。

21. 木材和其他植物物质。在衣服、鞋子或工具上发现的任何可能将人或物体与犯罪地点联系起来的木头、锯末、刨花或营养物质碎片。

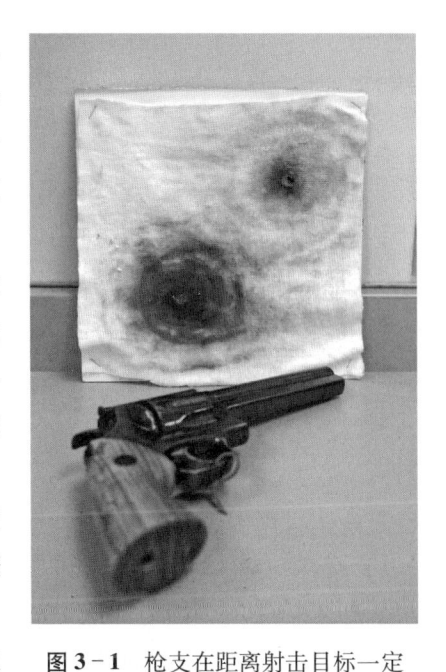

物 证 的 意 义

法证科学家所实施的物证检验活动通常是出于确定或比较之目的。

鉴定

鉴定[①]的目的是运用目前分析技术所允许的最大确定度而确定某一种物质的物理或化学特性。例如，犯罪实验室经常被要求确定可能含有海洛因、可卡因、巴比妥类等非法药物制剂的化学成分；可能要求鉴定火灾物证中提取到的汽油残留物，或者鉴定爆炸残留物的特性——例如，炸药或 TNT 等。此外，血液、精液、头发或木材是常见的鉴定对象，并要求确定相关物质的来源。例如，有证据意义的血迹是来自人类，还是来自狗或猫？每一项检验都要求对特定物质的物理或化学特性进行分析和最终鉴定，以排除所有其他可能的物质种类。

鉴定过程中，首先要选择分析测试程序，并以标准物质结果作为对照。标准物质分析结果可以永久记录并反复使用，以验证存疑物质。例如，为了确定某一可疑粉末是否为海洛因，可将其测试的结果与海洛因标样进行对比分析。其次，鉴定待测物质时所需进行的测试数量和类型应足以排除其他物质。这意味着检验人员必须设计一个具体的分析测试方案以确定一种物质而将其他物质排除在外。因此，如果检验人员得出结论认为白色粉末含有海洛因，那么相关的测试结果必须足够全面以排除其他物质存在的可能性——或者说，在这种情形下，排除存在其他物质——可以考虑到的毒品。

不能简单地定义究竟什么才是全面且万无一失的分析方案。显然每种不同类型的证据必然需要进行不同类型的测试，并且每项测试均有不同程度的特异性。因此可以想象，一种物质可以通过一种测试来鉴定，而另一种物质可能需要五种甚至更多的组合才能实现鉴定的目标。在从业人员几乎无法控制所接收到的样本数量和质量的科学领域，一套标准的测试流程难以覆盖所有潜在问题。故而，法证科学家必须确定所开展的分析能够在何种程度上得出结论以及满足阳性结论的条件；而上述目标必须依赖法证科学家所接受过的教育和具备的经验。最后，分析的结论要得到证实并且在法庭上达到排除合理怀疑的程度。

[①] 鉴定：确定物质物化特性的过程。法证语境下这类工作包括药物分析，确定物种来源爆炸物残留分析等。

比较

通过将可疑样品与标准/参考样品采用相同检测和检验的**比较**②分析以确定两者是否同源。例如,法证科学家依据犯罪现场上发现的毛发物证与从嫌疑人头部提取的毛发之间的特征符合点确定特定现场的嫌疑人身份(见图 3-2)。又如,在交通肇事逃逸案件中,通过比较肇事逃逸嫌疑车辆上提取的油漆块与受害人衣物上提取到的油漆块。法证比对活动实际上是由一个"两步式"程序组成的过程。首先,比较从可疑和标准/参考样本当中选取的特征组合。究竟要选取哪些特征以及应该选

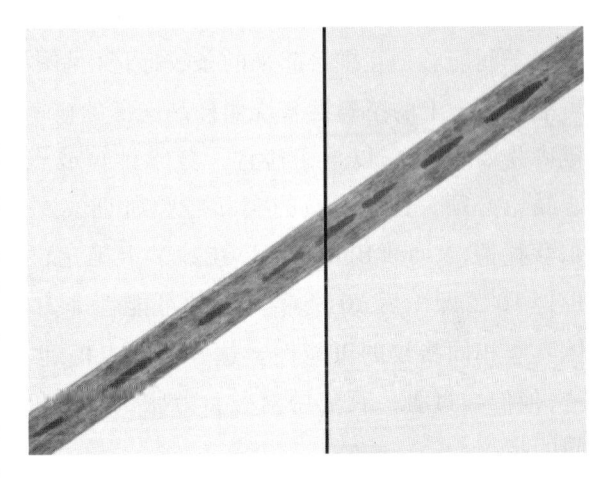

图 3-2 毛发的并排比对

取多少特征,这往往取决于待检物质类型(在本书的后续章节中将对这个主题进行深入讨论并从中获得启迪)。这个阶段最重要的考量因素是比对结论最终的证据价值。由此引申出关于比对的第二个目标。在完成比对之时,法证科学家应得出样品来源的结论,即它们究竟是否同源?当然,如果被选择进行比较的一个或多个方面特征不一致,检验人员将由此判断用以比对的样品不相同,故而不可能同源。不妨假设,另一方面,经比较的各个方面特征,至少是检验人员当前能够确定的,无法加以分别。那么,据此是否能够认为从逻辑上讲两者是同源呢?不一定如此。

为了进一步理解比较结论的证据价值,我们还应了解概率在确定两个或多个样品来源方面所发挥的作用。简单地说,概率即为事件发生的频率。如果一枚硬币被掷出一百次,理论上我们可以预期硬币人像面出现次数最多应为50次。进而,可以认为事件(人像面)发生的概率是 50/100。换句话说,概率定义了特定事件发生的频率。

---

② 比较:确定两个或多个物质性客体是否同源的过程。

个体特征

物质所拥有的与特定来源具有极高相关联概率的客观证据,即**个体特征**[3],包括指纹的纹线特征、子弹或工具痕迹上的随机线条印记、轮胎或鞋印上不规则和随机生成的磨损形态特征、笔迹特征、破碎物体中可通过拼图式拼接在一起的不规则边缘(见图3-3),或者是流水线上连续生产的塑料袋上横跨袋子间能够相互拼接起来的条纹标记(见图3-4)。在上述所有情况下,不可能用数学上的精确性来说明样品同源的概率;我们只能得出结论,认为同源概率是如此之高,以至于违背了数学计算或人类的理解。同时,所作出的同源结论必须为检验人员的实际经验所证实。例如,法国科学家维克多·巴尔萨扎德(Victor Balthazard)在数学上确定,两个人具有相同指纹的概率是 $1/1 \times 10^{60}$,即1后60个零。这种可能性非常小,以至于排除了任何其他个体具有相同指纹的可能性。这一论点也得到了指纹检验人员实证经验的支持,他们在过去一百年中对数百万张指纹进行分类后,从未发现两个完全相同的指纹。

图3-3 一名妇女的尸体被发现,颈部有刺伤的证据。病理学家在颈部伤口中发现了刀刃尖端的分离物。将该刀刃尖端分离物与在被指控犯罪的嫌疑人裤子口袋中发现的刀刃断裂刀片进行比较。经过仔细检验发现,刀刃边缘上的冲压痕迹以及源自刃口打磨过程中形成的个性特征均相互吻合

---

[3] 个体特征:能够以极高确定程度指向一个共同来源的证据的特质。

第三章 物 证

图3-4 一名被捆绑的年轻女性尸体从河里被打捞上来。她的头上盖着一个黑色聚乙烯垃圾袋(如右侧所示)。从数名嫌疑人之一那里发现一个黑色聚乙烯垃圾袋(如左侧所示)。对两个袋子的挤压标记和颜料带的并排比较能够表明它们是连续制造形成的。上述信息使调查人员将注意力集中到该名嫌疑人身上,后来,该嫌疑人被控犯有谋杀罪

种属特征

对于那些不熟悉法庭科学局限性的调查人员而言,前面等待着他们的还有一个让人感到失望的事实,那就是实验室在许多时候无法给出将物证与特定来源关联起来的具有高度确定性的结论。当证据只能指向与一个群体的联系而非与单一来源的联系时,我们就说它具备**种属特征**①。在这里我们注意到,概率可能是一个决定因素。例如,如果我们比较两个颜色相近的单层汽车油漆块,它们来自同一辆车的机会并不像我们比较两个具有七层相似油漆的油漆块时那么大,并非所有这些油漆都是汽车原始颜色的一部分。前者所具有的是种属特征,这充其量只能与某一个汽车型号相关联(其数量可能是数以千计的),而后者则可能被认为具有的是个体特征,而且很有可能是来自某一辆特定的汽车。

血液为我们提供了另一个很好的证据。例如,假设我们比较了两份人类血液样本,即A型血。A型血群体的出现率约为26%,这很难为血液确定来源提供依据。但是,如果我们同时比较其他血液,则两份血液样本同源的概率将会增

---

① 种属特征:证据的属性只能将其与一个群体联系起来,而不能与单一来源联系起来。

加。因此,如果使用一系列彼此独立的血液因子,则可以应用**乘积法则**[5]来计算血液在人群中出现的总体频率。

例如,在 O. J. 辛普森案中,犯罪现场上的血迹在多个方面可以与嫌疑人辛普森的血液样本加以比较,即:

血 液 因 子	频 率
A	26%
EsD	85%
PGM 2+ 2−	2%

表中所有方面出现频率之间的乘积决定了任何一个人拥有这种血液因子组合的总体概率。在这种情况下,应用乘积法则,0.25×0.85×0.02 等于 0.004 4,即 0.44%,或大约每 200 人中就有 1 人预计会有这种特定的血液因子组合。这些血迹因素与两名受害者,即妮可·布朗·辛普森(Nicole Brown Simpson)或罗纳德·戈德曼(Ronald Goldman)中的任何一个都不匹配,因此,排除了是他们二人血液的可能性。尽管法证科学家仍然没有将血迹来源个体化至特定的某一个人——在本案中即为 O. J. 辛普森——但有关数据让调查人员和法院更好评估犯罪现场血迹的证据价值。正如我们将在第 16 章中学习的,乘积法则用于确定通常由血液和其他生物材料所确定的 DNA 图谱的出现频率。重要的是,现代 DNA 技术为化验人员确定血液、精液和其他生物材料个体来源提供了足够的依据。

评估物证的意义

当前法庭科学的一个不足之处就是检验人员尚无法针对大多数类别物证的比较结果给出精确甚至近似的概率值。例如,尼龙纤维来自特定的某一件毛衣的概率是多少,或者头发来自特定的某一个人,又或者是现场油漆碎块来自涉案肇事逃逸车辆的概率是多少,等等。这方面的相关统计数据很难获得,而且,在一个越来越依赖大批量生产产品的社会中,收集这些数据正成为越来越难以实现的目标。

法庭科学的主要工作之一是必须创建和更新统计数据以评估不同种类型物证的意义。当然,在上述信息——如血液因子在群体中的出现率——是可用之

---

[5] 乘积法则:将独立发生的遗传标记的频率相乘,得到遗传谱的总体发生频率。

时,这些信息会得到充分使用;但是,在大多数情况下,法证科学家在诠释不同种类型物证意义时需要依靠个人经验。

对于那些不熟悉现代刑事技术发展的人来说,当得知从犯罪现场提取到的大多数物证尚难以直接与单个人或物体明确关联起来的时候,他们往往会感到失望。尽管调查人员总是试图发现具有个性特征的物证——如指纹、工具痕迹,以及子弹等——然而,更多时候发现的是种类型物证。如果我们否认或贬低这些证据的价值,那么实际上就是否定了刑事技术在刑事案件调查中的潜在作用。在实践中,刑事案件是由一系列不同方面要素在法庭上构筑起来的,当中的每个要素都指向一方在犯罪行为中是否有罪或者是否参与其中的事实。

通常而言,被收集到的大多数证据在本质上都具有主观性,容易受到人为错误和偏见的影响。关于认知偏差会在何种程度上影响法庭科学中的决策已经成为影响本领域培训和实践的重要问题。目前已有不少研究支持对于法庭科学从业者易受各种确认偏误影响的怀疑。因此,有人建议法证实验室应建立并运行一套旨在减少获取不必要信息的程序、采用多个比较样本而非源自单个受审查客体的样本,以及考虑由化验人员以"盲测"形式针对之前的检验结论加以重复检验。证人陈述、嫌疑人供述和证人证词的可信度都可能在法庭上受到争议、攻击和质疑。在这种情况下,人的判断中存在的错误往往被放大,以减损证人的可信度。

评估物证的价值

种类型物证的价值在于,能够以一种尽可能不受人为错误和偏见影响的方式,即用数据来关联事件。它是将其他更依赖于人为判断的调查结果——这些结果更容易引发人为错误——结合在一起的线索。科学家尚未成功地实现将多种物证个性化,刑事调查人员不应该放弃或犹豫是否需要寻找其他方面的调查线索。当然,科学家在评估物证种属方面所能够达到的程度,同时意味着刑事调查人员将能更顺利地推进工作。

必须承认,在大多数情况下,试图以精确的数学术语界定某一个种类型证据的重要性,即使不是不可能,也是十分困难的。尽管种类型证据在本质上并非独一无二的,但我们的共同经验表明,那些具有意义的物证,正如我们在原书第63—64页所列出的,在我们所身处的环境中呈现出高度多样化。例如,从一件衣服中选择一种人工染色的纤维,并尝试在您随机碰到的其他人的衣服上看看是否能够找到与之完全相同的颜色,或者选择一种汽车颜色并尝试将其与您在当地街道上看到的其他汽车相比较看看是否相互匹配。此外,请记住,法证科学家在实际工作中不仅进行颜色方面的比较,而且还涉及对各种化学或物理性质的检验和比较(见图3-5)。这里所说的重点是,特定的犯罪现场上提取到的并且是无法区分的物证而实际上非同源的概率是相当低的。鉴于上述情形,只有那些在我们所身处环境中表现出显著多样性的物体才被认为适合作为物证。

图3-5 纤维的并列比对

同样,当处理一种以上种类型证据时,多种证据的融合使得我们能够提升同源性确定度。随着将特定人与特定犯罪所联系起来的不同方面物质客体数量的增加,该人涉案的可能性将会显著地增加。一个典型例证就是韦恩·威廉姆斯(Wayne Williams)案件审判中的证据。韦恩·威廉姆斯被指控在佐治亚州亚特兰大大都市区谋杀两人;同时有证据表明他还与另外10名青少年或年轻男性的谋杀案有关。该州案件的一个基本要素涉及通过各种纤维证据将威廉姆斯与受害者相联系。本案中,控方通过28种不同类型纤维将威廉姆斯与谋杀案受害者联系起来,法证检验人员将这些证据描述为具有"压倒性"意义的物证。第十一章将对威廉姆斯的案例展开讨论。

在离开关于个体和几种类型证据比较的自然观和价值观方面主题的讨论前,还需要提及一个重要问题。2009年,美国国家科学院(National Academy of Sciences,NAS)所属国家研究委员会(National Research Council,NRC)发布了《加强美国法庭科学:前进道路》报告[6]。报告涉及一个贯穿法证证据基础的关

---

[6] 美国国家研究委员会,《加强美国法庭科学:前进道路》,华盛顿特区:国家科学院出版社,2009,http://books.nap.edu/openbook.php?record_id=12589&page=R1

键问题：是否应该在法庭上认可特定的种类型或者个体型证据。NRC 的专题报告除了表达目前由于缺乏统计基础定义的概率以支持不同类型物证的相对意义的担忧之外，还谴责许多法证判断涉及主观评估的事实，这会造成有关判断的正确性、不易验证以及有关判断的准确性高度依赖检验人员的经验和培训。虽然 NRC 的专题报告鼓励研究如何将法庭科学置于更加客观的基础之上，但这一目标的实现过程非常缓慢。作为替代措施，报告鼓励犯罪实验室采取质量保证措施以评价检验人员的能力；这些具体措施包括同行评审、能力验证、化验人员认证以及定期外部审核等。

处理物证的注意事项和限制

在进一步评估物证的贡献时，人们不能忽视法庭上的一个重要现实：赋予物证的权重或意义是完全留给事实认定者，即通常是一个由外行人组成的陪审团来决定的。鉴于科学家普遍受到社会的高度尊重，以及书籍和影视节目为法医学塑造的绝对可靠的形象，不难理解为什么科学评估的证据在法庭上往往带有特殊可靠性和可信度的光环。通常而言，物证，无论是个体型证据还是种类型证据，在陪审团审议期间都受到高度重视，并成为加强或排除对有罪或无罪怀疑的主要因素。事实上，一些法学家已经告诫，不要在没有首先考虑科学证词在案件中的相关性的情况下，全权批准接受科学证词。鉴于科学证据的潜在作用，不采取适当的保障措施将可能会为被指控者带来不公平的评判。

物证也可以排除或免除对一个人的怀疑。例如，如果 A 型血与嫌疑人有关，所有 B 型、AB 型或 O 型血个体的嫌疑都可以被排除。由于无法在犯罪现场立即评估科学家在所收集到的证据中会发现哪些有价值的证据（如有），或者这些发现最终会对陪审团产生什么意义，因此，全面收集和科学评估物证应成为所有刑事调查工作的常规组成部分。

物证在什么时候才能越过种类和个体的界限，这是一个难以回答的问题，并且往往成为法证科学家之间产生激烈辩论和分歧的根源。究竟需要多少线条痕迹才能将痕迹个体化至单个工具而不是其他工具？需要多少个颜色层才能将油漆碎块个别化到特定的一辆汽车上？需要有多少乳突线特征才能够使指纹识别率提高以及需要有多少个笔迹特征才能将其与特定的一个人联系起来？这些问题尚无明确的答案。法证科学家的任务是找到尽可能多的特征，将一种物质与另一种物质进行比较。研究结果的意义取决于证据的质量和组成、案件发展历史以及检验人员的经验等。最终,结论的范围可以从单纯的推断到无限接近于确定。

法证科学家可选择进行比较的属性和特征实际上存在着限制。如果将认识极端化,可以说这个世界上没有两件事在每一个细节上都是一样的。现代分析技术已经变得相当复杂和灵敏,以至于刑事技术学家在解释从比较分析中收集到的数据时,必须谨慎地界定材料之间自然变化的限度。例如,我们将在第10章中了解到,密度和折射率这两个属性最适合于两块玻璃之间的比较。但是最新的技术发展使得这些特性的检测变得十分灵敏,它们甚至可以区分来自一块玻璃板内的玻璃。当然,这超出了刑事技术学家试图只确定两个玻璃颗粒是否来自同一个窗户的初衷。同样,如果用强大的扫描电子显微镜将油漆碎片的表面放大1 600倍,很明显,所揭示的精细细节无法在任何其他油漆碎片中复制。在这种情况下,没有两个油漆碎片,即使是它们来自同一表面的油漆碎片,可以进行真正意义上的比较。因此,比较工作要求通过简单实用的流程进行此类检验(见图3-6)。

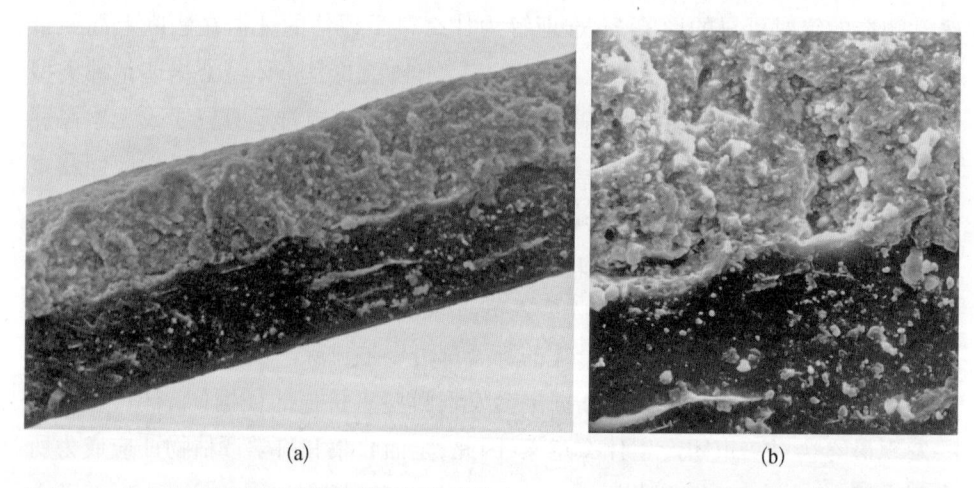

图3-6 (a)用扫描电子显微镜将两层漆片放大244倍,(b)放大到1 600倍观察到的同一块漆片

要从自然变化中区分出证据的变化并不总是一件容易完成的事情。学习如何在犯罪实验室正确地使用显微镜和所有其他现代仪器是一回事,而熟练地掌握解释观察结果和数据所需的能力又是另一回事。为满足执法机构的现实要求,随着新的犯罪实验室的建立和其他实验室的扩展,许多人开始从事法庭科学领域的新职业。必须注意的是,仅仅阅读相关的教科书和期刊并不能替代科学所需要的经验。

法庭科学数据库

在刑事调查中,刑事技术学家可以通过比较分析而将嫌疑人与犯罪行为联系起来。这种比较分析界定了刑事技术学家在刑事调查中所发挥的独特作用。当然,一对一的比较需要以确定某一个嫌疑人为前提。如果犯罪现场调查人员获得了指纹、毛发、纤维、油漆、血液和精液,但却无法将这些物品与嫌疑人联系起来,那这些物品几乎没法发挥证据价值。在这方面,计算机技术极大地改变了犯罪实验室在案件调查过程中所发挥的作用。犯罪刑事物证鉴定实验室不再是被动的旁观者,只等待着调查人员发现可能的犯罪线索。目前犯罪刑事物证鉴定实验室处于寻找作案人的调查工作的最前沿。法庭科学在刑事调查中所起的作用转变是通过创建数据库来实现的,部分数据库不仅连接了全美50个州的数据库资源,而且还将世界各地的警务机构联系在一起。

指纹数据库

各类法证数据库系统是以综合自动指纹识别系统(Integrated Automated Fingerprint Identification System, IAFIS)为模型建立的,这是一个由美国联邦调查局维护的国家指纹和刑事记录系统。2014年,IAFIS被替换并集成到下一代识别(Next Generation Identification, NGI)系统中。NGI超越指纹识别系统的扩展功能将在第7章讨论。IAFIS于1999年首次投入使用,包含近7 500万个主体(或7.5亿张指纹图像)的指纹和相应犯罪历史信息,这些信息是由州、地方和联邦执法机构提交给联邦调查局的。在美国,每个州都有自己的自动指纹识别系统(Automated Fingerprint Identification System, AFIS),该系统与联邦调查局的NGI系统相连。犯罪现场指纹或潜在指纹对刑事调查员来说是一个关键性的发现。一旦有适合NGI系统搜索的痕迹,检查员就会使用数码相机或扫描仪创建痕迹的数字图像。接下来,检验人员在编码器的帮助下,在数字图像上进行标记,以指导计算机进行搜索。然后以电子方式将痕迹信息提交给NGI系统,并在几分钟内完成对NGI系统中所有指纹图像的搜索;检验人员就会收到一份潜在候选人的名单及其对应的指纹,以便进行比较和验证。(见图3-7)

潜在印痕　　　　　　　　　　　存档印痕

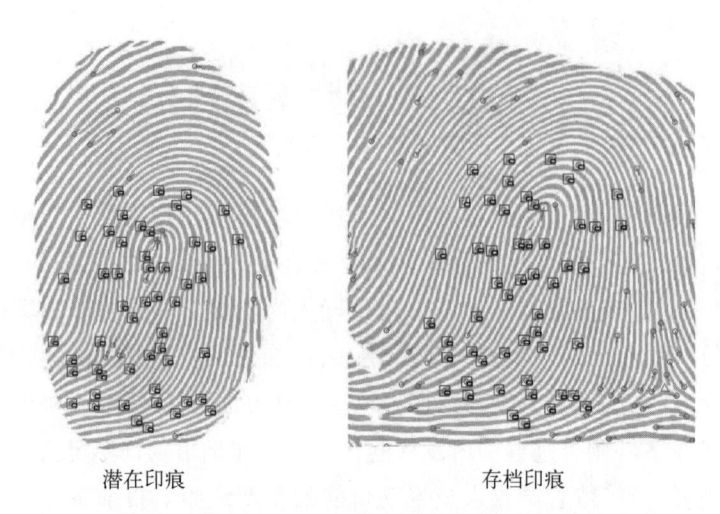

图 3-7　指纹数据库的计算机搜索首先需要选定乳突线特征,这些乳突线特征的位置是比较潜在指纹和存档指纹的基础

世界上许多国家都创建了与 FBI 模式相媲美的国家级自动指纹识别系统。例如,英国最近还创建了一个连接警察和司法机构的集成系统,称为 IDENT1。它的主要功能包括指纹和掌纹分析、可访问国际数据库的痕迹信息检索功能、对被捕者的身份进行验证,以及在英格兰、苏格兰和威尔士的地方、地区和国家机构之间的信息共享功能。IDENT1 为未来的集成技术(例如生物识别或面部图像识别)奠定了基础。

DNA 数据库

1998 年,FBI 的 DNA 联合索引系统(Combined DNA Index System,CODIS)全面投入使用。CODIS 使联邦、州和地方的犯罪实验室能够以电子方式交换和比较 DNA 档案,从而将犯罪活动相互联系起来,并将犯罪与已定罪的罪犯联系起来。所有 50 个州都已颁布立法规范建立数据库,该数据库中包含被判犯有严重犯罪(和其他罪行,取决于每个州的法规)的个人的 DNA 档案。CODIS 从三个方面索引创建调查线索:法证、罪犯和被捕者索引。法证索引目前包含来自未侦破案件犯罪现场证据的大约 915 000 个 DNA 图谱。基于匹配结果,多个司法管辖区的警察可以识别连环犯罪,从而协调调查工作并共享各自发现的线索。罪犯索引包含超过 1 360 万被定罪者的个人资料。联邦调查局加入了许多州以从等待审判的人那里收集 DNA 样本并将从被拘留的移民那里收集 DNA,这些信息将被输入到被捕者索引数据库中,目前总体数量约为 340 万[7]。CODIS 计划的成功取决于它所能够帮助解决的罪行,CODIS 已产生超过 451 000 次点击,协助进行了超过 440 000 次调查。

在"马里兰诉金"(Maryland v. King)案的法院判决中,涉及了从被逮捕但并未指控任何罪行,但仍然有必要通过 CODIS 检索未侦破案件中采集的 DNA 信息来确定主体那里采集 DNA 的适宜性。[8]

"当警察以可能的理由逮捕可能犯有严重罪行的嫌疑人并将其带至羁押场所拘留时,采集和分析被捕者的 DNA 就像指纹和拍照一样,根据第四修正案,这是合理的。"

随着美国最高法院批准从被捕者身上采集面颊或口腔拭子,在尽可能接近被捕的时间内分析拭子的必要性变得越来越明显。**快速 DNA 检测技术**[9]已成为法庭科学术语的一部分,它描述了从口腔拭子中快速获取 DNA 图谱的方法。许多便携型仪器已经上市,其他的也正在开发中。这些仪器可以在不到 90 分钟的时间内从口腔拭子中获得 DNA 图谱。专家们设想,快速 DNA 设备将取代指纹识别装置,用于对被捕者进行常规处理。最近,FBI 允许通过快速 DNA 收集的个人资料进入 CODIS 数据库(见图 3-8)。

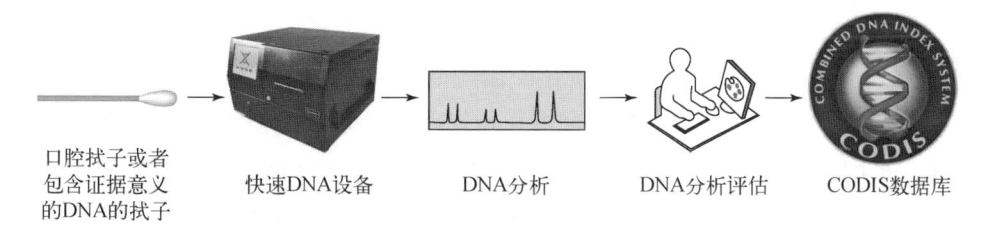

口腔拭子或者包含证据意义的DNA的拭子 → 快速DNA设备 → DNA分析 → DNA分析评估 → CODIS数据库

图 3-8 从犯罪现场提取基因材料并将信息输入用于比较的 CODIS 数据库

不幸的是,目前仍有成千上万个样本被积压等待进行 DNA 分析和录入罪犯索引。执法机构搜索了未侦破案件犯罪现场里发现的生物证据,并录入 DNA 档案的索引。事实证明,这种方法在识别犯罪者方面非常成功,因为大多数涉及生物证据的犯罪都是由惯犯所犯下的。

---

[7] https://www.fbi.gov/services/laboratory/biometric-analysis/codis/ndis-statistics
[8] 133S.Ct.1236(2013).
[9] 快速 DNA 检测技术:在 90 分钟或更短时间内从口腔拭子中提取与 CODIS 搜索兼容的 DNA 图谱的过程。

世界上有几个国家已经启动了国家 DNA 数据库。英国国家 DNA 数据库成立于 1995 年,是世界上第一个国家数据库。目前它拥有超过 600 万份个人资料,任何因可能涉及监禁罪行而被捕的人都将 DNA 信息输入数据库。位于加拿大渥太华的国家 DNA 数据库包含来自被定罪者的 379 000 多份 DNA 档案,并协助处理了 54 000 多起案件,其中包括 3 500 多起谋杀案和 5 900 多起性侵犯案。

谱系数据库

犯罪现场样本中法医 DNA 图谱的新兴用途包括通过谱系数据库(如 GEDmatch)搜索未知图谱,以识别近亲。这些数据库包含由商业家谱公司处理并由私人上传的样本。来自"23andMe"和"Ancestry.com"等公司的商业 DNA 测试套件增加了这些家谱数据库的规模和普及适用程度。

这些数据库的主要目的是帮助专业和业余谱系学家识别潜在的亲属关系,但由于它们包含来自全世界人群的 DNA 谱,因此存在调查人员有 DNA 图谱但无法将其与有关来源相匹配的问题。搜索数据库类似于家庭搜索,其中可以建立到特定家庭谱系的链接。一旦确定了家族谱系,就可以进一步检验家族树以确定是否存在符合描述的个体。

其他数据库

由美国联邦酒精、烟草、枪支和爆炸物管理局维护的国家综合弹道信息网络(National Integrated Ballistics Information Network,NIBIN)允许化验人员获取、数字化和比较从犯罪现场提取的子弹和弹壳上的印迹。自该计划于 1999 年启动以来,NIBIN 的合作伙伴已经处理了大约 99 000 条 NIBIN 搜索和 110 000 条 NIBIN 点击。该网络中大约有 1 600 万张图像,包含 330 万条证据。NIBIN 的核心是综合弹道识别系统(Integrated Ballistic Identification System,IBIS),包括显微镜和可以捕捉子弹或弹壳图像的计算机单元。然后这些图像被转发到区域服务器,在那里它们被存储并与区域数据库中的其他图像相关联。IBIS 不能完全匹配由同一武器发射的子弹或弹药;这必须由枪弹检验人员来完成。但是,IBIS 确实能通过生成供检验人员手动比较的候选人名单以方便工作。

国际法证汽车"油漆数据查询"(Paint Data Query,PDQ)数据库包含与原始汽车油漆有关的化学和颜色信息。该数据库由加拿大皇家骑警(RCMP)法证实验室服务部开发和维护,包含 21 000 多个样品(对应于 85 000 多层油漆)的制造商、型号、年份和装配厂信息。PDQ 的贡献者包括加拿大皇家骑警和安大略省、魁北克省的法证实验室,以及其他 21 个国家的 40 个法医实验室和警察机构。PDQ 的认证用户每年需要提交 60 个新的汽车油漆样品添加到数据库中。PDQ 数据库通过为警方提供可能的品牌、型号和年份信息来帮助寻找未知车辆,在肇事逃逸调查中发挥了它的最大效用。

前面描述的数据库由政府机构维护和控制。但有一个例外:一种用于比较和识别犯罪现场鞋印的商用计算机检索系统,称为 SICAR(鞋印图像捕获和检索)[⑩]。SICAR 的图案编码系统使分析人员能够通过代码来创建一个鞋印的简单描述(见图 3-9)。鞋印图像可以通过扫描仪或数码相机输入到 SICAR 中。该产品有一个全面的鞋底数据库(Solemate),其中包括 39 000 多个鞋类条目,为调查人员提供了一种将犯罪现场鞋印与特定鞋类制造商联系起来的方法。第二个数据库 TreadMate,它用于存储轮胎胎面花纹信息。目前,它包含了 8 500 条有关记录。

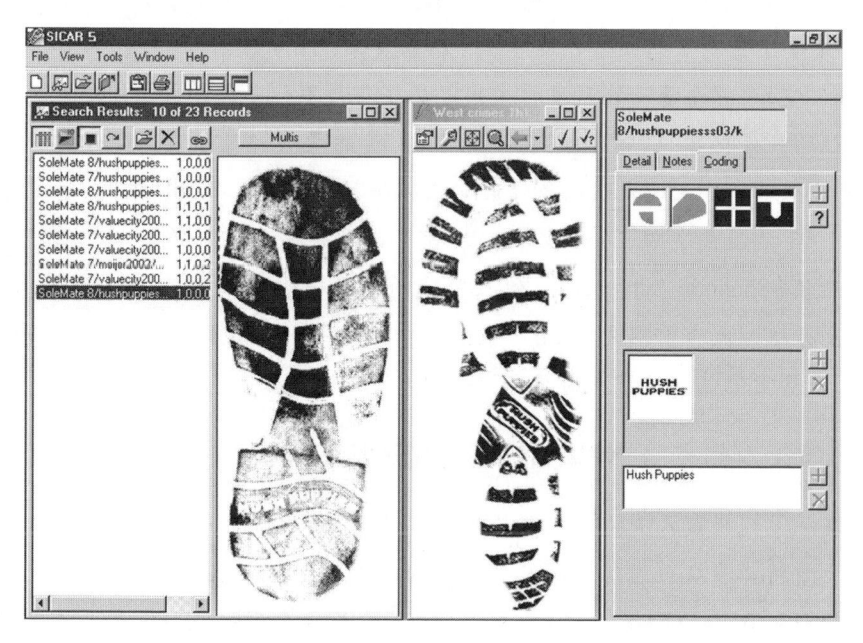

图 3-9 右侧的犯罪现场鞋印正在和 8 000 人的鞋底图案进行对比搜索,以确定其品牌和型号

[⑩] 福斯特弗里曼有限公司,http://www.fosterfreeman.co.uk

案例分析

杰拉德·华莱士案

1975年,警方在杰拉德的客厅沙发上发现了杰拉德·华莱士(Gerald Wallace)的尸体。他遭到了野蛮的殴打,双手被电线绑住。警方搜查了他被洗劫一空的房子,对他们能找到的每一个证据进行记录分类。但这些证据都没有帮助找到凶手。他们没有找到证人。16年后,从华莱士家中发现的烟盒中提取的并在警方档案中保存了16年的单枚指纹被输入到宾夕法尼亚州警察局AFIS数据库。几分钟之内,它就完成了匹配。警方说,该指纹为调查人员提供了一名男子的身份,他在谋杀当晚曾在这所房子里。警察对该男子进行了询问,最终找到了谋杀杰拉德·华莱士的人。

中心城市强奸案

柯林斯堡和宾夕法尼亚州的费城相距近1 800英里,但在2001年,它们通过DNA发生了悲剧性的联系。特洛伊·格雷夫斯(Troy Graves)于1999年离开费城,加入空军,并与妻子在科罗拉多州定居。在科罗拉多大学校园周围发生了八起疯狂的性侵犯事件,这引发了一场搜捕,最终导致格雷夫斯被捕,因为他的DNA特征不可避免地表明他是费城臭名昭著的"中心城市强奸犯"。这名袭击者在1997年袭击了四名女性,并于1998年残忍地谋杀了沃顿商学院研究生香农·席伯(Shannon Schieber)。他在费城的最后一次已知袭击是1999年8月,在他离开这座城市前不久,一名18岁的学生被强奸。2002年,格雷夫斯被送回费城,在那里他被判处终身监禁,不得假释。

NIBIN将手枪与嫌疑人联系起来

在一系列嫌疑人开枪的武装抢劫案发生之后,佛罗里达州布劳沃德县治安官办公室将弹壳从犯罪现场输入进NIBIN。通过NIBIN匹配,这四起武装抢劫案与同一把0.40口径手枪有关。不久之后,警长注意到当地一家企业有可疑活动。当他们试图询问嫌疑人时,嫌疑人乘车逃走。在追捕过程中,嫌疑人试图处理一把手枪,警察们在逮捕后找到了枪支,并对该枪进行了试射,将所得证据输入NIBIN。结果表明这把手枪与之前的四起武装抢劫案之间可能存在联系。分析师通过审查原始证据确认了这种联系。嫌疑人被捕并被指控犯有四项武装抢劫罪。

美国每年有超过 600 000 人失踪。法医和验尸官处理了大约 4 000 例身份不明的人类死者案件,其中 1 000 例在一年后仍然身份不明。

国家失踪和身份不明人员系统(NamUs)于 2007 年创建,它是一个记录失踪人员和身份不明死者的国家集中存储库和资源中心。NamUs 是一个免费的在线系统,可供全国各地的法医、验尸官、执法人员和公众搜索,以期解决这些身份不明的案件。NamUs 包含三个数据库,所有数据库均向公众开放。

失踪人员数据库包含任何人都可以输入的失踪人员信息;但是,在一个人作为失踪案件主体出现在 NamUs 上之前,必须先经过执法部门的核实,然后才能在 NamUs 上发布。当一个新的失踪人员被输入到 NamUs 时,系统会自动与法医和验尸官办公室、执法机构和受害者援助团体的链接进行交叉匹配,以检查案件之间的潜在关联。

不明身份人员数据库包含法医和验尸官输入的信息。身份不明的人是指已经死亡且尸体身份不明的人。任何人都可以使用诸如性别、血统、文身和其他独特的身体特征以及牙齿信息等特征来检索这个数据库。但是,敏感的案件数据受到限制,只能由选定的机构查看。无人认领的人的数据库包含有关已按姓名识别的死者的信息,但没有确定或找到他们的近亲或家庭成员来认领埋葬或作其他处置。只有法医和验尸官可以在这个数据库中输入案例。但是,公众可以使用失踪人员的姓名和出生年份来搜索该数据库。

2011 年,NamUs 数据库被授予给北得克萨斯大学健康科学中心,用于系统管理和持续开发。

肇事逃逸案

一名 53 岁的男子在清晨遛狗。他被一辆不明车辆撞死后,被发现躺在马路上。现场没有目击者,警方也没有关于嫌疑车辆的线索。警察将从现场回收的金色金属漆碎片和受害者的衣服提交给弗吉尼亚法医学部进行分析。

受害者的衣服被刮了一下,然后在衣服上发现了几个微小的金色金属漆颗粒。这些颗粒中的大多数仅包含面漆,而一个微小的颗粒包含两个底漆层和有限量的色漆。底漆表面层的颜色类似于一些福特的典型颜色。随后警察在油漆数据查询(PDQ)数据库中进行的光谱搜索表明,油漆很可能来自一辆 1990 年或更新版本的福特汽车。

这种油漆最特别的是不寻常的金色金属面漆。对汽车重新改色的搜索仅发现一种与案件中回收的油漆高度匹配。这种颜色是阿兹台克金金属色，被确定仅用于 1997 年的福特野马。

检查结果通过电话转达给调查侦探。调查侦探很快确定只有 11 000 辆 1997 年福特野马是用阿兹台克金金属漆生产的。这些车辆中只有两辆在犯罪管辖范围内登记，并且之前曾被拦截。在将品牌、型号和年份信息转达给调查员 90 分钟后，调查员回电说他找到了一辆可疑车辆。调查员将来自车辆的模制品和已知的油漆样品送进实验室进行比较。结果表明，从现场回收的涂漆塑料片可以与模具装配在一起，也就是说从受害者衣服上回收的油漆与从嫌疑车辆上提取的油漆样本一致。

资料来源：基于从弗吉尼亚法医学部 Brenda Christy 获得的信息。

章节小结

物证通常由法证科学家进行检验，以便开展鉴定或比较。鉴定的目的是在现有分析技术所允许的范围内最大限度地确定物理或化学同一性。识别首先需要采用能够为特定标准材料提供特征结果的测试程序。完成此操作后，审查员将使用适当数量的测试来识别一种物质并将所有其他物质排除在考虑之外。识别通常用于在犯罪实验室中识别毒品、爆炸物和石油产品。此外，犯罪刑事物证鉴定实验室还会识别血液、精液或头发等常规证据。并确定这些证据的物种来源（例如人血或兔毛）。

比较分析具有确定可疑样本和参考样本是否具有共同来源的重要作用。参考样品和可疑样品都接受相同的测试。同一来源的证据被认为具有极高的个体特征。与一个群体相关的证据被称为具有种类型特征。然而，在我们的实践中，种类证据的高度多样性使得它们的比较在刑事调查的背景下具有重要意义。随着将个人与犯罪现场联系起来的不同物体的数量增加，该个人参与犯罪的可能性也随之增加。重要的是，如果发现在犯罪现场收集的物证与从该嫌疑人身上收集的参考样本不同，则可以排除该嫌疑人。

通过创建数据库，法庭科学在刑事调查中的作用显著增强。综合自动指纹识别系统(IAFIS)是一个美国国家层面的查询系统,由联邦调查局维护。联邦调查局的综合 DNA 索引系统(CODIS)使联邦、州和地方犯罪实验室能够以电子方式交换和比较 DNA 概况,从而将犯罪相互联系起来,并将犯罪事实与已定罪的罪犯联系起来。由酒精、烟草、枪支和爆炸物管理局维护的国家综合弹道信息网络(NIBIN)允许枪支分析师获取、数字化和比较枪支在从犯罪现场回收的子弹和弹壳上的标记。国际法医汽车油漆数据查询(PDQ)数据库包含与原始汽车油漆有关的化学和颜色信息。SICAR(鞋印图像采集与检索)拥有完善的鞋底数据库。

问题回顾

1. _____过程在现有分析技术允许的情况下以几乎绝对确定性确定物质的物理或化学特性。
2. 确定一种物质所需的检测数量和类型必须足以_____考虑所有其他物质。
3. _____分析对可疑样本和参考样本进行相同的测试和检查,以确定它们是否具有共同来源。
4. _____是一个事件发生的频率。
5. 可以以极高的概率追溯到共同来源的证据被称为具有_____特征。
6. 与一个群体而非单一来源相关的证据被认为具有_____特征。
7. 判断正误:法庭科学的主要缺陷之一是检验人员无法为大多数类别物证的比较分配准确或近似的概率值。_____
8. 种类物证的价值在于它能够以尽可能没有人为错误和偏见的方式使用数据进行_____事件。
9. _____在审判中提供的物证完全留给了事实审判者。
10. 尽管数据库不断更新,以便科学家可以为类证据分配概率,但在大多数情况下,法证科学家在解释类物证的重要性时必须依赖_____。
11. _____叙述、供词和线人证词的可信度都可能在法庭上受到争议、诽谤,并受到严厉的攻击和怀疑。
12. 判断正误:物证不能用于排除或免除某人犯罪嫌疑。_____
13. 判断正误:个体证据和种类证据之间的区别总是很容易做出的。_____

14. 判断正误：鉴于科学证据在审判环境中的潜在重要性，未能采取适当的保护措施可能会对嫌疑人造成不公平的偏见。_____
15. 学习法庭科学的学生必须注意，在这门最实用的科学中，仅仅阅读相关的教科书和期刊并不能替代_____。
16. 现代分析技术已经变得如此灵敏，以至于法医在解释比较数据的重要性时必须意识到材料之间的_____。
17. 判断正误：通过 IAFIS 数据库可以识别指纹。_____
18. 适用于 DNA 分析的数据库是_____。
19. _____数据库允许枪支分析人员比较从犯罪现场找到的子弹上的标记。
20. _____数据库包含与原始汽车油漆有关的化学和颜色信息。

应用与批判性思考

1. 按照从需要最少测试程序到需要最广泛测试程序的顺序排列以下任务，并解释你的答案。

    a. 确定一种未知物质中是否含有非法药物

    b. 确定一种未知物质的组成

    c. 确定一种未知物质是否含有海洛因

2. 以下是可能在个人基因图谱中发现的三种可能的 DNA 特征组合。使用乘积法则，将这些 DNA 特征组合中的每一个从最常见到最不常见进行排序。每个特征后面的数字表示其在总体中的百分比分布。

    a. FGA24,24(3.6%)、TH016,8(8.1%) 和 D16S53911,12(8.9%)

    b. VWA14,19(6.2%)、D21S1130,30(3.9%) 和 D13S31712,12(8.5%)

    c. CSF1PO9,10(11.2%)、D18S5114,17(2.8%) 和 D8S117917,18(6.7%)

3. 对于以下每一项证据，指出该项目更具有类别特征还是个体特征，并解释你的答案。

    a. 从新的汽车轮胎上留下的图像

    b. 指纹

    c. 被击发的子弹

    d. 大量生产的合成纤维

    e. 被撕碎的文件碎片

f. 商业盆栽土壤

g. 皮肤和头发擦伤

h. 多层定制的汽车油漆的碎片

4. 文中描述的哪些法证数据库包含了主要与类别特征的证据相关信息？哪些包含主要与个人特征的证据相关信息？解释你的答案。

5. 一名调查人员在谋杀现场注意到袭击者和受害者之间长时间搏斗的迹象。说出至少三种调查人员可能会收集作为标准样本的物证，并解释调查人员收集它们的原因。

参考文献与延伸阅读

Houck, M. M., "Statistics and Trace Evidence: The Tyranny of Numbers," Forensic Science Communications 1, no. 3 (1999), https://www.fbi.gov/about-us/lab/forensic-science-communications/fsc/oct1999

Houck, M. M., and J. A. Siegel, Fundamentals of Forensic Science, 3rd ed. Burlington, MA: Elsevier Academic Press, 2015.

Osterburg, James W., "The Evaluation of Physical Evidence in Criminalistics: Subjective or Objective Process?" Journal of Criminal Law, Criminology and Police Science 60 (1969): 97.

Stoney, D. A., and Paul L. Stoney, "Critical Review of Forensic Trace Evidence Analysis and the Need for a New Approach," Forensic Science International 251 (2015): 159.

第四章

犯罪现场重建：血迹形态分析

学习目标

4.1 总结犯罪现场重建的原则以及参与重建过程的有关方面人员
4.2 描述血迹形成的一般特征
4.3 讨论确定打击喷溅形态的滴落区域和来源区域的方法
4.4 描述各种血迹形态是如何形成的，可以通过每种血迹形态的哪些特征以帮助重建现场
4.5 描述记录犯罪现场血迹形态的方法

关键术语

angle of impact	撞击角度
area of convergence	汇聚区域
area of origin	原始(起始)区域
back spatter	回溅①
cast-off	卡特抛甩
crime-scene reconstruction	犯罪现场重建
drip trail pattern	滴落血迹
expiration pattern	呼出形态②
flows	流动(的血液)
forward spatter	前向溅落
impact spatter	撞击(形成的血液)飞溅

---

① 原文为backspatter，译文中，译者根据学科表述惯例，将其调整为back spatter。
② 呼出形态：即受空气压力从口、鼻或呼吸系统的伤口处排出的血液。

perimeter stain	周边污渍
projected pattern	投影模式
satellite stain	卫星(血滴)血迹
spatter pattern	飞溅形态
transfer stain	转移(形成的)血迹
void	空隙(形态)

新闻头条
山姆·谢泼德案：一条血痕

1954 年，山姆·谢泼德(Sam Sheppard)医生被判杀死妻子。当时一档名叫《逃犯》电视节目的故事情节很显然是为他声称没有犯下的罪行进行辩护，一时间，他成了名人。内科医生谢泼德声称，当他怀孕的妻子玛丽琳(Marilyn)被袭击时，他当时正在客厅的沙发上打瞌睡。谢泼德声称，他迅速跑上楼阻止袭击，但被入侵者打昏了。随后谢泼德医生通奸的消息更加剧了对他的怀疑。在审判中，当地的验尸官作证说，他检测了玛丽琳枕头上的一块血迹，这块血迹有"外科手术器械"的轮廓。

在谢泼德被监禁 10 年后，美国最高法院撤销了对他的判决，因为对他的审判是"大量的、普遍的、有偏见的宣传"。

摘自 UPPA/Photoshot

1966 年，谢泼德案二审开庭。这一次，同一个验尸官不再坚持声称玛丽琳枕头上的血迹有手术器械的轮廓。然而，验尸官办公室的一名医务人员证实，谢泼德手表上的血来自血液喷溅，这表明谢泼德在妻子遭到殴打时戴着这块手表。辩方以著名法证科学家保罗·柯克(Paul Kirk)博士的专家证词进行了反驳。柯克博士得出的结论是，卧室里的血迹飞溅表明凶手是左撇子。谢泼德医生是右撇子。柯克博士进一步证实，谢泼德在试图获得妻子脉搏读数时不小心沾染上了血迹。经过不到 12 个小时的审议，陪审团未能判定谢泼德有罪。但这场磨难已经造成了严重后果。四年后，谢泼德因吸毒和酗酒而死亡。

犯罪现场重建

犯罪现场重建的原则

先前的讨论所涉及的是鉴定和比较的过程并强调了法证科学家所经常进行的实验室工作。然而，法证科学家在刑事调查过程中还扮演另一个角色：即参与有关团队以重建犯罪发生之前、期间和之后所发生的事件。

执法人员必须采取适当行动来加强对犯罪现场各个方面的搜索，以尽可能为犯罪现场重建创造条件。首先，并且是最重要的方面，那就是保护犯罪现场。保护现场贯穿于搜索过程的始终。证据，可以在人们践踏现场的情况下被不知不觉地改变或破坏从而变得无用，然而这些证据对于重建犯罪现场来说是十分有价值的。"证据可能被污染"这一问题肯定会在诉讼过程中受到攻击，并可能影响到有罪和无罪的判决。

在勘验犯罪现场提取物证之前，调查人员应当对犯罪者所留下的现场进行初步勘验。每起案件的犯罪现场都有独一无二的特点。调查人员的经验和物证的存在与否成为能否顺利重建犯罪的关键因素。调查人员通过对犯罪现场的初步巡视来建立对现场性质的整体认识。在巡视过程中，调查人员的任务是记录有关观察结果并规划最终应该如何处理这个现场。当开始收集物证时，所有的观察结果都应该通过照片、草图和笔录等方式加以记录。通过仔细收集物证并全面记录犯罪现场，调查员可以了解在犯罪期间发生事件的过程。

参与重建工作的人员

因为调查人员在重建犯罪现场时需要考虑各类证据，所以，现场重建实际是一项团队协作工作，其需要各方面专业人员将许多"谜题"拼凑在一起。团队作为一个整体，致力于回答犯罪现场中典型的"何人、何事、何时、何地、为何以及如何"等问题。重建工作通常需要执法人员、法医和/或法证科学家的参与。所有这些专业人员都为犯罪现场重建工作提供独特的视角。例如，是否有不止一人参与其中？受害者是通过何种方式被杀害的？犯罪人是否采取了什么行动以掩盖所发生的事情？受害者在犯罪现场所处的位置往往能够为调查工作提供有关信息。训练有素的法医在犯罪现场检查受害者,并通过评估尸斑分布情况来确定尸体在死后是否被移动过(见第五章)。例如,如果尸斑不是在身体中接近地面部位的有关区域出现,那么法医就可以据此推断受害者可能在死后被移动过。同样地,法医可以确定受害者死后是否穿着衣服,因为尸斑不会出现在受到衣服挤压的身体部位。

法证科学家或训练有素的犯罪现场调查员也可以运用自身专业优势为重建犯罪期间发生的事件带来帮助。例如,法证科学家在弹道分析中使用激光束绘制子弹弹道的大致路径,以帮助确定射击者相对于受害者的可能位置(见图4-1)。法证科学家在犯罪现场重建分析中可能使用的其他技能,包括确定子弹穿透玻璃物体时的撞击方向(见第十章);发现并确定沉积在受害者衣服上的枪击残留物,用以估计射击距离(见第九章);寻找沉积在射击嫌疑人手上的底火残留物(见第九章);以及,我们即将在下文的讨论中看到的,分析血迹飞溅形态。

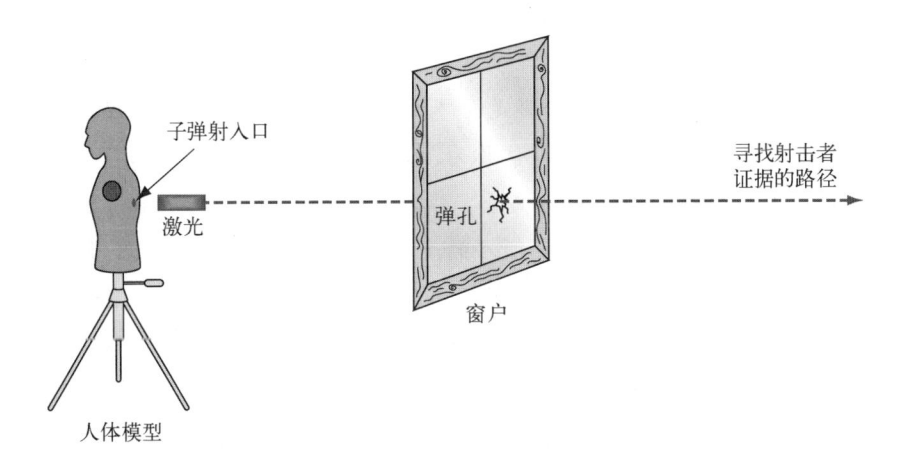

图4-1 可以用激光束来确定搜索枪手位置的区域,枪手曾从窗户开枪并打伤了受害者。子弹的路径是通过连接受害者的枪弹创和玻璃上的弹孔来确定的。

犯罪现场重建是一种通过观察和评估与事件有关的个人的物证和陈述来支撑犯罪现场可能发生的一系列事件的方法。有关证据也可以包括从犯罪现场重现中所获得的信息。因此,当调查人员对所有类型的证据使用适当的记录和收集方法时,我们可以准确地进行**犯罪现场重建**。③

---

③ 犯罪现场重建:通过观察和评估与事件有关的物证和陈述来还原犯罪现场可能发生的一系列事件的方法。

留在犯罪现场的物证在重建犯罪的事件过程中起着至关重要的作用。虽然仅凭证据可能无法描述现场曾经发生的一切，但它可以支持或反驳证人和/或犯罪嫌疑人的相关陈述。从物证中获得的信息也可以产生线索，并协助陪审团确认犯罪现场的重建。对物证的收集、记录和诠释是重建的基础。重建工作通过观察和评估物证、证人所作陈述和参与调查事件人员的输入等建立可能的事件序列。对所有可获得数据进行分析将有助于创建一个可行的重建模型。

案例分析

皮斯托瑞斯案：情人节发生的谋杀案

奥斯卡·皮斯托瑞斯（Oscar Pistorius）克服了自身的桎梏，而其他许多跟他类似的人都未能达到他的成就。皮斯托瑞斯自小就**双腿截肢**；由于他出生时的身体缺陷，他的两条腿不得不被切除。尽管身体残疾，皮斯托瑞斯仍在追逐着成为一名奥运赛跑运动员的梦想。这个梦想在2012年成为现实，而当时皮斯托瑞斯在夏季奥运会上所面对的对手都是身体健全的运动员。奥斯卡·皮斯托瑞斯因其运动成就而名扬四海，并被媒体称为"刀锋战士"。

皮斯托瑞斯和他的超模女友瑞娃·斯特坎普（Reeva Steenkamp）已经约会了三个多月，并且根据皮斯托瑞斯所在的南非封闭式社区的安全记录，斯特坎普已经和他在一起住了好几天。2013年情人节，斯特坎普被发现一动不动地躺在地上，身体和头部发现多处9毫米手枪枪伤。隔着一扇锁着的木质浴室门，瑞娃·斯特坎普被皮斯托瑞斯多次开枪射击。皮斯托瑞斯声称，他开枪是因为他认为自己的房子被他人非法闯入。这位奥运选手在陈述时似乎心烦意乱，并对他女友的身亡感到悲痛欲绝。根据事件发生的环境，南非当地检察官最终指控皮斯托瑞斯犯有谋杀罪。

在审判过程中，控方把皮斯托瑞斯描述为一个暴力而愤怒的坠入爱河的人。检察官声称，在一场激烈的争吵中，斯特坎普跑进了浴室并锁上了门以寻求保护，从而免受皮斯托瑞斯的蓄意伤害。侦探们假设斯特坎普以一个防御的姿势蹲在浴室门后，双手交叉放在脸前，以保护自己免受皮斯托瑞斯的伤害。检方还质疑皮斯托瑞斯为什么会攻击闯入者，而不是抓住他的女朋友离开住所。而辩方要求弹道专家沃利·沃尔马朗斯（Wollie Wolmarans）支持皮斯托瑞斯的说法。根据沃利·沃尔马朗斯(Wollie Wolmarans)对现场的重建,斯特坎普手臂周围的木屑痕迹证明在事件发生时她正伸手去开门,这与检方关于斯特坎普蹲在浴室里保护自己的说法相反。

奥斯卡·皮斯托瑞斯在被指控杀害其女友一案中被判有罪,罪名是过失致人死亡罪,即误杀。主审法官裁定,没有足够的证据支持皮斯托瑞斯知道斯特坎普在厕所门后的论点。2015年,上诉法院推翻了判决,判定他犯有谋杀罪。面临15年的监禁,最后皮斯托瑞斯被判处6年监禁。

血迹形成的一般特征

涉及人与人之间暴力接触的犯罪经常伴随着出血并由此形成相应的血迹形态特征。犯罪现场分析人员已经开始注意到在地板、墙壁、天花板、床上用品和其他相关物体上沉积的血迹形态能为暴力犯罪过程中所发生事件提供有价值的见解。通过诠释血迹形态的结果,可以发现以下方面的信息:

- 血液的来源方向;
- 血滴撞击表面的角度;
- 受害者受伤当时的位置和姿势;
- 犯罪现场流血的人在现场的移动情况;
- 击中受害者的最小击打次数;
- 施加造成血迹形态的打击的大致位置。

犯罪现场调查员不能忽视这样一个事实:血迹和血迹的位置、分布和外观可能有助于解释和重建受伤过程。全面分析血迹的位置和形状的意义相对于确定其来源和轨迹而言,是极其复杂的,这需要由经验丰富的勘验人员判断。本章介绍了血迹模式分析背后的基本原则和常见的推理,为读者提供在犯罪现场临场使用的基本知识。

表面纹理

表面纹理在对血迹形态的诠释过程中是至关重要的;只有当使用相同的表面

时,样本与未知形态之间的比较才有效。一般而言,较硬和无孔的表面(如,玻璃或光滑的瓷砖)会产生较少飞溅。粗糙的表面,如混凝土地板或木材,通常会产生边缘呈锯齿状的不规则血迹,可能会带有**卫星(血滴)血迹**④(见图4-2)。

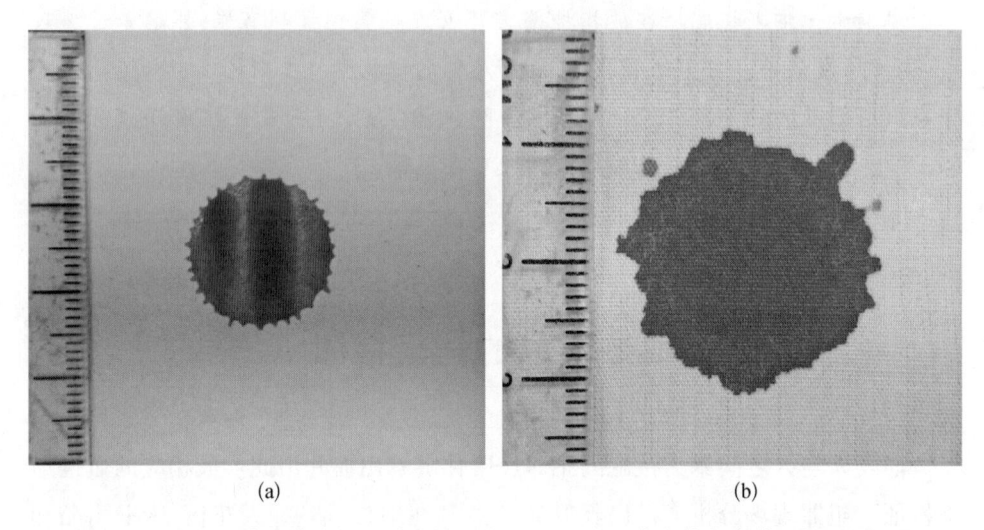

(a) (b)

图4-2 (a)一滴血落在纸上溅出的血迹;(b)一滴血落在棉布床单上留下的血迹

撞击方向和角度

调查员可以通过研究血迹的形状来辨别血液撞击物体的运动方向。当血迹的形状倾向于椭圆状时,它的运动方向变得更加清晰,因为血迹的尖端正对着它移动的方向。被拉长的血迹边缘的扭曲或破坏表明血滴的移动方向。卫星血迹在主体血迹周围,其尖端与行进方向相反。在图4-3中,血迹是由几滴从左向右移动的血液撞击到一个平整的表面后形成的。

通过测量血迹的圆形变形程度,可以确定血液在平面上的冲击角度。以约90度的冲击角(完全垂直于表面)沉积的液滴是近似圆形的形状,没有尾巴或血液的堆积。然而,当撞击角度偏离90度时,血迹的形状会变得细长。当角度增加时,会出现血液积聚形态,而随着**撞击角度**⑤减小,尾巴会越来越长(见图4-4)。

---

④ 卫星(血滴)血迹:在主体斑迹形成过程中产生的一种较小的血迹,是血液撞击表面的结果。
⑤ 撞击角度:相对于目标平面的角度(Alpha),即血滴撞击目标的角度。WEBEXTRA4.1 了解血迹飞溅形态是如何形成的。

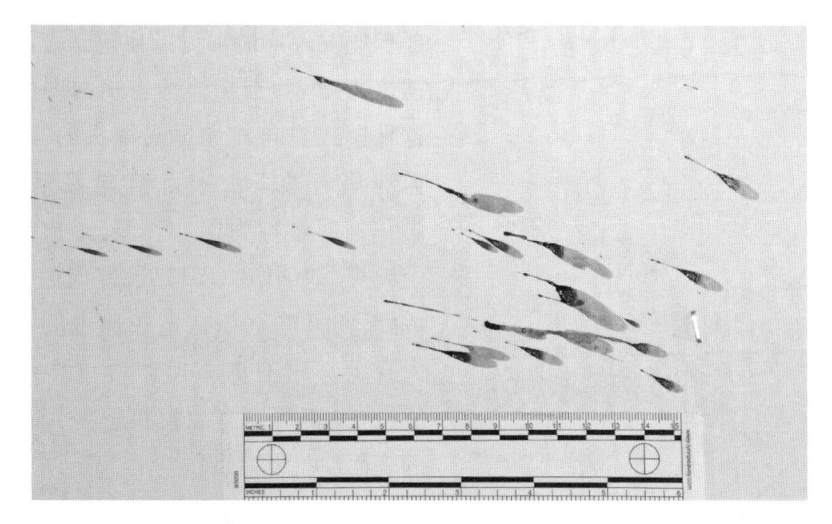

第四章 犯罪现场重建：血迹形态分析 111

图 4‐3 从左向右移动所形成的血迹形态

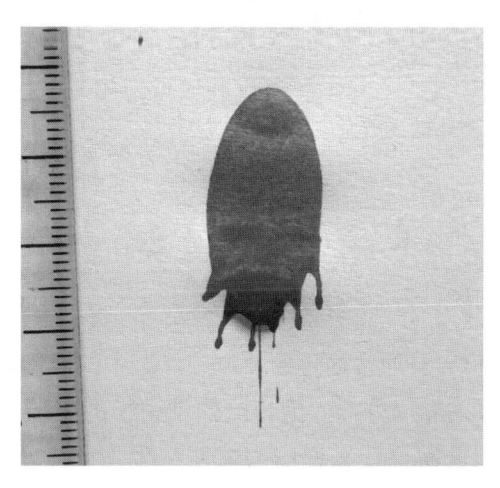

图 4‐4 一滴人血掉下来并砸在坚硬且表面光滑的纸板上。这滴血的边缘特征显示着方向

血迹飞溅形态

飞溅形态⑥是外力作用于液体血液时，由空气中的血滴造成的血迹。在犯

---

⑥ 飞溅形态：外力作用于液体血液时，由空气中的血滴造成的血迹。

罪现场发现的最常见的血迹形态种类是**撞击飞溅**⑦。当物体撞击血源时会出现这种模式。向外和远离源头的飞溅，如血液离开伤口，称为**前向溅落**⑧。**回溅**⑨，有时被称为向后飞溅，是血液从一个源头，如创伤的入口处，并向后投射造成的，并可能沉积在造成撞击的物体或人身上。撞击飞溅形态由许多液滴组成，这些液滴从血源直接辐射到被沾污的表面（见图4-5）。

一般而言，随着撞击血源的作用力的速度增加，血滴离开血源的速度也会相应提升。通常来说，可以认为，撞击速度和撞击力增加，作为反映的血滴半径将减少。

图4-5 由自动武器产生的飞溅血迹

撞击模式分类

在过去，血迹分析人员通常通过诠释血迹形态中的液滴形状大小，按照速度大小不同而对撞击模式加以分类。因为流体动力学的一般原理也适用于血迹，所以分析人员通常知道需要什么样的力才能产生不同大小的液滴。然而，低、中、高速的分类并不能说明产生血迹的相应的具体事件。例如，因殴打行为而产生的高速飞溅血迹，其看起来更类似于低速飞溅尺寸的血迹。低、中、高分类的存在仅仅证明了现代血迹形态解释框架存在问题，因为这些分类有意或无意地有助于推断产生这些血迹的速度或机制的类型。法证科学家无法确定产生血迹的物体的速度，也无法确定接触目标表面之前的液滴本身的速度。因此，一些指导机构不再推荐这些参考资料。对撞击形态的正确解释应当包括对血迹大小、

---

⑦ 撞击（形成的血液）飞溅：客体撞击液态血液是形成的血迹形态。
⑧ 前向溅落：血滴在弹道造成创口出口处形成的血迹形态。
⑨ 回溅：血液在弹道造成创口入口处形成的血迹形态。

形状、位置和分布的观察,而不考虑可能被用于产生血迹的力或机制。

血溅形态可能来自许多各种完全不同的来源,本章将对此进行讨论。图4-6显示了由撞击、抛掷和投射产生的血迹的形态。

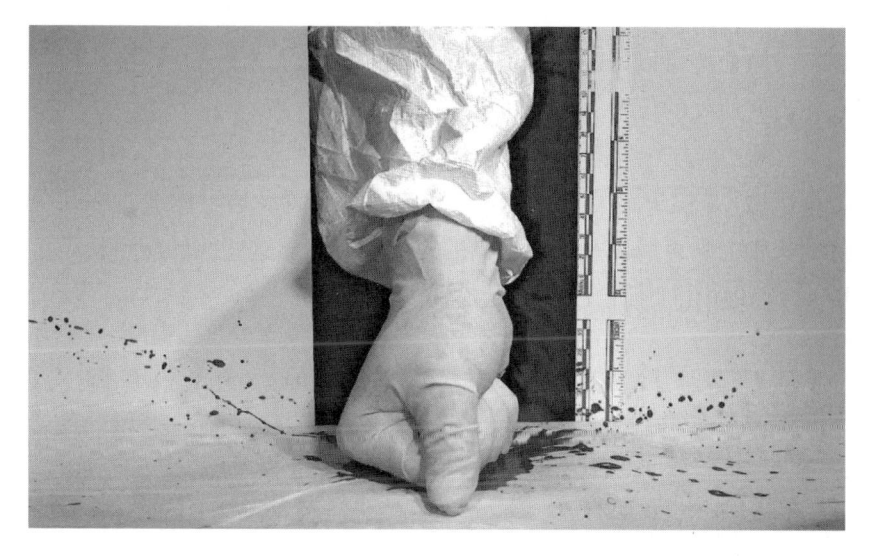

图4-6　可产生撞击形态的相应动作

走进科学

血迹确定撞击角度

被拉长的血迹边缘的扭曲或破坏表明了血滴的移动方向。人们可以通过确定血迹的方向和血液与着陆表面接触的角度来确定流血的位置或来源。为了确定撞击角度,计算血迹的长宽比,并应用公式:

$$\sin A = \frac{血迹的宽度}{血迹的长度}$$

式中,A＝撞击角。

例如,假设污渍的宽度是11毫米,长度是22毫米,则:

$$\sin A = \frac{11 \text{ mm}}{22 \text{ mm}} = 0.50$$

一个带有三角函数功能的科学计算器能够计算出正弦0.50对应30度角。

注意: 应该用尺子、千分尺或摄影放大镜测量长度和宽度。

撞击形态的来源

撞击飞溅血迹可以为调查人员提供有关血液飞溅来源的线索,从而了解受害者在撞击时所处的位置。

汇聚区域

汇聚区域[10]是位于二维平面上的液滴起源的位置。这可以通过在几个单独的血迹的长轴上画直线以及沿着它们的尾线来确定。这些线的交点就是汇聚区域。图4-7说明了如何绘制线条以找到汇聚区域。

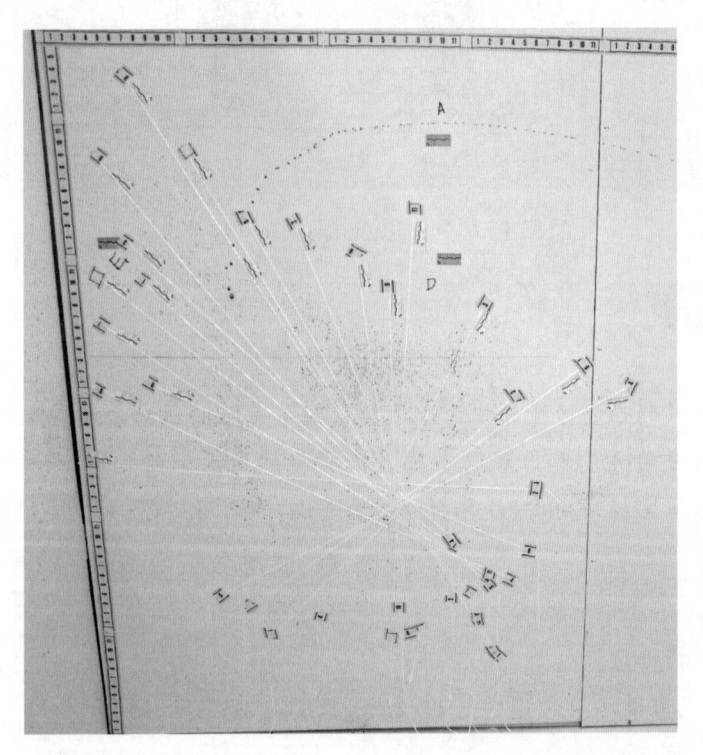

图4-7 血迹汇聚的图示。途中汇聚形态表征了血迹离开的有关区域

---

[10] 汇聚区域:可以追溯飞溅血迹方向的二维空间,用以确定产生飞溅事件的位置。

原始(起始)区域

确定血迹形态的**原始(起始)区域**[11]也很重要,它是在三维空间中投射血液的区域。这将显示流血事件发生时,个体在空间中所处位置。在距离表面较近的地方产生的撞击形态会显示为血迹聚集。随着与表面的距离增加,液滴之间的分布和距离也会相应增加。

确定犯罪现场的来源区域的常用方法称为**绳线测量法**[12]。绳线法的步骤如下:

1. 找出血迹模式的汇聚区域。

2. 放置一根杆子或支架作为来自汇聚区域的轴。

3. 将绳子的一端固定在每个血滴的旁边。在每个血滴旁边放置一个量角器,提起绳子,直到它与血滴确定的撞击角度一致。保持绳子与角度一致,将绳子的另一端固定在轴极上。

4. 观察血滴的起源区域,绳子似乎在那里汇聚。把绳子固定在相应的区域。

其他血迹飞溅形态

枪弹形成的飞溅

枪击可能会留下明显的枪弹飞溅血迹形态。这可能表现为创口出口向前飞溅以及创口入口处的回溅。枪械或枪手上是否会出现回溅情形,这取决于枪手和受害者之间的距离、伤口位置、口径和中间物体,如头发或衣服等因素。前向飞溅通常会留下非常细小的水滴状形态(见图4-8)。在飞溅形态中也可以观察到中大尺寸的血滴。

受伤的位置、造成的伤口的大小以及受害者与武器枪口之间的距离都会影响到所产生回溅的数量。寻找分析嫌疑人身上含有受害者血液的枪伤的飞溅形态,可以帮助调查人员确定枪击发生时嫌疑人所在的附近位置。枪伤造成的回溅通常比向前飞溅包含量更少、面积更小的雾化血迹。枪口产生的气体会将血滴推回到伤口。

---

[11] 原始(起始)区域:在三维空间中,飞溅轨迹可用于确定发生飞溅事件的位置。WEBEXTRA4.2 血迹分析:计算会聚和起源区域

[12] 绳线测量法(string metod)是判断血迹原始区域的基本方法之一,除此以外,还可以使用三角函数法、绘图法等。在使用计算机系统处理时,必须完成基本资料的整理工作,因此,绳线测量和数据记录工作是交替进行的。——译者注。

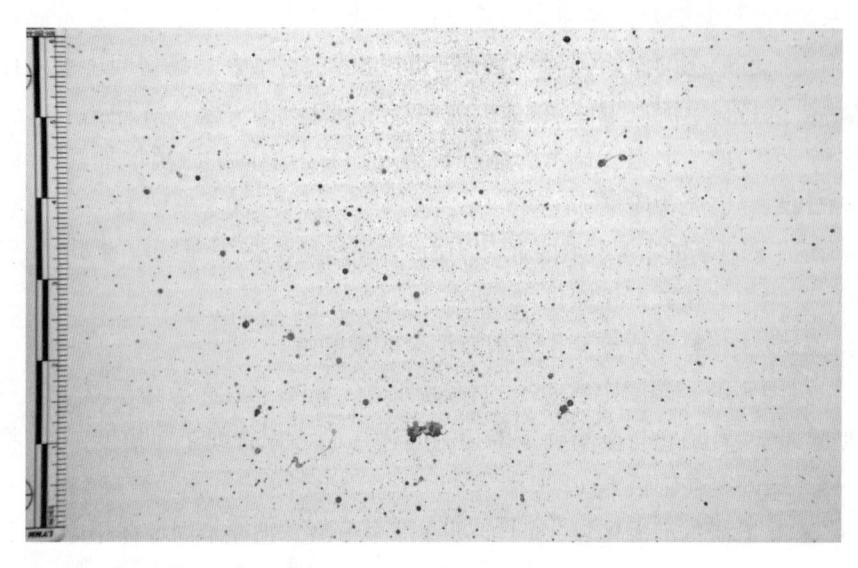

图 4-8　前向飞溅血迹形态

根据射击时距受害者的距离，一些回溅可能击中枪手并进入到枪口中。这被称为"缺陷效应"。枪口内的血液可以将武器"放置"在枪伤附近。凶器枪口上的反冲飞溅痕迹表明凶器在开火时离死者很近。

卡特抛甩喷溅

当沾满鲜血的物体把血液弧形抛撒到附近的表面时，就会产生卡特**抛甩**[13]形态。这种血迹通常发生于一个人对受害者拳脚相向期间将血淋淋的拳头或武器收回时（见图 4-9）。血迹中的尾巴会指向物体移动方向。

血淋淋的物体所产生的抛甩血迹宽度可能有助于表明该血迹所产生的物体的类型。血滴的大小与它们被推进的点的大小直接相关（图 4-9）。从小的或尖的表面推进的液滴将更小，血迹更呈现出线性特征；从大的或钝的表面推进的液滴将更大，血迹也更宽。从源头上沉积在物体上的血液的体积也影响着抛掷血迹的液滴的大小和数量。物体上的血液越少，产生的血迹就越小。这种血迹还可能表明产生该血迹的打击方向是从右向左的还是从左向右的。血迹将指向反推力的方向，这将与打击的方向相反。这可以表明袭击者是用哪只手打击的。

抛甩形态还可能显示对受害者的最小击打次数。每一次打击都应该留有一

---

[13]　抛甩：当血液被从运动中的带血物体上抛掷到表面上时产生的血迹形态。

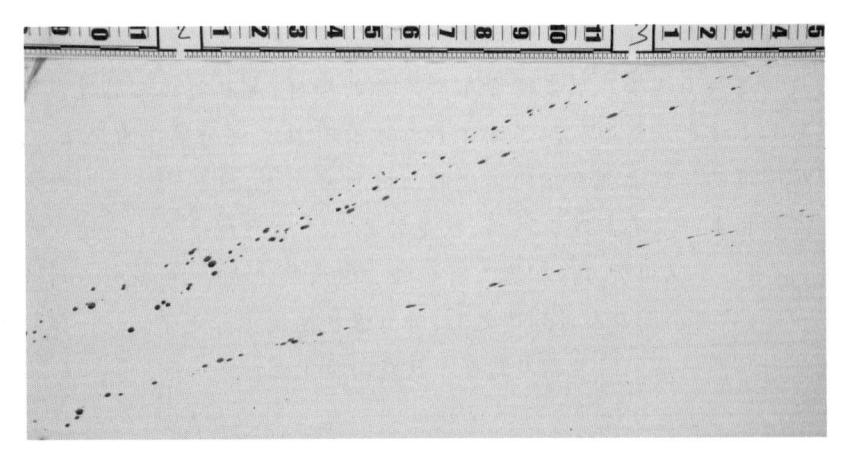

图4-9 摆动方向从左下到右上。抛甩情况完全取决于武器、获取和保存血液的稳定性、摆动方式以及受害者在空间中处于什么位置才能受到打击等因素

个向上和向下或向前和向后的弧形形态（见图4-9）。通过对形态特征进行计算和配对，可以估计出最小的击打次数。调查人员应该考虑到，第一次打击只会导致血液积聚到该区域；它并不会产生抛甩形态。此外，一些打击可能不会接触到血液，因此并不会产生形态。法医最有能力估计受害者受到的打击次数。

案例分析

血迹飞溅证据

史提芬·谢尔（Stephen Scher）敲了敲宾夕法尼亚州蒙特罗斯郊外树林里一间小屋的门。据谢尔说，他的朋友马蒂·狄龙（Marty Dillon）在追逐一只豪猪时开枪自杀了。两人在谢尔的小屋玩双向飞碟射击，享受着一个友好的运动周末。这时狄龙发现了一只豪猪并从谢尔的视线中消失了。谢尔听到一声枪响，之后一直等待听他朋友的声音。过了一会儿，他追上狄龙，发现狄龙躺在树桩旁的地上，胸口的伤口在流血。谢尔找到奄奄一息的狄龙后实施了心肺复苏，但他没能救下狄龙，狄龙后来因伤势过重而死亡。警方发现狄龙的枪伤是由他松开的靴子造成的。他们认定狄龙拿着上膛的枪奔跑时绊了一跤并且开枪杀死了自己。极度悲伤的谢尔没有引起怀疑，所以这次枪击被判定为意外事件。

此后不久，谢尔搬离该地区，与妻子离婚，并娶了狄龙的遗孀。这太可疑了，不容忽视；警方重新调查此案，并决定重建犯罪现场。重建工作为调查人员提供了几份血液证据，这些证据表明谢尔是杀害狄龙的凶手。

警方注意到谢尔的靴子上有明显的飞溅血迹,证明狄龙被枪杀时他正站在狄龙附近。这种血迹模式不会像谢尔所声称的那样,是在实施心肺复苏时产生的。飞溅的血迹也清楚地驳斥了谢尔声称他没有目睹这一事件的说法。此外,狄龙尸体附近的树桩上也有相同类型的血迹飞溅形态,这种形态表明狄龙被击中时坐在树桩上并没有奔跑。最后,狄龙的耳朵并没有被覆盖上他脸上所飞溅的血迹,但附近发现的听力保护器上有血迹。这清楚地表明,他被枪杀时正戴着听力保护器,并且在调查人员到达之前,听力保护器就被取走了。这一证据和其他证据使谢尔因谋杀他的老朋友马蒂·狄龙而被定罪。

投射形态

当受害者的大动脉或心脏受伤时,就会产生喷溅血迹。持续泵血的压力会导致血液从受伤区域喷出(见图4-10)。通常,每次心脏跳动时,留下的形态都会表现为大量喷溅的血迹。由于每一次喷射都会排出大量血液,所以能够明显观察到一些放射状的尖峰、卫星状的飞溅或流动状的形态。也可以从表面上看到大小和形状相当均匀、平行排列的血滴(见图4-10)。[14]

图4-10 犯罪现场受害者动脉破裂而形成的血迹投射形态

[14] 投射形态:一种血迹形态,由液压作用下的血液喷射产生,通常是由循环系统的破裂引起的。

血迹的排列显示了受害者的动作。线上的任何垂直弧线或波浪都显示出了血压的波动。可以从形态开始最大喷溅的地方找到最初的动脉受损部位。动脉血迹的形态会更容易被区别开来,因为从动脉喷出的含氧血液往往比从撞击伤口排出的血液更鲜艳。这在血液干燥的犯罪现场可能看不到。

呼出形态

由于内伤而从口腔或鼻子排出的血液所形成的血迹形态被称为**呼出形态**。⑮ 如果形成这种形态的血液受到巨大压力,就会产生非常细微的飞溅。以极低的速度呼出的血液会产生边缘不规则的血迹团(见图4-11)。干燥液滴中存在的气泡可以将呼出血迹与其他类型血迹区分开来。由于被唾液稀释过,呼出血液的颜色也可能比撞击飞溅的颜色更加浅一些。呼出血迹的存在为查明在犯罪现场所受伤的类型以及所发生事件都提供了重要的线索。

图4-11 受害者嘴里两次喘息而喷出的血液的例子

空隙形态

当物体阻止血液飞溅沉积到表面或物体上时,就会产生**空隙**⑯(参见

---

⑮ 呼出形态:从鼻子、嘴巴或伤口流出的,受气流推动的血液所造成的血迹形态。
⑯ 空隙(形态):连续的血液斑渍或血迹形态中缺失了一部分血的形态。

图 4-12）。这种形态也可以由于限制角度而形成。相反，飞溅物会沉积在物体上或人身上。表面或物体上的空白区域可以提供丢失的物体或人的大小和形状的线索。一旦找到物体或人，形态的缺失部分就应该与形态的其余部分相吻合，就像拼图一样。这些空隙可以帮助确定事件发生时受害者或袭击者的身体位置。

图 4-12 门后发现了一个空隙形态，门的表面挡住了飞溅物在该区域的沉积。这个空隙形态，以及门上出现的飞溅形态，表明了飞溅产生之时门处于打开的状态

其他血迹形态

并非所有的犯罪现场的血迹都会表现为飞溅形态。犯罪现场的环境中通常还会产生其他类型的血迹形态，了解这方面的知识对调查人员而言很有用。

接触/转移形成的血迹

当一个带血的物体接触到另一个没有血的物体时，就会产生接触或转移[17]。

---

[17] 转移（形成的）血迹：由一个带血的表面和另一个表面接触而产生的血迹。

成熟的转移的例子包括指纹(见图4-13)、指纹、脚印、鞋印、工具印记和血中的织物印记。这些可能会通过提供个人特征来进一步提供线索。

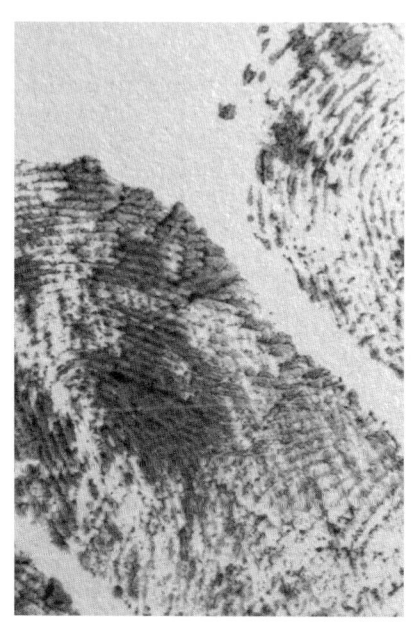

图4-13　由带有明显纹线细节的多枚血指印所构成的转移性血迹

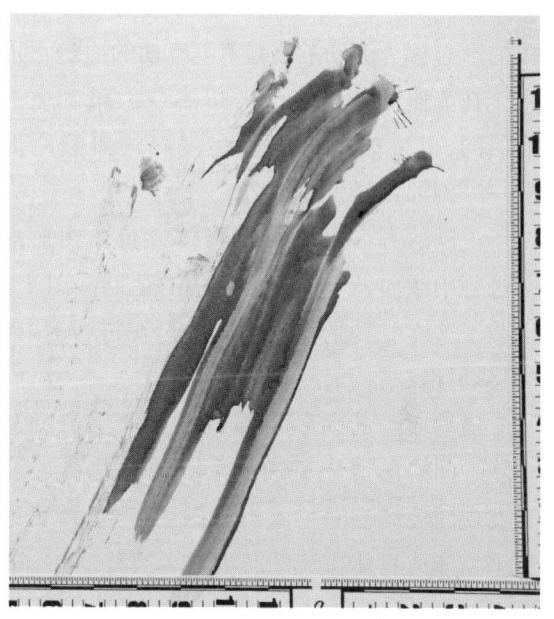

图4-14　擦拭血迹

人们能够在一次简单的转移中观察到工具的大小和一般形状。因而,可以通过类别特征来缩小可能的工具的范围。而具有高度个人化特征的转移可能有助于指出产生该形态的工具个体。当带血的物体与物体表面接触并在没有任何进一步移动的情况下被移走时,就会产生简单的转移血迹。其他被称为擦拭血迹的转移可能是由带血的物体在表面上移动而引起的。当血液离开最初的接触点时,形态可能会变亮并形成"羽毛状"(参见图4-14)。然而,由于"羽毛状"也是所施加在表面上的压力值的一个因变量,分析员必须谨慎地解释其方向性。单独的含血的转移的方向,如血液中的鞋印,可能显示出嫌疑人、受害者或其他人在血液出现后了犯罪现场的移动情况。一系列血迹中的第一个被转移形成的血迹将是深色且浓重的血液斑渍,而随后转移的血迹颜色将变得越来越浅。随着转移物表面沉积的血液越来越少,被转移的血迹颜色也因而越来越浅。血迹斑斑的鞋印也可能表明穿鞋的人是在跑步还是在走路。跑步通常会产生间隔更大的印记。

流动的血迹

几滴或大量的血液在重力作用下流动所形成的形态称为**流动的血迹**[18]。流动的血迹可能是由正在流血的伤口流出的单滴或大量的血液所形成的，也可能是由淤积在表面的血液所形成的——例如，投射的形态。

流动的方向可以显示物体或身体在血液流动过程中或血液干燥之后产生的运动。图 4-15 说明了这样一种情况：当流动仍在进行时，表面的移动导致了特定的形态。

流动血迹的中断可能有助于评估流动与其中断之间的形成先后次序。如果在物体或身体上发现的流动方向与重力方向不一致，就可以推测该物体或身体在流动产生之后被移动了。

血泊

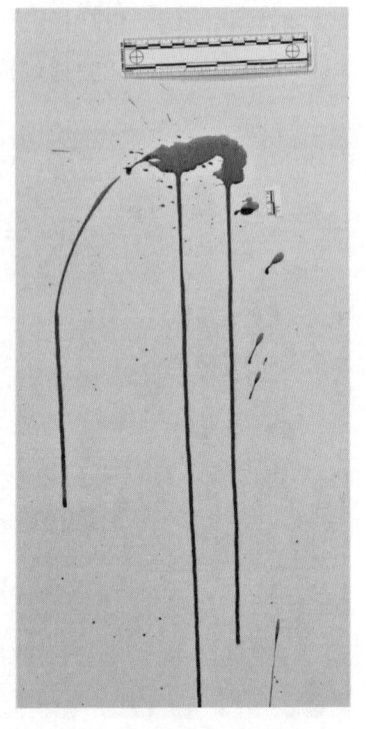

图 4-15 流动血迹形态

当血液聚集在一个水平（不倾斜）且不受干扰的地方时，就会出现血泊。聚集在吸收性的表面上的血液可能会被整个表面吸收并扩散，从而形成比原先的那摊血更大的形态。这种情况经常发生在床上或沙发上。

血泊的大致干燥时间与现场的环境条件、表面和受伤部位有关。通过实验，分析人员也许能够估算出不同大小血迹的干燥时间。小型和大型的血泊都有助于重建犯罪现场，因为我们可以对其进行分析以估算血液沉积所经过的时间。考虑血泊的干燥时间可以得出有关事件发生时间的信息。

血迹的干燥从边缘开始逐渐延伸到中央从而产生**周边血迹**（参见图 4-16）[19]。这通常发生在液滴沉积后的约 50 秒内，并且量更大的血液需要更长的时间才能干燥。如果随后通过擦拭改变了汇集的血迹的中心区域，则周边的血迹将继续保持完整状态。可以以此来解释移动或活动是在血滩沉积后不久发生的，还是在周边血迹有时间首先干燥之后发生的。这对于鉴别血迹的原始来源将是十分重要的。

---

[18] 流动的血迹：因重力或目标的移动使得大量血液在表面上移动而产生的血迹。
[19] 周边血迹：由其边缘特征组成的被改变的血迹，中心区域已被部分或全部地去除。

第四章 犯罪现场重建：血迹形态分析　　**123**

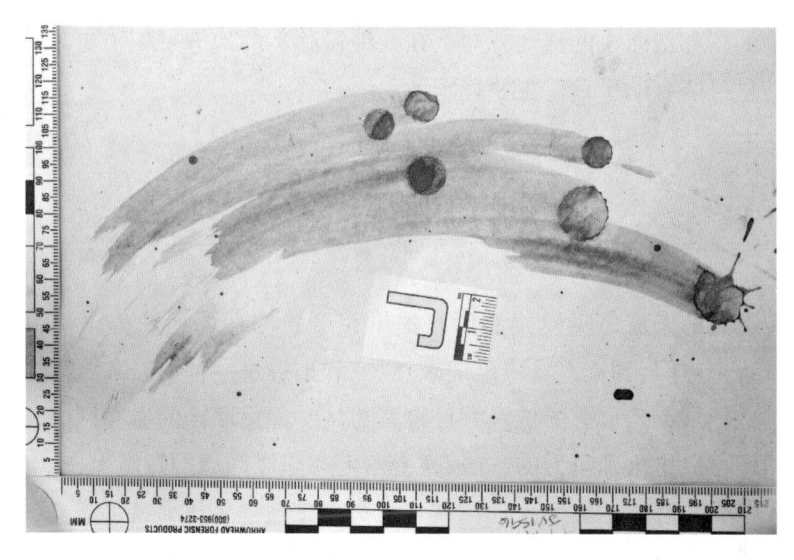

图4-16　血迹边缘干燥后受到干扰而形成周边血迹

滴落血迹

滴落血迹[20]是一系列与其他形态相分离的液滴，它是血液从物体或伤口上滴落而形成的。血迹所形成一种线条通常是嫌疑人在伤害或杀害受害者后留下的痕迹。它可能只是显示移动方向，从而通向被丢弃的武器，又或者如果它是由嫌疑人自己的血液产生的，则可以提供嫌疑人的身份证明。调查人员经常在刺伤事件中看到这种类型的血迹形态，在此期间，犯罪分子因使用必要的武力刺伤受害者而无意中割伤了自己。图4-17显示了远离犯罪现场行动中心的滴落血迹。

滴痕中的血迹的形状可以帮助调查人员确定一个人移动的方向和速度。痕迹形

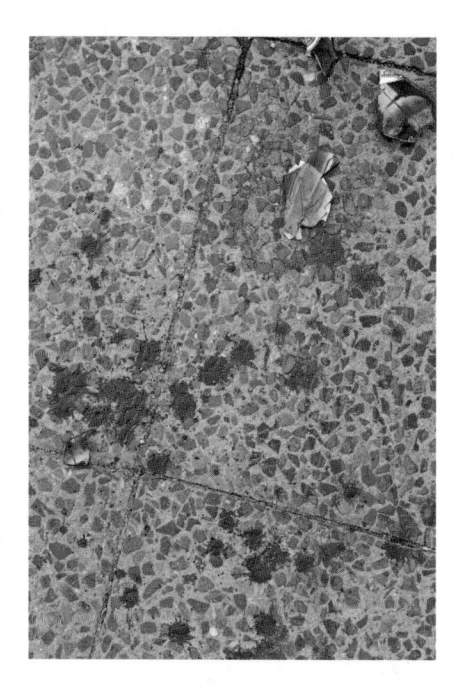

图4-17　犯罪现场的滴落状血迹的例子

---

[20] 滴落血迹：一种液体滴入到另一液体中所产生的血迹形态，其中至少有一种液体是血液。

态中液滴的尾部指向人的移动方向。在人缓慢移动的地方发现了更多的圆形污渍。该信息可能有助于重建犯罪现场。

记录血迹形态证据

任何类型的血液飞溅模式都可以提供关于犯罪现场所发生事件的大量信息。出于这个原因,调查人员应该记录、研究和拍摄每一种形态和液滴。这样做可以准确地记录特定形态的位置并且将其与从实验室取样的血迹区分开来。照片和草图还可以指出确定力的方向、撞击角度和起源区域的特定血迹。

就像一般的犯罪现场摄影一样,调查人员应该建立关于血迹形态总体状况的照片和草图,以显示血迹形态在现场的方向。中距离范围的记录应包括整个血迹形态的照片和草图,以及血迹形态中各处血迹之间的相互关系。细目照片和草图应显示每个单独血迹的尺寸。拍摄细目照片时应在照片中反映所使用的比例尺。

两种常见的记录血迹形态的方法都将中心放在血迹大小上。网格方法包括使用绳子和木桩在血迹形态上设置一个已知尺寸的正方形网格(参见图4-18)。

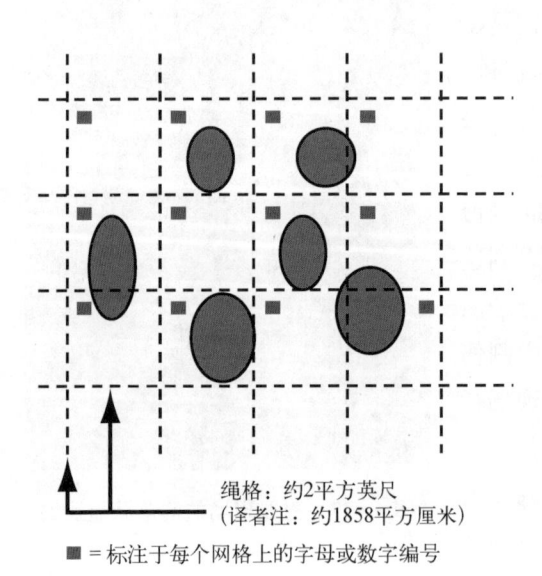

绳格:约2平方英尺
(译者注:约1858平方厘米)

■=标注于每个网格上的字母或数字编号

图4-18 网格法可用于拍摄血迹形态证据

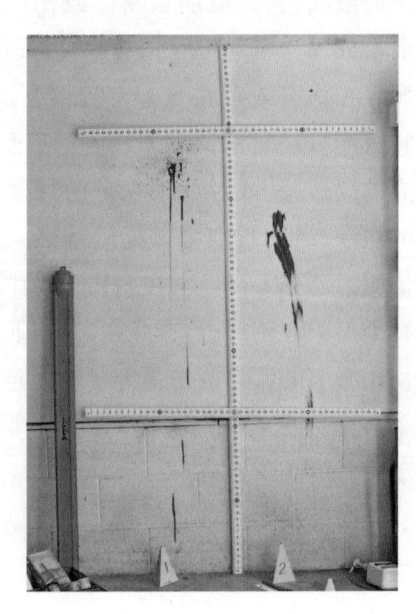

图4-19 滴痕形态本身远离混合血迹形态的中心

所有全貌照片、中景照片和细目照片都是在有或没有网格的情况下拍摄的。第二种方法，称为周长标尺法，涉及在形态周围设置一个矩形的标尺边框。在这种方法中，大标尺在整体照片和中景照片中显示比例，而小标尺可以插入在细目照片中显示比例（见图4-19）。有一些调查小组会在细目照片中使用标签来显示证据编号或其他细节。

当根据案件情况需要确定起源区域时，血迹分析员可以自行计算以确定起源区域。所有血迹的测量以及撞击角度和起始点的计算都应记录在犯罪现场的笔记中。遇有特别重要的血迹，可以在笔记中大致勾勒出来。

只有一些司法管辖区的有专门人员来分析现场或实验室照片中的血迹形态。因此，重要的一点是使所有人员都熟悉血迹形态证据，以便能够正确地记录它们并用以重建现场。

血迹形态分析：谨慎行事

法庭科学团体中的血迹形态分析从业人员大幅激增，这些人员以能被犯罪现场调查人员邀请而自豪。同样地，在执法部门，有数百名调查员（他们不一定是科学家）以被贴上"血液飞溅分析专家"的标签而自豪。目前，尚没有统一的衡量手段以确定美国境内该领域所开展相关培训的统一性。新近发布的有关培训标准是由"国际血迹模式分析协会"（International Association of Bloodstain Pattern Analysis）所资助研究制定的血迹形态认证项目。该项目的认证要求为在经批准的研讨工作坊至少接受40学时培训教育。在血迹形态鉴别领域至少具备三年以上的实践并经过课堂教学培训。在最为理想的情况下，相关人员顺利达到证书的有关要求之后，许多执法机构都认可将他们纳入犯罪现场调查程序中是适当的。

血液飞溅诠释具有复杂性，从简单的形态到复杂状况都有。法庭科学团体和司法系统所担心的是，在诠释血迹形态时，目前明显地缺乏统一的质量保证标准。由于对指纹、子弹头、咬痕和毛发证据的错误识别，法庭科学界已经遭受到了不利的、令人尴尬的宣传。与血迹形态分析错误率的有关警告已经清晰而响亮地响起。在美国国家司法研究所（National Institute of Justice，NIJ）资助开展的一系列研究中，报道了钝器飞溅形态存在非常高的错误率，其高达37%[21]；当需

---

[21] William Ristenpart 等：《高速血迹形态的定量分析》（2013），可访问 http：//www.ncjrs.gov/pdffiles1/nij/grants/241744.pdf

要血迹形态分类时,其中13.1%的分类不包括坚硬表面上的正确形态,23.4%的分类不包括织物表面上的正确形态[22]。

美国国家司法研究所的另一项研究表明,与坚硬表面上的血迹相比,织物可能会以许多不同和复杂的方式与血迹模式相互作用、扭曲和改变血迹模式。[23] 鉴于血迹形态诠释高度依赖主观判断及其潜在显著的错误率,由犯罪现场和实验室中两名或两名以上检查员对各种血迹形态诠释进行独立评估的程序是可取的。[24,25] 指纹检查员使用的"分析、比较与评估——验证"(ACE-V)程序(第136页)可作为建立验证血迹形态证据有用模式的一般指导性导则。

案例分析 +·+

血迹重建

一位年长的男性被发现死在自家客厅的地板上。他的脸部和头部遭受殴打,胸部被刺伤并被抢劫。对内部前门和相邻墙壁上发现的血迹重建记录表明,受害者面部被拳头殴打,后脑勺被手杖击打。图1A和图1B所显示的三维图表和照片说明了可作证据的血迹形态。

图2显示了内部门旁边的血迹的详细照片。图2中的箭头1指向从左到右的抛甩形态,当加害者在实施打,血液从加害者的拳头中飞出,就会形成这种形态。图2中的箭头2指向三种从左到右的转移印记形态,当加害者沾满鲜血的手接触墙壁时,当对受害者实施拳头打击时,就会形成这种形态。图2中的箭头3指向受害者靠在墙上时,从他的伤口流出的血液。

图3包含了一系列实验室测试形态,用于评估图2中所包含的形态。

图4显示了如何通过确定单独的汇聚区域来记录位于墙上和门上以及从出血的受害者身上发出的单个撞击飞溅形态的起源。

三天后,一名嫌疑人被逮捕,检查后发现他右手急性骨折。当他面对血迹证

---

[22] TerryLaber等:国家司法研究所,最终报告,《血迹形态分析中当前方法的可靠性评估》(2014),可访问http://www.ncjrs.gov/pdffiles1/nij/grants/247180.pdf

[23] Stephen Michielsen等:《纺织品表面上的血迹形态:基本分析》(2015),可访问http://www.ncjrs.gov/pdffiles1/nij/grants/248671.pdf

[24] 英国法庭科学监管局:《实践和行为准则:血迹形态分析》(FSR-C-102),伯明翰:内政部办公室(2015),可访问https://www.gov.uk/government/uploads/system/uploads/attachment_data/file/484905/C102_Bloodstain_Pattern_Analysis_2015.pdf

[25] Rachel Zajac等:《语境偏差:血迹形态分析人员需要知道什么》,《血迹形态分析杂志》,2015年第31卷,第7页。

据时,嫌疑人承认殴打了受害者,先是用拳头,然后用手杖,最后用厨刀刺伤了他。嫌疑人承认犯了三项一级重罪。

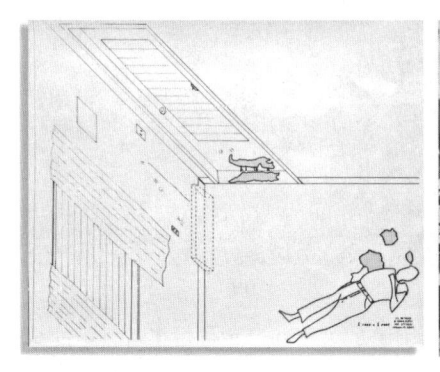

图1A 现场三维图显示了现场定位的、记录的和重建的血迹形态
(摘自 Institute of Applied Forensic Technology)

图1B 犯罪现场血迹照片
(摘自 Institute of Applied Forensic Technology)

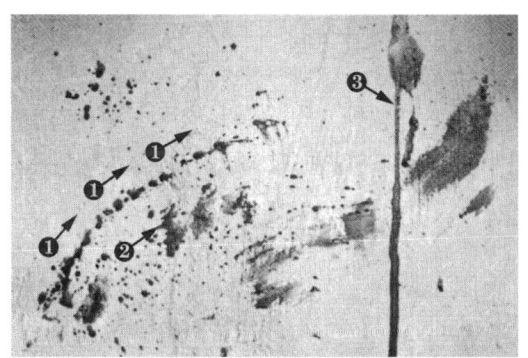

图2 受害者面部遭受重击时产生的撞击飞溅的血迹
(摘自 Institute of Applied Forensic Technology)

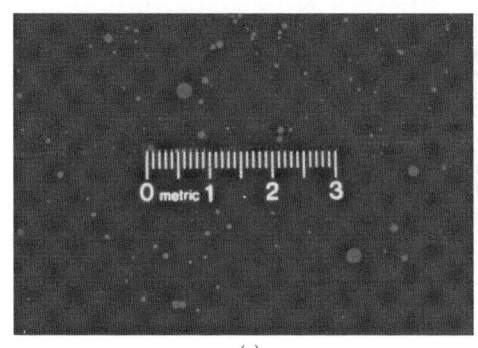

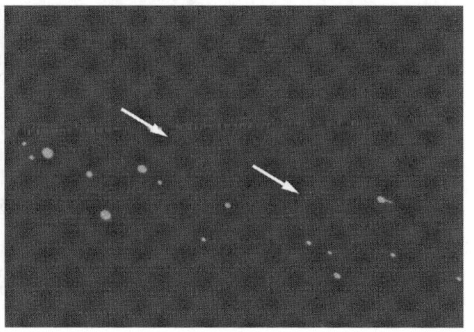

(a)   (b)

(c) (d)

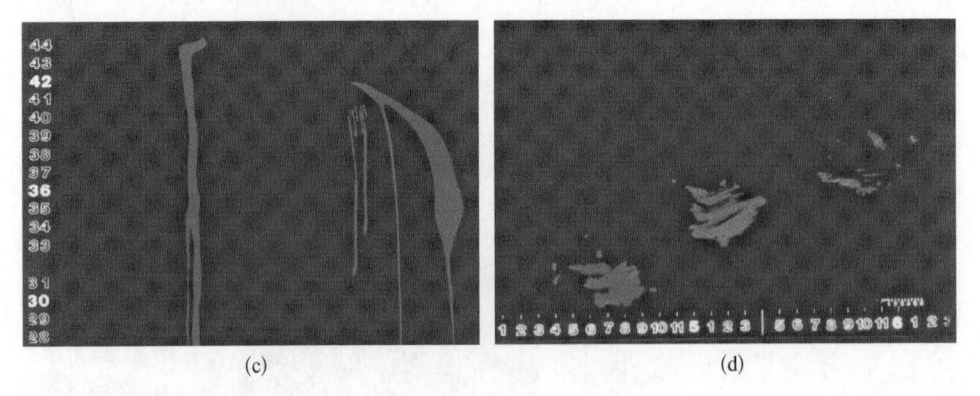

图3 （a）实验室测试形态显示的是撞击飞溅形态。血迹的大小和形状显示出对目标的90度垂直撞击；（b）实验室测试形态显示的是从左到右的抛甩形态；（c）实验室测试形态显示的是由沾满血迹的手在目标上从左到右移动而产生的重复转移的印记形态；（d）实验室测试形态显示的是垂直流动形态。左边的形态代表一个固定的来源；右边的形态是由从左到右的运动产生的
（均摘自 Institute of Applied Forensic Technology）

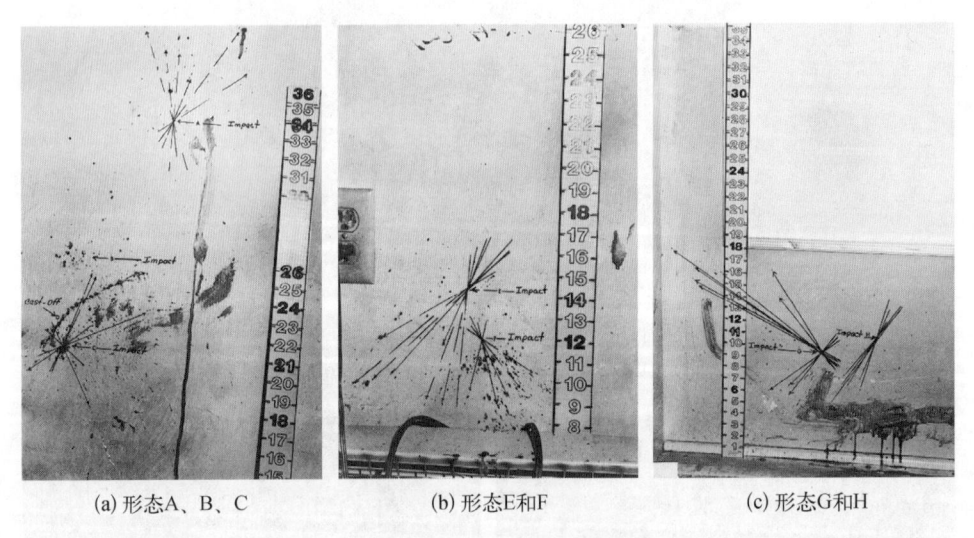

(a) 形态A、B、C　　　　　(b) 形态E和F　　　　　(c) 形态G和H

图4 （a）拳头击打后形成的碰撞飞溅血迹；（b）受害者摔到地板后鼻子流血形成的碰撞飞溅血迹；（c）受害者被手杖击打后脸朝下与门撞击形成飞溅血迹
（均摘自 Institute of Applied Forensic Technology）

章节小结

遗留在犯罪现场的物证，如果得到妥善地处理和保存，会在重建与犯罪有关事件中发挥至关重要的作用。犯罪现场的重建依赖于法医、法证科学家和执法人员的共同努力，以恢复物证并梳理围绕犯罪发生的事件。

血迹和飞溅物的位置、分布和外观有助于诠释和重建流血事件。调查员或血迹形态分析人员可以从单个血迹中破译出血液撞击沉积表面时的方向和角度。此外，血迹形态，包括许多单独的血迹，可以向分析人员传达受害者或嫌疑人的位置，出血者的移动，以及被击打的次数。

在确定血迹的撞击方向和角度时，必须考虑表面纹理和单个血迹的形状、大小和位置。表面纹理会极大地影响血迹的形状。单个血迹的方向性可以通过血迹的尾巴或血迹的积聚表现出来，因为血迹的尾巴或血迹的积聚出现在与作用力相反的一侧。血迹的撞击角度可以通过血迹的形状加以粗略估计，或者通过血迹的长宽比的计算而更有效地估计。

当物体撞击血源，产生从血源向前投射的前向飞溅和从血源向后投射的回溅时，就会出现撞击飞溅形态。撞击飞溅形态的汇聚区域是产生单个血迹的二维平面区域。三维空间中的血迹模式起源区域可以在形成血迹的事件发生时表征受害者或嫌疑人的位置。

枪弹造成的飞溅包括非常细小的飞溅，既来自出口伤口的前向飞溅，也来自入口伤口的回溅，或者如果子弹没有离开身体，则仅是回溅。从物体中抛甩出的血液（通常是在武器或拳头击打受害者的过程中）可能会在附近的表面形成弧形形态。血迹的特征可以表明产生它的物体的类型，以及该物体的最小打击次数。在投射形态中出现的特征性喷涌是由动脉损伤后的血液持续泵送造成的。从嘴巴或鼻子排出的呼气血液中，最初可能会含有非常细或非常大的液滴。干燥液滴中可能含有氧气气泡，也可能与唾液混合。当物体（或人）阻挡血滴沉积到目标表面或物体上时，空隙可以提供有关失踪物体或人的大小和形状的线索。

带有血迹的物体与表面简单接触时产生的转移血迹，可能会揭示物体的形状或纹理特征。由于从一滴或大量血液中流出的血液的方向是由重力引起的，所以形态的方向可能表明了流动形成时表面的原始位置。滴痕形态显示了与其他形态分离的血滴路径；它是由单个血滴从物体或伤口滴落而形成的。血迹周界的存在表明，血迹的边缘有足够的时间干燥后血迹被扰动了。

犯罪现场每一处血迹的准确外观和位置都很重要。因此,犯罪现场的每一个血迹形态都必须妥善记录在笔录、照片和草图中。应使用网格法或周尺法记录全貌照片和细目照片,以显示形态和个别血迹的方向和相对大小。

问题回顾

1. _____ 是通过观察和评估与事件有关的个人的物证和陈述来支持犯罪现场可能发生的一系列事件的方法。
2. 重建犯罪现场的情况是需要团队协作,其中可能包括执法人员、检验人员和_____的努力。
3. 在犯罪现场,人与人之间的暴力接触经常会导致流血,并导致_____的形成。
4. 对血迹形态的正确诠释需要仔细计划_____使用与犯罪现场发现的材料相似的表面材料。
5. 血迹形态可以向分析人员传达犯罪过程中_____或_____的位置和运动。
6. 判断正误:较硬且孔隙较少的表面会产生较少的飞溅物,而粗糙的表面会产生更多飞溅物和锯齿状边缘的污渍。_____
7. 一般来说,血迹直径随高度(增加/减少)_____。
8. 血液撞击物体的_____和_____可以通过血迹的形状辨别出来。
9. 判断正误:一滴血以大约90度的角度撞击表面,其形状接近(椭圆形/圆形)。_____
10. 单个血迹的撞击角度可以用_____除以_____的比值来估计。
11. _____是犯罪现场最常见的一种血液飞溅,当物体强力接触到血源时就会产生。
12. 判断正误:前向飞溅由源头向后投射的血液组成,而后向飞溅向外投射并远离源头。_____
13. _____是二维平面上的点,液滴就源于这一点。
14. 三维空间中的血迹模式的_____说明了产生血迹的事件发生时受害者或嫌疑人的位置。
15. _____方法用于犯罪现场以确定起源区域。
16. _____是由带血的物体和表面接触而产生的。

17. 当离开接触点时带血物体在表面上的运动(变亮/变暗)。_____
18. 判断正误：与走路的人相比，跑步的人留下的鞋印通常会显示出更大的间距。_____
19. 判断正误：血液在流动过程中或者干涸后，流动形态的方向可能显示物体或身体的运动。_____
20. 通过实验确定的血液的_____的大致干燥时间与现场的环境状况有关，并可能表明自沉积以来已经过去了多少时间。
21. 在沉积的 50 秒内，血迹的边缘通常会_____并且即使血迹的中心区域因擦拭运动而改变，血迹边缘仍会保持完整。
22. _____形态通常源自武器或拳头的重复打击，其以显示方向性的单独液滴的弧形形态为特征。
23. 判断正误：抛甩形态中弧形特征不能提供关于用于产生形态物体种类的线索。_____
24. 当动脉受到损伤时，持续泵血的压力会将血液从受伤区域喷出，形成一种称为_____的形态。
25. 判断正误：如果在现场发现一种形态，它可能会表明运动状况，指向被丢弃的武器，或通过嫌疑人自己的血液提供嫌疑人的身份信息。
26. 由干燥液滴中的氧气气泡组成的_____形成的血迹模式，与撞击飞溅形态相比，颜色可能更浅。
27. 当物体阻挡飞溅物沉积到表面上并随后被移除时，空白空间的形状和大小或_____可以提供关于丢失的物体或人的大小和形状的线索。
28. 判断正误：犯罪现场发现的每一个血迹模式都应该被记录、研究和拍照。
29. 在记录血迹模式时，_____涉及在整个形态上设置一个已知尺寸的正方形网格，并在有网格和没有网格的情况下拍摄概览照片、中景照片和特写照片。
30. 记录血迹的_____方法包括在形态周围设置一个标尺边框，然后在每个血迹旁边放置一把小尺子，以显示血迹在照片中的相对位置和大小。
31. 判断正误：血迹的尖端总是朝向它的移动方向。_____

应用与批判性思考

1. 请观察图中的血迹并回答以下问题：

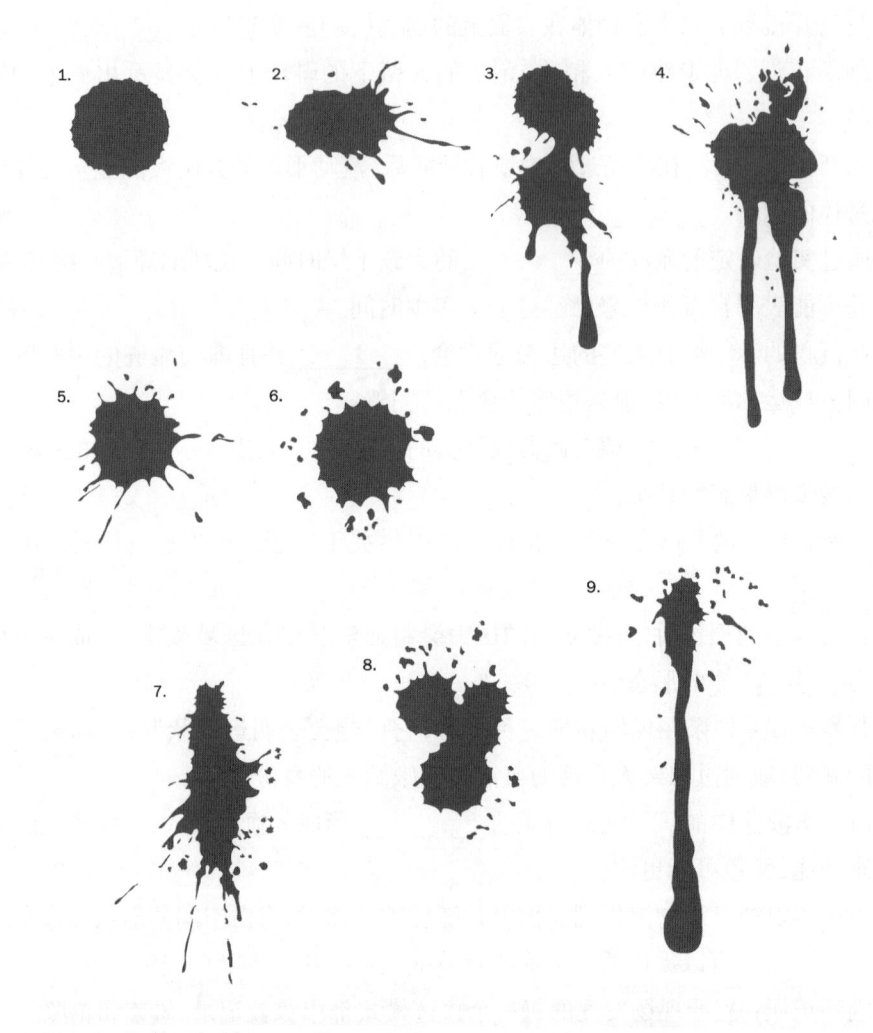

（1）哪三滴是以最接近 90 度角撞击表面？请加以解释说明。
（2）哪三滴是从最远的距离以 90 度角撞击表面的？请加以解释说明。
（3）水滴 2 和 7 撞击表面时向哪个方向移动？请加以解释说明。
2. 调查员普里西拉·赖特(Priscilla Wright)到达谋杀现场,发现一名受枪伤的受害者的尸体,但她没有看到尸体后面的墙壁或地板上有血迹。她从这个观察中可以得出什么结论？
3. 调查员特里·马丁(Terry Martin)到达袭击现场,在受害者附近的墙上发现了一个由微小血滴组成的脱落形态,呈非常窄的线性弧形形态。这能够告诉他有关犯罪中使用的武器的什么信息？

参考文献与延伸阅读

Bevel, Tom, and Ross Gardner, Bloodstain Pattern Analysis: With an Introduction to Crime Scene Reconstruction, 3rd ed. Boca Raton, FL: CRC Press, 2008.

James, Stuart H., Paul E. Kish, and T. P. Sutton, Principles of Bloodstain Pattern Analysis: Theory and Practice. Boca Raton, FL: CRC Press, 2005.

Wonder, A. Y., Blood Dynamics. Burlington, MA: Elsevier Academic Press, 2001.

Wonder, A. Y., Bloodstain Pattern Evidence: Objective Approaches and Case Applications. Burlington, MA: Elsevier Academic Press, 2007.

Wonder, A. Y., and G. M. Yezzo, Bloodstain Patterns: Identification, Interpretation and Application. Burlington, MA: Elsevier Academic Press, 2015.

第五章

死亡原因调查

学习目标

5.1 描述法医病理学家的角色
5.2 描述尸体解剖
5.3 描述常见的死亡原因
5.4 列举死亡方式的各种类型
5.5 描述有助于估计死亡时间的有关化学和物理变化现象
5.6 讨论法医人类学家在死亡调查中的作用
5.7 描述法医昆虫学家在死亡调查中的作用

关键术语

algor mortis	尸冷
autopsy	尸体解剖
cause of death	死亡原因
forensic anthropology	法医人类学
forensic entomology	法医昆虫学
forensic pathologist	法医病理学家
livor mortis	尸斑
manner of death	死亡方式
petechiae	皮下出血(瘀点)
postmortem interval (PMI)	死亡时间
rigor mortis	尸僵

新闻头条
费雷迪·格雷：意外还是谋杀？

（摘自 Kevin Dietsch/UPI/Alamy Stock Photo）

2015年4月12日，25岁费雷迪·格雷（Freddie Gray）被一辆警车带走。被捕后可以听到他在车内的大喊大叫和撞击声，导致警车出现摇晃。最初的计划是警车直接前往中央警局，但为了控制格雷以免他撞击车身，途中意外地停了两次车。首先是对他的腿部进行了捆绑，然后是脚踝，戴上脚踝扣后，格雷被头朝前塞进了警车货舱。据报道，之后他的头部和身体依然活跃。

第三次停车后，司机检查了警车里面的格雷。当第四次停车时，司机要求检查格雷，当他检查时，格雷趴着躺在地板上，头对着车厢寻求帮助，他说他不能呼吸，站不起来，并需要一名医生。在第五次停车时，格雷被发现跪在地板上，面对着车厢的前面，瘫靠在长椅上，昏昏欲睡，应答不清。另一名被捕者也同样在车里。当车辆到达西部总部时，费雷迪·格雷被发现跪在地上，没有反应，没有呼吸。

经检查，发现格雷脖子骨折，脊椎被挤压，需要接受脊柱手术。在康复一周后，费雷迪·格雷死于心脏骤停。在尸检时，法医做了详细的记录，报告里提到，根据事件发生的顺序以及人们所描述的费雷迪·格雷精神、身体状况的逐步变化，格雷是在被拘留期间、在警车内和在运输期间发生了颈部损伤。进一步勘查发现，他身边有安全设备但并没有使用。因此，一名人员在驾驶车辆的过程中受伤，并因为没有及时的医疗干预导致死亡，这并不是一起意外，这种伤害是致命的。由于没有遵循既定的安全程序，这种不作为行为而导致死亡的方式被认定为谋杀。

法医病理学家的角色

很少有调查会带来社会的强烈关注,新闻媒体对可疑死亡的报道也鲜有发生。一般来说,与法医或验尸官事务有关的**法医病理学家**[①]负责确定未知或意外死亡的原因。这些官员在随后调查中与执法部门的响应协调一致。验尸官和法医的头衔经常互换使用,但他们的工作有显著差异。在美国,有州法医系统、县法医办公室和县验尸官系统。验尸官是一名民选官员,可能有也可能没有医学学位。"验尸官"这个词可以追溯到几百年前英格兰国王理查一世(1189—1199)的统治时期,他创建了验尸官办公室,向死去的人收集金钱和个人财产。另一方面,法医基本上都是一名被任命的官员,其通常是一名医生或者是一名经有关委员会认证的法医病理学家,他们负责颁发关于死亡方式和原因的证书。

验尸官办公室以及法医办公室的责任是审查案件的死亡原因和死亡方式,并将死亡结果记录在死亡证明书上。然而,尽管验尸官办公室和法医办公室都负责调查可疑死亡,但是,其中只有病理学家接受过进行尸检方面的培训。在理想情况下,验尸官或法医办公室应配备已获得法医病理学委员会认证的医生,并应指派他们通过尸体检验确定死亡原因。然而,确定死亡原因不仅仅包括进行尸检,其还包括死亡过程、证人陈述、相关医疗记录和开展现场调查,所有这些方面都与死亡密切关联。

从实务角度看,法医病理学家往往不可能亲自征求有关死亡情况的信息或者亲自对每个死亡现场作出响应。因此,收集重要信息和现场调查的任务可以委托给训练有素的验尸官或法医调查人员完成,当涉及犯罪现场时,他们与犯罪现场和刑事调查人员协调开展工作。法医病理学家的工作也得到了有关专家的帮助,其包括法医人类学家、法医昆虫学家和法医牙科学家。

现场调查

对于任何现场调查,保护整个现场和尸体都是至关重要的,同样,最终以医

[①] 法医病理学家:负有调查职责的工作人员,他们通常是法医或验尸官,负责调查犯罪活动中受害者的死亡原因、方式和时间;他们也可以是接受过尸体检验相关培训的医生。

学上可接受的方式进行解剖也很重要。死亡调查包括必须在现场及时进行的记录和拍摄未受干扰的现场；收集相关物证；试图确定死亡时间；除此之外，调查人员也要确定尸体的位置以及尸体是否发生了死后移动。在现场对尸体所进行的观察，比如，口唇青紫，这可能是窒息的证据；仅限于眼睑淤血，或者意味着颅脑内部受伤；或者耳内出血，意味着颅骨基底骨折。

死亡调查的一个关键阶段将是对死亡发生之前的事件进行初步重建，因此必须记录现场的所有重要细节。应记录血的飞溅和血流形态。对现场留下的血样要做到"应检尽检"，以防作案人在案发时在现场留下血样。任何轮胎痕迹或鞋印都必须有文件记录。要处理和收集指纹。特别重要的是寻找任何可能被犯罪者丢弃、遗落或遗弃的证据。当涉及武器时，必须共同努力找到并找回可疑武器。在枪杀案件中，必须寻找发射的子弹或弹壳并记录其位置。在这类枪支死亡事件中，在尸体被移动或脱下衣服之前，必须记录下手上血迹的方向性和痕迹证据（如，毛发等）。然后，应该将纸袋放在手上并固定在手腕或手臂上（纸可以防止水分凝结），以保存任何可疑证据。

必须在以任何方式移动现场之前拍摄照片（救生工作除外）。这包括移动身体或身上的任何东西，如衣服或珠宝。暴力破坏现场可能会给现场带来大量的血液和混乱。血液可能会在整个现场的不同位置被发现。这可能对现场调查事件很重要；我们有可能确定受伤的初始位置，以及在整个事件过程中受害者和攻击者的运动轨迹。最初，我们可能很难正确地推断出被害人伤口的来源和在现场受伤的顺序。照片将在以后重建事件时发挥非常大的作用。和往常一样，照片应该按比例拍摄，首先是整体，然后是中等范围，然后是近距离。摄影人员还必须注意到不要只捕捉这些明显的受伤区域，阴性发现也可能是重要的。这意味着还应该拍摄身体上受伤不明显的区域的照片。

保护尸体和整个现场是至关重要的，因为最终我们要以医学上可接受的方式解剖尸体。通常，调查的最初阶段将集中在确定死者身份，这相对简单，但也可能会出现误差。尸体被肢解和其上存在的广泛创伤都会使身份识别变得复杂。这可能需要应用更复杂的技术，如DNA、指纹、牙科检验和面部重建。

尸 体 解 剖

尸体解剖[②],在广义上是在死后对尸体进行检查(即尸检)。尸检可进一步分为两种类型:临床/医院尸检或法证/法医尸检。临床/医院尸检的重点是内部器官的发现和医疗状况评定。其目的是确认临床诊断、疾病的存在及其程度、任何被忽视的医疗条件,以及治疗的适当性和结果。相比之下,法证/法医尸检的目标是确定死亡原因和确定死亡方式,其通常用于刑事诉讼活动。法医尸检通常强调尸体检验所见与现场调查之间的关联性(见图 5-1 和图 5-2)。

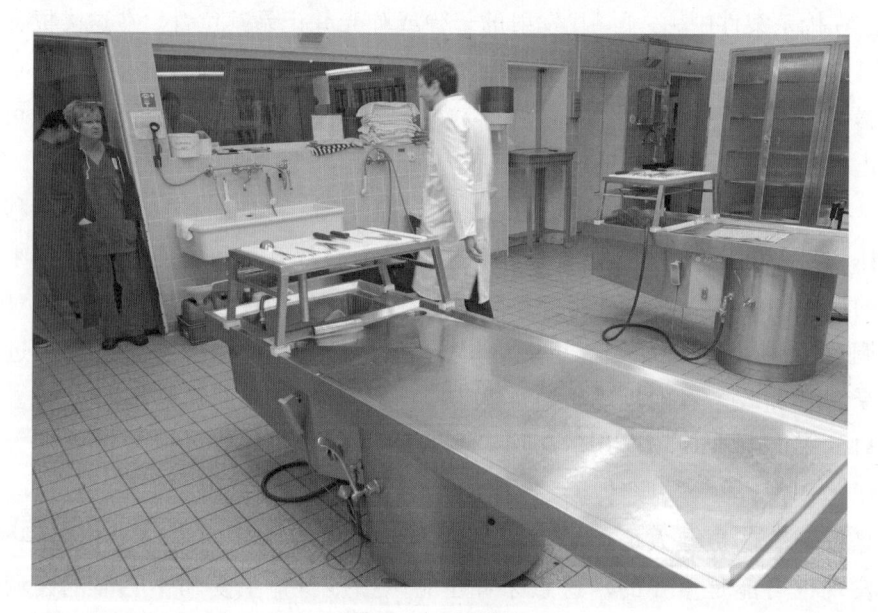

图 5-1 解剖间

法医尸检的所有步骤都必须被详细记录和拍照。有关记录应包括日期、时间、地点、尸检是由谁进行的以及谁参加了尸检。当将外部伤口与内部损伤联系起来时,受伤的照片,完整的比例和描述以及照相的位置就是十分关键的。阴性结果照片,即身体未受伤部位的照片也很重要。而尸检报告和照片之所以重要,是因为一旦尸体被埋葬,我们就无法进一步收集到证据,也不会获得其他方面发现。

---

② 尸体解剖:病理学家对尸体进行的一种外科手术,以从尸体、器官和体液中确定死亡的原因。

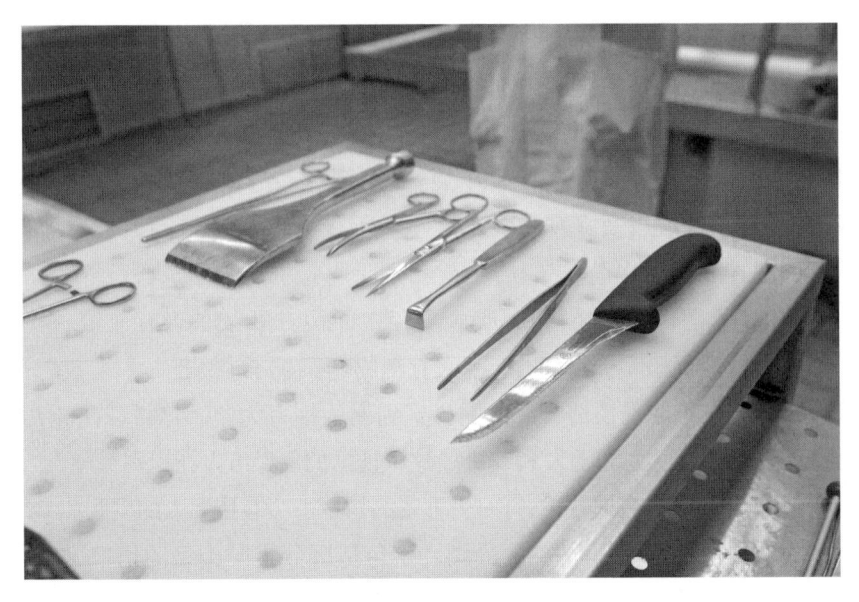

图 5-2　解剖工具

从尸检获得的证据

对物证的搜查必须从犯罪现场延伸到死者的尸检室。在这里,法医或病理学家仔细检查受害者,以确定死亡的原因和方式。作为常规检查,组织和器官被保留以进行病理和毒理学检查。与此同时,必须在尸体检验人员和犯罪调查人员之间作出妥善安排,以保证从尸体中获得的证物能够送往实验室检验。以下是需要收集并送往法医实验室的物品:

- 受害者的衣服
- 指甲屑或指甲剪取物
- 从头部到阴部的毛发
- 口腔拭子(用于 DNA 检测)
- 阴道、肛门和口腔拭子(性相关犯罪)
- 从体内找到的子弹
- 身体部位的拭子,如乳房或阴茎,被怀疑接触了由接触或唾液产生的 DNA
- 枪击受害者的手棉签(用于枪击残留物分析)

这些证据应该如所有其他证据一样加以正确包装和标签。一旦尸体被埋葬,获得这些证据将是极其困难的。此外,延迟提取这些证据将减少或破坏它们的法证价值。

外部检查

法医解剖包括外部检查和内部检查。外部检查的第一步包括对身体和衣服的状况的全面了解。衣服损伤应与身体上的损伤位置相匹配。应注意身体的一般特征,包括性别、身高、体重、大致年龄、头发颜色和身体状况。尸检时应注意是否存在文身和瘢痕以及穿刺和引流痕迹。所有明显的医疗干预的证据都必须仔细记录、描述和拍照以防止错误诠释,特别是胸管引流和紧急心脏穿刺。注意检查口腔和鼻子是否有呕吐物和/或血液存在并检查耳朵是否有血液。检验人员鼻子闻到任何异味都可能表明被害人有药物(毒物)接触史。

通常而言,在犯罪现场都要戴上手套直到勘验结束为止。这可以防止污染或者丢失可能的痕迹证据,如毛发和纤维。这种证据的保存可以在识别嫌疑人方面发挥重要作用。在与袭击者搏斗时,有时受害者的指甲下会有作案人的皮肤和DNA。

外部检查还包括对损伤部位的分类。这包括区分不同类型的伤口,如刺伤和枪伤。所检查的损伤可能包括擦伤、挫伤、撕裂伤和锐器伤。眼睑出血(瘀点)也是必须注意的,因为它们可能表明被害人是被勒死的。还应注意生殖器,特别是在怀疑有性虐待的情况下。在这些案例中,我们提取了阴道、口腔和直肠的拭子样本。

枪支射击时会在皮肤上留下特有的标记。这种排放物是煤烟和火药的混合物。它会在弹孔周围留下一种叫做火药烟晕或火药颗粒的标记。可以根据火药烟晕的跨度和密度进行分析,以计算于射击的范围。射击的范围是区分杀人和自杀的最重要的因素。

X光检查在尸检过程中非常有用。最常见的是枪伤和刺伤案例。即使子弹、刀或其他刺器在体外被发现,X光片也能识别出仍在体内遗留的碎片。X光片也将有助于确定子弹或锐器的路径。在受害者被殴打的情况下,X光也非常有用,特别是当受害者是孩子时,X光可以显示陈旧性的骨折和可能的虐待方式。

体内检查

人体内部的解剖通常需要从两侧肩峰开始一直延伸到耻骨形成"Y"形切口,然后将所有内部器官切除。进行内部检查需要对身体的每个器官称重、切开和解剖。根据检验要求以及司法辖区的相关规则,要对切片器官进行显微镜检查,这有助于确定死亡原因。例如,对肺和肝脏的显微镜检查可以证实慢性静脉注射药物的使用。对颅骨的检查需要从一只耳朵后面到另一只耳朵做一个横行切口,向上和向后剥离头皮,并将头骨切成圆形切口;然后取下颅骨,露出大脑,其如图5-3所示。

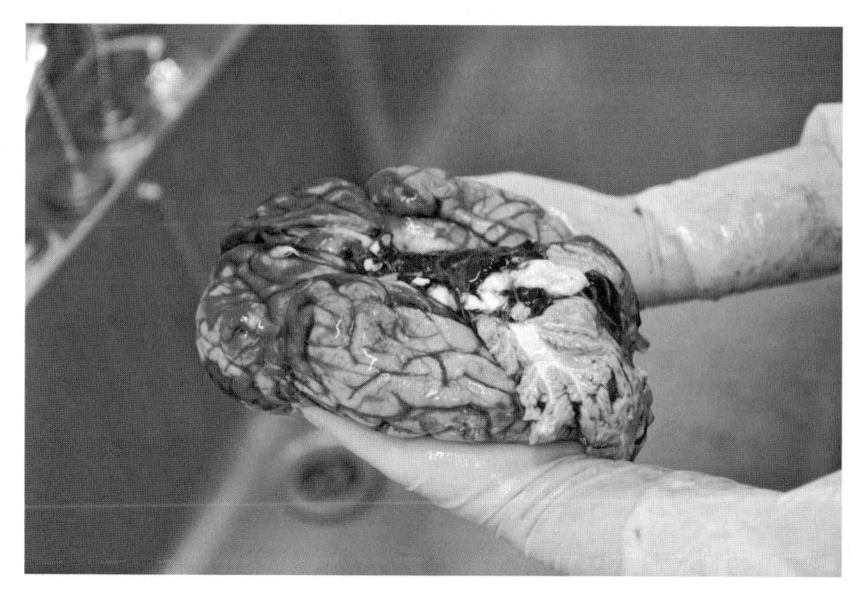

图 5-3　尸检时提取的人的大脑

应特别注意查明可能导致受害者死亡的器官中存在的异常或畸形状况。我们经常在长期使用可卡因和安非他明的受害者中发现肺水肿（液体在肺部积聚）。心脏先天畸形可能会导致一个在其他方面健康的人出现死亡。

如果怀疑存在中毒情形的,应特别注意消化道检查。在胃里头可以发现部分未被消化或溶解的药丸。化学分析也可以显示中毒的迹象。胃里的药片或药片的数量也可以帮助确定死亡的方式。虽然情况并不总是这样,但是,通常一个人不太可能在意外情况下吞下大量的药丸。这往往意味着自杀,而不是意外服食过量药丸。胃里的内容物可能会揭示死者死前的最后一顿饭的情况。胃内食物的消化程度有助于确定死亡时间。

毒理学

尸体内部检查也能够为毒理学检验采集到所需标本。这些样本包括血液、胃内容物、胆汁和尿液的样本。除此之外,也可以收集脑、肝脏和眼玻璃体液。这些标本在怀疑中毒或吸毒的情况下可以发挥特别大的作用。

我们可以通过检测血液来确定酒精和药物的存在和水平,同时,还应该从身体中受污染可能性最小的部位来采集血液。由于体腔内血液可能被邻近结构污染,所以不得从这里采集血液。在死亡后,身体中会发生许多变化,这些变化会改变死亡时体内药物的分布。这使得检测血液中一种药物含量成为一项非常具有挑战性的任务。一些药物在死亡后重新分配或重新进入血液,因此可能会使得对这些药物的死后血液水平的诠释任务复杂化。上述这种现象被称为死后"再分配"。因此,最好同时在肢体远端收集血液,以便让毒理学家比较所发现的药物浓度的一致性。获取血液的理想位置是使用注射器直接从下腔静脉(下腹部区域内的大静脉,从股静脉接收血液)进入内部。如果可能在死后发生药物再分配,则在尸检时也应从心脏正上方的上静脉系统采集血液。

对于一些合法物质的非法使用,我们必须知道什么浓度水平是表征治疗性使用,什么浓度水平表明某一特定物质的毒性。学界已发表了许多关于治疗药物和毒性药物水平的信息。这些数据可以帮助病理学家和毒理学家确定死亡原因。大多数与毒物有关的死亡,从死后毒理学报告中发现酒精和/或一种药物的血液浓度相当。(请注意,抑郁类药物会与酒精协同作用。)然而,在一些药物致死的病例中,药物水平可能并不总是能够为我们提供证据。可卡因就是一个最典型的例子。可卡因引起的猝死是一个有潜伏期的事件。心血管系统的结构改变是必要条件,而这种改变往往需要经历数月或慢性可卡因使用长达数年时间。在这些人群中,即使只是使用少量药物也可能发生死亡和毒性。

与药物分析不同,对毒物的一般测定并不是由病理学家进行的常规程序。然而,如果怀疑有特定的毒药就必须进行特定的检测。如果身体显示出樱桃红色的尸斑,通常会让病理学家怀疑死者是死于一氧化碳中毒。然后,病理学家会对血液进行毒理学检测。氰化物中毒也会产生粉红色的尸斑。通常,氰化物中毒会呈现额外迹象,比如闻到明显的苦杏仁气味。根据受害者嘴唇周围的腐蚀现象,人们可能怀疑其摄入了酸或碱性物质。

死 亡 原 因

尸检的一个主要目的是确定**死亡原因**[③],它引发了一系列以死亡结束的事件。在暴力型死亡事件中最关键的是引起死亡的损伤特点。然而,如果导致死亡的一系列事件持续时间足够长,那么死者实际上可能遭受由最初的伤害导致的不利医疗,然后因这些而死亡。在这种情况下,将由法医病理学家来确定,对受害者

---

③ 死亡原因:确定导致死亡的一系列事件的伤害或疾病。

造成的最初伤害是否是死亡的根本原因。这里讨论了一些更常见的死亡原因。

钝器伤

钝器伤是由平面或管道等没有锋利刃缘的物体所造成的。钝器损伤会引起擦伤或挫伤。如果组织被钝器压碎，甚至导致皮肤过度拉伸，就会形成撕裂伤，其特征是皮肤分裂和撕开。撕裂伤表现为开放性伤口并伴有周围的擦伤，开放性伤口内有组织间桥，伤口周围皮肤下的组织撕裂或紊乱。钝性损伤也会挤压组织。这将导致皮肤内和皮肤下微小破裂血管出血，称为挫伤或瘀血（见图 5-4）。关于确定瘀血的形成时间已经有很多文章进行了讨论，而法医病理学家也有很多方法可以对其进行推断。我们意识到，试图根据颜色随时间的变化来推断损伤时间是非常困难的，并且我们必须非常小心并且保留挫伤。随着时间的推移，有些挫伤只是在体表可见，但有些瘀伤经常在体表不可见，而是在软组织内部（如腹部和背部、手臂和腿部）明显可见。

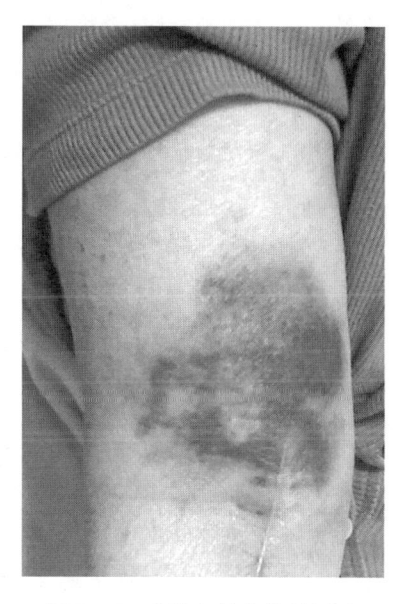

图 5-4　皮肤上的瘀伤（挫伤）

挫伤有时会保留所使用的武器的印痕。例如，如果一个戴着戒指的人击中了另一个人，戒指可能会把它的图案印在被害人的皮肤上。一个人踩别人可能会给人留下鞋跟的印痕。然而，随着时间的推移，挫伤会失去它原来的形状和图案，且颜色会出现改变。一些物体会产生一个典型"中空性挫伤"。

体表的损伤并不总是与体内所遭受的损伤相一致。这是病理学家在检查钝器损伤时必须记住的一点。对身体某些部位的击打会导致瞬间死亡，但体表几乎没有明显的伤害。同样，头部打击也会导致脑损伤引起立即致命。

案件分析

哈罗德·希普曼，死亡博士

1998 年，凯瑟琳·格伦迪（Kathleen Grundy）突然去世的消息让她的女儿安吉拉·伍德拉夫（Angela Woodruff）备受打击。格伦迪夫人是一个 81 岁的寡妇,据说她生前的健康状况良好。在她去世前几个小时,她的医生哈罗德·希普曼(Harold Shipman)医生去看她,几个小时后,当朋友们来到她家查看她的下落时,他们发现了她穿着衣服邋遢地躺在沙发上死了。

希普曼医生宣布她已经死亡,并告知她的女儿没有必要进行尸检。几天后,伍德拉夫惊讶地得知,格伦迪夫人留下了一份遗嘱,遗嘱上格伦迪将所有的钱都给了希普曼医生。后来这份遗嘱被认定为伪造的,而这一惊人发现却是因为格伦迪的尸体。

毒理学分析显示格伦迪的尸体内存在致死量的吗啡。

回想起来,我们有充分的理由怀疑希普曼医生实施了谋杀。在20世纪70年代,他确实是因吸毒问题而被医疗机构辞退,同时控方也指控他通过伪造和欺骗获得毒品。

然而,希普曼医生很快又开始行医。到1998年,他的很多病人死亡了,这引起了当地殡仪馆的怀疑,更重要的是,死亡的病人都是坐在椅子上或穿着衣服躺在床上的老年妇女。随着警方的调查,希普曼医生的行为显得越发恐怖。一项临床审计估计,希普曼医生在24年的时间里杀死了至少236名病人。大多数人的死因被归于致命剂量的海洛因或吗啡。

后来毒物学分析清楚地显示了在7个挖掘出的遗体内存在大量的吗啡。希普曼医生被判谋杀罪,并于2004年在监狱里上吊自杀。

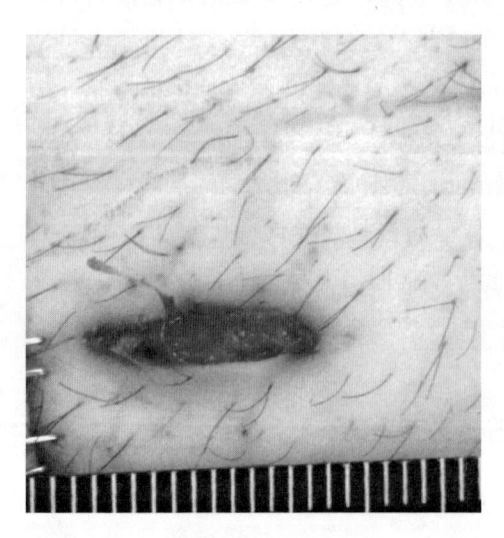

图 5-5 刺创

锐器损伤

锐器伤来自具有锋利边缘的武器,如刀或刀片。这些武器能够切割或刺破组织。切割伤表现出的特点是伤口的长度大于深度。相比之下,刺伤特点是伤口的深度大于长度。如图5-5所示,与这些类型的伤口组织没有被压碎或撕裂,而是被切割。

一个涉及尖锐-外力引起损伤的现场通常是特别血腥和凌乱的。血液可能会在整个现场的不同位置被发现。同样,这些信息可能帮助我们确定出血的初始位置以及尸体在整个事件过程中是否被转移。在锐器损伤的案件中,检查受害者的抵抗伤具有特别重要的意义。受害者的前臂有伤口可能表明是抵抗伤。当受害者试图击退攻击者或阻止攻击时,抵抗伤就会发生。虽然前臂的抵抗伤更典型,但如果受害者试图通过"踢"来保护自己,下肢的抵抗伤也会很明显。当尸体体表没有任何防御伤时,病理学家可能认为受害者要么在袭击过程中失去意识,要么被绑住了。

窒息

窒息包括各种涉及干扰氧气摄入的情况。例如,火灾现场的死亡主要是由剧毒气体一氧化碳引起的。当一氧化碳存在时,红细胞中运输氧气的蛋白质——血红蛋白就会与一氧化碳结合,而不是与氧气结合。这是一氧化碳中毒,这种致命的血红蛋白和一氧化碳的复合物被称为碳氧血红蛋白。血红蛋白与一氧化碳结合,无法在全身运输氧气,导致全身细胞窒息。血液中较高水平的一氧化碳会导致死亡。较低水平的一氧化碳会导致受害者迷失方向和失去意识。

在人死后,一氧化碳不会继续在体内积聚。在火灾受害者尸体内发现的碳氧血红蛋白水平可以用来确定火灾发生时该个体是否在呼吸。煤烟的存在是受害者在火灾中还活着的另一个迹象。这些黑色的颗粒经常出现在那些在死亡前吸入烟雾的火灾受害者的气管中。在尸检中,特别是在喉部、气管甚至肺部可以观察到烟雾。有时受害者还会吞下这些烟灰,在这些例子中,可以在食道和胃的内壁找到烟雾痕迹。

上吊死亡的最终原因通常是流向大脑的血液停止。绞刑的受害者可能会在眼睑上存在出血点的迹象,同时面部出现青紫、肿胀。眼睑**瘀点**④非常小,是由于毛细血管破裂导致血液进入组织而引起的(见图5-6)。虽然在绞刑案例中眼睑有出血点,但在勒死死亡中该出血点更常见。典型的舌骨(舌体附着的骨骼)和甲状腺软骨(位于舌骨下方)在悬挂的情况下不会骨折。然而,在人工绞

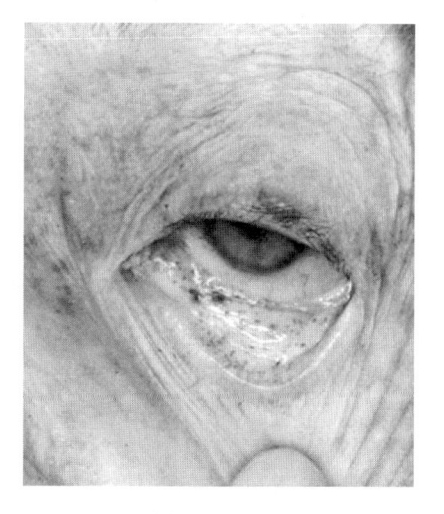

图5-6 受害者眼睛出现瘀点出血

---

④ 瘀点:勒死案件中经常在受害者眼睛的白色区域观察到针尖状出血。

死的案例中，甲状腺软骨的断裂是很常见的。

在绞刑中，必须准确地记录受害者最初是如何被发现的以及颈部环绕套索的位置，如图5-7所示。所使用的结的类型可能明显表明现场有另一个人参与其中。这意味着绳结应始终保留，以备后续检查。要么套索完好地从受害者头上滑下来，要么在套索上远离绳结的地方割断。抵抗伤在被勒死的受害者身上很常见。通常在受害者脖子上发现的痕迹是受害者自己形成的，这些伤口是被害者试图放松束缚他们脖子的东西所形成的。即使是自杀上吊，脖子上也会有防御性的伤口存在。

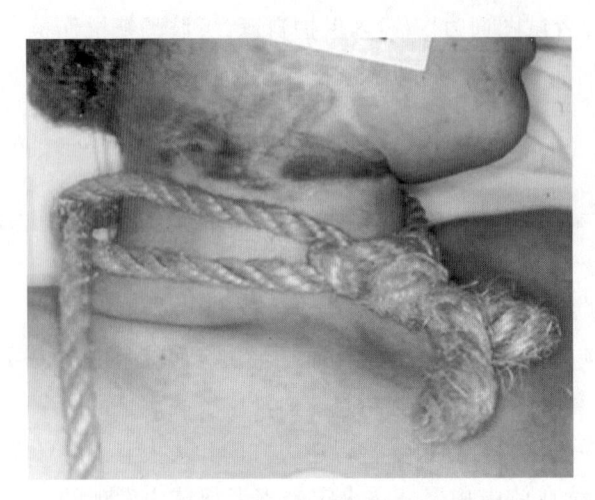

图5-7　脖子上的绳索印痕，带有相应的绳结

窒息可以通过各种物质阻塞嘴、鼻子和内气道而发生。枕头或一只手同样会抑制呼吸。呕吐物可能会被吸入气道，阻塞氧气流动从而使受害者死亡。通常窒息死本质上是杀人案件。意外窒息通常只发生在婴儿或受害者呼吸道被阻塞的情况下。

枪弹伤

在评估枪伤时，估计射击范围是需要分析的最为重要的特征之一（见图5-8）。伤口的外观可以帮助评估用来造成伤口的枪支是在与受害者身体接触时发射的，还是在距离受害者几英尺之外的距离内发射的（见图5-9）。调查人员将通过比较伤口周围的射击残留物分布与从投掷枪支中收集的测试数据，以此来估计枪击范围。显然，如果枪是在几英尺远的地方发射的，不太可能是自杀，因为这种情况下伤口不可能是自己造成的。受害者身上的火药残留物可能是自杀的一个指标，但情况并非总是如此。枪击证据，即用枪击中受害者的身体，通常表明死亡不是意外。尸检必须包括确定子弹的路径或"射创管"。射创管是通过从身体外部观察伤口，沿着子弹穿过身体的轨迹并记录其末端来确定的。病理学家小心地保护并标记从体内找到所有的子弹。枪击受害者的尸检除了一般的尸检所见外，还应包括以下检查：现场调查和毒理学和血清学分析的结果。同时也应注意所有关于枪伤的发现以及对被害者衣服的描述。警方对现场进行详细描述的报告也很重要。

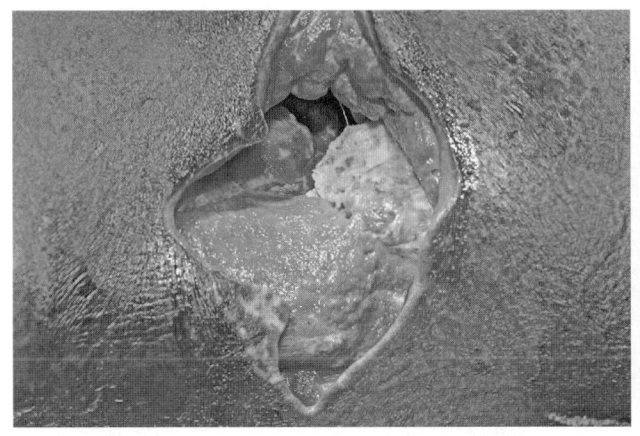

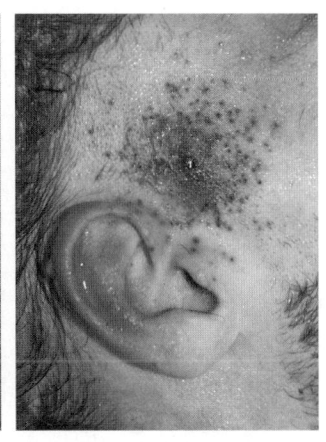

图 5-8 一名自杀者的太阳穴被枪击伤

图 5-9 武器从距离目标几英寸的地方击中头部

枪伤并不一定能解释受害者死亡的原因。受枪伤的人可能在几分钟或几个小时内失血而死亡。感染也可能是导致死亡的一个重要原因,特别是在受害者腹部中枪的情况下;受害者可能会活几天,但最终会死于感染。如果受害者头部中枪,但在昏迷状态下存活了下来,那么通常会发生坠积性肺炎。这些干预因素被认为是导致死亡的主要原因,但枪伤仍被认为是导致死亡的根本原因。

药物滥用

在美国,药物滥用仍然是一个大问题。毒品执法是一个价值数十亿美元的产业。在美国,有药物使用问题的人所使用的许多药物都是非法的,但并非所有人都是非法持有的。由于药物使用而导致的死亡是法医病理学家常常面对的案例。由于药物使用具有普遍性,法医病理学家在几乎所有的调查中都要对是否存在药物使用情况开展常规检测,而许多常用药物都可以通过常规检测筛查到。随着技术进步,许多药物的检出量可以达到非常低的水平。这些因素大大有助于使物质使用的检测更为便捷和便宜。

药物使用可直接导致死亡,或者导致并发症而作为导致死亡的一个因素。有药物使用问题的人在很长时间内都在滥用药物,并且在这段时间内积累起有害的影响。由于这些影响而造成的死亡通常被病理学家标记为"自然死亡"。

药物还可以改变一个人的判断力和精神运动技能，从而引起致命事故。毒品也往往会引起致死的暴力行为。

死亡方式

死亡方式[5]与导致死亡的情况有关，与确定死亡原因一样，是全面调查中最为关键的部分。验尸官和法医办公室负责证明死因。死亡发生的方式按死亡证明分为五类之一：谋杀、自杀、意外、自然或未确定。

谋杀

虽然对谋杀的认知尚未达成普遍共识，但是，一般而言，由验尸官和法医办公室证明的谋杀一词被定义为由他人的严重疏忽、鲁莽或故意行为造成的非意外死亡。由验尸官/法医办公室证明的死因和死亡方式，都可成为在之后的司法程序中的专家辩论的主题。但是，这不会导致对死亡证明的修订，除非证明办公室有疏忽。

如果病理学家无法前往现场，其应从验尸官/法医调查人员和执法人员那里获得现场情况的详细说明。这些信息应该包括尸体是如何被发现以及何时何地发现的。这也是调查人员记录现场尸体、尸温和/或尸体僵硬情况的重要的第一步。这将有助于确定死亡时间。

自杀

自杀是一个人以致命的意图杀害自己的结果。要确定自杀，就必须证明个人是单独实施的行为。如果对受害者的意图有任何疑问，则不将死亡归类为自杀；有关死亡事件应被裁定为意外事故，甚至是未知因素引起的。最常见的自杀方法包括用枪自杀、上吊和吸毒过量。虽然吸毒是受害者故意实施的，但除非有明确的意图是致命行为，否则不被视为自杀行为。

区分自杀与事故或者谋杀是一项充满挑战的任务。这尤其与受害者的个人历史，包括他们的精神病史相关。经受威胁或过去的企图自杀会强烈支持作出认定自杀的结论，而非事故引起死亡。在所有疑似自杀的案件中，应对受害者的

---

[5] 死亡方式：法医病理学家对死亡原因的确定。关于死亡方式的五大类型分别是：谋杀、自杀、意外的、自然的和未确定的。

物品进行彻底搜查以找到自杀遗书。

尸体上有多处枪伤可能会怀疑是他杀。然而,如果自己造成的伤口没有立即死亡,一个决心结束自己生命的人也可能会连开数枪。必须确认受害者在身体上是否有可能造成这些伤口。如果身体的几个特殊部位有伤口则强烈地指向谋杀。这些区域是受害者自己不容易触及的。例如,要由受害者自己在背后的任何地方形成伤口都是困难的,如果伤口是在后脑勺,情况也是一样。对于自杀,最常见射击部位是头部太阳穴,而嘴、前额和胸部也十分常见。

此外,如果受伤后受害者立即丧失了行动能力,那么现场应该能够发现武器。血溅分析结果应与所推测的事件发生先后次序相一致。所有涉及枪击案件的受害者都应该用双手擦拭方法提取射击残留物。

意外死亡

在所有被裁定为意外的死亡中,行为者或受害者必须是没有存在重大过失而造成伤害的意图。交通事故占据意外死亡方式中的很大比例,其次是药物过量和溺水。幸存的司机可能会面临杀人的指控,特别是如果司机被确定是在毒品或酒精的影响下驾驶时。在这种情况下,在许多司法管辖区,根据颁发的死亡证书所记载的死亡方式将是故意杀人。

各类有可能被裁定为事故的案件都应进行毒理学分析。受害者体内存在毒品和/或酒精的事实可能会潜在地影响有关判断。此外,病理学家应该意识到,一些事件可能会被伪装成事故来掩盖杀人或自杀。例如,从房屋火灾中发现的尸体可能会显示出受害者在火灾发生前就已经死亡的证据。这一证据可能包括受害者的气道中没有煤烟,或者体内不存在一氧化碳水平升高的迹象。上述这种情况虽然不常见,但也说明了尸检和场景显然不会相互关联。无论一个场景看起来多么明显,这两者都始终是相互对应的。触电的案件通常被裁定为意外事故,但这可能难以证明的。高压触电后通常会在人身上造成烧伤。然而,低压电击可能显示出很少或没有任何创伤的迹象。因而,这个场景对于确定围绕死亡而发生的事件变得至关重要。

确定溺水(意外的、出于自杀或他杀目的的)、跌倒(意外、被推或故意)和窒息的死亡方式是极其困难的,因此对其所有组成部分的调查比尸检重要得多。

自然原因

自然原因死亡方式的类别很难区分。划分自然死亡和意外死亡之间的界限可能是十分有挑战性的。自然死亡的分类包括疾病和持续药物滥用。这种滥用包括各种事件,如长期使用药物和酒精或长期接触天然毒素或石棉。同样,虽然受害者是故意吸毒的,但吸毒造成的死亡不应被视为自杀,除非已明确表明药物被视为故意致命行为。根据具体情况,急性乙醇中毒可被判定为自然中毒或意外中毒。如果受害者患有慢性酒精中毒,则被判定为自然死亡。如果受害者是第一次尝试酒精的青少年,其死亡事件将被判定为事故。

未知因素

只有当不能建立一个合理的分类时,有关的死亡事件才会被裁定为无法确定的。当导致死亡的机制无法通过尸检的相关物理发现所支持,或者由于在随后的毒理学和显微镜检查中没有获得有意义发现之时,这就会出现上述情况。

案件分析

谢里丹:谋杀或自杀

2014年9月28日,约翰·谢里丹(John Sheridan)和他的妻子乔伊丝被发现死在他们位于新泽西州普林斯顿北部郊区小镇的两层住宅的主卧室里。约翰·谢里丹被发现在他床脚的地板上,还有一件部分烧毁的衣橱倒在他身上。乔伊丝被发现死在床的左边。当汽油被倒在卧室地毯上时,卧室里的火柴点燃,卧室被点燃。在床上发现了谢里丹厨房里的一把切肉刀和一把面包刀。约翰的床头柜上还剩下950美元。没有被强行进入房子的迹象,房子的大部分门都没有上锁。

在卧室里发现了一个半空的煤气罐。随后的调查显示,这些气体罐属于谢里丹家族,并被储存在该住宅的车库区。测试显示,约翰·谢里丹的DNA位于气罐的手柄上。一个扁平的盒子里装着木火柴在主卧室的地板上,里面装有木火柴。在一楼的壁炉附近的客厅里也发现了同样类型的木制火柴。

约翰·谢里丹从事政治相关工作几十年,也曾担任州长,同时也是托马斯(Thomas H. Kean)政府任期内的交通部长和克里斯蒂·怀特曼(Christie Whitman)以及克里斯蒂(Christie)州政府过渡团队成员。自2008年以来,他一直担任库珀健康系统(Cooper Health System)公司的首席执行官。

2015年3月,也就是犯罪发生六个月后,检察官办公室宣布约翰·谢里丹杀害了他的妻子和他自己。法医确定乔伊丝的死亡方式是他杀。她第一次遭受了二级烧伤和12处刀伤。致命的伤口发生在胸部的主动脉穿孔,约翰的死亡方式被确定为自杀。他的脖子和躯干上有五处刀伤。然而,根据尸检报告,颈部的一处伤口"导致右颈静脉出现小穿孔,如果不进行药物治疗就会致命。"与**乔伊丝**不同,他的嘴、鼻子和肺里都有煤烟。毒理学分析也显示,他的血液中存在大量的碳氧血红蛋白,所有这些都表明,当火灾发生时,约翰还活着。

最令人不安的是,调查人员从未找到造成约翰·谢里丹身上刀伤的刀,当局称这把刀是他自己造成的。从卧室里找到的两把刀中有一把与乔伊丝的伤口相符。然而,这两把刀都没有造成约翰·谢里丹的受伤,因为刀片太宽,无法造成他狭窄的伤口。

谋杀——自杀的裁决立即遭到了谢里丹家族成员的批评。这家人抨击调查"笨拙劣",指出约翰·谢里丹身上的武器从未被确定,也没有确定动机。该家族聘请的一位著名法医病理学家对自杀的决定表示了高度批评,他指出约翰·谢里丹的五处深伤在自杀过程中非常不寻常,而深刺伤表明发生了暴力袭击。约翰·谢里丹的一个伤口的深度估计为 2.0 英寸,另一个是 1.5 英寸。

该家庭已正式要求州法医办公室将死亡方式改为未确定的死亡方式。这个问题还在审理中。

2017 年 1 月,州法医办公室变更了裁决,称其死亡是"未确定的",而不是自杀。他们的儿子马克·谢里丹(Mark Sheridan)感谢法医办公室"做了正确的事情,并鼓起勇气承认犯了错误。"

估算死亡时间

病理学家永远不能给出确切的死亡时间。然而,检验人员可以通过分析许多方面的特征以得出一个大致的死亡时间。有些特征可能会给出一个非常可能的死亡时间范围,但其他特征则非常多变。证人可以重建罪案发生当时及之后的事,以及它们发生的时间,但仅凭一个证人的叙述不足以作出准确的判断。还必须检查死者死后发生的化学和物理变化。

尸冷

尸体死后,身体会经历一个与环境温度相平衡且不断调整的过程。这个过程被称为**尸冷**⑥。必须尽早在现场进行尸体温度的测定。第一步是在发现尸体之前,尽可能好地确定环境温度。然后在犯罪现场记录环境温度和双侧腋窝和/或耳道温度(现场直肠温度通常破坏性太大)。尸体的冷却速率可以用于估计死亡时间。在平均环境温度为 70~72 ℉(1 ℉ = ℃×1.8+32)时,身体以大约每小时 1~1.5 ℉的速度失去热量,直到身体达到环境温度或室温。然而,热量损失率受到诸如环境温度、身体的大小和受害者的衣服等因素的影响。由于这些因素,这种方法只能近似于死亡后所经过的时间。

尸斑

当血液循环停止时开始的另一种情况是**尸斑**⑦。当人类的心脏停止跳动时,血液就会开始沉淀在身体中最接近地面的部位。如图 5-10 所示,这些区域的皮肤变成了青紫色。这种情况从死后 20 分钟至 3 小时开始发生,在平均情况下会持续死后 16 小时,此时所有颜色都是固定的。最初,当皮肤被挤压时,血液可以被挤出血管;也就说,皮肤可以被"变白"。随着时间的推移,颜色在血管中变得"固定",从最低下(最低)的区域开始,然后发展到最高的区域,最后在任何地方都无法变白。一般而言,应在现场测试尸斑水平,包括其是否完全固定,在轻压力下变为空白,或在显著压力下出现空白的情况。如果至少有一部分皮肤可以变白,则可以估计死亡时间的范围。然而,环境温度和速率体温下降(即尸冷)会直接影响尸斑的固定速度,因此在试图估计死亡时间时必须考虑温度因素。

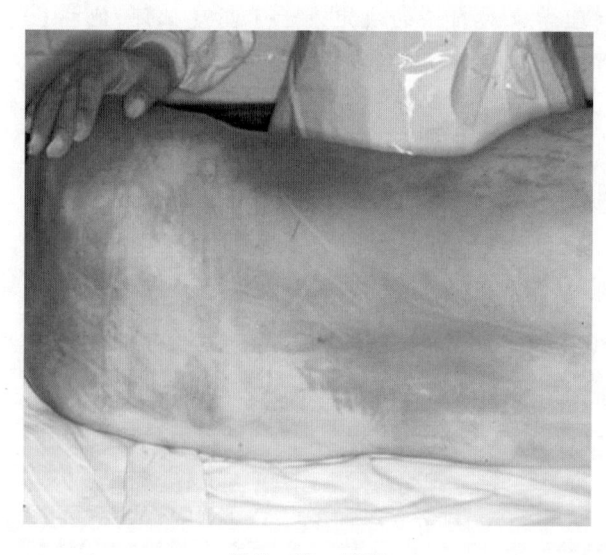

图 5-10 尸斑

尸体的转移性尸斑可能表明尸体在死后移动,但必须在尸斑完全固定之前

---

⑥ 尸冷:死亡后发生的一种过程,其中体温不断冷却,直到达到环境温度或室温。
⑦ 尸斑:在人死后出现的一种尸体现象,重力导致血液沉淀在身体中低下部位。

移动。在身体受到衣服或物体压迫身体的部位,皮肤不会变色。这一信息有助于确定受害者死后是否改变体位。发绀是一种皮肤深紫色改变,经常出现在受害者遭受窒息或心力衰竭的情况下。

尸僵

在死亡后,肌肉中立即发生化学变化,导致肌肉变得僵硬,如图 5-11 所示。这种情况,即**尸僵**⑧。在一般温度和身体条件下,在死后最初的 24 小时内发展起来。然而,随着时间的推移,这种尸僵逐渐减弱,在平均条件下大约 36 小时后消失。尸僵以死亡时身体在所处的姿势为发展基础,基本上将身体冻结在某个固定姿势。如发现尸体上存在不受重力影响情形,这可能表明尸体在死后被移动了。

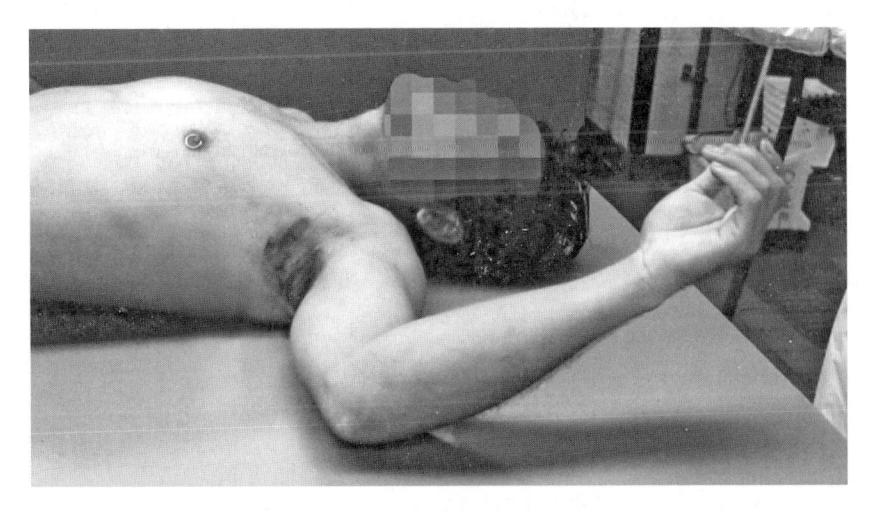

图 5-11 死者手臂上的尸僵

虽然尸僵可以大致表示死亡时间,但有一些因素可以改变这一决定。一个很热的环境可以显著地加快这个进程。在死亡前影响身体的状况,如锻炼或身体活动,也可以加速这一过程。由于尸僵是由于肌肉僵硬引起的,肌肉质量减少的个体可能不会完全发展成身体僵硬。这些人的例子可能是婴儿或更大的人或肥胖的人。

眼内的钾水平

另一种有助于估计死亡时间的方法是确定死者眼内的钾水平,即眼内的液

---

⑧ 尸僵,死后发生并导致肌肉硬化的尸体现象。身体的僵硬在死亡后 24 小时内开始,在死亡后 36 小时内消失。

体,也被称为玻璃体液。重要的是要在现场尽快用注射器从一只眼睛中抽取一个干净的、无血的玻璃体样本,然后在一两个小时后从另一只眼睛中抽取第二个样本。死亡后,眼球内表面的细胞释放钾进入眼液。通过分析死亡后不同时间间隔内钾的含量,法医病理学家可以确定钾被释放到玻璃体中的速率,并使用它来大体估计死亡时间。然而,钾的释放速率也取决于环境温度。

消化道胃内容物

消化道胃内容物必须特别注意。胃中食物状态的不断变化可能有助于确定死者在死亡前(在他们的最后一餐期间)的位置。胆汁的数量、一致性和颜色,以及胃中食物的消化程度及其进入小肠的程度,可以帮助确定死亡的时间。胃中也可以含有部分消化或溶解的药丸。化学分析可以用来识别和分析在胃中发现的物质。这些可以帮助确定死因和死亡方式。

死后腐败

一旦腐败,上述确定死亡时间的方法就不再适用了。死亡后,会发生两个分解过程:自溶和腐烂。自溶本质上是由细胞自身酶的自我消化,其速率随器官的变化取决于死亡机制、各自器官的酶含量、身体的位置和环境因素。腐烂是由细菌等微生物进行的分解。腐烂伴随着腹胀、变色和由气体积累引起的恶臭。同样,腐烂的速度取决于死亡机制(例如充血性呼吸系统和心源性猝死),允许细菌从肠道传播、是否存在感染、环境温度和湿度、肥胖程度、衣服的程度等等。"尸绿"通常开始于腹部。脸上会有深绿色或紫色的变色。皮肤开始充满腐败气体,然后剥皮(称为滑脱)。手和脚部的皮肤可以像手套一样从身体上脱落。这一阶段还伴随着腹胀,导致眼睛凸起,舌头突出。然后胸部和四肢会变成绿色/紫色的变色和肿胀。

在腐败后,可能形成一种称为尸蜡的蜡状物质。尸蜡为面部和四肢的脂肪组织增加了一种白色或灰色的蜡状物质,可以呈现出黄色到棕褐色。通常,尸蜡大约需要三个月才能形成。

法医人类学家的角色

法医人类学[9]主要涉及对人类骨骼遗骸的鉴别和检验。骨骼具有非常耐腐

---

⑨ 法医人类学:利用人类和骨骼结构的人类学知识来检查和识别人类骨骼遗骸。

败的特性,它可以经历一个极其缓慢的分解过程,这往往持续几十年或几个世纪。由于它们不易被分解,骨骼遗骸可以在受害者死亡后很长一段时间内提供多个方面的个体特征。对骨骼的检验可以帮助揭示受害者的性别、大致年龄、祖先、身高和身体伤害的性质。

复原和处理遗骸

在整个复原和检查人类遗骸的过程中,需要提供彻底的文件。发现人类遗骸的地点必须被视为犯罪现场(见图 5-12)。这些地点通常由平民找到,然后联系执法人员。应尽快保护现场,以防止形成进一步破坏。然后应该搜索现场,如果它们是分散的,则应找到所有的骨头以及任何其他的可能证据,如鞋印或丢弃的物品。在"坟墓"现场搜索证据时,许多工具都非常有用,包括航空摄影、金属探测器、探地雷达、红外摄影、探测生物分解产生气体的设备,以及探测尸体的搜寻犬等、生物分解产生的气味。所有被找到的物品都必须贴上标签,进行拍照、绘制画草图并记录在笔录当中。一旦找到了所有的骨骼和其他证据,就应该绘制一个场景草图,以显示每个骨骼的确切位置(最好是使用全球定位系统[GPS]坐标)和所有证据之间的空间分布关系。当发现骨骼遗骸时,可以通过检验以推断出有关死者身份的信息。

图 5-12 犯罪现场的场景显示,骨盆部分埋在沙子中,股骨躺在左轮手枪上

确定受害者的特征

死者的性别可以由各种骨骼特征的大小和形状来决定,特别是那些骨盆和头盖骨。由于女性具有生育能力,女性骨盆骨往往比男性骨盆形成更宽、更圆形的开口。骶骨(尾骨上方的扁平骨)比男性的更宽、更短[见图5-13(a)];男性骶骨的长度和宽度大致相等[见图5-13(b)]。

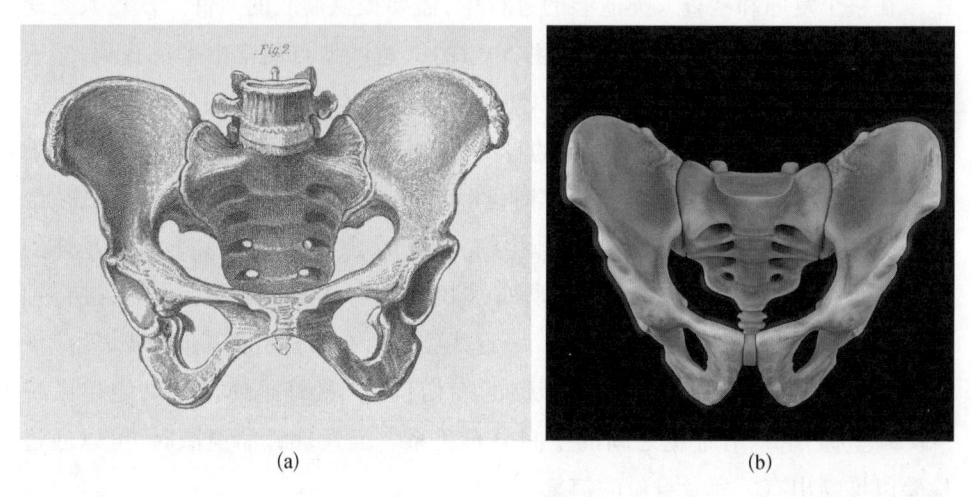

图5-13 (a)女性骨盆和臀部的正面照片。这张图显示了盆腔开口的宽而圆形的形态特点和骶骨的短而宽的形态特点;(b)人类男性骨盆。该图片所显示狭窄的盆腔开口和狭窄的骶骨

在骨盆底部形成的角(即耻骨下角)在女性中大约是直角(90度),但在男性中它是锐角(小于90度)。一般来说,男性头盖骨的整体大小比女性大。与女性头盖骨相比,男性头盖骨具有更明显的眉骨和乳突(颌后的骨突出)(见图5-14)。女性和男性骨骼从头到脚的不同特征总结见表5-1。这些都是典型的情况;并不是所有的骨骼都可以显示出这些给定的特征来清楚地表明死者的性别。

确定死者年龄的方法取决于受害者所处的生长阶段。对于婴儿和蹒跚学步的儿童来说,年龄可以通过长骨的长度(如股骨和肱骨)与已知的生长曲线相比来估计。颅骨的不同部分在早期发育的不同阶段不同程度地融合在一起,融合或分裂部分的出现可以用来估计仍处于早期发育阶段的骨骼的年龄(见图5-15)。在婴儿骨骼中,牙齿的形成可以用于确定年龄;这是基于恒牙在出生

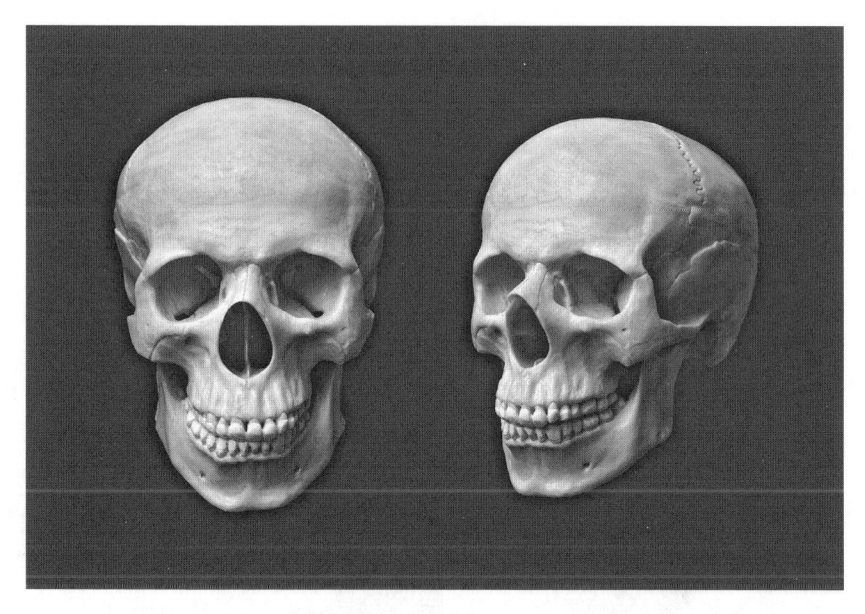

图 5-14　男性(左)和女性(右)人类头骨,男性头骨更大,有更明显的眉骨

表 5-1　按性别划分骨骼特征的总结

	女	男
颅骨(颅骨)	中到大尺寸	大尺寸
前额	高,拱形,圆形	高度较低,呈倾斜状,向后倾斜
眉骨	不明显	粗大
乳突	减少或不存在	粗大
下颌角	钝角(>90度)	锐角(<90度)
骨盆开口	宽、圆形	窄,非圆形
	短、宽,向外转弯	宽度/长度,向内转动
耻骨下角	钝角(>90度)	锐角(<90度)
股骨	狭窄,从骨盆向内倾斜	厚,从骨盆相对垂直
整体骨架	纤细	粗壮

时就开始形成的事实。如果骨骼遗骸属于儿童,可以通过观察死者的年龄,如下颌骨(即下颌骨)、角度、腕骨、长骨、锁骨等骨骺区域的融合或缺乏融合来确定(见图5-16)。这些区域融合的平均年龄是已知的,因此可以进行对应方面的比较。根据遗体的状态,评估死者可能的年龄。儿童颅骨也可以通过其较小的尺寸和发育中的牙齿来识别,这与成人的头骨有发育中的牙齿形成对比(见

图 5-17)。21 岁以后,年龄是根据骨骼表面的变化程度来估计的,特别是在常见磨损的磨损区域,如耻骨联合。图 5-18 所示的耻骨面是一个凸起的平台,多年来从粗糙、崎岖的表面慢慢变化为光滑的区域。按年龄划分的骨骼闭合情况汇总情况见表 5-2。需要注意的是,这些是骨骺闭合的平均年龄;并不是所有的骨骼都在给定的年龄闭合。

图 5-17 一名青少年的头骨,部分下颌骨切除后能够观察到正在发育的牙齿

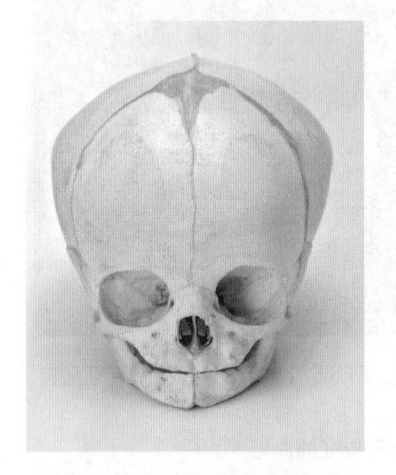

图 5-15 胎儿头骨的侧视图,显示在颅骨未闭合的骨缝

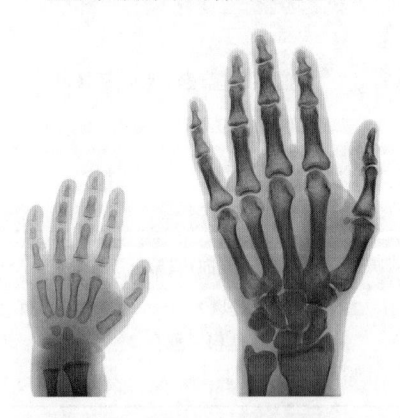

图 5-16 对 3 岁(左图)和 20 岁的健康人类手部进行彩色 X 光检查。骨头是红色的,肉是蓝色的。孩子的手在指骨之间的关节中有软骨区域(即骨骺区域),在那里就会发生骨骼的生长和融合。在成人的手中,所有的骨头都存在,关节已经闭合

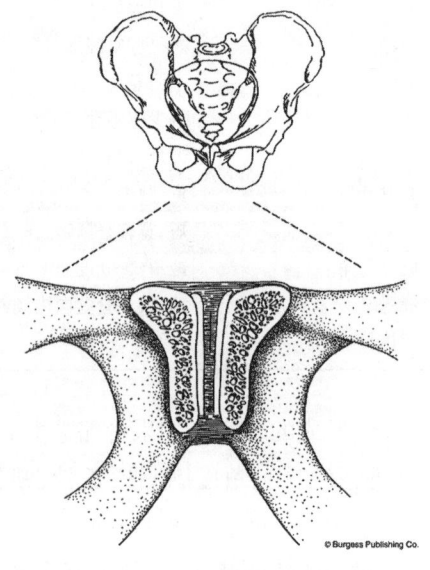

图 5-18 人类骨盆的耻骨联合放大图像

表 5-2 按年龄划分的骨骼闭合情况的总结

年龄(月)	融 合
6~9	下颌骨(下颚)融合
4~6	肱骨头融合
7~8	骨盆前侧融合
4~16	股轴截面已建成
9~13	肘部融合
10	手指骨融合
16~18	股骨头与股骨干融合
18	腕骨融合
18~21	肱骨头与肱骨干融合
18~24	胸骨与锁骨融合
20~25	盆骨完全形成
21~22	锁骨融合
21~30	唇缝线(颅骨后方)融合
24~30	骶骨融合
30~32	矢状缝(颅骨中心)融合
48~50	冠状缝(颅骨前部)融合

尽管以"种族"来分类的方式已经受到广泛批评,而且也难以界定,法医人类学家会使用广泛的类别来描述骨骼遗骸可能(但不确定的)祖先。有可能通过骨骼遗骸上的各种头颅特征的外观来评估死者的祖先。例如,亚洲人骨骼的眼圈往往是圆形的,欧洲人骨骼是椭圆形的,非洲人骨骼是正方形的。头盖骨的额叶平面也可能有所不同。亚洲人颅骨的前平面可为扁平或向外突出,欧洲人颅骨的前平面可为扁平,非洲人颅骨的前平面可向外突出。亚洲人的鼻腔又小又圆,欧洲人的鼻腔又长又窄,非洲人的鼻腔又宽。亚洲血统的死者,包括美洲原住民后裔的遗骸也往往有"突出的"或铲形的门牙。表 5-3 总结了骨骼的不同特征。这些都是典型的情况;并不是所有的骨骼都可以显示给定的特征来表明死者的祖先。

表 5-3 表明种族血统的骨骼特征的总结

	眼眶形态	鼻 腔	切 齿	前额平面
欧洲人	椭圆形	长、窄	平滑	平直
亚洲人	圆形	小的,圆形的	铲断的内部	平直或向外突出
非洲人	方形	宽	平滑	向外突出

受害者活着时的身高可以通过测量骨骼的长骨来估计,特别是在下肢。即使是部分骨骼,也能产生有用的结果。然而,从已知的方程中进行的有意义的身高计算必须基于确定的性别和祖先的遗骸。用于从骨骼遗骸中计算死者高度的方程式的例子见表5-4。这些方程应该在实际高度5厘米以内的估计。[⑩]

表5-4 从骨架遗骸中得到的高度计算方程

	欧 洲	非 洲	未 知
女	身高(cm)= 股骨长度(cm)×2.47+54.1	身高(cm)= 股骨长度(cm)×2.28+59.76	身高(cm)= 股骨长度(cm)×3.01+32.52
	身高(cm)= 肱骨长度(cm)×3.36+57.97	身高(cm)= 肱骨长度(cm)×3.08+64.67	身高(cm)= 肱骨长度(cm)×4.62+19.0
男	身高(cm)= 股骨长度(cm)×2.32+65.5	身高(cm)= 股骨长度(cm)×2.10+72.22	身高(cm)= 股骨长度(cm)×2.71+45.86
	身高(cm)= 肱骨长度(cm)×2.89+78.1	身高(cm)= 肱骨长度(cm)×2.88+75.48	身高(cm)= 肱骨长度(cm)×4.62+19.00

法医人类学的其他方面贡献

法医人类学家可能会创建面部重建术来帮助识别骨骼遗骸。面部重建黏土被放置在受害者的实际头盖骨上,并考虑到死者的估计年龄、祖先和性别(见图5-19)。在这种技术的帮助下,可以绘制受害者的面部轮廓,试图识别受害者。

法医人类学家也有助于识别诸如飞机失事等大规模灾难的受害者。当这样的悲剧发生时,法医人类学家可以通过收集的骨头碎片来帮助识别受害者。通常,对遗体的鉴定将取决于医疗记录,特别是个人的牙科记录。然而,只有通过分析死者的DNA图谱、指纹或医疗记录,才能明确识别遗体。所提取到的遗骸可能仍然含有一些软组织物质,如手的组织,这可能会产生用于鉴定目的的DNA图谱。如果组织干燥了,也可以重新补充水分来恢复指纹。

[⑩] 法医人类学记录:法医人类学中追溯祖先是法医人类遗骸的人类学分析的主要组成部分。对祖先的追溯,以及生物学特征的评估,可以帮助缩小对失踪人员的搜索范围,并有助于最终的识别。这些资料可能对参与鉴定和调查过程的有用,因为许多失踪人员名单都涉及这一参数。最近的研究加强了现有的方法,包括度量、非度量形态学以及化学和遗传学方法。

第五章　死亡原因调查　　161

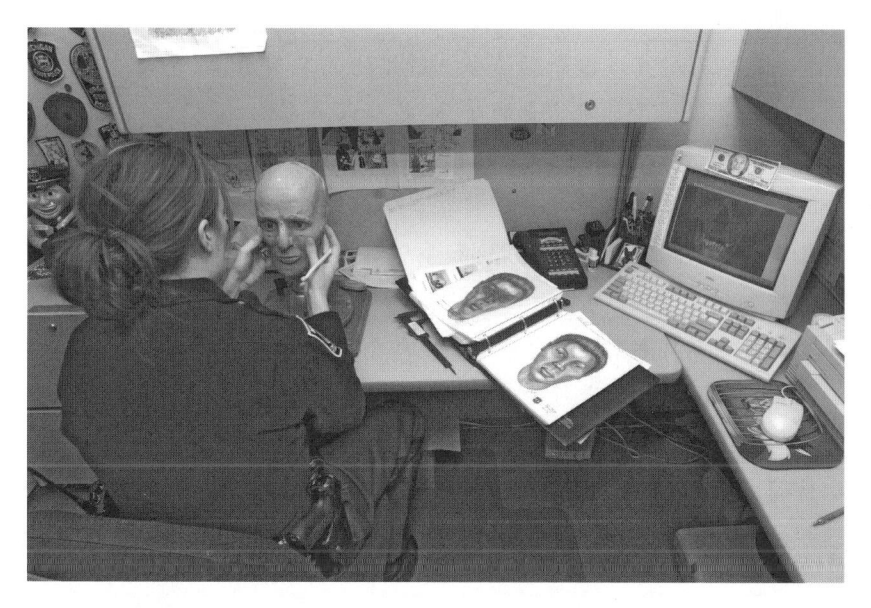

图 5－19　警察萨拉·福斯特(Sarah Foster)是密歇根州警察法医艺术家,她在密歇根州里士满邮报用一个不明身份的人类头骨进行三维面部重建

案例分析

识别一名连环杀手的受害者

美国最严重的连环杀手将调查人员带到他房子下面的一个爬行处,平静地承认了自己的罪行。在那里,约翰·韦恩·盖西(John Wayne Gacy)残忍地强奸和杀害了这些受害者。由于没有发现尸体上的身份证明,警方被迫检查失踪人员报告以寻找线索。然而,这些男孩和男性在年龄、祖先和身材上都是如此相似,以至于警方无法单独识别大多数受害者。来自俄克拉荷马州的世界著名法医人类学家克莱德·史诺(Clyde Snow)被要求帮助调查人员做出这些困难的鉴定。

克莱德·史诺开始对每个头骨进行 35 个特征点的检验,以便与已知的个体进行比较。通过检查每一具骨骼,他确保每一块骨头都被正确地归于一个个体。这对后来的工作至关重要,因为一些受害者被埋在一些古老的坟墓里,并且将他们的遗体混在一起。一旦史诺确定所有的骨头都被正确地分类了,他就开始了他的深入研究。长骨,如股骨(大腿骨)被用来估计每个人的身高。这有助于缩小搜索范围,试图匹配受害者和失踪人员的描述。

在将失踪人员的名单缩小到符合一般描述的名单后,调查人员查阅了失踪人员的医院和牙科记录。受害者的受伤、疾病或手术和其他独特的骨骼缺陷的证据与记录中的信息相匹配,以进行识别。克莱德·史诺还指出了一些为受害者的行为和病史提供了有用线索的特征。例如,他发现盖西的一名受害者的左臂骨折愈合,他的左肩胛骨(肩胛骨)和手臂都有左撇子的迹象。这些细节与一份失踪者报告相匹配,另一名年轻受害者被确认。

对于最困难的案件,史诺请来了法医雕刻家和面部重建师贝蒂·帕特·加特利夫(Betty Pat Gatliff)进行帮助。她用黏土和深度标记把"肉"放在这些被遗忘的男孩的脸上,希望在重建面孔的照片发布给媒体后,有人能认出他们。她的努力取得了成功,但调查人员发现,一些家庭不愿意接受他们的亲人是盖西的受害者的想法。尽管在加特利夫的帮助下,被盖西所杀害的9名受害者身份至今仍然不明确。

法医昆虫学家的角色

研究昆虫及其与刑事调查关系的学科被称为**法医昆虫学**[11]。在实践中,法医昆虫学通常用来估计犯罪情况下的死亡时间。这一测定可以通过观察蛆虫的发育阶段或昆虫到达的顺序来进行。

确定死亡时间

在分解开始后,嗜坏死的昆虫,或以死亡组织为食的昆虫,首先出没在身体里,通常在死后 24 小时内。其中最常见和最主要的是绿头苍蝇,它常呈绿色或蓝色。飞蝇的卵在人类遗骸中产下,最终孵化成蛆虫或苍蝇幼虫,啃食人体的器官和组织(见图 5-20)。通常情况下,一只绿头苍蝇在其一生中可以产多达 2 000 个卵。由此产生的幼虫作为一个"蛆块状体"在分解的残骸上聚集和进食。法医昆虫学家可以通过检查苍蝇幼虫的发育阶段来估

---

[11] 法医昆虫学:研究昆虫物质、生长模式和到达犯罪现场的连续情况,以确定死后的时间。

计尸体暴露的时间。在死后大约一个小时到一个月的时间内这种估计方法较好,绿头苍蝇在这个时间间隔内经历其生命周期的各个阶段。通过确定在体内发现的苍蝇发育的阶段,昆虫学家可以接近**死后时间间隔**(postmortem interval,PMI)[12],或自死亡后经过的时间(见图 5 - 21)。新出现的苍蝇是重要的法医学所见,因为它们表明,整个绿头苍蝇的周期已经在分解的尸体上完成发育。同样,空蛹表明苍蝇已经完成了它的整个生命周期。在绿头苍蝇离开尸体很久之后,一种被称为干酪皮样的苍蝇可以在人类尸体分解的后期发现。

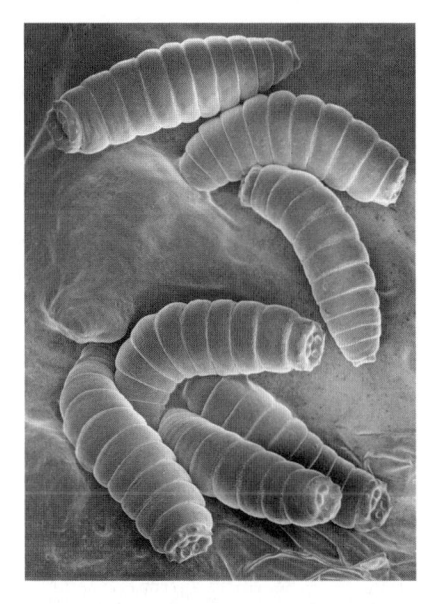

图 5 - 20　两小时大的苍蝇蛆的扫描电子显微照片

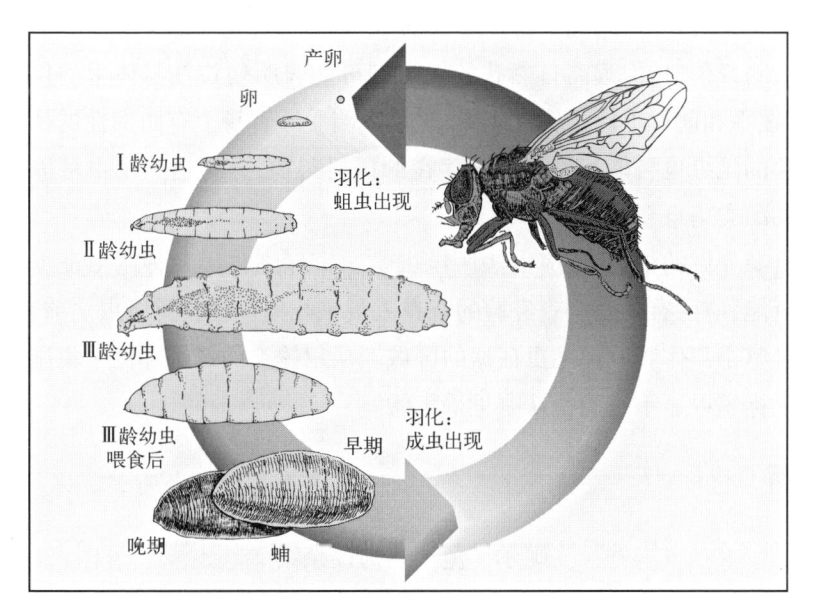

图 5 - 21　典型的绿头蝇生命周期,从卵的沉积到成虫出现。这个周期代表了北美近 90 种绿头花蝇生长的典型过程

---

[12]　死后时间间隔(PMI):自一个人死亡后所经过的时间长度。如果时间不详,可以使用一些医学或科学技术来进行评估。

然而，基于绿蝇周期的时间确定并不总是那么简单的。每个发展阶段所需的时间都受到环境影响的影响，如地理位置、气候、天气条件和药物的存在。例如，寒冷的温度阻碍了蝇卵发育成成虫。法医昆虫学家在估计 PMI 时必须考虑到这些条件。

关于其他种类昆虫到来的信息也可能有助于确定 PMI。这些基团到达的顺序主要取决于身体的自然分解过程。捕食性昆虫通常会到达并捕食恋尸性昆虫。人们会发现几种甲虫，它们要么直接以尸体的组织为食，要么作为捕食者并以尸体上的绿头苍蝇蛋和蛆为食。接下来，杂食性昆虫到达了身体。这些昆虫以身体、其他昆虫和周围的植被为食。蚂蚁和黄蜂是杂食性昆虫的一个例子。最后是土著昆虫的到来，比如蜘蛛，当它们在环境中移动时，它们出现在身体上或附近的情况将是巧合。

法医昆虫学的其他方面贡献

昆虫学证据也可以提供其他相关信息。一般来说，昆虫首先在身体自然潮湿的孔口上定居。然而，如果有开放性伤口，它们将首先在那里定居。虽然分解过程可能隐藏伤口，但远离自然孔的繁殖则可能表明伤口在身体上的位置。例如，如果在手和前臂上广泛发现蛆虫，这就表明受害者身上有防御性的伤口。以身体为食的昆虫也可能积累了肉中存在的任何药物，分析这些昆虫可以得出这些药物的品类信息。

在资源允许的情况下，应由法医昆虫学专家仔细收集各种昆虫证据。如果这还不可能，应由有死亡调查经验的调查人员来收集。在收集昆虫之前，必须拍照和记录整个尸体和发现昆虫证据的区域。从尸体上的每个部位采集昆虫标本应并贴上标签以显示它们是从哪里采集的。

案件分析 ·+·

妮尔·范·达姆谋杀案

2002 年 2 月 1 日晚上的某个时候，7 岁的丹妮尔·范·达姆（Danielle Van Dam）在位于加州圣迭戈郊区的佩刀泉家中的卧室里失踪。三周半后的 2 月 27 日，搜索人员在距离她家 25 英里的一个被垃圾覆盖的地方里发现了她赤裸的尸体。由于女孩的遗体已严重腐烂，法医无法确定女孩死亡的确切时间。她的邻居，50岁的工程师大卫·韦斯特菲尔德（David Westerfield），被指控绑架了丹妮尔·范·达姆并杀死了她，并将她的尸体扔在沙漠中。在随后的调查中，在韦斯特菲尔德的衣服上发现了丹妮尔的血液，在他的房车里发现了她的指纹和血液，在他家里的电脑上发现了儿童色情影片。

这名7岁少年的实际死亡时间成了谋杀案审判期间的一个核心问题。自2月4日以来，韦斯特菲尔德一直受到警方的监视。任何有关丹妮尔在那之后被安置在垃圾场的说法，都可以排除他的嫌疑。从法医昆虫学家那里得到了相互矛盾的专家证词，他们被要求估计尸体被丢弃的时间。法医昆虫学家前往垃圾场，目睹了尸检，并收集和分析了这两个地点的昆虫，他估计丹妮尔在2月16日至18日之间死亡。一名法医昆虫学家和一名法医人类学家都被传唤代表控方作证，他们指出，垃圾场非常炎热、非常干燥的天气可能几乎立即使丹妮尔的尸体木乃伊化，从而导致苍蝇在尸体上延迟到来。

陪审员判定卡斯特菲尔德绑架和谋杀丹妮尔·范·达姆罪名成立，圣地亚哥的一名法官判处大卫·韦斯特菲尔德死刑。丹妮尔·范·达姆的父母对韦斯特菲尔德提起了非正常死亡诉讼，要求他的汽车和房屋保险公司支付不明金额，据报道金额在40万到100万美元之间。

章节小结

法医或验尸官办公室以及法医病理学家负责确定未确定或意外死亡的原因。虽然验尸官办公室和法医办公室都负责调查可疑的死亡事件，但只有病理学家接受过进行尸检方面的培训。检验尸体的原因和死亡方式以及将死亡结果记录在死亡证明上都是两个办事处的责任。保护尸体和整个现场是至关重要的，因为要最终以医学上可接受的方式解剖身体。尸检的一个主要目的是确定死亡原因。死亡原因被定义为引发以死亡结束的一系列事件的原因。对暴力死亡的最重要的决定是引发导致死亡的一系列事件的伤害的性质。一些更常见的死亡原因是钝器伤害、锐器伤害、窒息、枪伤和药物使用。

尸检，在最广泛的定义中，只是在死后对尸体进行检查。法医尸检包括外部检查和内部检查。人体的解剖通常需要通过从两侧肩峰开始一直延伸到耻骨的"Y"形切口打开并切除所有内部器官。内部检查包括称重、解剖每个器官。血液经常被检测以确定酒精和药物的存在和水平。死亡发生的方式按死亡证书记载可分为五类：杀人、自杀、意外、自然或未确定。

死后，身体会经历一个被称为尸冷的过程，在这个过程中体温会不断调整以与环境温度相平衡。另一种在血液循环停止时出现的情况是尸斑。当人类的心脏停止跳动时，血液就会开始沉淀在身体中最接近地面的部位。这些区域的皮肤呈暗紫红色。死亡后，肌肉会发生一种称为尸僵的化学变化，导致关节变得僵硬。

法医人类学主要涉及对人类骨骼遗骸的鉴定和检查。死者的性别可以由各种骨骼特征的大小和形状来决定，特别是骨盆和颅骨，或头盖骨。受害者活着时的身高可以通过测量骨骼的长骨来估计，特别是那些在下肢的长骨。法医昆虫学家可以通过检查苍蝇幼虫在体内的发育阶段来估计身体被暴露的时间。

问题回顾

1. _____和_____的称呼经常可以互换使用，但在他们的工作描述上有显著的差异。
2. 判断正误：法医是民选官员，不需要拥有医学学位。_____
3. 虽然验尸官和法医病理学家都被指派调查一起可疑的死亡事件，但只有_____接受过进行尸检的训练。
4. 判断正误：如果受害者似乎没有开枪射击自己或其他人，受害者的手不应该被擦拭。_____
5. 尸检的主要目的是确定尸体的_____。
6. 判断正误：死亡方式被定义为引发以死亡结束的一系列事件的方式。_____
7. 一种_____力损伤会磨损和挤压组织。
8. 判断正误：损伤的体表表现总是与体内所遭受的损伤相匹配。_____
9. 受害者前臂上的伤口可能是_____伤。
10. 判断正误：没有任何防御伤口会让病理学家相信受害者要么在袭击过程中已经失去意识，要么在袭击过程中被绑住了。_____
11. 窒息包括多种情况，包括干扰_____的摄入。

第五章　死亡原因调查　　167

12. 判断正误：火灾现场死亡主要是由剧毒气体一氧化碳摄入引起的。_____
13. 红细胞中运输氧气的蛋白质被称为_____。
14. 判断正误：体内高水平的一氧化碳一定会使受害者迷失方向，失去意识。_____
15. 判断正误：在人死后，一氧化碳会继续在体内积聚。_____
16. 一氧化碳水平和煤烟的存在可以用来确定个人是否在火灾发生的时候存在_____。
17. 被绞刑的受害者经常表现出一些迹象，如在眼睑、脸颊和前额上出现_____。
18. 瘀斑是由于_____破裂导致血液渗入组织而引起的。
19. 判断正误：瘀点在绞死中比勒死时更常见。_____
20. 判断正误：在悬吊的情况下，舌骨和甲状腺软骨通常不会断裂。_____
21. 判断正误：对于枪伤受害者，死亡原因可以被列为枪伤。_____
22. 判断正误：由于药物使用过于普遍，法医病理学家将在几乎所有的调查中常规检测药物存在。_____
23. 关于_____的最广泛的定义是对尸体的检查。
24. 判断正误：有两种类型尸检：法证/法医尸检和临床/医院尸检。_____
25. 尸检包括_____检查和_____检查。
26. 枪支的排放会在皮肤上产生特有的标记称为_____。
27. 判断正误：X线检查最常见于枪伤病例和刺伤病例。_____
28. 在慢性使用可卡因和安非他明的受害者中，经常发现肺部的液体积累，称肺_____。
29. 判断正误：肝脏可以含有部分消化或溶解的药。_____
30. 判断正误：采血的理想位置是来自心脏。_____
31. _____是指死后药物的再分配。
32. 判断正误：一般的毒性检测不是由病理学家进行的常规程序。_____
33. 如果身体显示出樱桃红色的变色，通常会导致病理学家怀疑_____中毒。
34. 判断正误：病理学家通常可以给出确切的死亡时间。_____
35. 身体死后温度不断下降直到达到环境温度的过程被称为_____。
36. 人死后血液在身体中最接近地面部位沉淀的过程被称为_____。
37. 判断正误：身体上不同的青灰色改变可能表明身体在死后但在尸体完全固

定之前移动。_____

38. 在玻璃体液中_____水平的可以帮助指示死亡的时间。

39. 死亡后,会发生两个分解过程:_____和_____。

40. 因为女性有生育能力,所以女性_____结构不同于男性结构。

41. 判断正误:不能通过分析死者的 DNA 图谱、指纹或医疗记录来确定对遗体身份鉴定。_____

42. 判断正误:发现人类遗骸的地点被视为犯罪现场,该现场和周围地区应被保护、搜查和仔细处理。_____

43. _____领域利用骨骼的不易分解性,通过多种个体特征来检查和鉴定人类骨骼遗骸。

44. 对昆虫及其与刑事调查的关系的研究,被称为_____,通常用于估计死亡时间。

45. 通过确定在身体上发现的苍蝇最古老的阶段,并考虑环境因素,昆虫学家可以估计出_____的间隔。

46. 判断正误:另一种确定 PMI 的方法是观察不同种类昆虫到达人体的时间表。_____

应用与批判性思考

1. 尸冷、尸斑和尸僵都可以用于帮助推断死亡时间。但是,每种方法都有其局限性。请说出至少一个可以导致上述方法不适合或不准确地推断死亡时间的影响因素。

2. 在下列情况中,哪些是最有可能要求法医专家帮助识别人类遗骸的?
   A. 已经腐烂一两天的尸体
   B. 一些手臂骨头和部分下巴的碎片残骸
   C. 缺少头骨的骷髅

3. 请描述以下每种情况的合理死亡方式:
   A. 头部后部的接触伤口
   B. 火灾受害者的碳氧血红蛋白血液水平升高
   C. 舌骨骨折
   D. 首次饮酒过量致死

E. 胸部 3 英尺外的枪伤

F. 一名年轻的慢性可卡因使用者突然死亡

4. 与法医或验尸官合作,从死者身上取回并送至犯罪实验室的证据应包括哪些?

5. **创建受害者的法医人类学档案**。根据所发现的几乎完整的人体骨骼创建受害者的法医人类学档案。骨架具有下列附表和图像中所示的特征。请根据这些信息估计个人的性别、血统、年龄范围和身高。

颅 骨	
尺寸中等的	
前额	圆形,向外突出
乳突	无
下颌角	110 度
牙齿	恒牙
矢状缝	未融合
冠状缝	未融合
眼眶	方形
鼻腔	大、宽
门牙	光滑

骨 盆	
开口	见图
骶骨	见图
耻骨联合角	90°～100°

长 骨	
股骨	骨骺完全融合,长 44.1 厘米
锁骨	完全融合
性别:＿＿＿	人种:＿＿＿
年龄范围:＿＿＿	身高:＿＿＿

6. **法医昆虫学中的昆虫到达序列**。下列图描绘了腐烂尸体现场的一系列事件。将到达事件按从最早到最晚发生的顺序排列。

170 法庭科学概论

(a)　　　(b)　　　(c)

(d)　　　(e)　　　(f)

参考文献与延伸阅读

DIMAIO, V J M, S E DANA. Handbook of forensic pathology[M]. 2nd ed. Boca Raton: CRC Press, 2006.

JAMES, S H, J J NORBY, ET AL. Forensic science: an introduction to scientific and investigative techniques[M]. 4th ed. Boca Raton: CRC Press, 2014.

SPITZ W U, D J SPITZ. Spitz and Fisher's medicolegal investigation of death: guidelines for the application of pathology to crime investigation [M]. 4th ed. Springfield: Charles C. Thomas, 2006.

第六章

指 纹

学习目标

6.1 叙述作为鉴别手段的指纹技术的发展过程
6.2 总结指纹识别的三个基本原理
6.3 解释指纹的初级分类系统
6.4 描述指纹自动识别系统(AFIS)的概念
6.5 描述可见指纹、立体指纹和潜指纹以及显现潜指纹的技术
6.6 描述保存已提取潜指纹的适当程序
6.7 讨论指纹图像增强与分析所涉及的工具

关键术语

anthropometryy	人体测量法
arch	弓型纹
digital imaging	数字成像
fluoresce	荧光
iodine fuming	碘熏法
latent fingerprint	潜指纹
livescan	活体采集
loop	箕型纹
ninhydrin	茚三酮
Physical Developer	物理显影剂
pixel	像素
plastic print	立体指纹
portrait parlé	会说话的肖像

ridge characteristics (minutiae)	特征(细节特征)
sublimation	升华
superglue fuming	强力胶熏显法
visible print	可见指纹
whorl	斗型纹

新闻头条
双胞胎杀手：罗纳德与唐纳德·史密斯

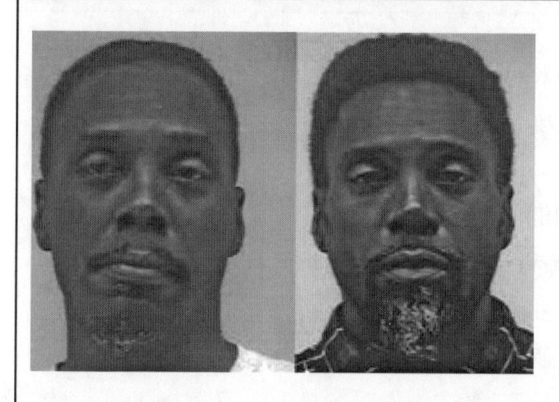

2008年7月18日，在佐治亚州德卢思的一个中转站，教师吉奈·科尔曼(Genai Coleman)正等着接她十几岁的女儿，突然有人向她开枪并偷走了她的车。后来，警方发现了这辆被遗弃的汽车并对其展开了调查，作为对她死亡调查的一部分。在车里，他们发现了一个烟蒂，这个烟蒂后来被提交给了佐治亚州调查局。

在犯罪实验室，DNA分析人员从香烟中提取了DNA，并将此DNA档案上传到了CODIS数据库。该DNA档案锁定了有吸毒前科的唐纳德·史密斯(Donald Smith)。当调查人员查看了案发现场QuickTrip加油站拍摄到的史密斯的视频后，他们确信已经有证据证明他谋杀了吉奈·科尔曼。

唐纳德·史密斯被逮捕后，面对DNA与视频证据，史密斯坚称监控视频里的人不是他，而是他的同卵双胞胎兄弟罗纳德(Ronald)。他告诉警方把视频给他的父母和妹妹观看并辨认照片中的人是双胞胎中的哪一个。史密斯的家人确认视频里的那个人是罗纳德·史密斯(Ronald Smith)。当DNA和视频证据都无法确定双胞胎中谁是凶手时，警方转向了从车上收集到的指纹。警方将从科尔曼的车里提取的指纹和双胞胎的指纹进行对比后发现，当时在受害者车里的人是罗纳德·史密斯。

当面对指纹证据时，罗纳德·史密斯向警方承认是他意外杀死了受害者。后来，他撤回了自己的陈述，并在审判中声称自己不是凶手，他的双胞胎兄弟唐纳德才是。他声称自己的指纹在受害者的车上是因为他帮助他的兄弟清洗了车。但在吉奈·科尔曼的车内和车外任何地方都没有发现唐纳德·史密斯的指纹。2012年10月19日，罗纳德·史密斯被判谋杀吉奈·科尔曼，并被判处终身监禁至少25年且不得假释。

指纹识别的历史

自刑事调查开始以来,警方一直在寻找一种可靠的个体身份识别的方法。1883 年,法国警察专家阿方斯·贝蒂隆(Alphonse Bertillon)设计并开展了个人身份识别的首次系统性尝试。贝蒂隆系统依赖于对受试者的详细描述("**会说话的肖像**")①,结合全身和侧面照片,以及被称为**人体测量法**②的精确身体测量系统。

使用人体测量学作为一种身份识别方法的前提是一个人从 20 岁到死亡,人体骨骼系统的尺寸固定不变。人体骨骼的大小被认为是极其不同的,以至于没有两个人能有完全相同的测量结果。贝蒂隆提出对人体进行 11 次常规测量,具体包括身高、臂展、头宽、和左足长等(见图 1-3)。

二十年来,这个系统被认为是最准确的识别方法。但在新世纪的头几年,警方开始认识和接受一种基于手指脊纹分类的识别系统,即指纹。如今,指纹是现代刑事鉴定的支柱。

指纹的早期使用

有证据表明,早在 3 000 年前,中国人就采用按指纹来签署法律文件。然而,这种做法是出于礼仪习俗还是作为个人身份认定的手段,仍然是历史上的一种猜测。无论如何,古代历史上关于指纹的例子都是模糊的,少数现存的例子并没有像我们今天所知道的那样对指纹识别技术的发展作出贡献。

在贝蒂隆开始研究他的系统的前几年,英国驻印度的公务员威廉·赫舍尔(William Herschel)开始要求印度公民使用印台以右手捺印来签署合同。赫舍尔这样做的动机尚不清楚,他可能把指纹作为一种个人身份识别的手段,或者只是遵从印度教的一种习俗,即身体接触的痕迹比合同上的签名更有约束力。无论如何,直到在日本一家医院工作的苏格兰医生亨利·福尔兹(Henry Faulds)发表了他对指纹识别可能应用于个人身份识别的观点后,赫舍尔才公布他的相关研究。

---

① 会说话的肖像:目击者对罪犯身体特征和衣着的口头描述。
② 人体测量法:由阿方斯·贝蒂隆(Alphonse Bertillon)建立的一种通过测量身体各部位以识别个体的系统。

1880年，福尔兹提出皮肤纹型对于识别犯罪分子很重要。他讲述了一个小偷在粉刷过的墙上留下了他的指纹，以及他如何将这些指纹与嫌疑人的指纹进行对比，结果发现它们大不相同。几天后，又发现了与墙上的指纹一致的嫌疑人。面对这些证据，这个人供认了罪行。

福尔兹深信指纹能提供可靠的身份证明。他甚至提出自费在苏格兰场设立一个指纹局，以测试该方法的实用性。但他的提议被拒绝了，大家都支持贝蒂隆系统。但是这一决定不到20年就被推翻了。

指纹的早期分类

另一位英国人弗朗西斯·高尔顿（Francis Galton）对指纹进行了广泛的研究，这为警察机构意识到指纹潜在的应用提供了必要的动力。1892年，高尔顿出版了他的经典教科书《指纹》，这是关于这一主题的第一本书。在他的书中，他讨论了指纹的解剖结构，并提出了记录指纹的方法。Galton还提出将指纹划分为三种类型——斗型、弓型、箕型。最重要的是，这本书证明了没有两个指纹是完全相同的，每个人的指纹终身不变。在高尔顿的坚持下，英国政府将指纹作为贝蒂隆系统的补充。

指纹技术发展的下一步是创建分类系统，该系统能够将数千张指纹按逻辑和可搜索的顺序归档。阿根廷警官胡安·武塞蒂奇（Juan Vucetich）博士被高尔顿的研究深深吸引了，他于1891年提出了一个可行的概念。多年来，他的分类系统不断完善，并且至今仍在大多数西班牙语国家广泛使用。1897年，英国人爱德华·理查德·亨利（Edward Richard Henry）爵士提出了另一个分类系统。四年后，亨利提出的系统被苏格兰场采用。今天，包括美国在内的大多数英语国家都使用亨利分类系统来归档指纹。

采用指纹作为识别方法

20世纪初，贝蒂隆的测量系统逐渐失去了应有的地位。尤其是当测量的人没有经过全面的培训时，它的测量结果很容易出错。在1903年，这种方法遭遇了最严重和最显著的挫折，当时一名罪犯威尔·韦斯特（Will West）正要被收押进莱文沃思堡监狱。对监狱档案的例行检查令人吃惊，他们发现已经在监狱里的威廉姆·韦斯特（William West）无法通过身体测量，甚至通过照片也难以将其与这名新囚犯区分开来。事实上，这两个男人看起来就像双胞胎，但他们的测量结果基本一致。随后,囚犯的指纹清晰地将他们区分开来。

1901年,美国纽约市公务员委员会(New York City Civil Service Commission)首次正式系统地使用指纹进行个人身份识别。所有申请公务员的认证均采用该方法。在1904年圣路易斯世博会上,几名美国警察从苏格兰场的代表那里接受了指纹识别的指导。在世博会和威尔·韦斯特事件之后,美国所有主要城市都开始正式使用指纹识别。1924年,联邦调查局和莱文沃思的指纹档案合并,形成了新的联邦调查局身份识别指纹库的核心。联邦调查局是世界上收集指纹最多的机构。到第一次世界大战开始时,英国和几乎整个欧洲都采用指纹作为识别罪犯的主要方法。

1999年,在美国宾夕法尼亚州东区法院诉拜伦·C. 米切尔(Byron C. Mitchell)案中,指纹证据的可采性受到了质疑。被告律师辩称,根据多伯特规则,指纹不能被证明是唯一的(见18~19页)。政府专家强烈反对这一说法。经过为期四天半的多伯特标准听证会,法官支持指纹作为科学证据的可采性,并裁定:(1)人体指纹乳突纹线是独一无二且终身不变的;(2)人体指纹乳突纹线的排列分布也是独一无二且终生不变。

指纹识别的基本原理

第一原理:指纹是个体特征,至今尚未发现两根手指具有相同的乳突纹线特征

法院接受指纹作为证据的前提是假设没有两个人的指纹完全相同。早期的指纹专家一直引用高尔顿的计算认为可能存在640亿个不同的指纹,用以支持这一论点。后来,研究人员开始质疑高尔顿计算的有效性,并试图设计数学模型来更好地逼近这个数值。然而,无论使用什么数学模型,结论都是一致的·在世界人口中存在两个相同指纹类型的概率非常小。

这一原理不仅得到了理论计算的支持,而且同样重要的是,在过去的120年里,数百万人对他们的指纹进行了分类,但从未发现任何两个指纹是相同的。美国联邦调查局的计算机数据库中有近1.01亿份指纹档案,但至今仍未找到不同的两个人有相同的指纹。

乳突纹线特征

指纹的特定性不是由它的总体形态或图案决定的,而是由对其**乳突纹线特征**③(也称为细节特征)的仔细研究决定的。如图 6-1 所示特征的细节、数量和相对位置赋予了指纹个性。如果两个指纹要实现匹配,它们必须显示出这些特征不仅是相同的,而且在一个指纹中彼此有相同的相对位置。在司法程序中,为了证明一个人的身份,专家必须使用类似于图 6-2 所示的图逐点进行比较。

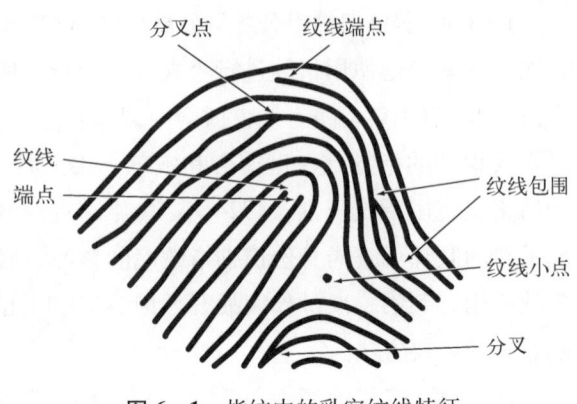

图 6-1 指纹中的乳突纹线特征

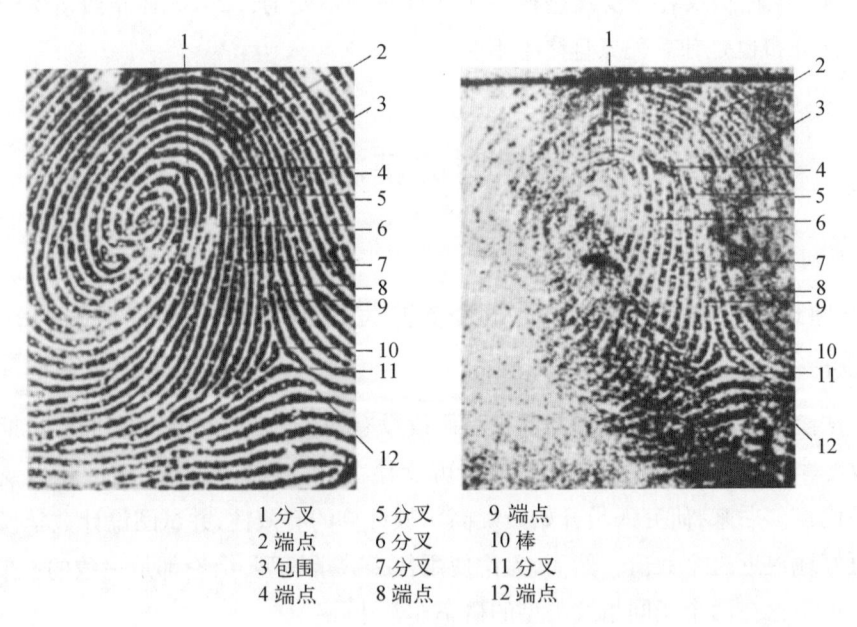

1 分叉	5 分叉	9 端点
2 端点	6 分叉	10 棒
3 包围	7 分叉	11 分叉
4 端点	8 端点	12 端点

图 6-2 该指纹展示了犯罪现场指纹和嫌疑人一根手指的捺印指纹之间匹配的乳突纹线细节特征

---

③ 乳突纹线特征(细节):在两枚指纹中纹线端点、分叉点、包围和其他乳突纹线细节特征必须匹配才能确定它们是同一来源。

如果请一名专家比对整个指纹的特征,在完成这项任务时不会遇到任何困难,因为指纹平均有多达 150 个单独的乳突纹线特征。然而,在犯罪现场发现的大部分指纹都是残缺指纹,只会显示整个指纹的一部分。在这种情况下,专家只能将复原指纹的一小部分乳突纹线特征与已保存的指纹进行比对。

乳突纹线比对

多年来,专家们一直在争论需要比对多少条乳突纹线才能确定两个指纹是相同的。乳突纹线特征在 8 到 16 之间被认为足以满足指纹独特性的标准。然而,建立这样一个最小值的困难在于,迄今尚未进行全面的统计研究来确定不同乳突纹线特征出现的频率及其相对位置。在开展并完成这项研究之前,无法制定有意义的标准来定义指纹的唯一性。

1973 年,国际鉴定协会对这个问题进行了三年的研究后得出结论:没有有效的依据来要求在两个指纹中必须预先确定乳突纹线特征的最小数量,才能确定准确的鉴定。因此,最终的决定必须建立在专家的经验和知识的基础上,并且要了解如果存在最小乳突纹线特征数量的问题,其他人可能会对指纹的唯一性坦诚地提出不同的意见。1995 年,国际指纹协会的成员在以色列举行的一次会议上发表了《Ne'urim 宣言》,支持 1973 年国际鉴定协会的决议。

第二原理:指纹在人的一生中保持不变

指纹是手指和拇指末端摩擦脊的印痕。手掌和脚掌表面也可以发现类似的皮肤花纹。显而易见这些皮肤表面的纹路是自然形成的,可为我们的身体提供更牢固的抓地力和防滑性。通过对皮肤纹路的目视检查则显示出类似于山丘(脊)和山谷(沟)的一系列纹线。皮肤脊的形状和类型就是人们看到的用油墨捺印指纹显出的黑色线条。

皮肤的结构

皮肤由多层细胞组成。那些最接近皮肤表面的部分构成了皮肤的外层称为表皮,而内部皮肤称为真皮。皮肤的横截面(见图 6-3)显示了分隔表皮和真皮层的细胞边界。这个由真皮乳头组成的边界的形状决定了皮肤表面脊的形态和图案。一旦人类胎儿的真皮乳头发育成熟,除了在生长过程中扩大外,脊纹在整个生命过程中都保持不变。

指纹每个表皮脊线上都有一排毛孔,这些毛孔是汗腺导管的开口。通过

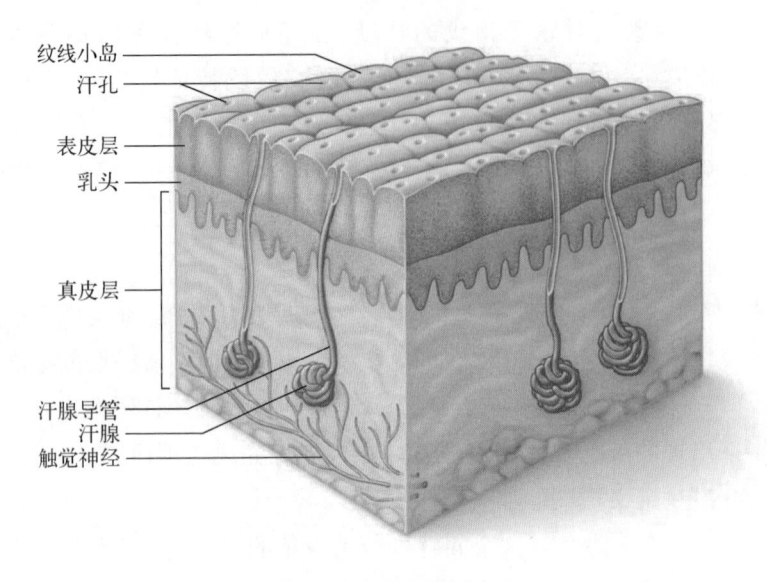

图 6-3　人体皮肤横截面

这些毛孔,汗液被排出并沉积在皮肤表面。一旦手指接触到一个表面,汗液和通过触摸身体毛茸茸的部分而吸收的油脂就会转移到该表面,从而留下手指脊纹的印记(指纹)。用这种方式沉积的指纹是肉眼不可见的,通常被称为**潜指纹**[④]。

指纹的变化

虽然改变一个人的指纹是不可能的,但一些犯罪分子一直在努力掩盖他们的指纹。如果伤口深入皮肤并损伤真皮乳头,就会形成永久性的瘢痕。然而,要做到这一点,这种伤口必须穿透皮肤表面以下 1 至 2 毫米。事实上,故意在皮肤上留下伤疤只会弄巧成拙,因为瘢痕不可能完全抹去手上所有的乳突纹线特征,而永久性伤疤的存在只会为鉴定提供新的特征。

也许最广为人知的企图抹去指纹的是臭名昭著的歹徒约翰·迪林杰(John Dillinger),他试图用腐蚀性的酸来破坏自己的指纹。他被枪杀后在停尸房提取的指纹与之前逮捕时记录的指纹做了比对,这证明了他的努力是徒劳的(见图 6-4)。

---

④　潜指纹:是由油和/或汗液沉积形成的手印,它是肉眼看不见的。

第六章 指 纹　　179

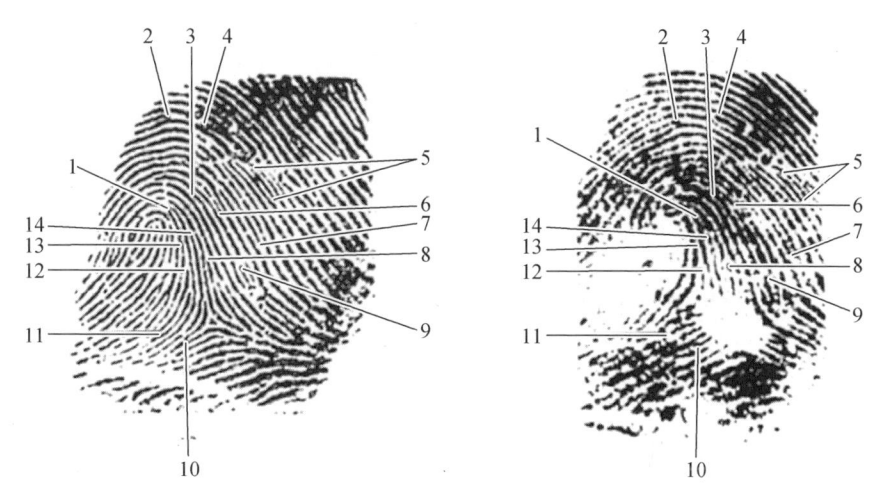

图 6-4　约翰·迪林杰（John Dillinger）右手食指在划痕之前（左侧）和在划痕之后（右侧）的指纹。通过 14 个乳突纹线特征符合点证明了比对结果

第三个原理：指纹具有总体的乳突纹线形态，可以对其进行系统分类

所有的指纹根据其总体形态可分为三类：**箕型纹**⑤、**斗型纹**⑥和**弓型纹**⑦。60%到 65%的人有箕型纹，30%到 35%的人有斗型纹，大约 5%的人有弓型纹。这三种类型构成了目前使用的所有 10 个手指分类系统的基础。

箕型纹

典型的箕型纹形态如图 6-5 所示。一个箕必须有一个或多条乳突纹线从指纹的一侧进入、弯曲、并从同一侧退出。如果箕向小指方向开口，称为正箕纹；如果它向拇指方向开口，它是一个反箕纹。箕的花纹图案区域由两个被称为"式样线"的分叉的乳突纹线所包围。位于或最靠近式样线的

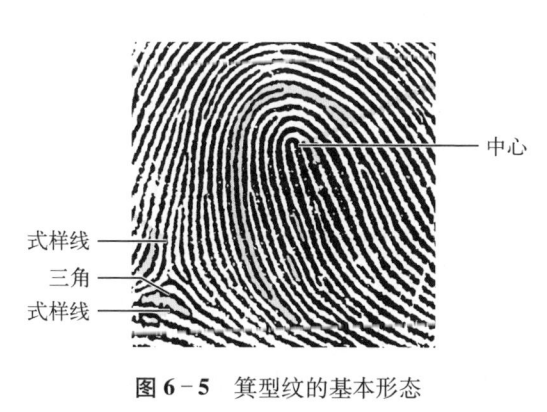

图 6-5　箕型纹的基本形态

---

⑤　箕型纹：指纹一级特征，从图案的一侧进入并从图案的同一侧弯曲退出的纹线类型。
⑥　斗型纹：指纹一级特征，包括通常为圆形或圆形且具有两个三角点的纹线类型。
⑦　弓型纹：指纹一级特征，从一侧进入手印并从另一侧流出的纹线类型。

分叉点及位于分叉点或正前方的分叉点被称为三角点。对许多人来说,指纹三角点类似于淤泥层,当河流流入湖泊入口处时就形成了看起来像三角的地质构造。所有箕型纹必须有一个三角点。顾名思义,中心点大致就是箕型纹花纹的中心。

斗型纹

斗型纹实际上被分为四种不同的形态,如图6-6所示:螺形斗,囊形斗,绞形斗和杂形斗。所有斗型纹图案必须有式样线和至少两个三角点。螺形斗和囊形斗至少有一条螺形线形成一个完整的回路。这条螺形线形成的中心花纹可能是螺旋形、椭圆形、或任何圆形的变体。如果在这两个图案中包含的两个三角点之间绘制的假想线接触到任何一条螺形线,这个图案就是一个螺形斗。如果没有这样的乳突纹线被触及,其就是一个囊形斗。

螺形斗　　　　囊形斗　　　　绞形斗　　　　杂形斗

图6-6　斗型纹的各种形态

顾名思义,绞形斗是由两个斗组合成的指纹。任何被归类为杂形斗要么包含两种或两种以上的花纹图案(不包括弧形纹),要么是其他类别没有涵盖的花纹图案。因此,一个杂形斗可能包括一个组合箕和螺形纹或箕和弓型纹而形成的花纹。

弓型纹

弓型纹是三种常见的指纹类型中最不常见的一种,可细分为两种不同的形态:弧形纹和帐形纹,如图6-7所示。弧形纹是所有指纹花纹中最简单的,它是由从指纹的一侧进入并从另一侧流出的乳突纹线所组成的。通常,这些乳突纹线倾向于在花纹的中心上升,形成波浪状图案。**帐形纹**[⑧]与弧形纹相似,不同之处在于,它不是在中心平滑上升,而是有一个尖锐的上突或尖峰,或者脊线相交的角度小于90度。弓型纹没有式样线、三角点或中心点。

有了基本指纹类型的知识,我们现在可以开始了解指纹分类系统。然而,这

---

⑧　帐形纹也是类似于箕的图案,但缺乏将其分类为箕的必要条件之一。

弧形纹　　　　　　　　　　　帐形纹

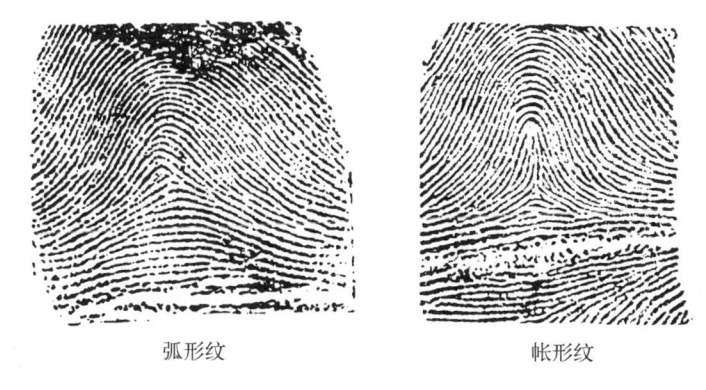

图 6-7　弓型纹的不同形态

个课题远比这种性质的教科书所能描述的要复杂得多。想要更详细地研究这一课题的学生最好查阅本章末尾所引用的参考文献。

> **走进科学**
>
> ## ACE-V 方法
>
> ACE-V 是用于识别指纹和区别个体的四步方法分析、比对、评估和验证的缩写。第一步要求指纹检查员识别与指纹乳突纹线特征相关的任何变形,以及可能会影响指纹外观的任何外部因素,如承痕客体、沉积因素或显现提取技术。如果检验人员认为检材指纹特征和数量符合要求,他们将宣布该指纹在比对阶段是有价值的。
>
> 比对步骤要求检验人员在指纹三类级别特征上比较可疑的指纹和指纹样本。第一级,观察指纹的乳突纹线流向和整体形态。第二级,包括比较指纹乳突线特征或细节特征的位置,二级细节可以识别指纹。第三级,包括检验汗孔、损伤、皱纹、瘢痕和其他永久性细节特征。在比对阶段,检验人员将检材指纹与样本指纹放在一起进行整体比对。
>
> 评估阶段需要作出以下三个结论中的一个。可以得出的结论是认定同一(检材指纹与样本指纹是同一个来源);排除(检材指纹与样本指纹不是同一来源);无结论(无法确定检材指纹与样本指纹是否来自同一个来源)。
>
> 这个过程的最后一步涉及对检验人员结果的验证。它要求由第二名检验人员对可疑和样本指纹进行独立检查。最后,在得出最终结论之前,两位检验员必须达成共识。

指 纹 分 类

1901年,苏格兰场采用了最初的亨利系统,它将所有10个手指上的乳突纹线转换成一系列字母和数字,以分数的形式排列。但是,最初设计的系统最多只能容纳10万套指纹数据。因此,随着指纹数据数量的增长,有必要扩大分类系统的容量。在美国,联邦调查局(FBI)面对提交的越来越多的指纹数据的归档问题,通过修改和扩展原有的亨利系统来扩大其分类能力。这些修改统称为FBI分类系统,直到现在仍被美国的大多数机构使用。

初级分类

虽然我们不会讨论FBI分类系统的所有内容,只描述其中的一部分,即初级分类,这将为指纹分类的过程提出许多有趣的见解。

初级分类是原有Henry系统的一部分,是FBI系统中的第一个分类步骤。仅采用这一分类,世界上所有的指纹卡可分为1 024组。获得初级分类的第一步是将手指配对,再将一个手指的指纹类型所代表的数字放在分数的分子位置,另一个手指的指纹类型所代表的数字放在分母位置。手指按以下顺序配对:

右手·食指	右手·无名指	左手·拇指	左手·中指	左手·小指
右手·拇指	右手·中指	右手·小指	左手·食指	右手·无名指

斗型纹的有无是确定初级分类的基础。如果在第一对手指中的任何一个手指中发现了一个斗型纹图案,则给其赋值为16;在第二对中出现值为8;在第三对中出现值为4;在第四对中出现值为2;在最后一对中出现值为1。任何具有弓型纹或箕型纹图案的手指都被赋值为0。

这样算出10个手指的数值后,将它们相加,并在分子和分母上都各再加1。由此得到的分数便是初级分类。例如,如果右手食指和右手中指是斗型纹,其他的都是箕型纹,那么初级分类是:

$$\frac{16+0+0+0+0+1}{0+8+0+0+0+1}=\frac{17}{9}$$

大约25%的人属于1/1类型；也就是说，他们所有的手指都有箕型纹或弓型纹。

指纹分类系统本身不能明确地识别个体，它只是为指纹检验人员提供了许多候选者，所有候选者在系统数据库中都有一组难以区分的指纹。指纹识别必须通过对可疑指纹和数据库中指纹的乳突纹线特征进行最后的目视比对，只有这些特征才能说明指纹的独特性。虽然指纹乳突纹线的整体形态展示了指纹类型特征，但其细节特征的形态和位置才能够显示它独一无二的特性。

指纹自动识别系统

随着指纹采集规模的扩大，亨利系统及其子分类体系已被证明是一个关于指纹存储、检索和搜索的复杂系统。在指纹计算机技术出现之前，这种人工方法是保存所采集指纹的唯一可行方法。自1970年以来，技术的进步使得利用计算机对指纹进行分类和检索成了可能。指纹自动识别系统(Automated Fingerprint Identification Systems，AFISs)已在整个执法部门迅速普及使用。

1999年，联邦调查局开始全面运行综合指纹自动识别系统(IAFIS)，这是美国最大的指纹识别系统，它将各州的AFIS计算机与联邦调查局数据库连接起来。2014年，IAFIS被有效地取代并集成到名为"新一代识别"(Next Generation Identification，NGI)的系统中。第7章将讨论NGI除指纹之外的其他扩展功能。这个数据库包含超过1亿份指纹记录。一个AFIS系统可以有各种规模，即从联邦调查局一直到由市、县和其他地方政府机构运营的独立系统(见图6-8)。不幸的是，由于软件配置的差异，这些本地系统通常没有连接到该州的AFIS系统。

AFIS是如何运作的？

AFIS技术的核心是计算机扫描指纹并对其进行数字编码，这样就可以对指纹进行高速计算机处理。**AFIS使用自动扫描设备，将指纹图像转换为数字细节，其中包含显示指纹乳突纹线末端(端点)和乳突纹线分叉成两条纹线(分叉点)的数据。**同时，指纹细节特征的相对位置和方向也被确定，使得计算机能够以数字记录几何图案的形式存储每个指纹的信息。

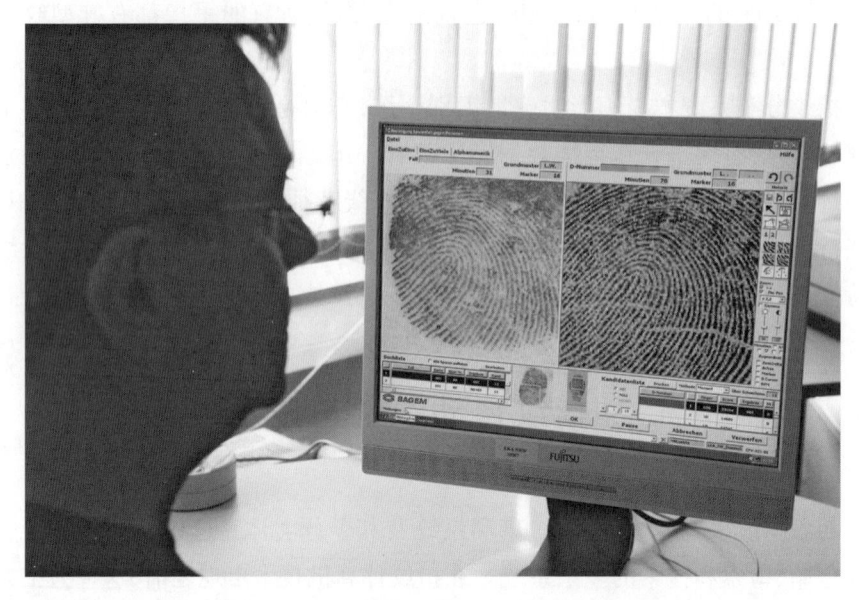

图 6-8 为当地执法机构设计的 AFIS 系统

计算机的搜索算法决定在所检索指纹与已保存指纹之间细节特征的位置和关系的相关程度。通过这种方式，一台计算机可以在一秒钟内进行数千次指纹比对。例如，一组 10 个指纹可以在大约十分之八秒内与 500 000 份十指指纹图像进行搜索。在搜索匹配的过程中，计算机使用计分系统，使用操作人员所设置好的匹配标准来检索指纹。当搜索完成时，计算机会生成与搜索结果最相关的数据库中已存储指纹的名单。然后，所有选定的指纹都将由训练有素的指纹专家进行比对，经过最终验证以确定该指纹所有人的个人身份。因此，AFIS 不会对指纹所有人的个人身份作出最终的决定，而是将这项工作留给训练有素的检验人员来完成。

AFIS 的十指指纹处理速度和准确性使警方在整个指纹数据库中搜索一个潜在罪犯现场的指纹成为可能。在使用 AFIS 之前，警方通常仅限于将犯罪现场的指纹与已知嫌疑人的指纹进行比对。AFIS 对无嫌疑人案件的影响是巨大的。在加州的 AFIS 网络接到第一个任务几分钟后，该计算机通过识别直接比中了一名犯下 15 起谋杀案的人，这令整个洛杉矶陷入恐慌。警方估计，一名技术人员手动搜索该市 170 万张指纹卡，需要耗时 67 年才能得到犯罪者的指纹。但使用 AFIS，搜索大约花了 20 分钟。在其运行的第一年，圣弗朗西斯科的 AFIS 计算机进行了 5 514 次潜指纹搜索,实现了 1 001 次识别,比中率为 18%。与之相比,前一年潜指纹搜索的平均比中率为 8%。

举一个例子来说明 AFIS 计算机是如何工作的。首先这一系统被设计用于自动过滤潜指纹中的缺陷,增强其图像,并创建图形表示指纹端点和分叉点及它们的方向。然后将指纹与计算机中储存的指纹进行搜索。在高分辨率视频监视器上并排显示潜指纹图像和指纹数据库里匹配的指纹图像,如图 6-9 所示。然后,指纹鉴定人员在视频工作站对已匹配的潜指纹和数据库中的指纹进行验证和记录。

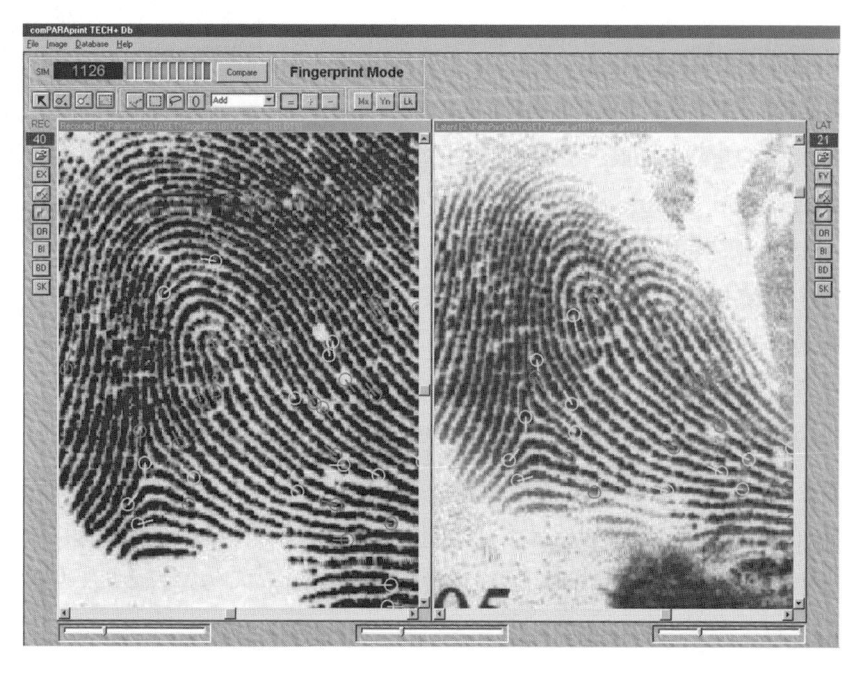

图 6-9 在几秒钟内将潜在指纹与已存储指纹并排进行比较,其相似性评级(SIM)结果将显示在屏幕左上角

在人们的传统印象中,指纹捺印人员在标准十指指纹卡上用手指滚动捺印并最终将其图像信息传输到数据库,现在,这种操作在很大程度上已经被无需油墨和纸张的数字捕获设备(**活体扫描**)[9]所取代。手指和手掌被轻轻压在玻璃台板上,活体扫描仪会捕捉到它们的图像。这些活体扫描图像可以通过电子方式发送到 AFIS 数据库,以便预约提取的有关机构可以在几分钟内将指纹记录信息

---

[9] 活体扫描:一种无墨设备,可捕获手印和手掌的数字图像并将图像电子传输至 AFIS。

输入 AFIS 数据库,并在数据库中搜索同一个人以前保存的记录(见图 6-10)。

AFIS 使用注意事项

AFIS 从根本上改变了刑事调查人员的工作方式,使他们可以花更少的时间来制定嫌疑人名单,而把更多的时间用于调查由计算机锁定的嫌疑人。然而,调查人员必须警惕对计算机的过度依赖。有时,由于指纹档案的质量不佳,通过潜指纹检索后并不会被成功匹配。为了避免这些潜在的问题,调查人员仍然必须打印案件中所有已知嫌疑人的指纹,并根据犯罪现场的指纹手动搜索这些指纹。

AFIS 计算机可从几个不同的供应商处采购。每个系统扫描指纹图像都可以检测并记录指纹细节(端点和分叉点)的信息。然而,它们并不都包含完全相同的特征、坐标系或度量单位来记录指纹信息。这些软件之间的不兼容性通常意味着尽管州系统可以与 FBI 的 NGI 系统通信,但它们可能不能直接相互通信。同样,地方和州系统也经常无法彼此共享信息。随着越来越多的机构遵循美国国家标准与技术研究所(NIST)和联邦调查局制定的传输标准,这些技术问题将得到解决。

图 6-10 活体扫描技术使执法部门能够快速打印和比对有关个体的指纹,而无须在指纹上粘墨提取

案例分析

暗夜跟踪者

理查德·拉米雷斯(Richard Ramirez)于 1984 年 6 月犯下了第一起谋杀案。受害者是一名 79 岁的女性,她被多次刺伤和性侵,然后喉咙被割开。8 个月后,拉米雷斯再次实施谋杀。当年春天,拉米雷斯开始了一场狂暴的杀戮,犯下 13 起谋杀和 5 起强奸案。

他的作案手法是从打开的窗户进入一户人家,枪杀男性居民,然后残忍地强奸女性受害者。他在一名受害者家的墙上画了一个五角星，并写上了"小刀杰克"的字样，另一名受害者报告说他在袭击过程中强迫她"向撒旦发誓"。他的身份仍然不明，新闻媒体称他为"暗夜跟踪者"。随着死亡人数继续上升，公众陷入了恐慌，媒体也开始疯狂报道。

当一辆疑似与暗夜跟踪者目击事件有关的可疑汽车的车牌被报告给警方时，案件才有了突破。警方确定这辆车被偷并最终找到了它，它被遗弃在一个停车场里。在对车上的指纹进行处理后，警方发现了一个可用的局部指纹。这枚指纹被录入了洛杉矶警察局全新的 AFIS 计算机指纹系统。

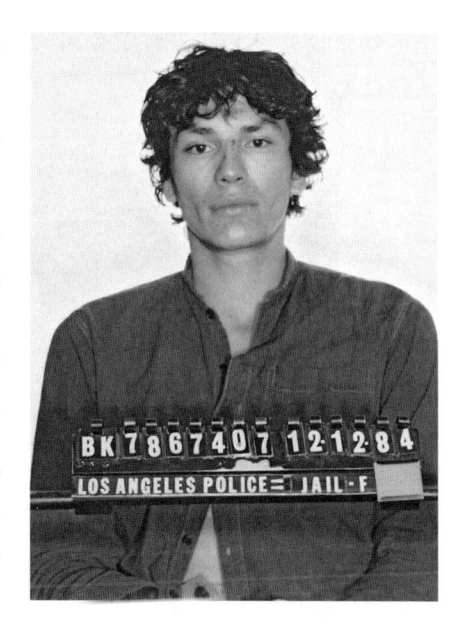

"暗夜跟踪者"的身份被确认为理查德·拉米雷斯，他在几年前的一次交通违规事件中被提取了指纹。警方搜查了他一个朋友的家，发现了用来行凶的枪支，并在拉米雷斯的妹妹手中发现了属于受害者的珠宝。1989 年，拉米雷斯被判谋杀罪并判处死刑，于 2013 年自然死亡。

梅菲尔德事件

2004 年 3 月 11 日，前往西班牙马德里阿托查车站及附近的通勤列车各在四个地点发生了 10 起连环爆炸。这些爆炸造成近 200 人死亡，1 500 多人受伤。袭击发生当天，在一辆之前报道被盗的货车内发现了一个塑料袋。这个袋子里装着铜雷管，和用在列车上的炸弹一样。3 月 17 日，美国联邦调查局收到了从塑料袋中找到的潜指纹的电子图像。美国联邦调查局的 IAFIS 开始了搜索。一名高级指纹检验员对一枚可疑潜指纹的高分辨率图像中的七个细节点进行了编码，并启动了 IAFIS 搜索，结果布兰登·梅菲尔德（Brandon Mayfield）的指纹与该指纹匹配。

梅菲尔德的指纹储存在联邦调查局的中央数据库中，这些指纹是他入伍时采集的，他在军队服役了 8 年，后来光荣退伍成为少尉。在对嫌疑人和指纹档案进行目测对比后，检查员得出了"100% 匹配"的结论。这一鉴定由一名有 30 多年工作经验并与 FBI 签订了合同的退休 FBI 指纹鉴定人以及一名法院任命的独立指纹鉴定人验证(见图)。

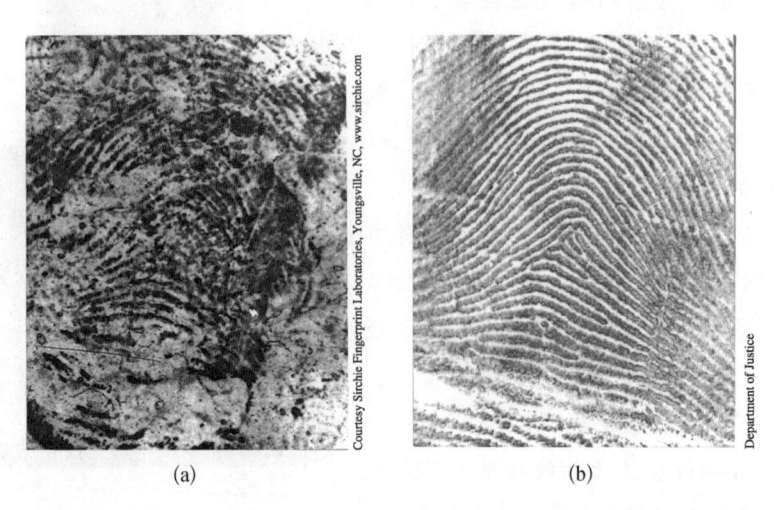

(a) 马德里爆炸案调查中发现的可疑指纹；(b) 布兰登·梅菲尔德的指纹档案

梅菲尔德,37 岁,一名穆斯林皈依者,5 月 6 日因重要证人逮捕令被捕。美国检察官办公室列出了一份 Mayfield 与穆斯林恐怖分子潜在联系的清单,并将其列入提交给下令逮捕并拘留梅菲尔德的联邦法官的证词中。这份证词还说,尽管没有发现梅菲尔德的旅行记录,"但人们认为梅菲尔德可能用虚假或虚构的名字旅行。"5 月 24 日,在西班牙人将塑料袋上的指纹与一名阿尔及利亚公民联系起来后,梅菲尔德的案件被驳回。美国联邦调查局向他发出了一份极不寻常的官方道歉,他的遭遇令美国政府感到非常尴尬。

美国司法部(http://www.usdoj.gov/oig/special/s0601/final.pdf)监察长办公室(OIG)也对 Mayfield 事件进行了调查。OIG 的调查得出结论,FBI 实验室的"一系列系统问题"导致了梅菲尔德事件的误判。报告指出,FBI 已经对程序进行了重大修改,以帮助防止未来出现类似的错误,并强烈支持 FBI 开展研究的决定,以制定更客观的指纹识别标准。

梅菲尔德事件对目前实行的指纹技术的影响,以及对法庭赋予指纹匹配的权重的影响,仍然是悬而未决的问题。

指纹的探测方法

通过日常使用，"潜指纹"一词已与在犯罪现场发现的任何指纹联系在一起。然而，有时在犯罪现场发现的指纹是肉眼可见的，"潜在"一词实际上并不准确。事实上，犯罪现场的指纹有三种：**可见指纹**[10]是手指与血液、油漆、油脂或墨水等有色物质接触后，触摸表面而形成的；**立体指纹**[11]是手指在柔软物质如腻子、蜡、肥皂或灰尘上留下的印痕；而潜在指纹或不可见指纹是手指乳突纹线上的汗液或油脂转移到物体表面所形成的印痕。

定位指纹

在犯罪现场找到可见指纹或立体指纹对调查员来说通常没有什么问题，因为这些指纹通常是清晰可见的。定位潜在或不可见的指纹显然要困难得多，需要使用技术使指纹可见。虽然研究人员可以从几种方法中选择显现潜指纹，但该选择取决于被检测表面的类型。

坚硬和非渗透性表面（如玻璃、镜子、瓷砖和涂漆木材）需要不同于柔软和渗透性表面（如纸张、纸板和布）的显现过程。前者表面的指纹最好是通过采用粉末或强力胶来显现，而后者表面的指纹通常必须经过一种或多种化学试剂处理才能显现。

有时指纹检测最困难的方面是寻找指纹的位置。指纹技术的最新进展使得用于检测潜指纹的紫外（UV）图像转换器得到了发展。这种装置被称为反射式紫外线成像系统（RUVIS），可以在大多数非渗透性表面上定位指纹的位置，而无须借助化学或粉末法显现（见图 6-11）。

RUVIS 通过将紫外光对准疑似有指纹的表面来检测在自然状态下的指纹。当紫外光照射到指纹上时，观察者能够观察到反射回来的光线，从而将指纹与其背景表面区分开来。然后，通过图像增强器将透射的紫外光转换成可见光。一旦以这种方式确定了指纹，犯罪现场调查员就可以用最合适的方法将其显现出来（见图 6-12）。

---

[10] 可见指纹：当手指将墨水、污垢或血液等可见物质沉积在物体表面时形成的手印。
[11] 立体指纹：印在柔软物质表面的手印。

图6-11 反射紫外成像系统可以让研究者直接观察表面是否存在未经处理的潜指纹

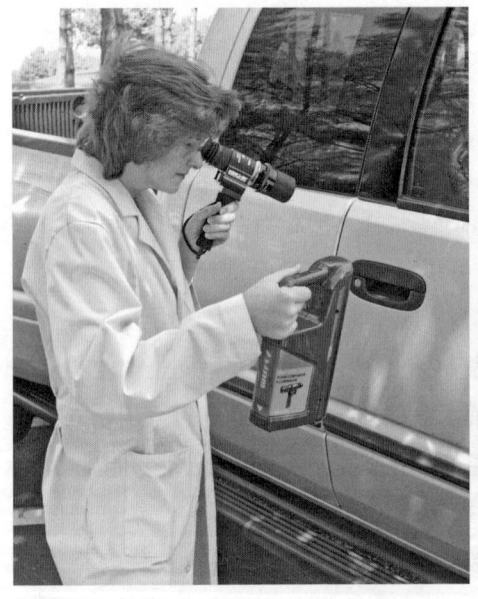

图6-12 使用反射紫外成像系统借助UV灯搜索潜指纹

图6-13 采用玻璃纤维刷在物体表面涂上指纹粉末以显现潜指纹

显现潜指纹

指纹粉末

市面上可买到各种成分和颜色的指纹粉末。当用驼毛刷或玻璃纤维刷轻轻将这些粉末刷在非渗透性表面时，它们很容易附着在有汗液残留物和/或体内油脂沉积的表面（见图6-13）。

经验丰富的调查员发现灰色和黑色粉末适用于大多数潜指纹显现工作，他们会选择与客体表面颜色对比度最佳的粉末。因此,由铝粉组成的灰色粉末被用于深色表面潜指纹的显现,它也适用于镜子和金属表面,因为这些被抛光成镜面的表面看起来是黑色的。黑色粉末主要由炭黑或木炭组成,常用于白色或浅色表面潜指纹的显现。

其他类型的粉末也可用于显现潜指纹。磁性粉末可以用磁性刷将其附着在客体表面。磁性刷的刷毛不会接触客体表面,所以破坏或损坏潜指纹的可能性较小。磁性粉末有黑色和灰色两种颜色,特别适用于成品皮革和粗糙塑料等物品潜指纹的显现,因为这些物品表面的微小纹理往往能容纳普通粉末的颗粒。荧光粉末也用于显现潜指纹,这些粉末在紫外光下会发出荧光。在紫外光下拍摄所显指纹的荧光图像,可以避免客体表面背景干扰。

碘熏法

在用于显现潜指纹的几种化学方法中,**碘熏法**[12]是最古老的显现方法。碘是一种固态晶体,加热时不经熔化而直接变成碘蒸气,这种物质状态的转变被称为**升华**[13]。通常情况下,可疑客体与碘晶体一起被放在封闭的熏显柜中(见图6-14)。当晶体被加热时产生的蒸气充满了柜室,并与潜指纹中的成分结合使其可见。人们还不完全理解为什么碘蒸气能显示出潜指纹。许多人认为碘产生的烟雾可以与指纹中的油脂结合。然而,也有令人信服的证据表明碘实际上可能与指纹汗液中残留的水分相互作用。[14]

令人遗憾的是,碘熏法不是永久性的,一旦熏蒸过程停止,显现的指纹

图6-14 加热中的熏显柜

---

[12] 碘熏法:一种通过将潜指纹暴露在碘蒸气中而使其显现的技术。
[13] 升华:物体从固态直接转变为气态的物理变化。
[14] J. Almag, Y. Sasson, and A. Anati:《显现潜指纹的化学试剂 Ⅱ:碘熏过程控制添加水蒸气——一种解决陈旧指纹显现问题的方法》,载《法庭科学期刊》1979年第24卷,第431页。

就会开始褪色。因此,刑侦人员必须在显现后立即拍摄照片,以保留永久记录。然而,如果显现的指纹在显现后不久用透明胶带提取,至少可以保存几个月。此外,碘显现的指纹可以用1%的淀粉水溶液固定,然后通过喷涂显现指纹。指纹会变成蓝色,并可持续数周至数月不等。

茚三酮法

另一种用来显现潜指纹的化合物是**茚三酮**[15]。茚三酮显现潜指纹的原理在于它与汗液中微量氨基酸发生化学反应并产生蓝紫色物质。茚三酮(水合茚三酮)通常用喷罐喷涂在渗透性客体的表面。通过将茚三酮粉末与适当的溶剂(如丙酮或乙醇)混合来制备溶液,配置成0.6%的溶液一般对大多数潜指纹有效。

一般情况下,使用茚三酮后一两个小时内开始显现指纹。然而,在24至48小时后可能会看到较弱的印痕。如果将处理过的指纹样本在烘箱或电热板上以80—100℃的温度加热,则可以加速显现过程。据报道,茚三酮法最长能够显现出15年前遗留在纸张上的潜指纹。

物理显影法

物理显影剂[16]是第三种用于显现潜指纹的化学混合物。物理显影剂是一种以硝酸银为基础的液体试剂。物理显影液的制备和使用过程见附录V。这种方法已经得到了指纹鉴定人员的广泛认可,他们发现这种方法可以有效地显现经过之前所描述的方法处理仍无法显现的潜指纹。此外,这种方法也可以有效显现潮湿渗透性客体表面的潜指纹。

大多数刑侦人员选用的化学显现方法是茚三酮法。它极高的灵敏度和适用面广几乎淘汰了碘在潜指纹显现中的使用。然而,当茚三酮无法显现时,使用物理显影剂会得到良好的显现效果。采用物理显影剂可以洗去客体表面所有的蛋白质痕迹。因此,如果希望在同一客体表面使用所有前面提到的化学显现方法,就必须先用碘熏法,再用茚三酮处理,最后通过物理显影法显现客体表面潜指纹。

强力胶熏显法

指纹化学显现法在过去仅限于用在纸和纸板等渗透性客体表面。然而,自1982年以来,一种被称为"强力胶"(502胶)熏显法[17]的化学技术因能够显现非

---

[15] 茚三酮:一种化学试剂,通过与汗液中的氨基酸反应在渗透性客体表面显现潜指纹。
[16] 物理显影剂:一种以硝酸银为基础的试剂用于显现渗透性表面的潜指纹。
[17] 强力胶熏显法:一种通过将非渗透表面上的潜手印暴露在氰基丙烯酸酯蒸气中使其显现的技术,以商业名"强力胶"命名。

渗透性表面(如,金属、绝缘胶带、皮革和塑料袋)上的潜在指纹而得到广泛的普及(见图6-15)。⑱

"502胶"(强力胶)主要成分是约98%~99%的氰基丙烯酸酯,一种能与潜在指纹物质相互作用并使其显现的化学物质。将强力胶放在经氢氧化钠处理过的脱脂棉上会产生氰基丙烯酸酯烟雾,加热胶水也会产生烟雾。一般胶水产生的烟雾和指纹物证被封闭在同一个室内长达6个小时。当胶水的烟雾附着在潜指纹上时,通常会产生白色的潜指纹。有趣的是,小型封闭区域,如汽车内部等,也已经能够用强力胶产生的烟雾成功地显现出潜指纹。

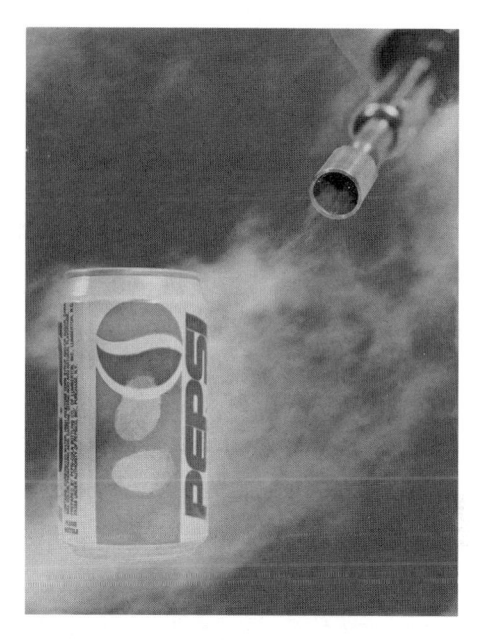

图6-15 "502胶"熏显法显现非渗透性金属表面上的潜指纹

通过使用一个小的手持棒,氰基丙烯酸酯熏显法现在很容易在犯罪现场或实验室进行。这根棒可加热含有氰基丙烯酸酯的小药筒。一旦开始加热氰基丙烯酸酯蒸发,操作人员可以将烟雾引入可疑区域以显现潜指纹(见图6-16)。

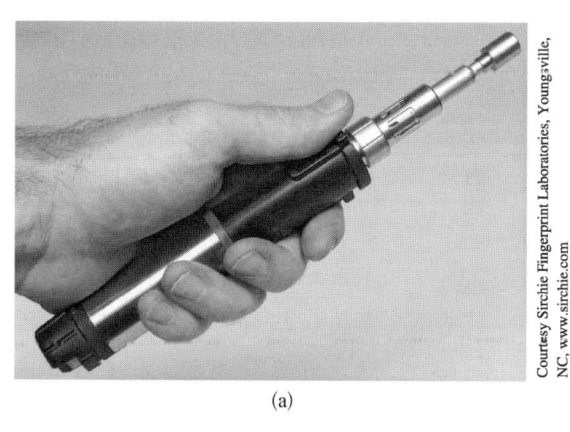

图6-16 (a)手持式熏显棒使用含有氰基丙烯酸酯的一次性药筒。手持棒用于在犯罪现场和(b)在实验室中显现指纹

---

⑱ F. G. Kendall,B. W. Rehn:《运用强力胶显现潜在指纹的快速方法》,在《法庭科学期刊》1983年第28卷,第777页。

其他显现方法

当今法庭科学中最令人兴奋和最具活力的研究领域之一是将化学技术应用于潜指纹的显现。随着研究人员发现了适用于潜指纹显现的各种方法,变化也在迅速发生。有趣的是,多年来这一领域的进展微乎其微,指纹专家传统上依靠碘、茚三酮和硝酸银这三种化学方法来显现潜指纹。然后,强力胶熏显法将化学显现法扩展到可以显现沉积在非渗透性客体表面的潜指纹。

走进科学

荧 光

潜指纹可以通过在激光的照射下显现出来,这是人们首先发现的现象。这种激光方法是根据指纹汗液中含有的多种成分,这些成分在激光照射下会发出**荧光**[19]。当一种物质吸收光并重新发射波长比入射光源长的光时,就会产生荧光。重要的是,与不发光材料相比,用肉眼或通过摄影更容易看到发光或荧光的物质。许多用于显现潜指纹的新化学技术的基本原理都是利用荧光的高灵敏度。

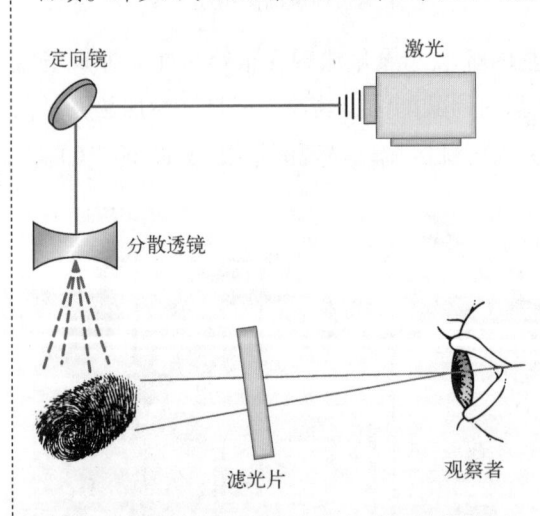

最早的显现潜指纹的荧光技术是用氩离子激光直接照射指纹。之所以选择这种类型的激光是因为它的蓝绿光输出能使指纹的某些汗液成分发出荧光(如图)。这种方法的主要缺点是指纹的汗液成分往往含量太小,即使借助荧光也无法观察到。指纹检验员戴着装有滤光片的护目镜,对在激光照射下的指纹样本进行目测检查。滤光片吸收激光,并使佩戴者的眼睛可以观察到潜指纹残留物发出的荧光。滤光片还可以

说明:该示意图描述了借助激光进行潜指纹显现。指纹检验员戴着装有滤光片的安全护目镜,检验经过激光照射的指纹样本。该滤光片吸收激光,并使佩戴者的眼睛可以观察到潜指纹残留物发出的荧光。

---

[19] 荧光:在短波长的光照射下发出的可见光。

保护操作者的眼睛免受散射或反射激光的伤害。同样,通过在相机镜头上放置相同的滤光片,可以拍摄产生荧光的潜指纹残留物。一般需在一个黑暗的房间里进行指纹样本的检查和荧光潜指纹的摄影。

潜指纹显现技术的下一个进展是发现潜指纹用化学物质显现后,在激光照射下这些化学物质会诱发荧光。例如,在茚三酮显现后使用氯化锌或在强力胶烟熏后使用染料罗丹明 6G 都会产生荧光,从而增加了激光照射下指纹的检测灵敏度。随后,通过荧光显现指纹的大量化学显影剂被发现。这些知识为下一步潜指纹显现技术—多波段光源的发展奠定了基础。

随着化学发光技术的出现,不再需要激光来诱导指纹通过汗液残留物发出荧光。高强度光源或多波段光源发展迅猛,几乎取代了激光光源(见图 6-17)。高强度石英卤素或氙弧光源可以通过光纤导管聚焦在可疑区域。这种光可以通过几个滤光片,使用户可以更灵活地更有利于观察到潜指纹的波段。另外,使用发光二极管(light-emitting diodes,LEDs)的轻型便携式多波段光源也可从市场上购买到(见图 6-18)。在多数情况下,这些光源已被证明与激光一样能有效地显现潜指纹,而且它们在商业上的成本明显低于激光照明器。此外,这些光源是便携式的,可以随时带入任何犯罪现场。

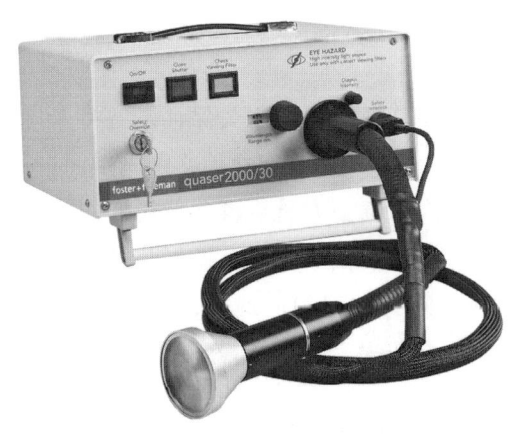

图 6-17 结合高强度光源的多波段光源系统

图 6-18 使用 LED 光源的轻型手持多波段光源

新兴的化学显现方法

指纹检验员可采用大量的化学显现方法,并且现场处在持续不断地变化之中。因此,选择合适的显现方法最好留给那些通过个案工作经验以发展实务技能的相关技术人员。

新的化学显现法包括茚三酮的替代品 DFO(1,8-二氮杂-9-芴酮)。在多波段光源的照射下,这种化学物质可以显现出渗透性客体表面的潜指纹。DFO 已被证明在纸上显现出的潜指纹纹线是茚三酮的 2.5 倍。一种名为 1,2-茚二酮的化学物质也正在成为用于显现渗透性表面潜指纹的潜在试剂。1,2-茚二酮与指纹中残留的氨基酸反应后,会显示出良好的初始颜色和强烈的荧光。因此,茚二酮可以在一步显现过程中达到茚三酮和 DFO 在两个不同步骤中所达到的显现效果。

RAM、RAY 和 MRM10 染料组合,与强力胶熏显法联合使用可以有效地通过荧光显现潜指纹。附录 V 中列出了许多用于潜指纹显现的化学试剂配方。

研究表明,普通的指纹显现试剂不会影响用于血迹检验鉴定的 DNA 检测方法。[20] 尽管如此,案件中在涉及表面附着有物质和/或需进一步实验室检查的物品时,不应在犯罪现场进行指纹显现。而是将这些物品提交给实验室,在那里可以显现指纹及进行其他必要的检查。

经显现指纹的保存

一旦潜指纹被可视化后,就必须将这些经显现的指纹永久保存以备将来比对,并且其可能作为证据在法庭上使用。在尝试进一步保存之前必须先拍照,所有配备近摄镜头的相机都可以使用。然而,许多调查人员更喜欢使用专门为拍摄指纹设计的相机。这种相机配备了固定焦距,当相机的镜头恰好与指纹表面齐平时,可以按 1∶1 的比例拍摄指纹照片(见图 6-19)。此外,必须拍摄能够全面反映指纹相对于犯罪现场其他物证位置的照片。

---

[20] 参见 C. Roux 等:《关于指纹增强技术影响血迹 DNA 分析相关调查的深入研究》,载《法证鉴识期刊》1999 年第 49 卷,第 357 页。C. J. Frégeau 等:《指纹增强的回顾以及血迹增强试剂影响后续使用 Profiler Plus™ 对新鲜和陈旧血液 DNA 分析 STR 荧光的影响》,载《法庭科学期刊》2000 年第 45 卷,第 354 页。P. Grubwieser 等:《指纹显现后对血液和唾液痕迹进行 STR 分析的系统研究》,载《法庭科学期间》2003 年第 48 卷,第 733 页。

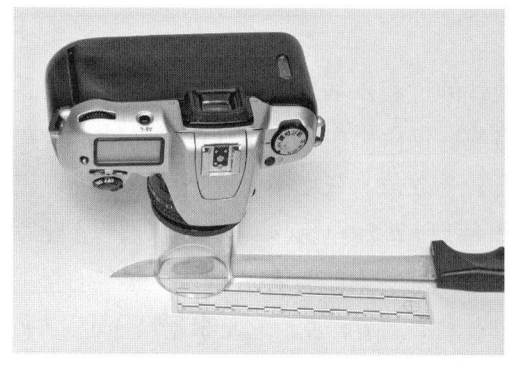

图 6-19　相机配备的适配器可以拍摄大约 1∶1 比例的指纹照片

图 6-20　"粘贴提取"指纹

在照片得到安全保护的前提下，应遵循以下两种过程中的一种开展后续工作。如果物体足够小并可以在不破坏指纹的情况下运输的，应完整地保存。这时指纹样本应该用玻璃纸覆盖，以防损坏。另一种情况下，用粉末显现的大型不可移动物体上的指纹，最好的保存方法是"粘贴提取"。最广为采用的提取工具是类似于透明胶带的一种宽胶带。当带有粉末的指纹表面被胶带有黏性的一面覆盖并拉起时，粉末就被转移到胶带上了。然后将胶带放置在贴有适当标签的卡片上，该卡片应与粉末形成良好的背景对比。

此过程的一个变型是使用一个可粘贴在彩色纸板背衬上的带黏合剂的透明塑料片。在提取指纹之前，从塑料片上剥离赛璐珞部分以露出黏合剂提取表面。然后将胶带均匀且牢固地压在带有粉末的指纹上并向上拉起（如图 6-20 所示）。最后将含有黏附粉末的薄片压在纸板背衬上以保存永久的指纹记录。

用于指纹增强的数字成像

当从犯罪现场提取指纹时，它们通常不是完好无损的，这就使得分析变得更加困难。计算机系统在大多数领域都有先进的应用技术，指纹识别也不例外。在数字成像软件的帮助下，指纹现在可以得到增强以便进行最准确和全面的分析。

创建数字图像

数字成像[21]是将图片转换成数字文件的过程。从该数字文件生成的图像是由许多可被称为**像素**[22]的方形电子点组成。仅由黑白元素组成的图像被称为灰度图像,每个像素根据其强度会被分配一个数值。灰度图像就是由一组可以表示像素的数值所组成的,其范围从 0(黑色)到 255(白色)。一旦图像被数字化存储,计算机软件就可以对其进行处理以改变每个像素的数值,从而按照用户的指示改变图像。分辨率显示了可以在图像中看到的细节程度。它是根据尺寸定义的,比如 800×600 像素,这当中的数字越大,数字图像就越接近真实世界的图像。

将图片信息输入数字成像系统的常规方法是使用扫描仪、数码相机和摄像机。在将图片转换成数字图像后,可以采用几种方法对图像进行增强处理。通过对比度增强方法可以调整图像的整体亮度以及图像与背景之间的对比度。一种用于增强图像的方法是空间滤波,几种类型的滤波器会产生不同的效果。采用低通滤波器以减小像素之间的强度差实现消除粗糙边缘。第二个滤波器,即高通滤波器,通过修改像素的数值来放大其与相邻像素的强度差。由此产生的效果增加了边缘的对比度,从而实现了元素和背景之间的高对比度。

分析数字图像

频率分析也称为频率傅里叶变换(frequency Fourier transform,FFT),用于识别周期性或重复性图案,如干扰图像解译的线或点。减少或消除这些图案以增强图像的外观。有趣的是,指纹乳突纹线纹路之间的间隔本身也是周期性的。因此,在 FFT 模式下可以识别并增强指纹。同样,如果重叠指纹的纹线位于不同的方向,则其对应的频率信息在 FFT 模式下位于不同的位置。然后可以通过增强一个潜指纹的乳突纹线,而抑制另一个潜指纹的乳突纹线来识别指纹。

分析图像时色彩干扰也会带来问题。例如,在纸币或支票上发现的潜指纹多半很难分析,因为彩色背景会让人分心。使用成像软件则可以简单地去除彩色背景以使图像突出(如图 6-21 所示)。如果图像本身是一种特殊的颜色,例如茚三酮显影的指纹,那么可以将此颜色分离出来并增强以便与背景区分开来。

---

[21]　数字成像:一种将图片转换成一系列方形电子点(称为像素)的过程,图片由计算机软件进行处理可以改变每个像素的数值。

[22]　像素:用于合成数字图像的正方形电子点。

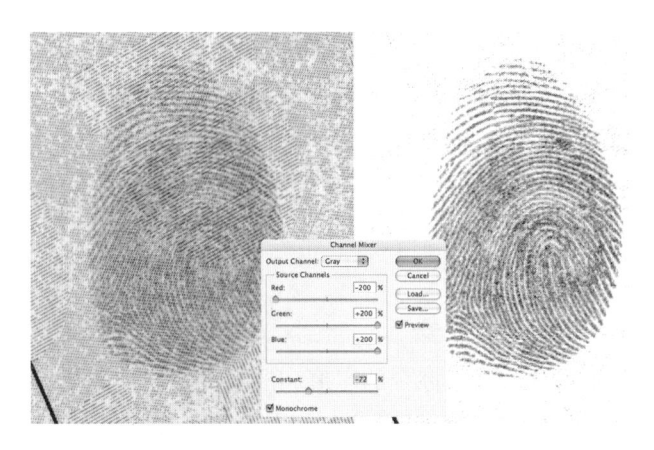

图 6－21　经过 Adobe Photoshop 增强处理的指纹。在本例中，左边是支票上墨迹指纹的原始扫描图像；右边是使用了 Adobe Photoshop 的通道混合器以去除绿色背景后的相同指纹图像

数字成像软件还提供了可以单独检测图像区域的功能。通过使用缩放和调整大小工具，用户可以选择图像的一部分区域并调整其大小以便更仔细地查看。该功能的使用起来就像放大镜可帮助检验人员查看图像的细节。

比对功能是一个重要且十分实用的工具，尤其是对指纹识别而言。这一特殊功能将两张图片并排放置，并使检验人员能够同时在两张图片上标记共同特征（见图 6－22）。缩放功能与比较工具可以一起使用，当检验人员放大一张图

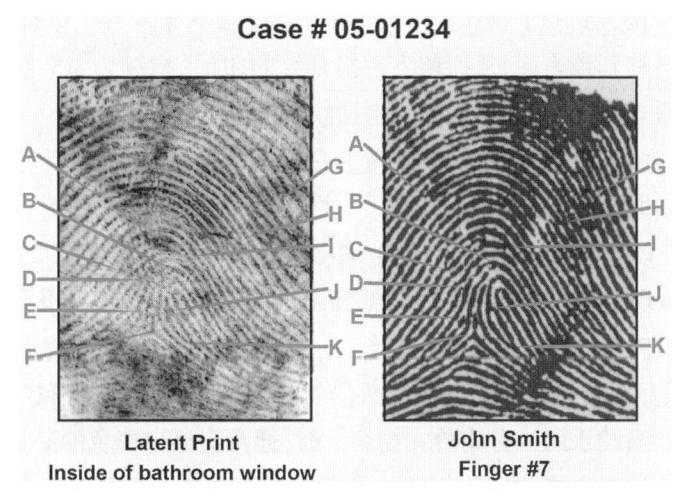

图 6－22　当前的成像软件允许指纹分析人员准备指纹比对图片。指纹检验人员可以并排比较指纹并显示两枚指纹之间相同的重要特征。创建这种数字显示所需的时间大约为 30 到 60 分钟

像的一部分时,软件会自动放大另一张图像进行比较。

尽管数字成像毫无疑问地成为增强和分析图像的有效工具,但它的用处仅限于它能处理的图像。如果原始图像上不存在细节,那么增强程序将无法工作。当能使微弱图像变得更易分辨时,那么数字增强方法的好处是显而易见的。

章节小结

指纹是手指和拇指末端摩擦脊的印痕。刑事调查中使用指纹识别的基本原理是:(1)指纹是个体特征,因为还没有发现两根手指具有相同的乳突纹线特征;(2)指纹在人的一生中保持不变;(3)指纹有总体的乳突纹线形态,可以对其进行系统分类。所有指纹根据其总体形态可分为三类:箕型纹、斗型纹和弓型纹。

指纹分类系统是基于指纹图案形态分类的知识。指纹的独特性不是由它的总体形态或图案决定的,而是由对其乳突纹线特征的仔细研究决定的。专家必须逐一通过乳突纹线特征的比较才能证明个人的身份。AFIS通过将指纹图像转换成数字细节来辅助这一过程,这些细节包含显示指纹乳突纹线末端(端点)和乳突纹线分叉成两条纹线(分叉点)的数据。一枚指纹可以在几分钟内通过联邦调查局AFIS数字数据库进行搜索,该数据库拥有5 000万个指纹记录。

一旦手指接触到一个物体表面,汗液和通过触摸身体毛茸茸的部分而吸收的油脂就会转移到该表面,从而留下手指脊纹的印记(指纹)。以这种方式沉积的指纹是肉眼看不见的,通常被称为潜指纹或隐形指纹。

当手指与血液、油漆、油脂或墨水等有色物质接触后,触摸表面时就会形成可见指纹。立体指纹是手指乳突纹线在柔软物质如腻子、蜡、肥皂或灰尘上留下的印痕。沉积在坚硬和非渗透性表面(如玻璃、镜子、瓷砖和油漆木材)的潜指纹最好通过粉末法显现;通常渗透性表面(如纸和纸板)的指纹则需要用化学试剂显现。刑侦人员采用各种化学方法来显现潜指纹,如碘熏法、茚三酮法和物理显影法。强力胶(502)熏显法可以在非渗透性表面(如金属、绝缘胶带、皮革和塑料袋)上显现出潜指纹。当胶水的烟雾附着在指纹上时,通常会显出白色的潜指纹。

许多用于显现潜指纹的新化学技术的基本原理都是利用荧光的高灵敏度。指纹经过化学处理,在高强度光或多波段光源的照射下,这些化学物质会产生荧光。

第六章 指　纹   **201**

　　一旦潜指纹被可视化就必须永久保存以备将来进行比对,并且其可能用作法庭证据。在尝试进一步保全之前必须先行拍照。如果承痕客体足够小并且可以在不破坏指纹的情况下运输,它应该被完整地保存。用粉末法在大型不可移动物体上显现的指纹,最好的保存方法是用宽胶带"粘贴提取"。

　　用于分析和增强指纹的一些常用工具是 UV 和多波段光源、不同类型的指纹粉末和刷子、化学法如茚三酮和氰基丙烯酸酯以及胶带或其他类型的粘贴工具。

问题回顾

1. 首次系统地尝试设计并开展个人身份识别的专家是_____。
2. 依靠精确身体测量的识别系统被称为_____。
3. 大多数英语国家使用的指纹分类系统是由_____提出的。
4. 判断题：纽约市公务员委员会首次正式系统地使用指纹进行个人身份识别。_____
5. 指纹的独特性(是/不是)由它的图案决定。
6. 为了证明个人身份,必须对指纹的_____进行逐点比对。
7. _____是皮肤摩擦脊线的印痕。
8. 皮肤脊纹的形状和图案是由(表皮/真皮乳头)决定的。
9. 只有当伤口损伤_____时,皮肤才会形成永久性瘢痕。
10. 指纹(能/不能)在人的一生中改变。
11. 指纹总体形态可分为三种类型,分别是_____,_____和_____。
12. 最常见的指纹图案形态类型是_____。
13. 大约5%的人有_____类型的指纹。
14. 向拇指方向开口的箕称为(正箕/反箕)型纹。
15. 箕型纹的花纹图案区域是由两个被称为_____的分叉乳突线所包围。
16. 最靠近指纹式样线的分叉点被称为_____。
17. 所有箕型纹必须有(1/2)个三角点。
18. 箕型纹花纹的中心称为_____。
19. 如果在斗型纹的两个三角点之间绘制的假想线接触到任何一条螺形线,该图案被归类为(螺/囊)形斗。
20. 所有指纹图案中最简单的是_____型纹。

21. 弓型纹（有/没有）式样线，三角点和中心点。
22. ACE－V 是四步方法：＿＿＿＿＿、＿＿＿＿＿、＿＿＿＿＿ 和 ＿＿＿＿＿ 的首字母缩写。
23. 判断题：二级细节特征不能使指纹具有独特性。＿＿＿＿＿
24. 在 Henry 系统中，指纹图案类型＿＿＿＿＿的存在与否是确定指纹初级分类的基础。
25. 初级分类系统中最多的类别（25%）是（1/1/1/2）。
26. 指纹分类系统（能/不能）明确地识别个体。
27. 判断题：计算机指纹识别系统通过比对指纹分叉点和脊末端的位置来匹配指纹。
28. 手指被弄脏或染色留下的指纹被称为＿＿＿＿＿。
29. ＿＿＿＿＿指纹是指留在柔软物质上的印痕。
30. 不容易看到的指纹印痕被称为＿＿＿＿＿。
31. 在坚硬和非渗透性表面上的指纹最好采用＿＿＿＿＿显现。
32. 渗透性表面的指纹经过＿＿＿＿＿处理后显现效果最好。
33. ＿＿＿＿＿是蒸气与指纹中油脂或残余水分通过化学作用显现指纹。
34. 该化学物质＿＿＿＿＿通过与氨基酸的反应显现指纹。
35. 采用＿＿＿＿＿进行化学处理可以在曾经润湿的渗透性客体上显现指纹。
36. 判断题：潜指纹可以首先用物理显影剂显现，然后用茚三酮显现。＿＿＿＿＿
37. 采用化学方法＿＿＿＿＿用于在金属和塑料等非渗透性表面上显现潜指纹。
38. 当物质吸收光并以比入射光源更长的波长重新发射光线时，产生＿＿＿＿＿。
39. 高强度的光源如＿＿＿＿＿可以有效地显现潜指纹。
40. 一旦指纹被可视化它必须通过＿＿＿＿＿保护。
41. 从数字文件生成的图像是由许多方形电子点组成，这些电子点被称为＿＿＿＿＿。
42. 一种（高通滤波器/频率傅里叶变换分析）用于识别重复性图案，如干扰数字指纹图像的线或点。

应用与批判性思考

1. 将图中所示的每个指纹分为斗型纹、弓型纹和箕型纹。

第六章　指　纹　**203**

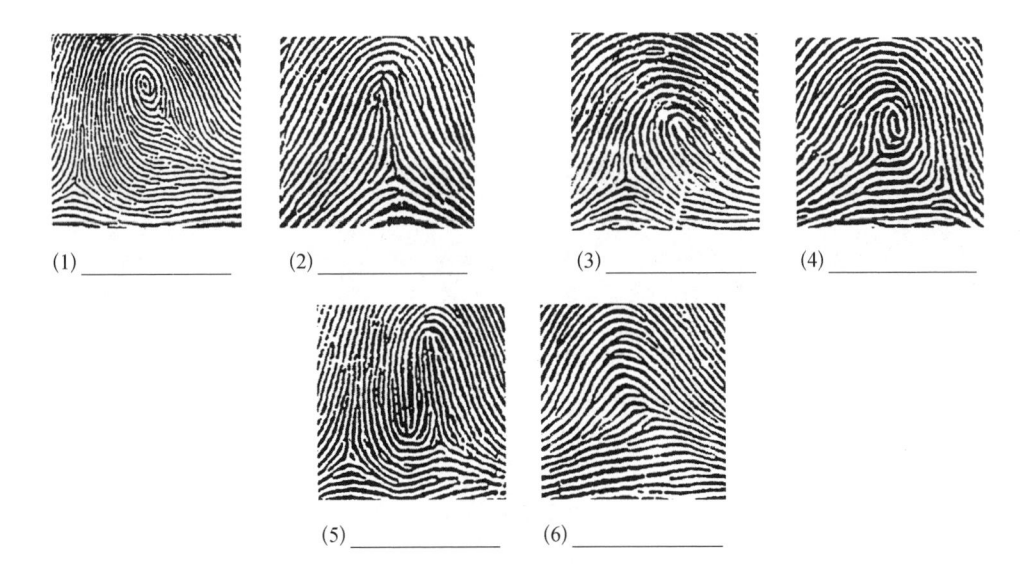

(1) ＿＿＿＿　(2) ＿＿＿＿　(3) ＿＿＿＿　(4) ＿＿＿＿

(5) ＿＿＿＿　(6) ＿＿＿＿

2. 犯罪嫌疑人十指的指纹类型描述如下。请使用 FBI 分类系统确定此人指纹的初级分类。

手　指	右　手	左　手
大拇指	斗型纹	斗型纹
食　指	箕型纹	斗型纹
中　指	斗型纹	弓型纹
无名指	斗型纹	斗型纹
小拇指	弓型纹	斗型纹

3. 在搜查谋杀现场时，你会发现以下你认为可能有潜指纹的物品。说明是否应使用指纹粉末或化学品对每个物品进行指纹显现。
   a. 真皮沙发
   b. 一面镜子
   c. 刷过漆的木制刀柄
   d. 染血的报纸
   e. 左轮手枪

4. 犯罪学家弗兰克·莫蒂默（Frank Mortimer）正在使用数字成像技术增强潜指纹。指出他在以下每项任务中最可能使用的数字成像功能：
   a. 分离指纹的一部分并放大以进行更仔细的检查
   b. 增加指纹和指纹所在背景之间的对比度
   c. 检查相互重叠的两个指纹

5. 以下是有抢劫犯罪记录的三名男性和一名女性的指纹图案。请按照指纹的三种类型和不同纹形对其进行分类。

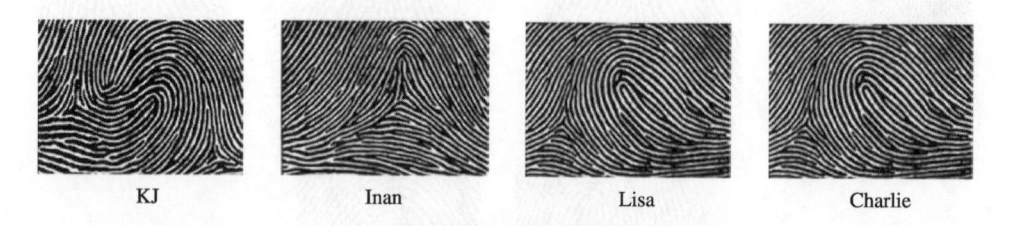

KJ　　　　Inan　　　　Lisa　　　　Charlie

6. 计算以下指纹中分叉点的数量。选择 9、11 和 13 之间的数作为分叉数：

7. 在文化研究博物馆里马丁·路德·金（Martin Luther King）的一本日记藏品被偷，取而代之的是一本赝品。唯一的证据是小偷在假日记上留下的指纹。警方怀疑的 4 个人有类似的犯罪前科。他们的指纹已经存在于警方的数据库中。KJ、Ivan、Lisa 和 Charlie 是四名嫌疑人。仔细检查指纹印痕，找出与之匹配的嫌疑人指纹。

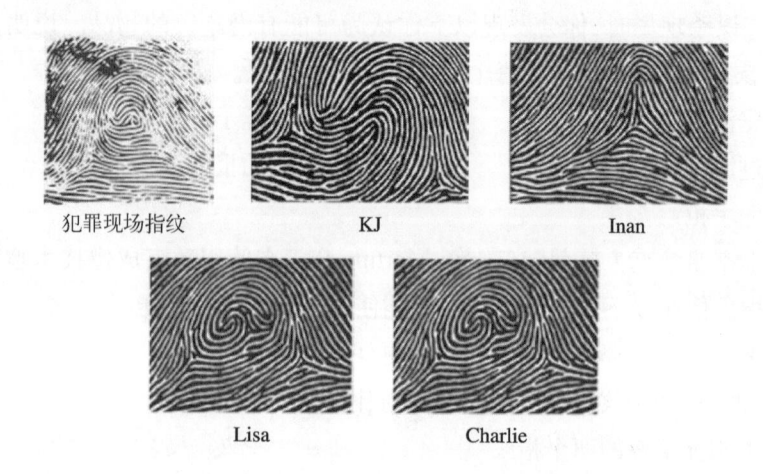

犯罪现场指纹　　　　KJ　　　　Inan

Lisa　　　　Charlie

参考文献与延伸阅读

KOMARINSKI PETER. Automated fingerprint identification systems（AFIS）[M]. Burlington：Elsevier Academic Press，2004.

RAMOTOWSKI R ED., Lee and Gaensleen's advances in fingerprint technology [M]. 3rd ed. Boca Raton：CRC Press，2012.

U S DEPARTMENT OF JUSTICE. The fingerprint sourcebook [EB/OL]（2023－01－30）. http：//www.OJP.usdoj.gov/nij/pubs-sum/225320.htm.

第七章

法证人体生物特征识别技术

学习目标

7.1 列举和定义生物识别学的各种类别

7.2 区分登记过程和抽取过程

7.3 解释法证人体生物特征识别系统是如何被捕获和表征虹膜细节的

7.4 描述法证人体生物特征识别系统是如何被捕获、验证和识别面部数据的

7.5 解释美国联邦调查局(FBI)的"下一代身份识别系统"的范围

关键术语

behavioral biometrics	行为性生物特征
biometric identification	生物特征识别
biometric matching or verification	生物特征匹配或验证
Eigenfaces	特征脸
Enrollment	登记
extraction process	抽取过程
IrisCodes	虹膜代码
physiological biometrics	生理学的人体生物特征识别
template generation module	模板生成模块

新闻头条
生物识别技术和波士顿马拉松爆炸案

2013年4月15日,在一年一度的波士顿马拉松比赛中,两个简易爆炸装置造成3人死亡,264人受伤。在波士顿马拉松式恐怖袭击发生后不久,调查开始寻找

可能的嫌疑人。地方当局和美国联邦调查局(FBI)呼吁公众的支持，很快就有潜在的线索涌入。报道和照片就超过2 000张，经过数十名调查人员仔细审查后，焦哈尔(Dzhokhar)和塔梅兰·萨纳耶夫(Tamelan Tsarnaev)这两个激进的兄弟进入了FBI调查的视野中。

这些炸弹被发现是高压锅炸弹，类似于其他极端主义恐怖袭击中发现的许多简易爆炸装置。焦哈尔和塔梅兰将两枚炸弹分别装在一个背包和一个购物袋里，放置在马拉松比赛的围观者中间。当焦哈尔和塔梅兰走远后，他们远程触发了爆炸。

美国司法部环保署欧洲新闻署/照片：Alamy Stock

美国联邦调查局(FBI)利用最复杂的面部识别系统寻找凶手，活动期间获得的每一张图像和视频都被一种复杂的算法扫描，该算法将嫌疑人与已知的恐怖分子和相关人员进行比较。令美国联邦调查局(FBI)和公众感到惊讶的是，该系统失败了。在发送给执法部门的众多照片中，有一些是萨纳耶夫兄弟的直接照片；两兄弟都是合法进入这个国家的，在美国移民数据库里都有图片。焦哈尔有一张美国驾照，上面还是他最新的照片，他的兄弟塔梅兰不但是恐怖主义调查的对象，而且在联邦调查局(FBI)的数据库中有许多图片。尽管有这些线索和丰富的数据库信息，但面部识别系统却未能将萨纳耶夫兄弟的人脸与其身份相匹配。

2013年生物面部识别技术的问题是，软件很难从颗粒状和低分辨率的照片中分析和识别人脸，这在今天仍然是一个问题。塔梅兰也因为戴着墨镜而无法被认出来，这也会使扫描结果失真。此外，姿势和光线照射都会对识别技术产生影响，调查人员在认识这一点后，用更常规的方法确认了萨纳耶夫兄弟的身份，并在不久后将他们逮捕了。随着新一代资讯系统的推行，人脸识别技术不断发展，并不断更新和微调。

生物识别技术简介

2013 年,苹果推出了包含突破性技术的 iPhone 5s。通过被称为 Touch ID 的技术,手机用户现在可以用简单的指纹触碰"Home"键来解锁手机。在 Touch ID 出现之前,数据更容易受到密码攻击,特别是当手机被盗时。现在有了这项技术,用户只需在屏幕上按下指纹,就可以访问他们的音乐、文件和敏感信息。

想象一下,在这个世界上,钥匙都已经过时了,只要轻轻一碰门把手,家里的人就可以自由进出,而那些未经授权的人则被屋内复杂的安全系统锁在外面。无须使用密码或访问代码就能登录你喜欢的网站。用户只需通过简单的虹膜扫描就能访问互联网。随着被称为生物识别的新技术的出现和实施,这一切都是可能的。

什么是生物识别技术?

生物识别技术是一种先进的访问控制形式,能够准确有效地识别人类。这个系统使用个人的生物和行为特征来授权访问一个装置或计算机网络。一个电子设备将要求个人在通过任何类型的门禁系统(如建筑物的安全系统)之前,使用其身体的一个可辨别的特征来识别其身份。一旦匹配成功,请求进入的人将被允许通过一个简单的电子脉冲打开门。如果传感器在其数据库中没有找到合适的匹配,它就会将试图进入的用户锁在外面。军队使用生物识别技术已经有很长一段时间了,以保证敏感信息的安全,防止间谍活动和盗窃军事资产。执法部门将生物识别技术用于记录保存和现场访问控制(例如,只允许工作人员进入该场所)。

生物识别技术有两个主要功能:第一个功能是**生物识别的匹配或验证**[1],生物识别系统能够通过将所选择的生物特征信息扫描到数据库中,并从人群中识别出这个人,这就是为执法部门或政府机构量身定制的功能。生物特征匹配将

---

[1] 生物识别的匹配或验证:生物识别系统能够通过将选定的生物识别特征扫描到数据库中来识别人群中的这个人。执法实体采用这种形式的生物识别技术来寻找被通缉的逃犯和涉嫌恐怖主义的个人。

使躲在公众之中被通缉的人更难逃避法律制裁。生物特征识别技术的第二个功能应用涉及通过**生物特征鉴别**②进行的访问控制。如前所述，苹果公司的iPhone能够识别一个人的身份以便进入。门禁系统将创建和存储生物特征数据库，并将其与试图进入某设备的个人进行比较。通过使用面部或视网膜扫描，系统将准确地决定谁可以进入某一个特定场所。

计算机系统中账户和信息被盗的主要原因之一是使用弱密码。黑客能够用容易获得的工具破解简单的密码，如字典攻击。这种形式的攻击会产生各种可能的单词组合，以窃取毫无戒心的受害者的凭证。现代门禁系统的另一个问题是对物理钥匙和门禁卡的依赖。钥匙经常丢失或被盗，这就会造成一个可怕的情况，即人们的企业或家庭容易受到不受欢迎的客人的干扰。生物识别系统解决了这些问题，只允许具有特定生物特征的人进入。钥匙有可能丢失或被复制，但人类的虹膜是完全独特的，几乎不可能被复制。通过给每台计算机上安装指纹读取器，企业将不再担心员工共享密码和证书。

法证人体生物特征识别技术的类型

现在我们已经确定了生物特征识别技术的基本定义，接下来我们来了解现有的不同类型的生物特征识别系统。生物特征识别技术有许多形式，其大致分为两类。第一类是**生理性生物特征识别技术**③，包括指纹、手、虹膜、视网膜和面部扫描（见图7-1）。第二类是**行为性生物特征识别技术**④，这类相对不稳定，包括笔迹、声音、击键和步态识别。

生理性生物特征识别技术

几个世纪以来，指纹被广泛用于识别人的身份。这种形式的生物识别技术是最经济、最容易安装的。在门上增加一个指纹扫描仪，办公室就可以实现让特定的职员进入敏感区域或计算机网络。手部和手部静脉扫描的工作方式与之产生的效果几乎相同。人类的手部有一系列独特的生理特征。通过比较可以发现，我们手部的静脉纹路更加是独一无二的。

---

② 生物特征鉴别：通过分析一个人的生物特征并与现有的注册特征数据库进行比较的一种生物识别系统，可以区分不同的对象。
③ 生理性生物特征识别技术：这种生物识别技术主要是通过人类独特的生理特征来识别人类。生理生物识别技术包括手印、手、虹膜、视网膜和面部扫描。
④ 行为性生物特征识别技术：这种生物识别技术侧重于通过人类表现出的独特行为或心理模式进行识别，包括手写、语音、按键和步态识别。

视网膜和虹膜扫描已经在许多政府机构以及其他涉及机密信息的领域得到广泛应用。这种技术比使用指纹具有更高的安全性,因为它具有人眼的详细图谱。通过使用微型摄像头,生物识别系统能够给人眼拍照并比较这些具有特定性的错综复杂的肌肉和纤维特征。眼部扫描系统的安装成本很高,但当其用于保护有价值的资产或信息时很必要。

面部扫描是目前生理性生物特征识别技术中最不准确的形式。虽然人脸就像眼睛或手一样独特,但现有技术很难从静止的图像中区分出细微的特征。当使用生物特征识别技术识别身份时,例如,从人群中挑选出一张面孔并将其与通缉犯数据库相比对,这个过程就变得不那么准确了。

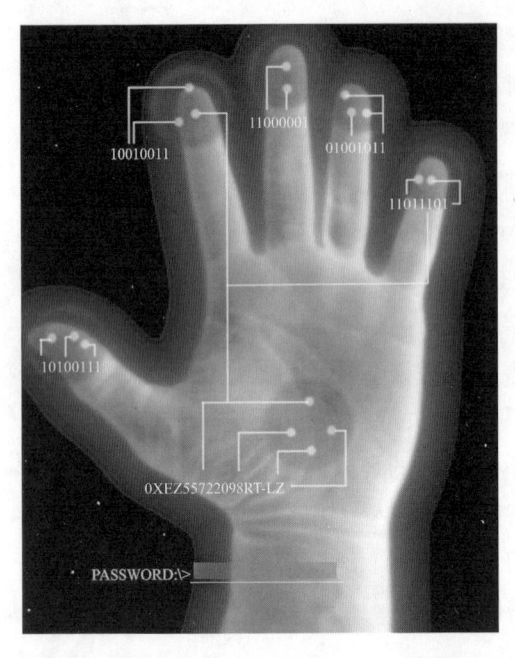

图7-1 对人体手部进行的生物特征安全扫描

行为性生物识别技术

与生理性生物特征识别不同的是,行为性生物特征识别技术在设计和实践中很少使用,其更多的是实验性的。这类生物特征识别技术更加关注人的行为方式,而不是专注于特定的生理特征。该领域的研究人员目前正在开发能够分析人类脑波模式的技术。随着科技和计算机的日渐发展,行为性生物特征识别技术的应用越来越有实现的可能性。

笔迹是最常用的行为生物特征识别技术类型。传感器可以分析签名的不同笔画模式、曲线和弧度,同时将其与原始文件进行比较。这种类型的软件还可以感知有疑问的签名所使用的压力和力量分布,以确定它是否与施加在钢笔或者铅笔上的压力大小相同。

每个人在键盘上打字的方式是独一无二的。这可以用生物特征识别技术中的击键动态来测量。人们以不同的速度打字,并以自己的个人技术来按压每个键位。现在有一种软件通过使用不同时间的样本来学习独特的击键动态,可以准确地测量一个人是如何打字的。这对于多人使用同一设备的计算机终端来说是非常有用的。该软件只需通过分析他们是如何打字的,就可以准确地验证谁在哪一段时间使用了这台电脑。这项技术能够感知到黑客试图在借助另一个用户的凭证下所进行的入侵操作并尽可能保护大量信息。

我们在电影或科幻小说中经常看到过这样的场景:只要说出他的名字或"开门"指令,就能神奇地进入一个家庭或设施。现在这类语音识别技术已经成为现实。许多公司正在为需要许可才能够进入的地方安装语音识别技术,这种系统的接受度要更高,因为它们不需要手或眼扫描那样的技术。用麦克风检测一个人声音中的音调和细节并进行相应比对匹配,这在门禁系统中特别有用。根据软件的设置情况,每个人必须说出他们的名字或特定的短语才能获得访问权限。一些手机公司正在尝试使用这种技术,以访问手机上的私人数据。

行为性生物识别技术的最后一种形式是步态识别。步态是指行走的周期,它由几个阶段组成,对每个人来说都是独特的。每个人在步行的过程中都有不同的姿势、步长、速度和起落脚位置。该系统从远处分析人们并试图根据熟悉的模式来寻找匹配项。这种类型的生物识别技术目前准确度不高,而且正如行为性生物特征中的许多其他类型一样,其仍然在试验阶段。步态识别在实际应用中有一定的实用价值,即可以从远处发现目标。

注册和提取生物特征数据

生物特征识别系统使用不同算法和步骤来完成各自的设计目的。这在生理和行为系统以及旨在验证或识别个人的系统之间是不同的。每个生物特征识别系统的设备和技术也存在很大差异。例如,虹膜扫描仪包含一个摄像头作为其主要组件,而语音识别系统使用一个灵敏的麦克风。无论组件如何变化,生物特征识别系统通常遵循一系列相同的操作步骤(见表7-1)。

每个生物特征识别系统必须执行的第一个过程被称为**注册过程**[5]。注册过程是捕捉一个人的生物特征数据并存储在数据库中以供后续使用。它的工作原理是通过传感器收集数据并将其发送到数据采集模块。生物特征识别传感器可

---

[5] 注册过程:采集一个人的生物识别数据并将其存储在数据库中供后续使用的过程。它的工作原理是通过传感器收集数据并将其发送到数据采集模块。

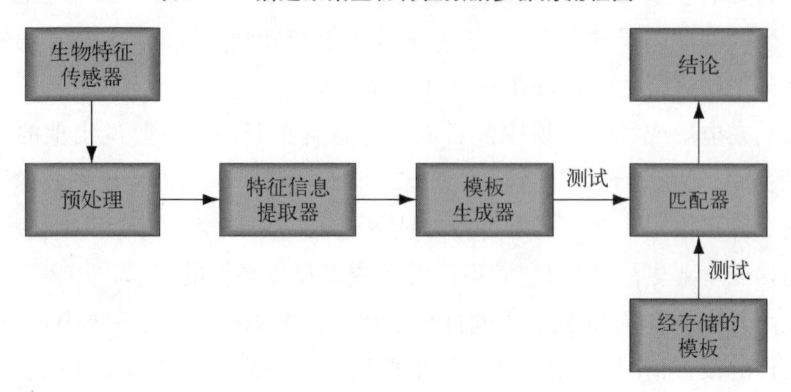

表7-1 描述采集生物特征数据步骤的流程图

以由不同的组件组成,以收集用户数据。普遍使用的设备包括NIR(近红外)摄像头或数字波长摄像头,其用来采集人脸部数据。

数据预处理模块负责收集和增强每个单独系统所需的内容。以语音识别系统为例,数据预处理模块将从记录的条目中去除各种背景噪声。它将增强用户的声音并努力将其与录音中的其他噪声分离。数据预处理模块还具有规范化各类型的已损坏或不准确数据的功能。较之于虹膜扫描仪,其还需要增加消除捕获的眼睛图像中的模糊或过亮区域的步骤。

一旦信息完成了在数据预处理模块中的运行,特征**提取**⑥就开始了。特征提取模块为系统做了大部分繁重的工作,该模块负责通过使用数学方程在传感器提取的特征中寻找模式。每个系统都使用不同的方程和算法来判断具有特定性的特征,而且准确度会因系统而异。对于视网膜扫描,特征提取模块可能使用判断眼睛中肌肉纤维之间距离的方程式。对于指纹来说,这个模块能够以几乎完美的精确度确定细微的箕型、斗型和弓型纹的变化。特征提取模块无疑是生物特征识别系统中最复杂和最重要的组成部分之一。

在收集了所选定的特征后,模板会生成相关信息并存储在数据库中。**模板生成模块**⑦负责保存所有由特征提取产生的原始数据,并将其放入系统的简单易读格式。该模块将用户与其他数据进行比较,使每个单独的生物特征识别文件变得更小和处理更省时。模板生成模块将所有文件保存到数据库中,并对其

---

⑥ 提取:这个模块负责通过使用数学方程在生物识别传感器提取的特征中寻找模式,每个系统都使用不同的方程式和算法来判断独有的特征。

⑦ 模板生成模块:该模块负责保存所有由特征提取产生的原始数据,并将其变成简单易读的格式供系统使用。

进行加密以满足终端用户需要；有必要确保数据库文件的安全，以防止生物特征识别系统被破坏和私人生物特征识别数据丢失。

虹　　膜

简介

自人类文明诞生以来，人们就通过面部特征来识别个人，其中最常见的识别手段是通过人的眼睛；虹膜是眼睛中围绕瞳孔周围的彩色部分。虹膜通过肌肉的扩张和收缩来改变瞳孔的大小，从而控制进入眼睛的光量。仔细观察，虹膜对每个人来说都是独一无二的，它由紧密组合的被染成绿色、蓝色、棕色等颜色图案的肌肉组成。即使没有实施生物特征识别技术，在美国，因为驾驶执照上有车主的眼睛颜色，几乎每个成年人都已被按虹膜的颜色进行了识别。

人类的眼睛颜色有可能与遗传有关，但错综复杂的肌肉纹理和虹膜结构对每个人都是独一无二的。换句话说，某人可能拥有与他们的父亲和祖父相同的眼睛颜色，但在显微镜下检查时，每个虹膜都有很大的不同。虹膜在妊娠前期开始形成，虹膜的肌肉纤维开始成形并构建紧密的图案，随着胎儿的成长渐渐接近出生，虹膜内的肌肉纤维发生退化，形成了今天可用于生物特征识别的特定图案。

虹膜系统的焦点之一在于虹膜本身的性质。人类的虹膜在个体的一生中都不会有任何变化，而许多其他的生理属性在一生中都会发生变化和被改变。虹膜受到角膜的保护，随着个人年龄的增长几乎没有变化。

尽管由于人类虹膜的稳定性质，虹膜识别系统非常有效，但这些系统也会受到隐形眼镜和眼镜的阻碍；当处理眼睛受伤害或疾病影响的人时，虹膜识别系统可能会变得无效。

历史

第一个有记载的利用虹膜识别某人的尝试是在20世纪50年代进行的。英国眼科医生J·H·多加特（J. H. Doggart）发表了几篇将虹膜与指纹相比较的文章。J·H·多加特注意到，人类的虹膜不但能够形成无限个图案，每个人的虹膜又是独一无二的。他的工作至关重要,因为这启发了他之后的许多科学家和眼科医生去探索虹膜的特征。

1985年,美国眼科医生萨菲尔(Safir)和弗洛姆(Flom)找到约翰·道格曼(John Daugman)博士,要求他编写一个用于分析和验证人类虹膜的计算机系统;1994年,这项突破性的技术完成了。被称为"虹膜代码",计算机捕捉和分析从虹膜图像中提取的复杂数据,并将结果与数据库进行比较。虹膜生物识别技术的大多数新应用仍然以道格曼博士的算法为基础结构并根据每个应用进行微调。

虹膜与视网膜

除了检验虹膜,人们还开发了识别视网膜的生物特征识别系统。视网膜由眼球背面的神经细胞组成,为角膜和晶状体提供一个"屏幕",以显示图像。视网膜负责获得一个人实际看到的清晰图像。视网膜内有一长串静脉和毛细血管,就像虹膜中的肌肉纤维一样,这些静脉对每个人都是独一无二的(图7-2)。通过裂隙灯照射检查瞳孔,就可以观察到视网膜上的静脉图案。

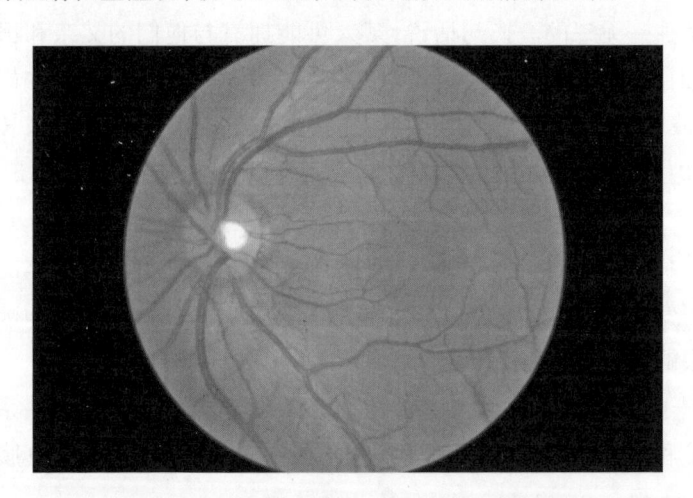

图7-2 人眼视网膜及其视神经的内部视图

视网膜生物特征识别技术的主要问题之一是活体图案是否会受到疾病的影响。这在虹膜扫描中几乎不受影响,因为疾病不会影响虹膜中肌肉纤维的生理要素。

与现有的视网膜技术相比,虹膜的易用性也是其优势所在。虹膜扫描仪可以通过所获得的照片完成扫描,其通过一台与终端用户站保持合理距离的摄像头拍摄获得一幅简单图片。然而,视网膜扫描需要用户将其眼球置于高功率相机镜头的几分之一英寸范围内,这个过程可能需要较长时间,这对普通用户来说可能会产生不适感。

虹膜生物特征识别技术对执法和商业安全都有作用,其作为一种更全面的、更好的技术正在取代视网膜生物识别技术。视网膜扫描仪在很大程度上已经过时,并被认为在现实世界的应用中干扰性过大;由于获取和分析视网膜扫描的复杂性,这种技术很难实施,在现场的应用也存在问题。与虹膜和指纹生物特征识别技术不同的是,使用者必须经过全面训练才能使用视网膜图像捕捉设备;该系统和成像设备也很复杂,很可能会被淘汰并被其他生物特征识别解决方案所取代。虹膜系统可以相对容易地安装在繁忙的市场中并且可以在没有人为干预下正常使用。使用视网膜系统通常需要一个操作员来检查图像质量并且负责运行或者维护机器。

工作原理

如今,所有的虹膜采集系统都使用高精度的数码摄像头,通过采用近红外波长和可见光对眼睛部位进行拍摄;近红外波段位于电磁波谱的 700—900 纳米内,使用近红外照明是由于它在捕捉虹膜图像时能产生丰富的详细结果。在可见光波段,眼睛的图像显得丰富而多彩,但缺乏深度;另一方面,用近红外照明进行检查,可以发现虹膜所包含的所有微妙的凹坑和细微差别。

为了将虹膜从眼球的其他部分分离出来,成像软件使用"地标式"特征。虹膜的形状为实现分离提供了一个起点,然后通过勾勒眼睛轮廓为特征提取作准备。一旦虹膜被正确定位,计算机系统就可以开始映射并从中提取相关数据(见图 7-3)。一个二维 Gabor 小波将虹膜过滤成多个分区,其称为相位数。这些相位映射出在虹膜中发现的特征的方向和空间频率以及它们可以被发现的位置。该算法的目标是创建一个独特的虹膜模板,与用户数据库进行比较。这个模板被称为**虹膜代码**[8]。

虹膜代码使用极坐标系来映射在特定个人的虹膜中发现的信息。一个虹膜的所有特征可以只用 256 字节的数据来存储,在考虑到一个数据库有可能被

---

[8] 虹膜代码:虹膜代码是一个分析和存储人虹膜信息的过程。这种方法使用从人类虹膜中提取的数据,并通过量化阶段进行处理,产生一个二进制虹膜代码供以后比较。

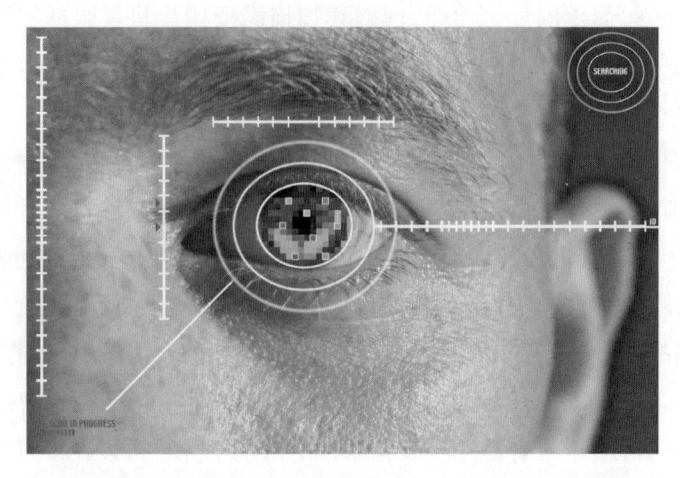

图 7-3　虹膜扫描显示眼睛与扫描仪和计算机关系的界面

数十万个候选者所填满的情况,这个数据是非常小的。整个映射系统不受曝光过度和对比度等常见问题的影响,整个过程很可靠并能适应常规使用。

注册和识别

　　基于虹膜的生物识别系统是当今最简单的注册程序之一。被录入系统的允许进入该系统的申请人只需要拍摄两张眼睛照片:第一张高清照片是用正常的可见光波长拍摄的普通的照片,第二张是用近红外波段拍摄的,其用以捕捉可见光波段无法捕捉的所有细节;然后,数字照片信息被上传到计算机中,计算机会去除不需要的细节并扫描图像中的特征点。一旦完成对这两张图像的分析,计算机就会为申请人创建一个简单的 512 位的虹膜代码,该"代码"会连同申请人的姓名及有关资料储存在系统资料库内。整个注册过程只需要几分钟,而且不具侵入性。

　　用户一旦经过注册,他们就可以被位于系统网络内的门禁系统所识别。用户要做的就是站在另一个摄像头前,为他们的眼睛拍摄一张照片。虹膜扫描的主要优点之一(这也是视网膜扫描的一个缺点)是用户可以站在离相机很远的地方,仍然可以获得一个系统可接受的图像。然后,系统将分析虹膜信息并提取一个独特的虹膜代码,为了进行识别,这个虹膜代码将与计算机数据库中数以千计存储的虹膜代码进行比较后找到与之相匹配的虹膜代码。整个过程在系统的 CPU(中央处理单元)内进行,只需几秒钟就能完成。

应用现状

美国国防部和联邦调查局的生物特征识别数据库包含了数千名与恐怖分子以及叛乱分子及其有关联的"特殊人员"的信息。与此同时,美国军队和阿富汗政府已经收集了超过 250 万公民的生物特征识别数据。任何在监狱中接受刑罚的人员的信息都被扫描了,同时,还有许多在美国军事设施上执行任务的工人等。这不仅为地面部队提供了一份全面的可疑叛乱分子名单,同时也是一种检查陆军和海军日常接触人员的手段。情报人员可以将这些被扫描的人与"特殊人员"的数据库进行比较后以区分敌友。

在日常巡逻中,士兵可能会命令整个村庄的人走出家门接受扫描和识别。一个便携式生物识别虹膜扫描仪被举到每个人的眼睛上,在几秒钟内,该设备让士兵知道他们的对象是否已经在当地监狱中被处理过,是否为塔利班的可疑成员,或者这个人是否只是一名普通的农场工人。虹膜生物特征也在战斗结束后用于识别死者中是否有高级叛乱分子或因恐怖主义行为而被通缉者。这个工具对军队来说非常有用,因为它有不但可以减少平民伤亡,而且它能够让地面部队了解他们周围的人。

由于识别混在平民中的敌军变得越来越困难,军事应用中对虹膜生物识别技术的需求将急剧增加。

美国联邦调查局目前正在完善其数据存储库和获取虹膜生物识别数据的技术以用于其新的数据库:下一代识别(Next Generation Identification,NGI)系统。这项工作是通过与美国各地的执法和惩戒机构合作进行的。监狱和惩戒机构正在使用基于虹膜的系统来追踪囚犯,并有效地记录数据,这些数据将与其他各种执法机构的成员共享。这对于联邦调查局来说,虹膜扫描是一个有效的工具,不仅可以防止犯罪,还可以协助当地执法部门破案和处理试图隐藏身份的嫌疑人。

尽管这技术还处于起步阶段,但美国联邦调查局宣称下一代识别(NGI)系统将成为世界上最大的虹膜代码存储库。实施虹膜扫描器的执法和惩戒机构目前正在与美国联邦调查局分享数据库信息,为了他们实现这一目标,12 000 多个虹膜代码被传输到美国联邦调查局而进行下一代识别(NGI)系统的储存能力的测试。联邦调查局已向州和联邦一级的刑事司法机构提供资金以协助配置基于虹膜的生物识别的系统,其相信这将增加所收到的数据量。

面 部 识 别

你有没有见过一个失踪儿童的照片被贴在牛奶盒的背面？一张印着罪犯面部照片的"通缉令"海报？这些标语的目的很简单，就是鼓励人们利用他们的脸部特征与散发照片的特征进行比较以识别出这个"特殊"的人。面部生物识别技术旨在以一种更有效的方式完成这一目标而不需要公众提供协助。与其依赖公民识别和报告他们可能或不可能接触到的嫌疑人、摄像头和计算机系统可以完成整个过程，而无须人工介入和干预。

除了识别通缉犯和失踪人员外，面部生物识别技术也是一种实用的、有价值的用户访问控制和凭证管理工具。当系统访问只需要一张脸时，密码和钥匙的时代已经过去了。面部生物特征识别技术的能力是十分广泛的，而且现实应用已经开始了。

与其他不同生物识别技术相比，自动面部识别的一个显著优势是它不需要受试者的参与。对于虹膜和指纹系统，相关人员必须同意被拍照或审核。在面部识别系统下，每天都有数以百万计的人从闭路电视摄像头前走过，却没有意识到他们正在被扫描和识别。当政府组织不想让有嫌疑的重罪犯或恐怖分子知道他们正在被搜查时，这种方法尤其有效。在美国，人们习惯于到处都是摄像头，这就为被动型监视和监测提供了绝佳机会。

与虹膜生物识别技术一样，面部识别扫描不具侵入性，以一种让用户感到舒适和卫生的方式获得数据。这对需要快速、有效入口的机构的日常访问控制是有利的。系统或计算机的任何部分都不必与身体接触，且整个过程相对较快。

关于面部识别扫描是否容易被欺骗或欺骗，社会上存在很多争议，但很明显的是，许多可变因素都可能影响识别结果。首先，简单的物体，如眼镜、隐形眼镜、帽子、面部毛发和连帽运动衫等都能干扰结果或简单地阻止相机获得可用的数据。

由于构成人脸的特征很多，因此也存在缺点。对于一个系统来说，处理单个虹膜的相似性要比对整个人脸进行分类和分析要容易得多。计算机使用的每一个生物特征数据都需要存储复杂的模型和图表，这会减慢处理速度，并最终阻碍整个操作。

面部识别系统很容易被一张二维图片所欺骗,这是一个对自动化程序影响最大的极端陷阱;必须始终考虑确保有某种形式的人为监督,以防止相机/计算机被欺骗或黑客攻击。

历史

现代面部识别技术主要归功于研究人员马修·潘特兰(Matthew Turk)和亚历克斯·潘特兰(Alex Pentland)在20个世纪90年代所开展的工作。这些研究人员使用**特征面**[⑨]从一系列的面孔中实现了面部识别的自动化识别和验证个人。特征面技术创建了人脸矩阵,并使用复杂的数学方程式为个人特征生成模板。基于对这些特征进行分析,并通过算法确定对称性和大小等相似性。

潘特兰和潘特兰所开展研究的意义在于他们创造了一种完全自动化的人脸分类方法。有了特征面技术,计算机可以在一天内循环处理数以千计的人脸,也不会出现错误或人为干预。当今可用的面部生物特征识别技术是建立在特征面技术所使用的类似原理之上。对于开发尖端生物识别解决方案的公司和科学家来说,自动化和准确性是成功的关键因素。政府机构评估面部识别软件的标准,就是看它是否能以低错误率和处理时间产生正面的匹配。

工作原理

面部特征识别存在许多复杂的问题和障碍,这些问题和障碍在许多其他类型的生物特征识别选项中是不存在的。由于人类面部特征的不断变化和多样性,研究人员必须创建分析多种变量的软件。今天使用的面部识别系统会分析颧骨、嘴边、下巴、眉毛之间的脊线、下颚线的轮廓、两眼之间的距离、V形发尖,以及许多其他数据点。与虹膜生物识别技术不同,面部识别侧重于人体的一个部分,该部分会随时间变化而变化,这就存在容易被操纵或伪装以欺骗自动计算机的可能性。

要启动这一过程,必须获得被处理的候选人的清晰图像。最简单的方法是通过个人的合作(识别),或者通过监控,如闭路电视摄像机(匹配/验证)。如要使用这种识别方法,则需要这个人站在离数码摄像头一定距离的地方,然后对其

---

⑨ 特征面:特征面技术创建了人脸矩阵,并使用复杂的数学方程来生成个人特征的模板,并以数字方式存储。在搜索面部识别时,特征面库可以叠加在原始面部图像上。

面部拍摄一张高清照片,在匹配和验证过程中,人们可以利用公共场所的闭路电视摄像机来暗中获取任何出现在视野中的脸部数据信息。

一旦获得数据,系统将图像归一化处理后,使其统一以便后期进行比较。这个规范化过程包括光照度的变化、裁剪脸部以使其在每张照片中居中,有助于对误差和不必要的变量进行调整,继而创建一个模板并存储在计算机的数据库中,以便进一步分析和比较。

验证与鉴别:技术

生物识别过程中最复杂的步骤是验证/识别阶段,在这一阶段需要将所捕获图像中提取到的原始数据与其他相关数据库中的数据进行比对。为了消除干扰面部识别软件的束缚,人们开发了各种技术来创建一个准确的验证和识别过程。所有这些技术都可以归为两类:基于外观和基于模型的面部识别。基于外观的程序处理脸部基本特征的差异和相似性;基于模型的面部识别程序开发了一个重复的计算机生成的参与者面部模型,并能映射出复杂的特征,如眼窝深度。

面部生物识别技术中有许多不同的方法可用于分析面部数据。在创建一个可行的人脸的重建和分析时,需要运用多种技术。在这些技术中,当今被广泛接受的有主元分析法(principal component analysis,PCA)、线性判别分析法(linear discriminant analysis,LDA)以及弹性束图匹配法(Elastic Bunch Graph Matching,EBGM)。

主元分析法(PCA)是基于特征面的方法,被归类为基于外观的分析。主元分析法(PCA)使用数以千计的存储的人脸图像,并将它们置于特征面上,精确的算法对人脸进行分析,并注意到来自图像重叠的微妙差异和相似性,可以为不同的类别分配权重,并通过数学模型确定是否与特征面相匹配。主元分析法(PCA)的有效性是因为所使用和存储的数据并不占用很多空间,特征面是简单的二维图像,其中需要传输或存储的数据很少。主元分析法(PCA)使用的唯一缺点就是需要一张完整的正面脸部图像作为可行的样本;同时由于闭路电视摄像机的图像大多有扭曲或是以某种角度拍摄的,所以这种技术不能用于多重目的验证。

线性判别分析法(LDA)也是一种基于外观的分析技术。通过LDA,一个人的脸被放在一个矢量上,并分析从一个特征到另一个特征的线条。分析线条之间的关系,记录变化。原始图像被称为费舍尔脸(fisher face)。线性判别分析法

(LDA)由于其快速的处理和数据获取速度而被广泛使用和接受。它也可以消除许多负面的变量,如光照差异和面部表情的变化(这些都会对 PCA 技术产生负面影响)。必须要一个完整的面部图像是这个系统的主要缺点之一,这就需要有大量的数据来存储面部扫描,所以在数据问题始终存在的情况下,有可能阻碍组织机构的使用。

最后一种技术,弹性束图匹配法(EBGM)是一种基于模型的面部识别程序。弹性束图匹配法(EBGM)使用一个图形序列来映射面部特征的非线性关系,这种方法识别面部的地标特征,如嘴唇的边缘、鼻尖、眼睛的顶部、底部和中心,并指定该地标周围图像的一些特征,然后将这些特征与来自新图像的一组新地标特征进行比较(见图 7-4)。对人脸上的点进行计算,EBGM 技术允许对部分和偏离中心的面部图片进行分析。EBGM 技术的优点是不需要完整的面部图像就能够以极高的精度和准确性绘制人脸。

二维(2D)面部扫描仪是如何记录身份的?

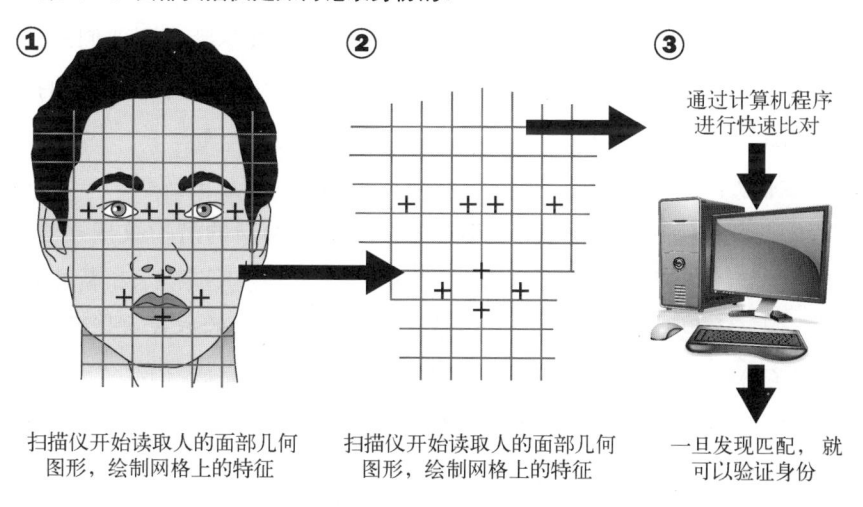

图 7-4 实现面部扫描的基本步骤

案例分析

双重身份的生活

佛罗里达州商人何塞·萨尔瓦多·兰蒂瓜(Jose Salvador Lantigua)去委内瑞拉旅行时伪造死亡,骗取了保险公司的巨额财富。在家人的帮助下,兰蒂瓜搬到了北卡罗来纳州,并伪造了一个有视觉伪装性的新身份。几个月以来,由于使用新化名"爱默生·艾伦·威利斯"(Ernest Allen Willis)和戴着棕色假发和染过色的胡须,兰蒂瓜频繁出入公共场所都未被发现。

兰蒂瓜的致命错误发生在他以新的化名和身份申请护照时提交了护照照片,尽管他的外表有了一些改变,但是,联邦特工利用最先进的面部生物识别技术将照片与"已经死亡"的兰蒂瓜进行识别后做出了准确匹配。联邦特工在匹配后不久就找到了兰蒂瓜,并指控他犯有多项重罪,特工们还在他的个人物品中找到了那些巧妙地伪装和掩盖其身份的工具。

下一代身份识别(NGI)系统

美国联邦调查局(FBI)已经开始将生物特征识别技术整合到他们的新识别系统中。截至2014年9月,联邦调查局(FBI)放弃使用他们的综合自动指纹识别系统(IAFIS),转而使用一个全新的最先进的识别系统。下一代身份识别(NGI)系统为全国的执法机构提供了更广泛的资源和信息的选择。一个新的全指纹系统已经实施。联邦调查局(FBI)还开发了一种新的潜指纹搜索法,为刑事调查提供新的线索,也有可能会解决许多悬案。生物识别技术和新技术已经改变了我们打击犯罪和通过刑事司法系统处理个体事物的方式,尽管下一代身份识别(NGI)系统耗资近12亿美元费时七年时间才能完成,但是,下一代身份识别(NGI)系统的更新升级就更有必要性了。

根据联邦调查局(FBI)的说法,这个新的高科技系统将由七个识别焦点组成。第一个新的下一代身份识别(NGI)增量将被称为 Rap Back 服务。Rap Back 服务向美国各地的机构发送通知,通知那些已经通过系统处理过的个人的犯罪活动(逮捕、缓刑、假释),这个系统对行使任何形式的刑事监督权力的机构特别有用,如 GPS 追踪脚链或性犯罪者登记册。

下一代身份识别(NGI)系统的另一个方面与生物识别技术密切相关。目前在刑事调查,嫌疑人的图像被发送到联邦调查局(FBI),该局将这些图像与国家信息基础设施中的一个大型数据库进行比较后实施面部识别。需要注意的是,下一代身份识别(NGI)并不提供对嫌疑人的"肯定"或"否定"识别,而是对匹配的概率进行高低排序。

多年来,瘢痕、印记和文身一直是一种容易识别的方式,这一点现在被添加到下一代身份识别(NGI)中,为执法部门提供对个人身体痕迹的更加全面深入的描述。在实践中,执法官员通过查询到嫌疑人的独特文身而确定他的身份。文身不但提供了重罪犯的隶属关系和犯罪背景的历史,也可以用于惩戒。

州际照片系统

下一代身份识别(NGI)系统包含许多新的应用和程序,其不但可以对涉嫌犯罪的人进行彻底调查,还可以进一步产生新的调查线索。下一代身份识别(NGI)中包含已经由联邦调查局(FBI)汇编多年的许多信息,而新的信息正在由全美国的刑事司法组织提供给联邦调查局(FBI)。这套广泛的信息对解决犯罪和逮捕逃犯至关重要,特别是对于大量的执法机构。州际照片系统(Interstate Photo System, IPS)有一个包含 3 000 多万张个人的正面照片的数据库。要加入州际照片系统(IPS),所有提交的面部照片必须包含提交人的指纹图谱(提交所有十指指纹记录)。

州际照片系统(IPS)数据库有两类照片:犯罪身份(作为合法拘留、逮捕或监禁的一部分提交的照片)和民事身份(为发放执照、就业、安全审查、军事服务、志愿服务和移民福利提交的照片)。IPS 中 80% 以上的照片是犯罪照片。IPS 的用户包括联邦调查局(FBI)和选定的州和地方执法机构,它们可以提交搜索请求来帮助识别一个未知的人,例如,使用监控摄像头的照片。目前,IPS 被作为"调查线索"使用,其结果并不是对可疑个体的肯定识别。

除了 IPS,联邦调查局(FBI)还有一个为该部门提供面部识别功能调查的内部单位,称之为"面部分析、比对和评估"服务小组(Facial Analysis, Comparison, and Evaluation, FACE)。FACE 的服务不仅可以访问 IPS,还可以搜索或请求搜索使用自己人脸识别系统的国防部和 16 个州拥有的数据库。与主要包含犯罪照片的 IPS 不同,FACE 服务包含来自州和联邦政府数据库的民事照片,如签证申请人照片和选定州的驾驶执照照片。在所有可搜索的资料库中,FACE 服务的人脸照片总数超过 4.11 亿。联邦调查局(FBI)特工已要求对外部合作伙伴的数据库进行近 215 000 次请求搜索,其中对州驾驶执照数据库的搜索约有 36 000 次。作为 FACE 服务请求的一部分,返回的任何结果只被视为调查线索,不被视为肯定的识别。

此外,联邦调查局(FBI)不能根据照片采取任何独立的执法行动,这意味着照片只是全面调查的一个部分。依靠被动型监视技术,联邦调查局(FBI)计划通过视频摄像头和闭路电视录像找到被通缉者。许多生物特征识别专家坚持认为,通过这种技术收集到的人脸将是颗粒状和低分辨率的,这将无法产生足够的数据来获得肯定匹配。为了应对这种情况,联邦调查局已经改变了系统,以产生一组可能的匹配,而不是试图为面部识别数据创造一个1∶1的匹配。

美国联邦调查局(FBI)已与Morpho Trust公司签订合同,由其帮助实施和维护所有面部识别生物识别系统。同时,Morpho Trust已经负责全美机动车部门和其他政府机构使用的生物识别系统。

2015年4月,联邦调查局(FBI)宣布,面部识别已成为NGI系统的一个完全有效的增量。面部识别与联邦调查局(FBI)拥有超过1亿条记录的指纹系统协同工作,联邦调查局(FBI)希望将面部识别数据与指纹、姓名、身份证等信息联系起来。

指纹和国家掌纹印系统

NGI以其全新的全指印系统采集指纹印痕。由警方获取的十指指纹都被添加到联邦指纹数据库中并使用一种新的算法进行比较后产生了更好的结果。在过去的IAFIS系统中,指纹的准确率只有92%,但在NGI系统中,准确率已经提高到99%;而且,从获取指纹到确定身份所需的时间也缩短了。

随着全新的全指印系统投入使用,联邦调查局(FBI)还开发了一种新的潜指纹搜索法,这将为犯罪调查提供新的线索,有可能解决许多的悬案。潜指纹搜索在全国各地18 000多个执法机构都可以使用,而且将更准确地找到匹配的指纹。潜指纹搜索法与联邦调查局(FBI)新的国家掌纹系统(National Palm Print System,NPPS)相辅相成,发现犯罪现场留下的罪犯掌印的潜指纹是执法部门以前无法获得的。随着NPPS和全指印系统的加入,未来几年将有更多潜在的犯罪得以预防。

2013年,联邦调查局(FBI)将一个包含有数百万手掌指纹的数据库(NPPS)用于刑事调查和审核,同时运用AFIT系统分析数据库中的指纹与在犯罪现场发现的掌纹的匹配程度,使得运用NPPS搜索潜在指纹解决一些"悬案"有了很大的提升。18 000个执法机构将有机会参与到这个项目中,并将能够为发生在几十年前悬而未决的犯罪发现新的线索。所有的刑事和民事搜查到的数据都被纳入这些潜在文件中,当有新指纹被添加到系统中时,这些潜在文件也会出现新的改变。这不但会成为强有力的调查武器,也会让受害者家属得到安慰。

联邦调查局(FBI)还实施了"特殊个体资料库"(Repository of Individuals of Special Concern,RISC)。RISC 允许警察对他们接触到的个体进行指纹识别,并快速检测出他们是否有威胁。RISC 系统不但可以将嫌疑人与性罪犯、被通缉者、恐怖主义嫌疑人和其他高危人员的资料库进行比较,还会保护许多警察免受潜在的危险。该系统是完全移动的,用两个食指的指纹数据就可以从巡逻车或前哨运行该系统。一旦执法人员获取了嫌疑人的指纹,RISC 系统只需 10 秒就可以与包含有 290 万指纹的数据库进行比较。目前有 21 个州正在参与 RISC 系统的 NGI 增量计划,联邦调查局(FBI)希望最终能得到所有的 50 个州的合作和援助。

犯罪主体中的检索就包括这些"悬而未决"的档案数据,执法部门从这些"悬而未决"的档案数据中进行的新的检索而获得更多的点击量,继而,NGI 以新的算法和标准使其基础设施更加强大和准确。这对全国的执法机关都有所裨益。

为了详细说明,以指纹识别技术在智能手机中应用为例:执法机构已经实现了移动设备和指纹扫描仪的结合。Morpho Trak——生物特征识别技术开发商,已经开发出了一种手机大小的移动指纹扫描仪(见图 7-5)。执法人员让嫌疑人将手指置于该设备的表面进行指纹扫描后指纹被传送到联邦政府和州的数据库,带有逮捕令和有效的身份信息的分析结果很快就被反馈回来了。这个结果至关重要,因为公开逮捕令提及的在逃嫌疑人往往会伪造其身份信息来逃避抓捕。

图 7-5　移动指纹扫描仪

章节小结

  生物特征识别技术有两个主要功能。第一个功能是生物特征的匹配或校验，即将扫描到的生物特征与数据库中的信息进行比对后识别出人群中的某人。第二个功能是通过生物特征识别进行权限管理。每个生物识别系统执行的第一阶段称之为注册，注册就是一个捕捉生物特征并将其存储在数据库中供以后使用的过程。一旦信息完成了在数据预处理模块中的运行，特征提取就开始了。该模块负责通过使用数学方程在传感器提取的特征中寻找相应模式。

  模板生成模块负责保存特征提取产生的所有原始数据，并将其转换为简单易读的格式供系统使用。联邦调查局(FBI)已经开始将生物识别技术整合到新的识别系统中。NGI系统为全国各地的执法机构提供了更多的资源和信息选择。新的全指纹扫描系统已经生效。联邦调查局(FBI)还开发了一种新的潜在指纹搜索程序。虹膜生物识别技术正在取代视网膜生物识别技术，因为它对执法和商业安全来说是功能更强的一项综合性更好的技术。创建一个独特的虹膜模板并将其与NGI系统中的一个数据库进行比较的模板，称之为虹膜码。分析面部数据的面部识别技术有很多，这些进行人脸重建和分析的技术中，目前最被广泛接受的是PCA、LDA和EBGM。面部识别已经成为NGI系统的一个彻底增益。

  面部识别与联邦调查局(FBI)的指纹系统协同工作，联邦调查局(FBI)期望将面部识别数据与附带的指纹、姓名、年龄、体重和其他基本特征联系起来，联邦调查局(FBI)还使用一个包括数百万个掌纹数据库的NPPS系统进行刑事调查和诉讼。

问题回顾

1. ＿＿＿＿＿＿是一种最先进的准确有效地识别人类的访问控制类型。
2. 生物识别技术的两个主要功能是＿＿＿＿＿＿和＿＿＿＿＿＿。
3. 计算机系统账户和信息被盗的主要原因之一是使用弱的＿＿＿＿＿＿。
4. 今天有许多形式的生物识别技术，但大多数可以分成两大类。第一类是＿＿＿＿＿＿生物特征识别技术，其中包括指纹、手、虹膜、视网膜和面部扫描。第二类是＿＿＿＿＿＿生物特征识别技术，它的稳定性要差得多，包括手写、语音、击键和步态识别。

5. _____是最常用的生理性生物特征识别类型。

6. 判断正误：一个人的键盘打字方式是独一无二的。_____。

7. 哪种生物识别是指一个人从一个地方走到另一个地方时的不同姿势、步长、速度和脚的位置？_____。

8. _____是最常用的行为生物识别技术类型。

9. _____被广泛用于识别人的身份已有一个世纪了。

10. 判断正误：数据预处理模块是生物识别系统开始提取的地方。_____

11. 将所有收集到的文件与系统的数据库比较的第二个过程被称为_____模块。

12. 每个生物识别系统必须执行的第一个过程是_____。

13. 判断正误：人类的虹膜在人的一生中会发生重大变化。_____

14. 判断正误：由于获取和分析视网膜扫描的复杂性质，这项技术不容易在现场实施。_____

15. 缩写NGI代表的是_____。

16. NGI系统已经取代了_____指纹系统。

17. NGI的_____服务是向全美国的机构发送与已经通过该系统处理过的个人的犯罪活动有关的通知。

18. 判断正误：面部扫描比虹膜扫描（是或否）准确。_____

19. 哪个政府机构创建并维护NGI系统？_____

20. _____是眼睛中围绕瞳孔的彩色部分。

21. 虹膜在怀孕的_____阶段开始形成，肌肉纤维开始成形并构建紧密的图案。

22. _____由眼球后部的神经细胞组成，为角膜和晶状体提供一个显示图像"屏幕"。_____负责获得一个人实际看到的清晰图像。

23. 近红外波段位于电磁波谱的_____纳米范围内。

24. 虹膜图像是用正常的可见光波长的图片，以及_____波段的图片来拍摄。

25. 用于分析和验证人类虹膜的_____程序由约翰·道格曼（John Daugman）博士开发。

26. 目前，执法机构与联邦调查局（FBI）共享的虹膜代码的数量是_____。

27. 第一个有记载的利用虹膜识别人的尝试是由英国眼科医生_____在 20 世纪 50 年代进行的。

28. 一个二维 Gabor 小波将虹膜过滤成多个部分,称为_____。

29. 美国海军陆战队和陆军使用_____虹膜生物识别系统来识别战场上的朋友或敌人。

30. 判断正误:马修·潘特兰(Matthew Turk)和亚历克斯·潘特兰(Alex Pentland)用于自动化面部识别,试图从一系列的面孔中识别和验证个人。_____

31. 与其他不同形式的生物识别技术相比,自动面部识别的一个重要优势是它不需要受试者参与。每天有数百万的人通过_____而没有意识到自己正在被扫描和识别。

32. 帽子、眼镜和面部毛发可以阻挡_____生物特征识别技术的扫描。

33. 面部识别扫描可以通过一个简单的_____。

34. 用_____方法,一个人将被要求站在离普通数码相机的一个固定距离上,然后拍摄一张面部的高清照片。

35. 为了消除与面部识别软件相冲突的障碍,已经开发各种技术来创建一个准确的验证/匹配和识别过程。所有这些技术都可归纳为_____和_____两类。

36. 弹性束图匹配是一种_____面部识别程序。

37. 判断正误:超过 16 个州参与了联邦调查局(FBI)的面部识别计划。_____

38. 2014 年实施的_____系统取代了现有的指纹 IAFIS 数据库。

39. _____系统是一个 NGI 数据库,包含了 3 000 万张有十指指纹的个人正面照片。

40. _____系统包含一个有数百万手掌指纹的 NGI 数据库,可用于刑事调查和处理。

41. NGI 系统利用复杂的匹配算法,将指纹的准确率从_____%变为_____%。

42. 联邦调查局(FBI)已应用_____系统快速搜索包含恐怖分子和其他高危人员的指纹数据库。

应用与批判性思考

1. 恐怖嫌疑人匿名混入大量的人群和混乱的情况。执法部门和政府机构如何利用生物识别技术来收集、调查线索和寻找嫌疑人？生物识别技术如何防止已知的恐怖分子进入人口密集的事件的情况？
2. 由于现有访问控制系统存在的问题，计算机和敏感数据网络最容易被入侵。密码很容易被黑客软件破解，而密钥可以在多人之间共享。密钥就像它们所匹配的锁一样过时了。生物识别技术如何解决这些问题？

参考文献与延伸阅读

Das, R., Biometric Technology: Authentication, Biocryptography, and Cloud-Based Architecture. Boca Raton, FL: CRC Press, 2015.

Du, E. Y., Biometrics: From Fiction to Practice. Singapore: Pan Stanford, 2013.

Labati, R. D., V. Pluri, and F. Scotti, Touchless Fingerprint Biometrics. Boca Raton, FL: CRC Press, 2015.

第八章

显微镜

学习目标

8.1 概述显微镜的基本原理
8.2 认识复式显微镜的组件
8.3 描述比较显微镜的特点
8.4 描述体视显微镜的特点和用途
8.5 探讨偏光显微镜的偏振光的设计特征
8.6 探讨如何使用显微分光光度计分析微量物证
8.7 认识扫描电子显微镜
8.8 探讨孢粉学如何将犯罪现场与人或物联系起来

关键术语

Binocular	双筒望远镜	parfocal	准焦距
Condenser	冷凝器	plane-polarized light	平面偏振光
depth of focus	景深	polarizer	偏振器
eyepiece lens	目镜	real image	实像
field of view	视场	transmitted illumination	透射照明
microspectrophotometer	显微分光光度计	vertical or reflected illumination	垂直或反射照明
monocular	单目镜	virtual image	虚像
objective lens	物镜		

新闻头条
无名女童案

2015年7月25日,一名女性在马萨诸塞州(Boston, Massachusetts)外的鹿岛海滩上遛狗,这条狗停下来嗅了嗅一个承包商风格的垃圾袋,在那个袋子里发现了一个女童的遗体,大约2—4岁。调查人员认为这名儿童于1—2天前已经死亡,被包裹在两条毯子里,穿着一条带有黑色圆点的白色裤子。随后对这名女童的身份进行了调查,当局向新闻媒体发布了死亡女童的面部合成素描和她所穿的衣服描述。媒体称这个孩子为"无名女童",该案件引起了全国的关注。

几个星期过去了,虽然线索纷至沓来,但调查人员仍然无法确定女童的身份。马萨诸塞州(Boston, Massachusetts)警察局的侦探们运用常见的法医方法验证该女童是否在波士顿地区,或者凶手是否将她的尸体带到那里以掩盖罪行。他们通过国家失踪和被迫害儿童中心将用于包裹尸体的两条毯子、孩子的裤子和孩子的头发样本交给休斯敦的美国海关和边境巡逻队的实验室和科学服务部门进行孢粉分析。

在那里,分析人员根据回收的花粉和大量的烟尘等分析确定该女童很可能来自美国东北部的一个郊区。他们确定了橡树和松树的孢子以及通常在北美洲落叶区发现的其他物种,更有说服力的是,他们发现了两种不同类型的雪松花粉;分析人员确定雪松树不是美国东北部的原生树种,在该地区只有波士顿的哈佛大学阿诺德植物园和费城的宾夕法尼亚大学莫里斯植物园这两个地方有多个雪松树种共同生长。虽然分析人员无法确定是在费城还是在波士顿地区,但可以确定波士顿地区可能性更大,因为孩子是在那里被发现的。这一信息有助于调查人员将搜索重点放在大波士顿地区,并最终确定该女童和与其死亡有关人员的身份。本案件更多的信息请阅读在本章的孢粉学部分。

寻人启事

萨福克县地区检察官、马萨诸塞州警方和温斯洛普警方正在寻求公众的帮助,以确认2015年6月25日在鹿岛西岸发现的一名女幼儿的尸体。这张由计算机生成的图片描述了她在生活中可能出现的样子。

这名儿童死亡时大约四岁,有棕色眼睛和棕色头发,体重约30磅,身高约3.5英尺。

| 萨福克县的州警察侦探组 | 马萨诸塞州警察通信科 | 温斯洛普警方举报热线 |

显微镜的基础知识

显微镜是一种光学仪器,使用透镜或透镜组合来放大和分辨物体的细节部分。最早的犯罪实验室检查实物证据的方法几乎完全依靠显微镜研究物质的结构和组成。即使现代分析仪器和技术的出现也没有削弱显微镜在法庭科学分析中的作用。如果有的话,强大的扫描电子显微镜(SEM)的发展有望为法庭科学增加新的工具,而这是普通光学显微镜无法比拟的。

最早和最简单的显微镜是通常被称为放大镜的单镜头。手持式放大镜可以使东西看起来比原来更大,是因为光线从空气中进入玻璃再回到空气中的过程中会发生折射或弯曲。通过镜头观察放大的图像,如图 8-1 所示。这样的图像被称为**虚像**①,只能通过透镜看到,不能直接看到,这与**实像**②是有区别的,实像是可以直接看到的,比如投射到电影屏幕上的图像。

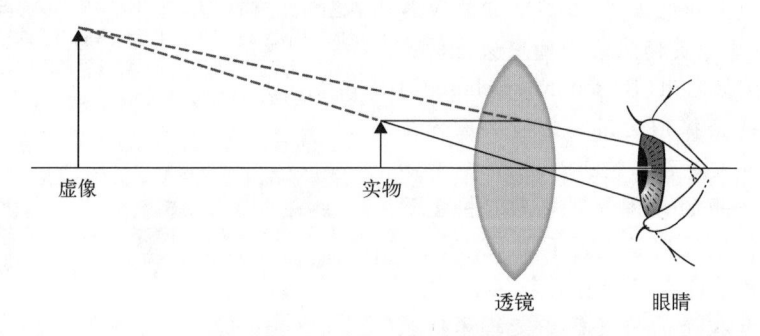

图 8-1 光线通过透镜如何被放大

普通的放大镜可以放大约 5 至 10 倍。更高的放大倍数只能通过复式显微镜获得,复式显微镜由安装在空心管两端的两个透镜构成。要放大的物体放在下面的透镜(称为**物镜**③)下方,而放大的图像则通过上面的透镜(称为**目镜**④)观看。如图 8-2 所示,物镜形成一个真实的、倒置的、放大的物体图像。目镜就像一个简单的放大镜,将这个图像进一步放大成一个虚拟的图像,这就是眼睛看

---

① 虚像:是一种不能直接看到的图像,能由观看者通过一个透镜看到。
② 实像:由光线在屏幕上实际汇聚形成的图像。
③ 物镜:显微镜下部的直接置于标本上方的透镜。
④ 目镜:观察者一端的显微镜透镜,就像人戴的眼镜。

第八章 显微镜

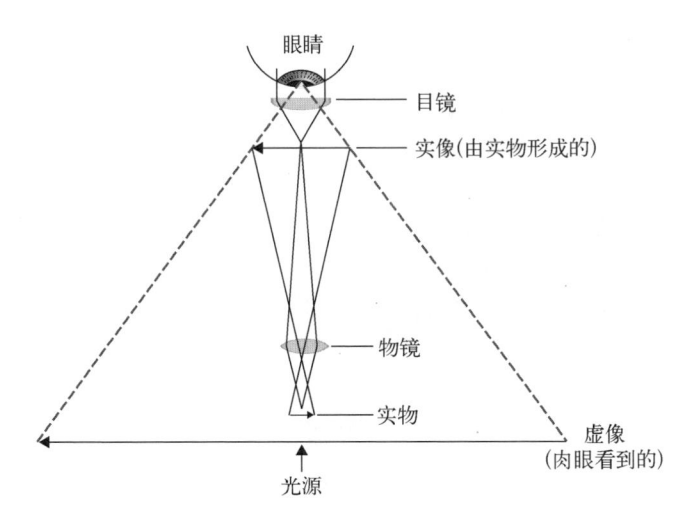

图 8-2 复式显微镜的原理：光线通过两个透镜形成眼睛看到物体的虚像

到的图像。两个镜头综合可将图像放大 1 500 倍。

复式显微镜的光学结构是不同类型的光学显微镜的基本设计。最适于检查法庭科学样本的显微镜有以下几种：

1. 复式显微镜；
2. 比较显微镜；
3. 体式显微镜；
4. 偏光显微镜；
5. 显微分光光度计。

在介绍完以上五种显微镜后，我们将探讨扫描电镜。这种仪器将一束电子（不是可见光）聚焦到样本上，产生一个放大的图像。这种显微镜的放大倍数高达 100 000 倍。

复 式 显 微 镜

复式显微镜的部件如图 8-3 所示：通常这种显微镜由支撑显微镜的机械系统和光学系统组成；光学系统照亮样本，并将光线通过一系列透镜，从而在眼睛的视网膜上形成样本的图像。光线通过复式显微镜的光路如图 8-4 所示。

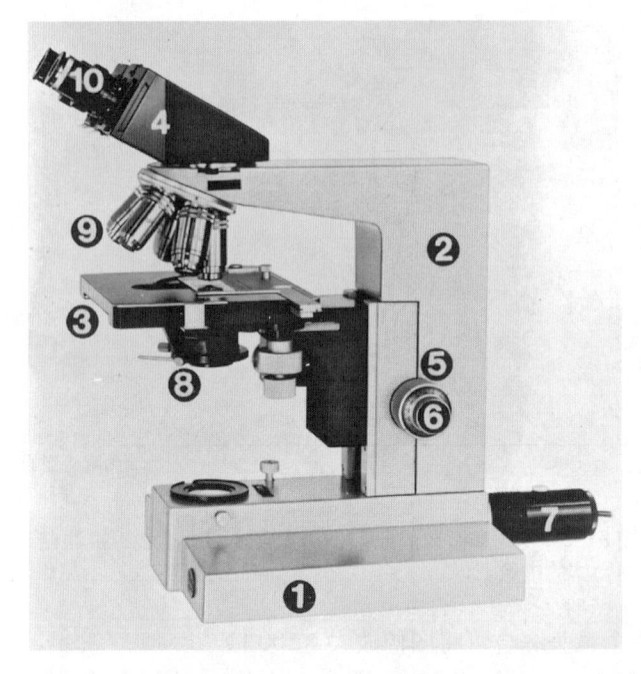

图 8-3 复式显微镜的部件:(1) 镜座,(2) 镜臂,(3) 载物台,(4) 镜筒,(5) 粗调轮,(6) 微调轮,(7) 光源,(8) 聚光镜,(9) 物镜,(10) 目镜

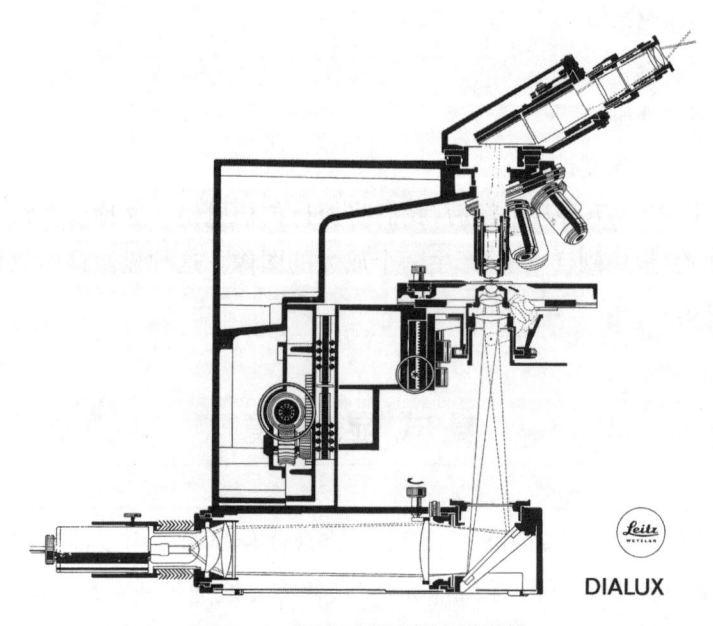

图 8-4 复式显微镜的光学系统

复式显微镜的构件

复式显微镜的机械系统由以下六个部分组成：

（1）镜座：仪器所处的支架。

（2）镜臂：一个与底座连接的 C 型直立结构，支撑显微镜并作为提取的手柄。

（3）载物台：放置样本的水平板，支撑通常被安装在载玻片上，通过弹簧夹牢牢固定在载物台上。

（4）镜筒：物镜和目镜之间的圆柱形的空心管，这个管子是光线从一个透镜传到另一个透镜的通路。

（5）粗调轮：使镜筒上下移动，调整准确的焦点。

（6）微调轮：使镜筒上下移动、微调，以得到更清晰的图像。

（7）光源：大多数现代显微镜由灯泡提供人造光源照亮被检查的样本。如果样本是透明的，光线就从显微镜底座上的光源射向载物台并穿过载物台，这种照明被称为**透射照明**[5]；当样本不透明时，光源必须放在样本的上方，以便它能从样本的表面反射到显微镜的透镜组合中，这种类型的照明被称为**垂直或反射照明**[6]。

（8）聚光镜[7]：聚光镜收集来自光源的光线，并将其集中在样本上。最简单的聚光镜是阿贝聚光镜，由固定在一个金属支架上的两个透镜组成。聚光镜还包括一个可以打开或关闭的控制光进入量的光圈。

（9）物镜：接近样本的镜头。为了便于从一个物镜换到另一个物镜，几个物镜被安装在位于样本上方的换镜旋转台上。大多数显微镜是**准焦**[8]的，当显微镜在一个物镜的位置上聚焦时，另一个物镜可以通过旋转换镜台将样本进行正确的对焦。

（10）目镜：是最接近眼睛的镜头。只有一个目镜的显微镜是**单目镜**[9]；有两个目镜的显微镜是**双目镜**[10]。

显微镜的光学系统由光源、聚光镜、物镜、目镜四个部分组成。透射照明：

---

[5] 透射照明：光源射向载物台并穿过载物台上样本的光线。
[6] 垂直或反射照明：适用于不透明标本，光源在标本的上方。
[7] 聚光镜：显微镜载物台下的将光聚焦到样品上的透镜系统。
[8] 准焦：当图像在一个物镜位置上聚焦时，另一个物镜可以旋转到位，并且该视场将保持焦点。
[9] 单目镜：只有一个目镜的显微镜。
[10] 双目镜：有一对目镜的显微镜。

是由聚光器向上照射并通过样本的光线。垂直或反射照明：显微镜中的光线从样本上方进行照明，用于检查不透明的样本。准焦距：就是显微镜中图像在一个物镜的位置上聚焦时，另一个物镜可以旋转到位，以保持聚焦状态。单目显微镜：只有一个目镜的显微镜。双目镜：有两个目镜的显微镜。

复式显微镜的特性

每个显微镜镜头上都刻有一个数字，表示其放大倍数。观察者所看到的图像的总放大倍数等于物镜和目镜放大倍数的乘积。例如，放大 10 倍的目镜与 10 倍的物镜结合使用，总放大倍数为 100 倍。大多数法庭科学工作需要 10 倍的目镜与 4 倍、10 倍、20 倍、45 倍物镜相结合，其放大倍数分别是 40 倍、100 倍、200 倍和 450 倍。

此外，每个物镜都刻有镜口率（N.A.）。物镜将细节分解为单独的图像而不是图像的能力与物镜的镜口率成正比。例如，一个镜口率为 1.30 的物镜可以在镜口率为 0.65 的物镜的一半距离上分离出细节。复式显微镜的最大有效放大率约为所用物镜镜口率的 1 000 倍。这个放大率足以让眼睛看到所有的细节。增加总放大倍数超过这个数字，不会产生额外的细节，被称为无效放大倍率。

虽然使用显微镜的新手可能会立即选择最高的放大倍数来查看样本，但经验丰富的显微镜专家在选择放大倍数之前会权衡一些重要因素。首先必须考虑的是观察者期望研究的样本区域的大小，或**视野**[11]。随着放大倍数的增加，视野会缩小。因此，最好先选择一个低倍率，这样可以看到样本的总体情况，然后再切换到高倍率，这样可以更详细地观察样本的细节部分。

景深[12]也受放大倍数影响。在样本上实现聚焦后，景深定义了该试样的厚度。该区域以上和以下的区域会被模糊，只有重新调焦时才能看清楚。景深随着放大倍数的增加而减少。

比 较 显 微 镜

法庭科学中显微镜经常需要对样本进行并排比较。这种观察最好用比较显

---

[11] 视野：标本放大后可以看到的区域。
[12] 景深：显微镜下完全聚焦的标本厚度。

微镜进行,如图 8-5 所示,比较显微镜通常是由两个复合显微镜组合在一起的装置。其设计的独特之处在于,使用一个包含一系列反射镜和透镜的桥接器将两个独立的物镜连接成一个双目镜。当观察者通过比较显微镜的目镜镜片观察时,会看到一个被一条细线平均分成两部分的圆形的视野。安装在左手物镜下的样本出现在视野的左半部分,而右手物镜下的样本出现在视野的右半部分。操作时要密切配合物镜的光学特性,以确保两个样本在相同的放大倍率下看到,并用最小失真率的镜头进行识别。用于比较子弹、弹壳和其他不透明物体的比较显微镜,配备垂直或反射照明系统,用于比较毛发或纤维的比较显微镜使用透射照明。

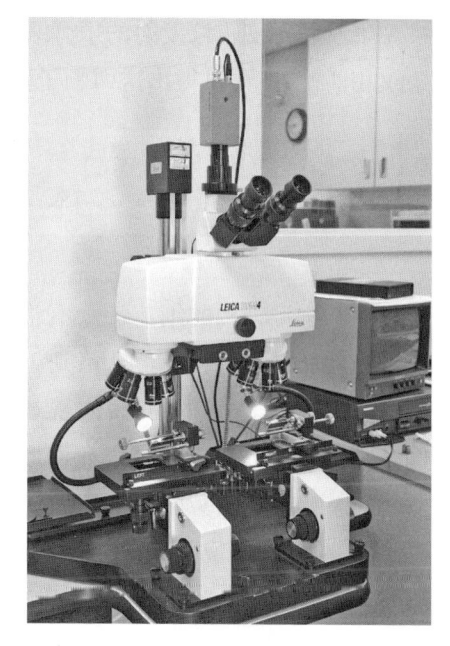

图 8-5 比较显微镜—通过光学桥将两个独立的物镜连接在一起

图 8-6 显示了置于比较显微镜物镜下的两颗子弹上的条纹标记。现代枪支检查始于比较显微镜的发明,能够让枪支检查员对子弹进行并排放大观察,通

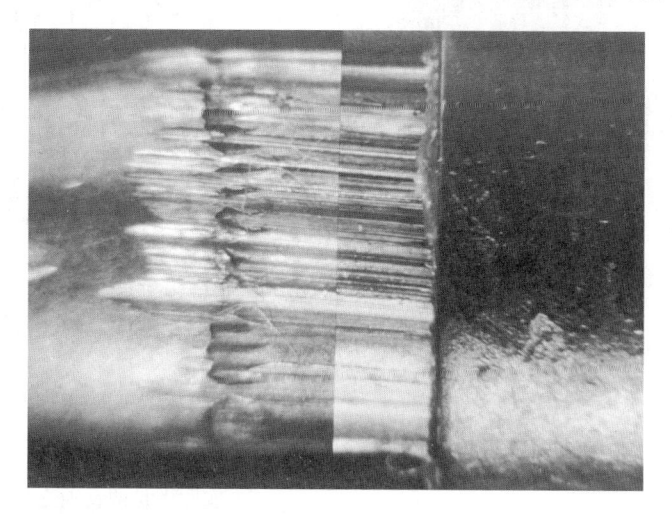

图 8-6 比较显微镜拍摄的显微照片显示:右边是可疑武器发射的试射子弹上的条纹标记,左边是犯罪现场子弹上的条纹标记

过观察对同一支步枪发射的子弹表面进行膛线标记,如果每颗子弹上的大多数条纹相匹配,就可以得出这两颗子弹是同一个枪管发射的结论。

体视显微镜

有些物证结构的细节特点不总是在高放大倍率下观察,对于这类样本,体视显微镜就非常适合,它有10倍到125倍的放大能力;优点是可以呈现出物体独特的三维图像。此外,虽然体视显微镜形成的图像是倒置和反转的(上下颠倒),但因为其光路中的棱镜允许形成右旋的图像,所以观察更方便。如图8-7所示,体视显微镜实际上是两个单眼复式显微镜,以适当的间隔排列,观看者通过两个目镜镜片观看样本的三维图像。体视显微镜的光路如图8-8所示。

图8-7 体视显微镜

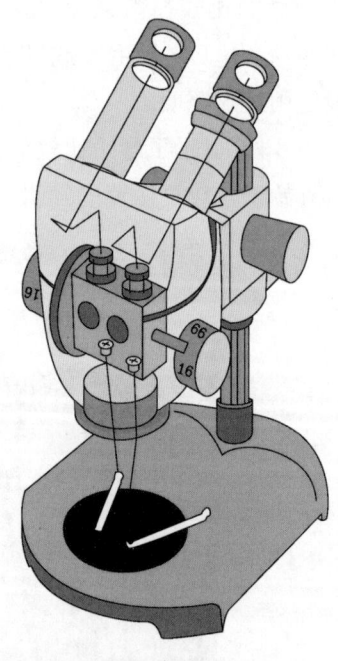

图8-8 体视显微镜示意图:实际上是两台独立的单目显微镜,除了公用的最低倍数的物镜外,每个单目显微镜都有一套独立的物镜

体视显微镜是犯罪实验室中最常使用的通用显微镜。其宽广的视野和大纵深的焦距使其成为碎片、服装、武器或工具中寻找微量证据的理想仪器。此外，其潜在的大焦距(物镜和样本之间的距离)可适用于大而笨重的物品检查。当配备垂直照明系统时，体式显微镜成为检查油漆、土壤、火药残留物和大麻等各种物证的主要工具。

偏 光 显 微 镜

光在空间的波形运动可以解释其许多特性，偏光显微镜就是利用了光振动的原理。

偏振

光波是在与光传播的方向垂直的平面上发生振动。然而，当光波通过那些特别的晶体物质时，光波只在一个平面上振动，被限制在单一振动平面的光被称为**平面偏振光**[13]；这种使光偏振的装置被称为**偏振器**[14]。这种现象就像我们常见的太阳光通过偏振太阳镜，仅在垂直平面内传递振动的光线，从而消除或减少眩光。大多数眩光由部分偏振光组成，这些偏振光被水平表面反射而在水平面内振动。

因为偏振光与普通光用肉眼无法分辨，所以必须设计出特殊的检测方法。通常是在偏振光束的路径上放置第二个偏光镜(称为检偏镜)来实现。如图8-9所示，如果起偏镜和检偏镜相互平行，偏振光就会通过并被肉眼观察到；如果起偏镜和检偏镜相互垂直或"交叉"，则无光穿透，肉眼观察不到光线。

按照这样的方法给复式或体式显微镜配备起偏镜和检偏镜让观察者能够检测偏振光的显微镜称之为偏光显微镜。通常起偏镜被放置在光源和载物台之间，在光线通过样本之前对其进行偏振，然后，穿透样本的偏振光必须通过一个检偏镜后到达目镜，最后到达眼睛。起偏镜和检偏镜一般是"交叉"的，所以当没有样本时，视场内是黑暗的。但是，引入偏振光的样本会重新调整偏振光的方向，使其通过检偏镜后产生了颜色和强度对比，这样样本就很容易被区分开来。

---

[13] 平面偏振光：被限制在一个单一振动平面内的光。
[14] 偏振器：允许只在一个平面内振动的光波通过的装置。

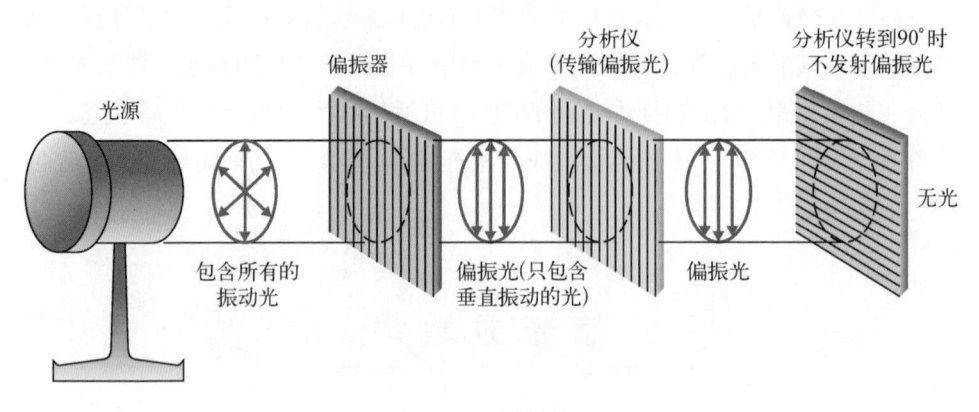

图 8-9 光的偏振

偏光显微镜的应用

这种显微镜最重要的应用与研究偏振光的材料有关。例如,我们将在第 10 章中了解到,许多晶体结构是双折射的,也就是说,可以将一束光分成两个不同折射率值的光线,这一观察结果与我们对偏光显微镜的讨论相关的是,光束彼此以直角偏光。因此,偏光显微镜已被广泛用于检查土壤中存在的双折射矿物。通过使用浸泡法和选择适当的浸泡液,可以确定每个偏振光的平面折射率。因此,当一种矿物在与其折射率匹配的偏振光下观察时,晶体边界附近的明亮光晕(称为贝克线)将不可见,加上对晶体颜色、形态等的观察,使得偏光显微镜对矿物的识别成为可能。同样,利用许多合成纤维也是双折射的特点,可以用偏光显微镜来进行识别。

显微分光光度计

显微分光光度计是将显微镜连接到分光光度计的仪器。从实用的角度来看,法庭科学实验室中很少有仪器能与显微镜的多功能性相媲美。显微镜的放大功能对于发现物证的细微痕迹是不可或缺的,许多物证都可以通过显微镜检查其形态特征进行识别。同样,显微镜也可以用来研究光与被调查材料的相互作用,或者用来观察其他化学物质对此类证据的影响。这些特征中的每一个都能让检查者更好地描述和识别物证。最近,将显微镜与计算机分光光度计相连接,为其能力增加了一个新的维度,这种组合产生了一种叫作**显微分光光度计**[15]的新仪器。

在法庭科学专家看来这是一种理想的结合。在第12章中,将介绍如何利用材料对光的选择性吸收进行表征,尤以电磁波谱中的紫外线、可见光和红外线区域的光最有助于实现这一目的;过去,由于大多数分光光度法不太适合检查极小颗粒的证据,所以法庭科学专家没有充分利用分光光度法检查微量证据。然而,随着显微分光光度计的发展,现在法庭科学专家可以在显微镜下观察粒子的同时,将一束光照向粒子而获得其吸收光谱;根据所使用的光的类型,检查人员可以获得在显微镜下观察物质的可见光或红外线(IR)光谱模式。此法的优势是为法庭科学确定微量证据的特征提供额外的信息。测量材料可见光吸收的显微分光光度计见图8-10。

图8-10 可见光显微分光光度计

可见光显微分光光度计

颜色的目检通常是油漆、纤维和油墨证据检查的第一步,这种检查使用比较显微镜更适合。现在,随着显微分光光度计的使用,不仅可以直观地对材料的颜色进行比较,同时还可以根据其在可见光光谱中的吸收波长为每个被测样品绘制出吸收光谱;有时,目检相似的颜色在其吸收光谱中会有明显的差异。使用显微分光光度计比较货币上墨线的光谱,可区分假币和真币,如图8-11所示。

---

[15] 显微分光光度计:连接显微镜和分光光度计的仪器。

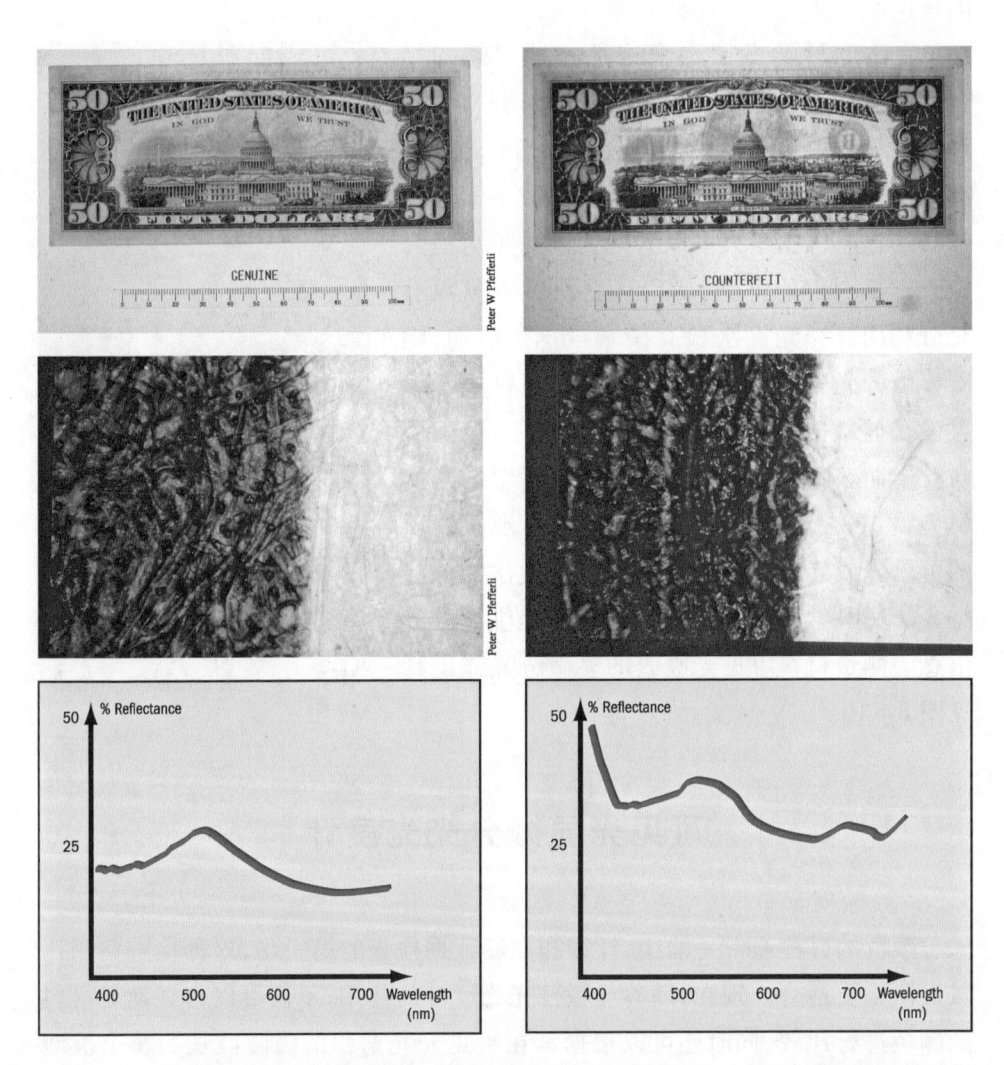

图 8-11 上图是两张 50 美元的钞票；一张是真的，另一张是假的。每张钞票下面是其墨线的显微照片。如图所示，在可见光显微分光光度计下，每条线的可见吸收光谱很容易区分，从而使检查人员能够区分假钞和真币

第八章 显微镜

法庭科学中的另一项新技术是使用红外显微分光光度计检测纤维和油漆。"指纹"红外光谱(见第十二章)对每种化学物质都是独一无二的。因此,从纤维或油漆碎片上获得这样的光谱可以让分析人员更好地识别和比较其化学组成。有了显微分光光度计,法庭科学专家在通过显微镜观察物质的同时能绘制出该材料的红外吸收光谱。

扫描电子显微镜(简称:扫描电镜)

以上显微镜都基于样本发出的光而产生放大图像。然而,扫描电镜是显微镜家族中的一个特例(见图8-12):热钨丝发射的电子束由电磁体聚焦到试样表面,然后通过闭路电视成像。初级电子引起了试样上层电子的发射,即次级电子。此外,20%~30%的初级电子会从表面反弹,称为背散射电子。收集发射的电子(包括次级和背散射电子),并将放大后的信号显示在显示器上。阴极射线管同步扫描试样表面的初级电子束,将发射的电子转换成试样的图像,并在阴极射线管上显示出来。

图8-12 扫描电镜

扫描电镜的主要吸引力在于其高放大倍率、高分辨率和巨大的聚焦深度。在一般模式下,扫描电镜的放大倍率从10倍到100 000倍不等。聚焦深度是类似放大倍数的光学系统的300倍左右,所产生的图像在外观上几乎是立体的。图8-13为大麻叶上囊泡毛被扫描电镜巨大的景深和放大后的图像。车辆前灯灯丝的扫描电镜图像可以显示出在碰撞发生时是打开还是关闭状态(见图8-14和8-15)。

图8-13 扫描电镜(800×)观察到的大麻叶的囊泡毛

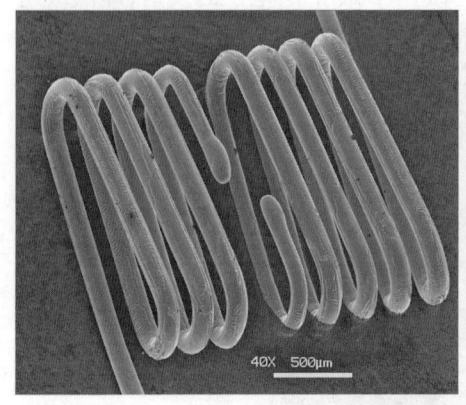

图8-14 热灯丝断裂的熔化端表明事故发生时前车灯是亮着的

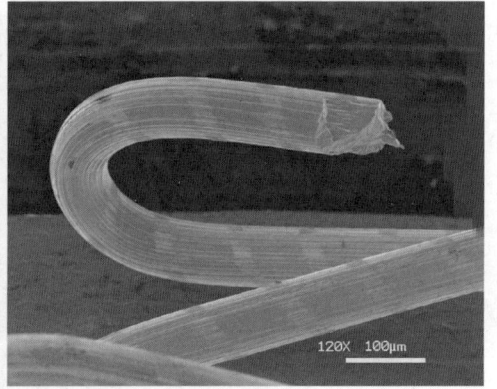

图8-15 冷灯丝断裂的尖锐端表明事故发生时前车灯是关闭的

探讨扫描电镜

扫描电镜可以利用产生的X射线来确定试样的元素成分。扫描电镜的电子束击中目标就产生X射线,通过与扫描电镜相连接的X射线分析仪,可以根据所发射X射线的能量值进行排序而建立试样中的元素分布图;由于每种元素都会发射出具有特征能量的X射线,所以X射线分析仪可以识别出试样中存在的元素。此外,通过测量X射线的发射强度,也可以确定元素的含量。

以花粉和孢子作为证据的学科——孢粉学

地球上的许多植物物种中,有 50 多万种会产生花粉或孢子,每个物种产生的花粉或孢子都有其独特的纹理和形态。法庭科学专家能够对花粉或孢子进行检查和识别后,将犯罪现场和个人或物体联系起来。这项技术被称为孢粉学,包括收集和检查与犯罪现场、非法活动或恐怖主义有关的花粉和孢子,显微镜是孢粉学领域的主要工具。

走进科学

枪击残余物的检测

扫描电子显微镜的一个应用是确定嫌疑人最近是否开过枪。在这种情况下,用胶带提取残留在枪手手上的枪击颗粒物,在扫描电镜下检查胶带上是否有来自子弹底漆的颗粒,而这些颗粒可以通过其大小、形状和元素组成来判断。如图所示,当枪击残留物暴露在来自 SEM 的电子束中时,会发射出 X 射线,这些 X 射线传入检测器,在那里被转换成电信号,这些信号根据发射的 X 射线的能量进行分类和显示。通过使用这种技术,在大多数底漆中发现的元素铅、锑和钡可以被快速检测和识别。

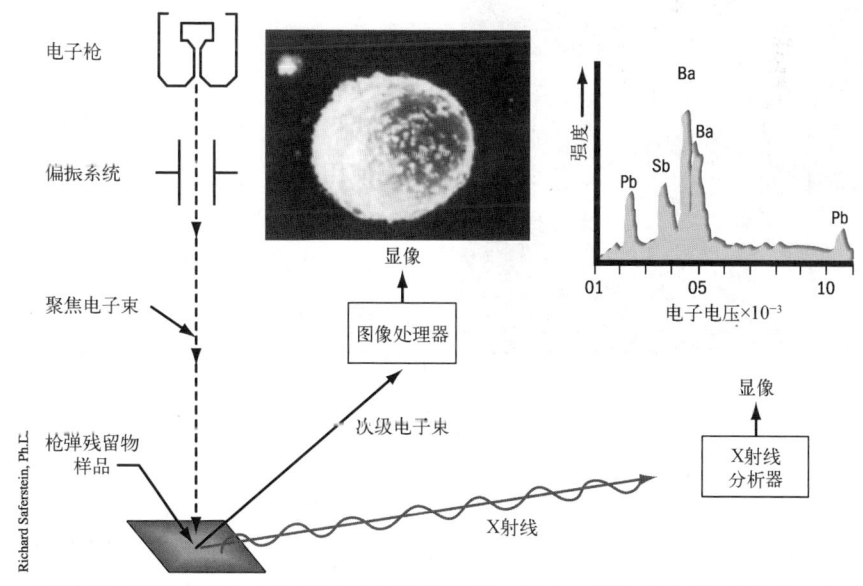

扫描电子显微镜的示意图,显示了枪击残留物颗粒的图像。同时,X 射线分析仪检测并显示粒子中存在的铅(Pb)、锑(Sb)和钡(Ba)等元素的 X 射线发射。

孢子和花粉的特征

自然界中,花粉粒是植物种子的单细胞雄配子(生殖细胞)。花粉壁(外膜)很坚固,保护并携带植物繁殖所需的"精子"。孢子由植物的雄性和雌性配子组成,如藻类、真菌、苔藓和蕨类等。产生花粉的植物要么是风媒植物(花粉由风传播),要么是虫媒植物(花粉由昆虫或小动物携带和传播)。通常可以通过风媒植物产生的传播花粉混合物,精确识别其地理位置。例如通过对嫌疑人衣服中提取的花粉样本进行分析,用空气中花粉的类型和百分比特征确定地理位置。虫媒植物通常会产生少量的花粉,非常黏稠,所以除了与植物直接接触外,这种类型的花粉很少会沾在衣服或其他物体上;当重建犯罪事件时,这些信息很有用,因为可能表明发现花粉的衣服、车辆或其他物体与犯罪现场发现的植物直接接触。

孢子和花粉的分析

孢子和花粉都是微观的,由成年植物产生,然后以百万计散布开来,两者都可以借助各种显微镜用类似的方法进行分析;使用放大倍数高达1 000倍的显微镜,分析人员基本可以确定花粉和孢子来自一个特定的植物科或属,有时甚至可以确定独特的物种。然而,相关物种的花粉或孢子往往看起来非常相似,只有使用扫描电镜进行仔细分析后才能确定物种(见图8-16)。

独特的形状、孔径类型和纹理通常用于描述和识别孢子样品。花粉的形状包括球形、三角形、椭圆、六边形、五边形和许多几何形状(见图8-17);孔是花粉的开口,花粉管从这里生长,并将精子带到卵子中完成受精。纹理是指花粉表面的图案。

图8-16 豚草花粉的扫描电子显微照片——宽10厘米,放大1 170倍

为了避免花粉证据被破坏或污染,及早收集花粉样本进行分析是非常重要的,应该由受过训练的孢粉学家在犯罪现场尽快完成。专家的首要任务是研究犯罪现场或相关区域的孢子和花粉(称为花粉雨)的预计产量和散布模式,并利

第八章　显微镜

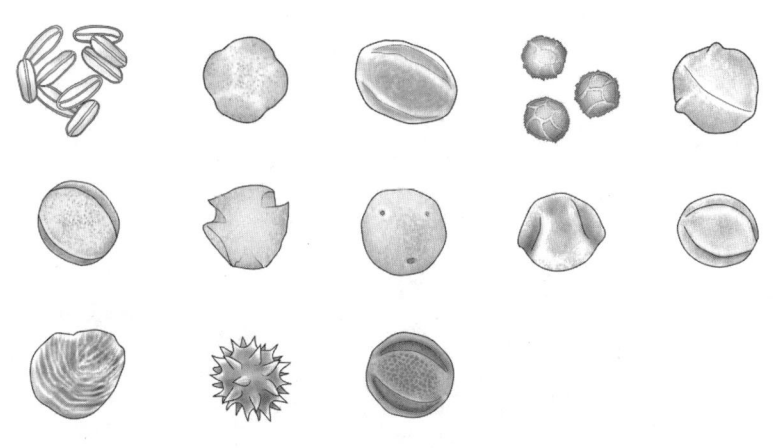

图 8-17　一些植物的花粉示意图

用这些信息生成该地点的"花粉指纹"。

通过分析花粉和孢子证据获得的信息有许多用途。可以将嫌疑人或物品与犯罪现场或受害者联系起来证明嫌疑人是否在场、是否是嫌疑人，追踪某些物品或嫌疑人以前的行踪，或表明某些物品的所属地。过去，花粉和孢子证据被用来定位人类遗骸和隐蔽的埋葬地点，确定受害者的死亡季节或时间，定位非法药物和假药的来源地区，识别恐怖分子，以及证明非法偷猎和商业食品掺假的行为。

案例分析

无名女童案

一位女性在波士顿外的鹿岛岸边遛狗时发现了一个女童的尸体（图1）。很快当地新闻媒体就把这个女婴称为"无名女童"。

两周后，警方公布了该女童的电脑合成图片，以及与她的尸体一起被发现的圆点紧身裤和斑马纹毯子的照片；在图片发布后的几天里，数百万人看到这些照片后线索纷至沓来。无名女童的图像被放在全州50个地点的广告牌上，在接下来的三个月里，调查人员追踪了210条线索，但没有成功地确认她的身份。

调查人员开始考虑她可能是被船冲上鹿岛海岸，或是被从其他地方运到该地区。为了确定搜索重点是否放在了正确的地方，他们探索了两种可能表明地理来源的分析手段：孢粉学和稳定同位素分析。

图1 发现女童尸体的鹿岛海滩

为了进行花粉分析，调查人员从毯子和裤子上提取了清洁样品，法医专家根据取回的样本完成标准的花粉计数（图2），发现这些花粉来源于美国东北部阔叶林。

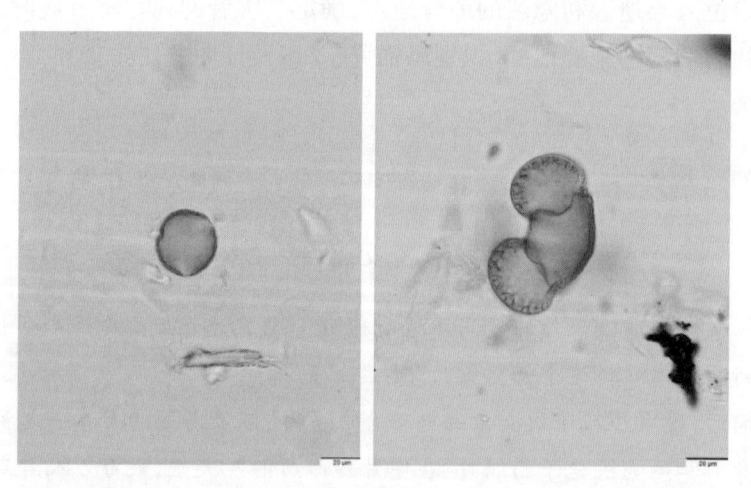

图2 女童衣服上的花粉孢子主要是橡树（栎属）见左图，和松树（松属）见右图。Daniel Herman, Massachusetts State 警察局。

马萨诸塞州警方还将样本送到犹他州盐湖城的国际标准化法医鉴定实验室。利用女孩的头发和牙齿中的稳定同位素，分析人员可以检测她一生中遇到的化学物质。国际标准化法医鉴定实验室总裁 Lesley Chesson 说："你吃了什么,喝了什么,都会直接记录在你的组织中;也就是说,你喝的饮用水中的同位素记录在你的头发和骨骼中。"研究人员利用同位素信息描绘一个人生活的概貌:住在哪里,去过哪里。同位素分析结果提示这个女童死前曾在新英格兰待过一段时间。

2015年9月的一条与无名女童身份有关的线索使执法部门的努力有了回报。该女婴被确定为 Bella Bond,2岁半,来自 Dorchester,MA。根据举报线索,警方随后指控该女童母亲的男友迈克尔·麦卡锡谋杀了女童,他被判有罪并被判处终身监禁。

玉米地里的蛛丝马迹

在美国中西部的东部地区,一名受害者被绑架、抢劫,然后被谋杀,这是将医孢粉学应用于刑事调查的一个案例的典范。受害者的汽车被盗,后来在繁忙的高速公路附近陷入泥里而被遗弃;第二天晚上,一名流浪者因闯入一家关闭的商店后在附近的一个小镇被捕,在监狱里等待审判时,这个流浪者告诉同狱的一个犯人他的车陷在了泥里,如果不是因为那次事故,他就不会在监狱里。另一名囚犯希望能争取减刑,于是把这个事告诉了警长。

在调查犯罪现场的过程中,调查员注意到,遗弃在泥泞中的被盗汽车所在的土路和通往下一个城镇的附近公路之间,生长着大片成熟的玉米。调查员琢磨嫌疑人衣服上的玉米叶子的痕迹是否与犯罪现场有关?幸运的是,当这个流浪汉被捕时,他的衬衫和裤子已被取下并存放在无菌袋中。他在狱中和该地区的所有囚犯一样穿了橙色的囚服。

为了在衣服上寻找玉米叶的痕迹,衬衫和裤子被送到了一位植物学家那里。这位植物学家也是一位孢粉学家,不但收集了花粉样本并调查了花粉的痕迹。从嫌疑人的衬衫上采集的样本显示,衬衫的颈部和肩部有高浓度的新鲜玉米花粉;从裤子上采集的样本也含有玉米花粉,但比例较低。花粉数据表明该流浪汉最近曾走过玉米田,这与遗弃汽车和高速公路之间的玉米田相似。走过这片田地时,与玉米植株上盛开的雄性穗子擦肩而过,这就是在衬衫的肩部和颈部发现大量玉米花粉的原因;当他在田间行走时,也有少量的玉米花粉落在他的裤子上。在嫌疑人等待审判期间,其他证据和来自受害者农场的几个指纹也将其与谋杀案联系起来。

章节小结

　　显微镜是一种光学仪器,使用一个透镜或多个透镜组合来放大和分辨物体的微小细节。各种类型的显微镜被用来分析法庭科学样本。在复式显微镜中,要放大的物体被放在物镜下,而放大的图像则通过目镜进行观察。法医显微镜经常需要对样本进行并排比较——比较显微镜由两个独立的物镜组成,通过一个光学桥连接到一个共同的目镜,当观察者通过比较显微镜的目镜观察时,被观察的物体在一个被平均分成两部分的圆形区域内并排观察。比较显微镜的问世始于现代枪支检查,能够为枪支检查员提供子弹的并排放大视图。体式显微镜实际上是两个单目复式显微镜,排列之间有适当的间隔,通过目镜可观察样本的三维图像,可用于观察大体积样品。

　　在一个振动平面上的光波被称为平面偏振光。用偏光显微镜可以检查平面偏振光与物质的相互作用。偏光显微镜在研究双折射材料方面有广泛的应用。这些折射率数据有助于识别土壤样品中的矿物质或人造纤维。显微分光光度计是一种与光学显微镜结合的分光光度计,可以用显微镜研究样本的同时获得其可见光吸收光谱或红外光谱。

　　最后,扫描电镜是用一束电子轰击试样,以产生10倍至100 000倍的高放大率图像。用电子轰击样本的表面通常会产生X射线,也可用于表征被调查材料中存在的元素。

　　孢粉学涉及收集和检查与犯罪现场、非法活动或恐怖主义有关的花粉和孢子。显微镜是孢粉学领域使用的主要工具。

问题回顾

1. 显微镜使用_____组合来放大图像。
2. 一种不能直接观看的图像被称为_____图像。
3. 一台_____显微镜由安装在空心管两端的两个镜头组成。
4. 最接近样本的镜头被称为_____。
5. 离观察者的眼睛最近的透镜叫_____。
6. 通过复合显微镜看到的图像是_____(虚像? 实像?)。
7. 粗调和细调是显微镜的机械系统的一部分_____。(对或错)

第八章 显微镜

8. 通过显微镜观察一个透明的样本需要使用_____光。

9. 不透明的物体需要_____照明才能用显微镜观察。

10. 一个_____收集来自基底照明器的光线,并将其集中在样本上。

11. 无论将哪个物镜旋转到哪个位置都能保持聚焦的显微镜是_____。

12. 只有一个目镜的显微镜是_____;有两个目镜的显微镜是_____。

13. 每个显微镜镜头上都刻有一个数字,表示它的_____。

14. 一个10倍的目镜与一个20倍的物镜结合使用,其总放大倍数为_____。

15. 一个物镜将细节分解成独立图像的能力与它的放大率成_____。

16. 试样区域的大小被称为_____。

17. 随着放大倍数的增加,视场也在增加(扩大/缩小)。

18. 样本在视野中的厚度被称为_____。

19. 随着放大倍数的增加,聚焦深度(增加/减少)。

20. 用显微镜对两个样本进行并排观察,_____效果最好。

21. 判断正误:桥接器用于将两个独立的物镜连接成一个双目单元,形成一个对比显微镜。

22. 两个单目复式显微镜适当的间隔和排列描述了显微镜的情况。

23. 立体显微镜是典型犯罪实验室中使用频率最低的_____显微镜。

24. 立体显微镜在镜头和试样之间提供了大的_____。

25. 被限制在一个单一振动平面上的光被称为_____。

26. 如果偏振器和分析器相互放置(垂直/平行),则没有光穿透。

27. _____显微镜允许观察者检测偏振光。

28. 产生两个偏振光平面的_____晶体,每个平面都垂直于另一个。

29. 通过使用_____显微镜,人们可以在显微镜下观察一个粒子,同时用一束光照射该粒子以获得其吸收光谱。

30. 显微镜将一束电子聚焦在样本上,产生_____图像。

31. 当一束电子照射到样本上时。_____排放出的能量对应于晶体与样本中存在的元素有关。

32. 判断正误:真或假孢子和花粉都可以被识别并用于将犯罪现场与个人联系起来。

33. 判断正误:通过简单的视觉分析,可以用形状和表面特征来描述孢子。

应用与批判性思考

1. 法医生物学家要检查小叶子的外面和叶子的一个细胞薄片。她有一台透射光显微镜和一台体视显微镜（垂直照明）供她使用。她应该用什么仪器来分析每个样本，为什么？
2. 一位痕迹证据分析员将一种未鉴定的白色粉末晶体放在偏光显微镜的平台上，通过目镜观察晶体。在正确聚焦的情况下，一些晶体显示出明亮的颜色，而另一些晶体则显得非常暗，几乎无法辨认。关于白色粉末的内容，可以得出什么结论？
3. 性侵犯罪现场大量的红色纤维和嫌疑人衣服上的红色纤维一起被送到了犯罪实验室。追踪分析人员应该使用什么工具来查看纤维和获取化学信息，从而用于比较犯罪现场和服装样本？
4. 在到达一桩谋杀未遂案的犯罪现场时，警察观察到一名男子正在逃离现场并将其逮捕。他被怀疑是杀人未遂案的枪手，警察希望测试他的双手是否存在与枪击残留物一致的化合物，应该如何进行？

参考文献与延伸阅读

Bartick, E. G., "Infrared Microscopy and Its Forensic Applications," in R. Saferstein, ed., Forensic Science Handbook, vol. 3, 2nd ed. Upper Saddle River, NJ: Prentice Hall, 2010.

"Basic Concepts in Optical Microscopy," http://micro.magnet.fsu.edu/primer/anatomy/anatomy.html

De Forest, P. R., "Foundations of Forensic Microscopy," in R. Saferstein, ed., Forensic Science Handbook, vol. 1, 2nd ed. Upper Saddle River, NJ: Prentice Hall, 2002.

Eyring, M. B., "Visible Microscopical Spectrophotometry in the Forensic Sciences," in R. Saferstein, ed., Forensic Science Handbook, vol. 1, 2nd ed. Upper Saddle River, NJ: Prentice Hall, 2002.

Palenik, S., and C. Palenik, "Microscopy and Microchemistry of Physical Evidence," in R. Saferstein, ed., Forensic Science Handbook, vol. 2, 2nd ed. Upper Saddle River, NJ: Prentice Hall, 2005.

Petraco, N., and T. Kubic, Basic Concepts in Optical Microscopy for Criminalists, Chemists, and Conservators. Boca Raton, FL: CRC Press, 2004.

第九章

枪弹、工具及其他形象痕迹

学习目标

9.1 描述枪支的类型和膛线的制作工艺
9.2 识别子弹和弹壳的类别以及个体特征
9.3 论述为 FBI 和 ATF 开发的各种枪弹检索系统
9.4 说明确定枪支射击距离的步骤
9.5 明确某人是否曾经开枪所需要进行的实验室检测
9.6 讨论收集和保存枪支证据以及恢复序列号的程序
9.7 阐明种类和个体特征对工具痕迹、鞋类和轮胎印迹比对的法证意义
9.8 讨论犯罪现场痕迹的保存、粘贴提取、制模提取和比对过程

关键术语

bore	枪膛
breechface	弹底窝
caliber	口径
choke	扼流圈
distance determination	距离测定
ejector	退壳器
extractor	提取器
firearms identification	枪械识别
gauge	霰弹枪口径
Greiss test	格雷斯检验
grooves	沟槽
lands	线膛
rifling	膛线

新闻头条
亚伦·埃尔南德斯案件

2015年NFL休赛期，新英格兰爱国者队的近端锋亚伦·埃尔南德斯（Aaron Hermandez）被捕并被控谋杀奥丁·劳埃德（Odin Lloyd）。随后的这件事成了新闻头条，不仅因为他的名声和地位，还因为近乎压倒性的科学证据证明了他的罪行。对于调查人员来讲，解决定罪难题的两个重要部分正是在工业园区中发现的受害者尸体以及现场留下的鞋类和轮胎胎面印痕。

调查人员在一个重要的鞋类痕迹中确定了该类鞋子的图案、设计、尺寸和制造商的一致性。据调查人员称，该痕迹与一双13码的耐克 Air Jordan Retro11 运动鞋相匹配。

检察官提取了埃尔南德斯在杀人前90分钟内在加油站留下的监控录像以及在他穿着类似鞋子不到10分钟后在被害人家中留下的监控录像。一位耐克顾问作证说，虽然调查人员从未找到这双鞋子，但埃尔南德斯在视频中一直穿着耐克 Air Jordan Retro11 运动鞋。

检察官指控埃尔南德斯驾驶一辆租来的日产 Altima，他和两名同伙将劳埃德带走并前往工业园区将其杀害。轮胎胎面检查人员描述了在现场对轮胎印痕进行的细节特征检验，比较了"凹槽"、"刀槽花纹"和"磨损条"。检查人员首先排除了日产的两个前轮胎作为痕迹的来源，因为细节特征不匹配。两个后轮胎表面特征与现场痕迹特征相匹配，因此将这些联系起来，并将车辆个体特征与证据痕迹进行比较。调查人员四块石头楔入了车辆后侧轮胎，这一事实帮助了调查人员将其与现场留下的轮胎印痕进行匹配、比对。

正如皮肤乳突线形态和特征的自然变化提供了人类识别的关键思路一样，客体表面上微小、随机的标记也可以赋予无生命物体以个性特征。由划痕、刻痕、断裂和磨损引起的结构变化和不规则性能够将犯罪分子、子弹与枪关联起来；单个工具的划痕或磨损痕迹或特定汽车的轮胎轨迹也能够与犯罪分子联系起来。在其他犯罪学领域中大力追求的个体识别,在枪支和工具痕迹检验中经常可以实现。

虽然本章的一部分将聚焦于比较客体表面上的特征以进行子弹识别,但对于现代法证枪支实验室的服务和能力来讲,虽然子弹识别很重要,但完整的描述不能仅限于这一主题。高频率枪击案件的发生意味着**枪支识别**[①]学科不能仅仅局限于单纯的子弹比较,还应该包括所有类型武器的操作知识、武器上被抹去的序列号的恢复、服装和周围火药残留物的检验、表征伤口的检验、枪口到射击目标距离的评估测定,以及现场射击残留物的检验。本章将一一介绍以上内容。

枪 支 类 型

一般来说,枪支可以分为两类:手枪和长枪。手枪是被设计用于单手握持和射击的枪支。三种最常见的手枪类型是单发手枪、左轮手枪和半自动手枪。所有手枪都可以分为单动或双动手枪。单动式手枪需要在每次拉动扳机以进行射击之前手动向后扳动射击组件。双动式手枪在扣动扳机时会扳动发射组件,然后在发射子弹后重新装填发射室。

单发手枪一次只能发射一发子弹。每发子弹必须在发射前手动装入弹膛。

左轮手枪具有多个位于旋转圆筒内的发射室。当左轮手枪发射子弹时,圆筒可以顺时针或逆时针旋转。每个发射室都装有一个弹药筒,当子弹发射时,弹药筒与枪管机械地对齐。左轮手枪必须手动弹出弹壳才能重新装载发射室。外摆式左轮手枪有一个外摆到要装弹的武器一侧的圆柱体(见图9-1)。Breaktop 左轮手枪是铰接的,因此枪管和圆筒都向下翻转

图 9-1 外摆式左轮手枪其特点是有一个圆筒,该圆筒可以向外摆动到要装载的武器的一侧

---

① 枪支识别:一个主要涉及确定子弹或弹壳是否由特定武器发射的学科,这一学科与弹道学不同,弹道学是对运动中的子弹进行研究。

以进行装载。实心左轮手枪没有机制可以一次打开所有的射击室,取而代之的是,枪后部的一个小"门"允许一次装载一个腔室。然后旋转圆筒至下一个装有弹药筒的腔室。

半自动手枪具有一个可拆卸的弹匣,该弹匣通常包含在枪支的握把内。弹匣装填完毕后,通过向后拉动枪顶部的滑片,然后松开它来装填第一发子弹,击发部件就会被翘起。弹药筒内会产生气体,这些气体用于弹出弹药筒外壳、扳动发射部件并装载下一轮。半自动手枪(见图9-2)每次扣动扳机就发射一发子弹。只要按下扳机或直到弹药耗尽,自动枪支(例如机关枪)就会发射。

长枪要么是步枪,要么是霰弹枪。步枪和霰弹枪被设计用于在肩部固定时发射。线膛火器和霰弹枪之间的两个主要区别在于弹药和枪管。霰弹枪弹药又称为弹壳体,其内里包含有许多球形弹丸(弹头)。霰弹枪的枪管是光滑的,没有步枪中的凹槽和线膛。霰弹枪枪管枪口窄,以便在射击时集中射击。枪管的这种变窄称为霰弹枪的扼流圈。霰弹枪可以是单管或双管的。双管霰弹枪的两个枪管可以水平(并排)或垂直(一个枪管在另一个枪管上方)排列。枪管本身也可以具有不同直径的扼流圈。

图9-2 半自动手枪

不同类型的步枪和霰弹枪具有不同的装弹机制。单发枪一次只能发射一发子弹,就像单发手枪一样,每次都必须手动装载子弹。重复长枪使用某种机械装置弹出用过的弹壳,装载新的子弹,并在发射一发子弹后扳动发射部件。这些长枪可以分为基于杠杆作用的长枪、基于泵或滑动作用的长枪、基于螺栓作用(参见图9-3)的长枪和半自动(参见图9-4)长枪,这些长枪是根据长枪所使用的装载机构命名的。半自动步枪利用发射过程中产生的气体力量来弹出用过的弹壳,装上新的子弹,然后扳动发射部件。

图9-3 栓动式长枪利用栓动系统的运动来排出用过的弹壳,装载下一发子弹,并击发发射部件

第九章 枪弹、工具及其他形象痕迹

半自动枪支使用断开器机制，每次扣动扳机即可发射一发子弹，而全自动枪支没有这种机制，只需扣动扳机即可连续发射多发子弹。

图 9-4 半自动长枪利用发射反应产生的能量排出用过的弹壳，装载下一发子弹，并竖起发射部件

子弹和弹壳比对

子弹发射时，在穿过枪管的子弹上留下枪管内表面的痕迹。这些痕迹是每支枪特有的。因此，如果在犯罪现场发现的一颗子弹和用嫌疑人的枪试射的另一颗子弹显示出相同的痕迹，则表面嫌疑人的枪与犯罪有关。

枪管

枪管由一根实心钢条制成，该钢条已通过钻孔挖空。留在枪管内表面的微观钻痕是随机不规则的，它们本身即赋予每根枪管以独特的个性。然而，枪管的制造需要额外的步骤，即用螺旋槽塑造其内表面，形成**凹槽**②，这一步骤称为**膛线工艺**③。保留在凹槽之间的**原始孔**④的表面称为**线膛**⑤（见图 9-5）。当发射的子弹穿过枪管时，它会与膛线槽接合；然

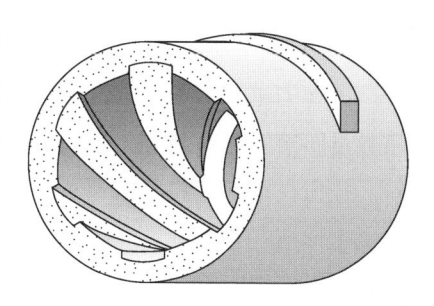

图 9-5 枪管的内部视图，显示了线膛和凹槽的存在

② 凹槽：膛线孔中刃带之间的切割或低注部分。
③ 膛线工艺：弹头在枪管的膛孔中按照既定膛线的旋向进行旋转运动，弹头与线膛内壁刮擦、挤压产生变形，形成膛线痕迹。
④ 原始孔：枪管内部钻孔。
⑤ 线膛：膛孔中凹槽之间的凸起部分。

后这些凹槽引导子弹穿过枪管,使其快速旋转。这样做是为了保证旋转的子弹在离开枪管时不会翻滚,并且能够保持在真正的和准确的运动路线上。

枪管的直径,如图 9-6 所示,被称为枪支的口径⑥。在大多数枪支中,口径通常以百分之一英寸或毫米为单位记录。例如,0.22 口径和 9 毫米。实际上,通常使用的"口径"一词并不是对枪管直径的精确测量。例如,0.38 口径的武器实际上可能为 0.345 到 0.365 英寸。

膛线制作方法

在 1940 年之前,枪管是通过用钢钩刀在表面上一次切出一到两个凹槽来进行膛线制作的。切削工具在通过枪管时旋转,因此最终的结果是凹槽要么向右旋转,要么向左盘旋。

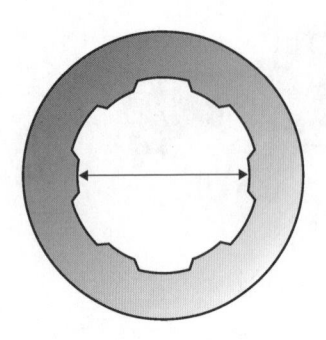

图 9-6 有六个凹槽的枪管横截面,孔的直径就是口径

然而,随着对提高武器制造速度的需求变得明显,开发出更适合大规模生产武器的新技术就变得更为重要。

拉刀由一系列同心钢环组成,后一个钢环略大于前一个钢环。当拉刀穿过枪管时,它同时将所有凹槽切入枪管所需的深度。拉刀在穿过枪管时会旋转,从而为凹槽提供所需的方向和扭曲率。单拉刀刀环如图 9-7 所示。

与拉刀工艺相反,纽扣工艺不涉及切割。印有所需数量凹槽的钢塞或"按钮"在极高的压力下通过枪管。按钮在枪管上的单次通过会压缩金属,从而在枪管壁上形成与按钮上的相反形式的凸台和凹槽。按钮旋转以产生所需的方向和扭转率(见图 9-8)。

图 9-7 拉刀的一部分

与纽扣工艺一样,心轴膛线或捶打锻造工艺不涉及金属切割。心轴是一根经过加工的硬化钢棒,因此它的形状就是其生产的膛线。心轴插入一个稍大的孔中,枪管用发射部件或重型滚轮压缩成心轴的形状。

---

⑥ 口径:膛线枪膛的直径,口径通常以百分之一英寸或毫米表示——例如,0.22 口径和 9 毫米。

图 9-8 （上）0.22 口径膛线枪管的横截面；（下）用于在枪管中产生线膛和凹槽的按钮

每个枪支制造商都会选择最适合且满足其产品生产标准和要求的膛线工艺。然而，一旦作出选择，武器枪管的种类特征将保持一致，即每个枪管将具有相同数量的线膛和凹槽，且线膛和凹槽具有相同的近似宽度和扭曲方向。例如，0.32 口径的 Smith & Wesson 左轮手枪有五个向右扭曲的线膛和凹槽。另一方面，柯尔特 32 口径左轮手枪有六个向左扭曲的膛线和凹槽。尽管通过这些类别特征，检验人员可以将一种武器类型或品牌名称与另一种武器区分开来，但它们并不能赋予任何一种枪管个性特征，没有任何一个种属特征可以做到武器个体识别。

如果可以将枪管纵向切开，仔细检查枪管内部会发现细线或条纹的存在，其中许多线条都是沿着枪管的膛线和凹槽延伸。这些条纹被压入金属中，作为膛线加工刀具表面上细微缺陷的表现，或者它们是由移动拉刀将微小的钢屑推向枪管内表面而产生的。这些标记的随机分布和不规则性不可能在任何两个枪管中精确地复制。**即使是连续制造的枪管，也不可能有相同的线形印迹**。这些线形印迹形成了枪管个体识别的个性特征。

子弹痕迹的比对

当子弹穿过枪管时，它的表面会被枪管的膛线划伤。子弹从枪管中射出，枪膛内表面带有条纹；这些印痕反映了枪管的种类特征和个性特征（见图 9-9）。因为没有实际的方法可以直接比较发射子弹上的印痕和枪管内的印痕，所以检验鉴定人员必须使用可疑枪管发射出的子弹样本来比较。为了防止损坏子弹样本上的印痕并保证子弹被有效回收,通常将射击试验在装满棉花的回收箱或水箱中进行。

在枪弹检验的初始阶段,膛线和凹槽的数量及其扭曲方向是明显的比较点。这些种类特征的任何差异都会成为两颗子弹穿过同一个枪管的可能性。一颗有五个膛线和凹槽的子弹不可能通过类似口径但有六个膛线和凹槽的枪支中发射出来,也不能由一个右旋的枪管穿过一个印有左旋膛线痕迹的子弹。如果两个子弹具有相同的种类特征,则检验人员必须进一步比对两颗子弹上的线形印迹,这一过程只能在比较显微镜的帮助下完成(见第 8 章)。

图 9-9 子弹从枪支中射出留下的膛线痕迹

现代枪支鉴定始于比较显微镜的开发和使用。该仪器是枪支检验人员可以使用的最为重要的工具。将样本和检材放置在显微镜物镜下方的圆柱形可调节支架上,且两者都要放置在相同的方向上(见图 9-10)。在同一视野内同时观察两颗子弹,检查人员旋转一颗子弹,直到一个明确界定的线膛或凹槽进入观察视野。一旦找到了线条印迹,接着就会旋转另一个子弹,直到找到相应的匹配区域。不仅试验子弹和证据子弹的膛线和凹槽必须具有相同的宽度,而且每个上的纵向线形印迹必须重合。当找到匹配区域时,同时旋转两颗子弹,在子弹周边获得额外的匹配区域。图 9-11 显示了在比较显微镜下观察的子弹弹头的典型显微照片。

子弹比对时需要考虑的特殊情况

不幸的是,枪支检验人员很少会在子弹的外围遇到完全匹配的情形。砂砾和铁锈的

图 9-10 比较显微镜物镜下方的子弹架

图9-11 通过比较显微镜拍摄的两颗子弹的显微照片。其中,嫌疑枪支发射测试形成的样本子弹在右侧,现场提取的可疑子弹在左边

存在会改变通过同一枪管发射子弹上的印痕。更常见的情形是,所提取到的证据子弹在射击撞击时可能会形成残缺和扭曲,以至于只产生一个带有完整印痕的小区域。

此外,枪管上的线条印迹也不是永久性结构。随着后续子弹穿过枪管的长度,它们会因磨损而不断变化和改变。幸运的是,在大多数情况下,这些变化并不显著,也不会妨碍同一武器发射的两颗子弹之间的特征匹配。与指纹比对一样,没有严格的规则来界定子弹比对所需的最小特征点数。最终的结论必须基于专家的判断、经验和知识。

通常,枪支检验鉴定人员会接收到经发射的子弹且没有随附可疑武器,要求据此确定武器的口径和可能的制造商。如果一颗子弹似乎没有失去其他金属结构,它的重量可能是决定其口径的一个因素。在某些情况下,膛线和凹槽的数量、扭曲的方向以及膛线和凹槽的宽度是有用的种类特征,可以据此将某些武器品牌排除在考虑之外。例如,如果柯尔特公司生产的枪支并不具有五条膛线和凹槽并向右旋转的种类特征的枪支,那么具有上述痕迹特征反映的子弹则不可能来自柯尔特公司。

有时,子弹上的膛线痕迹可以使其与大多数其他制造的武器区分开来,例如马林步枪。这些武器是通过一种称为微刻槽的技术来制作膛线的,它们的枪管上可能有8到24个凹槽;很少有其他武器以这种方式制造。在这方面,美国联邦调查局(FBI)保留了一份称为"通用步枪特征文件"的记录。该文件包含已知武器的种类特征列表,例如,膛线和凹槽宽度尺寸,并且,这份列表会定期更新并分发给相关执法部门,以帮助从提取的子弹中识别出线膛武器。

如前所述,与膛线枪不同,霰弹枪有一个光滑的枪管。因此,穿过霰弹枪枪管的子弹不会留下任何可能与武器相关的特征标记。霰弹枪通常发射包含霰弹枪弹壳在内的小铅弹或弹丸(见图9-12)。点燃弹药筒的粉末装药时,纸或塑料团将弹丸推过枪管。通过称重和测量在犯罪现场回收的弹丸的直径,检验鉴定人员通常可以确定弹壳中使用的弹丸的大小。回收弹丸的大小和形状也可能显示所用霰弹枪的规格,在某些情况下,甚至可能表明霰弹枪发射出的弹丸的制造商。

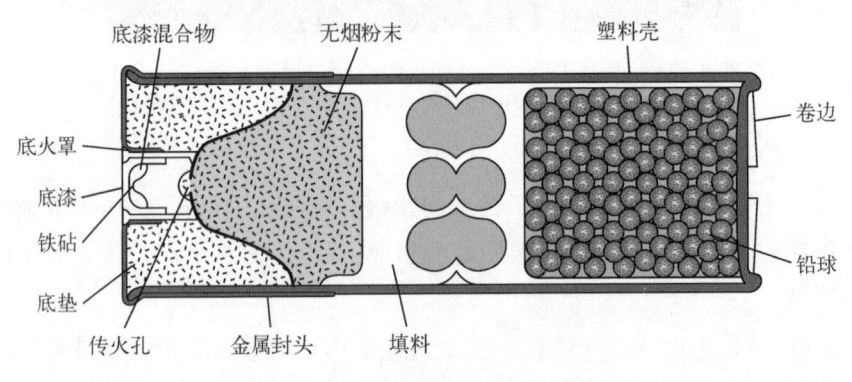

图9-12 装载的霰弹枪弹壳横截面

霰弹枪枪管的直径用术语"盖奇(Gauge)"⑦来表示。号码越大,枪管的直径越小。例如,12号霰弹枪的孔径为0.730英寸,而16号霰弹枪的孔径为0.670英寸。例外的是0.410口径霰弹枪,指的是直径为0.41英寸的枪管。

弹药筒

扣动扳机的动作会释放武器的撞针,使其击中底火,从而点燃火药。燃烧的火药产生的膨胀气体推动子弹向前穿过枪管,同时以相等的力将用过的弹壳或弹壳推回**后膛**⑧。由于子弹通过枪管被挤压摩擦形成相应印迹,弹壳也通过与

---

⑦ 霰弹枪的口径起初与铅弹的重量有关。例如,一支20口径的霰弹枪的内径等于一颗1/20磅(1磅=0.4536 kg)的铅弹的直径;唯一的例外是0.410霰弹枪,其口径为0.41英寸。

⑧ 后膛:枪管的后面。

武器发射和装载机构的金属表面接触而留下印痕。与子弹一样,这些印痕可以在试射弹药筒中得到复现,为将经发射的弹壳与特定枪支个体进行关联而提供独特的比较点。

击针的形状印在弹壳上相对较软的底漆金属中,并反映击针的微小变形。这些缺陷是随机的,可以作为识别武器的个性特征。类似地,弹壳在其向后推力中也印有弹底窝的表面印痕。与任何机加工表面一样,后膛表面布满了随机条纹印痕,这些标记成为其表面的高度独特的个性化标志。由于金属与金属接触而可能出现在弹壳上的其他明显标记是由**拉壳钩**⑨和**抛壳铤**⑩以及弹匣或弹夹以及火室壁上的缺陷引起的。图9-13中的显微照片显示了证据和试射子弹上的击针印痕及弹底窝痕迹的比较。

图9-13 比较显微镜照片显示(a)击针印痕和(b)两个子弹上的弹底窝痕迹相匹配

击针、弹底窝、弹射器和弹射器标记也可能出现在霰弹枪发射的炮弹的黄铜部分的表面上形成相应痕迹。这些痕迹为枪支个体识别提供了要点,这些枪支与从膛线火器中发射的弹壳一样有价值。此外,在没有可疑枪支的情况下,击针印痕的大小和形状与弹射器标记相对于弹射器和其他标记的位置可能会为寻找发射的枪支的类型或制造商提供一些线索。

您可能希望通过访问Apple的App Store提供的应用程序"CSI:枪械ID法证挑战"来测试您作为法证枪支检验人员的能力,比较从犯罪现场提取的子弹和弹壳与射击试验形成的样本。

---

⑨ 拉壳钩:枪械中的器件,通过该器件将已发射的弹壳从枪膛中取出。
⑩ 抛壳铤:枪械中的器件,通过该器件从枪支中扔出发射的弹壳。

自动枪支搜索系统

在整个美国,在犯罪期间使用枪支,尤其是半自动武器的情况显著增加。由于此类枪支的价格昂贵,特定武器被用于多种犯罪的可能性已经上升。计算机成像技术的出现使得以类似于自动存储指纹文件的方式存储子弹和弹药筒表面特征成为可能(参见第六章)。因此,犯罪实验室可以联网,允许共享从多个司法管辖区检索到的子弹和弹壳的信息。

案例分析

萨科和万泽蒂

1920年,两名保安被身份不明的袭击者恶毒枪杀。案发时,保安正在运送鞋厂的工资,凶手抢劫现金约16 000美元。目击者将袭击者描述为"意大利人",一个留着完整的车把胡子。劫匪使用了两把枪支,留下了三种不同品牌的子弹。

两名嫌疑人被确认并逮捕——尼古拉·萨科(Nicola Sacco)和他的朋友,大胡子巴托洛梅奥·万泽蒂(Bartolomeo Vanzetti)。二人均否认拥有任何枪支,但调查人员发现二人都拥有一把上膛的手枪。事实上,萨科的手枪是0.32口径,

萨科和万泽蒂

与犯罪现场的子弹口径相同。在萨科的口袋里发现了与谋杀现场发现的空弹的品牌相匹配的 23 颗子弹。

此案恰逢"红色恐慌"这一战后美国政治动荡的时期。公民害怕社会主义狂热分子,媒体夸大了这些情绪。政治操弄和媒体使案件变得混乱,而两名嫌疑人都属于主张对政府进行革命暴力的无政府主义政治团体,这一事实激起公众对他们的敌意。富有同情心的社会主义组织试图将萨科和万泽蒂变成烈士,并称他们被"政治迫害"。

审判的结果最终取决于检方能否证明萨科的手枪发射了杀死两名保安的子弹。在审判中,弹道学专家作证说,使用的子弹已不再生产,他们找不到类似的弹药用于试射——除了在萨科的口袋里发现的未使用的弹药筒。检方的一名法庭科学专家得出结论,目视检验可以进行子弹匹配,从而使得陪审团作出有罪判决。萨科和万泽蒂被判处死刑。

由于持续的公众抗议,1927 年国会任命了一个委员会来审查此案。大约在这个时候,纽约法证弹道鉴识局的卡尔文·戈达德(Calvin Goddard)完善了用于法证枪支调查的比较显微镜。使用该仪器,可以并排观察两颗子弹,以比较子弹穿过枪管时施加在子弹表面的条纹。委员会要求戈达德检查有问题的子弹。戈达德最终发现使用萨科持有武器发射的一颗试射子弹与犯罪现场提取的一颗子弹相匹配。萨科和万泽蒂的命运注定了,他们于 1927 年被处死。

搜索系统

在 20 世纪 90 年代初期,美国建立一个全国性的枪支证据计算机化数据库,刚开始时,这个数据库相当混乱且效率低下。两个主要的联邦执法机构,FBI 和 ATF,为执法界提供了相互竞争和互不兼容的计算机化系统。

早期系统

早期为 FBI 开发的自动搜索系统被称为 DRUGFIRE。该系统强调检验弹壳上的独特标记。通过连接到摄像机的显微镜分析样本。一定的放大倍率允许近距离观察以识别个体特征。图像由摄像机捕获、数字化并存储在数据库中。尽管 DRUGFIRE 强调弹壳图像,但个性特征子弹条纹的图像也可以以类似的方式存储并进行比较。

为美国联邦酒精、烟草、火器和爆炸品管理局开发的综合弹道识别系统（Integrated Ballistic Identification System，IBIS）可处理在已展开的子弹和弹壳上发现的识别特征的数字显微图像。IBIS 整合了两个软件程序：Bulletproof（子弹分析模块）和 Brasscatcher（弹壳分析模块）。Bulletproof 的操作示意图如图 9－14 所示：

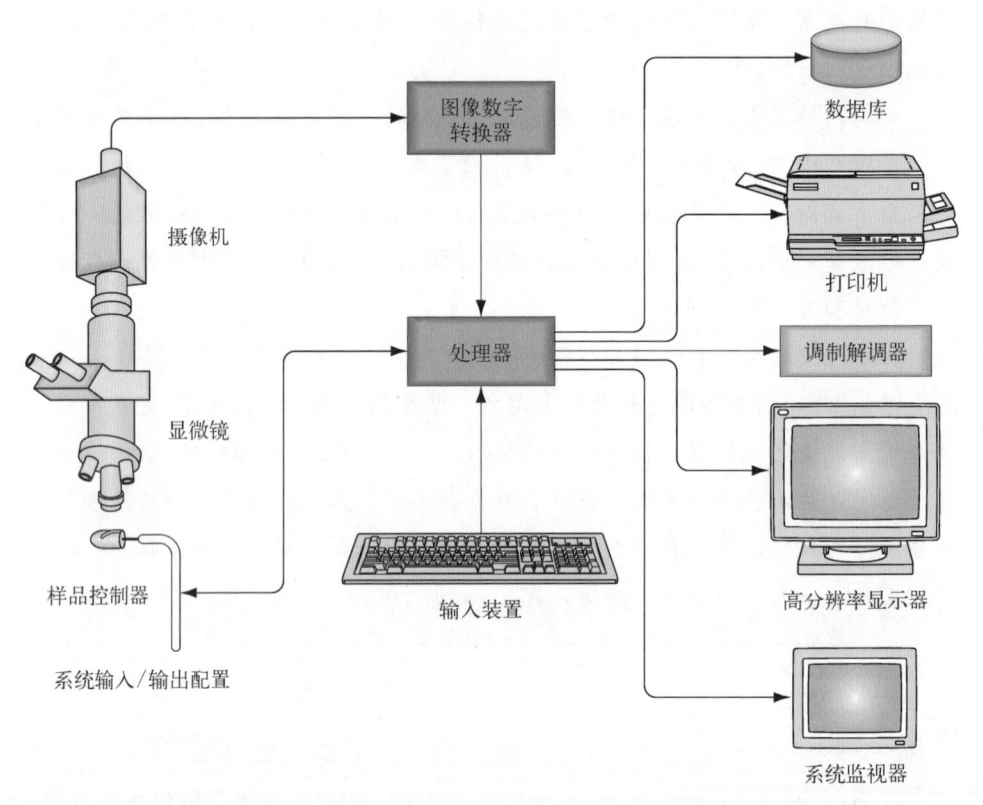

图 9－14 Bulletproof 架构。样品安装在样品操纵器上并由显微镜的光源照射。图像由摄像机捕获并数字化。然后将该数字图像存储在数据库中，可用于检索和比较。搜索匹配包括分析陆地和凹槽的宽度以及膛线和个人特征。Brasscatcher 软件使用相同的系统配置，但强调分析经展平的弹壳图像而不是经展平的子弹图像

NIBIN

1999 年，FBI 和 ATF 的成员联手将国家综合弹道信息网络（National Integrated Ballistics Information Network，NIBIN）计划引入枪支检验学科。NIBIN 指导和协助有兴趣安装自动搜索系统的联邦、州和地方实验室。新的统一系统结合了前几年可用的 DRUGFIRE 和 IBIS 技术。ATF 全面负责系统站

点,而 FBI 负责通信网络。

使用新的 NIBIN 技术的机构将从犯罪现场收集到的子弹和弹壳生成数据库文件。全球 200 多个执法机构已经使用了这项技术。该系统的成功已通过编译超过 800 000 张图像得到证明;在全国范围内,执法机构已将 28 000 多发子弹和弹壳与不止一项犯罪联系起来(见图 9‑15)。

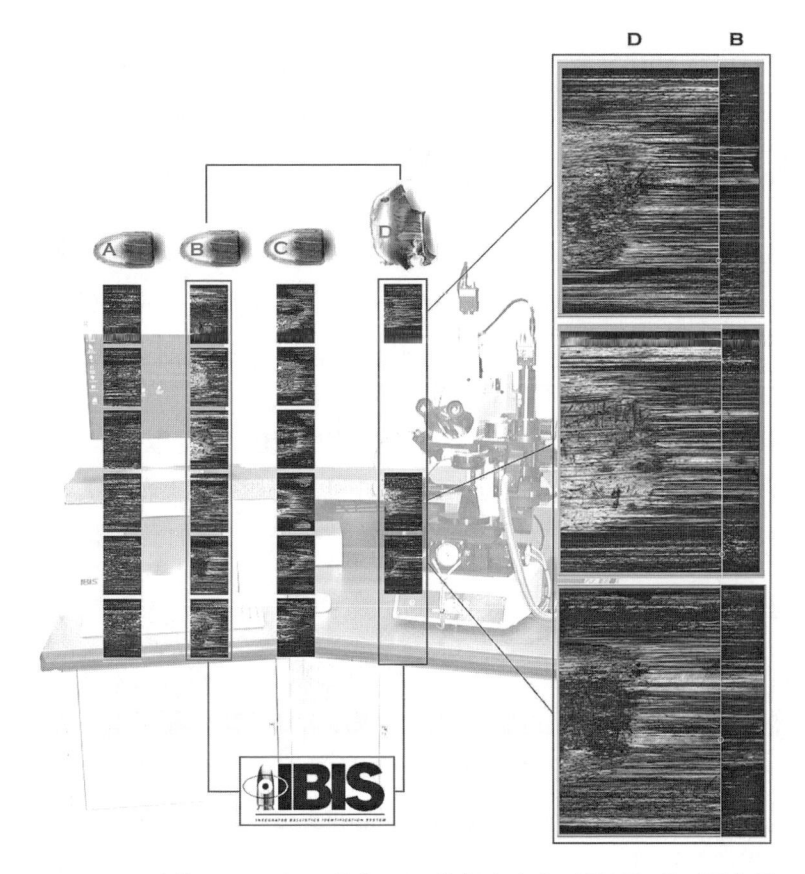

图 9‑15 子弹 A、B、C 和 D 是在 IBIS 数据库中在不同时间从不同犯罪现场获取的。D 是一个碎片子弹,只有三个可用的痕迹特征。输入 D 的图片后,IBIS 在数据库中找到了一个潜在的匹配候选者:B 在最右侧,D 与 B 使用 IBIS 进行比较成像软件。最后,法证枪支检验鉴定人员在常规比对显微镜下使用实际证据将确认 B 和 D 之间进行匹配

例如,在最近的一起案例中,休斯顿一名保安在一次拙劣的武装抢劫中被枪杀。一颗子弹和 0.40 口径的 Smith & Wesson 弹壳被提取并将其信息录入到 NIBIN 中。当天早些时候,一起抢劫变成了双重凶杀案,导致两名店员死亡。再

一次，两颗子弹和两个 0.40 口径的 Smith & Wesson 弹壳被提取。它们的图像信息均被采集录入到 NIBIN 中，后调查人员发现它们与谋杀保安人员和两周前发生的另一起严重抢劫案有关。这三项罪行都是与一把 0.40 口径的 Smith & Wesson 手枪有关。

通过对受害者信用卡使用情况的进一步调查，警方找到了两名嫌疑人。一名嫌疑人持有一把 0.40 口径的 Smith & Wesson 手枪。提取手枪后，经试射并将有关成像录入到 NIBIN 中。被试射的弹壳与抢劫和严重抢劫杀人案中获得的证据相匹配。上述关联由枪弹检验人员进行的枪弹痕迹检验并比较验证。在开发这种计算机技术之前，要将所有这些枪击事件与一支枪支联系起来可能需要数年时间，或者是不可能的。

在另一个例子中，位于马里兰州罗克维尔的 ATF 实验室收到了来自波斯尼亚 Ovcara 大规模埋葬地提取到的 1 466 个弹壳。在对所有外壳进行处理和成像后，检验人员确定现场使用了 18 种不同的枪支。在 NIBIN 技术和检验鉴定人员的帮助下，法官能够开展审判并判定个人犯有战争罪。

NIBIN 仅用作枪支证据的筛选工具。计算机系统并不能取代枪支检验人员。NIBIN 可以筛选数百个未侦破的枪支案件，并可能将嫌疑枪支范围的可能性缩小到几种枪支。但是，最终的比对将由法庭科学专家通过传统的显微镜方法进行。

弹道指纹

美国有关的犯罪实验室建立由犯罪现场发现的子弹和弹壳数据以及从犯罪者身上缴获枪支试射后所获得数据组成数据库。随着这些数据库上线并证明它们在解决犯罪方面的有用性，执法官员和政治界正在审查扩大这一概念以创建弹道指纹系统的可行性。该系统需要在手枪和步枪试射的子弹和弹药筒上采集和存储适当的标记，然后再出售给公众。关于由谁负责收集图像以及如何存储这些图像相关详细信息的问题，只是众多待确定问题中的其中两个。弹道指纹的概念对于执法界来说是一个有趣的概念，并有望在未来开展深入探索和辩论。

火 药 残 渣

在涉及枪伤的事件中，需要确定武器发射的距离。通常而言，在涉及枪击致死的事件中,被逮捕和被指控的个人可能会辩解是出于自卫目的而进行射击。因而,这些辩解成了确定射击距离的现实驱动力,因为必须确定事件所涉各方的接近程度才能确定事件的有关事实。同时,仔细检查自杀案件死者的伤口会发现与近距离枪伤相关的特征。没有这些特征表明伤口不是自己造成的,可能存在某些违法犯罪行为。

距离测定

现代弹药由弹药筒中的无烟粉末或硝化纤维素点燃产生的膨胀气体驱动弹头向目标推进。在理想情况下,所有粉末都将在此过程中消耗并转化为快速膨胀的气体。然而,在实践中,粉末永远不会完全燃烧。当枪支发射时,除了烟雾之外,未燃烧和部分燃烧的火药颗粒与子弹一起从枪管中射出,射向目标。如果武器的枪口足够近,这些产品就会沉积在目标上。弹孔周围的火药颗粒和其他排放残留物的分布可以用来评估手枪或步枪发射的距离。

距离确定的准确性根据案件的情况而有所不同。当调查员无法找回可疑武器时,调查员能做的最好的事情就是说明是否可以在距目标一定距离间隔内开枪。只有当检验鉴定人员手上有可疑武器并且知道射击中使用的弹药类型时,才有可能获得更准确的意见。

手枪和步枪

射击手枪或步枪的精确距离必须通过仔细比较受害者衣服或皮肤上的粉末残留图案与可疑武器在距目标不同距离处射击时的测试图案来确定。一块白布或与受害者衣服相当的织物可以用作测试目标(见图 9-16)。由于武器和弹药之间残留图案的分布和密度差异很大,因此这种比较只有在使用可疑武器和可疑弹药,或使用相同类型和制造的弹药时才有意义。通过比较试验结果和实际情形,检验人员可能会发现二者在形状和密度上足够相似,从而判断射击的距离。

如果没有可疑武器,检验鉴定人员只能在弹孔周围寻找可识别的特征。这些发现充其量只是根据一般检验鉴定人员的经验得出的结果。但是,在实际工作中应该寻找一些明显的特征。例如,当武器与目标接触或距离目标不到 1 英寸时,子弹入口孔周围通常会聚集大量的烟雾状蒸气铅。通常,接触孔周围的松散纤维会因武器的火焰放电而出现烧焦痕迹,而一些合成纤维可能会因放电产生的热量而显示出熔化的迹象。此外,枪口气体的反吹可能会在孔周围产生

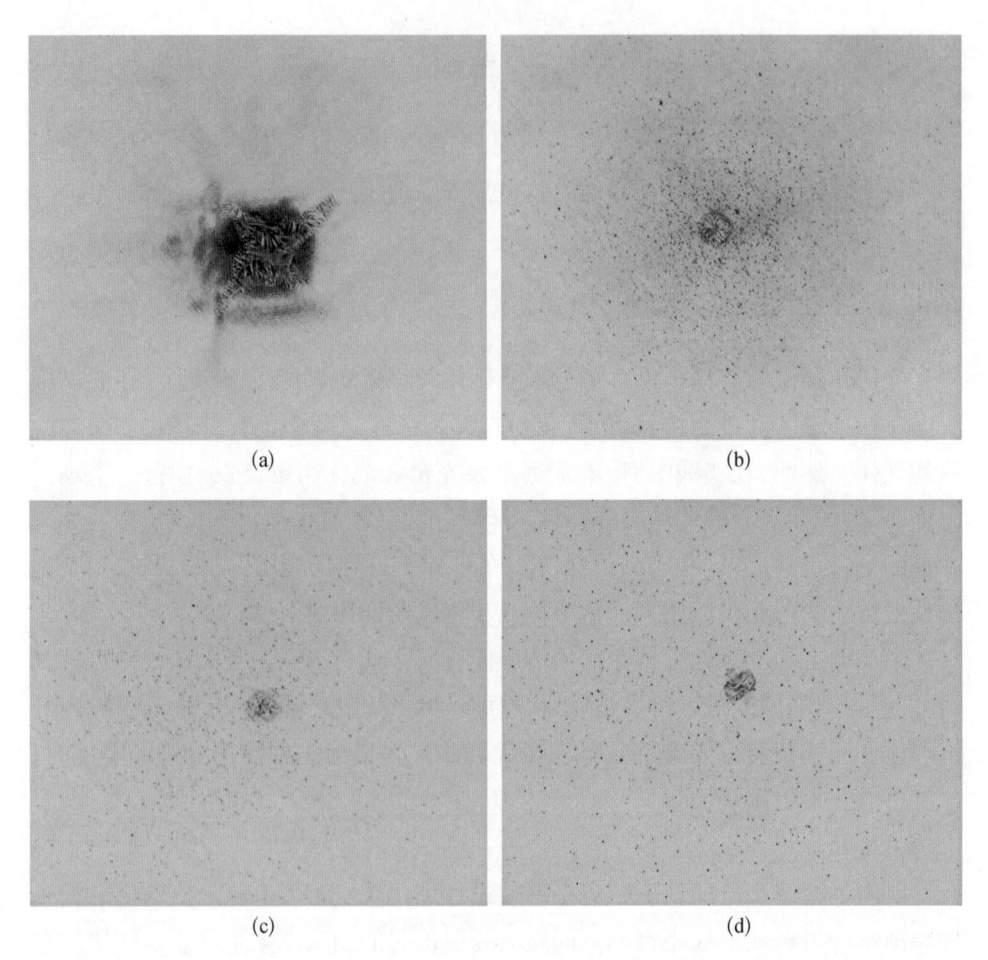

图 9-16 使用 0.38 特殊 Smith & Wesson 左轮手枪在距目标以下距离发射的测试火药图案：(a) 接触,(b) 6 英寸,(c) 12 英寸,(d) 18 英寸

星状（星形）撕裂图案。这样的孔总是被烟雾状铅蒸气沉积物的边缘包围（见图 9-17）。

　　沉积在弹孔周围的蒸气状铅（烟雾）光环通常表示距离目标 12 到 18 英寸或更短的距离。在不超过约 25 英寸的距离处通常可以观察到散落的未燃烧和部分燃烧粉末颗粒的存在,而没有任何伴随的烟灰。然而,偶尔会在远至 36 英寸的射击距离处发现散落的火药颗粒。使用弹丸弹药,这个距离可以延长到 6 到 8 英尺。

　　最后,距离目标超过 3 英尺的武器发射后,通常不会在目标表面沉积任何射击残留物。在这些情况下,唯一能证明这个洞是由子弹造成的视觉迹象是在入

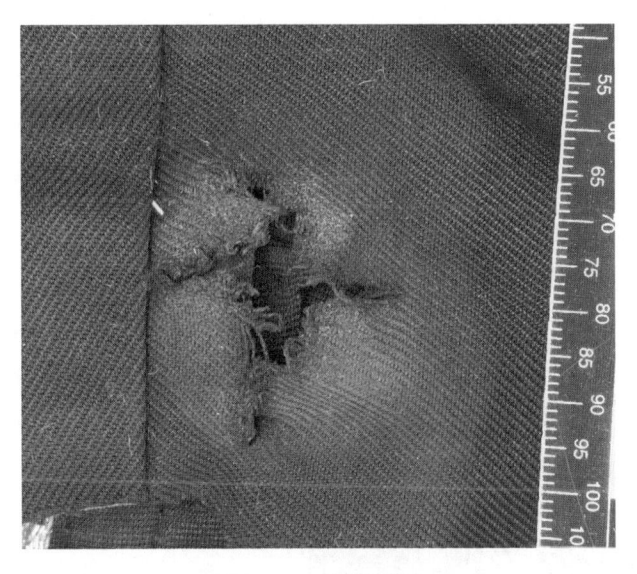

图 9—17 接触射击

口洞的周边周围有一个黑色的环,称为"子弹擦拭"。子弹擦拭物由碳、污垢、润滑剂、射击残留物和铅的混合物组成,当子弹穿过目标时,它会从子弹表面擦掉。同样,在没有提供可疑武器的情况下,这些观察结果是估计目标距离的一般性准则。许多因素——包括枪管长度、口径、弹药类型以及所发射武器的类型和条件等——都会影响沉积在目标上的火药残留量。

霰弹枪

涉及霰弹枪的射击距离确定必须再次与使用嫌疑武器进行的测试射击相关,使用已知用于犯罪的相同类型的弹药。在没有获得武器的情况下,枪口到目标的距离可以通过测量发射子弹的扩散情况来估计。近距离射击的距离可达 4 到 5 英尺,射击装药以集中的质量进入目标,在某种程度上产生了一个比枪管口径大的孔洞。随着距离的增加,颗粒逐渐分离并散开。一般来说,由 12 号霰弹枪形成的图案的散布程度遵循每码(1 码=0.194 4 米)距离增加 1 英寸的分布规则。因此,将在大约 10 码处产生 10 英寸的图案。当然,这只是经验法则;通常而言,有许多变量会影响上述形态分布。其他需要考虑的因素包括枪管长度、发射弹丸的大小和数量、用于推进弹丸的粉末装药量以及所检验枪支的扼流圈。**扼流圈**[11]放置在枪管枪口端控制子弹散布收缩程度。扼流圈越大,霰弹枪模式越窄,弹丸行进越快越远。

---

[11] 扼流圈:放置在霰弹枪枪管的枪口末端或附近以控制子弹散布的内部收缩。

服装上的射击残留物

当犯罪实验室收到与枪击有关的服装或其他证据时,首先用显微镜检查所有物品的表面是否有火药残留物。这些颗粒可以通过它们的特征如颜色、大小和形状来识别。然而,肉眼没有直接观察到残留物并不排除存在火药残留物的可能性。有时,火药和衣服之间缺乏颜色对比或存在严重结痂的血液沉积物会掩盖火药的视觉探测。通常,可疑区域的红外照片可以解决这个问题。这样的照片可以增强对比度,从而显示出沉积在孔周围的气态铅和粉末颗粒(见图9-18)。在某些情况下,红外照相对于显现火药残留物可能无济于事,分析人员必须使用化学检验法来探测火药残留物。

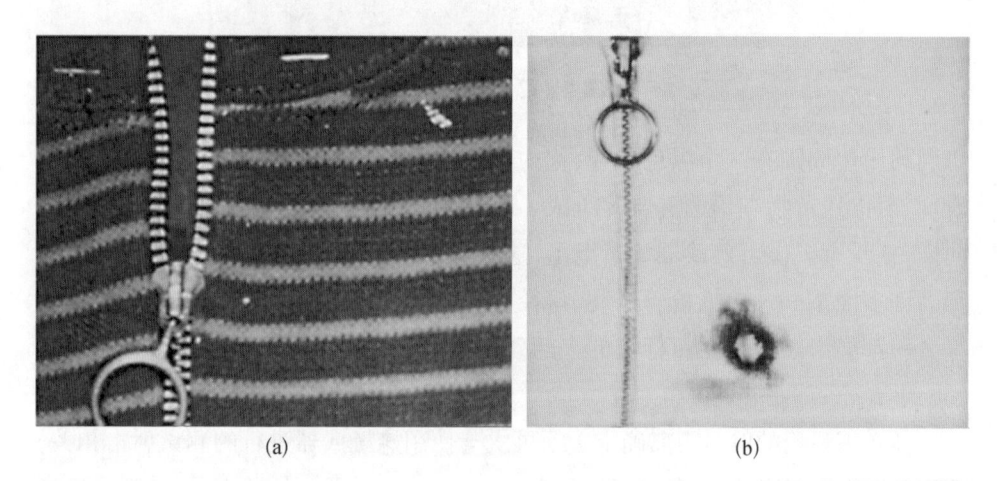

图 9-18 (a) 一件带有粉末污渍的衬衫,在正常光线下拍摄;(b) 同一件衬衫的红外照片

亚硝酸盐是一种由无烟(硝化纤维素)粉末不完全燃烧产生的化学产品。**格雷斯检验**[12]是一种用于定位射击残留物的检测方法,这一检测方法是将嵌入在目标表面上的颗粒转移到经过化学处理的涂有明胶的相纸上,检验人员用热铁将相纸压在目标上,一旦亚硝酸盐颗粒出现在纸上,通过化学处理就可以很容易地看到它们。此外,将已建立的亚硝酸盐分布形态与从已知距离的测试射击中获得的亚硝酸盐分布形态进行比较,可用于确定与目标的射击距离。然后进行第二次化学测试,以检测弹孔周围的任何铅残留痕迹。通过对嫌疑客体表面

---

[12] 格雷斯检验:一种化学检验方法,用于检验弹孔周围的火药残留物。

喷洒罗地唑钠溶液,然后用酸性溶液进行了一系列喷涂,这种处理使铅颗粒呈现粉红色,其次是蓝紫色。

手上的射击残留物

武器的射击不仅将残留物推向目标,而且还将火药和射击残留物吹回射击者手部(见图9-19)。结果,这些残留物的痕迹经常沉积在射击者的手上,对残留物的检验可以提供有关个人最近是否发射过武器的有价值信息。

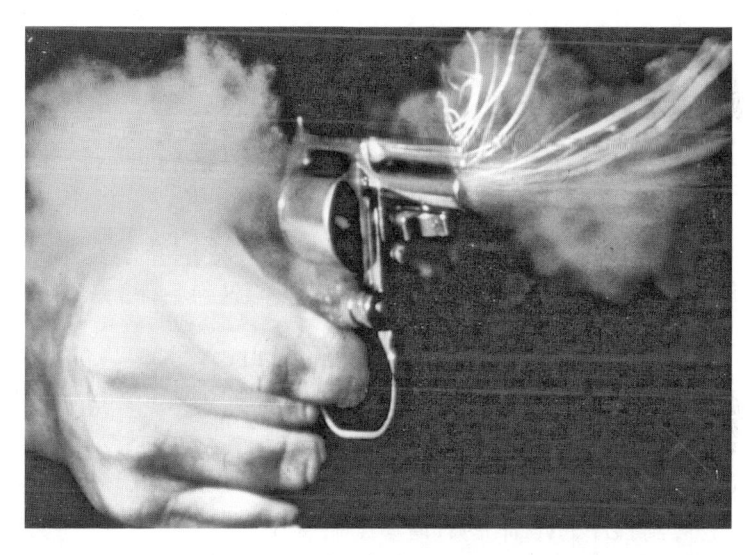

图9-19 当手枪射击时,火药和射击残留物通常会被吹回射击者的手上

射击残留物检验

早期展示手上射击残留物的努力集中在可以探测未燃烧的火药或硝酸盐的化学测试上。多年来,皮肤硝酸盐测试广受欢迎。它需要用画笔将热石蜡或蜡涂在嫌疑人的手上。在干燥成固体外壳后,取出石蜡并用二苯胺测试。蓝色被认为是硝酸盐阳性反应的指示。然而,真皮硝酸盐测试已受到执法机构的反对,主要是由于其缺乏特异性。化肥、化妆品、尿液和烟草等常见材料都会产生阳性反应,这与通过该测试获得的火药无法区分。

现在,识别射击者的途径主要集中在检测射击时沉积在射击者手上的射击残留物上。除了大多数 0.22 口径的弹药外,目前生产的底火主要是苯硫酚铅、硝酸钡和硫化锑的混合物。这些材料的残留物最有可能沉积在射击者的拇指指蹼和手背上,因为这些区域最接近在发射子弹期间沿枪的侧面或背面逸出的气体。此外,不开火仅仅拿枪的人可能会在与武器接触的手掌上留下射击残留物。

然而,随着使用过的枪支的处理、时间的流逝以及射击后恢复正常活动,手背的枪击残留物经常重新分布在包括手掌区域在内的其他区域。因此,检验中发现手掌上的钡和锑含量高于已知射击者手背上的钡和锑含量的情形并不罕见。另一种可能性是在拔出枪支时,靠近枪支的人的手上也会沉积大量的钡和锑。

射击残留物检验

通常以测量嫌疑人手上相关部位是否检出钡和锑及其可能含量确定某人是否发射或处理过武器,或者是否靠近过已发射过子弹的枪支。目前,有多种方法可以提取这些残留物。最流行的方法,当然对于现场调查人员来说也是最方便的方法,就是在手掌表面使用胶带或黏合剂,以去除任何黏附的残留颗粒。

擦拭

提取射击残留物的另一种方法是用5%硝酸润湿的棉花擦拭双手,以提取任何手上的残留物。每只手的正面和背面都应分别擦拭,然后将所有的拭子连同一个 5% 硝酸润湿的棉花作为空白对照物一起送到犯罪实验室进行检验分析(有关残留物收集程序的详细说明,请参见附录 III)。

在任何情况下,一旦对手部进行处理以收集钡和锑,就必须分析收集的介质中是否存在这些元素。嫌疑人手上的高钡和锑含量强烈表明该人曾经开过枪或处理过武器,或者在开火时靠近枪支。由于这些元素存在量非常小(小于 10 微克),因此只有采用最灵敏的分析技术才能检测到它们。

不幸的是,尽管需要检验分析的大多数样本都来自有着极大可能性曾开过枪的个人,但最终确定的可能性很低,主要困难似乎是引物残留等留在手上的时间很短,这些残留物很容易通过有意或无意的洗手、摩擦或擦手而被去除。实际上,一项令人信服的研究表明,在开火两小时后采集的棉质手拭子上很难检测出射击残留物。因此,一些实验室不接受检验在武器开火六小时或更长时间后从活体对象身上采集到的棉质手拭子。

在涉及自杀案例中，如果自杀者的身体在被移动之前就进行手上取样检测，那么检验出枪击残留物可能性会更高。但是，在某些案例中，当开枪时手被纸袋包裹保护时，大多数 0.22 口径轮缘射击弹药的射击残留物不能使用手擦拭或使用黏合剂来检验遗留物成分，这种弹药的底漆组合物中可能只含有钡，或者不含钡和锑。

SEM 测试

大多数拥有枪击残留检测能力的实验室都需要在射击者的手上涂上黏合剂。然后借助扫描电子显微镜(scanning electron microscope，SEM)定位黏合剂上的底漆和火药颗粒(见图 9-20)。这些颗粒具有特征尺寸和形状，很容易将它们与手上的其他污染物区分开来(见图 9-21)。当 SEM 连接到 X 射线分析仪时，可以对颗粒进行元素分析。对元素(铅、钡和锑)的发现证实了这些颗粒可能是射击残留物(见图 9-22)。需要注意的是，据某些科研结论，刹车片和烟花会产生与枪击残留物无法区分的颗粒。有趣的是，子弹制造商正朝着从子弹中去除铅的方向发展，从而使射击残留物的表征进一步复杂化。附录 II 包含 SEM 残留物收集程序的详细说明。

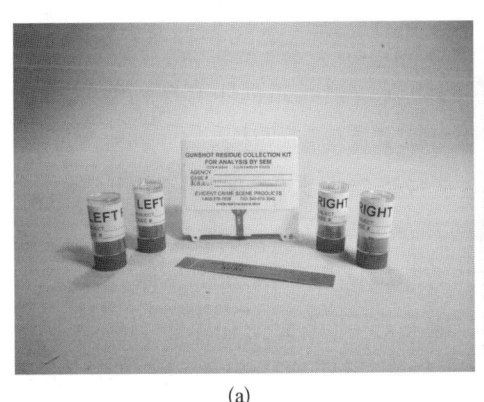

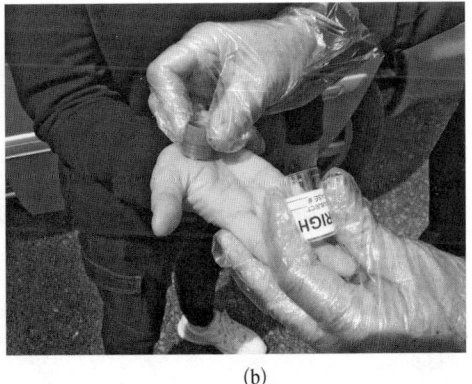

图 9-20 (a) 用于对嫌疑人的枪手的手进行取样的黏合剂存根；(b) 用胶棒对嫌疑人的手部进行枪击残留取样

用于引物残留检测的 SEM 方法的主要优势是其比手拭法具有更高的特异性。SEM 通过它们的大小和形状以及化学成分等方面来表征底漆颗粒。不幸的是，搜索和表征枪击残留物需要非常多的人员，浪费很多时间，这一点阻碍了该技术的使用。与扫描电子显微镜一起使用的自动粒子搜索和识别系统可以解

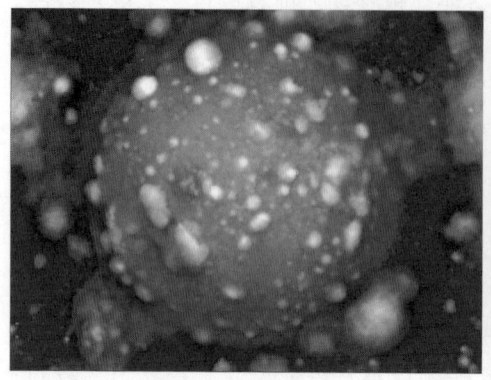

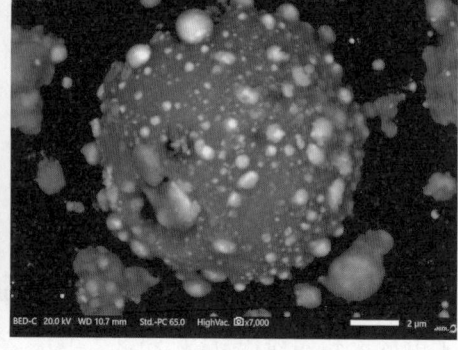

图 9-21　枪击残留颗粒的 SEM 视图

图 9-22　光谱显示枪击残留物中存在铅、钡和锑

决这个问题。使用自动化系统执行的工作结果比手动搜索枪击残留颗粒的方法效率要高。

序列号恢复

今天，包括汽车发动机缸体和枪支在内的许多制成品都印有序列号以供识别。越来越多的刑事技术学家需要研究如何恢复被磨削或抹去的序列号数字。

序列号通常是用硬质钢模具冲印在金属体或框架上。这些模具以一种力撞击金属表面，使每个数字都能以规定的深度刻入金属中。序列号可以被恢复，因为冲压区域中的金属晶体处于永久应变之下，该应变在原始编号下方延伸一小段距离。当使用合适的蚀刻剂时，应变区域比未改变的金属溶解得更快，从而以原始数字的形式显示蚀刻图案（见图 9-23）。但是，如果应变区域已被移除，或者该区域已被不同的应变模式压印，则通常无法恢复该数字。

图 9-23　分析人员使用化学手段恢复枪支上被抹去或更改的序列号

在使用蚀刻剂进行任何处理之

前,必须彻底清除被抹去的表面上的污垢和油污,并抛光至镜面般的光洁度。用棉球将试剂擦拭到表面上。蚀刻剂的选择取决于被加工金属表面的类型。钢表面通常采用盐酸(120 mL)、氯化铜(90 g)和水(100 mL)的混合溶液作为蚀刻剂。

枪支证据的收集和保存

枪支

在保护武器上的潜在指纹时,调查员应避免用铅笔或棍子从枪管上拿起武器,因为这种做法只会影响枪管中的粉末沉积物、铁锈或污垢的原始性,可能会改变试射子弹上的条纹标记。如果潜在指纹的显现是检验主要方面,应通过扳机护罩的边缘或以枪支握把的方格部分握住武器,这通常不会破坏原始指纹并引入无关指纹。

处理武器时最重要且最需要考虑的因素是安全性。在任何武器被送到实验室之前,必须采取一切预防措施以防止在运输过程中意外释放装载的子弹。在大多数情况下,有必要将枪支退膛。如果这样做,应首先记录武器的发射部件和安全位置;同样,必须记录武器中所有已发射和未发射弹药的位置。

当提取一把左轮手枪时,应在枪管上标记好枪膛与枪管对齐的位置。每个腔室在图表上都标有一个数字,并且当每个弹药筒或外壳被移除时,它仍然会与图中的编号腔室相对应。了解弹壳的圆筒位置可能很有用,可以在以后确定某些事件的顺序,特别是在发射不止一枪的情况下。将每一发子弹放在单独的盒子或信封中,如果武器是手枪,则必须取出弹匣并检查,然后清空弹匣。

与在犯罪现场提取到的其他类型物证一样,枪支物证必须标记以供识别,并且必须建立记录监管链。因此,当提取枪支时,应在扳机护罩上贴上唯一性识别标签。应标注适当的识别数据,包括序列号、制造商和型号以及调查员的姓名首字母等。将卸下的枪支放入带有标记的物证盒中,以便接下来送往实验室进行检验。

从水下等环境提取武器时,一般无须进行干燥或清洁工作。取而代之的是,枪支应装在装有足够保持其浸没所需的相同水量的容器中运送到实验室。此程序可防止武器在运输过程中生锈。

弹药

保护子弹和弹壳上的种类特征和个性特征应当成为现场调查员的首要关注点。因此，当从墙壁或其他物体上移除嵌入的子弹时，需要格外小心。如果在此操作过程中不小心划伤子弹表面，其上有价值的线条印迹可能会被抹掉。最好能够小心地撕开周围的支撑材料，同时避免与弹丸本身发生直接接触，成功将子弹从目标物中提取出来。

子弹、弹壳和霰弹枪发射的弹壳应放置在有适当标记以供识别的容器中。在任何情况下，调查人员都必须先将子弹用薄纸包裹起来，然后再将其放入药盒或信封中，以便运送到犯罪实验室。诸如油漆和纤维之类的微小痕迹可能附着在子弹上，调查人员必须注意保持这些痕迹物证完好无损。

当使用半自动或自动武器时，弹壳的弹射模式可以帮助确定嫌疑人与受害者的关系。因此，发现弹壳的确切位置是调查人员必须注意的重要信息。

在涉及霰弹枪的事件中，提取到的所有弹丸都需要打包并送往实验室。检验弹丸的大小和成分可能会揭示出所用弹药类型和霰弹枪规格等相关信息。

火药残留物

必须小心保管涉枪案件中受害者的衣服，以免损坏或破坏沉积在弹孔或弹孔周围的射击残留物。在脱去受害者身穿的衣服时，必须避免在孔洞区域切割或撕裂衣服。所有湿的衣服都应在避免阳光直射的情况下风干，而且在干燥后应小心折叠以免破坏弹孔周围的区域。每件物品都应单独放置在物证袋中存放。

工 具 痕 迹

工具痕迹是由工具与承痕客体接触造成的压痕、切割、凿痕或磨损等痕迹的合称。大多数情况下，在涉及强行进入建筑物或撬开保险箱的入室盗窃场景中

第九章　枪弹、工具及其他形象痕迹　　279

会遇到工具痕迹。通常而言,这些痕迹会以压痕形式出现在较软的承痕客体表面,或者是由工具切割或与另一个物体相对滑动造成的擦划痕迹。

工具痕迹比对

典型地,由于螺丝刀或撬棒的撬动作用,这些工具会在门或窗的框架上留下凹陷痕迹。仔细检查这些痕迹可以得到很多重要的种类特征——即工具的大小和形状。但是,这些痕迹很难反映出个性特征,从而实现工具个体的识别。当这些特性确实存在时,它们通常表现为工具通过磨损和使用而获得的可被辨别的随机刻痕和断裂(图9-24)。

正如枪支在机械加工制造过程中会留下随机条纹一样,撬杆、凿子、螺丝刀、刀或切割工具的边缘同样会显示出一系列看起来像"脊"和"谷"的微观不规则形态。由于用于切割和精加工的过程会在工具上留下此类标记。这种微小缺陷的形状和图案会在工具的使用寿命期间因损坏和磨损而进一步改变。考虑到"脊"和"谷"可以呈现出无穷无尽的形态,任何两种工具都不太可能完全相同。因此,这些微小的缺陷赋予了每个工具以个性特征。

图9-24　工具痕迹与可疑螺丝刀的比较。请注意工具边缘的刻痕和断裂是如何帮助将痕迹个体化至特定工具上

如果工具的边缘刮到较软的表面上,它可能会切割出一系列反映工具边缘特征的线条状印痕。以这种方式留下的痕迹在实验室中可以通过比较显微镜与由可疑工具制成的工具痕迹实验样本加以比较。当检材和样本之间有足够数量的线条状痕迹匹配时即可以确定工具与痕迹之间的关联性。

与工具痕迹比对有关的一个主要问题,就是难以在实验室复制留在犯罪现场的工具痕迹。全面的比较往往需要制备一系列样本,这些样本是通过将可疑工具以各种角度和压力施加到软金属表面(通常使用铅)而获得的。这种方法使检验人员有充分的机会复制原始证据痕迹的许多方面细节。图9-25显示了典型的工具痕迹比较的显微照片。

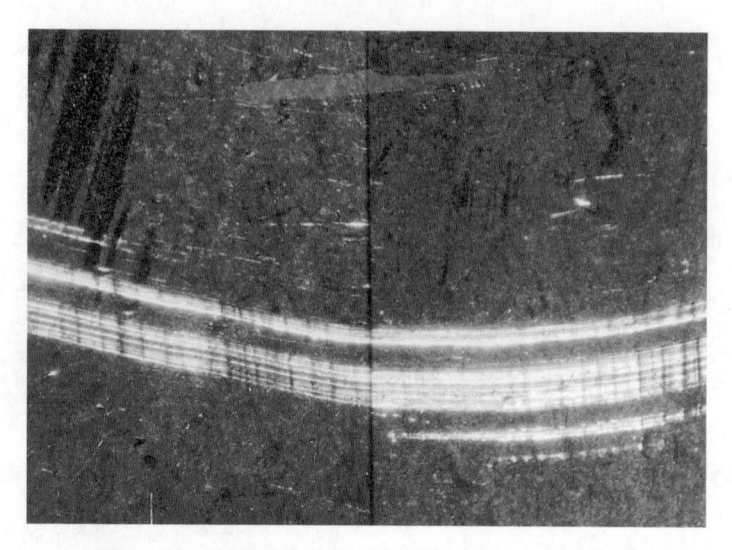

图 9-25 在对比显微镜下看到的工具标记对比照片

工具痕迹的提取

在可行的情况下,应将带有工具痕迹的整个物体或物体的一部分提取并交至犯罪实验室。当提取工具痕迹是不切实际时,唯一的办法是对痕迹区域进行拍摄并按比例绘制痕迹形态。在这些情况下,液态硅树脂浇铸材料的发明是最能让人满意的再现痕迹大部分细节的方式。参见图 9-26。然而,即使在最佳

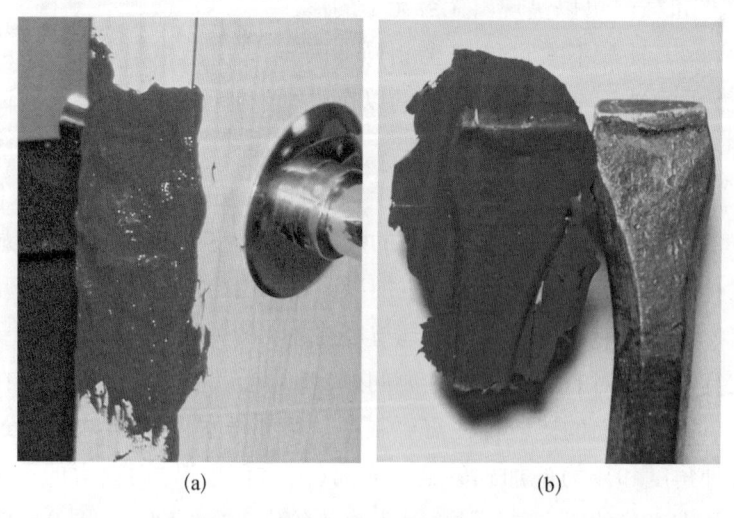

(a)　　　　　　　　(b)

图 9-26 (a) 用硅基腻子浇铸工具痕迹;(b) 放置于可疑工具旁边的痕迹模型

条件下，工具痕迹上许多微小细节的清晰度也难以在照片中得到全面反映。当然，这将减少将痕迹个体化至特定工具个体的机会。

犯罪现场调查员绝不能试图将可疑工具与工具痕迹放入一个物证袋中。工具与痕迹表面之间的任何接触都可能改变痕迹细节特征，并且至少会引发有关证据完整性的严重问题。可疑工具和痕迹必须分开提取，并采取一切预防措施避免工具或痕迹与另一个硬表面接触。由于不能正确保护工具或令痕迹免受损坏，这将导致其上的个别特性被破坏。

此外，工具或工具痕迹可能包含有价值的证据。附着在痕迹或工具上的油漆碎片也许是最好的例子。油漆的例子可以说明犯罪嫌疑人是如何使用工具强行进入建筑物并进而导致痕迹物证的转移。显然，痕迹证据的存在极大地提高了工具或工具痕迹的证据价值，并且在处理和包装证据时需要特别小心，以免丢失或破坏这些物品。

其他形象痕迹

其他痕迹是不时会在犯罪现场留下另一种痕迹的统称。该证据可能以鞋子、轮胎或织物印痕的形式出现，这些痕迹往往出现在以下案例中，入室盗窃现场(图9-27)，车祸现场(图9-28)，或者杀人现场等(见图9-29的a和b)。

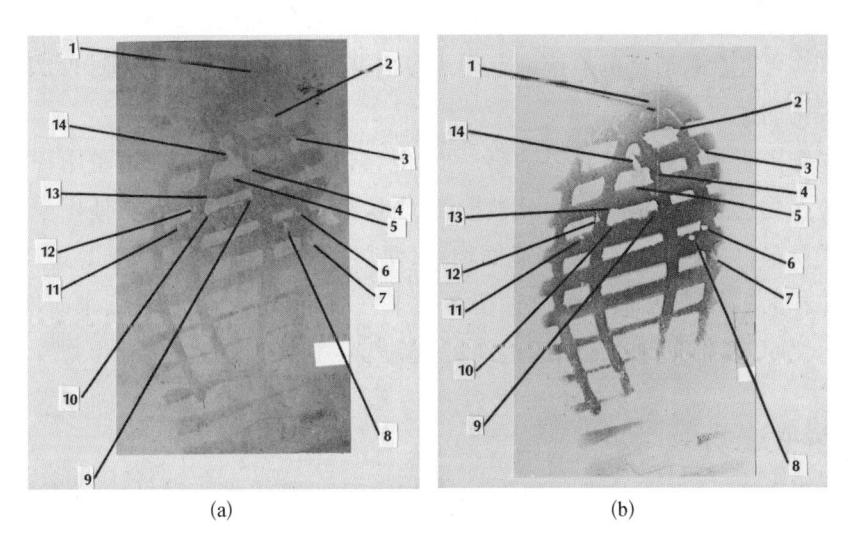

图9-27　(a)在犯罪现场发现的鞋印；(b)可疑鞋子形成的谐音样本。有足够多的比较点以支持作出嫌疑人鞋子留下现场鞋印的结论

图9-28 汽车保险杠上因碰撞和行驶而产生的图案痕迹。注意,印痕中反映了牛仔裤上的铆钉。在保险杠上可见右侧铆钉上的文字反映

图9-29 (a) 在正常光线下,地毯显示出微弱的血足迹;(b) 用Luminal增强后地毯上的血足迹

痕迹保存

在犯罪现场收集痕迹首要考虑的问题是如何保存痕迹或其复制品,以供犯罪实验室后续检验分析。在移动或以其他方式处理任何痕迹之前,必须对其拍照(图片中应包含比例尺)以显示痕迹的所有可观察到的细节。应该直接在印痕上以及在印痕周围的不同角度拍摄几张照片,巧妙地使用侧面照明将有助于突出许多可能会被遮挡的痕迹细节。还应拍摄照片以显示可疑痕迹相对于整个犯罪现场的位置。

尽管摄影是保全痕迹重要的第一步,但它必须被视为仅是一种备用程序,如果痕迹在到达犯罪实验室之前就被损坏,则这些照片可供检验人员使用。当然,检验人员最好能够收取接收印痕原物,以便与可疑鞋子、轮胎、服装等进行比较对照。在大多数情况下,当痕迹遗留在易于移动的物品,如玻璃、纸张或地砖等物品上之时,要将完整的证据运送到实验室几乎不存在困难。

痕迹提取

如果在难以提交给实验室的各类客体表面上发现印痕,调查人员可能需要以类似于痕迹增强的方式显现提取痕迹。对于在轻微的灰尘或污垢沉积物中形成的痕迹尤为如此。应使用足以覆盖待提取的整个痕迹的材料,小心地将提取材料放

置于整个印模之上。在将印模从表面上提取之前,使用指纹滚筒消除气泡。

一种更有效地提取和保存灰尘痕迹的方法是使用便携式静电提取装置。所采用的原理类似于在梳子上产生静电荷并使用梳子提起小片薄纸。将一张聚酯薄膜放在灰尘痕迹的上方,并借助滚筒将薄膜压在印痕上。然后将静电单元的高压电极与薄膜接触,同时将单元的接地电极放置在金属板(接地板)上(见图9-30)。聚酯薄膜与灰尘痕迹的表面之间会产生电荷差,从而使灰尘附着在提取膜上。以这种方式,椅子、墙壁、地板等上的灰尘印记可以转移到聚酯薄膜上。可以用最长40英尺聚酯薄膜覆盖在地板表面并寻找灰尘印记。静电提取技术特别有助于恢复彩色表面上几乎看不见的灰尘痕迹。还可以通过化学显影来增强灰尘痕迹(见图9-31)。

图9-30 使用静电装置并施加静电方式提取地板上的灰尘足迹

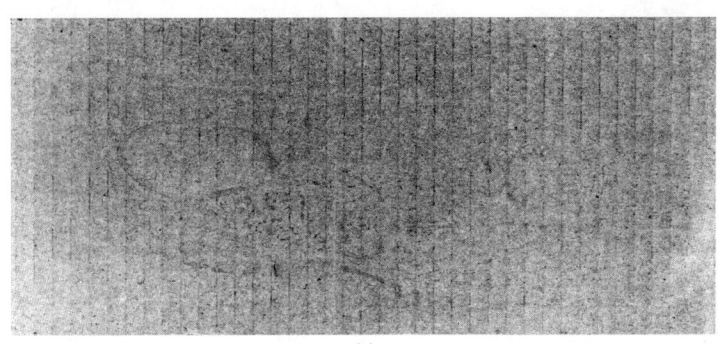

(a)

(b)

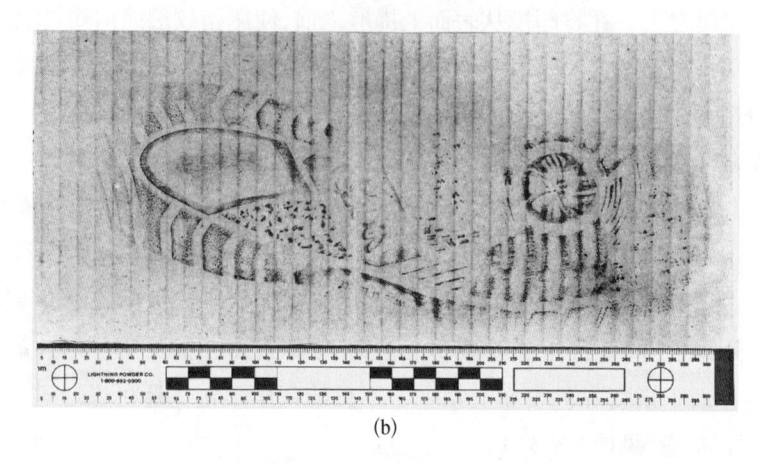

图 9-31 （a）增强前纸板上灰尘鞋印；（b）使用溴酚蓝进行化学增强后的灰尘鞋印

痕迹制模

在犯罪现场留下的鞋印和轮胎痕迹最好通过摄影和制模保存。第 I 类工具是石膏,石膏粉被广泛推荐适用于制作鞋模和轮胎印模。浇注制作成的模型应风干 24 至 48 小时,然后运至法庭科学实验室进行检验鉴定。图 9-32 展示了由泥中的鞋印制成的模具。

(a)　　(b)　　(c)

图 9-32 （a）鞋在泥中留下痕迹；（b）制模；（c）嫌疑人的鞋底花纹

一种称为雪印蜡的气溶胶产品可用于浇注制作雪中的印痕模型。推荐的操作程序是在两层之间以一到两分钟的间隔喷上三层蜡,然后让它干燥 10 分钟。然后将黏性混合物倒入涂有蜡的印模中。铸件材料硬化后,可以移除铸件。

几种化学物质可用于显现和增强用血液制成的鞋类痕迹。在带血的鞋印非常微弱或受试者通过血液追踪而留下血迹的区域,化学增强可以显示潜在的或几乎不可见的鞋印。附录 V 中列出了一些可用于鞋类血迹分析的化学式。

已经验证了几种血液增强化学物质对短串联重复(short tandem repeat,STR)DNA 分型的影响。(这种特殊的 DNA 分析方法将在第 16 章中讨论。)在短期内,所检查的化学物质都不会对血液中 DNA 进行 STR 分型的能力产生有害影响。

比较检验

无论在何种情况下,检验各类型印痕的实验室程序都是基本一致的。当然,只有当被怀疑留下痕迹的客体被提取时,才能进行比较。可能需要制作实验样本以比较可疑证物与现场证据痕迹的特征。

痕迹的证据价值取决于检验人员发现的种类特征和个性特征的数量。关于尺寸、形状或设计的一致意见可能会得出这样的结论,即痕迹可能是由特定的鞋子、轮胎或服装造成的,但不能完全排除其他可能的来源,这些其他来源也具有相同的种类特征。更重要的是存在因磨损、割伤、凿痕或其他损坏而产生的个性特征,足够数量的或者此类比较点的独特性能够支持证据和样本痕迹两者源自一个来源。

当在犯罪现场留下轮胎胎面印痕时,实验室可以检验印痕的外观,并可能确定轮胎的样式或制造商。当尚未找到可疑轮胎时,上述特征对调查人员而言是特别有帮助的。

计算机软件可以帮助法庭科学专家比较鞋印。例如,在英格兰开发的称为"鞋印图像捕获与检索"(shoeprint image capture and retrieval,SICAR)的自动鞋印识别系统通过在多个数据库中搜索各类已知和未知的鞋类,以便与鞋类样本进行比较。使用该系统可以将犯罪现场的痕迹与参考数据库进行比较,以找出遗留现场痕迹的鞋子类型。同样的痕迹也可以在嫌疑人和犯罪数据库中进行搜索,以揭示该鞋印是否与已知的鞋子相匹配,或者是否与另一个犯罪现场留下的鞋印相匹配。在搜索过程中进行匹配时,图像将并排显示在计算机屏幕上(参见第 3 章中的图 3-9)。

皮肤和食品上的人类咬痕一直是近年来在多起凶杀案和强奸案中定罪的重要证据。如果在样本和检材之间存在足够数量的相似点，法证牙科专家可能会得出结论，咬痕是由特定个体形成的(见图9-33)。

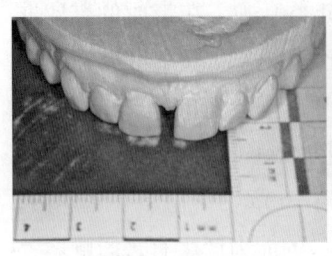

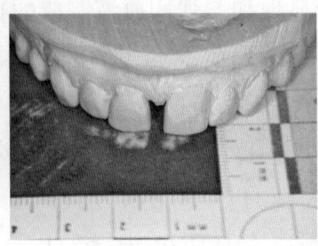

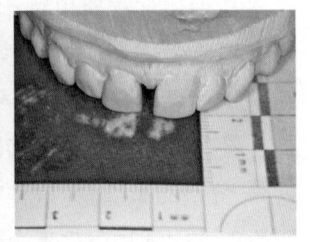

图9-33 嫌疑人的上牙模型与咬痕的个别牙齿特征相匹配

走进科学

鞋类和轮胎痕迹制模

在任何类型的犯罪现场都可以找到鞋履和轮胎印痕，并且可以作为识别或排除嫌疑人的主要手段。收集此类证据的首选方法是铸造印象——即制作模具并将其保存起来以供实验室分析。当在犯罪现场的泥土中发现鞋类或轮胎印痕时，铸造过程如下。

材料：

一小罐气溶胶发胶；1加仑(3.785 L)口袋；油漆搅拌器或长柄大勺；纸箱；照相机；塑料或金属铸造框架(可选)。

程序：

1. 取出痕迹中的碎片或者无关物品，并拍照固定原始现场；同时，拍照时需要放置比例尺。将用于金属框架放在痕迹四周。

2. 为了使土壤凝固，使用了发胶等固定剂[见图(a)]。将发胶罐放在离痕迹内土壤约18英寸的地方。轻轻地在痕迹上喷涂一层均匀的涂层，使用扫掠动作并注意避免对痕迹造成损坏。

3. 等待10分钟，让发胶干燥。

4. 将适量的水加入预先量好的石膏中[见图(b)]。逐步加水。通常的量是大约10~12液体盎司(1液体盎司=0.029 57 L)的水和大约1.5~2磅石膏。如果使用带拉链的密封袋子混合石膏和水，约至少三分钟[见图(c)]。混合直到达到类似煎饼面糊的稠度。

第九章 枪弹、工具及其他形象痕迹　**287**

(a)

(b)

(c)

(d)

(e)

> 5. 打开袋子的一个角，通过开口将石膏液倒在痕迹旁边的地面上，让它小心地进入痕迹。使用油漆搅拌器、勺子或戴手套的手作为介质分散水流，以免破坏痕迹的精细细节［见图(d)］。继续浇注，直到石膏液完全填满痕迹［见图(e)］并达到一定的厚度。如有必要，可以在原始铸件的顶部浇注额外的石膏液以增加厚度。
> 6. 将日期、首字母缩写和证据痕迹所需的任何其他信息标记在湿石膏表面。
> 7. 当石膏不再粘在土壤上并且相对干燥（通常大约一小时）时，取出石膏。如有必要，可以从侧面挖出模件。
> 8. 将石膏模型存放 48 小时以使其完全干燥。如果石膏模型没有足够长的时间干燥，一些细节特征可能会消失。
> 9. 一旦石膏模型干燥，用流动的水冲洗掉上面黏附的松散土壤，也可以使用软毛刷，轻轻擦洗或摘下杂物，最后用纸巾拍干。

案例分析

O. J. 辛普森审判——谁在犯罪现场留下了痕迹？

1994 年 6 月 12 日晚上，橄榄球明星 O. J. 辛普森(O. J. Simpson)的前妻妮可·布朗(Nicole Brown)和她的朋友罗恩·戈德曼(Ron Goldman)在她位于加利福尼亚州布伦特伍德的家外被残忍地杀害。O. J. 辛普森(O. J. Simpson)因涉嫌谋杀而被捕，但其自称清白。在犯罪现场，调查人员在通往布朗公寓前门的混凝土人行道上发现了血迹斑斑的鞋印。这些鞋印质量极高，细节复杂。新闻媒体在电视上播放了无数关于这些血淋淋的鞋印的图像，很明显，这些鞋子肯定会将他与犯罪凶手联系起来。

著名的 FBI 鞋印检验鉴定专家威廉·J. 博齐亚克(William J. Bodziak)调查了现场的鞋类证据。他的第一项任务是识别产生标记的鞋子品牌。因为鞋印图案清晰而鲜明，从头到脚都有完整的细节，起初这似乎是一项简单的任务。博齐亚克将此鞋印与 FBI 数据库中的数千个鞋印进行了比对。但是，没有匹配成功。随后，他又去参考书籍和贸易展览小册子，但还是没有比对成功。

博齐亚克的经验告诉他，这些是意大利制造的昂贵休闲正装鞋，鞋底由合成材料制成。利用这些经验知识,他在高端商店购买了类似鞋面花纹的鞋子,但仍然无法识别鞋子。随后,他绘制了鞋底的合成草图,并将图像传真给执法机构和鞋子全球制造商和分销商。Bruno Magli 鞋的美国分销公司的老板是唯一回应的人。

进一步详尽的调查显示,这些鞋子极为罕见。有两种鞋款采用这种精确的鞋底设计,它们只上市了两年,在美国和波多黎各只有 40 家商店。Lorenzo 风格的鞋子有一个到脚踝的靴子状鞋面。里昂风格的鞋子有更低、更典型的正装鞋剪裁。经调查,犯罪现场遗留的痕迹是由一只 12 码大小的鞋子形成的,后来确定只有 299 双具有这种胎面花纹的 12 码大小的鞋子在美国销售。

辛普森否认拥有这双鞋,并补充说他永远不会穿这么难看的东西。然而,众所周知,他穿的是 12 码,在谋杀案发生前近 9 个月拍摄的照片显示,辛普森穿着一双黑色皮革布鲁诺·马格利·洛伦佐(Bruno Magli Lorenzo)鞋。这些鞋有多种颜色可供选择,因此与辛普森的 Lorenzos(这种尺寸、颜色和款式)相匹配的鞋在美国销售的数量减少到 29 双。

证明辛普森拥有一双在犯罪现场发现的印有血迹的确切图案的鞋子是案件的重要组成部分,但在刑事起诉期间没有及时使用这一发现。辛普森穿着布鲁诺马格利鞋的照片在刑事审判结束后被公布,因此陪审团从未听到过辛普森拥有这双鞋的直接证据。然而,这是证明在民事审判中将辛普森与犯罪现场联系起来的重要纽带。尽管博齐亚克在刑事审判中对妮可·布朗(Nicole Brown)和罗恩·戈德曼的谋杀罪被宣告无罪,但在民事法庭案件中,他被判定为对他们的谋杀负有责任。

章节小结

由划痕、刻痕、断裂和磨损引起的结构变化和不规则性使犯罪分子可以将子弹与枪支联系起来,将划痕或磨损痕迹与单个工具联系起来,或将轮胎痕迹与特定汽车联系起来。

枪管的制造需要在其内表面打上螺旋槽,这一步骤称为线膛工艺。保留在凹槽之间的原始孔的表面称为线膛。没有两个膛线枪管,即使是连续制造的枪管,也没有相同的条纹标记。这些条纹形成了枪管的个性化特征。枪管的内表面在穿过它的子弹上留下条纹标记。这在检验鉴定的初始阶段,膛线和凹槽的数量及其旋转方向是明显的比较点。这些种类特征的任何差异都会立即排除两颗子弹穿过同一个枪管的可能性。

比较显微镜是枪支检验人员所使用的最重要工具。可以在同一视野内同时观察和比较两枚子弹。不仅样本和检材的阳膛线和阴膛线必须具有相同的宽度，而且每条膛线的纵向条纹必须重合。击针、后膛以及拉壳钩和抛壳铤也提供了一个非常独特的个性化弹壳的标记。计算机成像技术的出现使得以类似于自动指纹识别方式存储子弹和弹壳表面特征信息成为可能。但是，最终的比较将由法证科学家通过传统的显微镜方法进行。

可以根据弹孔周围的火药颗粒和其他残留物的分布情况评估手枪或步枪的发射距离。武器的射击不仅会将残留物推向目标，而且还将火药和射击残留物吹回到射击者身上。结果，这些残留物的痕迹经常沉积在射击者手持枪械的手上，对它们的检验可以提供有关个人最近是否发射过武器的有价值的信息。检验人员通过测量嫌疑人手上相关部位的钡和锑含量以确定一个人是否发射过或处理过武器，或者是否靠近已开火的枪支。

越来越多的刑事技术学家需要研究恢复一个被打磨或冲压抹去的枪弹序列号。化学蚀刻可以恢复序列号，因为冲压区域中的金属晶体处于永久形变，该形变在原始编号下方将延伸一小段距离，因此可以恢复序列号。

收集和保存枪支最重要的考虑因素是安全性。训练有素的现场勘查人员在包装和运输枪支之前，应始终检查枪支并确保其安全。与其他证据一样，枪支存放在纸板箱中，并清楚地标有识别信息。枪支的收集和保存的一个独特方面是，如果从水下位置回收枪支，则无须进行干燥或清洁工作。取而代之的是，枪支应装在装有足够保持其浸没所需的相同水的容器中运送到实验室。此程序可防止在运输过程中生锈。

工具痕迹是由工具与另一个物体接触而造成的任何压痕、切割、凿痕或磨损等痕迹特征。因此，工具上的任何微小缺陷都会赋予该工具以个别特征。这种缺陷的形状和图案会在工具的使用寿命期间因损坏和磨损而进一步改变。比较显微镜用于将犯罪现场工具痕迹与使用可疑工具制作的实验样本痕迹进行比较。当鞋印和轮胎印记在犯罪现场的软土上遗留时，最好通过摄影和浇注模型提取的方式来保存它们。在带血的鞋印非常微弱或受试者通过血液追踪而留下血迹的区域，化学增强可以显示这些潜在的或几乎不可见的血迹。足够数量的比较点或这些点的独特性支持这样一个发现，即检材和样本来源同一。

问题回顾

1. _____是膛线槽形成之后留下的孔的原始部分。
2. 枪管的直径又称为_____。
3. 判断正误：膛线和凹槽的数量是枪管的一个种类特征。_____
4. 膛线枪管的特征是由印在枪管表面的条纹形成的。
5. 比较子弹最重要的工具是_____。
6. 为了在样本子弹和检材子弹之间进行匹配，测试子弹和证据子弹的膛线必须具有相同的宽度，并且纵向_____上每个必须重合。
7. 判断正误：总是可通过检查发射子弹确定武器制造商。_____
8. 霰弹枪有_____种。
9. 霰弹枪枪管的直径由术语_____表示。
10. 判断正误：霰弹枪弹丸可以个别化至某一特定枪支。_____
11. 判断正误：弹壳可以个别化至某一特定枪支。_____
12. 由 FBI 和 ATF 开发的自动枪支搜索系统作为一个统一的系统，结合了前几年可用的 DRUGFIRE 和 IBIS 技术，被称为_____。
13. 判断正误：弹孔周围的火药颗粒和其他排放残留物的分布形态可以大致确定枪的发射距离。_____
14. 判断正误：在没有提供嫌疑射击枪械的情况下，检验人员可以准确判定射击距离。_____
15. 沉积在弹孔周围的蒸气状铅（烟雾）光环通常表示枪支与目标距离为_____英寸。
16. 如果枪支在距离目标 3 英尺以上的地方开火，通常不会留下残留物，而是留下一个暗环，称为_____。
17. 根据经验，12 号霰弹枪每增加 1 英寸弹药残留物分布距离，就会与射击目标间隔_____距离。
18. _____照片可能有助于可视化目标周围的火药沉积物。
19. 判断正误：定位粉末残留物的检验方法包括将嵌入目标表面的颗粒转移到经过化学处理的相纸上。_____
20. 目前识别枪手的方法依赖于检测_____手上的残留物。
21. 通过测量元素来确定一个人是否开过武器主要看_____和_____。

是否出现在手上。

22. 判断正误：用硝酸手工擦拭可以检测到所有类型弹药的射击。_____

23. 涂在疑似枪手手上的黏合剂上的显微底漆和火药颗粒可通过_____的方式探测到。

24. 判断正误：序列号的恢复是可能的，因为在冲压区域中，金属被置于永久形变状态下，该形变延伸到原始编号下方。_____

25. 判断正误：在需要拿起犯罪现场的枪支时，用铅笔插入枪管并拿起枪支的做法是正确的。_____

26. 提取子弹时，可从_____或者从_____着手。

27. 判断正误：因为油漆和纤维等微小痕迹可能附着在被提取的子弹上，调查员必须注意立即清除这些痕迹材料。_____

28. 判断正误：弹壳的最佳标记在弹壳底部。_____

29. 必须处理枪击受害者的衣服，以防止破坏_____弹孔周围特征。

30. _____是由工具与另一个物体接触造成的痕迹。

31. 仅当有足够数量的工具痕迹才可以比较_____痕迹和样本痕迹之间的匹配程度。

32. 带有工具痕迹的物体应完整地提交给犯罪实验室或者提取工具痕迹的_____。

33. 可以使用静电吸附膜或_____提取痕迹。

34. 在犯罪现场留下的鞋印和轮胎痕迹最好保存在_____和_____上。

35. 磨损图案、切口、凿痕或其他损坏图案可能会形成关于鞋子的_____特征。

应用与批判性思考

1. 从以下每个弹孔描述中，使用一般准则来估计射手到目标的距离。

    a. 入口孔周围无烟灰的少量广泛散布的火药颗粒

    b. 弹孔周围有黑色环，但没有烟灰或火药颗粒

    c. 入口孔周围有一圈烟灰和散落的粉末颗粒

    d. 入口孔周围有焦痕和熔化的纤维

2. 假设您正在调查一宗涉及一把12口径霰弹枪的枪击事件，该枪具有中等高度的扼流圈。由颗粒制成的图案的展开尺寸为12英寸。在您看来，下列哪一项可能最接

第九章 枪弹、工具及其他形象痕迹 **293**

近从目标到射手的距离？解释你的答案并解释为什么其他答案可能不正确。

    a. 18 码   b. 12 码   c. 6 码   d. 30 码

3. 犯罪学家本·巴尔丹扎(Ben Baldanza)正在从枪击现场收集证据。在找到疑似发射的左轮手枪后，本抓住枪柄拿起枪，卸下子弹，将弹药放入信封中。然后，他将识别标签附在握把上。搜索现场，本发现一颗子弹卡在墙上。他用钳子夹住子弹并将其从墙上拉出，然后在子弹上刻上他的姓名首字母并将其放入信封中。请描述本在收集这些证据时可能犯了哪些错误？

4. 在下列各种情况下，请叙述您将如何收集有关痕迹？

    a. 在干燥的泥土中发现了鞋印。

    b. 在窗台上发现了一个工具标记。

    c. 在柔软的土地上发现轮胎痕迹。

    d. 在一块松散的瓷砖上发现了鞋印。

    e. 在彩色油毡地板上的灰尘中发现了一个非常微弱的鞋印。

5. 图中显示了 40 口径手枪的枪击残留图案(A)到(D)。将射击距离(接触式、1英寸、6 英寸和 18 英寸)与每个图案相匹配。

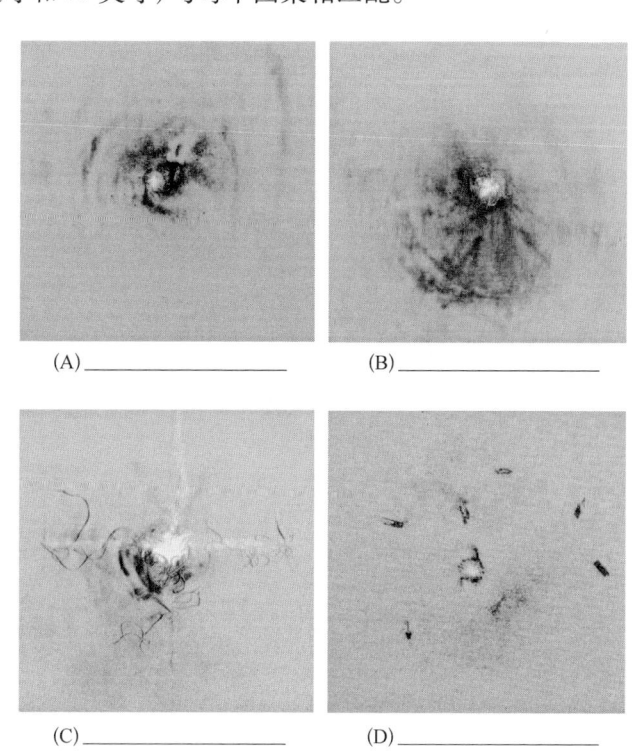

(A) _____   (B) _____

(C) _____   (D) _____

参考文献与延伸阅读

Bodziak, William J., Forensic Footwear Evidence, 3rd ed. Boca Raton, FL: CRC Press, 2016.

Bodziak, William J., Tire Tread and Tire Track Evidence: Recovery and Forensic Examination. Boca Raton, FL: CRC Press, 2008.

DiMaio, Vincent J. M., Gunshot Wounds: Practical Aspects of Firearms, Ballistics, and Forensic Techniques, 3rd ed. Boca Raton, FL: CRC Press, 2016.

Hilderbrand, Dwane S., Footwear: The Missed Evidence, 3rd ed. Wildomar, CA: Staggs, Publishing, 2013.

An Introduction to Forensic Firearm Identification, http://www.firearmsid.com/

Rowe, Walter F., "Firearms Identification," in R. Saferstein, ed., Forensic Science Handbook, vol. 2, 2nd ed. Upper Saddle River, NJ: Prentice Hall, 2005.

Schehl, S. A., "Firearms and Toolmarks in the FBI Laboratory," Forensic Science Communications 2, no. 2 (2000), https://www2.fbi.gov/hq/lab/fsc/backissu/april2000/index.htm

第十章

物质、光和玻璃的检验

学习目标

10.1 讨论物质的组成问题
10.2 阐述如何测量玻璃的密度和折射率，并将其用于司法鉴定
10.3 阐述光的波粒二象性
10.4 阐述比较玻璃碎片的鉴定方法
10.5 通过玻璃裂缝阐述撞击力量和方向
10.6 阐述正确收集玻璃证据的方法

关键术语

amorphoussolid	非晶体	frequency	频率
atom	原子	gas(vapor)	气体(蒸汽)
Beckeline	贝克线	intensiveproperty	强度性质
birefringence	双折射	laminatedglass	夹层玻璃
Celsiusscale	摄氏温度	laser	激光器
chemicalproperty	化学性质	liquid	液体
compound	化合物	mass	质量
concentricfracture	同心裂缝	matter	物质
crystallinesolid	晶体	periodictable	元素周期表
density	密度	phase	相态
dispersion	色散	photon	光子
electromagneticspectrum	电磁波谱	physicalproperty	物理性质
element	元素	radialfracture	径向裂痕
Fahrenheitscale	华氏温度	refraction	折射

refractiveindex	折射率	visiblelight	可见光
solid	固体	wavelength	波长
sublimation	升华	weight	重量
temperedglass	钢化玻璃	X-ray	X 射线

新 闻 头 条
心灵猎人：Ted Bundy 的调查

Ted Bundy 是个连环杀手。这位英俊、爱交际、普通的法律系学生在 1964 年至 1978 年间犯下了 40 起谋杀案。他的犯罪路线从太平洋西北部一直延伸到加利福尼亚州、犹他州、爱达荷州、科罗拉多州，最后到达佛罗里达州。这些受害者大多是年轻女性，通常被钝器谋杀或被勒死，并在死亡前后遭到性侵犯。Bundy 于 1976 年在犹他州因绑架罪被首次判刑，之后因谋杀罪被引渡到科罗拉多州后，但他设法逃脱了追捕。最终 Bundy 前往了佛罗里达州塔拉哈西地区，在佛罗里达州立大学女生联谊会的一所房子里，他杀害了两名妇女，三周后又杀害了一名 12 岁的女孩。

几年后，大约在 20 世纪 80 年代中期，华盛顿金郡的调查人员发现了另一名连环杀手。这个新的连环杀手绑架、强奸和谋杀女性，并将她们的尸体倾倒在格林河旁（见第 14 章）。由于没有线索，尸体堆放在一起，调查人员前往佛罗里达州调查 Bundy，看他能否对凶手的犯罪动机和行为提供见解。在一次调查中，Bundy 提出凶手可能会回到抛尸点与尸体性交。他建议调查人员，如果他们发现了一个新的坟墓，他们应该在那里蹲守等待凶手回来。

这是一条有用的信息，警方最终通过 DNA 确定了格林河罪犯的身份。在协助破获格林河案三年后，Bundy 于 1989 年被执行处决。

鉴定专家必须不断确定物质的特征，使其具有独特的鉴别属性。直到将一种物质完全与一个合适的来源唯一匹配时，对其特性的持续探索才会结束。物质的性质是鉴别的关键点。本章将研究讨论玻璃和其他物证最关键的鉴定特征。为便于理解，将这些特性分为物理性质和化学性质进行讨论。

物理性质①描述的是唯一性的特性。例如，重量、体积、颜色、沸点、熔点是特定物质可以测量的物理性质，这些性质不会像化学反应一样改变物质的组成；**只与物质本身有关**。**化学性质**②描述的是一种物质与另一种物质产生反应或结合时的性质。例如，当木材燃烧时，它与空气中的氧气产生化学反应，形成新的物质；这种变化是木材的一种化学性质。在法庭科学实验室中，检验可疑样本中是否含有海洛因的常规方法是将马奎斯试剂与其进行化学反应，这种试剂在海洛因存在下会变成紫色。这种颜色变化为海洛因的鉴定提供了一种方便的检测方法，也属于化学性质。

物 质 的 本 质

在运用物理性质和化学性质鉴定和比较证据之前，需要对物质的组成有一个深入的了解。从组成所有物质的基本元素扩展到化合物。

元素及其化合物

物质③有质量并占据空间。当我们环视周围世界，遇到无数不同的材料时，我们一定会想到人类最卓越的成就之一：发现原子并用来解释所有物质的组成。最早，古希腊哲学家认为空气、水、火、土是组成物质的基本**元素**。随着原子理论的发展和化学元素的发现，之前的理论被推翻。

元素④是组成所有物质的基石。目前已确定 118 个元素（见表 10-1）；其中 89 种是在地球上自然产生的，其余是在实验室中合成的。在图 10-1 中，所有的元素都按名称和符号列出，这种形式被称为**元素周期表**⑤，它将化学性质相似的元素排列在同一行或列中。

---

① 物理性质：不通过化学反应改变物质组成的性质。
② 化学性质：一种物质与另一种物质发生反应或结合时的性质。
③ 物质是由原子或分子组成的。
④ 元素：物质的基本粒子；元素不能用化学方法分解成更简单的物质。
⑤ 元素周期表：系统排列的元素图表；垂直的列称为组或族，水平的行称为周期；同一列的元素具有相似的性质。

表 10-1　元素及其符号和原子质量表

元　素	符号	原子质量^a(amu)	元　素	符号	原子质量^a(amu)
锕	Ac	(227)	钫	Fr	(223)
铝	Al	26.981 5	钆	Gd	157.25
镅	Am	(243)	镓	Ga	69.72
锑	Sb	121.75	锗	Ge	72.59
氩	Ar	39.948	金	Au	196.966 5
砷	As	74.921 6	铪	Hf	178.49
砹	At	(210)		Hs	(277)
钡	Ba	137.34	氦	He	4.002 60
锫	Bk	(247)	钬	Ho	164.930 3
铍	Be	9.012 18	氢	H	1.008 0
铋	Bi	208.980 6	铟	In	114.82
𬭛	Bh	(270)	碘	I	126.904 5
硼	B	10.81	铱	Ir	192.22
溴	Br	79.904	铁	Fe	55.847
镉	Cd	112.40	氪	Kr	83.80
钙	Ca	40.08	镧	La	138.905 5
锎	Cf	(251)	钍	Th	232.038 1
碳	C	12.011	铥	Tm	168.934 2
铈	Ce	140.12	锡	Sn	118.69
铯	Cs	132.905 5	钛	Ti	47.90
氯	Cl	35.453	钨	W	183.85
铬	Cr	51.996	𬬭	Og	(294)
钴	Co	58.933 2	镆	Mc	(288)
𫟼	Cn	(285)	鿬	Ts	(291)
铜	Cu	63.546	铹	Lr	(262)
锔	Cm	(247)	铅	Pb	207.2
𫟼	Ds	(81)	锂	Li	6.941
𬭊	Db	(268)	𫓧	Lv	(293)
镝	Dy	162.50	镥	Lu	174.97
锿	Es	(254)	镁	Mg	24.305
铒	Er	167.26	锰	Mn	54.938 0
铕	Eu	151.96	鿏	Mt	(278)
镄	Fm	(253)	钔	Md	(256)
𫓧	Fl	(289)	汞	Hg	200.59
氟	F	18.998	钼	Mo	95.94

续表

元　素	符号	原子质量[a]（amu）	元　素	符号	原子质量[a]（amu）
钕	Nd	144.24	钌	Ru	101.07
氖	Ne	20.179	𬬻	Rf	（265）
镎	Np	237.048 2	钐	Sm	105.4
镍	Ni	58.71	钪	Sc	44.955 9
铌	Nb	92.906 4	𬭳	Sg	（271）
氮	N	14.006 7	硒	Se	78.96
锘	No	（254）	硅	Si	28.086
锇	Os	190.2	银	Ag	107.868
氧	O	15.999 4	钠	Na	22.989 8
钯	Pd	106.4	锶	Sr	87.62
磷	P	30.973 8	硫	S	32.06
铂	Pt	195.09	钽	Ta	180.947 9
钚	Pu	（244）	锝	Tc	98.906 2
钋	Po	（209）	碲	Te	127.60
钾	K	39.102	铽	Tb	158.925 4
镨	Pr	140.907 7	铊	Tl	204.37
钷	Pm	（145）	𬬭	Nh	（284）
镤	Pa	231.035 9	铀	U	238.029
镭	Ra	226.025 4	钒	V	50.941 4
氡	Rn	（222）	氙	Xe	131.3
铼	Re	186.2	镱	Yb	173.04
铑	Rh	102.905 5	钇	Y	88.905 9
𬬹	Rg	（280）	锌	Zn	65.57
铷	Rb	85.467 8	锆	Zr	91.22

[a] 原子质量，根据 C 的相对原子质量计算；括号表示半衰期最长的同位素的质量数。

为了方便起见，化学家们选择用字母符号表示元素。其中，"碳"（C）、"氢"（H）、"氧"（O）等都是英文名的首字母，"钙"（Ca）、"锌"（Zn）等则是英文名的两个字母缩写。有些符号是由拉丁或希腊文的首字母衍生而来的。因此，银的符号 Ag 来自拉丁语 Argentum；铜，Cu，源自拉丁语 Cuprum；氦（He）来自希腊名字 Helios。

原子是保持元素特性的最小粒子。 当我们写元素符号 C 时，指的是一个碳原子；二氧化碳 CO_2 的化学符号表示一个碳原子和两个氧原子的结合。当两种或两种以上的元素组成一种物质时，就像 CO_2 一样，一种新的物质就产生了，它

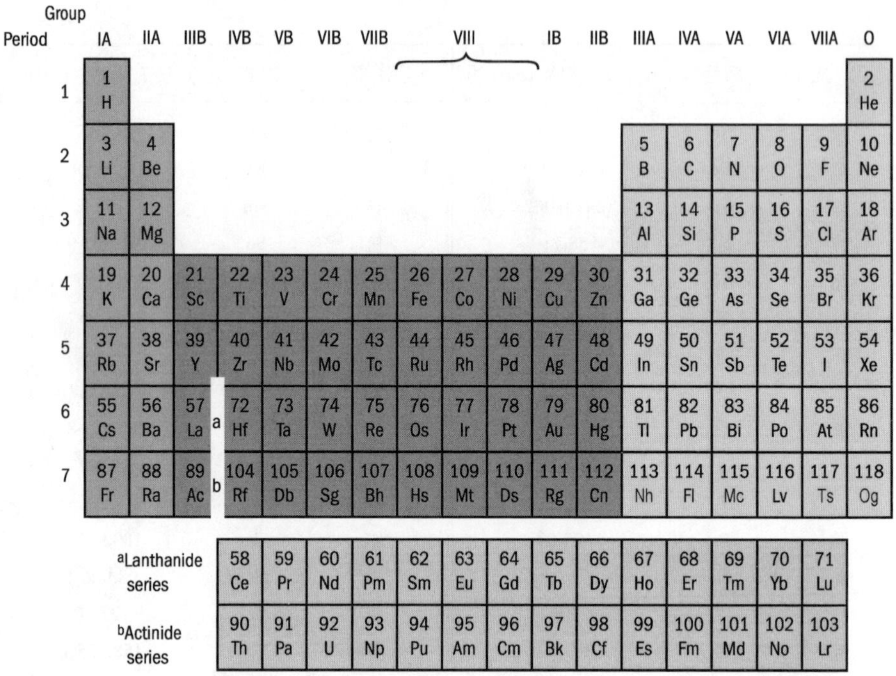

图 10-1　化学元素周期表

的物理和化学性质不同于组成元素,这种新物质被称为**化合物**⑥。化合物至少含有两种元素,对于 89 种天然元素来说,元素组合情况众多,可形成数量惊人的化合物。目前已有超过 1 600 万种化合物被鉴定出来。

正如原子是元素的基本粒子一样,分子是化合物的最小单位。因此,一个二氧化碳分子用符号 CO_2 表示,一个食盐分子用符号 NaCl 表示,代表一个钠(Na)原子和一个氯(Cl)原子的组合。

物质的状态

当我们环顾四周,观察构成地球的各种物质时,发现估计现存的物质种类是一项艰巨的任务。一种更符合逻辑的方法是根据物质的物理形态对其进行分类。这些形态被称为**物态**⑦。有**固体**⑧、**液体**⑨和**气体**⑩(蒸汽)三种物态。固体

---

⑥ 化合物:由两种或两种以上元素组成的纯物质。
⑦ 物态:物质的状态或阶段,分为固体、液体或气体。
⑧ 固体:物质的一种状态,在这种状态下,分子以刚性状态紧密结合在一起。
⑨ 液体:物质的一种状态,在这种状态下,分子之间相互接触,但没有被牢牢地固定。
⑩ 气体:物质的一种状态,在这种状态下,分子之间的引力较小,可以自由运动。

是刚硬的,因此有一定的形状和体积。液体也占有特定的体积,但它的流动性使它表现出所在容器的形状。气体既没有固定的形状,也没有固定的体积,它会完全充满它所在的任何容器。

物态的变化

物质可以从一种物态变成另一种物态。例如,当水被加热时,它就从液态变化为蒸汽。在足够高的温度(100℃)下,水沸腾并迅速变成蒸汽。同样,在 0℃时,水凝固或冻结成冰。在一定条件下,一些固体可以直接转化为气态。例如,一块干冰(固体 CO_2)放在室温下,很快就会形成 CO_2 蒸汽并消失。这种从固体到气体的物态变化叫作**升华**[11]。

在这些例子中,没有形成新的化学物质;物质只是从一种物理状态变为另一种物理状态。水,无论是以液体、冰还是蒸汽的形式存在,其化学式都是 H_2O。简单地说,仅改变的是水分子之间的吸引力。在固体中,这些力非常强,分子紧密地结合在一起,处于刚性状态。在液体中,分子间的引力变弱,流动性增强。最后,在蒸汽状态下,水分子之间不再有明显的引力,它们可以向任意方向移动。

相态[12]

化学家一直在合成不同的物质,希望创造出新的产品,无论它们是固态、液态还是气态。可是并非所有物质的相互混合都能产生新物质。例如,石油泄漏表明油和水不能混合。物质之间存在的可见边界,称为不同的相态。因此,浮在水面上的油就是一个两相系统。油和水彼此明显不同,各形成一个单独的液相。同样,当糖刚开始加入水中时,不会马上溶解,存在两种截然不同的相,固态糖和液态水。然而,搅拌之后,所有的糖都溶解了,只存在一个液相。

物质的物理性质

所有材料都具有一系列的物理性质,这些物理性质的测量对法庭科学工作者来说至关重要。对于玻璃的司法鉴定,密度和折射率是最重要的两个物理性质。

---

[11] 升华:从固态直接到气态的物理变化。
[12] 相态:均匀的体系,不同的相被明确的边界隔开。

法庭科学专家通过检测材料的类型选择观察和测量的理化特性。然而,如果以测量数据表示物质的性质,那么必须使用整个科学界公认的标准测量方法。

基本计量单位

长度、质量和体积的基本计量单位分别是米、克和升。这三个基本单位可以采用十进制构成其倍数和分数单位,只需在单位名称前添加一个词头。以下是常见的词头及其等价的公制数值。

前缀词头	换算关系
deci-	1/10 或 0.1
centi-	1/100 或 0.01
milli-	1/1 000 或 0.001
micro-	1/1 000 000 或 0.000 001
nano-	1/1 000 000 000 或 0.000 000 001
kilo-	1 000
mega-	1 000 000

走进科学

公　制

尽管世界各地的科学家,包括法庭科学专家,使用公制单位已经有一个多世纪的历史,但美国仍然使用烦琐的英制来表示长度,如英寸、英尺或码;质量以盎司或磅为单位;体积以品脱或夸脱为单位。这个系统的复杂在于不同的测量单位之间不存在简单的数值关系。例如,要把英寸换算成英尺,必须知道1英尺等于12英寸;把盎司换算成磅需要知道16盎司等于1磅。1791年,法国科学院设计了一种简单的计量系统,即公制。该系统使用一个简单的十进制关系,长度、体积或质量单位可以通过简单地乘以或除以10的倍数(例如10、100或1 000)转换为一个亚单位。

虽然美国还没有采用公制,但它的货币体系是十进制的,因此类似于公制。货币的基本单位是美元。1美元被分成10等分,称为1角,每1角又被分成10等分,称为1美分。

第十章　物质、光和玻璃的检验

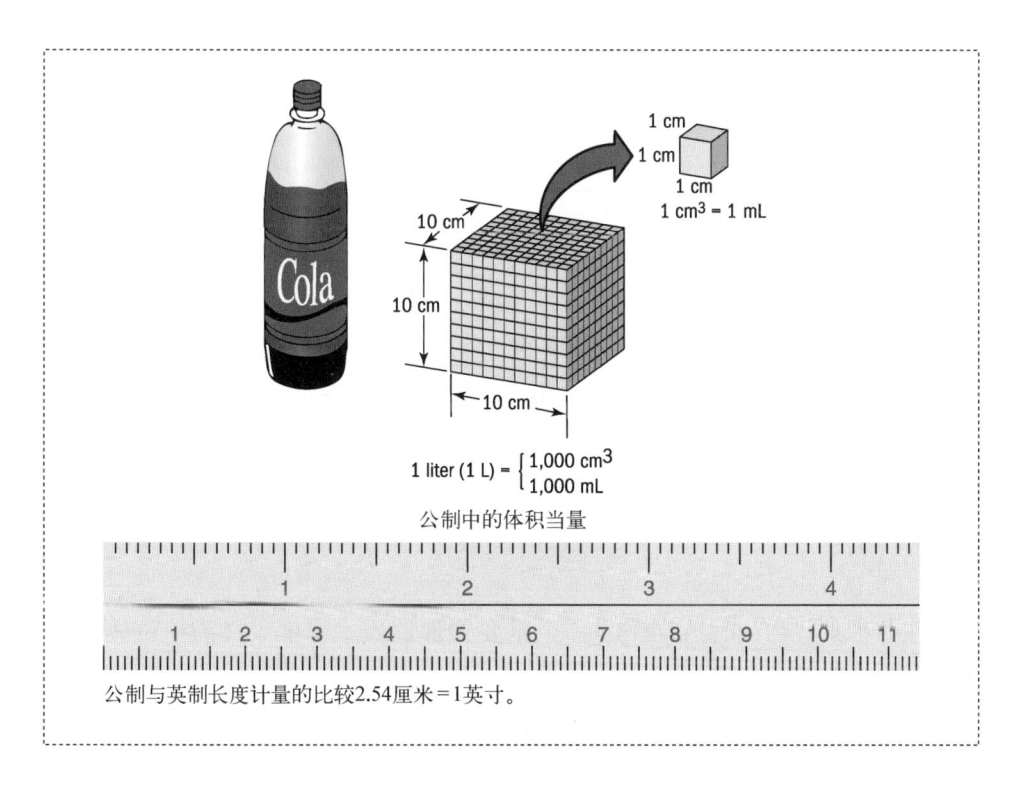

1 cm
1 cm
1 cm
$1\ cm^3 = 1\ mL$

10 cm
10 cm
10 cm

1 liter (1 L) = $\begin{cases} 1,000\ cm^3 \\ 1,000\ mL \end{cases}$

公制中的体积当量

公制与英制长度计量的比较2.54厘米=1英寸。

因此,1/10 或 0.1 克(g)等于 1 分克(dg),1/100 或 0.01 米等于 1 厘米(cm),1/1 000 升等于 1 毫升(mL)。只需将小数点向左或向右移动,并插入适当的词头来显示小数点移动的方向和位数,就可以实现度量转换。例如,一种粉末的重量是 0.016 5 克,更方便的计量方法是将这个值乘以 100,表示为 1.65 厘克,或者乘以 1 000,表示为 16.5 毫克。同样,一个重 264 450 克的物体,只要除以 1 000,就可以表示为 264.45 千克。在这些转换中,测量值都没有发生改变;0.016 5 克仍然等于 1.65 厘克,就像 1 美元仍然等于 100 美分一样。我们只是调整了小数点的位置,并使用词头显示了调整的程度。

公制的一个特点是体积可以用长度来定义。1 升的定义是边长为 10 厘米的立方体的体积。因此,1 升相当于 10 厘米×10 厘米×10 厘米的体积,或 1 000 立方厘米(cm^3)。因此,1/1 000 升或 1 毫升(mL)等于 1 立方厘米(cm^3)。科学家们通常交替使用 mL 和 cm^3 来表示体积。

公制转换

有时,可能需要将公制单位和英制单位互相转换。首先我们必须查阅英制单位及其公制单位的换算。下面是一些单位的换算：

1 英寸 = 2.54 厘米

1 米 = 39.37 英寸

1 磅 = 453.6 克

1 升 = 1.06 夸脱

1 千克 = 2.2 磅

从一种计量系统换算到另一系统的一般数学程序可以通过把 12 英寸换算成厘米来说明。要把英寸变成厘米，我们需要知道每英寸是 2.54 厘米。因此，如果我们用 12 英寸乘以 2.54 厘米/英寸（12 in.×2.54 cm/in.），英寸的单位将被抵消，结果为 30.48 cm。同样，将克换算为磅，227 g×1 lb/453.6 g，即 0.5 lb。

密度

在分析某些物证时，**密度**[13]是一个重要物理性质。密度定义为单位体积的质量[见公式(10-1)]。

$$密度 = 质量/体积 \quad (10-1)$$

密度是物质本身的一种**强度性质**[14]，无论体积大小，都是相同的；因此，它是物质的一种特征属性，可以用作物证鉴定的辅助手段。固体比液体密度大，液体比气体密度大。一些常见物质的密度见表 10-2。

测量固体密度的一个简单过程如图 10-2 所示。首先，将固体用标准砝码（g）进行称重，以确定其质量。然后，用排水法测量固体的体积。这很容易测量，用已知体积（V_1）的水装满一个圆柱体，放入待测固体，然后测量新的水位体积（V_2）。V_2-V_1（mL）等于固体的体积。密度现在可以由公式（10-1）计算，单位是 g/mL。

气体和液体的体积随温度变化很大；因此，在测量密度时，控制并记录测量时的温度非常重要。例如，1 g 水在 4℃时的体积为 1 mL，因此密度为 1.0 g/mL。然而，当水的温度升高时，它的体积就会膨胀。因此，在 20℃（室温）时，1 g 水的体积为 1.002 mL，密度为 0.998 g/mL。

固体浸没在液体中，出现下沉、漂浮或保持悬浮的现象可以用密度的性质来

---

[13] 密度：物质的物理性质，表示物质单位体积的质量。
[14] 强度性质：不随物体体积大小而改变的性质。

第十章 物质、光和玻璃的检验　　305

解释：如果固体密度大于浸入的液体密度，固体就会下沉；如果固体密度小于液体密度，它就会浮起来；当固体和液体密度相等时，固体会悬浮在液体中。这些现象为比较固体的密度提供了一种简便的方法。

走进科学

温　度

确定材料的物理性质往往需要测量其温度。例如，一种物质融化或沸腾的温度是很容易确定的物理性质，有助于物质的识别。温度是热强度的量度，也是物质中热量的量度。

测量温度通常使用温度计与某种物质接触进行测量。我们熟悉的水银温度计的测量原理是，水银受热时体积比玻璃膨胀得多，受冷时体积比玻璃收缩得多，以玻璃管中汞柱的高度表示周围环境温度。

温度标准的建立需要两个参考点并选择一个单位。最简单的参考点是水的冰点和沸点。最常用的两种温度标准是**华氏温度**[15]和**摄氏温度**[16]。

华氏温度是以水的冰点为 32 华氏度，沸点为 212 华氏度来确定的。两点之差被平均分成 180 个单位。因此，1 华氏度是水的冰点和沸点之间温度变化的 1/180。摄氏温度是将水的冰点定为 0 摄氏度，沸点定为 100 摄氏度。1 摄氏度是两个参考点之间温度变化的 1/100。大多数国家的科学家使用摄氏温度来测量温度。两种度量的比较如图所示。

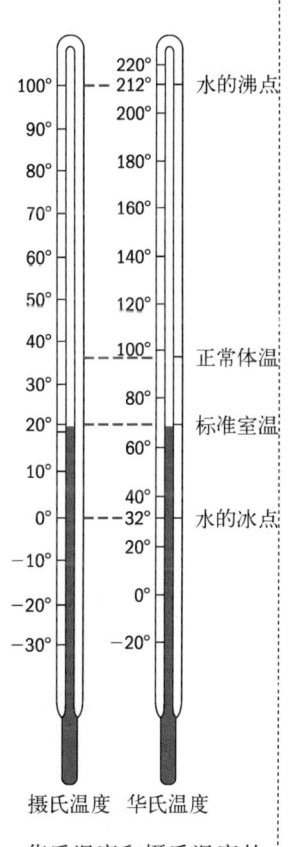

摄氏温度　华氏温度

华氏温度和摄氏温度的比较

---

[15] 华氏温度：以冰的熔点为 32 华氏温度，水的沸点为 212 华氏温度的温度标准，两者之间等分 180 分度。

[16] 摄氏温度：以冰的熔点为 0 摄氏度，水的沸点为 100 摄氏度的温度标准，两者之间等分 100 分度。

> **走进科学**
>
> ## 质量与重量
>
> 重力吸引物体的力叫作**重量**[17]。如果人的体重是180磅,这意味着地球的重力以180磅的力把你往下拉;在月球上,重力是地球的六分之一,人的体重是30磅。
>
> 质量不同于重量,**质量**[18]指的是一个物体所包含的物质的数量,与它在地球上或宇宙中位置无关。重量 W 和质量 m 之间的数学关系如公式(10-2)所示,其中 g 为重力给物体带来的加速度。
>
> $$W=mg \qquad (10-2)$$
>
> 物体的重量与它的质量成正比;因此,质量大的物体比质量小的物体重。
>
> 在公制计量中,规定的是物体的质量而不是重量。质量的基本单位是 g。在地球上质量为40 g的物体在宇宙中任何地方的质量都是40 g。通常情况下,当我们说到一个物体的重量时,指的是它的质量。质量和重量这两个词可以互换使用。
>
> 一个物体的质量是通过与标准物体的已知质量进行比较来确定的。这种比较也叫称重,标准物体被称为砝码。比较是在天平上进行的,最简单的天平是图中所示的等臂天平。待称量物体放在左边的托盘上,标准砝码放在右边的托盘上;当两个托盘之间的指针在中心标记处时,右边托盘的总质量等于左边托盘的物体质量。
>
> 现代实验室已经淘汰了简单的等臂天平,经常使用图中所示的托盘天平或单盘分析天平,其工作原理与简单的等臂天平相同。实验人员按照所需的称量精度和被称物体的重量选择天平。早期的托盘天平还有第二个托盘,隐藏在天平内部,用于放置标准砝码。当把要称量的物体放在托盘上,操作人员通过手动转动位于天平正面的一组旋钮来选择适当的标准砝码,在平衡点时,选择的重量被自动记录在光学读出尺上。现代的单盘天平可

---

[17] 重量:是物体受万有引力作用后力的量度,取决于物质的质量和重力对其的影响。
[18] 质量:描述物质惯性的物理量,反映了物质存在的数量。

以利用电磁场产生电流来平衡被称量样品压在托盘上的力量。当天平被校准后,以保持托盘平衡所需的电流强度来确定样品的重量。电流强度被转换成数字信号以供读取。另一种方法是采用一个桥式电路,其中包含一个应变电阻,它会随着施加的力发生变化。电子天平可以精确地称量一个物体的重量,最小称量接近 1 mg 或 0.001 g;分析天平更精确,最小称量接近 0.1 mg 或 0.000 1 g。

质量的测量

托盘天平

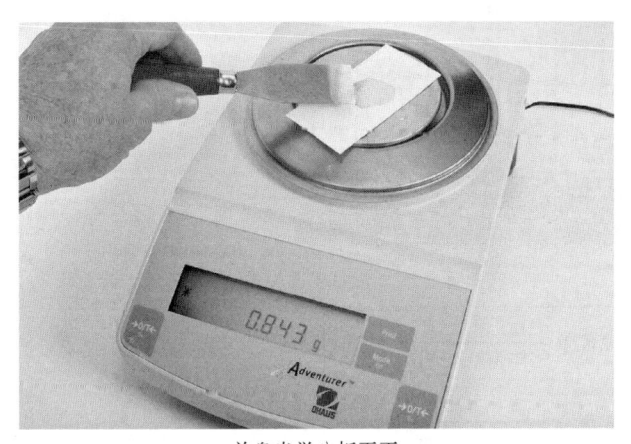

单盘光学分析天平

表 10-2　材料的密度(20℃,除非另有说明)

物　　质	密度(g/mL)	物　　质	密度(g/mL)
固体		乙醇	0.79
银	10.5	汽油	0.69
铅	11.5	水(4℃)	1.00
铁	7.8	水	0.998
铝	2.7	**气体**	
玻璃	2.47~2.54	空气(0℃)	0.001 3
冰(0℃)	0.92	氯气(0℃)	0.003 2
液体		氧气(0℃)	0.001 4
汞	13.6	二氧化碳(0℃)	0.002 0
苯	0.88		

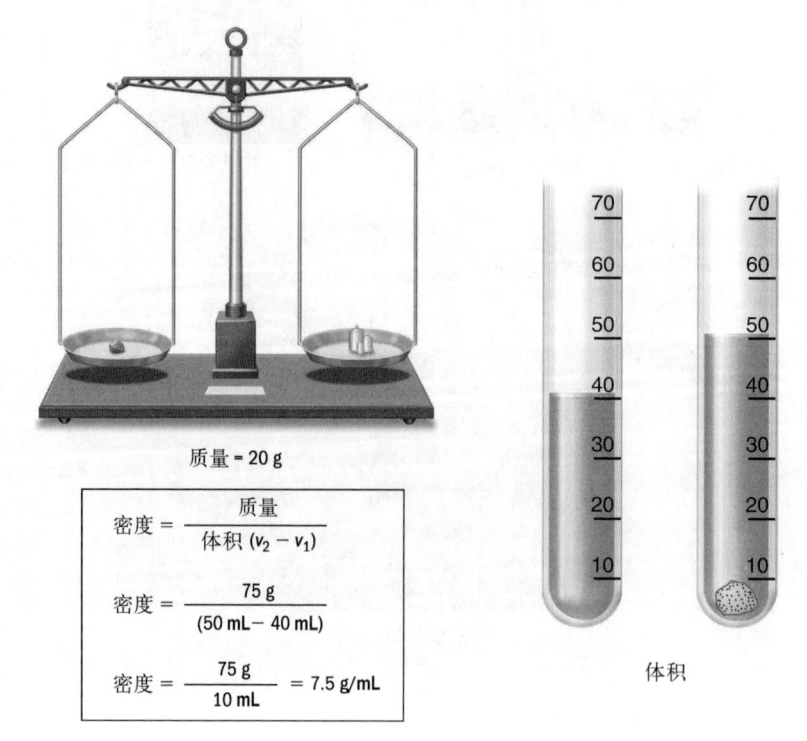

质量 = 20 g

$$\text{密度} = \frac{\text{质量}}{\text{体积}(v_2 - v_1)}$$

$$\text{密度} = \frac{75 \text{ g}}{(50 \text{ mL} - 40 \text{ mL})}$$

$$\text{密度} = \frac{75 \text{ g}}{10 \text{ mL}} = 7.5 \text{ g/mL}$$

体积

图 10-2　测定固体密度的一个简单方法是首先在天平上测量它的质量,然后用排水法测量它的体积

折光率

光具有波的性质。光波在空气中以每秒近 3 亿米的恒定速度传播,直到光波穿透另一种介质,如玻璃或水,这时传播速度会突然变慢,导致光线弯曲。光波由于速度变化而发生的光线弯曲称为**折射**[19]。

观察浸入透明介质中的物体时,折射现象很明显;因为人们习惯认为光是沿直线传播的,所以经常忽略光的折射。例如,假设在一个水池的底部观察到一个球;从球反射回来的光线穿过水,进入空气,到达眼睛。当光线离开水进入空气时,它们的速度突然增加,导致光线发生折射。然而,由于我们认为光是沿直线传播的,眼睛欺骗了我们,让我们看到的物体位于比实际情况更高的位置。这种现象如图 10-3 所示。真空中的光速与其他介质中的光速之比为该介质的**折射率**[20],其表达式如下:

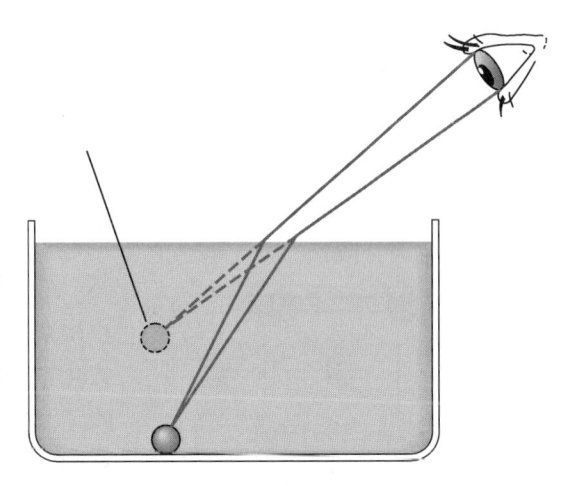

图 10-3 当光线从一种介质传播到另一种介质时,就会发生折射

折射率 = 光在真空中的速度/光在介质中的速度

例如,在 25℃时,水的折射率为 1.333。这意味着在此温度下,光在真空中的传播速度是在水中传播速度的 1.333 倍。和密度一样,折射率也是物质的一种物理性质,反映了一种物质的特点。然而,确定物质折射率的过程必须在恒定的温度和光照条件下进行,因为物质的折射率会随着温度和光的波长而变化。几乎所有的折射率都是在标准波长下测定的,通常为 589.3 纳米;这是钠发光的主要波长,通常被称为钠 D 光。

比较折射率

当一个透明的固体浸入折射率相似的液体中时,光从液体进入固体时不发

---

[19] 折射:光波从一种媒介传到另一种媒介发生的弯曲。
[20] 折射率:真空中光速与在给定物质中的光速之比。

生折射。因此,眼睛无法分辨液体和固体的边界,固体似乎从视野中消失了。这种现象为法庭科学专家提供了一种比较透明固体折射率的简单方法。

通常,我们期望固体或液体对每种波长的光只表现一种折射率值;然而,许多晶体有两种折射率,其值部分取决于光进入晶体时相对于晶轴的方向。晶体由于其基本粒子的有序排列而具有确定的几何形状。在**晶体**[21]中,原子之间的相对位置和距离在整个晶体中是重复的。图 10-4 为氯化钠的晶体结构。氯化钠是立方晶体,除了晶体表面,每个钠原子被 6 个氯**原子**[22]包围,每个氯原子被 6 个钠原子包围。并非所有的固体都是晶体;比如玻璃中的原子在固体中随机排列;这些材料被称为**非晶态固体**[23]。

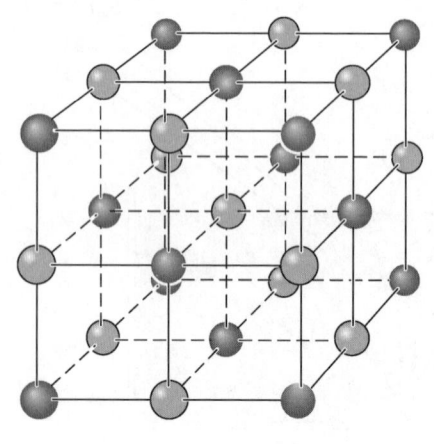

图 10-4 氯化钠晶体示意图

大多数晶体(不包括立方结构的晶体)能够将一束光折射成两种不同的光线。这种现象被称为**双折射**[24],这一现象可以通过晶体方解石进行研究。当方解石被放置在印刷页上方时,观察者看到覆盖单词的两个图像。产生双图像的两束光以不同的角度折射,每束光具有不同的折射率。方解石的折射率分别为 1.486 和 1.658,两者差为 0.172;这种差异被称为双折射。因此,晶体的光学特性为其识别提供了帮助。

光的色散

许多人都曾拿着一个玻璃棱镜,对着阳光把光线转化成彩虹的颜色。这一现象表明,可见光不是均一的,而是由许多不同颜色的光组成的。把光分散成不同颜色的过程叫作**色散**[25]。棱镜把光分散成不同颜色的能力来源于光的折射。每一种颜色的光在穿过玻璃时,都会以不同的速度被减慢,这导致每一种光线从棱镜中出来时,都会以不同的角度弯曲。如图 10-5 所示,**可见光**[26]的组成由红

---

[21] 晶体:组成原子规则排列的固体。
[22] 原子:元素的最小单位,由电子、质子、中子和其他亚原子粒子组成。
[23] 非晶态固体:组成原子或分子无序排列的固体。
[24] 双折射:多数晶体材料所表现出的两种不同的折射率。
[25] 色散:光波被分离成不同波长。
[26] 可见光:电磁波谱中从红光到紫光的有色光。

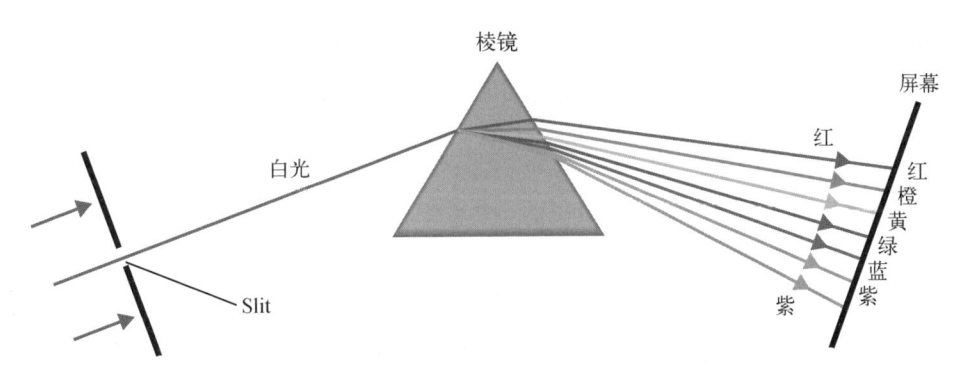

第十章　物质、光和玻璃的检验　311

图 10-5　用玻璃棱镜表现光的散射

色延伸到紫色。因此,光的色散将光线分成不同的**波长**[27],玻璃对不同波长光线的折射率略有不同。

可以观察到,当可见光通过玻璃棱镜时,它被分散成一个连续光谱。这种现象表明可见光不是均一的,而是由从红色到紫色一系列的光谱组成。同样,物质的颜色也与该现象描述一致。例如,当光穿过红色玻璃时,玻璃会吸收除了红色光以外的颜色,红色光会发生透射。同样,我们可以通过观察不透明物体反射回眼睛的光来确定不透明物体的颜色。因此,颜色是一种视觉指示,表明物体吸收、透射或反射可见光的部分。科学家们很早就认识到这一现象,并通过吸收光的波长和强度来表征不同的化学物质。

光 学 理 论

要理解物质对光的吸收,首先必须理解光的性质。两个简单的理论模型可以解释光的特性。模型一将光束描述为连续波;模型二将其描述为一束离散的能量粒子流。这两种不同的理论结合在一起,解释了所有观察到的光的特性,但没有一个模型可以单独解释光的所有现象。

光的波动性

光的波动性将光描述为上下波动的连续波,如图 10-6 所示。描述这种波动的术语有波长和频率。两个连续波峰(或连续波谷)之间的距离称为波长;以

---

[27]　波长:相邻波峰之间的距离。

希腊字母(λ)表示,波长的单位常用纳米表示。在单位时间内通过某一定点的波峰(或波谷)的数量被定义为波的**频率**㉓。频率通常用字母 F 表示,代表每秒的周期数(cps)。频率和波长成反比(10-3)。真空中的光速是一个常数,光速为每秒 3 亿米,用符号 c 表示。

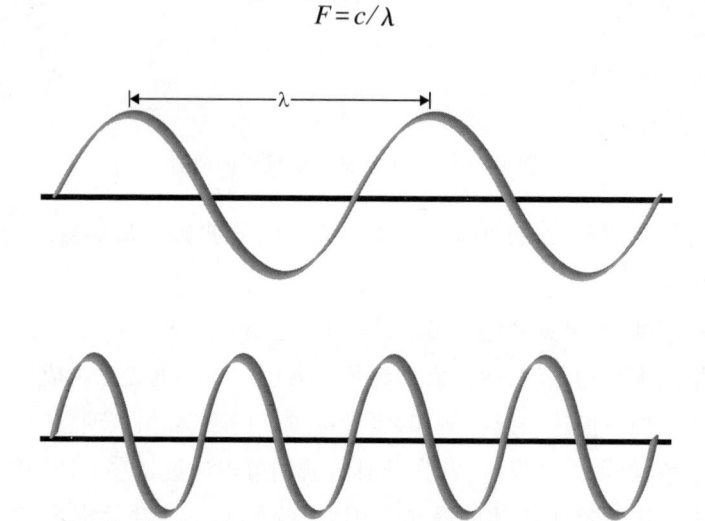

$$F = c/\lambda \qquad (10-3)$$

图 10-6 下波的频率是上波的两倍

电磁波谱

事实上,可见光只是电磁波谱中的一小部分。所有的电磁波都以光速传播,它们之间的区别仅在于波长或频率的不同。图 10-7 按电磁波频率递减的顺序进行了排列。由此可见,**X 射线**㉙与无线电波的唯一区别在于这两种波具有不同的频率。同样,可见光谱的颜色范围也与频率相关。例如,可见光中频率最低的是红色光;较低频率的波落入不可见的红外(IR)区域。可见光中频率最高的是紫色光;更高频率的波延伸到看不见的紫外(UV)区域。**电磁波谱**㉚的颜色或区域之间不存在明确的边界;每个区域都是由连续的频率范围组成,不同频率相互融合。

通常,电磁波谱中任何区域的光都是具有一定波长范围的光波集合。一般这种光波集合由非相干光组成。现代科学可以产生一束光,它的所有波束都在

㉓ 频率:每秒通过某一定点的波数。
㉙ X 射线:一种高能短波长的电磁辐射形式。
㉚ 电磁波谱:从最高能量的宇宙射线到最低能量的无线电波的整个能量辐射范围。

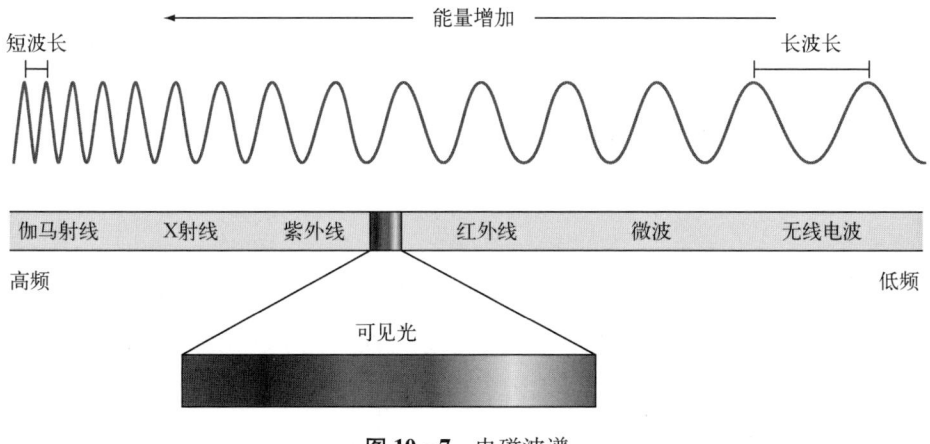

第十章　物质、光和玻璃的检验　　**313**

图 10 - 7　电磁波谱

一起波动(见图 10 - 8),这被称为相干光或**激光**[31](通过受激辐射放大的光)光束。这种光束能量很大,发散度极小。激光束可以集中在很小的区域,其强度之高可以击穿钻石上的微孔。

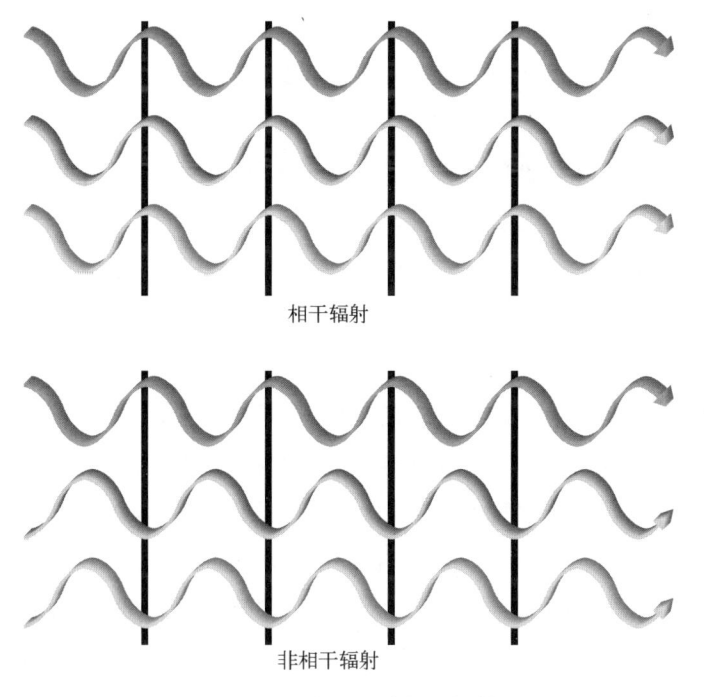

图 10 - 8　相干和非相干辐射

---

[31]　激光:受激辐射放大的光。

光的粒子性

电磁辐射在空间中的移动轨迹为连续波;然而,一旦辐射波被物质吸收,就需要用离散粒子流的模型进行更好的解释。在这个模型中,光由称为**光子**㉒的能量粒子组成。每个光子都有一定的能量。该能量与光的频率有关,如公式(10-4)

$$E = hf \quad (10-4)$$

其中,E 表示光子的能量,f 表示辐射的频率,h 是普朗克常数。如公式(10-4)所示,光子的能量与其频率成正比。因此,紫外线的光子会比可见光或红外光的光子能量更高,暴露在能量更高的 X 射线下比暴露在无线电波下对人类健康的危害更大。以上研究了物体的各种物理性质,下面将这些性质应用于玻璃的司法鉴定。

玻璃的取证分析

在犯罪过程中破碎成碎片和微小颗粒的玻璃可以用来确定犯罪嫌疑人。例如,在入室行窃时,犯罪嫌疑人的鞋子或衣服上可能会留有车窗玻璃碎片,在肇事逃逸现场发现的车灯玻璃颗粒可能会成为确认犯罪嫌疑人车辆身份的重要线索。所有的玻璃物证,都需要将在嫌疑人身上找到的玻璃碎片(无论是人还是车辆)与犯罪现场剩余的玻璃碎片进行比较。

玻璃的成分

玻璃是一种坚硬、易碎、非晶态的物质,由沙子(主要为硅氧化物)和各种金属氧化物混合而成。当沙子与其他金属氧化物混合,在高温下熔融,然后冷却硬化得到玻璃。玻璃生产过程中通常加入苏打(碳酸钠)以降低沙子的熔点,加入石灰(氧化钙)用于防止碳酸钠玻璃在水中溶解,钠石灰玻璃常被用于制造窗户和玻璃瓶,在司法鉴定中会经常遇到。平整的窗户玻璃一般采用浮法工艺生产,将熔融玻璃放在熔化的锡床上进行冷却,这种玻璃也叫浮法玻璃。

碱石灰玻璃中经常掺杂钠、钙、镁和铝等金属氧化物。此外,通过全部或部

㉒ 光子:电磁辐射的载体,等于普朗克常数与辐射频率的乘积:$E = hf$。

分地用其他金属氧化物代替二氧化硅、钠氧化物和钙氧化物,可以制造出各种各样的特殊玻璃,例如汽车大灯和耐热玻璃。对于耐热玻璃,是在氧化物混合物中添加氧化硼制造的。因此,这种玻璃也被称为硼硅酸盐玻璃。

大家熟悉的另一种玻璃是**钢化玻璃**[33]。这种玻璃比普通窗户玻璃更坚固,通过快速加热和冷却玻璃表面引入应力。钢化玻璃破裂时,不会粉碎而是分裂成小方块(参见图10-9)。因为这个安全特性,钢化玻璃用于汽车的侧窗、后窗以及一些风挡玻璃。有些汽车的风挡玻璃是**夹胶玻璃**[34],这种玻璃是在两块普通玻璃之间夹一层塑料制成,以增强其强度。

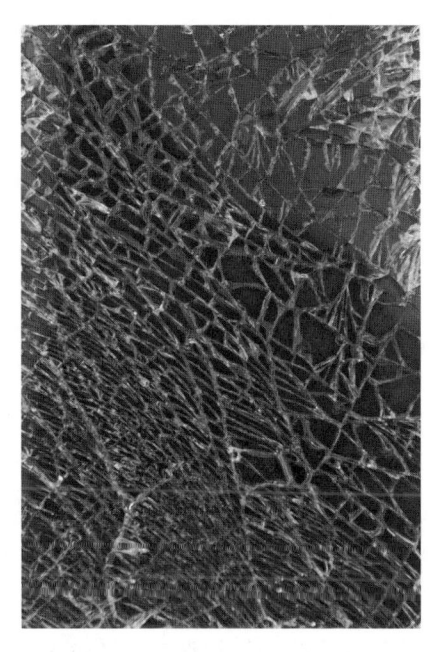

图10-9 钢化玻璃破碎时通常不碎裂

玻璃碎片的比较

法庭科学专家对玻璃的比较,是将相关的玻璃碎片进行寻找和测量,在排除其他来源的同时,对不同玻璃碎片进行分析比较。玻璃在我们身边普遍存在,当玻璃的来源可追溯时,就产生了重要的证据价值。需要注意的是,这样的证据需要将犯罪嫌疑人和犯罪现场分别提取的碎片组装在一起时才能采用。这种类型的比较需要拼接破碎玻璃的不规则边缘,以及匹配碎玻璃表面上的所有不规则条纹(见图10-10)。因为两块不同来源的玻璃完全匹配的可能性非常小,所以也排除了不同来源的可能性。

大多数玻璃证据要么太碎,要么太小,无法进行这种类型的比较。在这种情况下,对个体特征的搜寻是徒劳的。例如,在当前分析技术能力下发现,不同制造商生产的窗户化学成分相对统一,没有基础特征性的基础数据。然而,正如第14章所讨论的,玻璃中存在的微量元素对缩小玻璃样本的来源具有重要意义。

---

[33] 钢化玻璃:通过对玻璃表面的快速加热和冷却而引入应力来加强的玻璃。
[34] 夹胶玻璃:用一层有机聚合物黏合在一起的两片普通玻璃。

密度和折射率等物理性质是表征玻璃颗粒最常用的指标。然而,这些特性是种类特征,不能作为鉴别玻璃物证的唯一标准。但这些物理指标确实为分析人员提供了充分的数据来比较玻璃,也能排除来自不同来源的玻璃碎片。

密度的测量和比较

众所周知,固体颗粒会漂浮、下沉或悬浮在液体中,这取决于它相对于液体的密度。这为刑事专家提供了一种准确快速比较玻璃密度的方法。在浮选法中,标准参比玻璃颗粒浸没在混合液中;通过加入少量溴仿或溴苯仔细调整混合液的组成,直

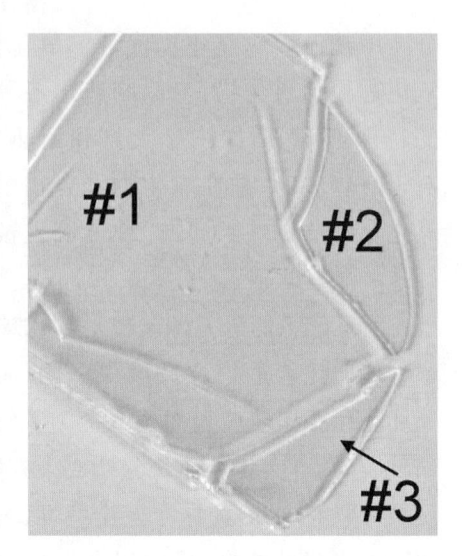

图 10 - 10 拼接破碎玻璃的不规则边缘

到玻璃碎片悬浮为止。此时,标准参比玻璃和液体的密度相同。然后将大小和形状与标准参比样品大致相同的玻璃碎片加入液体中进行比较。如果未知玻璃碎片和标准参考玻璃都悬浮在液体中,说明它们的密度相等。比液体密度大玻璃会下沉,比液体密度小玻璃会漂浮。

单层玻璃的密度不是完全均匀的。它的取值范围相差最高达到 0.000 3 g/mL。因此,为了辨别不同来源的玻璃和单层玻璃的正常内部密度变化,最好让其灵敏度接近但不超过 0.000 3 g/mL。浮选法满足这一要求,并能很好区分密度相差 0.001 g/mL 的玻璃颗粒。

折射率的测量和比较

通过测定玻璃的密度,可以辨别玻璃的来源。然而,密度相似时需要增加折射率的比较。折射率测定一般使用浸渍法。将玻璃颗粒浸泡在液体介质中,调整介质折射率与玻璃颗粒相等。在折射率相等时,会看到贝克线消失以及玻璃和液体介质之间的最小对比度。**贝克线**[35]是由于粒子与液体介质折射率不同,在接触边界出现的明亮光晕。当介质和粒子具有相同折射率时,光晕消失。

---

[35] 贝克线:浸没在不同折射率液体中的粒子的边界附近观察到的明亮光晕。

液体介质的折射率可以通过改变液体温度进行调节。温度控制至关重要，一般利用热载台控制液体温度。通常玻璃浸泡在硅油中，并以每分钟 0.2℃ 的升温速度加热到指定温度。液体温度的上升对玻璃折射率的影响可以忽略不计，而液体每升高 1℃，折射率大约下降 0.000 4。热载台显微镜如图 10-11 所示，通过显微镜，可以观察到用钠黄光或其他波长的光照射微小玻璃颗粒时，贝克线消失。如果检测的所有玻璃碎片都有相似的温度数据，则可认为它们具有相似的折射率（如图 10-12）。此外，通过液体介质随温度变化的折射率，可以精确计算出在指定温度下玻璃的折射率。

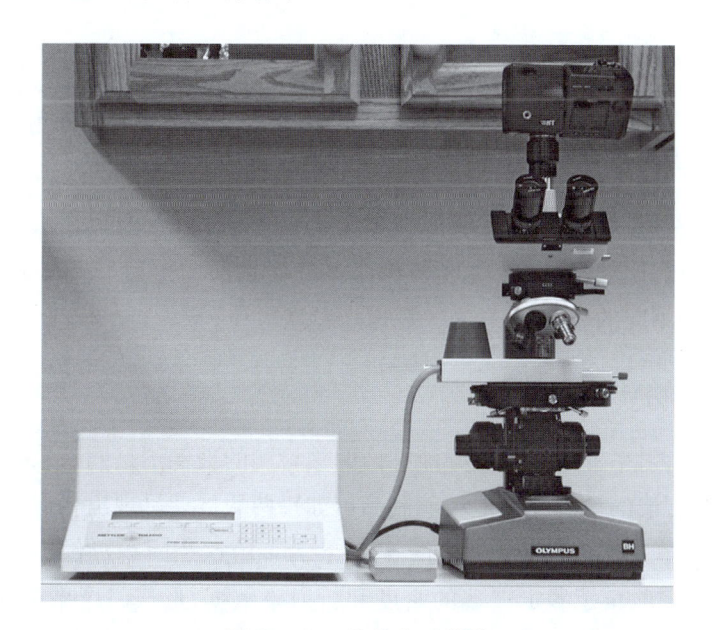

图 10-11　热载台显微镜

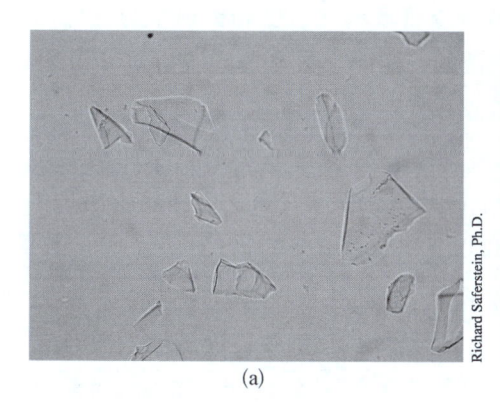

(a)　　　　　　　　　　　　(b)

(c)　　　　　　　　　　　　　　　(d)

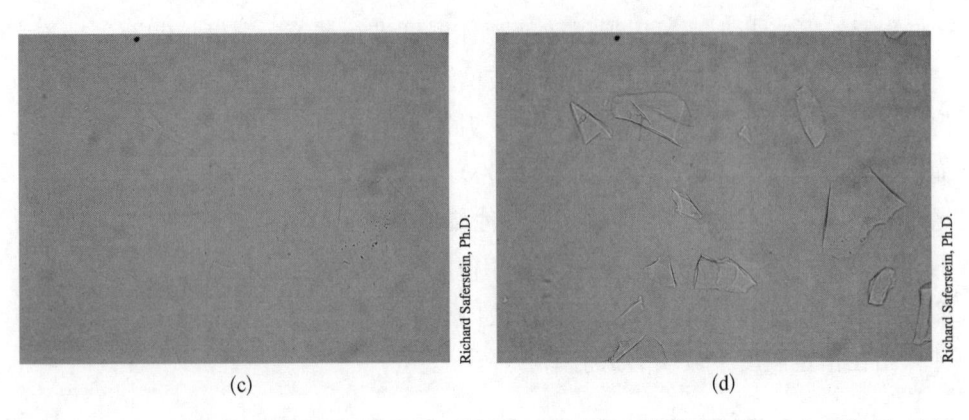

图10-12　玻璃折射率的测定。(a) 20℃下,液体比玻璃的折射率高得多;(b) 68℃下,液体的折射率仍比玻璃高;(c) 100℃下,液体的折射率最接近玻璃的折射率,从玻璃的消失和贝克线可以看出;(d) 160℃下,液体的折射率比玻璃低得多,从而产生显著的边缘对比。这里显示的参考玻璃碎片的折射率为1.529

　　与密度相似,单层平板玻璃的折射率值可能不均匀;差异最大为0.000 2。因此,为了进行比较,标准参比玻璃和待测玻璃之间的折射率差必须超过这个值,才能分辨不同的玻璃。

玻璃样品的分类

　　密度或折射率上的显著差异能够证明被检测的玻璃不是同一来源。但这个世界上有数不清的窗户和其他玻璃制品。如果两块玻璃呈现出相似的密度和折射率,我们能在多大程度上进行同一认定? 为了给这个问题提供一个合理的答案,FBI实验室收集了鉴定玻璃的密度和折射率数据,形成一个数据库,美国所有的法庭科学实验室都可以使用这些数据。

　　当鉴定专家完成玻璃碎片的比对,就可以将玻璃的密度和折射率与它们出现的频率相关联,评估玻璃碎片为同一来源的可能性。图10-13显示了FBI分析的大约2 000只玻璃杯的折射率值分布(用钠黄光测量)。这些数值分布清楚地表明,折射率是玻璃的一种重要特性,有助于确定其出现的频率,从而确定其证据价值。例如,折射率为1.529 0的玻璃碎片大约只在2 000个样品中出现1个,而折射率为1.518 0的玻璃大约在2 000个样品中出现22个。

　　虽然一段时间以来,玻璃的折射率和密度一直是比较玻璃的常规指标,但鉴定人员长期以来一直希望从玻璃碎片中提取更多的信息,使玻璃的比较更有意义。为此,玻璃的微量元素组成一直是法庭科学专家研究的热点。然而,目前对

第十章　物质、光和玻璃的检验

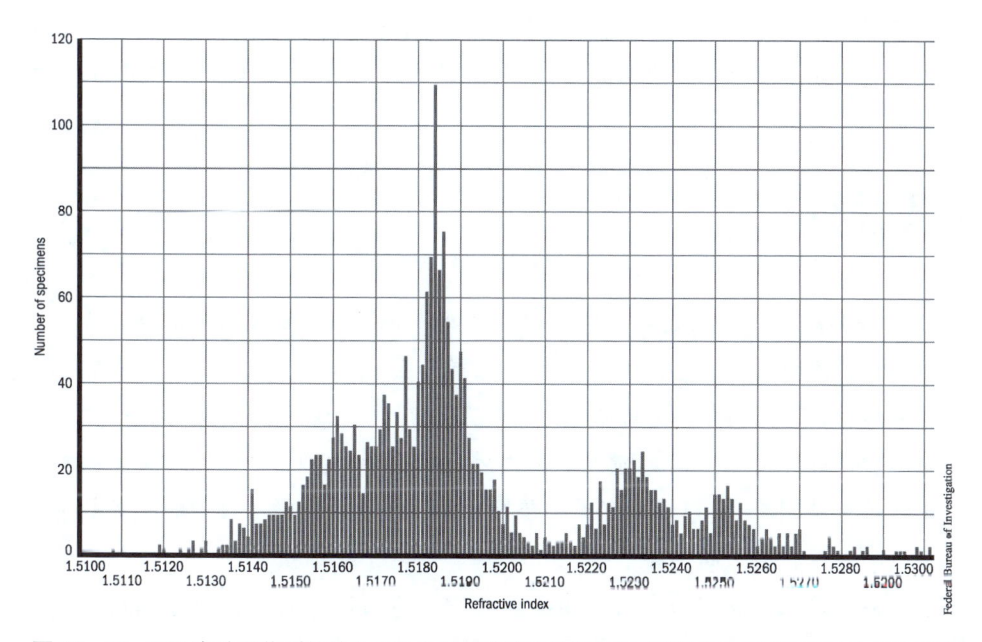

图 10-13　FBI 实验室收到的约 2 000 个平板玻璃样品的折射率值（用 D 钠光测量）出现的频率

大多数实验室来说，从玻璃碎片中提取微量元素的分析仪器都过于昂贵。玻璃成分分析是利用高能激光脉冲汽化微量的玻璃，使其温度达到数千度，诱导玻璃中的微量元素发光，根据特征波长对元素进行定性分析（见图 10-14）。

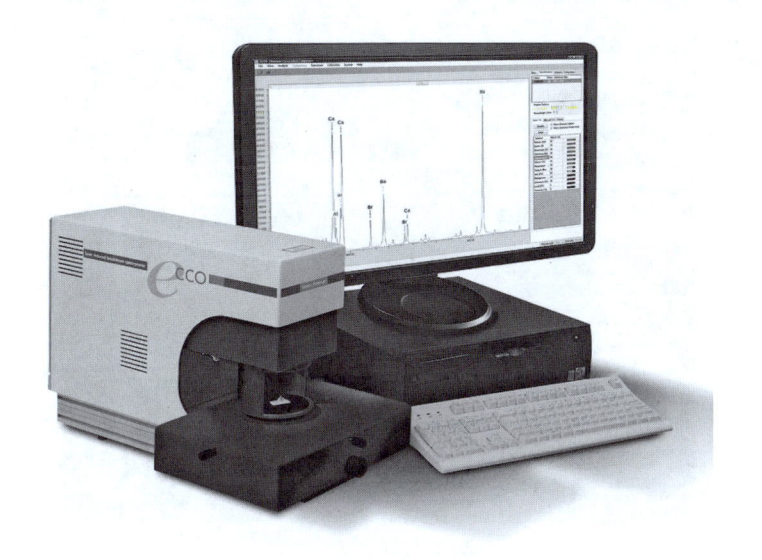

图 10-14　玻璃碎片的元素检测

钢化和非钢化玻璃的鉴定通过缓慢加热后冷却(这一过程称为退火)进行检测。退火后钢化玻璃的折射率变化明显大于非钢化玻璃,由此进行区别鉴定。

> **走进科学**
>
> ### GRIM3
>
> GRIM3 是一种自动测量玻璃碎片折射率的仪器,该仪器使用浸没法对热台进行温度控制(玻璃折射率测量仪器如图所示)。GRIM3 集成电脑视频系统,用于自动测量玻璃碎片的温度和折射率。这种仪器使用摄像机来观察玻璃碎片被加热时的情况。随着浸渍油被加热或冷却,视频图像的对比度被连续测量,直到检测到最小值为止(见图),然后使用存储的标定数据将检测温度转换为折射率。
>
> 通过监控浸没在油中的玻璃碎片的四个不同区域的视频图像来识别折射匹配点。当浸没油加热或冷却时,图像的对比度被连续测量,直到检测到最小值,即匹配点。
>
> 玻璃碎片自动识别系统

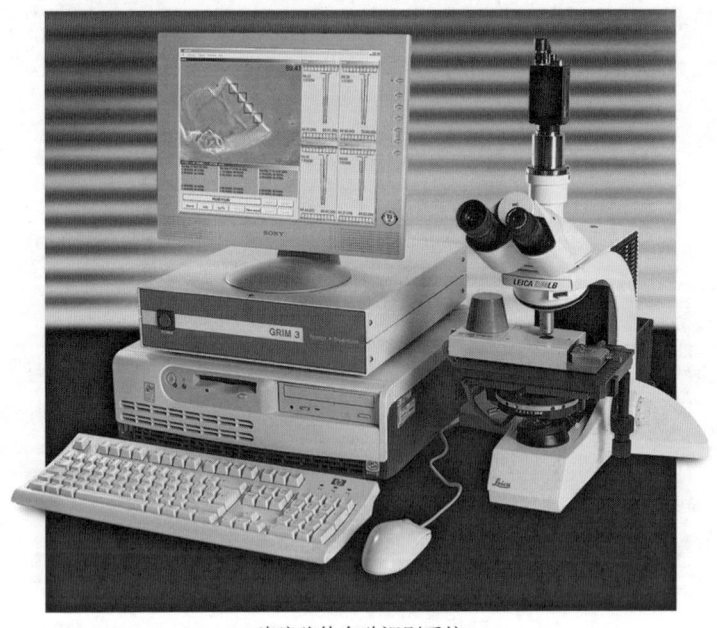

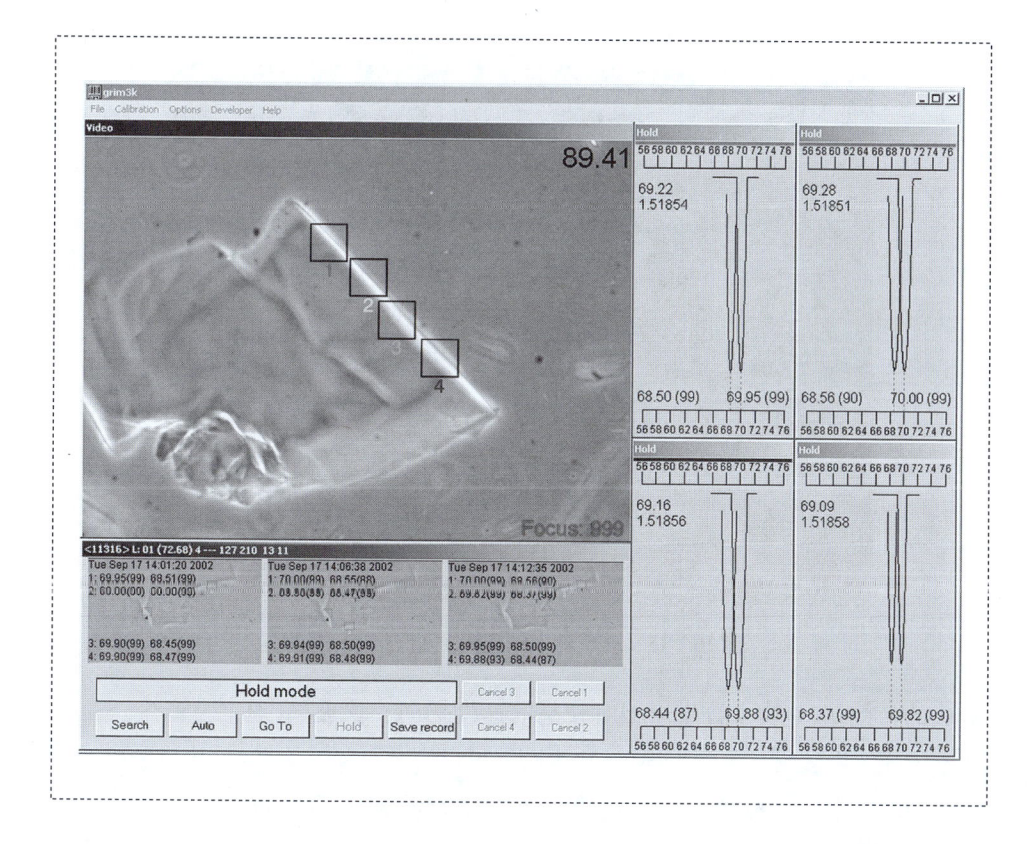

第十章 物质、光和玻璃的检验 321

玻 璃 破 裂

　　玻璃受到施加在表面上的力而弯曲;当达到弹性极限时,玻璃就会破裂。通常情况下,破碎的窗户玻璃可提供与冲击力和撞击方向有关的信息;这些信息对犯罪现场调查是很有用的。

　　无论是子弹还是石头,当普通窗户玻璃被弹丸撞击时,都会产生裂缝,裂缝围绕着破洞呈放射状,如图 10-15 所示。放射状的裂缝被称为**径向裂纹**[36],圆形的裂纹被称为**同心裂纹**[37]。

　　通常,仅从玻璃上一个洞的大小和形状很难确定它是由子弹还是其他物体

---

[36] 径向裂纹:像车轮辐条一样从玻璃被击中的地方向外延伸的裂纹。
[37] 同心裂纹:在玻璃撞击点周围形成一个同心裂纹。

图 10-15 玻璃片上的径向和同心圆断裂纹

造成的。例如,一块小石头以相对较高的速度扔向一块玻璃,通常会产生一个类似于子弹产生破洞。另一方面,一块大石头可以完全打碎一块玻璃,其结果与近距离射击的效果非常相似。然而,玻璃碎片上的火药沉积可证明是火器造成的破坏。

当子弹以这样的高速穿透玻璃时,通常会留下一个圆形弹洞,周围环绕着几乎对称的径向和同心裂纹。出口一侧的洞更宽(见图 10-16),因此这是确定冲击方向的关键点。随着弹丸速度的降低,孔洞形状及其周围裂纹的不规则性增加,在某些时候,孔洞形状将不能决定冲击的方向。此时,检查径向和同心断裂线可能有助于确定冲击方向。

当一个力施加在玻璃的一边时,玻璃的弹性使它向力施加的方向弯曲。一旦超过弹性极限,

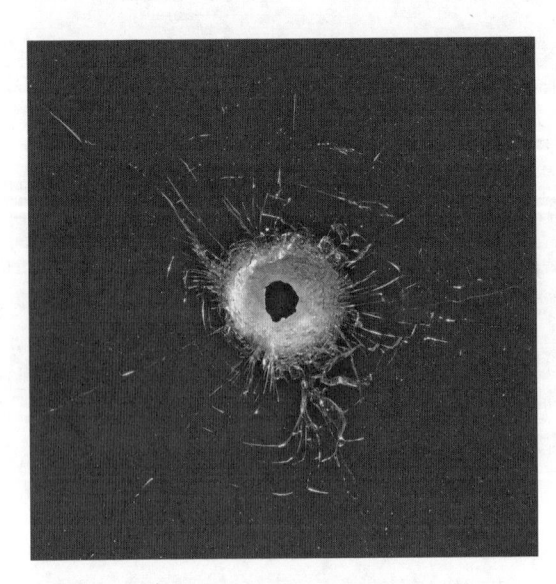

图 10-16 子弹穿过玻璃时留下的弹孔,上图是弹丸的出口侧

第十章　物质、光和玻璃的检验　　323

玻璃就开始破裂。如图 10-17 所示,首次裂缝形成于穿透的表面,并向径向发展。力的持续将张力施加在玻璃的前表面,导致同心裂纹的形成。对径向裂纹和同心裂纹边缘检查时经常会发现应力标记(Wallner 线),其形状可指示玻璃被冲击的方向。

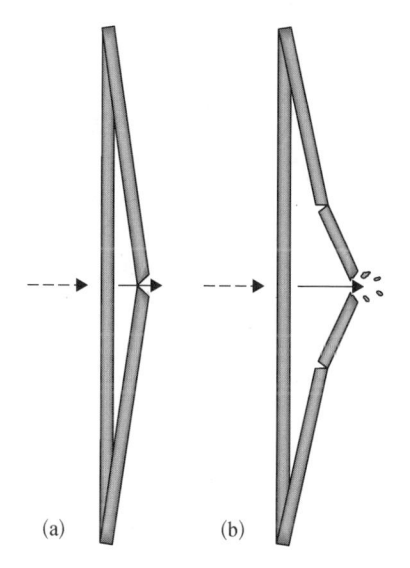

图 10-17　玻璃径向和同心裂纹的产生。(a) 首先形成径向裂纹,始于与破坏力相反的一侧。(b) 随后出现同心圆裂纹,始于与破坏力相同的一侧

图 10-18　玻璃放射状应力痕迹,箭头表示力的方向

应力痕迹如图 10-18 所示,呈拱形,垂直于玻璃的前表面,弯曲后几乎平行于后表面。应力标记的重要性在于垂直痕迹的边缘总是面对裂纹产生的表面。因此,在检查靠近撞击点的径向裂纹边缘的应力标记时,垂直的一端总是在施加冲击力的对侧。对于同心断裂,垂直的一端总是面对力产生的表面。记住这些观察结果的一个简便方法是 3R 法则——**径向裂纹在力的反面形成一个直角**。这些事实使法庭科学专家能够确定窗户是从哪一面被打破的。然而,由于没有径向或同心裂纹,破碎的钢化玻璃不适用此方法进行判断。

当有玻璃被连续穿透时,可以通过观察辐射纹及其终止点来确定冲击的顺序。辐射纹总是在现有裂纹上终止。图 10-19 左侧破裂先于右侧破裂;这是因为后者的径向裂纹终止于前者的裂纹。

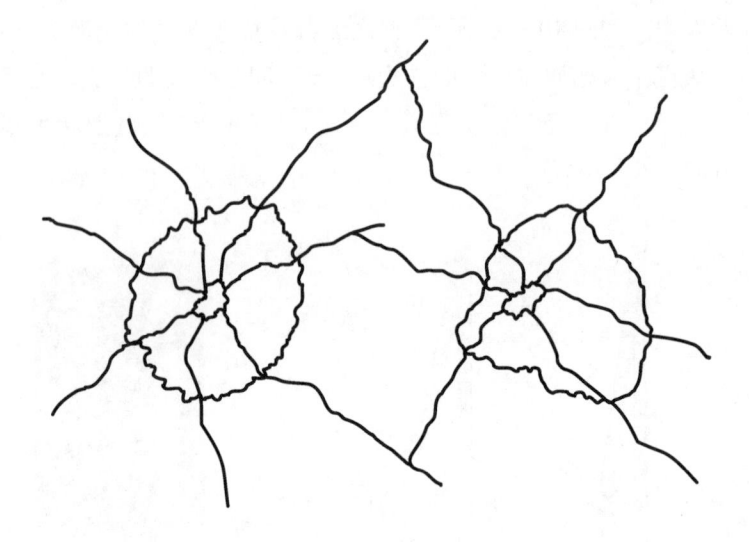

图10-19　一块玻璃上有两个弹孔。左侧弹孔在右侧弹孔之前

收集和保存玻璃证据

　　如果法庭科学专家想对玻璃碎片进行来源追溯,在犯罪现场和嫌疑人那里收集的玻璃证据必须全面。如果碎片被拼接起来的可能性极小,就必须尽一切努力收集所有找到的玻璃碎片。例如,在肇事逃逸现场收集的证据必须包括所有车灯和后视镜的破碎部分。通过将玻璃碎片与车辆前灯或后视镜外壳上残留的玻璃相匹配,这在证明事故现场的可疑车辆方面是非常重要的。此外,检查汽车前大灯的灯丝可以发现在碰撞前的开关状态(见图10-20)。

　　收集证据时,必须找到在嫌疑人身上发现的所有玻璃证据,以及留在犯罪现场的碎玻璃样本。这种标准参考玻璃样本应该从窗户或门框上的剩余玻璃上取下,尽可能靠近破碎点,通常需要一平方英寸的玻璃样本。玻璃碎片使用坚固的容器包装,以免进一步破碎。如要检查嫌疑人的鞋子或衣服是否有玻璃碎片,应分别用纸包好并送往实验室,现场调查人员应尽可能避免从服装上去除这些玻璃证据。

　　当需要确定撞击方向时,所有破碎的玻璃必须收集并进行分析。玻璃的内外表面都应进行标明。一般有污垢、油漆、油脂或腻子存在的那一面可能是玻璃的外表面。

第十章 物质、光和玻璃的检验 325

图 10-20 灯丝上部出现黑氧化钨说明灯丝暴露在空气中时是亮的。下面的灯丝是关闭的,但它的表面涂上了一层黄白色的氧化钨,氧化钨从上面的灯丝汽化,冷凝到下面的灯丝上

章节小结

法庭科学专家必须不断确定区别物质的特征特性,使其具有独特的鉴别力。物理性质如重量、体积、颜色、沸点和熔点是很好的物质特征。化学性质描述一种物质与另一种物质的反应。全世界的科学家都使用公制计量单位。公制有长度、质量和体积,基本计量单位有米、克和升。温度是热强度的量度,也就是物质中热量的量度。在科学上,最常用的温标是摄氏温度。这个刻度是通过将水的冰点设为 0℃,沸点设为 100℃ 得出来的。

比较玻璃碎片时,法庭科学专家要注意两个重要的物理特性:密度和折射率。密度被定义为单位体积的质量。折射率是光在真空中的速度与被测介质中的速度之比。晶体由于其原子的有序排列而具有确定的几何形状。这些晶体将一束光折射成两种不同的光线,导致了双折射。双折射是这两个折射率之间的数值差。并非所有的固体都是晶体。例如,玻璃有随机排列的原子,形成非晶体。

色散是将光分散成不同颜色的过程。每个波长的光线从棱镜中出来时,都会以不同的角度弯曲或折射。这些不同波长的光线都属于电磁波。两个简单的模型可以解释光的行为。第一种模型将光描述为连续波;第二种模型把光描述为一股能量粒子流。

浮选法和浸渍法是测定玻璃碎片密度和折射率的最佳方法。在浮选法中,玻璃颗粒浸在液体中。通过加入少量的液体,仔细调整液体的密度,直到玻璃碎片悬浮在液体中。此时,玻璃将具有与液体介质相同的密度,并可以与其他相关的玻璃碎片进行比较。浸没法是将玻璃颗粒浸入折射率不断变化的液体介质中,直到与玻璃颗粒的折射率相等,此时的折射率称为匹配点,液体和玻璃颗粒之间的对比度最小。

通过分析玻璃上的径向和同心断裂模式,法庭科学专家可以确定撞击的方向。可应用3R规则进行判断:径向裂纹在力的反面形成一个直角。

玻璃碎片应使用坚固的容器包装,以免进一步破碎。如要检查嫌疑人的鞋子或衣服是否有玻璃碎片,应分别用纸包好并送往实验室。除非保存需要,现场调查人员应尽量避免从服装上去除这些玻璃证据。

问题回顾

1. 任何有质量并占据空间的物质都被定义为_____。
2. 所有物质的基本组成是_____。
3. 目前已知的元素数量是_____。
4. 元素按相似化学性质排列在_____表中。
5. _____是一种元素所能存在的最小粒子。
6. 由两种或两种以上元素组成的物质称为_____。
7. _____是由两个或两个以上原子结合而成的化合物的最小单位。
8. 保持一定形状和体积的物理状态是_____。
9. 气体(有/没有)一定的形状或体积。_____
10. 在_____的过程中,固体直接进入气态,跳过液态。
11. 液体分子间的引力比固体分子间的引力大(或小)。_____
12. 不同的_____被明确可见的边界隔开。
13. 单位体积的质量定义了_____的性质。
14. 如果一个物体浸在密度更大的液体中,它就会(下沉/漂浮)。_____
15. 由于速度变化而引起的光波弯曲称为_____。
16. _____的物理性质是由真空中的光速与物质中的光速之比决定的。

17. 判断正误：组成原子排列有序的固体是晶体。_____
18. 原子随机排列的固体被称为_____。
19. 晶体方解石有两个折射率。这两个值之间的差称为_____。
20. 将光分离成其组成颜色或频率的过程被称为_____。
21. 判断正误：颜色通常是物质选择性吸收光的标志。_____
22. 波上两个连续相同点之间的距离称为_____。
23. 判断正误：频率和波长是成正比的。_____
24. 光、X 射线和无线电波都是_____光谱的成员。
25. 红光的频率比紫光（高/低）。_____
26. 一束所有的波同时脉动的光被称为_____。
27. 光是由被称为_____的能量粒子组成的。
28. 判断正误：光粒子（光子）的能量与其频率成正比。_____
29. 红光比紫光能量大（多/少）。_____
30. 一种主要由硅氧化物组成的硬、脆、非晶态物质是_____。
31. 可以物理拼接的玻璃有_____的特点。
32. 在法庭科学比较中，玻璃的两个最有用的物理性质是_____和_____。
33. 判断正误：汽车大灯和耐热玻璃，如 Pyrex 玻璃，都是在氧化物混合物中加入石灰氧化物制成的。_____
34. _____玻璃碎片呈小方块，或"小块"，破碎时有小碎片。
35. _____玻璃通过在两片普通窗户玻璃之间插入一层塑料获得额外的强度；它用于汽车挡风玻璃。
36. 比较玻璃碎片的相对密度很容易用一种叫作_____的方法来完成。
37. 当玻璃浸入折射率相似的液体中，其_____消失，玻璃和液体之间的对比度最小。
38. 玻璃的精确数值密度和折射率可以与_____相关联，以评估比较的证据价值。
39. 从玻璃裂纹向外辐射的断裂线被称为_____断裂。
40. 弹丸进入玻璃的一侧有一个弹坑形的洞（窄/宽）。_____
41. 判断正误：很容易从玻璃上的洞的大小和形状判断它是由子弹还是其他抛射物造成的。_____
42. 判断正误：径向裂纹边缘上的应力标记总是垂直于产生冲击力的表面边

缘。_____

43. 裂纹线（会或不会）终止于现有的裂纹线。_____
44. 环绕玻璃孔的玻璃断裂线被称为_____断裂。
45. 当超过玻璃的弹性极限时，第一个裂缝在穿透力的（同侧/相反侧）表面发展成径向线。
46. 收集的玻璃碎片证据应包装在_____容器中，以避免进一步破碎。
47. 含玻璃的鞋子和/或衣服应单独包裹在_____中，并送往实验室。

走进科学问题回顾

1. _____属性描述了一种物质的行为，而不涉及任何其他物质。
2. _____属性描述一种物质与另一种物质发生反应或结合时的行为。
3. _____测量系统是由法国科学院在1791年设计的。
4. 在公制中，长度、质量和体积的基本计量单位分别是_____、_____和_____。
5. 一厘等于_____克（秒）。
6. 一毫升相当于_____升。
7. 0.2 克相当于_____毫克（s）。
8. 一立方厘米（cc）相当于_____。
9. 1 米比 1 码稍长。_____
10. 相当于 1 磅的克数是_____。
11. 判断题：一升略大于一夸脱。_____
12. _____是一种物质热强度的测量方法。
13. 水的冰点和沸点之间有_____华氏度。
14. 水的冰点和沸点之间有_____摄氏度。
15. 一个物体所含物质的数量决定了它的_____。
16. 最简单的秤是_____。

应用与批判性思考

1. 一名事故调查员到达肇事逃逸事故现场。留在现场的司机报告说，汽车的挡风玻璃或侧窗在撞击中破碎。调查人员搜索事故现场,收集了大量钢化玻璃碎片。这是现场找到的唯一一种玻璃。玻璃证据如何帮助调查人员找到逃离现场的车辆?

2. 请标出图中所示的玻璃弹孔的形成顺序并解释原因。

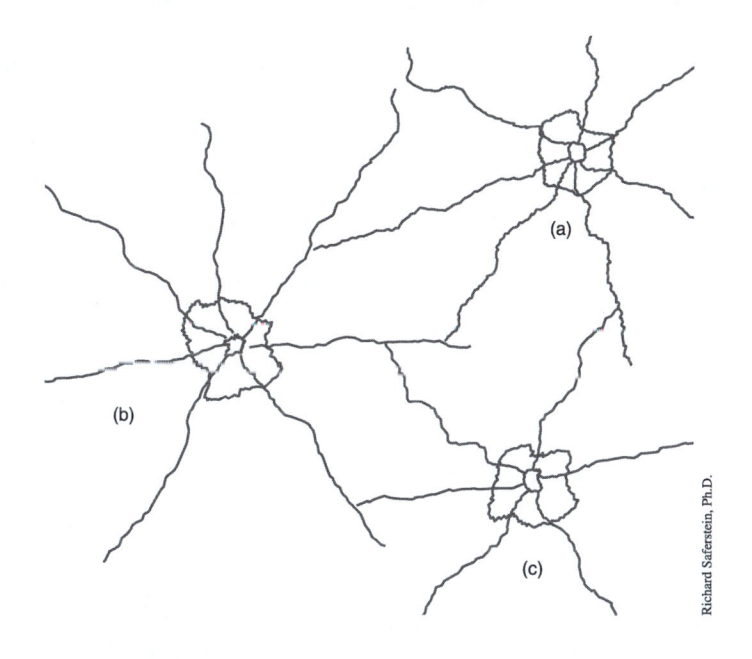

3. 附图描述了玻璃破裂边缘上的应力痕迹,这是由施加的力造成的。如果这是径向裂纹,力是从玻璃的哪一边(左边还是右边)施加的?如果是同心裂纹,力从哪一侧施加?并解释原因。

参考文献与延伸阅读

Bottrell, M. C., "Forensic Glass Comparison: Background Information Used in Data Interpretation," Forensic Science Communications 11, no. 2 (2009), https://www2.fbi.gov/hq/lab/fsc/backissu/april2009/index.htm.

Caddy, B., ed., Forensic Examination of Glass and Paint. Boca Raton, FL: CRC Press, 2001.

Koons, R. D., J. Buscaglia, M. Bottrell, and E. T. Miller, "Forensic Glass Comparisons," in R. Saferstein, ed., Forensic Science Handbook, vol. 1, 2nd ed. Upper Saddle River, NJ: Prentice Hall, 2002.

Thornton, J. I., "Interpretation of Physical Aspects of Glass Evidence," in B. Caddy, ed., Forensic Examination of Glass and Paint. Boca Raton, FL: CRC Press, 2001.

第十一章

毛发与纤维

学习目标

11.1 讨论毛发的形态,包括毛发生长的三个阶段
11.2 探讨法医毛发鉴定的注意事项和存在的问题
11.3 描述如何正确收集和保存法医毛发证据
11.4 辨别不同种类的毛发纤维
11.5 列举最有用的法医对比毛发纤维属性
11.6 描述法医纤维证据正确的收集和保存方法

关键术语

anagen phase	生长期	mitochondrial DNA	线粒体 DNA
catagen phase	退行期	molecule	分子
cortex	皮层	monomer	单体
cuticle	角质层	natural fibers	天然纤维
follicular tag	毛囊包头	nuclear DNA	核基因
macromolecule	大分子	polymer	聚合物
manufactured fibers	人造纤维	telogen phase	休止期
medulla	髓质		

新 闻 头 条
Casey Anthony：一根毛发

2008 年 7 月 15 日,Caylee Anthony 的外祖母 Cindy Anthony 报警称 Caylee 失踪了,她已经 31 天没见过 Caylee 了。Cindy 收到有关 Caylee 下落的各种解释后,

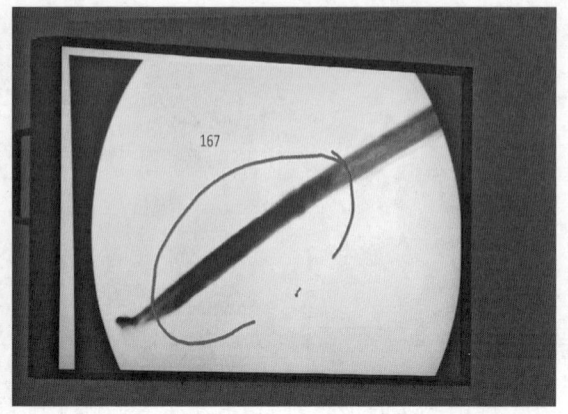

开始自己寻找孩子。她从扣押处取回女儿 Casey 的车后,向警方报告称车里有一股尸体的味道。警方介入后发现,Casey Anthony 并未如实陈述女儿的遭遇,她声称孩子被保姆带走了。但警方很快揭穿了 Casey 的这个谎言。随后,Casey 被警方逮捕。警方控告 Casey Anthony 向执法部门提供虚假陈述、儿童照管不良和妨碍刑事调查。

2008 年 12 月 11 日,警方调查人员在距离 Anthony 家不远的树林里发现了 Caylee 的尸体。Caylee Anthony 失踪案的调查很快变成了谋杀调查。警方检查了 Casey 的车,以确定孩子的尸体被丢弃在树林之前是否被放在后备厢里。警方找到了一个有力的证据:一根毛发。这根毛发在显微镜下与 Caylee 的毛发相似,并可以与其母亲 Casey 的毛发区分开。线粒体 DNA 序列分析显示,因为孩子从母亲继承的线粒体 DNA 与母亲的线粒体 DNA 是一样,因此 Caylee 和 Casey 毛发的毛干之间存在相似之处。

一名联邦调查局的分析师证实,卡车上的毛发含有根带,这一现象与死者头部的毛发相吻合。警方怀疑,含有 Anthony 线粒体 DNA 序列的唯一的一个人正是在后备厢里的最近去世的 Caylee。这跟毛发证明孩子在她母亲的汽车后备厢里待过一段时间。五个月后,她的尸体被丢在树林里。这证明 Casey Anthony 知道更多有关 Caylee 死亡的情况。

犯罪期间,如果在个人和物体之间能找到相互转移的微量证据,那么这些微量证据往往可以与调查过程中的其他证据相印证。在大多数情况下,虽然物证本身不能确定犯罪嫌疑人,但实验室检测可以将这种证据的来源缩小到包括犯罪嫌疑人在内的范围内。犯罪证据实验室使用多种仪器和技术,制定各种程序,可以比较和追踪物证的来源。本章以及接下来的章节将讨论如何将这些技术应用于分析犯罪现场最常遇到的物证类型。首先,我们从讨论毛发和纤维开始。

在许多犯罪案件中,毛发都可以作为物证。然而,法医学方面的毛发检查都必须从观察毛发形态开始,但目前尚不可能通过毛发的形态将毛发个性化到某一个确定的个体的头部或身体上。多年来,犯罪学家一直致力于将可以作为个体身份特征的毛发的物理和化学特性进行分离。目前,通过分离和表征毛发中存在的DNA,科学家们取得了部分成功。

毛发作为物证的重要性不容小觑。从尸体上取下的毛发通常表示受害者与犯罪者之间有身体接触,因此,此类犯罪属于严重或暴力性质的犯罪。在犯罪现场正确收集毛发,并将充分的标准/参考样本一起提交给实验室后,毛发证据可以为个体在犯罪现场提供强有力的确证证据。

从逻辑上讲,法医检测毛发的第一步从毛发的颜色、结构或形态开始。如果有必要,还可以进行进一步的更详细的DNA提取、分离和鉴定。

毛 发 的 形 貌

毛发是皮肤的附属物,生长在称为毛囊的器官上。毛发的长度从嵌入毛囊的根部或球根开始,一直延伸到毛干,并在毛发末端终止。毛干由三部分组成:**角质层**[①]、**皮层**[②]和**髓质**[③],这三部分也是法医科学家严格检查的对象(见图11-1)。

角质层

毛发有两个特征可以使其成为确定个体特征的良好对象,一是毛发具有抗化学分解特性,二是毛发能在很长一段时间内保持其结构特征。这种抵抗力和稳定性很大程度上受毛发外层覆盖的角质层影响。角质层由重叠的鳞片构成,鳞片的方向一致指向每根毛发的末端。角质层的鳞片由特殊的细胞构成,这些细胞从毛囊开始变硬(角化),同时变平。角质层有三种基本形态:冠状、棘状和覆瓦状(见图11-2)。

---

① 角质层:覆盖在毛发外部的鳞片状结构。
② 皮层:皮层是毛干的主体。
③ 髓质:穿过毛发中心的细胞柱状物。

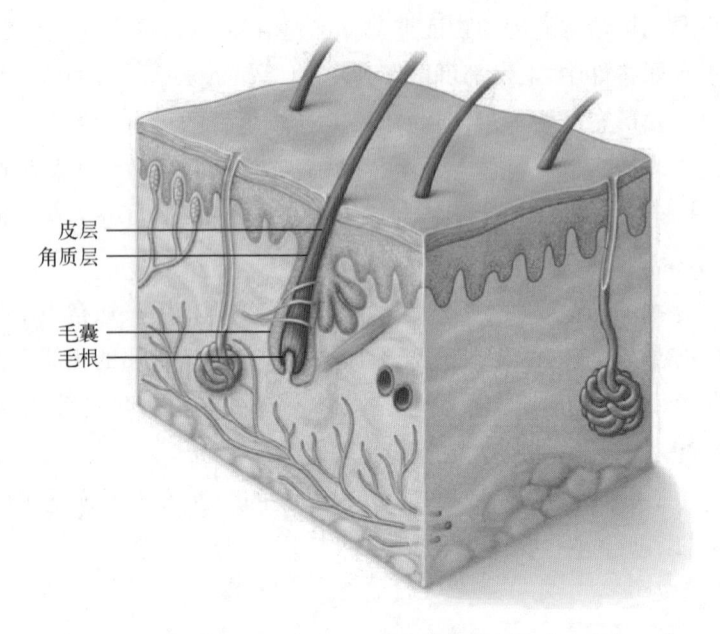

图 11 - 1　皮肤横切面显示毛发从管状结构的毛囊中生长出来

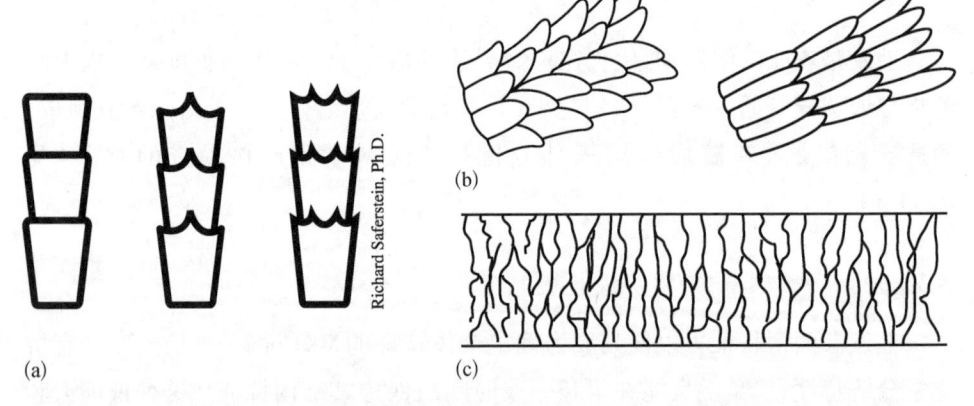

图 11 - 2　(a) 冠状或类似冠状的鳞片图案类似于堆叠的纸杯;(b) 棘状或花瓣状鳞片呈三角形,从毛干突出;(c) 覆瓦状或扁平鳞片类型由边缘狭窄的重叠鳞片组成

大多数动物毛发的鳞片看起来像屋顶上的瓦片。对区分人类毛发,尽管鳞片图案并不是一个有用的特征,但动物毛发形成的各种各样的图案使其成为物种识别的一个重要特征。图 11 - 3 显示了在扫描电子显微镜下观察到的一些动物毛发和人类毛发鳞片的图案。另一种研究毛发鳞片图案的方法是在其表面做一个模型。将毛发埋入一种柔软的介质中,比如透明的指甲油或软化的乙烯树

脂。当介质变硬后,将毛发取下即可留下清晰的毛发角质层印记。这种方法非常适合用复合显微镜进行观察。

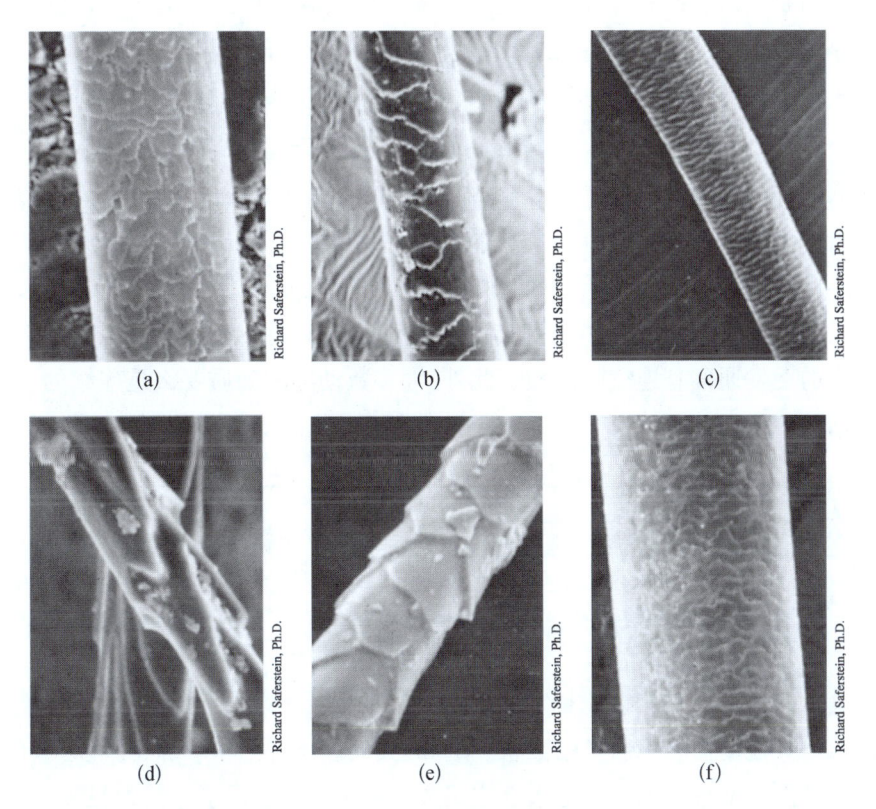

图 11-3 各种毛发鳞片图案。(a) 人类头皮毛发(600×);(b) 狗毛(1 250×);(c) 鹿毛(120×);(d) 兔毛(300×);(e) 猫毛(2 000×);(f) 马毛(450×)

皮层

被包在角质层保护层内的是皮层。皮层由梭形皮质细胞组成,排列整齐,与毛发的长度方向平行。皮层之所以具有重要的法医意义是因为它含有赋予毛发颜色的色素颗粒。这些颗粒的颜色、形状和分布为不同个体毛发之间的比较提供了重要的依据。

将毛发置于折射率接近毛发的液体介质中,用显微镜可以检查皮质的结构特征。在这些条件下,从毛发表面反射的光量被最小化,穿透毛发的光量得到优化。

髓质

髓质是一组看起来像穿过毛发的中央管状细胞。在许多动物中，这组管状细胞是一个主要的特征，它占据了毛发直径的一半以上。*髓质指数*测量的是相对于毛干直径的髓质直径，通常用分数表示。对人类来说，这个指数一般不到三分之一；对大多数其他动物来说，这个指数是二分之一或更高。

髓质存在与否，以及髓质的外观因个体而异，甚至在特定个体的毛发中这二者也可能不同。并不是所有的毛发都有髓质，即使存在髓质，其存在的程度也会有所不同。髓质可分为连续的、间断的、碎片状的或无髓质（见图11-4）。人类的毛发通常没有髓质或有碎片状的髓质；很少出现连续的髓质。这里有个例外：蒙古人的毛发通常有连续的髓质。此外，大多数动物的髓质要么是连续的，要么是间断的。

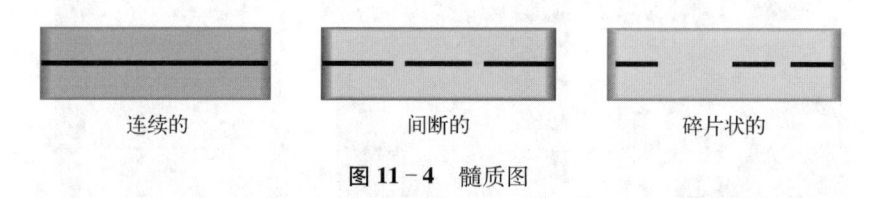

连续的　　　　间断的　　　　碎片状的

图 11-4　髓质图

髓质的另一个有趣特征是它的形状。人的髓质和许多动物的髓质一样，呈圆柱形。其他动物的髓质呈图案状。例如，猫的髓质像一串珍珠，而鹿家族的髓质结构是由占据整个毛干的球形细胞组成。图11-5显示了一些常见动物毛发和人类毛发的髓质的大小和形状。

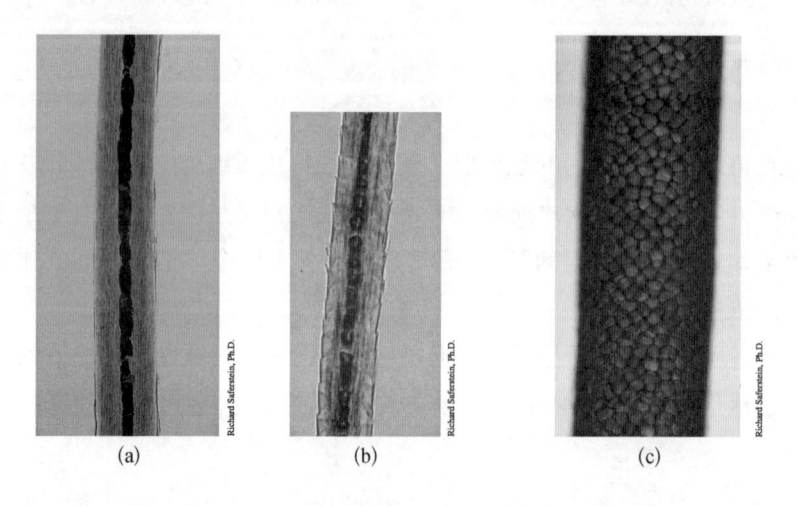

(a)　　　　(b)　　　　(c)

(d)　　　　　　　　　(e)　　　　　　　　　(f)

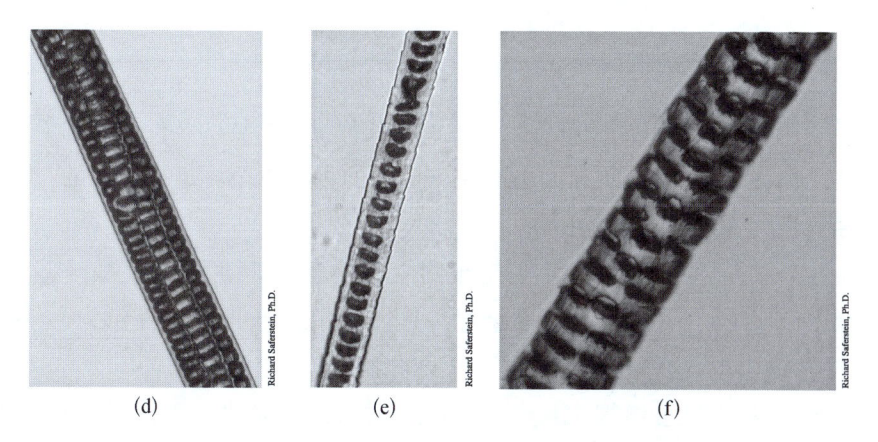

图 11-5　不同类型毛发的髓质图案。(a) 人类头皮毛发(400×);(b) 狗毛(400×);(c) 鹿毛(500×);(d) 兔毛(450×);(e) 猫毛(400×);(f) 鼠毛(500×)

有个可检索的 CD-ROM 数据库中包含了法医案件中常见的 35 种动物毛发[4]。审查员可以使用 PC 快速搜索基于鳞片模式和/或髓质类型的动物毛发。数据搜索的典型屏幕截图如图 11-6 所示。

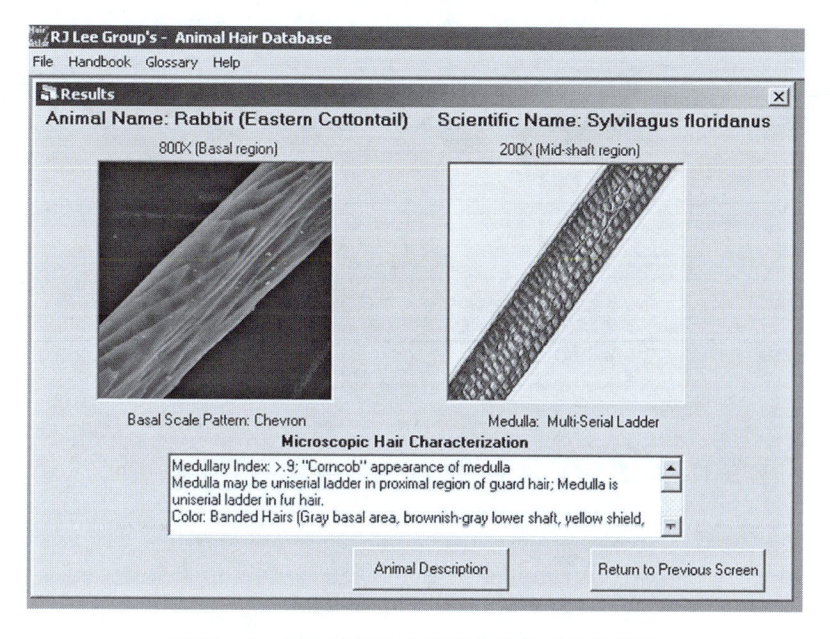

图 11-6　法医动物毛发图库中的兔子毛发信息

---

[4]　J. D. Baker and D. L. Exline, *Forensic Animal Hair Atlas: A Searchable Database on CD-ROM*. RJ Lee Group, Inc., 350 Hochberg Rd., Monroeville, PA, 15,146.

毛根

毛囊内的毛根及其周围细胞为毛发的生长提供了必要的条件。人的毛发生长有三个阶段,毛根的形状和大小取决于毛发的生长阶段。毛发生长的三个阶段为**生长期**[5]、**退行期**[6]和**休止期**[7]。

在生长初期(可能持续 6 年),毛根附着在毛囊上继续生长,使根球茎呈火焰状(图 11-7[a])。当从根部拔起时,一些毛发在生长期有**毛囊包头**[8]。随着 DNA 分析的出现,这种毛囊包头对于毛发的个性化很重要。

在退行期,毛发会继续生长,但速度会减慢,这一阶段可以持续两到三周。在退行期,因为根球茎收缩并被推出毛囊,因此毛根通常呈现出被拉长的外观(图 11-7[b])。

一旦毛发生长结束,休止期开始,发根呈棒状(图 11-7[c])。在两到六个月的时间里,毛发被挤出毛囊,导致毛发自然脱落。

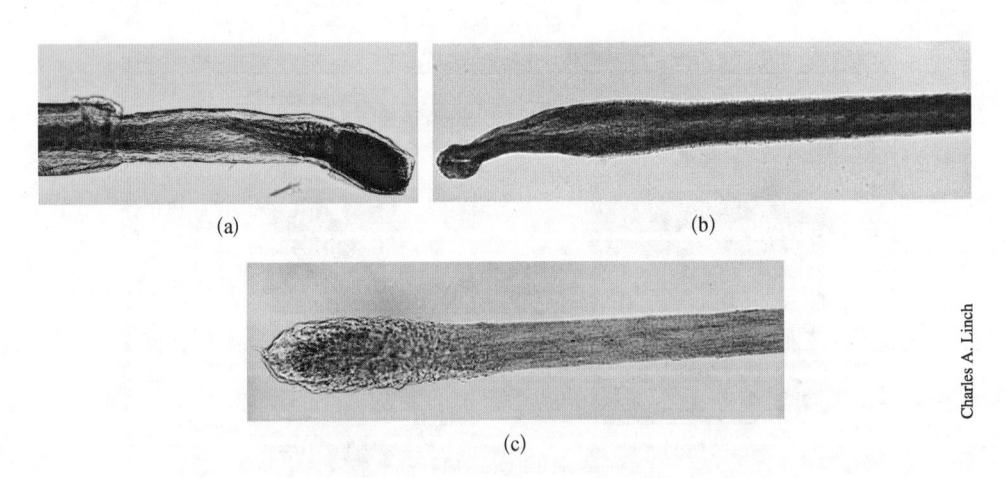

图 11-7 发根的(a) 生长期、(b) 退行期和(c) 休止期(100×)

---

⑤ 生长期:毛囊活跃生长的最初生长阶段。
⑥ 退行期:毛发生长期和休止期之间的过渡阶段。
⑦ 休止期:毛发生长的最后阶段,毛发自然地从皮肤脱落。
⑧ 毛囊包头:毛根附近围绕在毛干周围的半透明组织。含有与毛发相关的最丰富的 DNA。

毛发的鉴别与比较

通常情况下，在犯罪实验室检查毛发证据的主要目的是确定毛发是人类的还是动物的，或者用于将从犯罪现场提取的人类毛发与特定个体的毛发进行比较。虽然动物的毛发通常可以与人类的毛发区别开来，但在比较人类的毛发时，必须非常谨慎。并且要注意毛发在形态特征上的变化趋势，不仅是一个人与另一个人之间的变化，单个个体内部也会存在变化。

稳定同位素分析

当人们饮用水时，水会在毛发上留下化学指纹性特征。因为人们倾向于用当地的水来饮用和烹饪，而当地的水因地区而异，所以，在地域上留在毛发上的印记是独一无二的。当调查人员面对一个尚未确认身份的谋杀受害者时，毛发的这种特性可以为人们提供帮助。在用所有其他方法来确定受害者身份之后，调查人员可以使用稳定同位素信息来确定一个人是否在该地区居住，或者尸体是否是在死后被运到该地区。

科学家可以分析毛发中的稳定同位素（同一种化学元素的不同形式）来帮助案件调查。因为毛发保留了同位素信息，并且毛发每个月生长大约一厘米，因此毛发可以提供一个人在过去一年去过哪些地方的记录表。如果一个人在一年的时间里在全国各地移动，这种移动会反映在毛发生长的最后 12 cm 上。

这项技术在 Bella Bond 的识别中发挥了作用，详细内容见第八章。为了确定这个孩子是否来自波士顿地区，调查人员将她的毛发样本进行稳定同位素检测。检测结果表明她是本地人之后，马萨诸塞州警方加大了力度，将她的照片张贴在波士顿地铁区的广告牌上以确定她的身份。

毛发检查的注意事项

对毛发进行仔细的显微镜检查可以发现它的形态学特征，从而将人的毛发与动物的毛发区分开来。各种动物的毛发在结构上也有很大的不同，因此检验者常常能鉴别出它们的种类。然而，在得出结论之前，检验员必须有一个全面的参考标准库和数百个先前毛发检查积累的经验。鳞片结构、髓质指数和髓质形状在毛发鉴别中特别重要。

当毛发被用作法医证据时,最常见的要求是将在犯罪现场找到的毛发与从嫌疑人身上取下的毛发进行比较。在大多数情况下,这种比较与头皮或阴部的毛发有关。最终,比较证据的价值取决于检验者将可疑毛发与特定个体联系起来的概率。

毛发的特点

在进行毛发比较时,比较显微镜是一种非常有用的工具,它可以让检查人员把可疑的和已知的毛发放在一起平行观察。因此,检查人员很容易观察到显微特征的任何变化。因为来自身体任何部位的毛发会表现出一系列的特征,所以在进行比较时,代表所有特征的足够数量的已知毛发是非常必要的。

在比较毛发时,犯罪学家特别感兴趣的是毛发的颜色、长度和直径。其他重要的特征还包括髓质的存在或缺失,以及皮质中色素颗粒的分布、形状和颜色强度。显微镜检查也可以区分染色或漂白的毛发与天然毛发。染色的颜色经常出现在角质层和整个皮层。另一方面,漂白往往会去除毛发上的色素,使其呈淡黄色。如果毛发在上次漂白或染色后生长,自然端部分的颜色将非常明显。因为毛发每个月大约生长一厘米,因此可以估计染发或漂白的时间。在毛发中还可以观察到其他显著但不常见的特征,例如,形态异常可能是由于某些疾病或缺陷造成的。此外,真菌和虱卵感染的存在可以进一步将毛发样本与特定的个体联系起来。

潜在错误

尽管对毛发的微观比较长期以来一直被认为是一种合适的方法,可以将可疑毛发与标准/参考毛发进行比较,但许多法医科学家已认识到,这种方法具有主观性,它高度依赖于分析人员的技能和职业操守,以及被检测的毛发的形态。然而,在DNA分析出现之前,法医科学界别无选择,只能依靠显微镜进行毛发比较。

随着FBI一项与毛发显微比较相关的显著错误率的研究的发表,人们确认了DNA分析辅助显微毛发检查的必要性[9]。1996年至2000年间提交给FBI进行DNA分析的毛发证据通过显微镜和DNA分析进行了检查。FBI毛发检验员

---

[9] M. M. Houk and B. Budowle, "Correlation of Microscopic and Mitochondrial DNA Hair Comparisons," *Journal of Forensic Sciences* 47 (2002): 964.

发现,80 根可疑毛发和标准/参考毛发之间存在显微镜"匹配",但在随后的 DNA 分析中发现,其中有大约 11% 的毛发(80 根中的 9 根)是不匹配的。事件的过程是明确的,警方和法院必须将显微镜下的毛发比较结果视为推断性质的,所有阳性的显微镜毛发比较结果必须通过 DNA 测定来确认。

关于毛发检查的问题

为了进一步确定法医毛发检查的现状,可能会出现以下一些问题。

毛发起源的身体区域可以确定吗?

通常情况下,很容易确定毛发来自身体的哪个部位。例如,与其他体毛相比,头皮毛发通常直径变化不大,色素颜色分布更均匀。阴毛短而卷曲,轴径变化大,通常有连续的髓质。胡须比较粗糙,通常横截面是三角形的,切割或剃掉的胡须有较钝的末端。

案例分析

重审中央公园慢跑者案

1989 年 4 月 19 日,一名年轻女子晚上 9 点左右离开公寓,到纽约中央公园慢跑。将近 5 个小时后,有人发现她昏倒在公园的泥坑里。她遭到了强奸,头骨骨折,失血 75%。当这个女人醒来时,她完全不记得发生了什么事。这起残忍的

犯罪在整个城市引发了较大的冲击，它似乎让全国的人们认为，纽约的街道上犯罪猖獗，而且没有受到遏制。

在中央公园分局的派出所里有一群十四五岁的男孩被拘留，他们是当晚早些时候离开公园时被警方围捕的，警方怀疑他们参与了一系列随机袭击事件。

在接下来的两天里，他们其中的四名青少年录下了声明。后来他们撤回了声明，承认参与了袭击。最终，五名青少年被指控犯罪。有趣的是，从受害者身上采集的精液与任何一名被告都无关。然而，根据一名法医分析师的证词，从其中一名被告的衣服上采集的两根毛发与受害者的毛发具有显微对照性，从同一名被告的T恤衫上采集的第三根毛发与受害者的阴毛具有显微对照性。除了这三根毛发，在显微镜下发现的第四根毛发与受害者的毛发相似。这些毛发是从Steven Lopez的衣服上找到的，他最初被指控强奸，但没有被起诉。毛发是地方检察官提供的唯一能直接将这些青少年与犯罪联系起来的物证。地方检察官将这些毛发证据作为陪审团了解这些青少年的录像供词是否可靠的一种方式。五名被告被判有罪，最终服刑9至13年。

Matias Reyes于1989年8月被捕，此时距离慢跑者遇袭已经过去了三个多月。他承认谋杀了一名孕妇，强奸了另外三名妇女，并犯有抢劫罪。他被判处33年至终身监禁。2002年1月，Reyes对中央公园袭击案供认不讳。后续检测显示，Reyes的DNA与从慢跑者身体和袜子中提取的精液一致。其他DNA检测表明，在最初的审判中作为证据的毛发并非来自受害者，因此不能像地方检察官所声称的将青少年与犯罪联系起来。

在对最初的指控进行了11个月的重新调查后，纽约州最高法院的一名法官驳回了对中央公园慢跑案中五名青少年嫌疑人的所有定罪。

毛发的种族起源可以确定吗？

在多数情况下，检验员可以区分毛发来自哪种种族，尤其可以区分白种人和黑种人的毛发。黑种人的毛发通常是卷曲的，含有稠密的、分布不均的色素；白种人的毛发通常是直的或波浪状的。与黑种人的毛发相比，白种人的毛发颜色从细到粗分布得更均匀。有时毛发的横截面检查可能有助于种族的鉴定。

白种人毛发横截面的形状是椭圆形或圆形，而黑种人毛发横截面的形状是扁平的或椭圆形的。然而，所有这些观察在本质上都是通常状况，也可能有许多例外情况。犯罪学家必须以谨慎的态度和丰富的经验来处理以毛发确定种族的问题。

从毛发样本中可以确定个体的年龄和性别吗？

从毛发检查中不能确定一个人的年龄，除非是婴儿的毛发。幼发细小，长度短，色素细，性状不全。尽管染发剂或漂白剂在毛发上的存在可能提供一些关于性别的线索，但现在的发型使这些特征不如过去有价值。从附着在毛发上的组织或从毛发的根结构中提取核DNA可以确定毛发是来自男性还是女性（见原著408—411页）。

能否确定毛发被强行从尸体上拔下？

对发根的显微镜检查可以确定毛发是脱落的还是从皮肤上拔下来的。如图11-8所示，附着在发根上的毛囊组织（根鞘细胞）可以证明该毛发是被人拔下的或者是通过梳理拔下的。自然脱落的毛发有一个球根状的根部，没有任何粘连组织。然而，不能依靠根鞘细胞的缺失来判断毛发是否被强行从身体中拔出。在某些情况下，即使把毛发从身体上拔下来，它的根部也没有任何附着组织。一个重要的考虑因素是毛发从头上拔出的速度有多快。与缓慢从头皮上拔下的毛发相比，快速从头上拔下的毛发更容易有跟鞘细胞[10]。

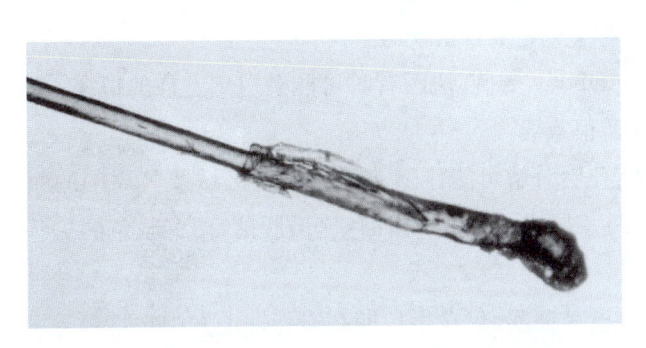

图11-8 强行去除的毛发上附着的毛囊组织

人们正在努力使毛发个性化吗？

正如第十六章内容所描述，法医科学家正在分离和描述DNA的个体变异。法医毛发检验员可以通过对发根或附着在发根上的毛囊组织的**核DNA**[11]进行

---

[10] L. A. King, R. Wigmore, and J. M. Twibell, "The Morphology and Occurrence of Human Hair Sheath Cells," *Journal of the Forensic Science Society* 22 (1982): 267.

[11] 核DNA：细胞核内的DNA。这种形式的DNA遗传自父母双方。

表征,将人类毛发与特定个体联系起来(见图11-8)。毛囊包头是与毛发相关的最丰富的DNA来源。在没有毛囊组织的情况下,检验员必须从发根中提取DNA。毛发的生长阶段是对人类毛发DNA成功分型可能性的一个有用的预测指标[12]。检验员从生长期的发根或进入生长期的发根中提取DNA的成功率较高。休止期毛发的DNA数量不足,无法成功分型。因为大多数毛发都是自然脱落的,而且应该处于休止期,所以这些结果对于从犯罪现场收集的毛发来说并不是一个好兆头。然而,一些犯罪现场布满了强行拔掉的毛发,这些毛发被认为是核DNA的丰富来源。

当可疑毛发没有附着组织或毛根结构,不适于分离核DNA时,还有另一种选择:**线粒体DNA**[13]。与前面描述的位于我们身体中几乎每个细胞的细胞核中的核DNA不同,线粒体DNA存在于细胞核外的细胞物质中。有趣的是,与由父母双方遗传给我们的核DNA不同,线粒体DNA只由母亲传递给孩子。更重要的是,与核DNA相比,我们的线粒体DNA在细胞中的复制体更多。因此,从毛发等核DNA数量有限的样本中发现和分型线粒体DNA的成功率要高得多。1~2 cm长的毛发可以用于线粒体分析,成功率极高。这一主题在第十六章中有更详细的讨论。

有可能确定毛发是来自已故的人吗?

以Casey Anthony为例,法医有时可能会遇到这样的情况:即了解供体死后是否有毛发保留很重要。

研究表明,死后分解可能伴随着毛发根部区域及其周围的颜色变深或条带化(见图11-9)。最终,毛发会在深色区域脱落,留下脱色的尖状或刷子状的毛发末端。

最近,研究已经证实,仅在生长期和退行期毛发中观察到毛发根部的死后变化,特别是在头皮下方的毛发根部的一小段区域内有变化。根部区域在寒冷的气候中变化缓慢,而在温暖的气候下变化速度较快。值得注意的是,处于休止期的毛发没有表现出死后根部变化[14]。

---

[12] C. A. Linch et al., "Evaluation of the Human Hair Root for DNA Typing Subsequent to Microscopic Comparison," *Journal of Forensic Sciences* 43 (1998): 305.

[13] 线粒体DNA:存在于细胞核外的微小结构(线粒体)中的DNA。线粒体为细胞提供能量。这种形式的DNA遗传自母亲。

[14] S. L. Koch, A. L. Michaud, and C. Mikell, "Taphonomy of Hair—A Study of Postmortem Root Banding," *Journal of Forensic Sciences* 58 (2013): S52.

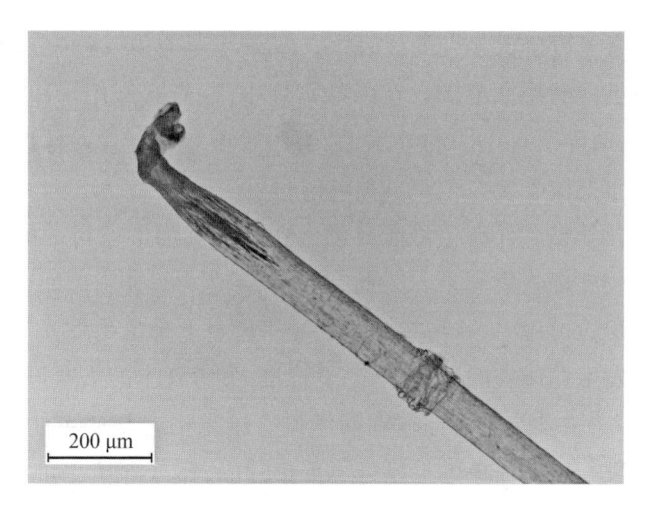

图 11-9 发根有条纹的毛发

DNA 能使人的毛发个性化吗？

在某些情况下，答案是肯定的。正如第十六章提到的，核 DNA 的发生频率低至数十亿或数万亿分之一。另一方面，线粒体 DNA 不能使人类毛发个体化，但其在人群中的多样性通常可以将人群中的很大一部分排除为毛发样本的潜在贡献者。理想情况下，阳性的毛发显微镜比较和核或线粒体 DNA 分析相结合，可以在可疑毛发和标准/参考毛发之间提供强大而有意义的联系。然而，需要注意的是，线粒体 DNA 无法区分来自母系血缘关系的不同个体的微观相似的毛发。

毛发证据的收集和保存

当可疑毛发被送到法庭实验室进行检验时，必须同时从受害人和涉嫌在犯罪现场留下毛发的个体身上提取足够数量的标准/参考样本。我们已经了解到，来自身体不同部位的毛发在物理特性上存在显著差异。同样，来自身体任何一个部位的毛发也可能具有广泛的特征。因此，可疑毛发和标准/参考毛发必须来自身体的同一区域。例如，不能将头皮毛发与阴毛进行比较。值得注意的是，在采集标准/参考毛发时，应确保从身体部位采集到具有代表性的毛发样本。

法医的毛发比较通常包括头皮毛发或阴毛。从头皮的所有区域收集 25 根完整的毛发通常可以确保毛发的代表性。同样,至少收集25根完整长度的阴毛可以涵盖这类毛发的特征范围。在强奸案件中,首先必须用干净的梳子小心地梳理阴部毛发,清除所有松散的外来毛发,然后再对受害者的标准/参考毛发进行取样。最后要把梳子装在一个单独的信封里。

因为毛发在其整个长度上可能显示出颜色和其他形态特征的变化,所以应该将整个毛发长度都收集起来。因此,最好将毛发从皮肤中拔出来或在紧靠皮肤处剪掉。在尸检过程中,从可疑死亡的受害者身上采集毛发样本是一种惯例。由于尸检可能发生在调查的早期,对毛发标准/参考样本的需要可能并不总是很明显。然而,不应该排除毛发证据在后续调查结果中参与的可能性。如果不能在适当的时间进行这种简单的毛发样本采集程序,那么,在后续的案件调查中可能会导致复杂的法律问题。

纤维法庭证据检验

与留在犯罪现场的毛发可以作为身份证明一样,构成织物和服装的纤维同样可以成为身份证明。纤维可能成为个体接触事件的重要证据,如谋杀、攻击或性侵犯。在这些案件中,犯罪嫌疑人和受害者的衣服之间可能发生交叉转移。同样,肇事逃逸的受害者与车辆之间的冲击力通常会留下纤维、丝线,甚至整片布料黏附在车辆的部件上。纤维也可能固定在由于非法闯入而破碎的屏蔽物或玻璃上。

无论纤维在哪里、在什么条件下收集,它们作为法医证据的最终价值取决于犯罪学家将其来源缩小到有限数量的来源甚至单一来源的能力。遗憾的是,服装和织物的大规模生产限制了纤维证据在这方面的价值,只有极个别情况下,在犯罪现场收集的纤维才能提供高度确定的个人身份。

案例分析 ··

Ennis Cosby 谋杀案

Ennis Cosby 是娱乐明星 Bill Cosby 的儿子,他的谋杀案是犯罪嫌疑人的一个随机行为,一开始似乎无法破案。Ennis Cosby 的汽车轮胎没气了,他把车停在路边,用手机给朋友打电话请求帮助。此后不久,一名袭击者向 Cosby 要钱,由于 Cosby 反应不够迅速,袭击者朝他太阳穴开了一枪。根据袭击者朋友提供的线索,警方调查人员在距离犯罪现场几英里的地方发现了一支包在蓝色帽子里的.38 左轮手枪(.38 revolver,译者注)。Mikail Markhasev 被逮捕并被指控谋杀。在审判中,地方检察官提交了枪支证据,指出这把枪发射了瞄准 Cosby 的子弹。然而,从帽子上找到的一根毛发戏剧性地将 Markhasev 与犯罪联系了起来。洛杉矶警察局的法医分析师 Harry Klann 从附着在发根上的毛囊组织中鉴定出 6 个 DNA 标记,这些标记与 Markhasev 的 DNA 相匹配。在普通人群中每 15 500 人中有一人具有这种特殊的 DNA 图谱。陪审团在听取了所有的证据后,商议并判定 Markhasev 犯有谋杀罪。Markhasev 一直坚称自己是无辜的。直到 2001 年,他承认犯了谋杀罪,并要求法院停止他的上诉。

Bill Cosby 和他的儿子 Ennis Cosby

纤维的类型

几个世纪以来,人类依赖于从植物和动物中提取天然纤维。20 世纪初,人们发明了人造纤维(人造丝,rayon),随后在 20 世纪 20 年代开发了醋酸纤维素。自 20 世纪 30 年代末以来,科学家已经制造了几十种新的纤维。事实上,20 世纪以来,纤维、织物、表面材料和其他纺织加工技术的发展比 20 世纪以前有记载的 5 000 年历史中取得的进步还要大。今天,服装、地毯、窗帘、假发、甚至人造草皮等各种各样的物品充分证明了人造纤维在我们的文化和环境中所起的主导作用。

为了讨论纤维的法医检验我们将纤维分为两大类：天然纤维和人造纤维。

天然纤维[15]完全来源于动物或植物。犯罪实验室检查中遇到的大部分天然纤维为动物纤维。包括绵羊（羊毛）、山羊（马海毛、羊绒）、骆驼、美洲驼、羊驼和骆马等动物的毛发覆盖物；毛皮纤维包括从水貂、兔子、海狸和麝鼠等动物身上获得的毛皮纤维。

动物纤维的法医检查程序一般与上一节讨论的动物毛发法医检查的程序相同。这种纤维的鉴定和比较一般只用显微镜对颜色和形态特征进行检查。同样，必须检查足够数量的标准/参考样本，以确定可疑织物的纤维特性范围。

到目前为止，棉花是最普遍的植物纤维。尽管在某些情况下，染色棉纤维的组合颜色增强了其证据意义，但在服装和其他织物中广泛使用的未染色的白色棉纤维，使其证据价值几乎毫无意义。图 11-10 所示的棉纤维显微镜图揭示了其最显著的特征：带状形状，不规则间隔的扭转。

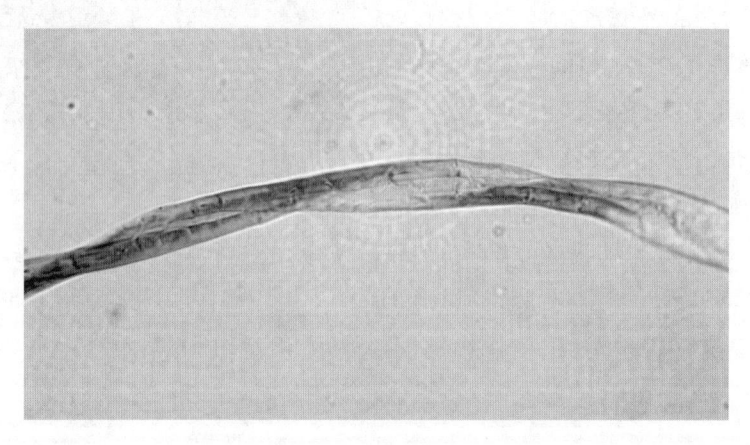

图 11-10 棉纤维显微照片（450×）

人造纤维[16]从 1911 年制造出人造丝和 1939 年研发出尼龙开始，人造纤维在服装和织物中逐渐取代了天然纤维。如今，这种纤维以数百种不同的商品名销售。为了减少消费者的困惑，美国联邦贸易委员会批准了所有人造纤维的"通用"或系统名称。很多广泛使用的类型都是由几家制造商生产的，并以多种不同的商品名称出售。例如，在美国，聚酯纤维的销售名称包括 Dacron、Fortrel 和

---

[15] 天然纤维：完全来源于动物或植物的纤维。
[16] 人造纤维：由天然或合成聚合物制成的纤维。纤维通常是通过挤压聚合物材料通过喷丝板的孔而制成的。

Kodel。在英国,聚酯纤维被称为涤纶。表 11-1 列出了主要的通用纤维,以及常见的商品名称及其特性和应用。

表 11-1 主要通用纤维

主要通用纤维	描 述	常 规 用 途
醋酸人造纤维	醋酸纤维素纤维,其中 74%—92%的羟基被乙酰化	服装:衬衫、连衣裙、女士紧身胸衣、女士内衣、衬里、衬衫、休闲裤、运动服 面料:锦缎、绉纱、双面针织面料、罗缎、针织衫、蕾丝、缎面、塔夫绸、经编针织面料 家居装饰:窗帘、室内装饰面料 其他:香烟过滤嘴、枕头用纤维填充物、绗缝产品
丙烯酸纤维	由至少 85%的丙烯腈单体构成的线性大分子组成的纤维	服装:连衣裙、婴儿服装、针织服装、滑雪服、袜子、运动服、毛衣 面料:起绒面料、贴面面料、仿皮草面料、运动衫 家居用品:毯子、地毯、窗帘、室内装饰面料 其他:汽车罩衣、遮阳篷、手工编织和工艺纱线、工业和土工织物
芳族聚酰胺	芳纶纤维是由一系列合成聚合物组成的,其中含有大苯环的重复单元由酰胺基团连接在一起	热气过滤织物、防护服、军用头盔、防护背心、飞机和船只的结构复合材料、帆布、轮胎、绳索和电缆、机械橡胶制品、船舶和体育用品
双组分纤维	双组分纤维由两种材料制成,利用每种材料的所需性能。这种纤维可以通过挤压纺丝制造 一种或两种材料留在成品中,或者一种材料被溶解,只留下一种材料	胶黏剂分布均匀;纤维保留了一部分结构,增加了完整性;定制护套材料,黏结各种材料;键合温度范围广;更清洁、环保(无污水):可回收利用;纹理/成型/复合材料的致密化
莱赛尔纤维	莱赛尔纤维是一种由纤维素纤维组成的人造丝,由溶解漂白的木浆用干喷湿纺丝制成	裙子、裤子和外套
人造纤维	人造纤维是由纯化的木浆纤维素制成的,制成一种可溶性化合物。然后将其溶解并通过喷丝器产生纤维,这些纤维经过化学凝固,形成近乎纯的纤维素纤维	服装:女衬衫、外套、连衣裙、夹克、内衣、衬里、女帽、雨衣、裤子、运动衬衫、运动装、西装、领带、工作服 家装:床罩、毯子、地毯、窗帘、蚊帐、床单、沙发套、桌布、室内装潢面料 其他:工业产品、医疗外科产品、无纺布产品、轮胎帘布
氨纶	氨纶是一种轻质合成纤维,用于制作运动服等有弹性的服装。由聚氨酯的长链聚合物组成,由聚酯和二异氰酸酯反应而成。利用干纺丝技术将聚合物转化为纤维	服装(需要拉伸的服装):运动服装、泳衣、鞋带、基础服装、高尔夫夹克、滑雪裤、裤子、支架、手术软管

续表

主要通用纤维	描述	常规用途
三聚氰胺纤维	三聚氰胺纤维是一种人造纤维,其中纤维形成物质是一种合成聚合物,由至少50%重量的交联三聚氰胺聚合物组成	**阻火织物**:飞机座椅,用于高风险住所的软垫家具的阻火剂(例如,满足加州 TB 133 要求的材料) **防护服装**:消防队员的道口装备、绝缘隔热衬垫、针织兜帽、金属熔溅服、耐热手套 **过滤介质**:大容量、高效率、高温袋式空气过滤器
改性聚丙烯腈纤维	改性丙烯腈纤维是一种人造纤维,除了符合橡胶条件外,形成纤维的物质是由小于85%但至少35%重量的丙烯腈单元组成的长链合成聚合物	**服装**:深绒外套、饰件、衬里、模拟毛皮、假发 **面料**:羊毛面料、工业面料、针织绒毛面料、无纺布 **家居用品**:遮阳篷、毯子、地毯、阻燃窗帘和窗帘、地毯 **其他**:过滤器、油漆辊、填充玩具
尼龙	尼龙是合成聚合物的总称,是脂肪族或半芳香族聚酰胺,其中至少85%的酰胺键(-CO-NH-)直接连接到两个脂肪族基团上	**服装**:衬衫、连衣裙、基础服装、袜子、内衣、雨衣、滑雪和雪地服装、西装、风衣 **家居用品**:床罩、地毯、窗帘、防火帘和窗帘、地毯 **其他**:空气软管、传送带和安全带、降落伞、球拍线、绳子和网、睡袋、防水布、帐篷、线、轮胎帘布、土工布
烯烃纤维	烯烃纤维是一种人造纤维,其中纤维形成物质是长链合成聚合物,由至少85%重量的乙烯、丙烯或其他烯烃单元组成	**服装**:连裤袜、内衣、针织运动衬衫、男式半连裤袜、男式针织运动衫、毛衣 **家居用品**:地毯及地毯衬底、沙发套、室内装潢材料、墙纸 **其他**:染网、滤布、洗衣和沙袋、土工布、汽车内饰、绳索、娃娃毛发、工业缝纫线
聚酯纤维	聚酯是由纯化的对苯二甲酸(PTA)或其二甲酯对苯二甲酸二甲酯(DMT)和单乙二醇(MEG)合成的聚合物。是一种人造纤维,其中纤维形成物质是长链合成聚合物,按重量计算,至少由取代芳香羧酸的酯的85%组成	**服装**:女衬衫、衬衫、职业服装、童装、连衣裙、短袜、绝缘服装、领带、贴身衣物和内衣、免烫服装、休闲裤、西装 **家居用品**:地毯、窗帘、帷幔、床单和枕套 **其他**:各种产品用纤维填充物、消防水带、电源皮带、绳索和网、轮胎帘布、油布、三角皮带
聚苯并咪唑纤维	聚苯并咪唑纤维(PBI)是指纤维形成物质为长链芳香族聚合物的纤维,在聚合物主链中,环状咪唑基团是主要结构重复单元之一 PBI 由芳香四胺和芳香二羧酸或其衍生物制备而成。二甲基乙酰胺作为溶剂,通过干纺工艺将树脂纺成纤维	适用于消防员消防服、宇航员太空服等高性能防护服,以及耐火要求较高的应用场合

聚 合 物

走进科学

聚合物是所有合成纤维的基本化学成分。事实上,许多家庭、工业和娱乐产品等都是由聚合物制造的,包括塑料、油漆、黏合剂和合成橡胶等。聚合物有无数种形式和种类,经过适当的处理可以使其具有不同的化学和物理性质。

众所周知,化学物质是由**分子**[17]这种基本结构单元组成的。大多数物质的分子是由几个原子组成的,例如,水,H_2O,有两个氢原子和一个氧原子。海洛因分子 $C_{21}H_{23}O_5N$ 包含 21 个碳原子、23 个氢原子、5 个氧原子和 1 个氮原子。另一方面,聚合物是由大量分子连接而成的,因此聚合物通常包含数千甚至数百万个原子。这就是为什么聚合物通常被称为**大分子**[18]。

简单来说,聚合物可以描述成一个长而重复的链,每个环代表聚合物的基本结构(见图)。聚合物中的重复分子单元称为**单体**[19],它们首尾相连,数千个单体相连形成一条长链。聚合物化学之所以有魅力,是因为连接不同分子具有无限的可能性。通过简单地改变基本分子或单体的化学结构,并设计多种方法将它们组织在一起,化学家们创造出了具有不同属性的大分子聚合物。聚合物化学家能够利用这种多功能性合成胶水、塑料、油漆和纤维等物质。

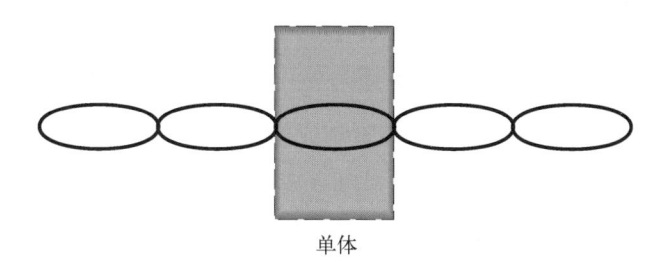

单体

聚合物分子的一段链环模型。实际的分子可能包含多达几百万个单体单位或单体链。

---

[17] 分子:由化学键连接在一起的两个或多个原子。
[18] 大分子:分子质量高的分子。
[19] 单体:构成聚合物的基本结构单元。

所有聚合物都是在化学实验室合成的,这种观点是错误的。事实并非如此,因为自然界已经合成了许多人类无法复制的聚合物。例如,构成动物毛发以及所有生命物质基本结构的蛋白质就是聚合物,蛋白质由数千个氨基酸以高度有组织的排列顺序连接而成。同样,木材和棉花的基本成分纤维素和淀粉是由数千个碳水化合物单体组合而成的天然聚合物,如图所示。因此,人造纤维的合成仅仅代表了化学原理的延伸,大自然已经成功地利用这些原理生产了毛发和植物纤维等。

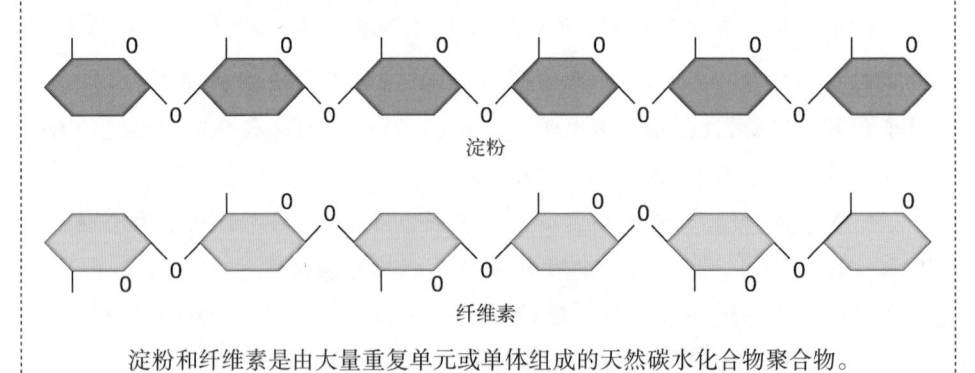

淀粉和纤维素是由大量重复单元或单体组成的天然碳水化合物聚合物。

第一批机器制造的纤维是由从棉花或木浆中提取的原料制成的。这些材料经过加工,从中提取纯纤维素。根据所需纤维的类型,对纤维素进行化学处理并在适当的溶剂中溶解,然后通过纺丝喷嘴或喷丝板的小孔挤压纤维素生产纤维。以这种方式由天然原料制成的纤维称为*再生纤维*,通常包括人造丝、醋酸酯和三醋酸酯,所有这些都是由再生纤维素制成的。

目前生产的大多数纤维都是完全由合成化学品生产的,因此归类为合成纤维,其中包括尼龙、聚酯和丙烯酸树脂等。合成长链分子(即**聚合物**[20])的方法被研制出来以后,合成纤维才被制备出来。

1930年,化学家在研制出来的聚合物上发现了一个不寻常的特性。当一根与烧杯中黏性物质接触的玻璃棒被慢慢抽出时,烧杯中的黏性物质黏附在玻璃棒上,形成细丝,进入冷空气后细丝立刻变硬。此外,这种冷纤维可以被拉伸至几倍于其延伸长度,由此可以产生一种灵活、结实、有吸引力的纤维。第一种合

---

[20] 聚合物:由大量原子组成的物质;这些原子通常以重复的单元或单体排列。

成纤维经过改进后,作为尼龙上市销售。此后,纤维化学家成功地合成了新的聚合物,并开发了更有效的制造方法,由此产生了大量的合成纤维。

人造纤维的鉴别

纤维的证据价值在于犯罪学家追踪其来源的能力。显然,如果检查人员看到的布料在撕破的边缘处都能完全拼合在一起,那么可以肯定这些布料是有共同起源的。然而,犯罪学家通常只能获得有限数量的纤维来进行鉴定和比较。一般来说,在这些情况下,不存在获得物理匹配的可能性,检查人员必须求助于标准/参考纤维与犯罪现场纤维的并列比较。

显微镜检查

检查的第一步也是最重要的一步是用比较显微镜对颜色和直径进行比较。如果这两个特征不一致,那么没有理由确定两种纤维的匹配性。其他有助于比较的形态特征是纤维表面的纵向条纹和纤维表面因制造过程中添加消光颗粒(通常是二氧化钛)而产生的蚀点[图11-11(a)和(b)]。

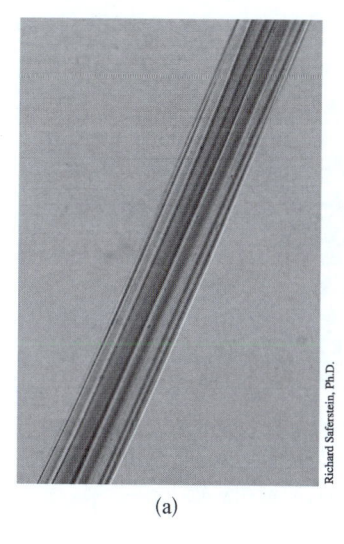

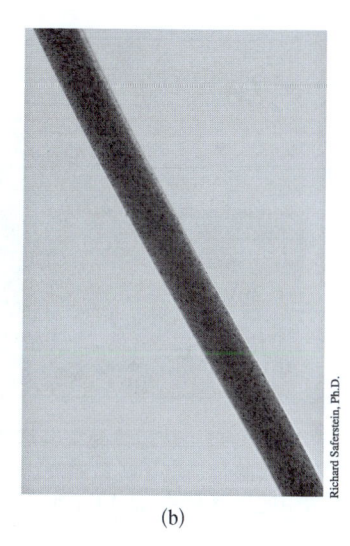

图11-11 合成纤维显微照片:(a)三醋酸纤维素(450×)和(b)嵌入二氧化钛颗粒的烯烃纤维(450×)

纤维的截面形状也有助于判断纤维的特性(图 11-12)[21]。在乔治亚州亚特兰大地区的一起连环谋杀案中，在受害者身上发现的形状不同寻常的黄绿色纤维与被告 Wayne Williams 家中的地毯有关。这条纤维是证明 Williams 有罪的关键因素。这种具有不同寻常形状的纤维的显微照片如图 11-13 所示。

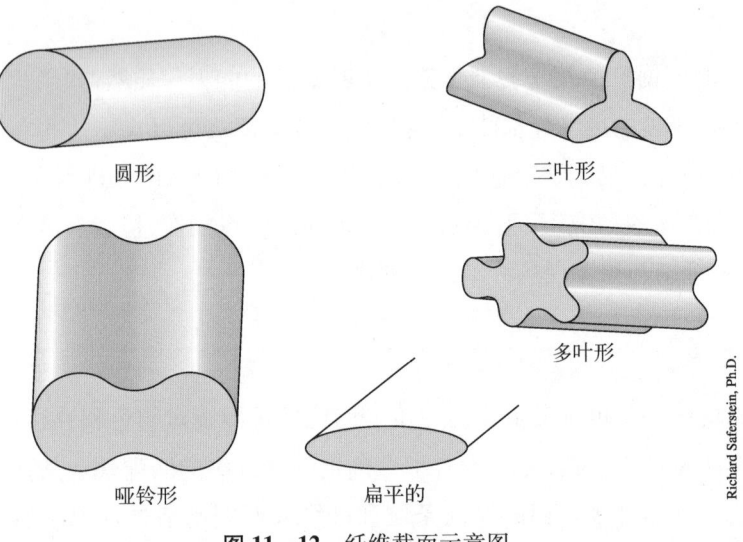

圆形　　　　三叶形

哑铃形　　扁平的　　多叶形

Richard Saferstein, Ph.D.

图 11-12　纤维截面示意图

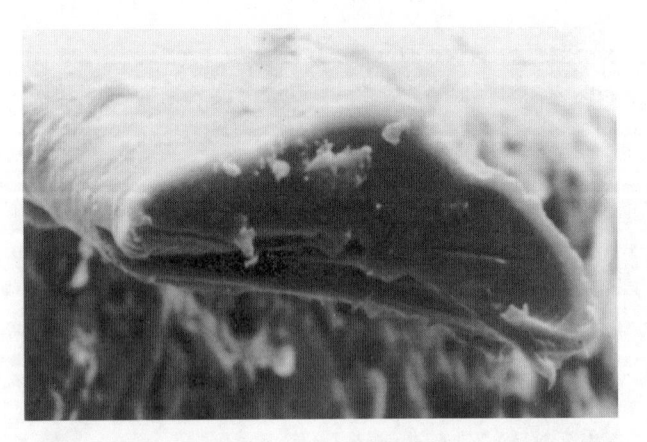

图 11-13　从运输受害者尸体的床单上取下的尼龙纤维横截面的扫描电子显微照片。这种纤维与 Wayne Williams 家中的地毯有关，是 1971 年生产的，数量相对较少

---

[21]　S. Palenik and C. Fitzsimons, "Fiber Cross-Sections: Part I," *Microscope* 38 (1990): 187.

染料组成

虽然两种纤维在显微镜下看起来有相同的颜色,但在纤维的制造过程中使用的染料可能存在成分上的差异。事实上,大多数纺织纤维都会浸渍一种混合染料,以获得所需的深浅颜色。当法医能够证明可疑纤维和标准/参考纤维具有相同的染料成分时,纤维比较的意义就会增强。

可见光显微分光光度计(177—178页)是分析人员通过光谱模式比较纤维颜色的一种便捷方法。这种技术不受样品大小的限制:一毫米或更短长度的纤维都可以用这种类型的显微镜进行检测。并且这种检测是非破坏性的,将纤维简单地安装在显微镜载玻片上就可以进行检测。

通过染料组分的色谱分离可以获得纤维染料成分的更详细的信息。为此,先用合适的溶剂从纤维上提取染料,然后将染料溶液滴到薄层色谱板上,比较小股纤维的染料含量。在薄层板上分离待测纤维和标准/参考纤维的染料组分,并并列比较其相似性[22]。

化学成分

完成纤维的微观结构和染料成分分析之后,在得出两种或两种以上纤维比较结论之前,必须证明这些纤维具有相同的化学成分。为此,需要进行检测,以确认所有涉及的纤维都属于同一个大类。此外,如果能够证明所有的纤维都属于其大类中的同一业类,则比较结果的证据能力将大大增强。例如,在商业和消费市场上至少有四种不同类型的尼龙,包括尼龙6、尼龙6-10、尼龙11和尼龙6-6。尽管所有类型的尼龙都有许多共同的特性,但由于基本化学结构发生改变,每种尼龙在物理形状、外观和可染性上有所不同。同样地,一项针对200多个不同丙烯酸纤维样品的研究表明,根据聚合结构和微观特征,丙烯酸纤维样品可以分为24个可以区分的组[23]。

纺织化学家设计了许多测定纤维种类的实验方法。然而,与纺织品化学家不同,犯罪学家往往没有足够的布料进行研究,因此必须选择用最少的材料来获得最多信息的检测。现实的情况可能只有一根纤维可以用于分析,而且通常这

---

[22] D. K. Laing et al., "The Standardisation of Thin-Layer Chromatographic Systems for Comparisons of Fibre Dyes," *Journal of the Forensic Science Society* 30 (1990): 299.

[23] M. C. Grieve, "Another Look at the Classification of Acrylic Fibres, Using FTIR Microscopy," *Science & Justice* 35 (1995): 179.

可能是从谋杀或强奸受害者的指甲刮伤中刚刚恢复不超过一分钟的纤维。

构成人造纤维的聚合物与任何其他有机物质一样，以特定的模式选择性地吸收红外光。因此，红外分光光度法是一种快速识别纤维类属的可靠方法，在某些情况下还可识别纤维的子类。红外显微分光光度计结合了显微镜和红外分光光度计（见177—178页）。这种组合可以实现在显微镜下观察小的单根纤维，并同时对其进行红外分析[24]。

走进科学

可用于调查的其他特性

从犯罪学家的角度来看，纤维的一个最有用的物理特性是，许多人造纤维具有双折射特性（见232—233页）。合成纤维是通过熔化聚合物或将其溶解在溶剂中，然后挤压使其通过喷丝板的细孔来制造。聚合物以细丝的形式出现，其分子与细丝的长度平行排列（见图）。如同原子的规则排列会产生晶体一样，纤维聚合物的规则排列也会导致成品纤维的结晶度。这种结晶度使纤维坚硬而结实，并赋予它双折射的光学特性。

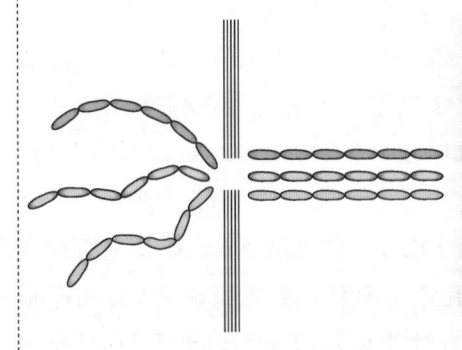

在人造纤维生产中，大块聚合物被强行通过小孔形成长丝，所有的聚合物在其中以相同的方向排列。

当偏光显微镜（100×）在交叉极性之间观察时尼龙纤维显示干涉颜色的显微照片。

偏振白光穿过合成纤维时会分裂成两束互相垂直的光线，在偏振光显微镜下观察时，纤维会显示偏振光或干涉色（见图）。根据纤维的种类，光的

[24] M. W. Tungol et al., "Analysis of Single Polymer Fibers by Fourier Transform Infrared Microscopy: The Results of Case Studies," *Journal of Forensic Sciences* 36 (1992): 1027.

每个偏振光面都有其特有的折射率。这个值可以通过将纤维浸入折射率相当的液体中在偏光显微镜下观察贝克线的消失来确定。表1列出了一些常用纤维的两种折射率及其双折射率。这种技术的优点是可以用非破坏性的方式分析一根微观大小的纤维。

表1　常见纺织纤维的折射率

纤维	折射率 平行	折射率 垂直	双折射率
醋酸纤维	1.478	1.477	0.001
三醋酸纤维	1.472	1.471	0.001
丙烯酸	1.524	1.520	0.004
尼龙			
尼龙 6	1.568	1.515	0.053
尼龙 6-6	1.582	1.519	0.063
聚酯纤维			
涤纶（聚酯纤维品牌名，译者注）	1.710	1.535	0.175
Kodel（科代尔，聚酯纤维品牌，译者注）	1.642	1.540	0.102
变性聚丙烯腈纤维	1.536	1.531	0.005
人造丝			
铜铵人造丝	1.552	1.520	0.032
粘胶人造丝	1.544	1.520	0.024

注：列出的值仅针对特定的纤维。所给出的值精确度较高。但在实际鉴定工作中，这样的高精度并不实际。0.02 或 0.03 之内的值就足够了。

案例分析

Jeffrey MacDonald：致命幻影

1970年2月17日警察发现了一个可怕的令人难忘的谋杀现场。当警方赶到医生 Jeffrey MacDonald 上尉在布拉格堡的住所时，发现了遭受棍棒打击的 MacDonald 妻子的尸体，并且发现她遭受了多次刀砍，脸也被打得血肉模糊。MacDonald 的两个孩子，一个2岁，一个5岁，也被残忍地用刀多次殴打致死。犯罪嫌疑很快落在了 MacDonald 身上。调查人员发现，谋杀现场呈现出精心布置的样子。据 MacDonald 描述，为了制服四名用冰锥砍他的闯入者，他拼尽了

全力。然而,在对峙中,MacDonald 只受了轻伤,手臂上没有明显的自卫伤。MacDonald 还描述了他是如何用自己的蓝色睡衣盖住被割伤的妻子的。有趣的是,当尸体被取出时,调查人员在尸体下面发现了蓝色的线状纤维。事实上,整个房子里都出现了与睡衣相配的蓝色线状纤维:一个纤维在其中一个孩子的卧室里,一个在他妻子的指甲下,还有两个在另一个孩子的卧室里。调查人员从主卧室里找到了 8 根蓝色纤维,还有 2 根在屋外一块血迹斑斑的木头上。随后,法医检查显示,睡衣上的 48 个冰锥孔是光滑的圆形,这表明睡衣在被划破时是静止的。此外,因为睡衣是折叠的,这证明睡衣上的 48 个洞实际上可能是冰锥戳 21 下造成的。这与 MacDonald 妻子受伤的数量一致。在记录谋杀案调查的《致命幻影》(Fatal Vision)一书中,当 MacDonald 面对通奸行为时,他回答说:"你们的调查比我想象的更彻底"。MacDonald 目前正在服刑:三次终身监禁。

然而,MacDonald 被定罪 11 年后,他的律师提交了重新审判的请愿书,声称案件存在"新的关键"证据:在 MacDonald 住所的梳子上发现的假发纤维是一名戴着假发的入侵者在谋杀案发生当天进入 MacDonald 家中的证据。

针对这一说法,联邦调查局实验室将后续调查集中在 MacDonald 妻子经常穿的一件金色秋装上。她秋装上的纤维与梳子上的纤维是一致。检查使用了红外显微分光光度法,证明犯罪嫌疑人的假发纤维在化学上与 MacDonald 秋装中发现的纤维成分相同(见图)。因此,虽然在犯罪现场发现了假发纤维,但这些纤维的来源是可以解释的:它们来自 MacDonald 夫人的秋装。

MacDonald 的律师引用的另一项证据是在 MacDonald 夫人身上发现的一根蓝黑色的羊毛纤维。他们声称,这种纤维与殴打她的球杆上发现的蓝黑色羊毛纤维一致。这些羊毛纤维是 MacDonald 辩护"入侵者"穿深色衣服的关键。初步检查显示,纤维在显微镜下难以区分。然而,FBI 也通过可见光显微分光光度法比较了这两种羊毛纤维。光谱显示两种纤维的染料成分不同,因此并不能提

第十一章 毛发与纤维 **359**

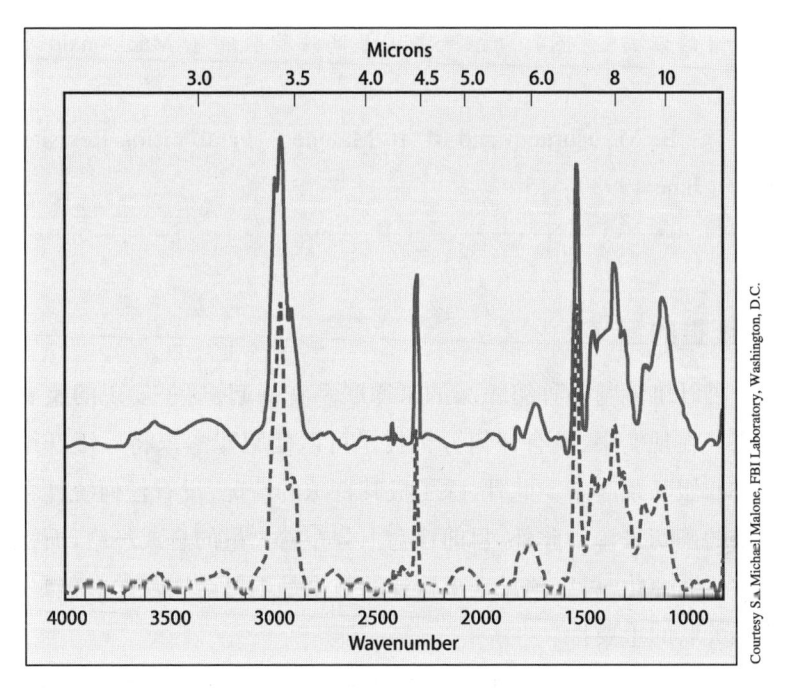

用红外分光光度计进行的纤维比较。对 MacDonald 夫人秋装上提取的纤维与从 MacDonald 家中梳子上提取的纤维进行了红外光谱对比。这些纤维被鉴定为变性聚丙烯腈纤维，是制造人类发制品的最常见的合成纤维类型

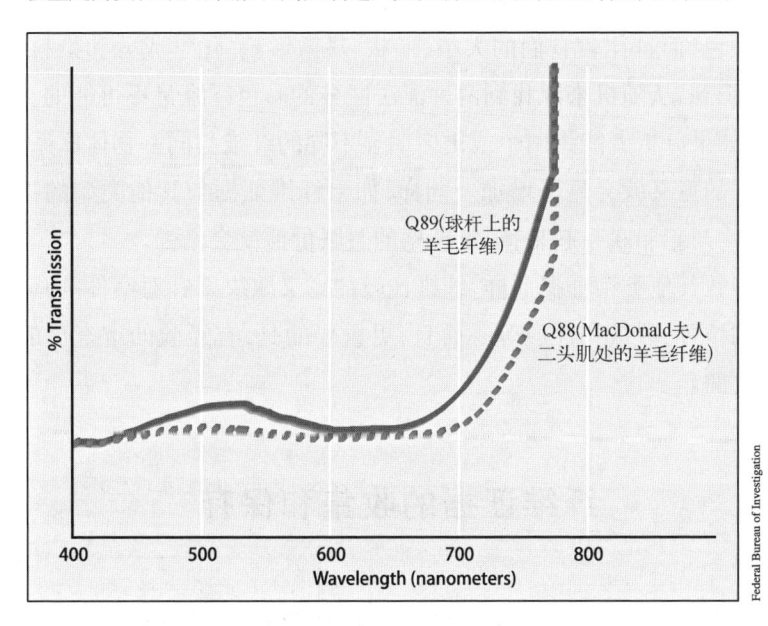

从 MacDonald 夫人身上找到的羊毛纤维的可见光光谱明显不同于从袭击她的球杆上找到的纤维

供外部入侵者的证据(见图)。最终,美国最高法院驳回了 MacDonald 要求重新审判的请求。

资料来源:B. M. Murtagh and M. P. Malone,"Fatal Vision Revisited," *The Police Chief* (June 1993):15.

+-+

纤维纳入证据的意义

如果一种纤维能与一种纺织品的来源联系在一起,这一发现的重要性必然会被提出来。在现实中,没有任何分析技术可以使犯罪学家将一缕纤维确切地与任何一件衣服联系起来。此外,除了极其特殊的情况,没有任何统计数据库可以确定纤维的确切来源。此外,目前社会上分布着大量的合成纤维,而社会的时尚品位也在不断变化,可以预见未来这样的数据是不可能实现的。但是,我们不能低估纤维关联的重要性。

在我们的社会中存在着种类繁多的纤维。人们每天都会遇到随机的人,然而两个人穿着相同颜色、相同面料(除了蓝色牛仔布和白色棉布)的衣服概率是非常低的。在我们的环境中有成千上万种不同颜色的纤维。法医科学家不仅比较纤维的颜色,而且比较它们的大小、形状、显微形貌、化学成分和染料含量,由此,人们意识到,从随机来源找到两种无法区分的彩色纤维是不可能的。

此外,如果分析者能将两个或更多明显不同的纤维与同一物体联系起来,那么纤维关联的意义就会显著增加。同样,如果纤维证据与其他类型的物证相结合,将人或物与犯罪联系起来,纤维证据的关联价值就会增强。

与大多数其他类型证据一样,纤维比较的意义取决于针对案件的具体情况,检查纤维的位置、数量和性质等。而且,更重要的是,有经验的审查员的判断也是非常重要的。

纤维证据的收集和保存

刑事调查人员逐渐意识到微量物证对其成功调查的潜在贡献,他们更加重视在犯罪现场进行彻底搜查,以寻找具有法医价值的证据。当涉及纤维相关证据的收集时,调查人员执行这些任务的技能和决心会受到考验。纤维证据几乎可以与任何类型的犯罪联系在一起。但是通常肉眼看不到纤维,因此很容易被不刻意寻找纤维的人忽略。

WEBEXTRA 11.1

请进入对暴力犯罪现场负责的第一警官的角色

WEBEXTRA 11.2

请设想承担暴力犯罪现场取证技术人员的职责

研究人员正在致力于优化实验室定位微小纤维束的概率,他们正在寻求识别和保存纤维证据的潜在"携带者"。相关衣物应小心地用纸袋包装。每件物品必须放在一个单独的袋子里,以避免证据交叉污染。应小心谨慎,防止来自不同人群或不同地点的衣物接触。在包装之前,这些物品甚至不能放在同一个表面上。同样,地毯、毯子和床上用品也要小心折叠,以保护可能含有纤维的部位。汽车座椅应小心覆盖聚乙烯片。取证过程中使用的刀片也应小心保存,以保护黏附在上面的纤维。如果认为一具尸体曾经用毯子或地毯包裹,那么在裸露的身体部位可以用胶带收集可能的纤维束。

有时,现场调查人员需要从物体上移走纤维,特别是松散黏附的纤维材料在运往实验室途中可能丢失,这些纤维必须用干净的镊子取出,放在一小张纸上,折叠和标记后,放在另一个容器中。同样,操作必须谨慎小心,以防止从不同物体或不同位置收集的纤维之间的接触。

在实验室,在衣服上、其他相关物体上以及在物体碎片中寻找纤维证据是比较耗费精力的,而且考验调查人员的技巧和耐心。犯罪现场调查员可以通过只收集相关的物品进行检查,以此将这项任务简单化。调查一开始,犯罪现场调查员就必须查明可能发生纤维证据转移的区域,然后采取必要措施确保适当收集和保存这些材料。

案例分析

纤维证据和 Wayne Williams 的审判

1981 年 7 月富尔顿县(Fulton County)大陪审团对 Wayne Bertram Williams 提出了两项谋杀指控。1982 年 2 月 26 日,乔治亚州富尔顿县高级法院陪审团对这两项指控做出了"指控有罪"的判决。Williams 从 1981 年 12 月 28 日开始受审,罪名是在1981年4月和5月杀死了Nathaniel Cater和Jimmy Payne。在为期八周的审判中,法庭提取了Williams与这些谋杀案以及其他10名年轻男子的谋杀案联系起来的证据。

富尔顿县地方检察官办公室提出,该案的一个重要证据是从12名谋杀案受害者的尸体上提取的纤维碎片与Williams日常环境中的物体之间存在联系。

纤维证据通常是刑事案件的重要组成部分,但Williams案在几个方面不同于其他案件。纤维证据在涉及大量谋杀受害者的案件中没有发挥重大作用。自1979年7月起的22个月的时间内,亚特兰大地区报告失踪或在可疑情况下死亡了30名黑人儿童和黑人青年,Williams被指控的死亡受害者是其中的2名。在审判过程中,纤维证据将Williams与其中的12名受害者联系了起来。

纤维证据通常被用来证实案件中的其他证据,即它用来支持在审判中提出的其他证词。但Williams案的情况并非如此。其他证据和审判的其他方面固然重要,但这些用来支持和补充的纤维证据,却不是常规的程序。12名谋杀案受害者中的11名的毛发和纤维证据与Wayne Williams所处的环境中的住所和汽车存在重要联系,而住所和汽车是Wayne Williams环境的主要组成部分。

这个案件与其他大多数案件的另一个不同之处在于,对失踪、被谋杀儿童的调查、对Williams的逮捕,以及随后的审判都引起了社会的极大关注。其他的谋杀案很少有这样的关注度。

通常很难从新闻报道中准确判断审判中提出的物证以及这些证据的重要性。在审判中由于只讨论了纤维证据,Williams案的许多其他方面都被忽略了。有关Williams动机的其他证据:他的性格和行为、他与几名受害者的关系,以及他与在亚特兰大一条河里发现的一名受害者的关系(根据目击者的描述)对案件也至关重要。

Williams成为谋杀嫌疑人的进展

在Wayne Williams成为Nathaniel Cater谋杀案的嫌疑人之前,乔治亚州犯罪实验室在死者的尸体和衣服上发现了一些黄绿色的尼龙纤维和一些紫色的醋酸纤维,这些尸体是在1979年7月至1981年5月期间被发现的。这些受害者的名字被列入亚特兰大特别工作组(亚特兰大地区执法机构的一大调查小组)编制的失踪和被谋杀儿童名单。黄绿色尼龙纤维在外观和性能上基本相似。醋酸紫纤维也是如此。还有许多其他的相似之处能将这些谋杀案联系在一起,因此,纤维的联系特别值得注意,这些纤维的来源在未来的时间里有可能被找到。

第十一章　毛发与纤维

最初,对这些黄绿色尼龙纤维的主要关注是确定什么类型的物体可能是它们的来源,这些信息可以为调查活动提供线索。这些纤维非常粗,横截面外观有断裂,这表明它们很可能来自地毯或小毯子。然而,这些纤维的分叉截面形状非常独特。最初,这些纤维的制造商无法确定它们的确切来源。调查人员拍摄了纤维的显微照片并出示给纺织工业内部人员。有一次,有几位化学家在参加一家大型纤维生产商的研制设备会议时,调查人员将照片出示给了这几位化学家。化学家们一致认为,黄绿色的尼龙纤维在截面形状上非同寻常,与地毯纤维一致,但仍然不能确定这种纤维的制造商。调查人员走访了其他纺织生产商和纺织化学家,但也未能查明制造商。

1981年2月,亚特兰大一家报纸报道称,在两名谋杀案受害者身上发现了几种不同类型的纤维。在这篇文章发表后,在亚特兰大市区的河流中发现的尸体要么是裸体的,要么只穿着内裤。这些受害者很有可能是在赤身裸体的情况下被丢弃在河里的,目的是去除衣物上的纤维㉕。

1981年5月22日,一支由亚特兰大警察局(Atlanta Police Department)和联邦调查局(FBI)亚特兰大办事处(Atlanta Office)组成的四人监视小组驻扎在亚特兰大西北部查塔胡奇河(Chattahoochee River)上的詹姆斯·杰克逊公园路桥(James Jackson Parkway Bridge)的桥下和桥头。凌晨2点左右,一声巨大的水花声惊醒了监视小组。一辆汽车从桥上缓缓驶下,警方拦下了这辆汽车,发现汽车的司机正是Wayne Bertram Williams。

Williams出现在桥上两天后,警方从查塔胡奇河中打捞出了Nathaniel Cater的裸体尸体。事发地点距离詹姆斯·杰克逊公园路桥下游大约1英里。调查人员从Nathaniel Cater的毛发上收集到一种类似于上面讨论的尼龙纤维的黄绿色的尼龙地毯纤维。由于无法确认Williams凌晨两点出现在桥上的具体原因,警方在1981年6月3日下午获得了针对Williams住所和汽车的搜查令。在同一天的深夜,Cater和其他谋杀案受害者的纤维与Williams家里的绿色地毯产生了联系,同时也与Williams床上的床罩和(Williams)家狗产生了联系。

由此,人们发现了黄绿色尼龙纤维的来源。现在重要的事情是要完全阐述这些纤维的验证关联和确定由纤维比较产生的关联。由于尼龙纤维具有不同寻

㉕ 在1981年2月11日的报纸文章发表之前,在亚特兰大地区的一条河里发现了特别工作组名单上的一名受害者,当时他穿着衣服。在报告发表后两个半月的时间里,在亚特兰大地区的河流中发现了特别工作组名单上的九名受害者中有七人的裸体或近乎裸体的尸体。

常的截面外观,并且难以确定制造商,所以,人们认为这是一种相对罕见的纤维类型,不会大量出现(或大量出现在地毯上)。

对 Williams 的审判

对于任何有经验的法医来说,将 Williams 与谋杀案受害者联系起来的纤维都是压倒性的证据。但是,无论纤维的发现是否明显有效,它的真正重要性在于它是在实验过程中确定的。如果不能将它的意义传达给陪审团,那就失去了它的证据效果。因此,调查人员和实验检测人员花费了大量的时间来确定如何才能传达纤维证据的全部意义。陪审团通常不是由具有科学背景的人组成的,因此,有必要对陪审团应遵循什么程序和如何评估纤维结果的重要性进行"教育"。在 Williams 案件中,为了准确说明犯罪实验室检验员所观察到的情况,他们准备了 40 多张图表和 350 多张照片。

纤维纺织工业的代表,包括来自威尔曼公司和西点佩珀尔公司(Wellman 和 West Point Pepperell Corporations)的技术代表,参与了有关纺织纤维的陪审团教育,为法医纤维检验员的结论奠定了基础。犯罪实验室的纤维分析结果也传达给了陪审团。

随着审判的进行,审判分成了两个部分。最初的证词涉及 Nathaniel Cater 和 Jimmy Ray Payne 的谋杀案,在 1981 年 7 月对 Williams 提起的起诉书中包括这两名受害者。随后,法庭就 Williams 与其他 10 名谋杀案受害者的关系提供了证词。

审判讨论了 Williams 环境中的纤维与受害者 Payne 和 Cater 的纤维之间的关联性。Payne 和 Williams 所处的环境有 7 个联系,Cater 有 6 个联系。而且根据纤维关联和他们死亡情况,两名受害者彼此之间也有很强的联系。在讨论纺织纤维关联性的意义或强度时,强调纤维越罕见,则证明关联性越强。在 Williams 的环境中,没有哪种纤维类型被定义为"普通"纤维类型。有几种纤维类型被称为"不常见"。

关于 Jimmy Ray Payne 的尸体,1970 年 Williams 驾驶的旅行车的地毯与 Payne 的短裤中找到的一小片人造纤维碎片具有关联性。警方从旅行车制造商获得了关于 1973 年以前生产的含有这种纤维制成的地毯汽车型号的数据。这些数据与来自乔治亚州的 1981 年期间在亚特兰大地区注册的汽车数量结合在一起,就可以计算出在亚特兰大市区登记的 2 373 512 辆汽车中,带有 1970 年雪佛兰旅行车地毯的汽车的概率,这个概率为 1/3 828。如此低的概率代表了显著的关联。

在评估纤维证据的重要性时要考虑的另一个因素是,当多个纤维互相链接成为一条关系链时,关联的强度会增加。如果从多个物体中找到不同的纤维类型,并且每种纤维类型或者将两个人连接在一起,或者将个人与特定环境连接在一起,这样是合理的。随着不同对象数量的增加,关联的强度也会显著增加。也就是说,在某一地点随机找到几种特定纤维类型的概率要比找到一种特定纤维类型的概率小得多。

下面的例子可以说明连接两个事件的多个纤维的重要性。如果一个人扔一次骰子,扔一个特定数字的机会或概率是1/6。投掷第二个骰子得到相同数字的概率也是1/6。然而,同时投掷2个骰子得到2个相同数字的概率只有1/36,那么,两次投掷比单次投掷的概率小得多。这个数字就是概率论乘法法则。这也就是说,一些相互独立的事件联合发生的概率等于每个事件的单独概率的乘积(在这个例子中:1/6×1/6=1/36)。由于纤维种类繁多,在随机选择的特定位置找到一种特殊纤维而非普通纤维的可能性很小。

在一个特定的位置同时发现几种纤维类型的机会是几个小概率的乘积,其结果是一个极小的概率。当然,调查人员并没有使用乘法法则,将单个概率数字相乘得到在同一户人家中找到Williams的住宅地毯和汽车地毯的近似概率。使用概率数字只是为了表明参与这些关联的单个纤维类型是非常罕见的[26]。

除了已经讨论过的两个概率数字(卧室地毯和旅行车地毯),Williams和Payne与Cater之间的其他纤维类型都有在特定位置被发现的概率。在一个地方(Payne身体上有7种纤维,Cater身体上有6种纤维)找到图表中所示的所有类型纤维的可能性极小。虽然这些发现的实际概率还无法确定,但可以确定的是,尽管每一种纤维本身并没有显示出与Williams所处环境的积极联系,但这张图表中显示的多种纤维联系证明Williams与这两名受害者的尸体有关。

两名犯罪实验室检验员在第一部分庭审的最后阶段就Williams与Payne和Cater的关系作证。他们的结论是,除了Wayne Williams的房子和汽车外,其他环境不太可能造成受害者身上发现的纤维和毛发组合,而且只有受害者与Wayne Williams的环境有接触或以某种方式与之有关,才能将Payne和Cater身上发现的如此多的纤维与Williams的房子和汽车里的物品联系起来。

在Payne和Cater案件的证词提交后,富尔顿县地方检察官办公室要求法院

---

[26] Joseph L. Peterson, ed., Forensic Science (New York: AMS Press, 1975), pp. 181-225. 该文集涉及法医学的各个方面,其中包括五篇有关使用统计学解释物证意义的论文。这篇论文详细地讨论了概率论,并综述了概率论在审判情况下的应用案例。

允许在其他10名受害者的案件中引入证据,这些受害者死亡在许多方面都相似。乔治亚州的法律是允许向另一项犯罪提出证据的:"……如果两者之间有某种逻辑上的联系,那么对其中一个的证据也会使另一个事件与某些事实有关,而不是与一般的坏品质有关"[27]。其他罪行无需定罪,有关该罪行的细节就可作为受理依据。

法院裁定,在证明包括Williams被指控的两起谋杀在内的杀人"模式或计划"时,可以引入与其他谋杀有关的证据。这些案件中的其他证据用来帮助陪审团进行判断"……决定Williams是否犯了被指控的两起谋杀罪"[28]。

这些受害者之间最重要的相似之处是将10名受害者中的9名与Williams所处的环境联系起来的纤维。庭审期间讨论的纤维证据,以及用来将Williams与12名受害者联系起来的纤维证据,都在庭审期间进行了阐明(见图1)。

受害人姓名	紫绿色床罩 Williams的卧室	绿色地毯 Williams的卧室	狗毛发 Williams的狗	紫色地毯 Williams的卧室	蓝色粘胶纤维 后备箱衬里	Williams房间的地毯(汽车监禁)	毯子,1978年的普利茅斯	毯子,1979年达特汽车	毯子,1970年雪佛兰	来自Williams家的其他的证据,汽车或人		
Alfred Evans	×	×	×			×						
Eric Middlebrooks	×		×				×			黄色尼龙		福特后备箱衬套
Charles Stephens	×	×	×		×					黄色尼龙 后室地毯	白色聚酯纤维	福特后备箱衬套
Lubie Geter	×	×						×		厨房地毯		
Terry Pue	×	×								后室地毯	白色聚酯纤维	
Patrick Baltazar	×	×		×				×		黄色尼龙 手套	白色聚酯纤维 夹克衫 着色的聚丙烯纤维	毛发纤维
Joseph Bell	×			×								
Larry Rogers	×	×						×		黄色尼龙		门廊床罩
John Porter	×	×		×	×			×				门廊床罩
Jimmy Payne	×	×								蓝把地毯		
William Barrett	×	×						×		手套		
Nathaniel Cater	×	×	×							后室地毯		黄绿色合成纤维

图1 庭审期间讨论的纤维证据以及用来将Williams与12名受害者联系起来的纤维证据

---

[27] Encyclopedia of Georgia Law, vol. 11A (The Harrison Company, 1979), p. 70.
[28] The Atlanta Constitution, "Williams Jury Told of Other Slayings," Sec. 1 - A, 1/26/82, p. 25.

第十一章　毛发与纤维

警方根据尸体被发现的日期,按照时间顺序列出了 12 名受害者。这张图表所涵盖的时间约为 22 个月,从 1979 年 7 月至 1981 年 5 月。在这段时间里,Williams 一家使用了多辆汽车,包括一些租赁的汽车。其中三辆车登记在图 1 的上部。如果受害人失踪时 Williams 一家拥有一辆或多辆车,那么在该车下方和受害人名字之后的位置涂上阴影。

Williams 住所的四件物品(包括一只狗)以及他的三辆汽车上的物品横列在图 1 的上方。图表上的"X"表示纺织品纤维从所列物品转移到受害者身上。Williams 周围的其他物体通过明显的纤维转移与不同的受害者的联系列在图表的右侧。与一个或多个受害者相关联的对象(未实际定位)的纤维类型也列在图表的上方或右侧。图表中列出的 14 种特定物品和 5 种纤维类型(可能来自其他 5 种物品)与一个或多个受害者有关。超过 28 种不同类型的纤维(加上狗毛)将 Williams 周围的 19 件物品与一个或多个受害者联系起来。在 Williams 所处环境中发现的 28 种纤维中,有 14 种来自毯子或地毯。

如果这些纤维大多数为普通纤维类型,那么这些纤维的组合就不会受到如此的重视。事实上,这 28 种棉纤维中,只有一种淡绿色纤维被认为是普通的纤维。Williams 的床罩中混合了棉纤维和醋酸纤维。如果从受害者身上取下的许多淡绿色棉纤维与来自床罩的紫色醋酸纤维混合在一起,那么调查人员会对这些纤维进行充分考虑或比较。应该指出的是,将棉和醋酸纤维混合在一种纺织材料中,像床单一样,这种现象本身不常见。

前面讨论的多纤维联系的重要性可以应用于除 Bell 以外的所有受害者,尤其适用于 Patrick Baltazar 与 Williams 所处环境的联系。从 Baltazar 的尸体上获取的纤维和动物毛发与 10 个来源一致。这 10 种地毯包括不常见的卧室地毯和旅行车地毯。除了纤维(和动物毛发)的联系,从 Baltazar 的身体上取下的两根黑人毛发与 Williams 的头皮区域毛发一致。在 Baltazar 的尸体上也发现了与 Williams 相似的毛发。

Williams 和这些受害者之间的纤维联系的另一个重要方面是,纤维与 Williams 接触图表上列出的三辆汽车的时间段之间存在对应关系。9 名受害者与 Williams 家族使用的汽车有关。Williams 没有接触过的汽车,调查人员没有发现来自该汽车的纤维。调查人员在两名受害者的尸体上还发现了福特汽车公司的许多新款汽车后备厢中使用的箱衬纤维。

最后,关于 Williams 的卧室和旅行车地毯,这些地方纤维的概率数是确定的。在 Payne 的尸体上发现了与这两种"不寻常"地毯一致的纤维。在 Williams 接触 1970 年的旅行车期间，被杀的 9 名受害者中有 6 名受害者身上发现了与旅行车地毯和卧室地毯一致的纤维。

事实上，许多受害者都与这些相同类型的纤维有关，这些纤维证据将受害者与 Williams 的环境联系在一起，这是最终判定这些纤维来自 Williams 环境的基础。

章节小结

毛发是皮肤的附属物，它从一种称作毛囊的器官长出。毛发的长度从嵌入毛囊的根或球茎开始，继续延伸到毛干，并在末端终止。毛干由三层组织构成：角质层、皮层和髓质，这三个组织是法医科学家严格检查的对象。比较显微镜是比较这些毛发形态特征不可缺少的工具。当比较毛发时，犯罪学家最感兴趣的是毛发的颜色、长度和直径。对毛发进行仔细的显微镜检查可以发现其形态学特征，从而将人类的毛发与动物的毛发区分开来。鳞片结构、髓质指数和髓质形状在毛发鉴别中非常重要。比较毛发的其他重要特征是髓质存在与否，以及皮质中色素颗粒的分布、形状和颜色强度。然而，显微毛发检查往往带有主观性，它高度依赖于分析人员的技能和诚信。最近 DNA 分析的重大突破将这项技术扩展到人类毛发个性化。当毛发处于生长期或早期生长阶段时，在发根中检测到 DNA 的概率更高，而在退行期或休止期，检测到 DNA 的概率很低。通常情况下，当毛发被强行去除时，毛发可能会带有毛囊包头，即围绕在发根附近发干的半透明组织，这种组织是与毛发有关的丰富的 DNA 来源。此外，还可以从毛干中提取线粒体 DNA。所有阳性的显微毛发比较必须通过 DNA 分析确认，这已成为一项行业规则。

当可疑毛发被送到法医实验室进行检验时，必须同时从犯罪受害人和涉嫌在犯罪现场留下毛发的个体身上提取足够数量的标准/参考样本。法医毛发比较通常包括头皮毛发和阴毛。从头皮多个区域收集 25 根完整的毛发通常可以确保毛发样本的代表性。同样，至少收集 25 根完整长度的阴毛也可以涵盖这类毛发的特征范围。在强奸案中，首先必须小心地用干净的梳子梳理阴部毛发，以清除所有松散的外来毛发，然后才对受害者的标准/参考毛发进行取样。最后把梳子装在一个单独的信封里。

纤维证据的质量取决于犯罪学家确定纤维来源的能力,或至少将可能性缩小到有限数量的来源。首先对可疑纤维和标准纤维/参考纤维进行颜色和直径特性的微观比较。在比较纤维时,其他重要的形态学特征包括纤维表面的条纹、消光颗粒的存在和纤维的截面形状。可见光显微分光光度计为检测提供了一种简便的方法,可以通过光谱图案来比较纤维的颜色。与偏光显微镜一样,红外分光光度法是一种快速可靠的鉴别纤维种类的工具。

可以用纸袋小心地包装预计含有纤维证据的有关衣物。每件物品必须放在一个单独的袋子里,以避免证据交叉污染。操作过程必须谨慎小心,防止来自不同人群或不同地点的衣物接触。在包装之前,这些物品甚至不能放在同一个平面上。纤维可以包装在塑料容器或玻璃纸里,然后折叠放入马尼拉硬币信封内。

问题回顾

1. 毛发是皮肤的附属物,由_____器官生长出。
2. 毛干所含的三层物质分别为_____、_____、_____。
3. 判断正误:大多数动物毛发的鳞片看起来就像屋顶上的瓦片。_____
4. 毛发的_____的鳞片图案可以通过在透明的指甲油或软化的乙烯树脂上做表面模型来观察。
5. _____含有赋予毛发颜色的色素颗粒。
6. 许多毛发含有的贯穿的通道被称为_____。
7. 髓质的直径与毛干的直径比为_____。
8. 人类毛发的髓质指数一般小于_____;大多数动物的毛发指数为_____或更高。
9. 判断正误:人类的毛发通常没有髓质。_____
10. 判断正误:如果毛发髓质有图案,则该毛发是动物毛发。_____
11. 判断正误:毛发的抵抗力和稳定性很大程度上取决于角质层。_____
12. 毛发生长的三个阶段为_____、_____和_____阶段。
13. 判断正误:单个个体的毛发可以表现出不同的形态特征。_____
14. 在进行毛发比较时,最好是在_____显微镜下并列观察毛发。
15. _____的毛发短而卷曲,轴直径变化很大。

16. 判断正误：通过显微镜检查可以估计出毛发最后一次漂白或染色的时间。_____

17. 判断正误：毛发样本个体的年龄和性别可以通过检查毛发的形态特征来确定。_____

18. 从身体上强行去除的毛发(总是/经常)有毛囊组织附着在发根上。

19. 警方和法院必须将显微镜下的毛发比较视为推定性质，所有阳性的显微镜毛发比较必须通过_____确认。

20. 判断正误：目前，DNA 分型可以对一根毛发进行个性化分析。_____

21. _____发根可能是 DNA 分型的候选对象。

22. 判断正误：毛发根部的死后变化只在生长期和退行期毛发中观察到。_____

23. 通常至少要收集_____足够长度的毛发可以确保毛发样本的代表性。

24. 为了覆盖身体阴部毛发的特征范围，建议至少收集_____根全长阴毛。

25. 纤维作为法医证据的最终价值取决于将_____缩小到有限数量的来源甚至单一来源的能力。

26. _____纤维完全来源于动物或植物。

27. 最常见的天然植物纤维是_____。

28. 判断正误：再生纤维，如人造丝和醋酸酯，是通过化学处理纤维素并将其通过喷丝板制成的。_____

29. 完全由合成化学品制成的纤维被称为_____。

30. 判断正误：涤纶是第一种合成纤维。_____

31. 判断正误：法医鉴定纤维的第一步是比较颜色和直径。_____

32. 使用_____光显微分光光度计是分析人员通过光谱模式比较纤维颜色的一种方法。

33. 使用_____光显微分光光度计是鉴别单一纤维属类的一种快速、可靠的方法。

34. 选择题：通常情况下，纤维具有(个体的/类属的)特性。

35. 判断正误：统计数据库可用于确定纤维来源的概率。_____

36. 如果认为一具尸体曾被包裹在毯子或地毯中，_____暴露的身体部位可能会发现纤维束。

第十一章　毛发与纤维　　371

科学性问题

1. ＿＿＿＿＿＿＿是由大量原子以重复的单元排列而成的。

2. 聚合物的基本单元被称为＿＿＿＿＿＿＿。

3. ＿＿＿＿＿＿＿是由成千上万氨基酸以高度有组织的排列和顺序连接而成的聚合物。

4. 合成纤维是结晶性的，因此具有＿＿＿＿＿＿＿的物理性质。

应用与批判性思考

1. 指出以下每根毛发的生长阶段：

   a. 根部为棒状

   b. 毛发有毛囊包头

   c. 根部球茎呈火焰状

   d. 根部拉长

2. 一名犯罪学家在研究染过的毛发样本时注意到，染过的颜色在毛发尖端 1.5 cm 处结束。那么，这根毛发大约是在检查前几周完成染发的？请对你的答案给出解释。

3. 请根据以下几种毛发的描述指出毛发来源于哪个种族：

   a. 分布均匀，色素沉着精细

   b. 髓质化连续

   c. 浓密，色素沉着不均匀

   d. 波浪状，圆形横截面

4. 犯罪学家 Pete Evett 正在凶案现场收集纤维证据。他发现死者衬衫和裤子上有纤维，所以他把这两件衣服放进了一个塑料袋。他还看到受害者附近的床单上有纤维，所以他把床单揉成一团，放在一个单独的塑料袋里。Pete 注意到窗台上有纤维，攻击者正是从这里进来的。他小心地用手指把纤维取下来，放进一个普通的信封里。请指出 Pete 在收集证据时犯了什么错误？

5. 请标明以下每种人类毛发样本的髓质形态。

372　　法庭科学概论

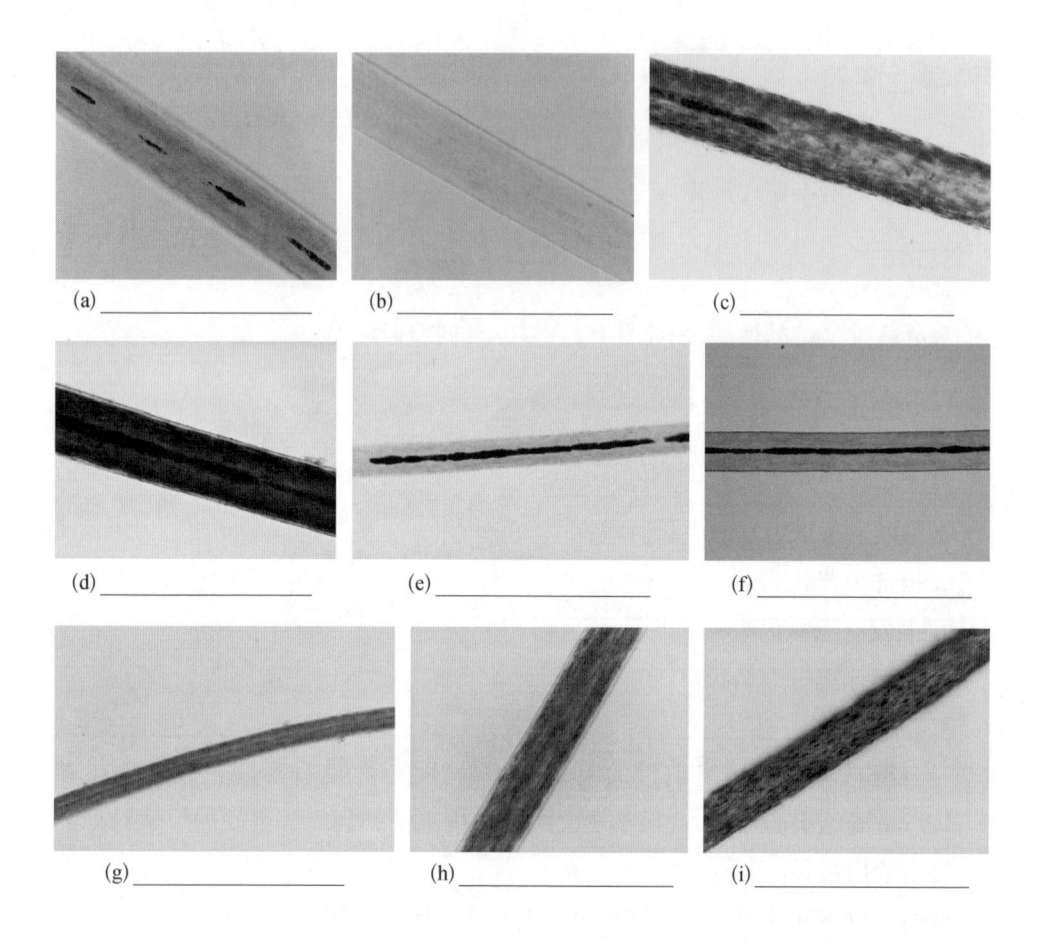

(a) _____　(b) _____　(c) _____

(d) _____　(e) _____　(f) _____

(g) _____　(h) _____　(i) _____

6. 毛发表面最常见的鳞片图案一般分为冠状、棘状和覆瓦状。观察下列动物毛发的鳞片图案，指出每种鳞片的形状模式。

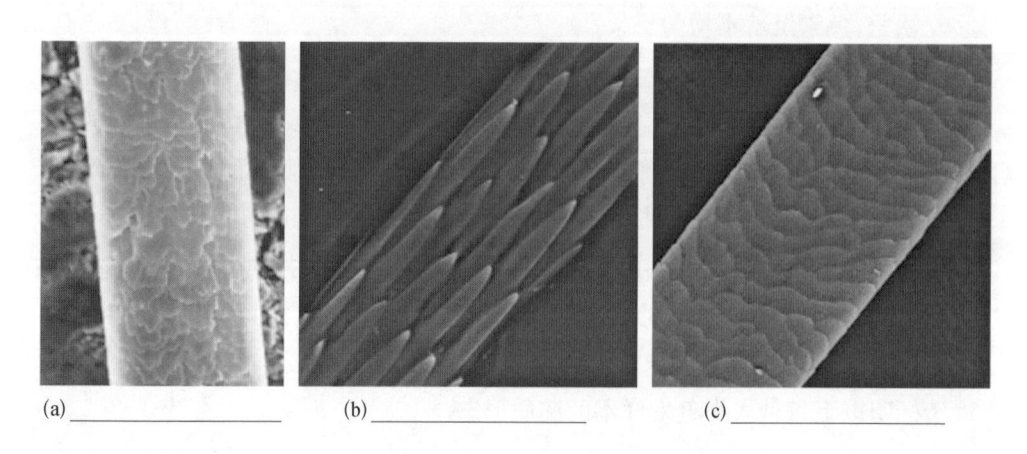

(a) _____　(b) _____　(c) _____

第十一章　毛发与纤维　　373

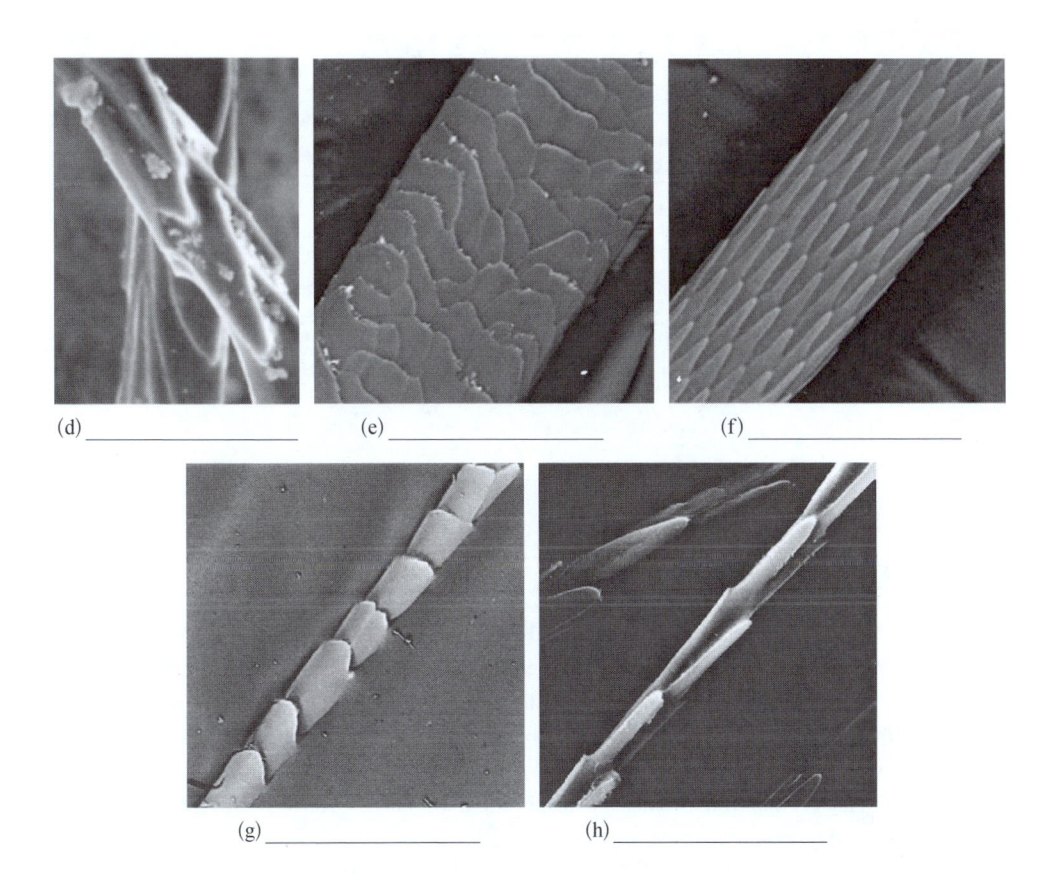

(d) _____　(e) _____　(f) _____

(g) _____　(h) _____

7. 有一个儿童在学校操场上被绑架了。下图是被绑架儿童毛发的参考样本。在发现孩子失踪之前,唯一离开停车场的车是四名食堂工作人员的车。调查人员搜查了每个工人的车,并从车上收集了毛发。这些毛发的显微图如下图所示。请判断哪根毛发与受害者的毛发一致,值得进行进一步的调查?

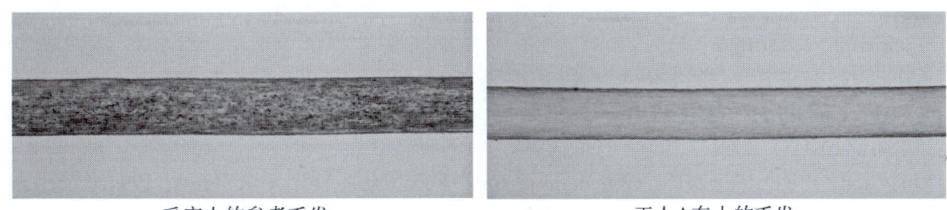

受害人的参考毛发　　　　　　工人A车上的毛发

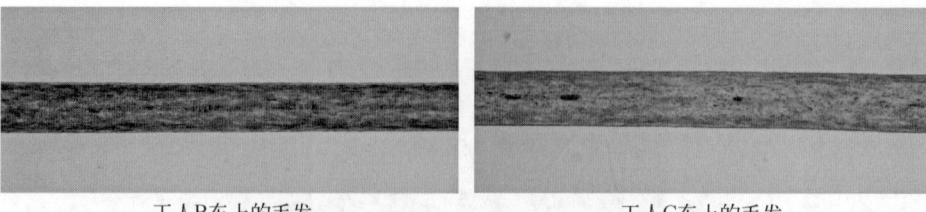

工人B车上的毛发

工人C车上的毛发

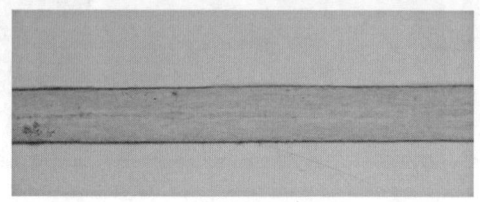

工人D车上的毛发

参考文献与延伸阅读

Bisbing, R. E., "The Forensic Identification and Association of Human Hair," in R. Saferstein, ed., *Forensic Science Handbook*, vol. 1, 2nd ed. Upper Saddle River, NJ: Prentice Hall, 2002.

Deedrick, D. W., "Hairs, Fibers, Crime, and Evidence," *Forensic Science Communications* 2, no. 3 (2000), https://www2.fbi.gov/hq/lab/fsc/backissu/july2000/deedrick.htm

Deedrick, D. W., and S. L. Koch, "Microscopy of Hair Part I: A Practical Guide and Manual for Human Hairs," *Forensic Science Communications* 6, no. 1 (2004), https://www2.fbi.gov/hq/lab/fsc/backissu/jan2004/index.htm

Deedrick D. W., and S. L. Koch, "Microscopy of Hair Part II: A Practical Guide and Manual for Animal Hairs," *Forensic Science Communications* 6, no. 3 (2004), https://www2.fbi.gov/hq/lab/fsc/backissu/july2004/index.htm

Eyring M. B., and B. D. Gaudette, "The Forensic Aspects of Textile Fiber Examination," in R. Saferstein, ed., *Forensic Science Handbook*, vol. 2, 2nd ed. Upper Saddle River, NJ: Prentice Hall, 2005.

Ogle R. R., Jr., and M. J. Fox, *Atlas of Human Hair: Microscopic Characteristics*. Boca Raton, FL: CRC Press, 1999.

Oien, C. T., "Forensic Hair Comparison: Background Information for Interpretation," *Forensic Science Communications* 11, no. 2 (2009), https://www2.fbi.gov/hq/lab/fsc/backissu/april2009/index.htm

Petraco N., and P. R. De Forest, "A Guide to the Analysis of Forensic Dust Specimens," in R. Saferstein, ed., *Forensic Science Handbook*, vol. 3, 2nd ed. Upper Saddle River, NJ: Prentice Hall, 2010.

Robertson, J. ed., *Forensic Examination of Hair*. Boca Raton, FL: CRC Press, 1999. Robertson J., and M. Grieve, eds., *Forensic Examination of Fibres*, 2nd ed. Boca Raton, FL: CRC Press, 1999.

第十二章

毒　品

学习目标

12.1　解释毒品的心理和生理依赖及其社会影响
12.2　对常见毒品进行分类
12.3　解释《物质管控法案》中的毒品分类
12.4　描述正确收集和保存毒品证据的方法
12.5　描述用于常见毒品鉴定分析的实验室常规试验
12.6　讨论色谱分析的流程以及薄层色谱分析与气相色谱分析的区别
12.7　描述紫外和红外分光光度法在毒品鉴定中的应用
12.8　描述质谱鉴定分析的概念和用途

关键术语

anabolic steroids	合成类固醇	monochromatic light	单色光
analgesic	镇静剂	monochromator	单色器
chromatography	色谱分析	narcotic	麻醉药品
confirmation	鉴定	physical dependence	生理依赖
depressant	镇定剂	psychological dependence	心理依赖
fluoresce	荧光	screening test	筛选试验
hallucinogen	迷幻剂	spectrophotometry	分光光度法
infrared	红外线	stimulant	兴奋剂
ion	离子	ultraviolet	紫外光
microcrystalline tests	微晶分析		

新闻头条
矮子毒枭：华金·古兹曼

2016 年，美国政府对"矮子毒枭"华金·古兹曼从锡那罗亚贩毒集团（Sinaloa Cartel）贩运毒品非法赚取的 140 亿美元提出指控。作为集团的头目，古兹曼负责监督整个美国和欧洲的毒品走私活动。通过利用在美国的分销组织以及边境附近的远程隧道，古兹曼向美国出口了史无前例的毒品。他对集团的领导也为其带来了巨大的财富和权力；古兹曼被《福布斯》评为 2009 年至 2013 年世界上最有权势的人之一，而美国缉毒局（DEA）估计，他的影响力和财富堪比巴勃罗·埃斯科瓦尔。

古兹曼出生在锡那罗亚，在一个贫穷的农民家庭长大。在他刚成年时，他就开始贩卖毒品并为当地的毒贩种植大麻。在 20 世纪 70 年代，古兹曼开始与美国的毒枭之一赫克托·路易斯·帕尔马·萨拉查（Hector Luis Palma Salazar）合作。他协助绘制了通过锡那罗亚州进入美国的毒品运输路线。他后来又为墨西哥的主要毒枭之一米格尔·安赫尔·菲利克斯·加拉多（Miguel Angel Felix Gallardo）负责后勤。在 20 世纪 80 年代，对南美贩毒集团日益严格的审查使得墨西哥贩毒集团得以蓬勃发展。1989 年，当加拉多最终被捕时，古兹曼便开始了自己的贩毒事业。

古兹曼于 1993 年在危地马拉首次被捕并被引渡到墨西哥面临毒品指控。在那里，他因谋杀和贩毒被判处 20 年监禁。他贿赂了监狱看守，并于 2001 年从联邦最高安全级别监狱越狱。美国和墨西哥联合悬赏 880 万美元寻找线索，他于 2014 年在墨西哥再次被捕。在 2015 年正式宣判之前，他通过牢房下面一条近一英里长的隧道越狱。2016 年，他在一场枪战后被墨西哥当局重新逮捕，一年后被引渡到美国，被判 10 项罪名成立，包括贩毒、使用枪支和阴谋洗钱。他于 2019 年 7 月被判处终身监禁外加 30 年刑期，因为他是一个持续犯罪团伙的主要头目。此外，他还被勒令支付 126 亿美元的罚款。

毒品可以定义为用于对人类或其他高级动物产生生理或心理影响的天然或合成物质。然而，这个临床定义并没有真正告诉我们什么是毒品。在现代社会，毒品对每个人都有不同的意义。有的人只把毒品当作维持和延长生命的必需品；有的人却把毒品当作一种逃避生活压力的途径；甚至有的人还把毒品当作一种结束一切的方式。

考虑到毒品在社会上的泛滥，这也许不可避免地会产生一些不利影响。在20世纪60年代，原本用于实验和医疗的致幻药品、安非他明以及巴比妥酸盐，却源源不断地成了街头毒品。在这十年中，大麻成了美国最泛滥的非法毒品，酒精的消费量也持续上升——美国如今已有9 000万人经常饮酒，其中有1 000万人对酒精成瘾或饮酒习惯有严重问题。在20世纪70年代，海洛因成瘾成为美国的全国性问题，而如今的美国却正处于可卡因的泛滥之中。

吸毒问题已从一个一般只与社会底层人员有关的问题，发展成为一个贯穿所有社会阶层和种族阶层的问题。现在，美国约有2 300万人吸食非法毒品，包括约50万海洛因吸毒者和近600万可卡因吸毒者。

在美国，犯罪实验室评估的证据中有75%以上与毒品有关。毒品样本的泛滥迫使现有的犯罪实验室不断扩大规模和建立新的实验室。许多法庭科学专家担心，犯罪实验室对毒品证据的关注严重分散了其用于评估与谋杀案和其他类型严重犯罪案件相关证据的时间。然而，与毒品证据有关的案件越来越多，因此有理由扩大法庭科学实验室业务范围，以提高实验室的整体分析能力。

毒 品 依 赖

在评估毒品的潜在危险时，社会已特别注意到毒品对个人行为的影响。事实上，在20世纪早期，第一批受到法律管控的就是那些被认为具有"上瘾"特性的毒品。早期的法律主要是为了控制鸦片及其衍生物、可卡因，以及后来的大麻。如今，众所周知，反复吸毒引起的依赖性与一系列复杂的生理和社会因素密切相关。

毒品依赖有不同的形式和程度，这取决于毒品的性质、摄入途径、摄入剂量、摄入频率和个人的代谢速率。此外，非毒品因素在对与吸毒相关的行为的判定中也起着同样重要的作用。吸毒者的个人特征、吸毒者对毒品的欲望、社会可能作出的反应态度，以及吸食毒品的场合，都是造成毒品依赖的主要决定因素。

如何定义和衡量一种毒品的个人影响及其社会危害是难以评估的问题。为此，毒品依赖的性质和意义必须从两个相互重叠的观点来考虑：毒品的个人影响和毒品的社会影响。而吸毒性质则需要从个人的**心理依赖**[①]和**生理依赖**[②]两个层面来讨论。

心理依赖

所有反复吸毒行为的一个共同特点就是对毒品的心理依赖。大多数吸毒者表现出相当典型的特征，且在社会和经济上都可以融入群体生活中。

为什么有的人可以戒除毒瘾，而有的人则沉迷其中，其中的原因很难解释。心理需求源于许多个人和社会因素，这些因素又源于个人对创造快感和逃避现实的欲望。在某些情况下，个人可能正在寻求一种可以从自身问题或压力中解脱的方式，或者他们可能正在努力维持一种可以提高身体和情绪表现的状态。但不管是什么原因，潜在的心理需求和满足这些需求的欲望为吸毒创造了条件。

与吸毒相关的心理依赖程度很难界定，这主要取决于毒品的性质。对于酒精、海洛因、安非他明、巴比妥酸盐和可卡因等毒品，反复吸食很可能导致成瘾。但其他毒品，如大麻和可待因，出现心理依赖的可能性要低得多。然而，这并不意味着反复吸食具有低心理依赖风险的毒品是安全的，或不会对人产生较高的心理依赖。我们不能精确地衡量或预测吸毒对个人的影响。即使设计出一种可以控制大量可能影响吸毒者反应变量的体系，但个体性格的不可预测性仍然是一个难题。

我们对酒精消费的常识提醒我们，在试图描述吸毒的危险时，不要一概而论。显然，并非所有饮酒的人在心理上都对酒精上瘾，大多数人都是"社交型"饮酒者，他们的饮酒量合理且不规律；还有一些人已经超越了这个阶段，认为酒精是处理生活压力和焦虑的必要依靠；然而，酗酒的人却表现出不同程度的行为方式，这说明在很大程度上，个人对酒精的心理依赖的程度须由自身来决定。同样，将所有大麻吸毒者概括为即使在最坏情况下仍不会对大麻产生较高的依赖也是错误的。许多因素也会影响对大麻的依赖，因为大麻在重度摄入的情况下会使人产生高度的心理依赖。

[①] 心理依赖：因潜在的情感需要而吸毒。
[②] 生理依赖：因反复吸毒而产生的毒品需求；依赖性的特点是当突然中断毒品时会产生戒断症状。

生理依赖

虽然获得快感是导致反复和密集吸食毒品的主要原因,但某些毒品,当摄入的剂量和频率足够时,就会诱发生理反应,鼓励他们继续吸食。一旦吸毒者中断这种毒品,严重的身体疾病就会随之而来。想要避免这种戒断症状的想法最终会导致生理依赖或成瘾。因此,对于那些习惯注射大剂量海洛因的人来说,自暴自弃的想法以及身体发冷、呕吐、胃痉挛、抽搐、失眠、疼痛和幻觉等反应是导致他们继续吸毒的强大诱因。

有趣的是,一些吸毒者更青睐的毒品却很少甚至没有产生生理依赖。像大麻、麦角酸二乙基酰胺(LSD)和可卡因这样的毒品,一旦中断,吸毒者往往会产生强烈的焦虑症状;然而,没有医学证据将这些不适的生理反应归因于伴随的戒断症状。另一方面,酒精、海洛因和巴比妥酸盐却会导致生理依赖。

生理依赖只有当吸毒者频繁摄入毒品时才会产生;也就是说,毒品剂量之间的间隔必须足够短,这样毒品的作用才不会完全消失。例如,对海洛因成瘾的人注射海洛因的时间间隔可能不超过 6 至 8 小时。超过这个时间,吸毒者就会开始产生不舒服的戒断症状。许多海洛因吸毒者因为害怕生理依赖而避免频繁的摄入。同样,当每天持续大量饮酒时,对酒精产生生理依赖的风险就会增大。

根据毒品对身体的影响,表 12-1 对一些常见毒品进行了分类,总结了毒品在反复摄入时产生心理依赖和生理依赖的倾向。

表 12-1 一些常见毒品频繁摄入时产生依赖的可能性

毒 品	心理依赖	生理依赖
麻醉药品		
吗啡	高	是
海洛因	高	是
美沙酮	高	是
可待因	低	是
抑制药品		
巴比妥酸盐(短效)	高	是
巴比妥酸盐(长效)	低	是
酒精	高	是
甲喹酮(安眠酮)	高	是

续表

毒　　品	心理依赖	生理依赖
氨甲丙二酯（眠尔通，甲丁双脲）	适中	是
地西泮（安定药）	适中	是
氯二氮平（利眠宁）	适中	是
兴奋药品		
安非他命	高	不确定
可卡因	高	否
咖啡因	低	否
尼古丁	高	是
致幻药品		
大麻	低	否
LSD	低	否
苯环己哌啶（PCP）	高	否

吸毒的社会层面

毒品依赖的社会影响与吸毒者的毒瘾程度直接相关。在这方面，最重要的因素是毒品与吸毒者的生活在多大程度上交织在一起。毒品越频繁地满足个人的欲望，他们就越有可能全神贯注于毒品吸食，从而忽视个人和社会责任。个人健康、经济关系和家庭义务都可能受到影响，因为对毒品寻求行为的频率和强度增加，会主导个人的生活。极端的毒品依赖可能会严重影响公众的安全、健康和福祉。

广义上的毒品依赖涉及世界大部分人口。因此，一系列复杂的个人、社会、文化、法律和医疗因素最终影响社会禁令或严格管控毒品分销与摄入的决定。社会必须权衡毒品在有益方面的使用和对个人和整个社会所造成的最终危害。显然，许多形式的毒品依赖并没有造成足够不利的社会后果，因此不应加以禁止，烟草和咖啡等含毒品物质的普遍性使用就说明了这一点。虽然这些物质大量和长期摄入可能最终损害身体器官和个人健康，但即使是长期或过度摄入，也没有证据表明会导致反社会的行为。因此，社会愿意接受这些物质。

我们都知道美国在20世纪20年代禁酒令的灾难性失败，以及目前关于大麻是否应该合法化的辩论。上述每一个问题都强调了个人欲望需求与社会对吸毒后果关注之间的微妙平衡；此外，这种平衡也不断被更改和重建。

毒 品 类 型

麻醉药品

"**麻醉药品**"③一词来源于希腊语"narkotikos",意为"昏昏沉沉"或"昏昏欲睡"。药理学家把麻醉药品归为减轻疼痛和催眠的物质。不幸的是,"麻醉药品"一词已经被与社会所无法接受的大多数毒品广泛联系在一起。由于这种错误的用法,许多毒品被不恰当地称为麻醉药品。

此外,这种混淆产生了许多与毒品药理作用不一致的法律定义。例如,直到20世纪70年代初,美国的大多数毒品法都错误地将大麻归类为麻醉药品;即使是现在,美国的许多毒品管控法律,包括联邦法律,都将可卡因列为麻醉药品。实际上,从药理学来讲,可卡因是一种强大的中枢神经系统兴奋药品,通常与具有抑制作用的麻醉药品恰恰相反。

阿片

医学专家将"阿片"一词用于大多数被正确归类为麻醉药品的毒品。麻醉药品是**止痛药**④——它们通过抑制中枢神经系统来缓解疼痛。麻醉药品的频繁摄入会导致生理依赖,并带来各种可怕的后果。大多数镇痛麻醉药品来源于鸦片——一种通过未成熟的罂粟(一种主要生长在亚洲部分地区的植物)茎切口渗出的黏稠状乳汁液。鸦片呈褐色且吗啡含量在4%到21%之间。

虽然吗啡很容易从鸦片中提取出来,但机制还尚不明确,大多数吸毒者更喜欢它的衍生物——海洛因。海洛因由吗啡与乙酸酐或乙酰氯反应制成(见图12-1)。海洛因与水的高互溶性使它可以随时随地很方便地进行静脉注射,因为只有通过注射,海洛因的作用才可以瞬间被感受到,并且具有最大的敏感性。为了准备毒品注射,吸毒者经常把它溶解在含少量水的汤勺里,在蜡烛或几根火柴上加热汤勺来加速溶解。然后将溶液抽到注射器或吸管中进行皮下注射。图12-2显示了一些注射海洛因有关的常见道具。除了强大的镇痛作用,

---

③ 麻醉药品:一种具有镇痛或止痛作用物质,能降低身体的重要机能,如血压、脉搏和呼吸频率;反复吸食麻醉药品会产生生理依赖。

④ 止痛药:一种能够减轻或消除疼痛的物质。

海洛因还能产生强烈的困倦感和深深的快感;然而,这种效果很短,一般只持续三到四个小时。频繁摄入海洛因或其他麻醉药品很容易导致身体依赖,并会带来可怕的后果。

图 12-1 从罂粟中提取的吗啡,最终用于海洛因的合成

图 12-2 用于摄入海洛因的道具

可待因也存在于鸦片中,但它通常也是由吗啡合成的,并常被用作处方止咳糖浆中的止咳剂。可待因的效力只有吗啡的六分之一,这对有吸毒者来说,并不是一种有吸引力的毒品。

合成阿片

许多麻醉药品不是从鸦片中天然提取的。然而,由于它们对人体的生理作用类似于鸦片的麻醉效果,通常也被称为阿片。

1995年,美国食品和药物监管局批准了镇痛药奥施康定使用。奥施康定的有效成分是氧可酮,一种在化学结构上与吗啡和海洛因密切相关的合成物质。奥施康定具有镇痛麻醉作用,其效果类似于海洛因。每年奥施康定治疗的慢性疼痛患者约有100万名,但医生开出的奥施康定处方却有高达700万张。这种药物含有一种缓释配方,制造商最初认为这种配方可以降低吸毒者对其吸食和上瘾的风险。但事实并非如此,据估计,近四分之一的人将这种药物当作毒品来吸食。

　　由于奥施康定是从合法来源转移过来的合法药物,它的获取方式与非法毒品不同。抢劫药店、伪造处方以及从持有合法处方的病人那里偷窃是吸毒者获取奥施康定的途径。有些吸毒者拜访了大量的医生,即使他们的身体状况没有用药的必要,但也能得到处方。

　　美沙酮是另一种著名的合成阿片。在20世纪60年代,科学家们发现,一个人定期摄入80~120毫克的美沙酮,如果继续吸食海洛因或吗啡,就不会上瘾。显然,虽然美沙酮是一种与海洛因有关的麻醉药品,但它的使用似乎消除了个人对海洛因的欲望,同时也产生了最小的副作用。但这种做法极具争议,反对者认为,美沙酮的使用只是用一种毒品替代了另一种毒品,而支持者则认为,这是唯一已知的使吸毒者远离海洛因的治疗方法,并为最终戒除毒瘾提供了一些希望。

　　越来越多的医生通过美沙酮来缓解病人疼痛。不幸的是,近年来,由于合法医疗目的广泛使用这种药物,导致大量的药物被转入非法市场。将美沙酮当为毒品的吸毒者越来越多,很多人因过量摄入而死亡。

致幻药品

　　致幻药品[5]是一种能导致情绪、态度、思维和感知发生显著变化的毒品。大麻也许是这类毒品中最受欢迎也是最具争议的。

> **走进科学**
>
> ### 袋子里有什么
>
> 　　一个袋海洛因的含量就是一个很好的例子,说明购买非法毒品所附带的不确定性。从20世纪60年代到70年代初的许多年里,每袋海洛因的平

---

⑤ 致幻药品:一种可以诱导情绪、态度、思维和感知变化的物质。

> 均含量为15%到20%。目前,从美国非法市场获得的海洛因的平均纯度约为35%。海洛因成瘾的人很少知道或关心其他65%左右的物质是由什么构成的。奎宁是海洛因最常见的稀释剂,和海洛因一样,也有苦味,最初可能是用来掩盖海洛因制剂的实际效力,避免让那些想在购买前尝一尝的人知道。海洛因的其他稀释剂通常是淀粉、乳糖、普鲁卡因(奴佛卡因)和甘露醇。

大麻

大麻是植物大麻的流行名称,是一种可以在大多数气候条件下野生生长的杂草。大麻是当今美国最广泛的非法毒品。大麻是一种从植物大麻中提取的制剂。大多数植物学家认为这种植物只有一种,即大麻L。大麻制剂通常由碾碎的叶子与该植物的花、茎和种子以不同比例混合而成。此外,该植物会分泌一种名叫哈希什的黏稠树脂。这种树脂材料也可以通过浸泡在酒精等溶剂中的植物中萃取出来。在非法毒品市场上,大麻通常以含有高比例树脂的植物提炼物出现。精育无籽大麻被认为是一种强力的大麻,这是通过移除所有的雄性大麻,由未受精的雌性大麻的开花顶部制成的。由此可见,培育精育无籽大麻需要大量的精力去照料,因此只能进行小规模的培育。大麻含有一种被称为四氢大麻酚(THC)的化学物质,它能对吸毒者产生心理影响。大麻植物不同部位的THC含量不同,其中,在哈希什里的浓度最高,在花和叶中的浓度通常会有所下降,而在茎、根或种子中含量较少。因此,大麻制剂对吸毒者产生的效果依赖于其混合物中这些植物部分的相对比例。无论大麻制剂如何配制,吸毒者通常是通过吸烟的方式来摄入(见图12-3),此外,偶尔也会是口服的方式,如放在巧克力蛋糕或饼干等甜食中。

任何有关大麻对人体影响的研究都必须考虑大麻制剂的效力。美国国家大麻与毒品滥用委员会(National Commission of marijuana and Drug Abuse)的报告中首次提出了一个关于剂量水平和大麻毒理作用之间关系的研究:

在低的、常规的"社交"剂量下,吸毒者可能会体验到增强的快感;最初的躁动欢喜与紧随其后的恍惚放松;感到空间与时间的扩张;更丰富的触觉,视觉,嗅觉,味觉和听觉;饥饿感,尤其对甜食的渴望;以及思想形成与表达的微妙变化。对一个不知情的观察者来说,一个处于这种意识状态的个体与他的正常状态并没有明显的不同。

第十二章　毒　品　　　　　　　　　　　　　　　385

图 12-3　普通香烟(左)与用碎状干大麻叶制备的大麻卷烟(右)

在中高剂量下,这类反应会加剧,但对观察者来说,个体的变化仍然难以察觉。只有在非常高的剂量下,心理现象才会被察觉到。这包括身形的扭曲,个体人格的丧失,感官和精神的错乱,幻想以及幻觉。[6]

走进科学

大麻与哈希什

大麻可以长到5到15英尺高,其特征是每片叶子上的小叶数量为奇数。通常每片叶子包含5到9个小叶且都有锯齿或锯齿状边缘。

大麻的效力取决于它的形式。以松散植被形式存在的大麻平均THC含量约为3%至4.5%。

哈希什制剂平均含有2到8%的THC。在非法毒品市场上,哈希什(见图)通常以含有大量树脂压缩植被的形式出现。哈希什液(或哈希什油)是一种特别有效的哈希什,这种形式的哈希什通常是一种黏稠的物质,深绿色,有柏油的稠度。哈希什液是用适当的溶剂(如乙醇)从大麻植株中有效地提取富含THC的树脂而制成的。哈希什液的THC含量一般在8%到22%之间。由于其强大的效力,一滴这种物质就能产生"快感"。

[6]　大麻——一种误解的信息(Washington, D.C.: U.S. Government Printing Office, 1972), p. 56.

大麻植株的叶子和顶端开花部分以及哈希什块

大麻叶

大麻很容易成为美国最广泛的非法毒品。例如,根据最新的调查,超过4 300万美国人接触过大麻,其中近一半可能是反复吸毒人员。除了作为非法毒品,越来越多的证据表明,大麻还具有潜在的医疗用途。两个有前景的研究领域是大麻可以缓解青光眼患者的眼压过高,以及缓解强效抗癌药物引起的恶心,此外,大麻也可以用作肌肉松弛剂。

走进科学

合成大麻

合成大麻素是一种化学物质,旨在模仿天然大麻素的药理作用。这些毒品通常在零售机构或在互联网上作为草药,混合香料或熏香出售。吸毒者通常将化学物质喷洒在植物上,然后通过点燃吸入毒品。

合成大麻素的药理活性源于其对大脑中大麻素(CB)受体位点的亲和性。起初,这些合成材料被称为"K2"和"spice";然而目前它们的化学成分和名称已变得相当多样化,因为地下实验室在修饰其化学结构方面已变得非常熟练和具有创造性,以期规避毒品法的管控。由于合成大麻素的化学

> 结构与大麻的成分不同,无法被常规的毒品筛选试验检测出来。
>
> 摄入合成大麻素导致的相关的症状有焦虑、躁动和恶心。联邦法律《食品和药物管理局安全与创新法案》广泛涵盖了任何含有合成大麻素的材料。

目前没有证据表明,实验性或间歇性摄入会造成身体或心理伤害。大麻不会引起身体依赖。然而,危害的风险反而在于长期大量摄入这种毒品,特别是更有效的大麻制剂。重度吸毒者会对毒品产生强烈的心理依赖。大麻的一些影响包括心率加快、口干、眼睛发红、运动能力和注意力受损、频繁的饥饿感以及对甜食的强烈欲望。

其他致幻药品

大量含不同化学成分的物质由于其致幻性已成为毒品文化的一部分。它们包括LSD、美斯卡灵、苯环利定(PCP)、裸盖菇素和亚甲二氧甲基安非他明(MDMA或摇头丸)。

LSD是由麦角酸合成的,麦角酸是从麦角草中提取的物质,麦角草是一种攻击某些草和谷物的真菌。1943年,瑞士化学家阿尔伯特·霍夫曼(Albert Hofmann)在实验室里不小心吞下了这种物质,首次描述了它的致幻效果。这种毒品非常有效;仅25微克就足以引发持续约12小时的生动的视觉幻觉。这种毒品还会使人的情绪发生显著变化,即使是最轻微的刺激也会导致吸毒者狂笑或哭泣,还会伴随焦虑和紧张。虽然生理依赖不会随着持续摄入而发展,但吸毒者即使在中断后,也可能会很容易产生闪回和精神症状的反应。

近年来,苯环利定(俗称PCP)吸毒者已增长到令人担忧的程度。由于这种毒品可以通过相当简单的化学过程合成,可在所谓的地下实验室里秘密生产并在非法市场售卖(见图12-4)。这些地下实验室的规模既有操作复杂的大型实验室,也有位于浴室的小型实验室。一些很少或根本没有接受过化学培训的操作人员,他们被雇佣并像按照食谱做菜那样对毒品进行合成。而一些更加专业的经营者已经能够达到接近商业化运营水准的地下生产规模。

PCP经常与其他毒品混合,如LSD或安非他明,并以粉末("天使粉")、胶囊、片剂或喷洒在植物叶子上的液体出售。这些毒品可以通过吸烟、口服或嗅吸的方式摄入。在口服中等剂量(1~6毫克)后,吸毒者首先会体验到充满力量和刀枪不入的感觉,以及一种梦幻般的超然感。然而,吸毒者很快就会变得反应迟

图 12-4 地下毒品实验室现场

钝、困惑和焦虑。PCP 会导致抑郁，易怒，孤独，视听幻觉以及偏执，长期反复摄入会产生严重的抑郁，暴力和自杀倾向。在某些情况下，吸毒者在摄入 PCP 几天后会突然出现精神分裂行为。

抑制药品

抑制药品[⑦]是减缓或抑制中枢神经系统的毒品。有几种毒品属于这一类，包括美国最广泛的毒品——酒精。

酒精(乙醇)

许多人忽视了酒精是一种毒品的事实；主要行为效应来源于对中枢神经系统的抑制作用。在美国，酒水产业每年生产超过 10 亿加仑的烈性酒、葡萄酒和啤酒，9 000 万消费者为此花费近 400 亿美元。毫无疑问，这些和其他统计数据都证明了酒精是最广泛使用的毒品这一事实。

酒精中毒的行为模式各不相同，部分取决于社会环境、饮酒量和个人对酒精的欲望等因素。当酒精进入身体的血液，会迅速到达大脑，在那里抑制了大脑对思维过程和肌肉协调的控制。

低剂量的酒精会抑制判断力、记忆力和注意力。饮酒者的性格会变得开朗，

---

⑦ 抑制药品：一种可以抑制中枢神经系统功能的物质；抑制药品可以缓解烦躁和焦虑，并可以催眠。

散发出自信。中等计量的酒精会大大降低协调性,抑制思维过程和说话的条理性,减缓反应的时间。在这种情况下,走路或驾驶车辆的能力会明显受损。在下一章中,我们将更详细地研究酒精血液浓度与驾驶能力之间的关系。高剂量的酒精可能导致饮酒者变得非常易怒和情绪化;表现出常见的愤怒和哭泣。极高剂量的酒精可能导致一个人陷入无意识甚至昏迷状态,这可能引发致命的血液循环衰竭和呼吸功能下降。

巴比妥酸盐

巴比妥酸盐通常与"镇静"相关,因为能使人放松,产生一种快感,且有助于催眠。像酒精一样,巴比妥酸盐会抑制中枢神经系统的重要功能。巴比妥酸盐可以是巴比妥酸的衍生物统称,巴比妥酸是由德国化学家阿道夫·冯·拜耳(Adolf von Bayer)在一百多年前首次合成的。目前在美国有 25 种巴比妥类衍生物在医疗过程中被实践应用;然而,五安巴比妥、司可巴比妥、苯巴比妥、戊巴比妥和丁巴比妥已在大多数医疗过程中被应用。"barbs"(一种巴比妥酸类毒品)的俚称通常就来自其胶囊或药片的颜色(例如"黄夹克"、"蓝恶魔"和"红胶丸")。

通常,巴比妥酸盐可以起到镇静作用的平均剂量约为 10~70 毫克,且通过口服摄入。当以这种方式摄入时,毒品通过小肠壁进入血液。有些巴比妥酸盐毒品,如苯巴比妥,吸收较慢,因此被归类为长效巴比妥酸盐毒品。毫无疑问,苯巴比妥作用缓慢是其低吸毒率的原因。显然,巴比妥酸盐的吸毒者更喜欢起效更快的毒品——司可巴比妥、戊巴比妥和安巴比妥。按规定剂量摄入巴比妥酸盐是相对安全的,但在大量和长期摄入的情况下,可能会产生生理依赖。自 20 世纪 70 年代初以来,一种非巴比妥类镇静剂甲喹酮(安眠酮)出现在非法毒品领域。甲喹酮是一种强大的镇静和肌肉松弛剂,具有巴比妥酸盐的许多抑制特性。

抗精神病药和抗焦虑药

虽然抗精神病药和抗焦虑药可以被认为是镇静剂,但它们与巴比妥酸盐在中枢神经系统的作用程度上有所不同。一般来说,这些药物会产生一种平静的放松,而不会削弱兴奋的思维能力或催眠。抗精神病药物,如利血平和氯丙嗪,已被用于缓解焦虑症患者的焦虑和紧张。

抗焦虑药物通常被用来治疗许多健康人群的日常紧张。这些药物包括氨甲丙二酯(眠尔通,甲丁双脲)、氯二氮平(利眠宁)、地西泮(安定药)和阿普唑仑。在过去的 45 年里,镇静剂的使用急剧增加。医学证据表明,频繁大量摄入这些药物会产生心理和身体依赖。因此,这些药物作为克服生活压力和紧张的一种手段而被频繁摄入使许多人感到担忧,即产生合法毒品。

"HUFFING"

自20世纪60年代初以来,"huffing",即嗅吸含有挥发性溶剂的物质(例如航模黏合胶或模型胶合剂)的做法越来越流行。近年来,随着越来越多的事件涉及嗅吸气溶胶气体(如氟利昂),这个问题又增加了一个维度。所有用于嗅吸的物质都含有挥发性或气态物质,这些物质主要是中枢神经系统抑制药品。尽管甲苯似乎是最受欢迎的嗅吸溶剂,但其他溶剂也能产生类似的生理反应。这些化学物质包括石脑油、甲基乙基酮(防冻剂)、汽油和三氯乙烯(干洗溶剂)。

通常,嗅吸的直接反应是一种兴奋和喜悦的感觉,同时伴有口齿不清、判断力受损和双重的视野。最后,吸毒者可能会感到困倦和麻木,随着吸毒者恢复到正常状态,这些抑制作用会慢慢消失。大多数专家认为,吸毒者会在生理上依赖于嗅吸的效果。然而,几乎没有证据表明吸入溶剂会上瘾。但是吸毒者会将自己暴露在吸入的化学物质对肝脏、心脏和大脑造成损害的危险中。更糟糕的是,嗅吸一些溶剂,特别是卤化碳氢化合物,会伴随着极大的死亡风险。

兴奋药品

兴奋药品[⑧]指的是刺激或加速中枢神经系统的一类毒品。

安非他明

安非他明是一组刺激中枢神经系统的合成毒品。在毒品文化的术语中,他们通常代表"兴奋"或"速度"。每天摄入5~20毫克的正常剂量,能给人一种健康的感觉并提高警觉性,随后会减轻疲劳和食欲不振。然而,这些毒品表面上的好处也伴随着躁动、不稳定或忧虑的情绪,且一旦兴奋作用消失,可能会出现抑郁。

在美国,通过静脉注射安非他明或其化学衍生物如甲基苯丙胺产生的危害是最大的(见图12-5)。对安非他明强烈的渴望是吸食这种毒品的主要动机。最初的"闪光"或"冲刺"感及随后的强烈快感,是静脉注射方式对"速度狂人"的主要吸引力。在"超速狂欢"期间,一个人可能会每两到三小时就注射500~1 000毫克的安非他明。吸毒者表示,他们体验到一种产生亢奋的快感,以及视

---

⑧ 兴奋药品:一种能够使人清醒和充满活力的物质。

觉的清晰感,同时也伴有幻觉。随着安非他明的作用逐渐消失,吸毒者会进入一段精疲力竭的时期,可能会连续睡上一到两天。之后,吸毒者通常会经历一段时间的严重抑郁,持续几天到几周。

据报道,一种被称为"冰毒"的新型、可以点燃吸入的甲基苯丙胺在美国的一些地区需求量很大。冰毒的制备是通过缓慢蒸发甲基苯丙胺溶液以产生大而透明的"石块"。就像快克可卡因(下面讨论)一样,冰毒吸入产生的效果与快克可卡因相似,但效果持续的时间更长。一旦冰毒的作用消失,吸毒者通常会变得抑郁,可能会昏睡几天。长期吸食冰毒的患者表现出暴力行为和类似于偏执型精神分裂症的急性精神病。长期摄入安非他明会导致强烈的心理依赖,诱使吸毒者继续吸食。

图 12-5 刀片旁边的颗粒状安非他明

可卡因

在 1884 年至 1887 年间,西格蒙德·弗洛伊德(Sigmund Freud)通过对一种新药的实验报道,在欧洲医学界引起了轰动。他报道了一种似乎具有无限的潜力的物质,是"令人兴奋和持久欣快"的源泉,能"进行高强度的脑力或体力工作而不感到疲劳,就好像对食物和睡眠的需求完全被消除了"。

弗洛伊德热衷的对象是可卡因,一种从古柯红木(一种生长在亚洲热带地区和南美洲安第斯山脉的植物)的叶子中提取的兴奋药品(见图 12-6)。可卡因曾作为局部止痛药或麻醉药广泛

图 12-6 古柯叶与非法可卡因

应用于医疗。然而,这一功能现在已被其他药物如普鲁卡因和利多卡因所取代。可卡因对中枢神经系统也是一种强大的兴奋药品,其效果类似于安非他明,即提高警觉和活力,同时抑制饥饿、疲劳和烦恼。可卡因通常是通过嗅吸的方式从鼻腔黏膜进入体内。

快克

通过将可卡因与小苏打和水混合,然后将溶液加热,可以得到一种特别有效的可卡因,称为"快克"。然后,这种物质被干燥并粉碎成用于毒枭们贩卖的快克"小块",它们具有足够的挥发性,可以通过点燃吸入。大脑中的可卡因含量上升得越快,快感就越强烈,而让大脑中的可卡因含量上升最快的方法就是摄入快克。通过吸烟的方式,可卡因气体能在吸入后不到15秒的时间内将毒品送到大脑——大约和注射一样快,比用嗅吸的方式吸入要快得多。然而,快克恐怖的一点是,随着可卡因浓度的迅速下降,快感会迅速消退,让吸毒者感到沮丧、焦虑和乏味。重拾快感的渴望是如此强烈,以至于快克吸毒者很快就养成了几乎不可能克服的毒瘾。只有一小部分快克吸毒者能戒掉这种毒瘾。当一个人多次大量摄入快克可卡因时,他们通常会产生妄想症。妄想症会导致吸毒者失去现实感,让他们陷入一个充满声音、低语和怀疑的世界。患者开始感到他们被跟踪,且吸毒也被监视。

吸毒的影响

在美国,可卡因的吸毒者持续上升。可卡因产生的自信和清醒,给人一种错觉,让人觉得自己在完成指定的任务时做得很好。然而,一些经常摄入可卡因的人表示伴有不安、易怒和焦虑的感觉。长期或大剂量摄入可卡因会产生毒性作用,与可卡因相关的死亡案例均是因心脏骤停或癫痫发作而导致的呼吸停止。许多人通过摄入可卡因来提高他们的工作能力,并在疲劳时继续工作。虽然没有证据表明长期摄入可卡因会带来生理依赖,但长期摄入可卡因后突然戒断会带来严重的精神抑郁,产生一种强烈的上瘾冲动。事实上,在动物身上进行的实验表明,在所有常见的毒品中,可卡因会产生最强的毒瘾。

美国每年花费数百万美元,试图控制南美各国的古柯叶种植,并防止可卡因贩运到美国。走私到美国的可卡因有四分之三是在哥伦比亚的地下实验室提炼的。其中的利润是天文数字。秘鲁农民可以购买足够的古柯叶来制造可卡因并获得每磅200美元的报酬。这些提纯的可卡因离开哥伦比亚时只有1 000美元,在美国的售价却高达2万美元。

俱乐部毒品

"俱乐部毒品"是指在夜总会、酒吧、狂欢聚会（通宵舞会）等场所吸食的合成毒品。经常被吸食的俱乐部毒品包括 MDMA（摇头丸），伽马羟基丁酸（GHB），洛喜普诺（"迷奸药"），氯胺酮和甲基苯丙胺，但实际上远不止这些。这些毒品已经流行于舞会现场来刺激狂欢体验，且吸毒人群中青少年和刚满十八岁的成年人占比较高。

> **走进科学**
>
> ### 浴 盐
>
> 在毒品文化中，一种被称为"浴盐"的非法毒品已经成为一种潮流。这些毒品是由一种在阿拉伯茶植物中发现的天然物质卡西酮的化学衍生物混合而成。卡西酮是一种兴奋药品，效力只有安非他明的一半。滥用卡西酮及其化学衍生物的诱惑力在于，它可以给吸毒者一种仿佛吸食甲基苯丙胺和可卡因的感觉。
>
> 卡西酮的合成衍生物通常以粉末、晶体和液体的形式出售，但也有片剂和胶囊。它们被包装出售，供人嗅吸、口服、吸烟或注射。就像服用甲基苯丙胺或可卡因的副作用一样，浴盐可以引起吸毒者的焦虑不安、暴力行为和无端恐惧。
>
> 联邦法律《食品和药物管理局安全与创新法案》规定，非法浴盐常见的两种合成类卡西酮成分是美沙酮和 3,4-亚甲基二氧吡咯戊酮（MDPV）。

狂欢派对是毒品的高发地。毒品可以很容易地隐藏在各种器皿中，如 Pez 分液器和其他意想不到的器皿中。狂欢派对通常是一个房间里面挤满了人，人们随着响亮的、有节奏的、忘我的音乐一起跳来跳去。一些俱乐部毒品的刺激作用使吸毒者能够活跃数个小时。

GHB 和洛喜普诺是中枢神经系统抑制药品，通常在毒品的刺激下导致的性侵、强奸和抢劫有关的犯罪活动。吸食 GHB 的副作用包括头晕、茫然、头痛和恶心。消遣时的吸毒者会表现出欣快、放松、缺乏克制和性欲增加。洛喜普诺会导致肌肉松弛，失去意识，并且在摄入毒品后的几个小时内短暂失忆。这在性侵犯罪中尤其令人担忧,因为受害者无法进行抵抗。毫无戒心的受害者会昏昏欲睡或头晕目眩。当毒品与酒精混合时,效果甚至更强,因为吸毒者会经历失忆、昏厥和缺乏克制。执法机构已经警告很多参加派对的人,像洛喜普诺和 GHB 这样的毒品,是无色、无味的,所以当饮料中被放入时,是不会被发现的。

亚甲二氧甲基安非他明,也被称为 MDMA 或摇头丸(见图 12-7),是狂欢俱乐部最受欢迎的毒品。摇头丸是一种合成的、能影响意识的毒品,具有许多致幻和类似安非他明的效果。摇头丸最初是作为食欲抑制药品获得专利的,后来被发现可以诱发愉悦和放松的感觉。消遣时的吸毒者发现摇头丸可以增强自我意识,降低克制。然而,长期摄入摇头丸会导致癫痫发作,肌肉衰竭,中风,肾衰竭和心血管系统衰竭。此外,长期摄入摇头丸也会对大脑负责思考和记忆的区域造成严重损害。摇头丸会增加心率和血压;导致肌肉紧张、磨牙和恶心;还会造成心理障碍,比如困惑,严重焦虑,妄想症。由于毒品的刺激作用和狂欢俱乐部炎热拥挤的氛围相结合,这种毒品还会导致体温显著升高。

氯胺酮主要用作兽药中的动物麻醉药品。当用于人类时,这种毒品会引起欣快感和虚幻感,并伴有视觉幻象。氯胺酮还可导致运动功能受损、高血压、健忘症和轻度呼吸困难。

图 12-7 摇头丸,一种很受欢迎的俱乐部毒品。

合成类固醇

合成类固醇[9]是一种合成化合物,在化学上与雄性激素睾酮有关。睾酮对身体有两种不同的影响。既能促进第二性男性特征的发展(雄性激素效应),又可以加速肌肉的生长(合成代谢效应)。为了促进肌肉生长和减少荷尔蒙的雄性激素作用,导致大量的合成类固醇被开发。然而,目前尚未有一种雄性激素毒品是安全健康无害副作用的。

当业余和职业运动员都被发现通过类固醇来提高成绩时,类固醇的摄入发生率首次受到了公众的广泛关注(见图12-8)。有趣的是,目前对男性运动员摄入合成类固醇的研究通常很少以至于最多只能找到增强力量或表现的微弱证据。尽管人们对合成类固醇的摄入范围还不完全了解,但美国政府非常关注对普通大众提供这些毒品的监管,并严厉惩罚非法拥有和分销合成类固醇的个体。1991年,合成类固醇被列为受管控的危险物质,美国毒品执法局(Drug Enforcement Administration)被赋予执法权力以防止其非法吸食分销。

图12-8 合成类固醇:一小瓶睾酮和一个注射器。睾酮,一种雄性激素,有时被运动员用来产生蛋白质(合成代谢)效应

---

[9] 合成类固醇:一种能够促进肌肉生长的物质。

合成类固醇通常被不熟悉其有害副作用的人摄入,这与肝癌和一些其他肝脏功能失调密切相关。这些毒品还会导致女性的男性化,不孕不育,以及使男性性欲减退。对青少年来说,合成类固醇会导致骨骼生长过早停止。合成类固醇也会对情绪和性格造成不可预测的影响,导致无端的愤怒和暴力行为。此外,抑郁也是摄入合成类固醇的一个常见副作用。

毒品管控法律

虽然前几节试图根据毒品对人体的生理作用对其进行分类,但为了实际执法的目的,法律界需要对毒品的分类和定义有全面的了解,因为毒品是由毒品法界定的。毒品的医学和法律定义或分类往往没有什么相似之处。刑事学家对毒品法的规定特别感兴趣,因为可以对毒品分析提出具体的分析要求。例如,与制造、分销、拥有和吸食毒品有关处罚的严厉程度可能取决于毒品的重量或其在混合物中的浓度。在这种情况下,化学家的报告必须包含根据现行法律规定的所有资料来正确地起诉嫌疑人。

任何毒品管控法律的规定都是国家和地方执法要求和习俗的产物,也是道德和政治哲学的结果。这些因素产生了一系列不同管控程度的国家和地方毒品管控法律。虽然它们的详细讨论超出了本书的范围,但对美国联邦法律《物质管控法案》的简要描述可以说明为预防和管控毒品吸食而建立的合法毒品分类体系。许多州在该法案之后制定了自己的毒品管控法律,这是在全美建立统一毒品管控法律的重要一步。

物质管控法案

联邦法律根据毒品的潜在吸食、潜在的生理和心理依赖以及医疗价值,为受管控的危险物质制定了五个分类表(如下所述)。这种分类体系非常灵活,因为美国司法部长有权在获得更多信息时添加、删除或重新制定毒品。此外,表一和表二所列的受管控的危险物质受总检察长制定的生产指标影响。例如,美国在1971年生产了80亿剂量的安非他明。1972年,生产指标将安非他明的产量降低了大约80%,低于1971年的水平。

管制机制及处罚措施

对未经授权制造、销售或拥有受管控危险物质的刑事处罚也与表有关。最严厉的处罚与表一和表二所列的毒品有关。例如,对于表一和表二所列的毒品,初犯可判处20年监禁或对个人处以最高100万美元的罚款,对个人以外处以最高500万美元的罚款。表12-2总结了《物质管控法案》每个表的管控机制和处罚措施。

表一

表一的毒品被认为具有很高的成瘾风险,在美国目前没有被公认的医疗用途,或在医疗监督下使用治疗缺乏成瘾的安全性。受管控的毒品包括海洛因、大麻、安眠酮和致幻药品。

表二

表二的毒品具有很高的成瘾风险、目前有已被公认的医疗用途或有严格管控的医疗用途,并有可能造成严重的心理或生理依赖。表二的毒品包括鸦片及其一些未列入表一的衍生物;可卡因;美沙酮;PCP;大多数安非他明制剂;大多数包含的异戊巴比妥、司可巴比妥、戊巴比妥的巴比妥酸盐制剂。一些与大麻中的活性成分相当的合成物,因其在治疗青光眼和化疗病人领域日益增长的医疗用途而被列入表二。

表三

表三的毒品成瘾风险低于表一和表二毒品(目前在美国有已被公认的医疗用途),并有可能导致中下程度的生理依赖或高度的心理依赖。表三除其他物质外,包括了表二未涵盖的所有巴比妥制剂(苯巴比妥除外)和某些可待因制剂。合成类固醇在1991年被添加到这个表中。

表四

与表三的毒品相比,表四的毒品的成瘾风险较低,目前在美国有广泛的医疗用途;它们相对于表三的毒品有更低的依赖性。列入本表的毒品包括丙氧苯(达尔丰);苯巴比妥;以及镇静剂,如氨甲丙二酯(眠尔通)、地西泮(安定药)和氯二氮平(利眠宁)。

表五

表五的毒品必须是较低的成瘾风险,在美国具有医疗用途,并且比表四的毒品产生依赖性的风险更小。表五包括含有医用非麻醉成分的阿片类毒品混合物。

表 12-2 《物质管控法案》管控机制

表	注册	记录形式	生产指标	分销形式	处方形式
一	需注册	单独的记录形式	有	货单形式	只能用于研究
二	需注册	单独的记录形式	有	货单形式	书面形式的处方;不可续方
三	需注册	易于检索的记录形式	无,但有些毒品受表二指标的限制	记录形式	书面或口头形式的处方;有医生授权,六个月内最多可续方五次
四	需注册	易于检索的记录形式	无,但有些毒品受表二指标的限制	记录形式	书面或口头形式的处方;有医生授权,六个月内最多可续药五次
五	需注册	易于检索的记录形式	无,但有些毒品受表二指标的限制	记录形式	非处方形式(处方仅能由医生开具;最多可续方五次)

资料来源:美国华盛顿特区毒品管控局。

进出口规定		安保措施	制造商/分销商向缉毒局报告	个体非法交易的刑事处罚(初犯)
麻醉药品	非麻醉药品			
需要许可证	需要许可证	保险库	需要	0—20 年/100 万美元
需要许可证	需要许可证	保险库	需要	0—20 年/100 万美元
需要许可证	需要申报说明	安全仓库	麻醉药品需要;非麻醉药品不需要	0—5 年/250 000 美元
需要许可证	需要申报说明	安全仓库	只有麻醉药品制造商需要;非麻醉药品不需要	0—3 年/250 000 美元
进口需要许可证;出口需要申报说明	需要申报说明	安全仓库	只有麻醉药品制造商需要;非麻醉药品不需要	0—1 年/100 000 美元

法案的一些其他规定

《物质管控法案》规定,涉及管控物质类似物(化学结构与管控物质基本相似的化学物质)的犯罪应受到与表一所列管控物质相同的处罚。这一规定的目的是同所谓的不断增长的特制毒品作斗争。特制毒品是一种与某些受管控毒品在化学上和药理学上有关联的物质。这些物质是由专业的人在地下实验室合成的,他们知道他们的产品不受《物质管控法案》的管控。例如,芬太尼是一种具有医疗用途的商业化强效麻醉药品,也被列为受管控的危险物质。这种毒品的效果大约是吗啡的 100 倍。目前,一些化学上与芬太尼有关的物质已经被地下化学家合成并在街头售卖。第一个被发现的这种物质是以"中国白粉"的名义出售的。在加州,这些毒品已经造成 100 多人过量摄入而死亡,在宾夕法尼亚州西部造成近 20 人死亡。当"中国白粉"等特制毒品被识别出来并与吸毒行为联系起来时,它们就被列入在管控范围中。

《物质管控法案》还反映了在减少毒品生产地下实验室盛行方面的努力。该法案对前端原料的制造和分销进行了管控,前端原料是地下毒品实验室用来合成毒品的原料。针对前端化学原料列在《物质管控法案》的定义部分。第一百三十四条对持有所列前端化学原料并意图制造受管控物质或故意持有、分销所列前端化学原料或有合理理由认为所列前端化学原料将被用于制造受管控物质的进行从重处罚。此外,表二具体列出了 PCP、安非他明和甲基苯丙胺的前端化学原料,使它们与表二的其他物质一样受到管控。

毒品证据的收集与保存

制备用于提交犯罪实验室的毒品证据通常是一项相对简单的任务,在现场只需极少的预防措施即可完成。现场调查人员负责确保证据被适当地封装和标记,以便运送到实验室。考虑到查获毒品证据的形式和种类繁多,为满足这些要求规定任何单一的封装程序是不现实的。一般来说,在这种情况下,常识是最好的指导,封装的毒品必须杜绝丢失或交叉污染。通常,缉获毒品的原始容器就足以满足这些要求。疑似含有挥发性溶剂的样品,如用于嗅吸的胶状毒品,必须包装在密封容器中,以防止溶剂蒸发。

所有封装袋必须标有足够的资料,以确保在今后的法律诉讼程序中被执法人员识别,并建立保管链。

为了帮助毒品分析人员,研究者应提供任何可能与毒品特征有关的背景信息。这些信息可以缩短分析时间。出于同样的原因,用于现场的毒品筛查测试结果也必须传送给实验室。虽然这些检查可能表明毒品的存在,并为警察确定搜查和逮捕嫌疑人提供可能的理由,但不能提供确定毒品身份的结论性证据。

法庭科学毒品分析

人们只需看看犯罪实验室的证据库,就能理解刑事专家面对的各种毒品标本。大量出现的粉末、药片、胶囊、植物物质、液体、烟斗、香烟、炊具和注射器证明了非法毒品市场的猖獗和复杂。如果表面现象不足以证明法庭科学专家所面临的分析工作困难,那么毒品制剂本身的复杂性绝对可以。通常,这些来历和特征不明的毒品活性成分,以及一些添加剂,如糖、淀粉和奎宁,稀释了毒品的效力,扩大了毒品在黑市的价值。不要忘记,非法毒贩并不会被那些确保产品质量和稳定性的政府法规所阻碍。

当法庭科学专家拿起一个毒品样本进行分析时,他们可能发现任何东西,所以必须做好一切应对准备。分析的结果将直接影响到判定被告是否有罪的审判过程,因此不能有任何错误。在毒品鉴定中没有中间地带——要么样本是一种明确的毒品,要么不是——一旦得出一个肯定的结论,专家必须准备好在法庭上支持和捍卫这个结果的有效性。

分析过程

毒品司法鉴定的挑战或困难在于选出能够确保对毒品进行特异性识别的分析方案。面对一种来源和成分未知的物质,法庭科学专家必须制定分析方案,最终确定毒品的身份。这个分析方案,分为两个阶段。

筛选

首先,面对未知物质可能是成千上万种毒品中的任何一种的预期,分析人员必须采用**筛选试验**[10],缩小目标范围。要达到这一目的,通常要对样品进行一系列比色测试,以产生较常见非法毒品的特征颜色。即使这些试验产生了阴性结果,它们的价值也在于将某些毒品排除在进一步考虑之外。

鉴定

一旦目标范围大大缩小,分析的第二阶段将致力于确定和证实毒品的身份。在一个犯罪实验室收到大量毒品证据的时代,对一种毒品进行现有的所有化学

---

[10] 筛选试验:本质上是一种初步的非特异性试验。

和仪器分析是不切实际的。事实上,将这些技术视为一个大型的分析资源库更为现实。化学家在培训和经验的帮助下,必须选择某种毒品最简便的分析方法。

法庭科学专家经常使用一种特异性的测试(如红外分光光度法或质谱法)排除所有其他已知的化学物质来识别一种毒品。确定一种物质的单项测试被称为**鉴定**[11]。分析方案有时包括一系列非特异性或假设性的测试。每一项测试本身都不足以证明毒品的身份;然而,正确的分析方案包括一种且仅能表征一种化学物质的测试结果的组合——正在研究的毒品。此外,实验证据必须证实,所选择的方案中任何其他物质以相同方式响应的概率是如此之小,以至于超出任何合理的科学确定性。

定性与定量检测

选择分析技术时的另一个考虑因素是需要定性或定量的检测。前者只与物质的特性有关,而后者指的是一种混合物的成分的百分比组合。比如,粉末的定性分析可能揭示存在海洛因和奎宁,而定量分析可能推断出存在10%的海洛因和90%的奎宁。

很明显,定性分析必须在任何定量分析之前进行,因为如果不首先确定物质的身份,就试图对其进行定量是没有什么价值的。本质上,物质的定性分析需要使用各种分析技术来确定许多属性。另一方面,定量分析通常是通过精确测量物质的单一属性来完成。

司法化学家通常依赖几种分析方法用于常规的毒品鉴定:如比色分析、微晶分析、色谱分析、分光光度法分析和质谱分析。

比色分析

许多毒品与特异性的化学试剂接触后会产生特征颜色。这些分析不仅提供了毒品存在的有用指标,而且还被现场调查员用于检验怀疑含有毒品的物质(见图12-9)。[12]然而,比色分析仅用于筛选目的,不能作为对未知毒品的决定性鉴定。

以下是五种主要的比色分析试剂:

---

[11] 鉴定:一种可以特异性识别某一物质的单个试验。
[12] 毒品的现场比色分析试剂盒可以从各种商业化的生产厂家处购买。

1. Marquis(含有2%的甲醛的硫酸)。这种试剂在海洛因、吗啡和大多数鸦片衍生物的存在下会变成紫色。Marquis 与安非他明、甲基苯丙胺混合后也会变成橘黄色。

2. Dillie-Koppany(首先在可疑物质中加入1%的甲醇乙酸钴,然后是5%的甲醇异丙胺)。这是一个对巴比妥酸盐有用的筛选试剂,在其存在下试剂变为蓝紫色。

3. Duquenois-Levine(溶液A是2%香草醛和1%乙醛在乙醇中的混合物;溶液B为浓盐酸;溶液C是氯仿)。这是一种很有用的大麻比色试剂,通过分别向可疑植物中添加溶液A、B和C来完成。氯仿层呈紫色表示阳性结果。

图 12-9 大麻的现场比色分析试剂盒

4. Van Urk(含有1%的对二甲氨基苯甲醛的10%浓盐酸和乙醇混合溶液)。这种试剂在LSD的作用下会变成蓝紫色。但是,由于非法制剂中LSD的数量极少,很难在现场条件下进行这种试验。

5. Scott(溶液A为2%的硫氰酸钴溶于1∶1的水和甘油;溶液B为浓盐酸;溶液C是氯仿)。这是用于可卡因的比色试剂。含有可卡因的粉末使溶液A变成蓝色。加入B后,蓝色就变成了透明的粉红色。加入C后,如果可卡因存在,氯仿层就会再次出现蓝色。

微晶分析

微晶分析[13]是一种比比色分析更具特异性的技术。一滴化学试剂加到显微镜载玻片上的少量毒品中。经过一段时间后,发生化学反应,产生晶形沉淀。晶体的大小和形状,是显微镜下分析毒品的特征。可卡因和甲基苯丙胺的晶体分析见图 12-10。

---

[13] 微晶分析:通过物质与特定试剂混合时形成的晶体的颜色和形态来特异性识别物质的试验。

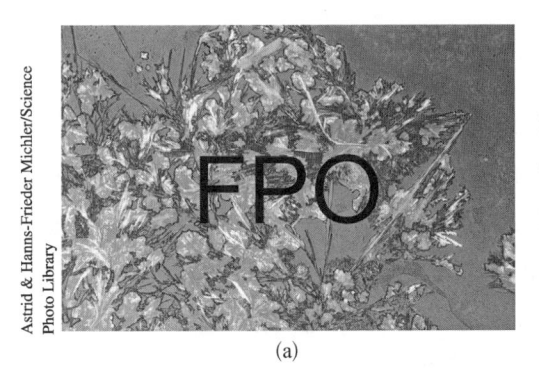

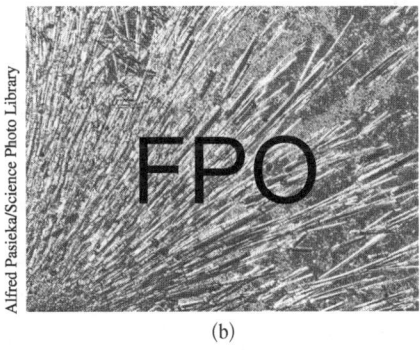

图 12－10 （a）在氯化铂中形成的可卡因晶体显微照片(400×)；(b)在氯化金中形成的甲基苯丙胺晶体显微照片(400×)

多年来，分析人员已经开发了数百种晶体分析方法，以确定最常见毒品的身份。这些分析方法是快速的，通常不需要将毒品从它的稀释剂中分离出来；然而，由于稀释剂有时会改变或改变晶体的形状，分析人员必须在解释分析结果方面积累经验。

大多数比色和晶体分析在很大程度上是经验性的，也就是说，科学家们并不能完全理解为什么他们会产生这样的结果。从法庭科学专家的角度来看，这并不重要。当分析方法被适当地选择并以适当的组合方式使用时，其结果构成一种分析方案，这种分析方案只适用于一种毒品。

色 谱 分 析

色谱分析[14]作为一种分离混合物组分的技术，对实验室经常收到的多组分样品特别有用。例如，在街头售卖的非法毒品是不符合政府标准的；相反，它们可能被毒贩使用任何物质来稀释，以增加吸毒者可获得的毒品数量。因此，如果没有色谱法来从混合物中分离成其成分，鉴定非法毒品制剂的任务将是艰巨的。

---

[14] 色谱分析：一种通过流动相推动，固定相截留，将有机或含碳混合物分离成其组成部分的分析技术。

> **走进科学**
>
> ## 色谱分析步骤
>
> 　　色谱法的理论是基于一种观察结果，即化学物质在液体中溶解或在固体表面被吸收时，往往会部分逃逸到周围的环境中。将气体溶解在恒温的烧杯水中可以很好地说明这一点。我们可以方便地把烧杯中的水表示为液相，而把烧杯上的空气表示为气相。如果烧杯上盖着一个钟形罩，如图所示，一些气体分子(以绿色小球为代表)会从水中逸出，进入周围封闭的空气中。剩下的分子称为液相；逃逸到空气中的分子称为气相。当气体分子逃逸到周围的空气中，它们在水面上聚集；在这里，随机运动将其中一些带回到水中。最终，到达一个点，即离开水的分子数等于返回水的分子数。此时，液相和气相处于平衡状态。如果水的温度升高，平衡状态就会自我调整到一个点，使更多的气体分子进入气相。
>
> 　　1803年，英国化学家威廉·亨利首次发现了这种行为。他对这一现象的解释，被恰当地称为亨利定律，可以表述如下：当一种挥发性化合物溶解在液体中，并与空气达到平衡时，空气中挥发性化合物的浓度与液体中挥发性化合物的浓度之间有一个固定的比例，并且在给定的温度下，这个比例保持不变。
>
> 　　气体在液相和气相之间的分布或分配是由气体在液体中的溶解度决定的。它的溶解度越高，气体分子留在液相中的倾向就越大。如果两种不同的气体同时溶解在同一种液体中，每一种气体都将独立于另一种与周围空气达到平衡状态。例如，如图所示，气体A(绿球)和气体B(蓝球)都溶解在水中。在平衡状态下，气体A比气体B有更多的分子溶解在水中。这是因为气体A比气体B更容易溶于水。
>
> 　　现在回到色谱的概念上来。上图中，液相和气相保持静止；也就是说，他们没有流动。在色谱过程中，情况并非如此；相反，一个相总是在一个静止或固定相上朝着一个方向持续流动。例如，在图中，蓝球和绿球分别代表溶于水中的两种气体，只有当空气被迫在水中朝着一个方向不断流动时，色谱分析才会发生。因为气体B的分子在流动气相中的比例大于气体A，所以它的分子在液体中流动的速度比气体A更快。最终，当流动相向前移动一段合理的距离时，气体B与气体A完全分离，色谱分析过程完成。这个过程如图所示。

第十二章 毒 品

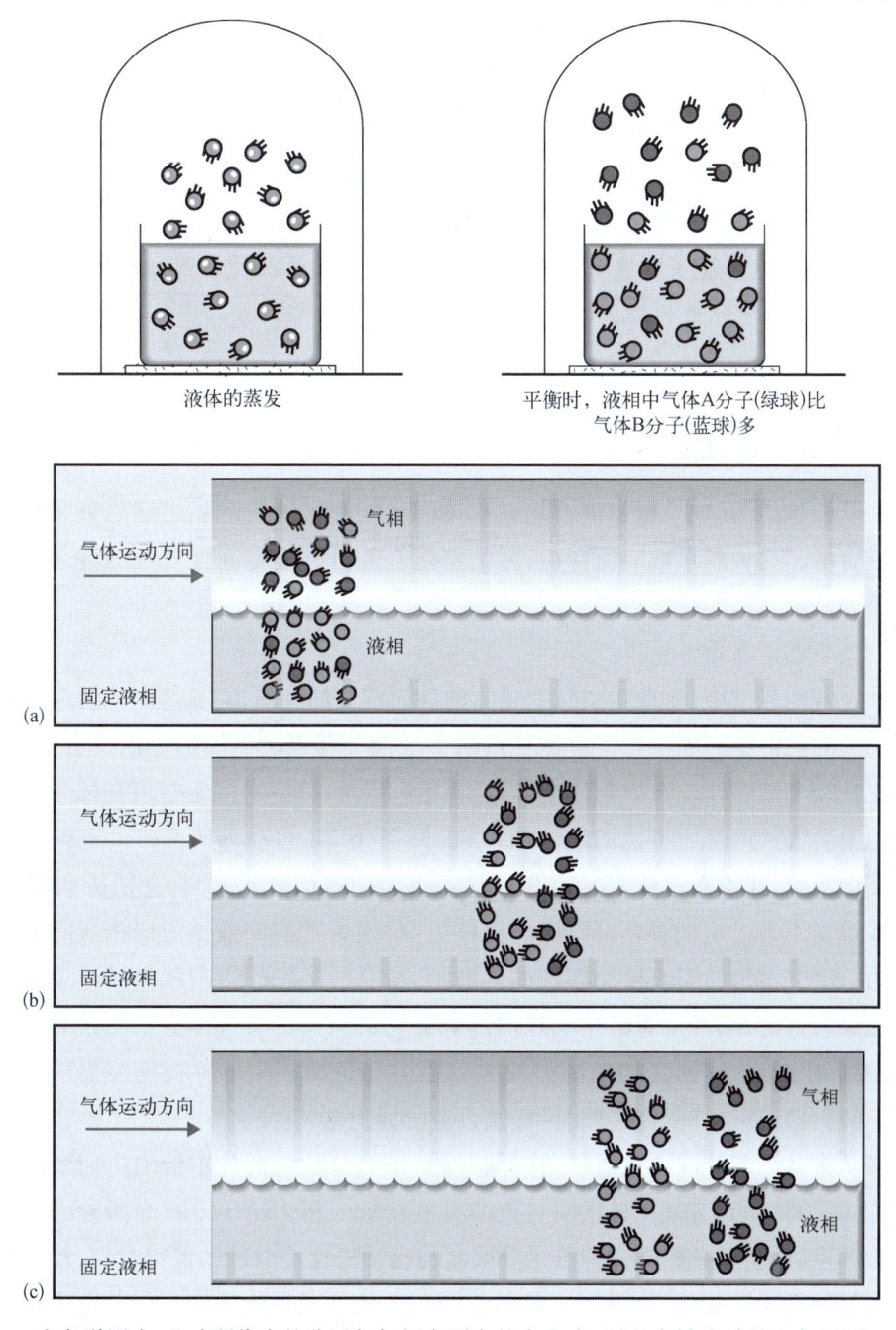

液体的蒸发

平衡时，液相中气体A分子(绿球)比气体B分子(蓝球)多

(a) 气体运动方向　气相　液相　固定液相

(b) 气体运动方向　固定液相

(c) 气体运动方向　气相　液相　固定液相

在色谱图中，蓝球所代表的分子与气相有更大的亲和力，因此会被流动的空气以更快的速度推动。最终，两组分子将彼此分离，完成色谱过程

> 简单地说,我们可以把色谱分析看作类似于化合物之间的竞赛。在起跑线上,所有参赛物质混合在一起;然而,随着比赛的进行,倾向于流动相的物质慢慢地领先于那些倾向于停留在固定相的物质。最后,在比赛结束时,所有的参与者被分开,每个物质在不同的时间越过终点线。
>
> 不同类型的色谱分析体系随可设计的固定相和流动相组合的数量而变化。然而,在犯罪实验室中,解决许多分析问题最适用的是气相色谱分析、高效液相色谱分析和薄层色谱分析三种色谱分析方法。

气相色谱分析(GC)

气相色谱法(GC)根据混合物在液体固定相和气体流动相之间的分布来分离混合物。这种技术被广泛使用,因为它能在几分钟内将高度复杂的混合物进行组分分离。

气相色谱基础理论

在气相色谱中,流动相实际上是一种称为载气的气体,它流经由不锈钢或玻璃构成的色谱柱。固定相是色谱柱内的一层液体薄膜。所用的色谱柱有两种:填充柱和毛细管柱。在填充柱中,固定相是一层液体薄膜,固定在填充柱中的小颗粒上。该柱通常由不锈钢或玻璃构成,长2~6米,直径约3毫米。毛细管柱由玻璃组成,比填充柱长15~60米。这些类型的色谱柱非常窄,直径从0.25到0.75毫米不等。毛细管柱可以比填充柱更窄,因为它们的液体固定相实际上是作为一层非常薄的膜直接涂在柱的内壁上。在任何情况下,当载气流经填充柱或毛细管柱时,它携带着已注入柱内的混合物的组分。与气体流动相亲和力较大的组分比与液体固定相亲和力较大的组分在色谱柱中的穿行速度更快。最终,当混合物穿过整个色谱柱时,它就会被分离出来。

从将某一组分注入色谱柱的时间开始,该组分从色谱柱中析出所需要的时间称为保留时间,这是一种物质有效的鉴别特征。图12-11(a)为两种巴比妥酸盐的色谱图;通过比较每种巴比妥酸盐与已知巴比妥酸盐的保留时间,初步鉴定出每种巴比妥酸盐,见图12-11(b)。然而,由于其他物质在相似的色谱条件下可能有相似的保留时间,因此气相色谱分析不能被认为是一种绝对的鉴定方法。从该方法得出的结论必须由其他测试方法进一步确认。

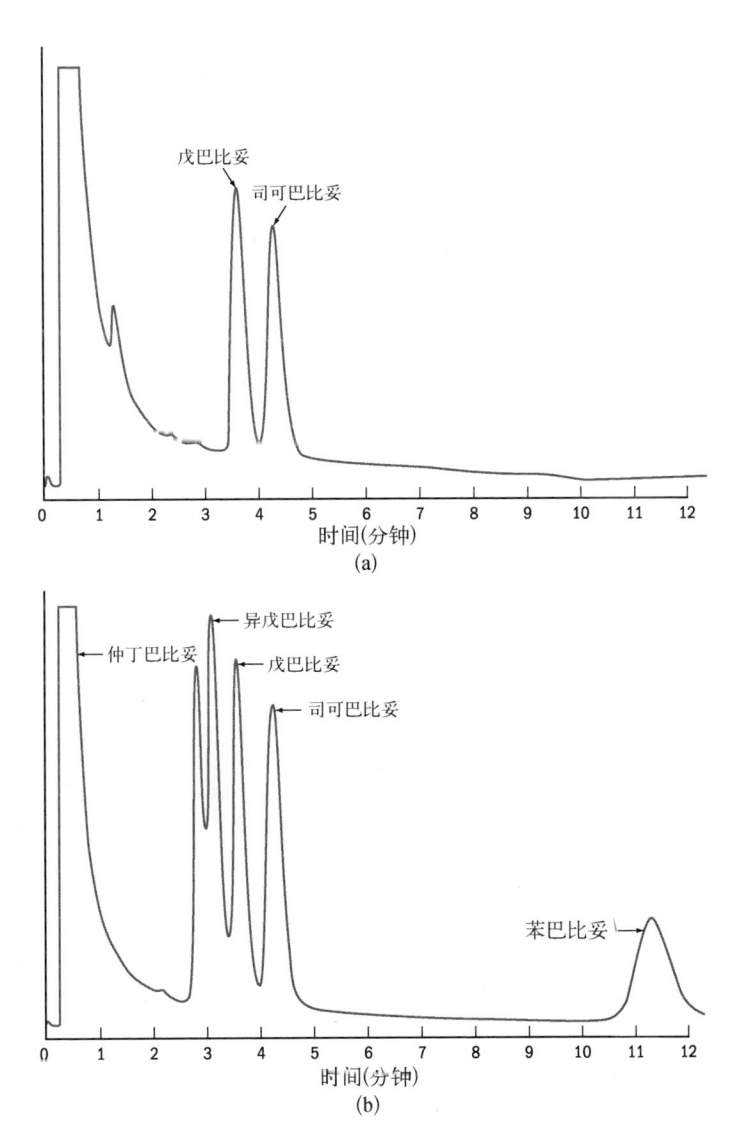

图 12-11 （a）一种未知的巴比妥酸盐混合物通过将其保留时间与(b) 一种已知的巴比妥酸盐混合物进行比较确定

> **走进科学**

气相色谱仪

气相色谱仪的简化机理图如图所示。该仪器的操作可以简单地总结如下：一股气流，即所谓的载气，以恒定的速率送入色谱柱内。载气是化学惰性气体，通常是氮气或氦气。所研究的样品以液体的形式用注射器注入加热的注射口，在那里它立即蒸发并被载气扫进色谱柱。色谱柱本身在烘箱中加热，以使样品在通过色谱柱时保持蒸汽状态。在色谱柱中，样品的各组分沿载气流动的方向运动，其速度由它们的分布决定。如果分析人员选择了合适的液相，并且使色谱柱足够长，那么当样品的组分从色谱柱中出现时，它们将被完全分离。

当每种组分从色谱柱中出现时，会进入一个检测器。一种使用火焰的检测器电离正在出现的化学物质，从而产生电信号。信号作为时间的函数被记录在一个条形图表记录器上。这种分离的记录叫做色谱图。气相色谱图是记录器响应（纵轴）与时间（横轴）的关系图。典型的色谱图显示一系列的峰，每个峰对应混合物的一种组分。

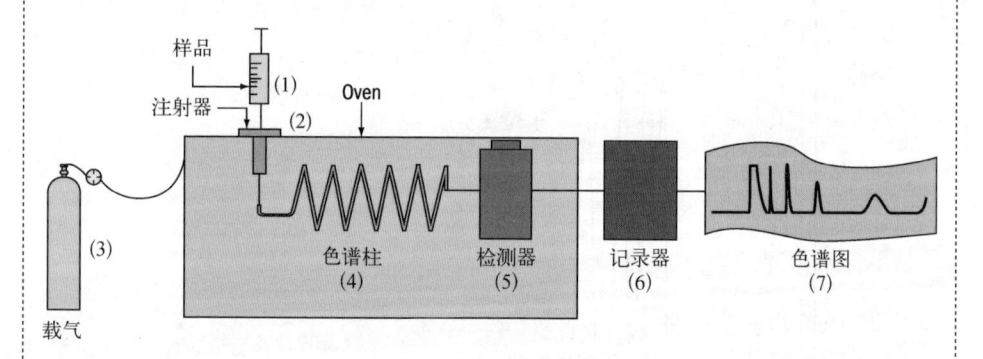

基本的气相色谱分析。气相色谱分析可以将复杂的混合物快速分离成单个的化合物，并允许对每种化合物进行定性和定量测定。如图所示，样品由注射器(1)引入到加热的注射室(2)。氮气(3)不断流过注射器，将样品带入含有液体薄膜的色谱柱(4)。样品在色谱柱中被分离，载气和分离的组分从色谱柱中出来，进入检测器(5)。检测器发出的信号激活记录器(6)，通过在色谱仪上追踪一系列峰来永久记录分离过程。洗脱时间可以识别存在的成分，峰面积可以识别浓度

气相色谱法的另一个优点是非常灵敏，可以用于定量分析。通过气相色谱检测器的物质含量与所记录的峰面积成正比；因此，通过对已知浓度的物质进行

色谱分析,并与未知浓度进行比较,就可以按比例确定样品的含量。气相色谱法有足够的灵敏度在纳克(ng,0.000 000 001 克或 1×10^{-9} 克)水平上对物质进行检测和定量。

薄层色谱分析(TLC)

薄层色谱法(TLC)使用固体固定相和液体流动相来分离混合物的组分。

薄层色谱分析过程

薄层板是在玻璃板上涂上一层颗粒状材料的薄膜,通常是硅胶或氧化铝。这种颗粒状材料用作固体固定相,通常用黏合剂(如熟石膏)固定在薄层板上。如果要分析的样品是固体,首先必须将其溶解在合适的溶剂中,用毛细管将几微升溶液滴在薄层板下缘附近的颗粒表面上。液体样品可以以同样的方式直接应用到薄层板上。然后,将薄层板垂直放置在一个封闭的腔室中,腔室中含有选定的液体,注意液体不要接触样本点。

走进科学

薄层色谱法鉴定毒品

薄层色谱分析对毒品的鉴定还只是初步的。这样的鉴定不能被认为是决定性的,因为许多其他物质在相似条件下进行色谱分析时可以沿薄层板迁移相同的距离。因此,仅用薄层色谱分析不能提供绝对的鉴定;它必须与其他测试规程一起使用,以证明绝对身份。

一个斑点在薄层板上移动的距离可以用一个称为 Rf 值的数值表示。这个值定义为分离组分展开的距离除以流动液相展开的距离。例如,在图 12-15 中,流动相在薄层板被从玻璃容器中取出之前向上流动了 10 厘米。显影后,海洛因斑点流动了 8 厘米,Rf 值为 0.8;奎宁迁移 4 厘米,Rf 值为 0.4。

在薄层色谱分析中,液相和固相可以选择成千上万种可能的组合。幸运的是,多年的研究已经产生了许多关于选择合适的薄层色谱分析条件来分离和识别特定类别的物质的数据,例如,毒品,染料和石油产品。这些参考资料,以及分析人员的经验,将有助于针对特定问题正确选择薄层色谱分析条件。

> 薄层色谱分析是一种强大的工具,可以解决许多呈现给法庭科学专家的分析问题。该方法快速、灵敏、可以分析少于100微克的可疑物质。此外,薄层色谱分析工作所需的设备拥有最小的成本和空间要求。重要的是,在一个薄层板上可以同时分析多个样品。该技术主要应用于复杂混合物中组分的检测和鉴定。

液体在毛细管作用下缓慢地沿着薄层板上升。这种上升的液体是薄层色谱分析中的流动相。当液体经过样品点时,样品的组分分布在固体固定相和液体流动相之间。与流动相亲和力最大的组分比那些与固定相亲和力较大的组分在薄层板上流动得更快。当液面流动足够的距离(通常为10厘米)时,显影完成,将薄层板从腔室中取出并晾干(见图12-12)。图12-13所示为油墨的色谱分离示例。

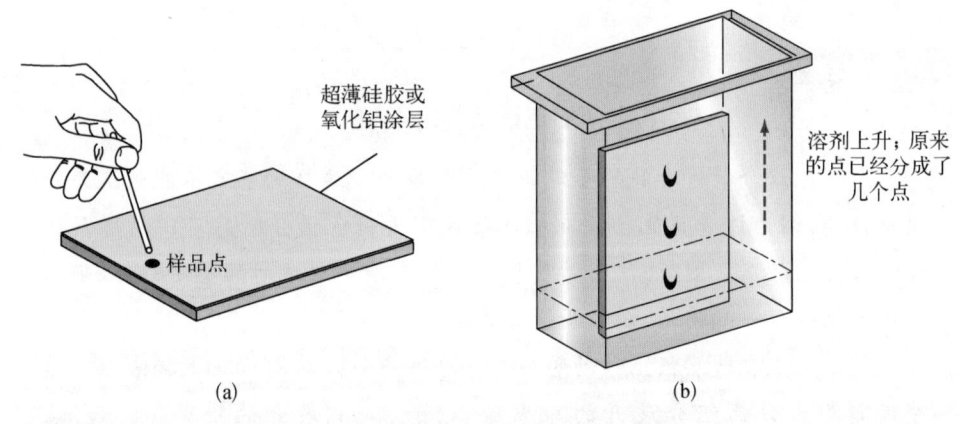

图12-12 (a) 在薄层色谱分析中,将液体样品点在凝胶涂层板的颗粒表面上。(b) 将薄层板放入一个装有液体的密闭腔室中。当液体沿平板上升时,样品的各组分在涂层和流动的液体之间分布。与流动的液体有更大亲和力的物质以更快的速度在平板上流动从而使混合物被分离

可视的物质

因为大多数化合物是无色的,所以在显影后不会发现分离,除非这些物质是可视的。为了做到这一点,这些薄层板被放置在紫外光下,选用能在黑暗背景上显示明亮**荧光**[15]斑点的材料。当荧光染料与固相结合时,非荧光物质在紫外光的

---

[15] 荧光:暴露在波长较短的光(即紫外光)下时,可以发射可见光。

第十二章 毒 品   **411**

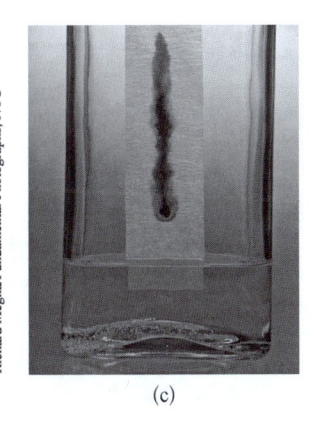

图 12-13 （a）液体开始沿固定相流动。（b）液体流过油墨点,携带油墨成分进入固定相。（c）流动的液体将油墨分离成几种组分

照射下就会在荧光背景下出现黑点。在第二种可视化方法中,在薄层板上喷洒一种化学试剂,这种试剂与分离的物质发生反应,使其形成颜色斑点。图 12-14 为大麻提取物的色谱图,该提取物经薄层色谱分离后,经化学试剂喷洒后可见。

一旦样品的组分被分离,就必须对其进行鉴定。为此,被怀疑的样品必须与真正的或标准的样品放在同一薄层色谱板上。如果标准物质和未知物质都从它们的起始点沿薄层板向上流动了相同的距离,就可以暂时被认定为相同的。例如,假设一个疑似含有海洛因和奎宁的样品与已知的

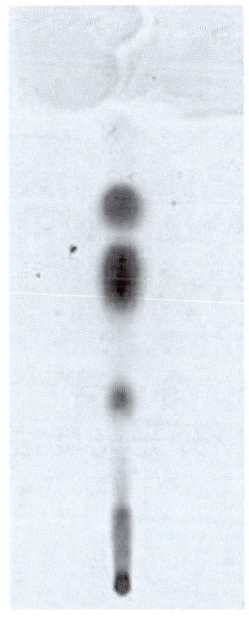

图 12-14 大麻提取物的薄层色谱图

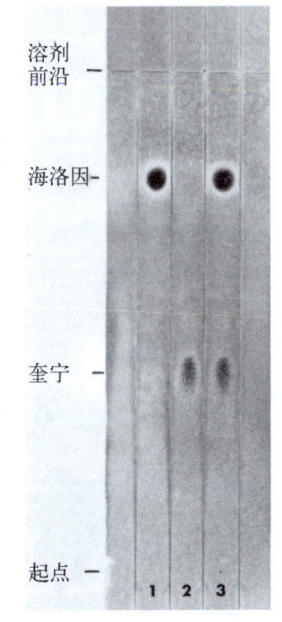

图 12-15 已知的海洛因（1）、奎宁（2）标准样品与可疑样品对照（3）的色谱图

海洛因和奎宁标准样品一起分析,如图 12-15 所示。通过比较海洛因和奎宁标准样品与未知物质成分的迁移距离来确定可疑物质的身份。如果距离相同,可以进行初步识别。

> **走进科学**
>
> ### 高效液相色谱分析
>
> 回想一下,色谱系统需要一个流动相和一个固定相相互接触。上一节描述了气相色谱法,其中固定相是薄膜,流动相是气体。然而,通过改变这些相的性质,人们可以创造不同形式的色谱。在犯罪实验室中发现实用性越来越强的一种方法是高效液相色谱分析(HPLC)。它的流动相是一种液体,在泵的作用下通过充满细小固体颗粒的色谱柱。在高效液相色谱分析的一种形式中,这些固体颗粒的表面经过化学处理并作为固定相。当液体流动相在泵的作用通过色谱柱时,样品被注入色谱柱。当液体携带样品通过色谱柱时,不同的组分受到不同程度的阻滞,这取决于它们与固定相的相互作用。导致了样品混合物中不同组分的分离。
>
> 高效液相色谱法的主要优点是整个过程在室温下进行。使用气相色谱时,样品必须首先气化,并使其通过一个加热的色谱柱。因此,任何对高温敏感的物质可能无法通过色谱柱。在这种情况下,分析人员可以选择高效液相色谱法。有机炸药一般是热敏的,因此更适合用高效液相色谱法分离。同样,热敏毒品LSD,也可以通过高效液相色谱分析。

分光光度法分析

电磁辐射吸收

就像一种物质可以吸收可见光产生颜色一样,电磁波谱中的许多不可见辐射也会被吸收。这种吸收现象是分光光度法的基础,**分光光度法**[16]是化学分析的重要分析技术。分光光度法测量某一物质吸收波长或频率的辐射量。

我们已经在第十章关于颜色的描述中得知,一个物体并不会吸收它所接触到的所有可见光;会选择性地吸收一些频率,并反射或传播其他频率。同样,化

---

[16] 分光光度法:一种通过物质对不同波长光的选择性吸收来对其鉴定的分析方法。

学物质对其他类型电磁辐射的吸收也是有选择性的。这存在一些关键问题：为什么一种特定的物质只在某些频率吸收，而不在其他频率吸收？这些频率是可预测的吗？答案并不简单。科学家们发现很难精确地预测任何一种物质吸收电磁波谱特定区域的所有频率。然而，已知的是，一种化学物质吸收辐射光子的频率与该物质的能量需求相对应，如公式(10-4)所定义。不同的物质有不同的能量需求，因此吸收的频率也不同。对分析人员重要的是，这些吸收频率是可测量的，可以用来表征一种物质。

一种物质的选择性吸收是用分光光度计来测量的。分光光度计会产生一个吸收光谱，以波长或频率的函数来描述光的吸收情况。对紫外、可见和红外辐射的吸收特别适用于获得有关有机或含碳物质鉴定的定性数据。

对单一波长或频率的光的吸收不是百分之百的——一些辐射会被物质透射或反射。一种物质吸收多少辐射由比尔定律的基本关系式定义，如式(12-1)所示：

$$A = kc \qquad (12-1)$$

式中，A 代表以单一频率下光的吸收或光量，c 是吸收物质的浓度，k 是比例常数。这一关系表明，在任何频率上被吸收的光量与吸收物质的浓度成正比；吸收物质越多，吸收的辐射就越多。通过定义吸光度和浓度之间的关系，比尔定律允许分光光度法作为一种定量技术。

> **走进科学**
>
> ### 分光光度计
>
> 分光光度计可以测量并记录化学物质的吸收光谱。一个简单的分光光度计的基本组成是相同的，无论它是被设计用来测量紫外光、可见光还是红外光的吸收。这些组件如图所示。它们包括：(1) 辐射源，(2) 单色器或频率选择器，(3) 样品保持器，(4) 将电磁辐射转换为电信号的检测器，(5) 产生信号记录的记录器。
>
> 辐射源的选择须根据所需要的辐射类型来确定。对于可见光辐射，一个普通的钨丝灯泡即可提供一个简便的辐射源。在紫外光区域，通常使用氢气或氘放电灯，而红外光源则通过加热含有稀土氧化物混合物的模压棒来提供辐射源。

单色器[17]的功能是从**单色光源**[18]中选择单一波长或频率的光。一些廉价的分光光度计使光通过彩色玻璃滤光片来除去光束中除所需波长范围外的所有辐射。而更精确的分光光度计则使用棱镜或衍射光栅将辐射分散为其组成的波长或频率。[19]当分散的辐射聚焦在一个只允许选定波长通过的狭缝上时，就得到了所需的波长。

　　大多数实验室红外分光光度计使用傅里叶变换分析来测量物质在红外光谱中吸收的光的波长。这种方法不是通过使用一些色散元件来从光源中选择单一波长或频率的光，相反，迈克尔逊干涉仪是傅里叶变换红外（FT-IR）光谱仪的核心。干涉仪利用一个光束分离棱镜和两个反光镜（一个可活动的和一个固定的），将光线指向样本。当波长通过样本到达探测器时，它们会同时被测量。通过傅里叶变换方法的数学计算来解码测量信号和记录波长数据。这些傅立叶计算可由计算机快速完成。在几秒钟内，计算机操作的 FT-IR 仪器可以产生与棱镜仪器相兼容的红外吸收图谱。

　　样品制备须根据研究的辐射类型来确定。获得紫外光和可见光区域的吸收光谱通常需要将样品溶解在适当溶剂中。由于储存溶液的器皿必须对被用于测量的光线有足够的透明度，因此玻璃皿一般用于可见光区域，而石英皿则用于紫外光区域。实际上，所有物质都在红外光谱的某个区域被吸收，因此必须改进采样技术来测量该光谱区域的吸收；常用的一个方法是使用氯化钠或溴化钾作为的特殊载体，因为它们不会吸收电磁光谱中具有较宽范围的红外光部分。

　　检测器通过测量通过样品的辐射量来将其转换成电信号。紫外和可见分光光度计使用的探测器为光电管探测器。当光子撞击管表面产生与通过样品的光强度成正比的电流时，信号就会产生。当这个信号与空白样品传输到探测器的光线强度相比较时，物质的吸光度可以在选定光线的每个波长或频率上确定。然后，从检测系统发出的信号被输入到一个记录器中，记录器绘制出吸光度作为波长或频率的函数。现代的分光光度计可以自动追踪整个吸收光谱。

---

　　[17] 单色器：将复合光分解成单色光。
　　[18] 单色光源：单一波长或频率的光。
　　[19] 衍射光栅是通过在玻璃等透明表面刻划数千条平行线制成的。当光线穿过线条之间狭窄的间隔时，它会扩散开来，产生类似于棱镜形成的光谱。

第十二章 毒 品　　**415**

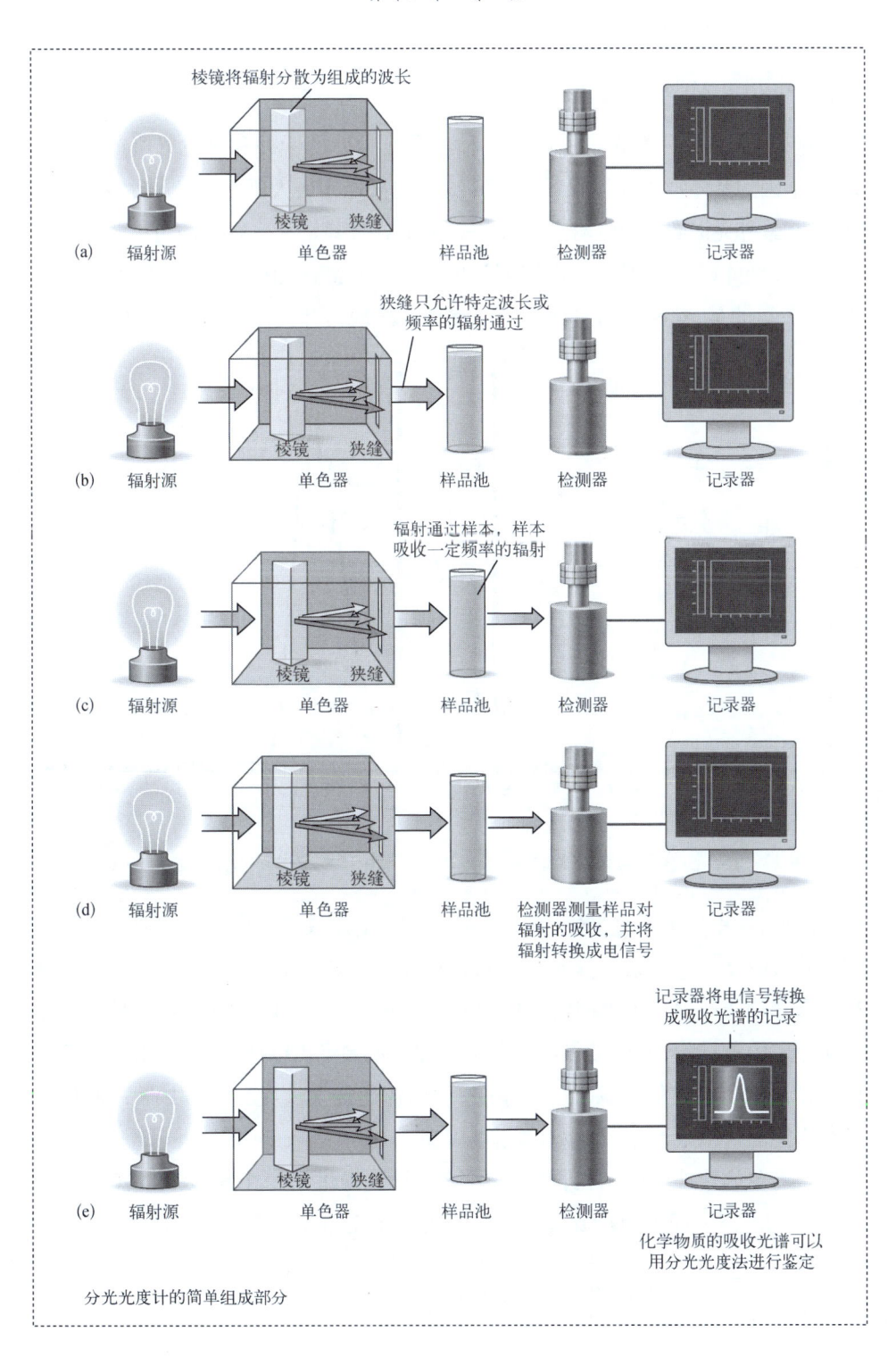

(a) 辐射源　单色器（棱镜将辐射分散为组成的波长；棱镜、狭缝）　样品池　检测器　记录器

(b) 辐射源　单色器（狭缝只允许特定波长或频率的辐射通过）　样品池　检测器　记录器

(c) 辐射源　单色器　样品池（辐射通过样本，样本吸收一定频率的辐射）　检测器　记录器

(d) 辐射源　单色器　样品池　检测器（检测器测量样品对辐射的吸收，并将辐射转换成电信号）　记录器

(e) 辐射源　单色器　样品池　检测器　记录器（记录器将电信号转换成吸收光谱的记录；化学物质的吸收光谱可以用分光光度法进行鉴定）

分光光度计的简单组成部分

紫外,可见和红外分光光度法

紫外[20]和可见分光光度法测量一种波长或频率的紫外和可见光吸光度。例如,海洛因的紫外吸收光谱显示了 278 纳米波长处的最大吸收带(见图 12-16)。这表明,紫外光谱的简单性有助于作为一种工具来确定某一物质的可能特性。例如,一种白色粉末可能具有与海洛因类似的紫外光谱,因此可以将其暂定为海洛因。(幸运的是,糖和淀粉是海洛因的常见稀释剂,它们对紫外光不吸收。)

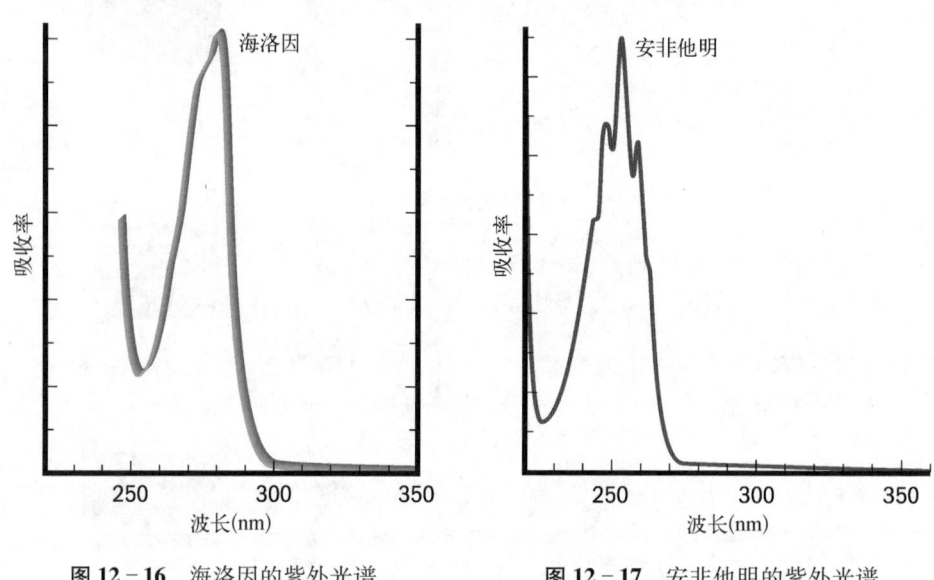

图 12-16 海洛因的紫外光谱

图 12-17 安非他明的紫外光谱

然而,这项技术不会提供明确的结果;其他毒品或物质可能有类似于海洛因的紫外吸收光谱。但紫外分光光度法常用于确定毒品的可能身份。例如,如果一种未知物质产生一个类似安非他明的紫外光谱(见图 12-17),数千种物质立即从考虑中被排除,分析员可以从相对较少的可能性中开始识别该物质。紫外毒品光谱的全面收集提供了一个索引,可以快速搜索,以便初步识别一种毒品,或在不能的情况下,至少排除对某些毒品的考虑。

与简单的紫外光谱相比,**红外**[21]区域的吸收提供了一个更复杂的图案。图 12-18 为海洛因和司可巴比妥的红外光谱。在这里,吸收带是如此之多,以至

---

[20] 紫外:在可见光谱中频率比蓝紫光高的不可见光。
[21] 红外:在可见光谱中频率比红光低的不可见光。

于每个光谱都可以提供足够的特征来特异性地识别一种物质。不同的物质具有不同的红外光谱;因此,每个红外光谱都相当于该物质的"指纹",而不是其他物质。这种技术是法庭科学专家所能得到的为数不多的可被认为是专门用于鉴定的检测方法之一。数以千计的化合物的红外光谱已被收集、索引和编目,为鉴定物质提供了宝贵的参考。

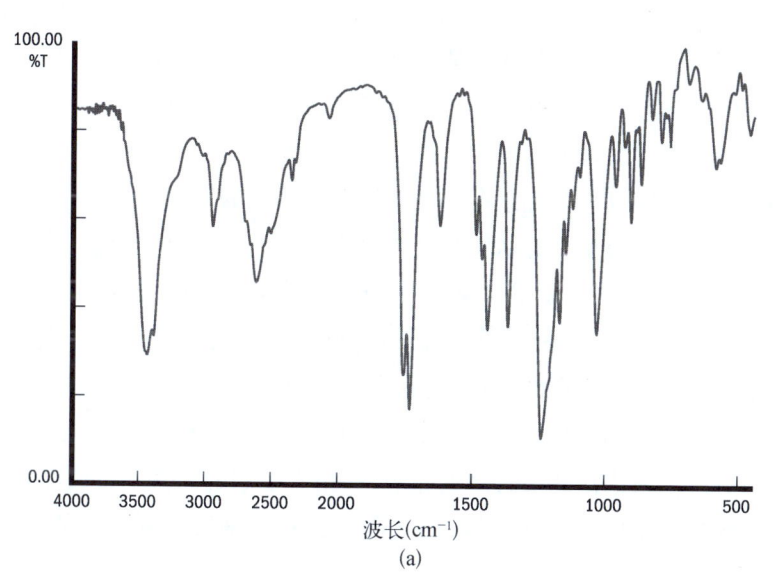

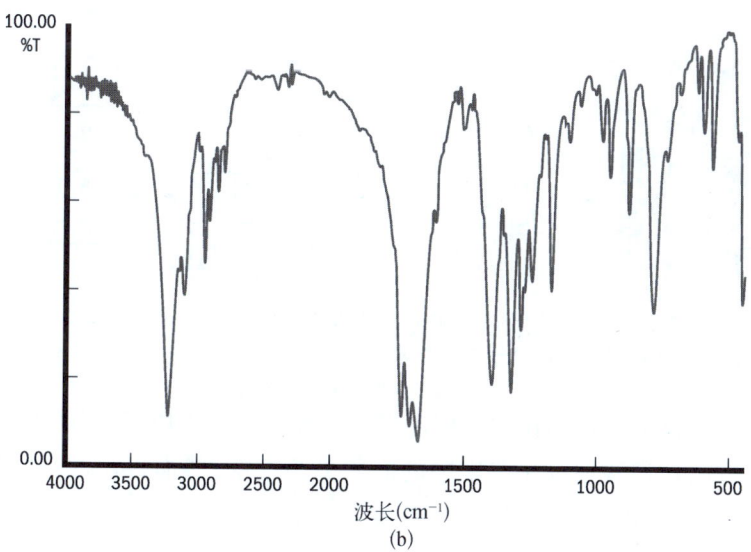

图 12-18 (a)海洛因的红外光谱;(b)司可巴比妥的红外光谱

质谱分析法

上一节讨论了气相色谱仪的操作。这个仪器是犯罪实验室里最重要的工具之一。其分离复杂混合物成分的能力是无与伦比的。然而,气相色谱仪有一个重要的缺点——不能产生特异性的识别。法庭科学专家不能仅仅根据气相色谱仪所确定的保留时间就明确地说明对物质的鉴定。幸运的是,将气相色谱仪与质谱仪相结合已经在很大程度上解决了这个问题。

混合物组分的分离首先是在气相色谱仪上完成的。气相色谱柱和质谱仪之间的直接连接使得每个组分从气相色谱仪中出来时都能流入质谱仪。在质谱仪中,待测物质进入一个高度的真空室,在那里一束高能电子瞄准样品分子。电子与分子碰撞,导致它们失去电子而获得正电荷(通常称为**离子**[22])。这些带正电荷的分子或离子是不稳定的,或者是在能量过剩的情况下形成的,并且几乎在瞬间分解成无数更小的碎片。然后这些碎片通过一个电场或磁场,在那里它们根据质量被分离。质谱法的独特之处在于,在精心控制的条件下,没有两种物质产生相同的碎片。本质上,我们可以把这种模式看作是被检测物质的"指纹"(见图 12-19)。

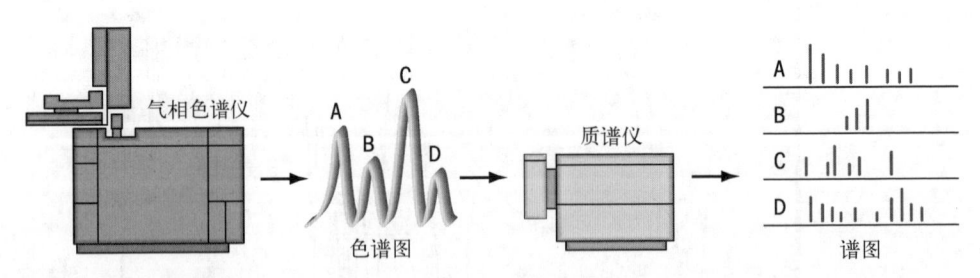

图 12-19 GC/MS 是如何工作的。气相色谱仪将样品从左到右分离成各组分,然后通过质谱仪产生的特征破碎图谱对各组分进行电离和鉴定。

因此,该技术为识别化学结构提供了一种特定的手段,对极小的浓度也很灵敏。目前,质谱法在毒品鉴定中的应用最为广泛;然而,进一步的研究预计将产生重要的应用,以识别其他类型的实物证据。图 12-20 为海洛因和可卡

---

[22] 离子:带有正电荷或负电荷的原子或分子。

因的质谱图;每条线代表不同质量的碎片(实际上是质量与电荷的比率),线的高度反映了每个碎片的相对数量。注意海洛因和可卡因的碎裂模式有多么不同。每个质谱对每种毒品都是独特的,因此可以作为识别毒品的特异性分析。

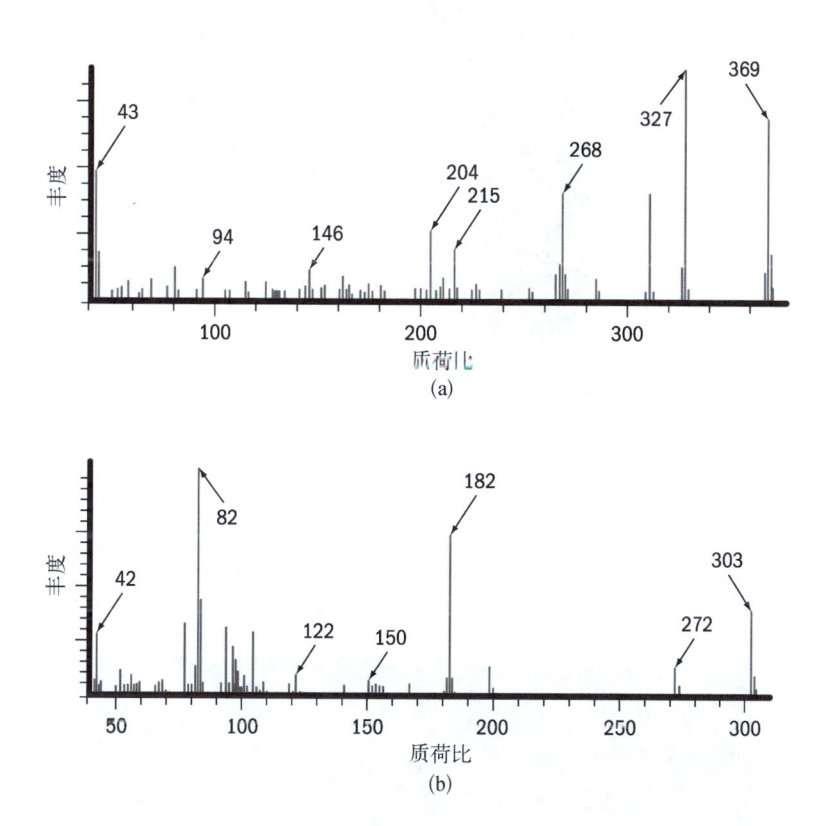

图 12-20 (a) 海洛因的质谱图;(b) 可卡因的质谱图

在体系中加入计算机后,气相色谱仪和质谱仪的结合进一步增强。集成的气相色谱仪/质谱仪/计算机体系提供了决定性的速度,准确性和灵敏度。由于能够记录和存储数百个质谱,这样的系统可以检测和识别仅以微克的质量存在的物质。此外,可以对计算机进行编程,将未知谱图与存储在其存储器中的全面质谱库进行比较。个人电脑和微电路的出现使设计小型质谱仪系统成为可能。这样的单元如图 12-21 所示。研究级质谱仪在实验室中通常作为较大的落地式仪器使用(见图 12-22)。

图 12-21 台式质谱仪。(1) 将样品注入加热的入口处,载气将其扫入柱内。(2) 气相色谱柱将混合物分离成其组分。(3) 在离子源中,一根灯丝发出的电子撞击样品分子,使它们在离开气相色谱柱时破碎。(4) 四极杆,由四根平行杆组成,根据碎片的质量将它们分开。(5) 检测器可以对通过四极杆的碎片来进行计数。但信号很小,必须放大。(6) 数据系统负责整个 GC/MS 系统的全面控制。它检测和测量每种碎片的量,并显示质谱图

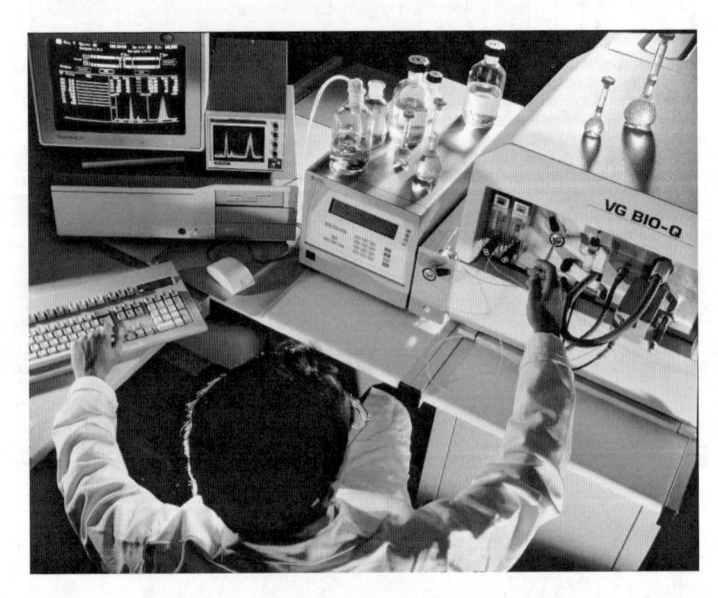

图 12-22 科学家将样本注入研究级质谱仪

章节小结

毒品可以被定义为一种天然或合成的物质,用于对人类或其他高级动物产生生理或心理影响。

麻醉药品毒品具有镇痛作用,意味着可通过抑制中枢神经系统来缓解疼痛。反复摄入麻醉药品毒品会导致生理依赖。麻醉药品毒品最常见的来源是鸦片。吗啡很容易从鸦片中提取出来,用来合成海洛因。美沙酮和奥施康定(氧可酮)尽管不是从鸦片或吗啡中提取的,但它们对身体的生理作用与鸦片麻醉药品相同。另一类毒品是致幻药品;大麻在这类毒品中最为著名。致幻药品会引起情绪、态度、思维和感知的显著变化。大麻也是这类毒品中最具争议的一种,因为它对健康的长期影响在很大程度上仍是未知的。其他致幻药品包括 LSD、美斯卡灵、PCP、裸盖菇素和 MDMA(摇头丸)。

抑制药品是另一类毒品。这些物质包括酒精、巴比妥酸盐、镇静剂和各种可以嗅吸的物质,如航模黏合胶和模型胶合剂。兴奋药品包括安非他明,有时被称为"兴奋"或"速度",以及可卡因,可以通过精练得到"快克"。"俱乐部毒品"是指在夜总会、酒吧、狂欢聚会(通宵舞会)等场所的合成毒品。经常被用作俱乐部毒品的物质包括 MDMA(摇头丸)、GHB(伽马羟基丁酸)、洛喜普诺(迷奸药)、氯胺酮和甲基苯丙胺等。还有一类毒品是合成类固醇,是一种合成化合物,在化学上与男性激素睾酮有关。想要加速肌肉生长的人会经常摄入合成类固醇。联邦法律根据毒品的潜在用途、潜在的生理和心理依赖以及医疗价值,对受管控的危险物质制定了五个分类表。

毒品的封装必须防止毒品的丢失或交叉污染。通常,缉获毒品的原始容器就足以满足这些要求。疑似含有挥发性溶剂的样品,如通过嗅吸的胶状毒品,必须包装在密封容器中,以防止溶剂蒸发。

面对未知待测物可能是成千上万种常见毒品中的任何一种的预期,分析人员必须采用筛选试验,以减少这些可能性,使其减少到一个较小的可操作数字。选择分析技术时的另一个考虑因素是需要定性或定量的测定。前者只与物质的特性有关,而后者则需要确定混合物的组成成分的百分比。

色谱法、分光光度法和质谱法都是法庭科学专家用来鉴别或比较有机或含碳物质的方法。色谱法是分离和初步鉴定混合物成分的一种方法。分光光度法是研究化学物质对光的吸收。质谱分析通过观察分子与高能电子束碰撞后的碎裂模式来表征分子。气相色谱根据混合物在液体固定相和气体流动相之间的分布来分离混合物。在气相色谱中，流动相实际上是一种气体，称为载气，它流经色谱柱。固定相是包含在色谱柱内的一层液体薄膜。当混合物穿过色谱柱后，它被分离成各组分。这种分离的记录称为色谱图。气相色谱柱和质谱仪之间的直接连接允许每个组分在从气相色谱中出来时流入质谱仪。高能电子对每个成分的破碎会产生被检测物质的"指纹"图案。

适用于法庭科学其他形式的色谱是高效液相色谱（HPLC）和薄层色谱（TLC）。高效液相色谱法使用固定相和流动相分离化合物，用于对温度敏感化合物。薄层色谱使用一种固体固定相（通常涂在玻璃板上）和一种液体流动相来分离混合物中的组分。大多数法庭科学实验室使用紫外（UV）和红外（IR）分光光度计来表征化合物。与简单的紫外光谱相比，红外区域的吸收提供了一个更为复杂的图案。不同的物质具有不同的红外光谱；因此，每个红外光谱就相当于该物质的"指纹"。要达到这一目的，通常要对物质进行一系列比色测试，以产生较常见的非法毒品的特征颜色。一旦完成初步分析，就进行证明。法庭科学专家使用一种特异性的测试方法来识别一种毒品，而不考虑其他已知的化学物质。通常，红外分光光度法或质谱法被用来特异性地鉴别毒品物质。

问题回顾

1. 判断正误：潜在的情绪因素是导致反复吸毒的主要动机。_____
2. 酒精、海洛因、安非他明、巴比妥酸盐和可卡因等毒品在反复摄入时可导致（高/低）程度的心理依赖。
3. 对毒品（心理/生理）依赖的发展表现为戒断症状，如吸毒者中断毒品供给时发生抽搐。
4. 判断正误：巴比妥类毒品会导致生理依赖。_____
5. 判断正误：反复摄入 LSD 会导致生理依赖。_____
6. 生理依赖只有当吸毒者坚持_____期毒品摄入时才会产生。
7. 麻醉类毒品可以_____即_____中枢神经系统。
8. _____是一种黏稠的乳汁，从未成熟的罂粟荚上的切口渗出。
9. 鸦片的主要成分是_____。
10. _____是吗啡的化学衍生物，由吗啡与乙酸酐反应制成。

第十二章　毒　品　423

11. _____是一种合法制造的毒品,在化学上与海洛因有关,并被大量使用。
12. 判断正误:美沙酮被归类为麻醉类毒品,尽管它不是从鸦片或吗啡中提取的。_____
13. 引起情绪、态度、思维和认知显著改变的毒品被称为_____。
14. _____是从大麻植物中提取的黏性树脂。
15. 大麻的主要致幻成分是_____。
16. 判断正误:大麻制剂的效力取决于混合物中不同植物部分的比例。_____
17. THC浓度最高的大麻制剂为_____。
18. LSD是_____的化学衍生物,是一种从生长在某些草和谷物上的麦角菌中提取的化学物质。
19. 毒品苯环己哌啶经常在_____实验室制造用于非法毒品市场。
20. 酒精(刺激/抑制)中枢神经系统。
21. _____被称为"镇定剂",因为它们会抑制中枢神经系统。
22. 苯巴比妥是一种(短效/长效)作用的巴比妥酸盐。
23. _____是一种强大的镇静和肌肉松弛剂,具有巴比妥酸盐的许多抑制特性。
24. _____和_____毒品用于缓解焦虑和紧张而不会催眠。
25. 判断正误:嗅吸胶合剂会刺激中枢神经系统。_____
26. _____是一组刺激中枢神经系统的合成毒品。
27. (口服/静脉注射)是安非他明危害最大的摄入方式。
28. 在非法毒品市场中,越来越多的安非他明来自_____毒品实验室。
29. _____是从古柯植物的叶子中提取的。
30. 传统上,可卡因通过_____进入鼻孔。
31. 判断正误:可卡因是一种强大的中枢神经抑制药品。_____
32. 通常与性侵案件相关的两种毒品是_____和_____。
33. _____类固醇用于促进肌肉生长的同时也会伴随有害的副作用。
34. 联邦毒品管控法被称为_____。
35. 联邦法律为危险毒品的管控制定了_____种分类表。
36. 没有公认医疗用途的毒品列在第_____类表中。
37. 利眠宁和安定药列在第_____类表中。
38. _____分析描述了一种物质的身份,_____分析涉及一种物质数量的测定。

39. 判断正误：比色分析用于对毒品进行决定性的鉴定。_____
40. _____比色分析试剂在海洛因存在的情况下会变为紫色。
41. _____比色分析试剂在安非他明存在的情况下会变为橙黄色。
42. Duquenois-Levine 分析是一种十分有效的_____比色分析方法。
43. _____分析是一种常用的可卡因比色分析方法。
44. _____分析通过毒品与特定试剂混合时形成的晶体的大小和形状来进行毒品的初步鉴定。
45. 一种混合物的组分可以通过_____技术分离。
46. 物质通过气相色谱柱所需的时间是一个有用的识别特征，称为_____。
47. _____是一种使用液体流动相和固体固定相来分离混合物的技术。
48. 判断正误：薄层色谱分析可以对一种物质进行有效的鉴定。_____
49. 由于大多数化合物是无色的，所以薄层显影的最后一步通常需要它们通过喷洒化学试剂来_____。
50. 判断正误：颜色通常表明物质有选择性地吸收光线。_____
51. 化学物质对光的吸收的研究被称为_____。
52. （紫外/红外）吸收光谱提供了化学物质的独特"指纹"。
53. 气相色谱仪和_____，可以分离出毒品混合物的成分，然后精确地识别混合物中存在的每一种物质。
54. 物质对电磁辐射的选择性吸收（能/不能）被用作鉴定的辅助手段。
55. _____吸收光谱对于每种毒品都是独特的，因此是一种特异性的分析方法。
56. _____技术是将分子暴露在高能电子束下使其破碎。
57. 判断正误：质谱通常被认为是鉴别化学物质的一种特殊手段。_____
58. 所有含有毒品的封装袋在送往实验室前必须有供警察识别的明显标记，以保持_____。

走进科学问题回顾

1. 判断正误：亨利定律描述了挥发性化合物在液相和气相之间的分布。_____
2. 气体在液体中的溶解度（越高/越低），它在液体中溶解的可能性越大。

3. 判断正误：为了进行色谱分析，一个相必须在固定相上持续向一个方向流动。_____

4. 根据混合物在液体固定相和气体流动相之间的分布来将其分离的技术是_____。

5. 斑点在薄层板上流动的距离可以用一个称为_____值的数值来表示。

6. 高效液相色谱法的一个主要优点是整个过程在_____温度条件下进行。

7. 根据_____定律，一种物质吸收的辐射量与它的浓度成正比。

8. _____是用来测量和记录化学物质的吸收光谱的仪器。

9. _____的功能是从分光光度计发出的光源中选择单一频率的光。

应用与批判性思考

1. 一个长期摄入某种毒品的人，突然发现自己无法获得更多的该种毒品。他表现得神经紧张、情绪急躁、过度活跃。他似乎不顾一切地想要找到更多的毒品，但却没有表现出疾病、疼痛或其他外在的生理不适。根据他的行为，他可能摄入了什么毒品？请回答解释。

2. 以下是对某类毒品吸毒者的典型行为描述。对于每种描述，指出诱发该行为最具特征的毒品种类（如麻醉药品、兴奋药品等），同时至少写出一种产生所述效果的毒品名称。

   a. 口齿不清、反应迟钝、判断力受损、协调能力下降。

   b. 强烈的情绪反应、焦虑、感知发生变化。

   c. 警觉、充满自信和力量、语速和动作变快、食欲下降。

   d. 嗜睡、强烈的快感、疼痛缓解。

3. 以下是对四种假定毒品的描述。根据《物质管控法案》，每种物质应按什么毒品分类？

   a. 这种毒品具有很高的心理依赖风险，目前已在美国有公认的医疗用途，销售该类毒品无须向美国缉毒局报告。

   b. 这种毒品在美国具有医疗用途，不受生产指标的限制，可以在没有许可证的情况下出口。

   c. 这种毒品必须存放在保险库或保险箱中，需要单独地记录保存，并可根据处方分发。

d. 这种毒品未经许可不得进口或出口,受生产指标的限制,目前在美国没有医疗用途。

4. 一名警察拦住了一名开车不稳的司机,他注意到汽车前座上有一袋白色粉末,他怀疑其中含有海洛因。警官把包拿给你,你是当地犯罪实验室的法庭科学专家。说出一种你可能会进行的检测海洛因存在的筛选试验。假设粉末检测出海洛因阳性,你下一步该怎么做?

5. 下图是巴比妥酸盐混合物的色谱图。根据该图,回答以下问题:

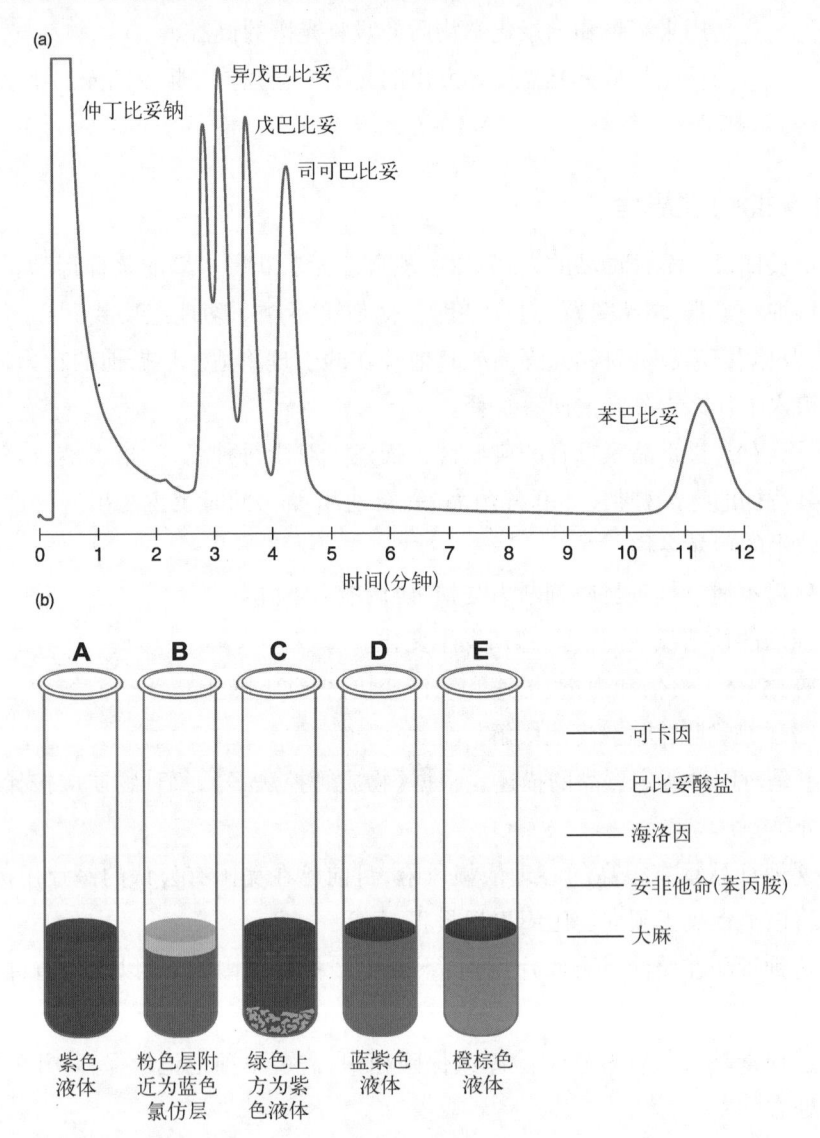

(a)

仲丁比妥钠
异戊巴比妥
戊巴比妥
司可巴比妥
苯巴比妥

时间(分钟)

(b)

A　B　C　D　E

―― 可卡因
―― 巴比妥酸盐
―― 海洛因
―― 安非他命(苯丙胺)
―― 大麻

A 紫色液体
B 粉色层附近为蓝色氯仿层
C 绿色上方为紫色液体
D 蓝紫色液体
E 橙棕色液体

a. 哪种巴比妥酸盐通过色谱分析检测具有最长的保留时间？

b. 哪种巴比妥酸盐具有最短的保留时间？

c. 异戊巴比妥的保留时间大概是多少？

6. 警方在调查一个可能藏有非法毒品的仓库时，收集到了各种毒品。这些毒品通过假定的比色分析来确定其可能的身份。下图所示的试管显示阳性的比色分析。将右边的毒品与左边的比色分析相匹配，并对该分析方法命名。

参考文献与延伸阅读

Bono, J. P., "Criminalistics — Introduction to Controlled Substances," in S. B. Karch, ed., Drug Abuse Handbook, 2nd ed. Boca Raton, FL: CRC Press, 2007.

Brinsko, K. M., et al., A Modern Compendium of Microcrystal Tests for Illicit Drugs and Diverted Pharmaceuticals, Compendium, http://mcri.org/uploads/A_Modern_Compendium_of_Microcrystal_Tests.pdf

Christian, D. R., and S. Bell, "Seized Drug Analysis," in S. H. James, J. J. Nordby, and S. Bell, eds., Forensic Science: An Introduction to Scientific and Investigative Techniques, 4th ed. Boca Raton, FL: CRC Press, 2014.

Siegel, J. A., "Forensic Identification of Controlled Substances," in R. Saferstein, ed., Forensic Science Handbook, vol. 2, 2nd ed. Upper Saddle River, NJ: Prentice Hall, 2005.

Smith, F., and J. A. Siegel, eds., Handbook of Forensic Drug Analysis. Boca Raton, FL: CRC Press, 2005.

第十三章

法医毒理学

学习目标

13.1 解释酒精是如何被血液吸收并输送到全身，以及如何被氧化代谢和排泄的

13.2 描述酒精通过肺部呼吸被排出体外的过程

13.3 讨论确定酒精中毒的方法

13.4 讨论血液酒精的分析方法

13.5 说明国家公路交通安全管理局所提出"默示同意"法如何解决针对血液酒精法的宪法性问题

13.6 描述法医毒理学家的作用以及他们用以鉴定物证的技术

13.7 说明如何将药物鉴定专家程序与法医毒理学结果协调起来

关键术语

Absorption	吸收	fuel cell detector	燃料电池检测仪
Acid	酸性	metabolism	代谢
Alveoli	肺泡	oxidation	氧化
Anticoagulant	抗凝剂	pH scale	pH
Artery	动脉	preservative	防腐剂
Base	基底	toxicologist	毒理学家
Capillary	毛细血管	vein	静脉
excretion	排泄		

www.pearsonhighered.com/careersresources 网站用以访问本章的 Webextra。

新闻头条
Motherisk 药物检测实验室丑闻

加拿大安大略省患病儿童医院从 2005 年到 2015 年一直在为儿童保护服务机构进行毛发药物测试。医院负责检测的实验室是 Motherisk 药物检测实验室，简称 MDTL。MDTL 是医院 Motherisk 计划的一个方面，该计划向公众和医生提供信息和指导，使其了解发育中的胎儿或婴儿因暴露于药物、化学品、疾病、辐射和环境制剂之中而可能面临的风险。MDTL 最初是一个从事新生儿毛发分析前沿研究的研究实验室。到了 20 世纪 90 年代末，MDTL 收到越来越多来自儿童保护机构的请求，他们要求对毛发样本进行药物使用测试。2001 年，该实验室开始通过各种讲座和研讨会向儿童保护机构推广其毛发测试服务。

2005 年，MDTL 应儿童保护机构的要求测试了 1 500 多个样本，在随后的几年里，这个数字还在继续增加。有时，MDTL 检测也被用于刑事案件，其中一次检测直接导致了这次的独立审查。2014 年 10 月 14 日，安大略省上诉法院批准了两项刑事定罪的上诉，这两项刑事定罪指控一名妇女在 14 个月内给她两岁半的孩子服用可卡因。被告被判有罪的部分原因，来源于对她的孩子所进行的 MDTL 毛发测试结果。辩方传唤了艾伯塔省首席法医办公室的副首席毒理学家，他对 MDTL 的毛发测试方法以及毛发测试结果的解释进行了批评。

基于这一新证据，安大略省政府内阁对实验室及其实践进行了独立审查。独立审查员发现，"Motherisk 药物测试实验室在 2005 年至 2015 年期间使用的毛发

> 药物和酒精测试对于儿童保护和刑事诉讼而言是不充分且不可靠的,并且该实验室不符合国际公认的法医标准。在儿童保护和刑事诉讼中使用实验室的毛发检测证据严重影响了这些诉讼的公正性,需要进行额外的审查[①]。"在这一批评之后,该实验室于2015年被永久关闭。

众所周知,尽管执法机构齐心协力防止非法药物的分销和销售,但每年仍有数以千计的人死于有意或无意的药物使用,还有更多的无辜者因个人在药物影响下的不稳定和经常无法控制的行为而失去生命。但是,人们不应自动地将这些事件归咎于非法药物市场的广泛扩散。例如,仅在美国,药品制造商每年生产的镇静剂和抗抑郁药就足以为每个成年人和儿童提供约40片药。所有的统计和医学证据都表明,酒精是一种合法的非处方药,是西方国家使用最频繁的药物。由于不受控制地使用药物已成为影响社会各阶层的世界性问题,毒理学家的作用便具有了新的附加意义。毒理学家检测和识别体液、组织和器官中的药物和毒物。不仅犯罪实验室和法医办公室等法律机构需要他们的服务,他们还需要进入医院的实验室——在那里,确定药物过量的可能性也许代表着生与死的差别——并负责监测药物和其他有毒物质摄入量的各种卫生设施。主要的例子包括,对接触含铅涂料的儿童进行血液测试,或分析参加美沙酮维持计划人员的尿液。

法医毒理学家的作用仅限于与违反刑法有关的事项。然而,在整个美国,刑事司法系统中提供毒理学服务的责任差别很大。在犯罪实验室独立于法医的系统中,这一责任既可以由其中一人承担,也可以由两人共同承担。然而,一些系统利用政府卫生部门实验室的专门知识,并将这一作用分配给它们。然而,无论哪个设备处理这项工作,其案件量都将反映出社会中使用的药物的流行程度。在大多数情况下,这意味着法医毒理学家要处理大量的与确定体内是否存在酒精有关的请求。

所有的统计和医学证据都表明,酒精——作为一种合法的非处方药——是西方国家使用最频繁的药物。美国交通事故死亡人数的29%,每年近10 900人,都与酒精有关,每年还有200多万人受伤需要住院治疗。高速公路上的死亡人数,以及对生命、肢体和财产造成的数不清的损失,表明了饮酒的危险后果。

---

① "Report of the Motherisk Hair Analysis Independent Review." Report of the Motherisk Hair Analysis Independent Review, 2015.www.attorneygeneral.jus.gov.on.ca/english/about/pubs/lang/.

由于酒精普遍存在于毒物学家的工作中,我们将从更仔细地观察身体如何处理酒精并对酒精作出反应开始。

酒 精 毒 理 学

酒精分析的主题立即使我们面临法医毒理学的主要目标:检测和分离体内的药物,以便确定它们对人类行为的影响。了解身体如何代谢酒精是了解酒精对人类行为影响的关键。这种知识也使得开发测量被怀疑在酒精影响下驾驶的个人体内是否存在酒精以及酒精浓度的仪器成为可能。

酒精代谢

所有进入人体的化学物质最终都会被体内的酶分解,并转化为其他更容易排出体外的化学物质。这种转化过程称为**新陈代谢**[②],包括三个基本步骤:吸收、分布和清除。

吸收[③]**和分布**

酒精,或称为乙醇,是一种无色液体,通常用水稀释后作为饮料饮用。酒精在被饮用后的几分钟内就会出现在血液中,并在被胃和小肠吸收后进入血液的过程中缓慢增加浓度。在吸收阶段,酒精慢慢地进入人体的血液,并被带到身体的各个部位。当吸收阶段结束时,酒精会均匀地分布在身体的含水部分——即身体体积的三分之二左右。脂肪、骨骼和毛发的水分含量都很低,因此酒精含量也很低,而身体其他部位的酒精浓度分布得相当均匀。吸收完成后,血液中的酒精浓度达到了最大值,开始吸收后阶段。然后酒精浓度缓慢下降,直到再次为零。

许多因素决定了酒精被吸收到血液中的速度,包括饮用饮料所需的总时间、饮料的酒精含量、饮用量以及饮酒时胃内食物的数量和类型。由于有如此多的变量,因此很难预测吸收过程需要多长时间。例如,啤酒的吸收速度比水中同等浓度的酒精的吸收速度要慢,这显然是因为啤酒中的碳水化合物。此外,空腹时

---

② 新陈代谢:体内的一种化学物质转化为另一种化学物质,以促进其从体内清除的过程。
③ 吸收:酒精通过胃壁和小肠壁进入血液。

饮用的酒精比胃里有食物时饮用的等量的酒精吸收得更快(见图 13-1)。

完全吸收所需的总时间越长,血液中的酒精浓度峰值就越低。根据多种因素的组合,血液中酒精浓度可能要在饮酒后两到三小时后才能达到最高值。然而,在正常的社交饮酒条件下,从最后一次饮酒到吸收过程完成,需要 30 到 90 min。

清除

当酒精在血液中循环时,身体开始将其清除。酒精通过两种机制被清除:**氧化**[④]**和排泄**[⑤]。几乎所有摄入的酒精(95%~98%)最终都被氧化成二氧化碳和水。氧化几乎全部发生在肝脏内。在那里,在乙醇脱氢酶的作用下,酒精先被转化为乙醛,然后被转化为乙酸。随后,体内几乎所有部位的乙酸都会被氧化,变成二氧化碳和水。

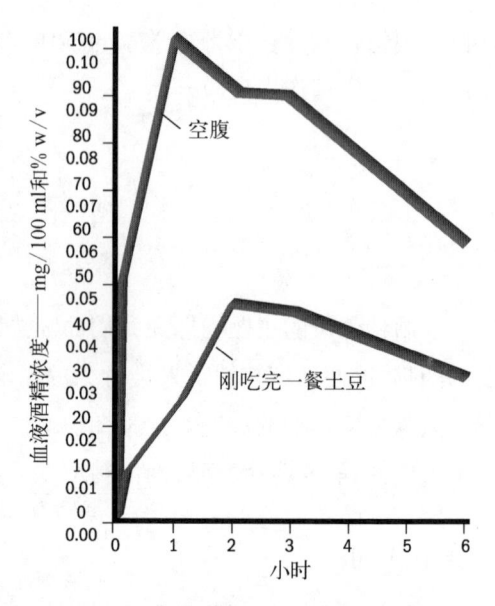

图 13-1 摄入 2 盎司纯酒精混合在 8 盎司水中(相当于约 5 盎司 80 度伏特加酒)后的血液酒精浓度
资料来源:由华盛顿特区美国交通部提供。

剩余的酒精以不变的形式通过呼吸、尿液和汗液被排出体外。最重要的是,呼吸中呼出的酒精量与血液中的酒精浓度成正比。这一发现对血液酒精检测的技术和程序产生了巨大的影响。可靠地测量呼气中酒精含量的仪器的发展,使得以快速、安全和方便的方式对数百万人进行测试成为可能。

> **走进科学**
>
> ### 循环系统中的酒精
>
> 一个人可能受到酒精影响的程度通常是通过测量血液系统中的酒精含量来确定的。通常是通过这两种方式之一来完成的:(1) 通过直接对血液中的酒精含量进行化学分析或(2) 通过测量呼吸中的酒精含量。无论哪种

[④] 氧化:氧与其他物质结合生成新产物的过程。
[⑤] 排泄:酒精以不变的状态从体内被排出;酒精通常通过呼吸和尿液被排出体外。

情况,当研究酒精在循环系统中的运动时,结果的重要性和意义都可以得到更好的理解。

和所有的脊椎动物一样,人类有一个封闭的循环系统,基本上由心脏和无数的动脉、毛细血管和静脉组成。动脉是将血液从心脏输送出去的血管,而静脉是将血液输送回心脏的血管。毛细血管是连接动脉和静脉的微小血管。血液和其他组织之间的物质交换是通过毛细血管的薄壁进行的。循环系统的示意图如图所示。

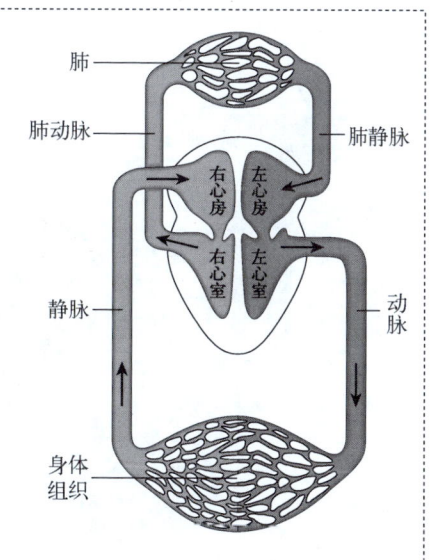

人体循环系统简图。深色血管含有氧化血液;浅色血管含有脱氧血液

摄入和吸收:现在让我们追踪酒精在人体循环系统中的运动。饮酒后,酒精会顺着食道向下移动进入到胃中。大约20%的酒精通过胃壁被血液系统的门静脉吸收。剩余的酒精通过小肠壁进入血液。一旦进入血液,酒精就被运送到肝脏,当血液(携带酒精)到达心脏时,它就开始被破坏。

血液进入心脏的右上腔,被称为右心房(或耳郭),并被迫进入心脏的右下腔,被称为右心室。血液通过组织循环回到心脏,此时的血液中含有很少的氧气和大量的二氧化碳。因此,血液必须通过肺动脉被泵到肺部,以补充氧气。

通气:呼吸系统与肺部的循环系统相连接,因此氧气可以进入血液,二氧化碳可以离开血液。如图所示,肺动脉分支成毛细血管,靠近称为肺泡的梨形小囊。肺包含约2.5亿个肺泡,全部位于支气管末端。支气管与气管(气管)连接,气管通向嘴巴和鼻子(见图)。在肺泡囊表面,流经毛细血管的血液与肺泡囊中新鲜的含氧空气接触。这时,囊中的新鲜空气和血液中的被用过的空气之间进行了快速的交换。氧气通过肺泡壁进入血液,而二氧化碳则从血液中被排放到空气中(见图)。在这种交换过程中,如果酒精或任何其他挥发性物质在血液中,它也会进入到肺泡中。在呼吸过程中,二氧化碳和酒精通过鼻子和口腔被排出,肺泡囊被吸入肺部的新鲜含氧空气所补充,从而使这一过程重新开始。

酒精在血液和肺泡空气之间的分布类似于在第十二章所述的,气体溶解在密闭烧杯中的水的例子。在这里,我们可以再次用亨利定律来解释酒精是如何在空气和血液中自行分配的。亨利定律现在可以重述如下:当挥发性化学物质(酒精)溶解在液体(血液)中并与空气(肺泡呼吸)达到平衡时,空气(肺泡呼吸)中挥发性化合物(酒精)的浓度与液体(血液)中的浓度之间存在固定的比例,并且该比例在给定的温度下是恒定的。

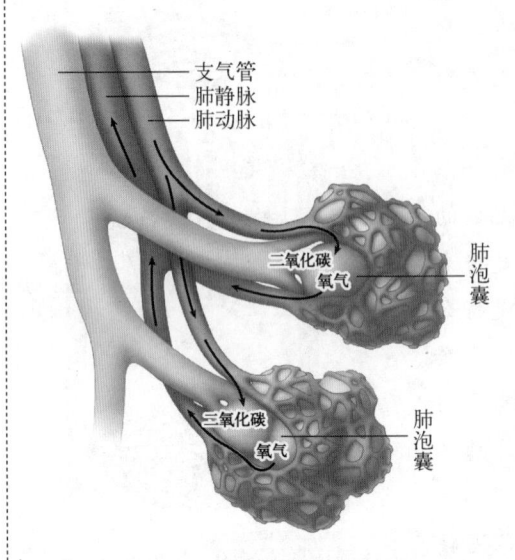

肺部气体交换。血液从肺动脉流入靠近肺泡囊壁的血管。在这里,血液释放二氧化碳并吸收氧气。含氧血液通过肺静脉离开肺部并返回心脏

呼吸离开口腔的温度通常是34℃,在这个温度下,实验证据表明,血液中的酒精含量与肺泡空气中的酒精含量之比约为2 100比1。换句话说,1毫升血液中的酒精含量几乎与2 100毫升肺泡呼吸中的酒精含量相同。亨利定律因此成为将呼吸与血液酒精浓度联系起来的基础。

再循环和分布:现在让我们回到血液循环。含氧血液从肺部出来后,通过肺静脉迅速返回心脏的左上腔(左心房)。当左心房收缩时,它迫使血液通过瓣膜进入左心室,即心脏的左下腔。然后,左心室将新鲜的含氧血液泵入动脉,由动脉将血液输送到身体的各个部位。这些动脉中的每一个依次分支成更小的动脉,最终与嵌入组织中的无数微小**毛细血管**[6]相连。在这里,酒精离开血液并进入组织。然后,血液从毛细血管流入微小的静脉,这些静脉融合形成更大的静脉。这些静脉最终通向心脏,完成循环。

---

[6] 毛细血管:一种微小的血管,血液和组织之间通过它的管壁进行物质交换;它从动脉接受血液并将其输送到静脉。

> 在吸收过程中，动脉血液中的酒精浓度远高于静脉血液中的酒精浓度。一项典型的研究表明，受试者在最后一次饮酒30分钟后，动脉血液中的酒精水平比静脉血液中的酒精水平高出41%。[7] 这种差异被认为是由酒精在早期吸收阶段从静脉血液迅速扩散到身体组织中而导致的。因为进行血液测试需要从手臂抽取静脉血，所以对于可能仍处于吸收阶段的受试者来说，这种测试显然是有利的。然而，一旦吸收完成，酒精就会在整个血液系统中均匀分布。

因此，酒精在体内的命运相对简单——即吸收到血液中，分布在全身的水分中，最后通过氧化和排泄消除。酒精的消除率或"燃尽率"因人而异；每小时0.015% w/v（重量/体积）是吸收过程完成后的平均速率。[8]然而，这个数字是一个平均值，在个体之间变化高达30%。

血液酒精浓度

从逻辑上讲，最明显的衡量醉酒的标准应该是一个人摄入的酒的量。不幸的是，大多数逮捕是在事后进行的，法律当局无法获得此类信息；此外，即使可以收集这些数据，许多相关因素，如体重和酒精在体内的吸收率，都非常不稳定，以至于不可能制定统一的标准，从而为所有人都提供可靠的酒精中毒程度衡量标准。

从理论上讲，要真正确定损害个人正常身体功能的酒精的量，最好的办法是切除一部分脑组织并分析其酒精含量。由于显而易见的原因，这不能在活体上完成。因此，毒理学家专注于血液。血液是酒精在全身循环的媒介，将酒精运送到包括大脑在内的所有组织。幸运的是，实验证据支持这种方法，并表明血液中的酒精浓度与大脑中的酒精浓度成正比。从法医学的角度来看，血液中的酒精含量已经成为将酒精摄入量与其对身体的影响联系起来的公认标准。

如前所述，酒精会均匀地集中在身体的含水部分。这一知识对毒理学家分

---

[7] R. B. Forney et al., "Alcohol Distribution in the Vascular System: Concentrations of Orally Administered Alcohol in Blood from Various Points in the Vascular System and in Rebreathed Air during Absorption," Quarterly Journal of Studies on Alcohol 25 (1964): 205.

[8] In the United States, laws that define blood-alcohol levels almost exclusively use the unit percent weight per volume — % w/v. Hence, 0.015 percent w/v is equivalent to 0.015 gram of alcohol per 100 milliliters of blood, or 15 milligrams of alcohol per 100 milliliters.

析身体中是否存在酒精是很有用的。如果无法获得血液,例如在某些尸检情况下,法医可以选择富含水的器官或体液(例如大脑、脑脊液或玻璃体液)来估计身体的等效酒精水平。

醉 酒 检 测

从实际的角度来看,从疑似受到酒精影响的驾车者的**静脉**⑨中抽血是根本不方便的。考虑到普通警察部门每年必须对数百名嫌疑人进行检测,将每个嫌疑人运送到有医学资质的人可以抽血的地方的需求将是昂贵且耗时的。所使用的方法必须设计成每年对数十万驾车者进行测试,而不会对他们造成过度的身体伤害或不合理的不便,并提供可以在法律体系框架内得到支持和辩护的可靠诊断。这意味着毒理学家必须设计出快速而具体的程序来测量驾驶员的酒精中毒程度,这些程序可以很容易地在现场被实施。

酒精呼气测试

最普遍的快速确定酒精中毒的方法是呼气测试。呼气测试仪只是一个用于收集和测量**肺泡**⑩呼气中酒精含量的设备。酒精从饮酒者的呼气中被没有变化地排出。呼气测试通过测量肺泡呼气中的酒精浓度来测量**肺动脉**⑪中的酒精浓度。因此,呼气分析提供了易于获得并具有快速准确的结果的样本。

在吸收阶段获得的呼吸测试结果可能要比同时分析静脉血得到的结果更高。然而,前者更能反映大脑中的酒精浓度,因此能更准确地反映酒精对受试者的影响。此外,一旦吸收完成,血液测试和呼吸测试之间的差异应该是最小的。

呼吸测试仪

第一个被广泛使用的测量肺泡呼吸中酒精含量的仪器是呼吸酒精检测仪,它是由印第安纳州警察队长 R. F. Borkenstein 于 1954 年开发的。从 20 世纪 70 年代开始,呼吸酒精检测仪被逐步淘汰,取而代之的是其他仪器。与呼

---

⑨ 静脉:将血液输送到心脏的血管。
⑩ 肺泡:肺中的小囊,空气和其他蒸汽通过其管壁在呼吸和血液之间进行交换。
⑪ 肺动脉:将血液从心脏输送出去的血管。

吸酒精检测仪一样,他们假设在口腔温度为 34℃时,血液中的酒精与肺泡呼吸中的酒精之比为 2 100∶1。换句话说,1 mL 血液中的酒精含量几乎与 2 100 mL 肺泡呼吸中的酒精含量相同。与呼吸酒精检测仪不同,现代呼吸测试仪不含化学物质。这些装置包括红外光吸收装置和燃料电池探测器(燃料电池探测器是化学反应产生电能的一种探测器,其在下面的"走进科学"框中描述)。

红外和基于燃料电池的呼气测试仪是由微处理器控制的,因此检测员只需按下启动按钮;呼吸测试仪就会自动通过一系列步骤并读出受试者的检测结果。这些仪器还进行着自我诊断测试,以确定它们是否处于正确的工作状态。

在呼吸检测中的注意事项

这些仪器的一个重要特点是,它们以液体或气体形式与外部酒精标准或模拟器相关联。液体模拟器在水中含有已知浓度的酒精。它被加热到受控温度,液体上方形成的蒸汽被泵入仪器。干气标准通常由已知浓度的酒精与惰性气体混合并在钢瓶中压缩组成。外标法是在采集和记录受试者的呼气样本之前和/或之后由呼气测试仪自动采集的。因此,操作员可以对照已知的酒精标准检查仪器的准确性。

呼吸测试装置准确性的关键是确保该装置捕获到受试者肺泡(即深肺)呼吸中的酒精。这通常是通过对装置进行编程以接受受试者不少于 1.1~1.5 L 的呼吸来实现的。此外,受试者必须以最小呼吸流速(如每分钟 3 L)吹气最少时间(如 6 s)。

刚才描述的呼吸测试仪配备了一个斜率检测器,可以确保呼吸样本是由肺泡呼吸或深肺呼吸所形成。当受试者对着仪器吹气时,呼吸中的酒精浓度会被持续监测。只有当连续的测量值处于预定的变化率范围内时,该仪器才会接受呼吸样本。这种方法确保了样本测量是一种深肺呼吸,并与被测试对象的真实血液酒精浓度密切相关。

呼吸测试操作员必须采取其他措施,以确保呼气测试结果真实反映受试者体内的实际血液酒精浓度。一个主要的考虑因素是避免测量由于反胃、打嗝或最近摄入酒精饮料而导致的"口腔酒精"。此外,近期使用含酒精的漱口水漱口可能会导致口腔酒精的存在。因此,呼出气体中检测到的酒精浓度高于肺泡呼吸中的浓度。为了避免这种可能性,操作员在呼吸测试前至少

15 min 内不得让受试者将任何异物吸入口中。同样,在此期间时操作员应当观察受试者是否有打嗝或反胃的现象。研究表明,口腔中存在的酒精会在 15~20 min 后消散。

对彼此相隔几分钟内采集的独立呼吸样本检测是对呼吸完整性测试的另一项极其重要的检查。相隔几分钟的两个测试之间可以接受一致性显著降低了由操作员、口腔酒精、仪器零件故障和虚假的电信号引起错误的可能性。

走进科学

红外光吸收

原则上,红外仪器的工作原理与第 12 章所描述的分光光度计没有什么区别。图(a)所示为一种结合红外光吸收原理的证据测试仪器。受试者呼吸中存在的任何酒精都会流入仪器的样本室中。如图(b)所示,一束红外线穿过样本室。滤光片用来选择酒精吸收的红外光波长。当红外线穿过样本室时,它会与酒精相互作用,导致光线强度降低。光强度的降低是由光电探测器测量的,该探测器会发出与呼吸样本中的酒精浓度成正比的信号。这些信息由一种电子微处理器处理,血液酒精浓度百分比显示在数字读数器上。大多数红外呼吸测试仪将第二束红外线对准同一个样本室,以检查丙酮或其他化学物质对呼吸的干扰。如果仪器检测到两束红外线相对应的响应值不同,且与乙醇不相符合,操作员就会被立即告知存在"干扰物"。

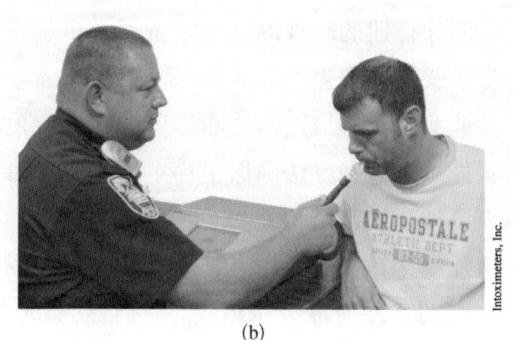

图(a) 一种红外呼吸测试仪——数据主机 DMT
图(b) 受试者向 DMT 呼吸测试仪吹入气体

第十三章 法医毒理学

红外辐射源　样品室　　　滤光片　检测器

红外辐射源　样品室　　　滤光片选择酒精吸收的红外光波长　检测器

红外辐射源　样品室　　　　　　　探测器将红外光转换成与呼吸中酒精含量成比例的电信号

红外辐射源　样品室　　　　　　　检测器　呼吸酒精含量转换为血液酒精浓度，并显示在数字读数器上

红外呼吸测试仪的原理图

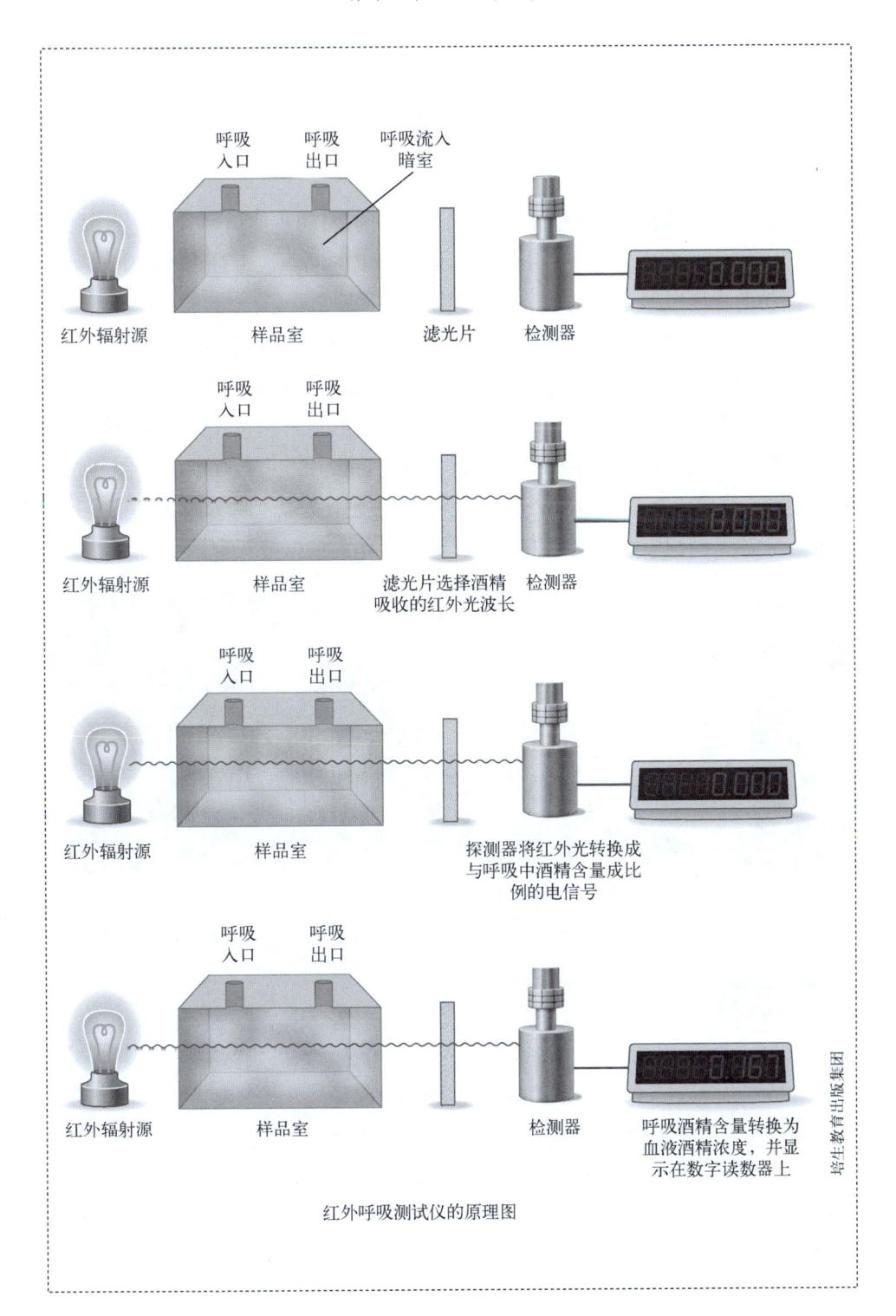

现场清醒度测试

怀疑某人受酒精影响的警官通常会进行一系列初步测试,然后命令嫌疑人接受呼吸或血液检测。这些初步的或现场清醒度的测试通常是为了确定嫌疑人身体损伤的程度以及证据测试是否合理。

现场清醒度测试通常包括一系列心理物理测试和初步呼吸测试(如果此类设备获得授权便可供使用)。如图 13-2 所示,便携手持式路边呼吸测试仪。这是一个口袋大小的设备,它重 5 盎司,并使用燃料电池来测量呼吸样本中的酒精含量。燃料电池从呼吸样本中吸收酒精,将其氧化,并产生与呼吸酒精含量成正比的电流。如图 13-2 所示,在需要更换燃料电池之前,这台仪器通常可以工作数年。它被美国国家公路交通安全管理局批准作为证据呼气测试仪使用。

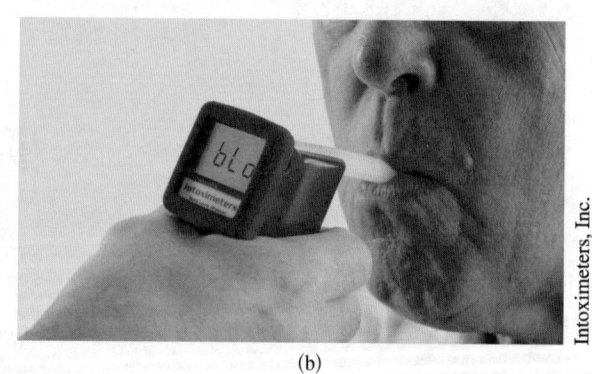

图 13-2 (a) 酒精传感器现场清醒度测试;(b) 受试者向路边呼吸测试仪吹气

走进科学

燃 料 电 池

燃料电池是一种将化学能转化为电能的装置。燃料电池是由含酸或含碱多孔膜隔开的两个铂电极组成。铂丝连接电极,并允许电流在电极之间流动。在酒精燃料电池中,其中一个电极被定位为与受试者的呼吸样本接触。如果呼吸中含有酒精,电极表面的反应就会将酒精转化为乙酸。这种转化过程会产生自由电子,自由电子可以通过连接线流向另一个电极,并与大气中的氧气相互作用形成水(如图所示)。燃料电池还需要氢离子通过酸性多孔膜的迁移来形成完整的电路。两个电极之间的电流强度与呼吸中的酒精浓度成正比。

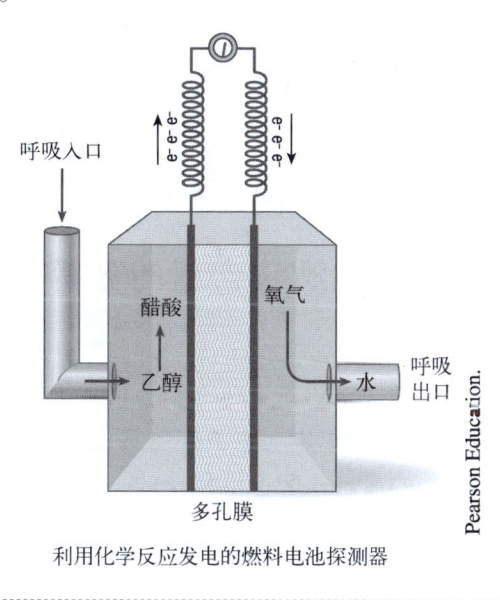

利用化学反应发电的燃料电池探测器

水平凝视眼球震颤、行走和转身以及单腿站立构成了一系列可靠有效的心理物理测试。当眼球向一侧移动时,水平凝视眼球震颤是一种不由自主的抽搐。一个经历眼球震颤的人通常没有意识到抽搐正在发生,也无法停止或控制它。受试者被要求跟随手电筒或其他物体,眼睛尽可能地向一侧移动。一个人喝得越醉,眼球在开始抽搐或眼球震颤之前移动的角度就越小。通常,当一个人的血液酒精浓度在 0.10% 的范围内时,眼球向一侧移动 45°之前就开始抽搐(见图 13 - 3)。

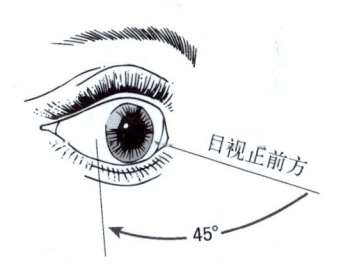

图 13 - 3 当一个人的血液酒精浓度在 0.10% 范围内时,在进行水平凝视眼球震颤测试时,眼球在向一侧移动 45°之前就开始抖动

较高的血液酒精浓度会导致较小角度的抽搐。此外,如果嫌疑人服用了会导致眼球震颤的药物(如苯环利定、巴比妥酸盐和其他镇静剂),眼球震颤的起始角可能会比仅靠酒精所预期的要早得多。

走路、转身和单腿站立都是分散注意力的活动,测试受试者一次理解和执行两个或更多简单指令的能力。血液中酒精含量的增加会显著影响理解并同时执行两条以上指令的能力。行走和转身要求嫌疑人在脚跟到脚趾站立的同时保持平衡,同时听取和理解测试说明。在行走阶段,嫌疑人必须走一条直线,从脚跟到脚趾行走九步,然后在这条直线上转身和重复这一过程。单腿站立要求嫌疑人保持平衡,同时脚跟并拢站立,听指示。在平衡阶段,嫌疑人必须一只脚站立,另一只脚离地面几英寸,保持 30 秒;同时,嫌疑人必须在 30 秒的时间内大声数数。

血液中酒精含量的分析

气相色谱法是法医毒物学家在测定血液中酒精含量时最广泛使用的方法。在适当的气相色谱条件下,乙醇可以与血液中的其他挥发性物质分离。通过将所得的乙醇峰面积与已知的血液乙醇标准相比较,研究人员可以高精度地计算乙醇的含量(见图 13-4)。

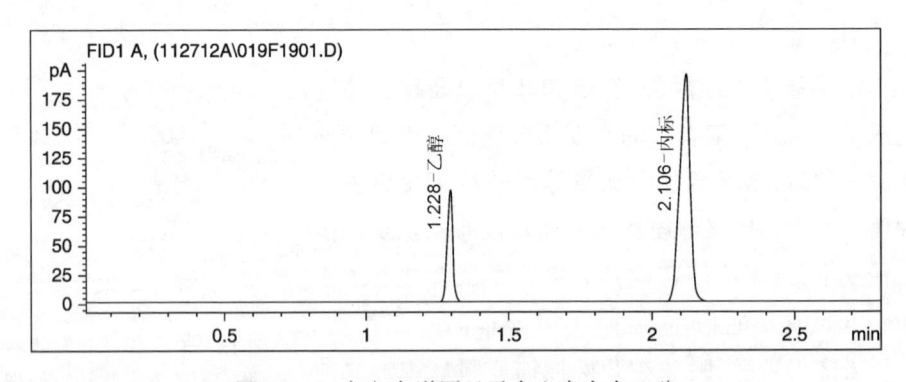

图 13-4 气相色谱图显示全血中含有乙醇

酒精分析的另一种方式是将乙醇氧化成乙醛。该反应是在乙醇脱氢酶和辅酶烟酰胺腺嘌呤二核苷酸(NAD)存在的情况下进行的。随着氧化反应的进行,NAD 被转化为另一种化学物质,NADH。这种转化的程度是由分光光度计测量的,并与乙醇浓度有关。这种检测血液中酒精含量的方法通常与临床或医院环境中使用的仪器有关。相反,法医实验室通常使用气相色谱法来测定血液中乙醇的含量。

血液的采集与保存

血液必须始终由具有一定资质的操作员在可允许的条件下采集。在使用无菌针头或柳叶刀刺入嫌疑人的皮肤之前,应使用非酒精消毒剂。重要的是要排除酒精消毒剂可能无意中导致虚假的血液中酒精含量过高的任何可能性。为此,建议使用非酒精消毒剂,如苯扎氯铵水溶液(zepiran)、氯化汞水溶液或聚维酮碘(betadine)。

一旦血液从个体身上抽取,最好在添加抗凝剂和防腐剂后保存在密封的容器中。血液在送达毒理实验室之前应该储存在冰箱中。添加抗凝血剂有防止凝血的作用,如草酸钾;防腐剂具有抑制能够破坏酒精中微生物的生长能力,如氟化钠。

一项确定活体血液中酒精稳定性的研究发现,影响酒精在血液中稳定性的最重要因素是储存温度、防腐剂的存在和储存时间。[12] 随着时间的推移,没有一份血样显示酒精含量增加。没有将血液冷藏或添加氟化钠会导致酒精浓度大幅下降。较长的储存时间也会降低血液酒精含量。[13] 因此,未能遵守任何适当的血液保存要求是对嫌疑人有利,对社会有害。

采集死后血液样本进行酒精含量测定需要额外的预防措施。由于细菌的作用,死者体内可能会产生乙醇。因此,最好从不同的身体部位采集大量血液样本。例如,血液可以从心脏、腿部股静脉(在腿部)和手臂的肘部静脉部位采集。每个样本应放置在一个干净、密封的容器中,容器内装有抗凝剂[14]和氟化钠防腐剂[15],并应冷藏。如果从同一人采集的所有血液样本中的酒精含量几乎相似,那么可将其完全归因于饮酒。作为血液采集的替代方法,建议采集玻璃体体液和尿液。玻璃体体液和尿液通常不会在死后产生任何明显的酒精。

酒 精 与 法 律

根据宪法,美国的每个州都负责制定和实施规范机动车辆运营的法规。尽

---

[12] G. A. Brown et al., "The Stability of Ethanol in Stored Blood," Analytica Chemica Acta 66 (1973): 271.

[13] N. B. Tisclone, et al., "Long-term Blood Stability in Forensic Antemortem Whole Blood Samples," Journal of Analytical Toxicology 39 (2015): 119.

[14] 一种防止血液凝结或凝固的物质。

[15] 一种阻止血液中微生物生长的物质。

管这样的安排可能会鼓励制定不同的法律来定义允许的血液酒精含量,但事实并非如此。美国医学会和国家安全委员会都在说服各州建立统一和合理的血液酒精标准方面发挥了相当大的影响。

血液—酒精立法

在1939年至1964年间,39个州和哥伦比亚特区参照美国医学会和国家安全委员会的建议颁布了立法,规定血液酒精浓度超过0.15%w/v(w/v为质量/体积)的人将被视为受到了酒精的影响。[16] 然而,持续的实验研究表明,在血液酒精含量远远低于0.15%w/v时,饮酒和驾驶障碍之间存在明显的相关性。根据这些研究的结果,1960年美国医学会和1965年国家安全委员会建议降低假设的酒精浓度标准,个体受到酒精浓度影响的标准为0.10%w/v。2000年,美国联邦法律将血液酒精浓度设定为0.08%,这意味着任何达到或超过这一血液酒精浓度的个体都将被视为醉酒。不需要其他关于酒精损害的证明。0.08%的血液酒精浓度仅适用于非商业性司机,因为联邦政府已将商用卡车和公交车司机的最高允许的血液酒精浓度设定为0.04%。犹他州本身制定了0.05%的法律。

一些西方国家也将0.08%w/v设定为血液酒精浓度,超过该浓度即属违法驾驶机动车。这些国家包括加拿大、意大利、瑞士和英国。芬兰、法国、德国、爱尔兰、日本、荷兰和挪威将血液酒精浓度设定为0.05%。澳大利亚各州已经采用了0.05%的血液酒精浓度水平。瑞典已将血液酒精浓度限值降至0.02%。

如图13-5所示,一个人在血液酒精浓度为0.08%时

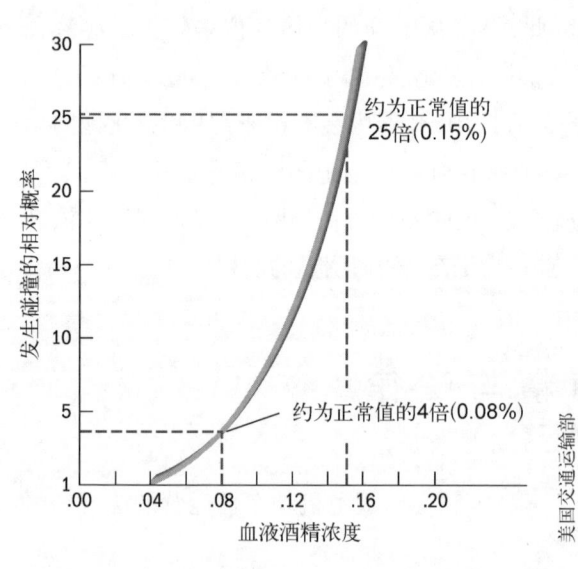

图13-5 与血液酒精浓度相关的驾驶风险增加示意图

---

[16] 0.15 percent w/v is equivalent to 0.15 grams of alcohol per 100 milliliters of blood, or 150 milligrams per 100 milliliters.

发生车祸的可能性大约是一个清醒的人的四倍。在血液酒精浓度为0.15%时，发生车祸的概率是清醒驾驶员的25倍。参照图13-6，读者可以通过体重和80度白酒消耗量的关系来估计血液中的酒精浓度。

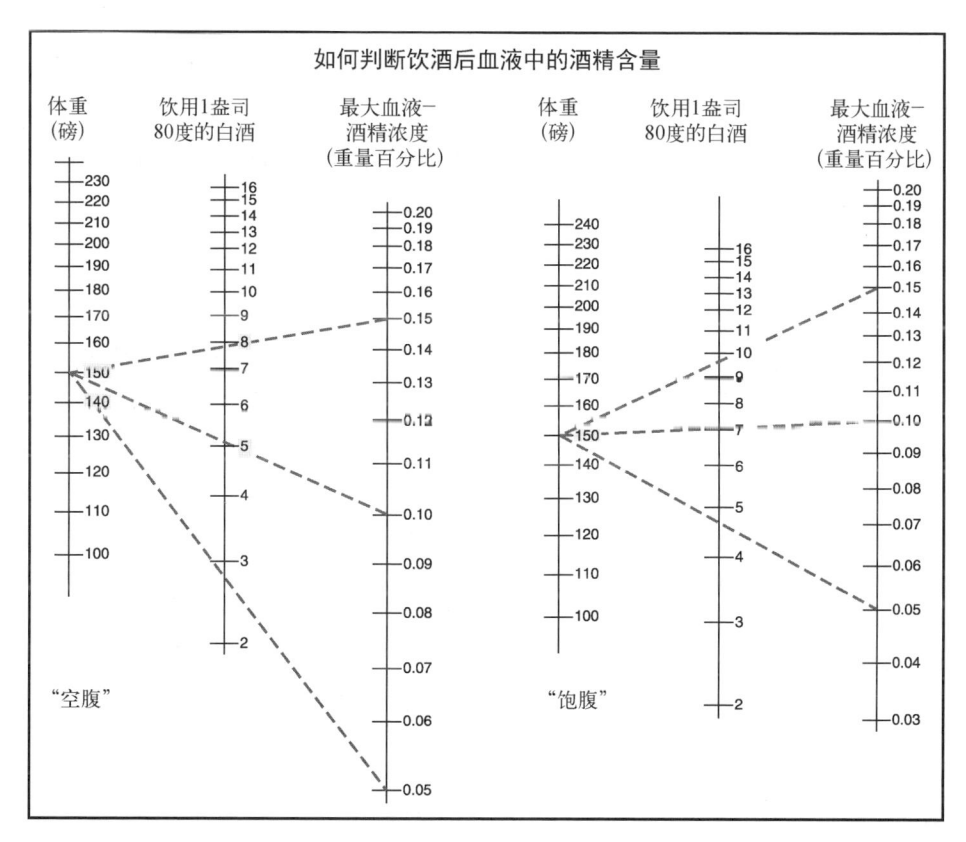

图13-6 若要使用这个图表，应当在你的体重和你在空腹或饱腹时饮酒量两点间作一条直线。该直线落于最右栏的点是为你的最大血液-酒精浓度水平。酒精从血液中排出的速度约为每小时0.015%。因此，若要计算出你的实际血液酒精水平，从饮酒开始每经过一小时，应从最右栏的数字中减去0.015。
资料来源：美国交通部。

宪法议题

美国宪法第五修正案保障所有公民免受自证其罪——即不被强迫承认自己在法律问题上的罪行。为了防止一个人基于自证其罪的宪法理由而拒绝接受酒精中毒测试，美国国家公路交通安全管理局（NHTSA）建议制定一项"默示同意"法。到1973年，所有的州都遵守了这一建议。根据这项法规，在公共高速公路上驾驶机动车时，自动附带的规定是如果被要求，驾驶员必须接受酒精中毒测试，否则在指定的时间内会被吊销执照——通常是六个月到一年。

1966年，最高法院在Schmerber诉加利福尼亚案[17]中讨论了在未经同意的情况下收集嫌疑人血液样本进行酒精测试以及从嫌疑人那里获取其他类型物证的合宪性。Schmerber在洛杉矶一家医院因车祸受伤而接受治疗时，因酒后驾车被捕。一名医生不顾被告的反对，在警方的指示下从Schmerber身上提取了血样。在向美国最高法院提出上诉时，被告辩称，在本案审判中引入该血液测试结果，侵犯了他不得自证其罪的权利。法院裁定被告败诉，理由是第五修正案只禁止强迫嫌疑人提供可能证明自己有罪的"证言"证据；法院裁定，嫌疑人被强迫提供"物证"，如指纹、照片、尺寸和血样，不受第五修正案的保护。

最高法院还处理了在没有搜查令的情况下采集血液样本时Schmerber是否受到不合理的搜查和扣押的问题。在1966年的裁决中，最高法院支持采集血液样本，理由是酒精的体内自然代谢促成了允许无搜查令搜查的紧急情况。在密苏里州诉McNeely案[18]结审47年后，美国最高法院再次在Schmerber一案中讨论了这一问题。在这里，法院解决了这样一个问题，即血液中酒精的体内自然代谢是否可以直接证明无正当理由的搜查和扣押是正当的。法院指出，当下通信技术的进步使警方能够通过电话、电子邮件或电话会议快速获得搜查令。

在那些酒后驾驶调查中，警察可以在抽取血样之前合理地获得搜查令，而不会过于削弱搜查的效力，第四修正案授权他们可以如此……简而言之，虽然血液中酒精的自然代谢可以支持警察在特定情况下作紧急处理，就像警察在Schmerber一案中所做的那样，但并不能一概而论。对醉驾嫌疑人进行无证验血是否合理，必须根据个案情况逐案确定。

WEBEXTRA13.1列出如何计算您的血液酒精浓度；**WEBEXTRA13.2**帮助了解酒精如何影响您的行为。

毒理学家的作用

当法医毒理学家涉足酒精理化分析时，毒理学家就如同遭遇药物和毒品的

---

[17] 384 U.S. 757 (1966).
[18] 133 S. Ct. 932 (2013).

百科全书式迷宫。即使是粗略地讨论毒理学家面临的问题和障碍，也足以让他们对其成就和独创性产生欣赏感。

毒理学家面临的挑战

向毒理学家提供体液和/或器官，并要求检查它们是否存在药物和毒物。如果毒理学家很幸运（这种情况并不常见），可以从受害者的症状、尸检病理检查、对受害者个人物品的检查、附近存在的空药容器、家用化学品中得出一些关于有毒物质类型的线索。如果没有这些支持性信息，毒理学家必须使用一般筛选程序，寄希望于将数千种可能性缩小为一种。

即使这项任务看起来并不特别，毒理学家也应考虑药粉和药丸中达到一定浓度水平的药物是否得到处理。当药物样本送达毒理学实验室时，它已经扩散至全身。尽管药物分析员可能有克或毫克量的材料可供使用，但毒理学家往往只能从体液和器官中仔细提取后才能获得纳克或最多微克量的检材。

此外，人体是一个活跃的化学实验室，较之常人，毒理学家可以更好地分析针对人体的观察结果。很少有物质以相同的化学状态进入并离开身体。被注入体内的药物并不等于从身体组织或检材中提取到的物质。因此，彻底了解身体如何改变或代谢药物的化学结构对于检测起着至关重要的作用。

例如，在人体内竭尽所能地搜寻海洛因，也很难发现其踪迹。这种药物几乎立即代谢为 6-乙酰吗啡，进入血液后代谢为吗啡。即使有了这些信息，除非检查员也知道只有一小部分吗啡以原形于尿液中排出，否则仍然不可能搜寻成功。在大多数情况下，吗啡会在消失于尿液中之前与身体中的碳水化合物发生化学键合。因此，成功检测吗啡需要根据其在体内生物转化的相关知识来计划其提取工作。

另一个可以了解药物如何在体内代谢的例子是对 Anna Nicole Smith 死亡的调查。在她的案例中，镇静剂水合氯醛是导致她死亡的主要原因，通过其活性代谢物三氯乙醇检测到了它的存在（参见下面的案例文件框）。

最后，当毒理学家克服了所有这些障碍并最终检测、鉴定和量化了一种药物或毒物时，毒理学家必须评估该物质的毒性。幸运的是，关于大多数药物毒性水平的信息是公开的；然而，他们必须假设受害者的生理状态与先前的研究对象一致，方可将上述公开数据应用于解释之中。在某些情况下，如果不知道受试者的病历，这样的假设可能并不完全有效。没有丰富经验的**毒理学家**⑲会惊讶地发现一个人能够耐受一种具有足以杀死大多数人毒性的药物。

案例分析

Michael Jackson：超级巨星的消亡

一个年轻人拨打了911，其语气带着绝望的紧迫感，他恳求救护车尽快赶到流行歌星 Michael Jackson 的家。已陷入昏迷的巨星心脏骤停，对心肺复苏术没有反应。50 岁的 Jackson 在抵达地区医疗中心时被宣布死亡。当最初的尸检结果显示没有犯罪的迹象时，谣言立即开始围绕其死亡与毒品有关而展开。新闻媒体报道显示，调查人员携带装满毒品和注射器的袋子离开 Jackson 的住所。因此，针对 Jackson 遗体尸检后出具的法医毒理学报告显示这位艺人死于吸毒过量也就不足为奇了。

显然 Jackson 已经习惯于使用镇静剂来帮助他入睡。在他去世的清晨，Jackson 的医生给了其一片钒铝。凌晨 2 点，他服用了镇静剂地西泮，凌晨 3 点，医生给他服用了另一种镇静剂咪达唑仑。Jackson 在早上 5 点和 7 点 30 分再次服用上述药物，但 Jackson 仍然无法入睡。最后，在上午 10 点 40 分左右，Jackson 的医生给了他 25 毫克异丙酚，这使 Jackson 得以入睡。异丙酚是一种强效镇静剂，主要用于维持手术麻醉。给 Jackson 服用的所有药物均属镇静剂，它们可以协同作用以抑制中枢神经系统的活动。因此，这种药物混合物导致心脏骤停和死亡也就不足为奇了。

---

⑲ 毒理学家：负责检测和识别体液、组织和器官中是否存在药物和毒物的个人。

第十三章　法医毒理学　　　　　　　　　　　　　　　449

毒物学证据的收集与保存

一旦认识到毒物学家的能力直接取决于从主治医生、法医和警察调查员那里获得的信息，毒理学就变得无限容易。这是对法医毒物学家的致敬，往往他们必须在难以达成合作的条件下进行工作，而他们仍可达到如此高的熟练程度。

一般来说，对于死者，法医有权决定哪些生物标本必须运往毒理学实验室进行分析。然而，一个被怀疑受到药物影响的生者面临一个完全不同的问题，几乎没有可用的选择。在可能的情况下，法医会从任何涉嫌吸毒者身上提取其血液和尿液。所有的尿液都被收集起来，并提交进行毒理学分析。最好则是在两个分隔的容器中连续收集两份样品。

当有处于闲暇的执业医师或注册护士时，也应采集血样。抽血量取决于所要进行的检查类型。针对药物和毒物的全面毒理学测试适宜干至少10毫升的血液样本。如果仅对酒精的存在进行测定所需的血液量则要少得多——这取决于酒精含量分析的结果是否低于1毫升。然而，许多治疗药物，如镇静剂和巴比妥酸盐，当与少量不足以致人醉酒的酒精一起服用时，会产生类似于酒精中毒的反应状态。出于这个原因，毒物学家必须得到足够数量的血液样本，这样他或她才可以选择在酒精浓度较低的情况下对药物进行全面分析。

案例分析

意外服药过量：Anna Nicole Smith 的悲剧

当前模特、《花花公子》合作伙伴、真人秀明星、最受小报欢迎的话题人物 Anna Nicole Smith 被发现昏迷在佛罗里达州好莱坞 Seminole Hard Rock 赌场酒店的房间里时，谣言在媒体上爆发了。她被送往 Memorial

Legal 医院,在那里她被宣布死亡,享年 39 岁。对 Smith 所作的血液化验分析显示,她生前服用了一系列处方药。最明显的是镇静剂水合氯醛的毒性水平。对 Smith 尸检后所作的毒理学报告的一部分内容显示在这里。

尽管目前其体内存在的大多数药物的检测水平与处方药物的常见用量保持一致,但它们的存在与水合三氯乙醛一起增强了水合氯醛的毒性。这些处方药所组成的致命组合导致她的循环系统和呼吸系统衰竭,并导致她死亡。调查人员确定,Smith 过量服用水合氯醛和其他药物是意外事件,而不是自杀。这是因为其体内大多数处方药的含量并未超标,而且在水合氯醛的原始容器中仍有大量剩余;如果她打算自杀,她应当会把水合氯醛全部服下。可以说,Anna Nicole Smith 是意外过量用药的受害者。

最终病理诊断

Ⅰ. 急性联合用药中毒

   A. 有毒/合法药物:

     水合氯醛

     1. 三氯乙醇(TCE) 75 mg/L(活性代谢物)

     2. 三氯乙酸(TCA) 85 mg/L(非活性代谢物)

   B. 治疗药物:

1. 苯海拉明(Benadryl)	0.11 mg/L
2. 氯硝西泮(Klonopin)	0.04 mg/L
3. 地西泮(Valium)	0.21 mg/L
4. 去甲西泮(代谢物)	0.38 mg/L
5. 替马西泮(代谢物)	0.09 mg/L
6. 奥沙西泮	0.09 mg/L
7. 劳拉西泮	0.022 mg/L

   C. 其他存在但并无影响的药物(阿托品、托吡酯、环丙沙星、对乙酰氨基酚)

毒理学中使用的技术

对于毒理学家来说,药物使用的激增意味着绝大多数致命和非致命毒剂都是药物。毫不奇怪,数量相对较少的药物——即第 12 章中讨论的那些药物——

几乎包含了遇到的所有有毒物质。其中,酒精、大麻和可卡因通常占毒理学实验室遇到的典型药物的90%或以上。

酸和碱

与药物分析员一样,毒理学家必须设计一种分析方案来检测、分离和识别有毒物质。第一项工作是从作为证据提交的生物材料中选择性地提取和分离药物及其他有毒物质。由于药物占据了所发现的有毒物质的很大一部分,因此必须投入大量精力来提取和检测它们。这些程序数量较大,针对它们的作用描述对于本文而言过于详细。通过观察大多数药物的酸碱类别,我们可以最大程度地理解药物提取的基本原理。

尽管对于酸碱存在多种定义,但一个简单的定义是,酸是一种化合物,它可以相当容易地释放一个氢离子(或是一个氢原子失去它的电子)。相反,碱是一种可以吸收酸释放的氢离子的化合物。酸度和碱度的概念可以用一个简单的数值来表示,该数值与水等液体介质中氢离子($H+$)的浓度相关。化学家使用pH标度来实现这一点。这个比例从0到14:

$$\text{pH} = \frac{0\ 1\ 2\ 3\ 4\ 5\ 6\ 7\ 8\ 9\ 10\ 11\ 12\ 13\ 14}{\leftarrow\text{酸性增强}\ \rule{1cm}{0.4pt}\ \text{中性}\ \rule{1cm}{0.4pt}\ \text{碱性增强}\rightarrow}$$

通常,水既不是酸性也不是碱性——换句话说,它是中性的,pH为7。但是,当将酸性物质(例如硫酸或盐酸)加入水中时,会添加过量的氢离子,使pH小于7。数字越低,水的酸性越强。同样,当将碱性物质(例如氢氧化钠或氢氧化铵)添加到水中时,它会清除氢离子,从而使水呈碱性。水的碱性越强,其pH越高。

通过控制用于溶解血液、尿液或组织的水溶液的pH,毒理学家可以轻易地控制所提取的药物类型。例如,酸性药物很容易从酸性水溶液(pH小于7)中用有机溶剂(如正丁基氯或乙酸乙酯)提取。类似地,碱性药物很容易从含有有机溶剂的碱性水溶液(pH大于7)中提取。这种简单的方法为毒理学家提供了一种提取和区分药物的通用技术。一些较常见的药物可分为以下几类:

酸性药物	碱性药物
巴比妥类药物	苯环利定
乙酰水杨酸(阿司匹林)	美沙酮
	安非他明
	可卡因

筛选和确认

一旦样本被提取并分为酸性和碱性两类,毒理学家就可以鉴别提取而出的药物。鉴别已使用药物的策略需要两步:筛选和确认(见图13-7)。筛选测试通常让分析人员具有了快速了解样本中所含药物的可能性。多数实验室一般使用GC/MS或LC-TOF进行筛查。该测试使得毒理学家可在较短时间内检验大量样本中所含的多种药物。筛查测试的任何阳性结果充其量只是待定的,必须通过确认测试进行验证。可以在气相色谱法-氮磷检测器(GC/NPD)或GC/MS中进行确认和定量。

最广泛使用的筛查测试是气相色谱(GC)和免疫分析。 GC技术已经在第300—302页中进行了描述。免疫分析已被证明是毒物学实验室的一种极具价值的筛查工具。它的原理与我们到目前为止讨论的任何分析技术都有很大的不同。一般而言,免疫分析是基于特定的药物抗体反应。我们将在第15章了解这一概念。免疫分析的主要优势是它能够检测体液和器官中的低浓度药物。事实上,这项技术为检测与服用大麻相关的低浓度药物提供了最好的方法。

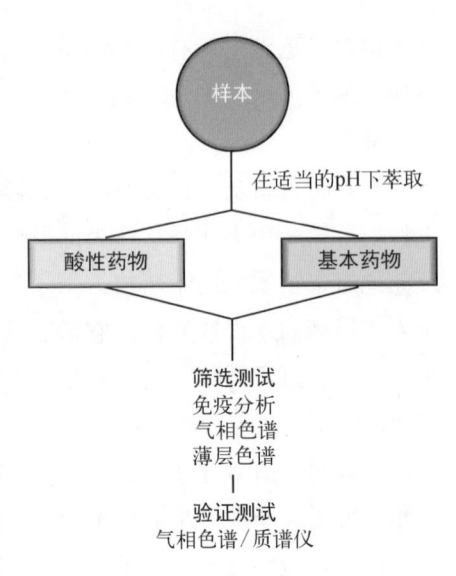

图13-7 通过控制溶解生物体液和组织的水溶液的pH[20]来提取酸性和碱性药物。一旦完成这一点,毒物学家就会使用筛选和确认测试程序来分析药物

为了消除筛选测试中因一种与药物具有相近化学结构的物质而产生阳性结果的可能性,毒物学家需要在阳性筛选测试之后进行确认测试。由于个体对于药物测试结果的潜在影响,只应使用最具确定性的确认程序。**气相色谱/质谱仪通常被认为是可供选择的确认试验方法。** 气相色谱和质谱仪的结合为毒理学家提供了具有极高灵敏度和特异度的一步确认测试(见第310—313页)。如图13-8所示,样品用气相色谱仪分离成不同的部分。当分离的样品部分离开气相色谱仪的色谱柱时,该样品部分进入质谱仪并被高能电子轰击。这种轰击会导致样品

---

[20] pH:用来表示一种物质的碱性或酸性的标度;pH为7是中性的,较低的值是酸性的,较高的值是碱性的。

分解成碎片，为每个样品产生碎片图案或质谱图。对大多数化合物来说，质谱图代表了一种可用于鉴定的独特的"指纹"模式。

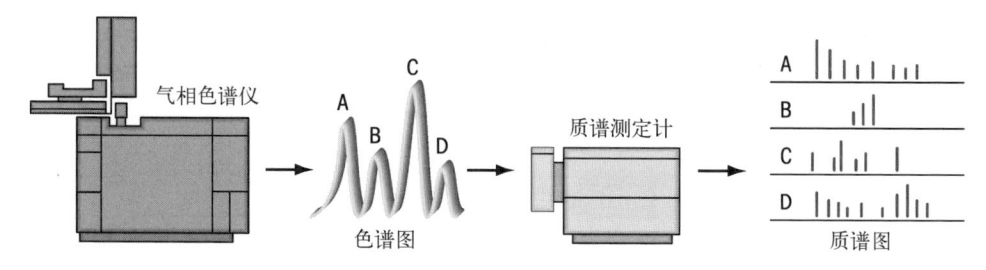

图 13-8 气相色谱和质谱仪的结合使法医毒理学家能够分离药物混合物的成分，并提供对药物物质的特征鉴定

人们对毒品测试项目非常感兴趣，不仅是在刑事案件中，在工业领域和政府方面也是如此。针对毒品的尿检对于求职者和工作场所的员工而言变得越来越常见。同样，美国军方有一个针对其成员的大范围药物尿检计划。许多尿检项目依靠私人实验室进行分析。在任何情况下，当检测结果构成对个人采取行动的基础时，必须将筛选和确认检测纳入检测方案，以确保实验室出具结论的完整性。

毛发中的毒品检测

当需要对活体进行法医毒理学检查时，可行性将可用的样本限制在血液和尿液。大多数药物在血液中会停留约 24 小时；在尿液中，它们通常存在长达 72 小时。然而，有时则需要追溯到更早之前，以确定受试者是否一直在滥用药物。如果是这样的话，唯一可行的血液和尿液替代品就是毛发。

毛发由靠近发根的毛细血管中流过的血液滋养。存在于血液中的药物通过毛细管壁扩散到头发的底部，并永久地困在头发的硬化蛋白质结构中。随着头发的继续生长，药物在毛干上的位置成了药物摄入历史的标志。鉴于人类头发的平均生长速度为每月 1 厘米，分析头发中的药物含量可能会定义药物摄入的时间线，根据头发的长度，可以追溯到几周、几个月甚至几年前。

然而，在解释时间线时需要谨慎。药物摄入的时间顺序可能会因为环境暴露使药物渗入头发表面而被扭曲，药物也可能通过汗水进入头发表面。然而，药物毛发分析是分析药物长期使用情况的唯一可行方法。

检测非药物毒物

尽管法医毒物学家将大部分精力投入到检测毒品上，但他们也会检测各种各样的其他有毒物质。其中一些是稀有元素,并非广泛而言或商业上可以获得的。其他的物质则相当常见,以至于几乎每人每天都会接触到无毒剂量的其余物质。

重金属

这是法医毒物学家只是偶尔遇到一类被称为重金属的毒物,其中包括砷、铋、锑、汞和铊。为了筛查其中的各种金属,调查人员可能会将嫌疑人的体液或组织溶解在盐酸溶液中,并在溶液中插入一根铜条(Reinsch 测试)。铜表面的银色或深色涂层表明存在重金属。必须使用适合于无机分析的分析技术,即电感耦合等离子体光谱或电感耦合等离子体质谱(电感耦合等离子体质谱)来证实这一发现。

一氧化碳

与重金属不同,一氧化碳仍然是法医实验室遇到的最常见的毒物之一。当一氧化碳进入人体后,它会与红细胞中的血红蛋白结合,形成碳氧血红蛋白。平均一个红细胞含有大约 2.8 亿个血红蛋白分子。氧气通常与血红蛋白结合,后者将氧气输送到全身。然而,如果高比例的血红蛋白与一氧化碳结合,就难以将足够的氧气输送到全身组织中,中毒者很快就会死于窒息。

测量血液中一氧化碳浓度的基本方法有两种。分光光度法检测血液的可见光谱,以确定碳氧血红蛋白相对于氧合血红蛋白或总血红蛋白的量;此外,可以用试剂处理一定体积的血液以释放一氧化碳,然后用气相色谱或微量扩散法测量一氧化碳。

血液中一氧化碳的含量通常用饱和度百分比表示。这代表了可利用的血红蛋白被转化为碳氧血红蛋白的程度。从正常或职业性的一氧化碳水平到有毒水平的过渡并没有明确的定义。除了其他因素外,它还取决于每个人的年龄、健康和所处环境状况。对于一个健康的中年人来说,一氧化碳的血液饱和度超过 50% 到 60% 被认为是致命的。然而,与酒精或其他镇静剂相结合,一氧化碳达到致命性所需的水平可能会显著降低。例如,在血液酒精浓度为 0.20%w/v 的情况下,35% 至 40% 的一氧化碳饱和度被证明可能是致命的。有趣的是,不断吸烟的人的一氧化碳水平可能一直保持为香烟烟雾中一氧化碳的 8% 到 10%。

吸入汽车尾气是比较常见的自杀方式。花园或吸尘器软管经常被用来连接排气管和车辆内部,或是在封闭的车库中运行发动机。在一个封闭的单车位车库里,5 到 10 分钟内就会积累足以致人死亡的一氧化碳水平。装有催化转化器的新型汽车减少了一氧化碳的排放量；因此，许多新型汽车可能难以产生足够的一氧化碳用于自杀。

在火灾现场被发现死亡的受害者血液中的一氧化碳水平对于确定是否发生了谋杀具有重要意义。血液中的高水平一氧化碳证明受害者吸入了火灾的燃烧产物，并且在火灾发生时尚还存活。大多数通过纵火烧毁受害者的房子或汽车来掩盖谋杀的企图都是以这种方式被揭露的。

毒理学研究结果的意义

一种药物一旦被发现并确定，毒理学家就会评估其对个体行为的影响。毒理学家工作难点之一就是对毒理学发现的结果进行解释。世界上很多国家都规定了特定的血液酒精含量标准，如高于该标准即被判定受到酒精的影响。这些标准是多年来大量研究的结果，用以衡量酒精对人驾驶性能的影响。然而，毒理学家没有法律准则用于指导判断酒精以外的药物如何影响一个人的表现或身体状态。

对于许多药物来说，其血液浓度水平是很容易测定以及评估药物对个体的药理作用的。通常，对于活体检验，毒理学家的额外助益是警察可以帮助他们观察到一个人的行为和运动技能，以及药物影响评价的结果。通过这项警察训练可以使其成为药物识别专家（稍后讨论）。对一个已死亡的人来说，身体各器官和组织中的药物水平提供了有关其死亡时状态的额外信息。然而，在得出关于药物所致死亡的结论之前，还必须考虑到其他因素，包括年龄、身体状况和吸毒者的耐受性。

案例分析 ++

Joann Curley：因头发而被逮捕

一位名叫 Joann Curley 的充满活力的年轻女子急忙赶到 Pennsylvania 总医院——她的丈夫 Bobby 突发疾病，需要立即就医。Bobby 的脚有一种灼烧感，双手麻木、脸发红、大量出汗。他被诊断出患有 Guillain-Barré 综合征，这是一种急性神经系统炎症，他的所有症状都源于此。出院后，Bobby 又经历了一次虚弱的疼痛和麻木。他被送进了另一家医院，宾夕法尼亚州赫尔希市更大更有能力的赫尔希医疗中心。在那里，医生观察到重度脱发。

Bobby 的尿液检测结果显示,他体内的重金属铊含量很高,足以致病。铊是一种稀有的剧毒金属,几十年前被用于制作鼠药、治疗癣和痛风等物质。1984年,美国禁止使用铊。现在,Bobby 至少可以接受治疗了。然而,Bobby 的医生还没来得及对他进行铊中毒治疗,他就心脏骤停,陷入昏迷。Joann Curley 做了一个艰难的决定,让她结婚 13 个月的丈夫离开生命维持设备。不久之后他就去世了。

Bobby 是一名电工,在他去世前的五个月里,他在附近的威尔克斯大学化学系工作。当局怀疑鲍比是意外地接触到了旧化学品和实验室设备中的铊。他们搜查了实验室,在一个储藏室里发现了几瓶旧的铊盐粉末。在对空气和物表进行测试后,这些可能的接触源已被排除。这一发现是毒理学家对鲍比的头发进行了分段分析,这种分析方法基于人类头皮上头发生长的可预测速度:平均每月 1 厘米。

Bobby 有大约 5 英寸(12.5 厘米)的头发,这意味着头发生长了将近 12 个月。测试的每一部分都代表了 Bobby 生命最后一年的特定时期。毛发分析证明 Curley 早在他开始在威尔克斯大学工作之前就已经铊中毒。最初的几次剂量很小,可能当时并没有让他生病。在一年多的时间里,Bobby 逐渐摄入了更多剂量的铊,直到他最终在临终前三四天死于大剂量的铊中毒。在仔细检查了时间线之后,调查人员得出结论,只有 Joann Curley 在每个时间段都能接触到鲍比。她也有动机,价值 30 万美元的保单赔付。

在时间线和确凿的毒理学证据面前,Joann Curley 承认了谋杀罪。作为认罪协议的一部分,她提供了一份 40 页的书面认罪书讲述了她是如何随意地给 Bobby 下了她在地下室找到的老鼠药。她承认她为了从鲍比的人寿保险单中得到钱而杀了他。

随着药物的长期使用,可能一个人会对药物的作用变得不那么敏感,并对血液中的药物浓度产生耐受,而这个剂量可能会杀死一个偶然的吸毒者。因此,了解一个人的用药史对于评估药物浓度是很重要的。另一个考虑因素是两种或两种以上药物相互作用的加和性或协同效应,即使没有一种药物单独处于高水平或毒性水平,但也可能产生高度中毒或昏睡状态。酒精与镇静剂或麻醉剂混合使用是一种潜在致命药物组合的常见例子。

尿液中药物的存在并不能很好地说明药物对一个人的行为或状态的影响有多大。尿液是在身体循环系统之外形成的，因此，药物水平可以在很长一段时间内积累。有些药物在服用一到三天后，在对使用者的影响消失很久之后，才在尿液中发现。尽管如此，这一信息的价值也不应被忽视。尿液中的药物水平与血液中的一样，其他的相关调查和医学发现，最好由执法当局和法院来证实与个人状况是否属实。因此，对于因怀疑受药物影响而被捕的个人，毒理学家的判断可补充逮捕警官的观察意见，包括药物影响评估的结果（下文讨论）。

对死者而言，确定死因的责任由法医或验尸官承担。但是，在作出结论性决定之前，检查医生要由法医毒理学家证明死者的组织或体液中是否存在药物或毒素。只有通过毒理学家和法医（或验尸官）的共同努力，才能确保死因调查达到较高的专业和法律标准。

药物识别专家

虽然法庭通常赋予警察识别酒精损害行为的专门知识，但识别毒品引起的中毒则困难得多，而且通常不属于警察培训的一部分。在 20 世纪 70 年代，洛杉矶警察局开发并测试了一系列临床和心理体检，训练有素的警官可以用来识别和区分药物损伤的类型。这个项目已经发展成为培训警察成为毒品识别专家的国家项目。通常情况下，需要三到五个月的培训计划才能认证一名官员为药物识别专家（DRE）。

DRE 项目采用了标准化的方法来检查嫌疑人，以确定他们是否服用了一种或多种药物。流程系统化、规范化；为了确保每个受试者都已进行常规测试，每个 DRE 必须填写一份标准的药物影响评估表（见图 13 - 9）。整个药物评估大约需要 30~40 min。这 12 个步骤的组成部分如表 13 - 1 所示。

DRE 评估过程可提示存在以下 7 大类药物：

1. 中枢神经系统抑制剂
2. 中枢神经系统兴奋剂
3. 致幻剂
4. 解离麻醉药（包括苯环利定及其类似物）
5. 吸入剂

药物影响评估

页码：	
博士编号：	
评估人员：	
控制：	
预定号：	

被捕者姓名(最后、第一、密州)　　年龄　　性别　　种族　　逮捕人员(姓名、徽章、区)

检查日期/时间/地点	呼吸效果：　　　□拒绝 结果：　　　仪器：	化学诊断 □全部　□尿检　□血检　□拒绝	
米兰达警告： □是　　□不是	你今天吃了什么？　何时？	你喝了什么酒？ 多少钱？	最后一次喝酒的时间？
现在的时间？	你上次什么时候睡的？睡了多长时间？	你是生病了还是受伤了？何时？ □是　□不是	你是糖尿病患者还是癫痫患者？ □是　□不是
你会服用胰岛素吗？ □是　□不是	你有什么身体缺陷吗？ □是　□不是	你是在接受牙科医生的治疗吗？ □是　□不是	
演讲	呼吸	脸	
矫正镜头：　　　□没有 □眼睛　□联系方式,是否　□难　□易	眼睛 □正常　□充血　□水肿	失明： □没有　□右眼　□左眼	结果： □正常　□异常
瞳孔大小： □等大　□不等大（解释）	HGN 现状： □是　□不是	是否能够跟随刺激 □是　□不是	眼睑： □正常　□下垂

脉冲、时间 1.　　/ 2.　　/ 3.　　/	舌下神经核缺乏平稳的追求	右眼	左眼	眼球震颤？ □是　□不是	一只脚站立：
	最高的偏差			收敛性 右眼　　左眼	L R □ □摇摆平衡 □ □用手臂保持平衡 □ □单足跳跃 □ □单脚站立
	开始的角度				

闭上平衡眼　　　步行和转弯测试

不能保持平衡_____
开始得过早_____
停止行走
错过了脚跟-脚趾
偏离路线
摆动手臂
实际采取的步骤

内部时钟：_____估计30秒。	描述转弯	无法进行测试(解释)	鞋子的类型
○右　△左 在接触部位触线	瞳孔大小　房间灯　黑暗　间接　直接 左眼 右眼		鼻区 口腔
	虹膜震颤 □是　□不是	回弹膨胀 □是　□不是	对光的反应

右臂　　　　　左臂

附上新的穿刺痕迹的照片

血压：　　　温度：

肌肉张力：
□接近正常　□松弛　□刚性
意见：

你用的是什么药？多少钱？	何时服用？	药物在哪里使用？(具体位置)	
逮捕日期/时间	通知时间	开始时间	完成时间
官方签名	行政区	身份标识码	审核人

图 13-9 药物影响评估表

6. 麻醉止痛剂

7. 大麻

DRE 项目不是为了替代毒理学测试而设计的。毒理学家通常可以确定嫌疑人体内有某种药物,但毒理学家无法合理确定地推断嫌疑人在特定时间受到损害。另一方面,DRE 可以提供可信的证据,表明嫌疑人在特定时间受到损害,而且损害的性质与特定药物家族相一致。但 DRE 程序通常不能确定摄入的是哪种特定药物,证明药物中毒需要依靠 DRE 和法医毒理学家的协调努力共同得出的合格数据。

表 13 - 1　药物识别过程的组成部分

1. 酒精呼吸测试。通过对嫌疑人的血液酒精浓度的直接测量获得一个精确的数值,该药物识别专家(DRE)可以确定酒精造成的可观察到的障碍以及酒精浓度是否是损害的唯一原因。
2. 与逮捕警员面谈。与执行逮捕的警官待上几分钟通常能确定 DRE 最有希望的调查领域。
3. 初步审查。这一系列结构化问题、具体的观察以及简单的测试都提供了仔细检查嫌疑人的机会。它的目的是确定嫌疑人是否遭受了伤害或其他与吸毒无关的状况。它也提供了一个评估嫌疑人的外表和行为的机会,以寻找可能受药物影响的迹象。
4. 眼睛检查。某些种类的药物会引起眼球震颤,这是一种眼球不自觉的痉挛性运动。眼球震颤是药物损伤的一个指标。眼睛不能集中于鼻梁也表明可能存在某些类型的药物刺激。
5. 注意分配心理物理测试。这些测试检查平衡和身体方向,包括行走和转身、单腿站立、伯格平衡、手指对鼻子。
6. 生命体征检查。精确测量血压、脉搏和体温。某些药物会加重这些症状;也可能对其他人则是降低。
7. 黑暗房间测试。在室内光照、几乎完全黑暗、间接光照和直接光照下,检查犯罪嫌疑人的瞳孔大小。有些药物会使瞳孔放大或收缩。
8. 肌肉僵硬检查。某些药物会导致肌肉紧张和僵硬。其他的可能会导致肌肉放松和松弛。
9. 注射部位检查。某些类别药物的使用者经常或偶尔注射他们的药物。使用针头的证据可在颈部、手臂和手上的静脉处发现。
10. 嫌疑人陈述和其他观察。下一步是试图与嫌疑人就其服用的药物进行面谈。当然,讯问必须完全符合嫌疑人的宪法权利。
11. 评价者意见。使用前 10 个步骤中获得的信息,DRE 可以在知情的情况下作出决定,确定嫌疑人是否受到药物的损害,如果是,则可能导致损害的类别或类别组合。
12. 氧学检查。DRE 应获取嫌疑人的血液或尿液样本进行实验室分析,以获得科学的、可接受的证据来证实其结论。

章节小结

毒物学家检测并识别体液、组织和器官中药物和毒物的存在。法医毒理学的主要分支是对人体酒精含量的测量,以确定是否违反刑法。酒精经口腔摄入后几分钟内就会出现在血液中,并在从胃和小肠被血液吸收的过程中浓度缓慢增加。当所有的酒精被吸收后,血液中的酒精含量达到了最高水平。吸收后的阶段开始后,酒精浓度缓慢下降,直到再次达到零水平。酒精通过代谢和排泄排出体外。氧化代谢过程几乎完全在肝脏中进行,同时部分酒精则通过呼吸、尿液和汗液排出体外。一个人受酒精影响的程度通常是通过测量血液或呼吸中的酒精含量来确定的。基于红外线吸收原理的呼吸检测仪在执法部门越来越受欢迎。

分析一个固定的呼吸量需要结合不同类型的呼吸测试器。呼吸样品被暴露在红外光下,光与呼吸样本中的酒精相互作用的程度便是仪器能够测量出的呼吸中血液酒精浓度。这些呼吸测试装置的工作原理是,深肺或肺泡呼吸中的酒精浓度与血液中的酒精浓度之间的比例是固定的。大多数呼吸测试装置都将血液中的酒精与肺泡空气中的酒精的比例设定为 2 100∶1。

执法人员通常使用现场酒精清醒测试来评估驾车者因酒精而造成的身体损伤程度,以及是否有理由进行酒精证据测试。水平凝视眼震测试、行走和转身、单腿站立都是可靠有效的心理测试。

气相色谱法是测定血液中酒精含量最广泛使用的方法。血液必须在医学可接受的条件下由合格的人抽取。在用无菌针头或柳叶刀刺穿嫌疑人的皮肤之前,必须使用不含酒精的消毒剂。血液一旦从体内取出,最好是在添加抗凝剂和防腐剂后密封在密封容器中保存。

美国宪法第五修正案保障所有公民不自证其罪——也就是说,在法律问题上不被迫认罪以证明自己有罪。为防止某人以自证其罪为由拒绝接受酒精中毒测试,到 1973 年,"默示同意"法已在美国各州实施。根据这一法规,在公共公路上驾驶机动车自动带有一项规定,即司机必须根据要求接受酒精中毒测试,否则会被吊销驾照(通常为 6 个月至 1 年)。

法医毒理学家必须设计出一套分析方案来检测、分离和识别有毒物质。一旦从适当的生物体液、组织和器官中提取出药物,法医毒理学家就能识别出药物。识别药物的策略需要两步方法:筛查和确认。筛查试验能使分析人员迅速了解样本中含有药物的可能性。筛查试验的阳性结果仅是初步的,仍必须用确认试验来验证。最广泛使用的筛查试验是薄层色谱法、气相色谱法和免疫分析法。气相色谱/质谱法是公认的确认测试。一旦药物被提取和鉴定出来,毒理学家可能需要判断药物对个人的自然表现或身体状态的影响。药物识别专家项目采用了标准化的方法来检查被怀疑服用药物的汽车司机。但 DRE 程序通常不

第十三章 法医毒理学 461

能确定摄入的是哪种特定药物。因此,需要来自 DRE 和法医毒理学家的可靠数据来证明是否为药物中毒。

问题回顾

1. 西方世界使用最严重的毒品是_____。
2. 判断正误:毒理学家只受雇于犯罪实验室_____。
3. 血液中的酒精含量(是/不是)与大脑中的酒精浓度成正比。
4. 判断正误:血液中的酒精含量已经成为衡量酒精摄入对身体影响的公认标准。_____
5. 空腹时摄入的酒精比胃里有食物时摄入的等量酒精吸收(更快/更慢)。
6. 在正常饮酒条件下,血液中酒精浓度峰值在_____至_____分钟。
7. 在吸收后的时期,酒精均匀地分布在身体的_____个部位。
8. 酒精通过_____和_____从体内排出。
9. 95%到98%的酒精消耗_____二氧化碳和水。
10. 酒精的氧化代谢几乎完全发生在_____。
11. 呼出的酒精量_____与血液中的酒精浓度成正比。
12. 酒精从血液中清除的平均速度为_____%。
13. 酒精从_____和_____被血液吸收。
14. 大多数现代呼吸测试仪使用_____辐射来检测和测量呼吸中的酒精。
15. 为避免"口含酒精"的可能性,呼气测试仪的操作人员在测试前_____分钟内不得允许受试者将任何异物带入口中。
16. 酒精可以从血液中的其他挥发物中分离出来,并通过_____技术进行定量。
17. 使用_____探测器的路边呼吸检测仪越来越受到执法部门的欢迎。
18. 判断正误:便携式手持式路边酒精呼气测试仪提供证据测试结果。_____
19. 通常,当一个人的血液酒精浓度在 0.10% 范围内时,在眼球向一侧移动_____度之前,水平凝视眼震就开始了。
20. 抽血做酒精测试时,必须先用_____消毒剂擦拭嫌疑人的皮肤。
21. 从活人体内取出的血液中未添加防腐剂,如氟化钠,可能导致酒精浓度(下降/增加)

22. 大多数州已经将_____% w/v 作为血液酒精浓度的损害限度。

23. 在_____一案中,最高法院裁定,采集非证词证据,如血液样本,不违反嫌疑人根据第五修正案享有的权利。

24. 海洛因进入人体后就发生了变化,进入_____。

25. 体液中_____和_____均可用于对怀疑受药物影响的活人进行毒理学检查。

26. 很多药物在化学上可以分为_____和_____。

27. pH(小于/大于)7 的水是碱性的。

28. 巴比妥类药物分类为_____。

29. 药物是通过仔细控制溶解样品的培养基_____从体液和组织中提取出来的。

30. _____的技术是基于特定的药物抗体反应。

31. _____和_____测试必须纳入毒理学实验室的药物测试方案,以确保实验室结论的正确性。

32. 这种气体_____与血液中的血红蛋白结合形成碳氧血红蛋白,从而干扰血液中氧气的运输。

33. 血液中的一氧化碳含量通常用_____表示。

34. 判断正误:仅血液中的药物水平就可以得出药物对一个人的影响的最终结论。_____

35. 酒精和巴比妥酸盐在体内的相互作用可产生_____的效果。

36. 尿液中药物的含量本身就是一个(好的/不好的)指标,它能反映一个人受药物影响的程度。

37. 执法当局和法院最好将尿液和血液中的药物水平用于_____与个人状况有关的其他调查和医疗结果。

38. _____项目整合了标准化的方法来检查嫌疑人,以确定他们是否服用了一种或多种药物。

走进科学中的思考题

1. _____携带血液离开心脏;_____将血液输送回心脏。

2. _____动脉将缺氧的血液从心脏输送到肺部。

3. 酒精从毛细血管进入肺部的_____囊。

4. 一毫升血液所含的酒精大约相当于_____毫升肺泡呼吸所含的酒精。

5. 当酒精被血液吸收时,静脉血中的酒精浓度比动脉血中的酒精浓度高(高,低)。

应用与批判性思考

1. 回答以下关于饮酒和血液酒精浓度与驾驶风险相关的问题:
   a. 兰迪刚刚喝醉,他比清醒的人发生事故的可能性大多少?
   b. 一直在喝酒的玛丽莎发生事故的可能性是她清醒的朋友克里斯汀的 15 倍。玛丽莎血液中的酒精浓度大概是多少?
   c. 几杯酒下肚后,查尔斯发生事故的可能性是清醒的人的 10 倍。他比血液酒精含量为 0.10 的詹姆斯醉酒程度多还是少?
   d. 根据 NHTSA 最初推荐的血液酒精浓度标准,一个刚刚喝醉的人比清醒的人发生事故的可能性大多少?

2. 下面是对四名喝酒的人的描述。按血液酒精浓度从高到低排序:
   a. John,体重 200 磅,空腹时喝了 8 杯 8 盎司的酒水
   b. Frank,体重 170 磅,空腹时喝了 4 杯 8 盎司的酒水
   c. Gary,体重 240 磅,空腹时喝了 6 杯 8 盎司的酒水
   d. Stephen,体重 180 磅,在饱腹的情况下喝了 6 杯 8 盎司的酒水。

3. 下面是对四名喝酒的人的描述。以下哪个国家(如果有的话)会被认为是合法的酒鬼:美国,澳大利亚,瑞典?
   a. 比尔,体重 150 磅,空腹喝了 3 杯 8 盎司的酒水
   b. 莎莉,体重 110 磅,空腹喝了 3 杯 8 盎司的酒水
   c. 里奇,体重 200 磅,空腹喝了 6 杯 8 盎司的酒水
   d. 凯莉,她体重 140 磅,在饱腹的情况下喝了四杯 8 盎司的酒水。

4. 你是 名法医学家被要求检测两份血样。你知道一个样本被怀疑含有巴比妥酸盐,而另一个不含;然而,你无法区分这两个样本。描述你将如何使用 pH 值的概念来确定哪些样品含有巴比妥酸盐。解释你的推理。

5. 你正在调查一个纵火案现场,你在废墟中发现了一具尸体,但你怀疑受害者不是死于火灾。相反,你怀疑死者是早些时候被谋杀的,纵火是为了掩盖谋杀事实。你会怎么判断受害者在火灾前是否已经死亡?

参考文献与延伸阅读

Benjamin, David M., "Forensic Pharmacology," in R. Saferstein, ed., Forensic Science Handbook, vol. 3, 2nd ed. Upper Saddle River, NJ: Prentice Hall, 2010.

Caplan, Y. H., and B. A. Goldberger, eds., Garriott's Medicolegal Aspects of Alcohol, 6th ed. Tucson, AZ: Lawyers and Judges, 2015.

Caplan, Y. H., and J. R. Zettl, "The Determination of Alcohol in Blood and Breath," in R. Saferstein, ed., Forensic Science Handbook, vol. 1, 2nd ed. Upper Saddle River, NJ: Prentice Hall, 2002.

Couper, F. J., and B. K. Logan, Drugs and Human Performance Washington, D.C.: National Highway Traffic Safety Administration, 2004, http://www.nhtsa.dot.gov/people/injury/research/job185drugs/technical-page.htm

Levine, B., ed., Principles of Forensic Toxicology, 4th ed. Washington, D. C.: AACC Press, 2013.

Ropero-Miller, J. D., and B. A. Goldberger, eds., Handbook of Workplace Drug Testing, 2013 ed. Washington, D.C.: AACC Press, 2013.

第十四章

金属、油漆和土壤

学习目标

14.1 阐明微量元素在不同类型物证比对中的用途
14.2 阐明与微量物证分析相关的元素发射光谱
14.3 解释如何在实验室检查、收集和保存油漆物证
14.4 讨论土壤物证分析过程
14.5 阐述恰当的土壤物证收集方法

关键术语

alpha particle	α 粒子	gamma ray	伽马射线
atomic mass	原子质量	isotope	同位素
atomic number	原子序数	line spectrum	线状光谱
beta particle	β 粒子	mineral	矿物
continuous spectrum	连续光谱	neutron	中子
electron	电子	nucleus	原子核
electron orbital	电子轨道	proton	质子
emission spectrum	发射光谱	pyrolysis	热裂解
excited state	激发态	radioactivity	放射性

新闻头条
绿河杀手

这个案例的名字来自一条名叫"绿河"的河流。该河流经华盛顿州,流入西雅图的普吉特湾。在1982年的六个月内,在绿河中或其附近共发现了5具女性

尸体。这些受害者中多数是被勒死的妓女，并伴有明显的性侵特征。在警方将注意力集中在一个被称为妓女天堂的"海塔克地带"地区时，女孩神秘失踪的频率呈现了出增长趋势。到1986年底，西雅图地区的死亡人数上升到了40人，所有这些人都被认为是绿河杀手谋杀的。随着调查持续到1987年，一名当地的卡车油漆工，叫Gary Ridgway 的嫌疑人再次引起了警方的注意。有趣的是 Ridgway 曾经在1984年通过了测谎。当警方带着搜查令搜查了 Ridgway 的住所，并提取了他的头发和唾液样本后，又一次由于证据不足释放了 Ridgway。然而，随着调查的进行，调查人员没有发现 Ridgway 和受害者之间的 DNA 联系。最终是在对 Ridgway 的衣服进行仔细的显微镜检查时，发现了他的衣服上存在着与六名受害者衣服上一样的彩色油漆微球。经显微镜和化学鉴定，确定这些漆球是一种在1984年之前生产的高端艾珑特种涂料。该涂料曾在 Ridgway 工作的卡车工厂使用过，其在喷涂中会以干燥的漆球喷出。其中两名受害者还与 Ridgway 之间存在着 DNA 联系，这更加确定了对 Ridgway 的指控。Ridgway 承认谋杀了48名女性，从而避免了死刑。

微量元素的物证分析

考虑到我们的大部分原材料均来自地壳，因此很少能够以单一元素的形态来获得也就不足为奇了；相反，材料中都含有多种杂质元素，这些元素通常不得不采用工业过程进行去除。然而，在大多情况下，尤其是在微量元素的存在不会影响最终产品的外观和性能时，完全去除所有的微量元素在经济上是不可行的。出于这个原因，很多工业产品，甚至大多数的天然材料，均含有浓度小于1%的其他元素。

对于刑事专家来说，由于这些微量元素能够提供"看不见的"标记，因此它们有着特别的用处，可以用来确定材料的来源，或者至少提供额外的比对特征。玻璃碎片代表了一类有价值的微量物证；然而，通常由于它们尺寸微小，就给刑事专家带了来两个不同的问题。首先是区分被检玻璃的种类。在玻璃物证中通常会遇到三种玻璃：浮法玻璃（窗户、挡风玻璃）、容器玻璃（瓶子、罐子）和硼硅酸盐（厨具）。图 14-1 是三种不同玻璃的元素分析图，通过硼元素（B）和镁元素（Mg）的峰强度之间的关系就能够对玻璃进行辨别。

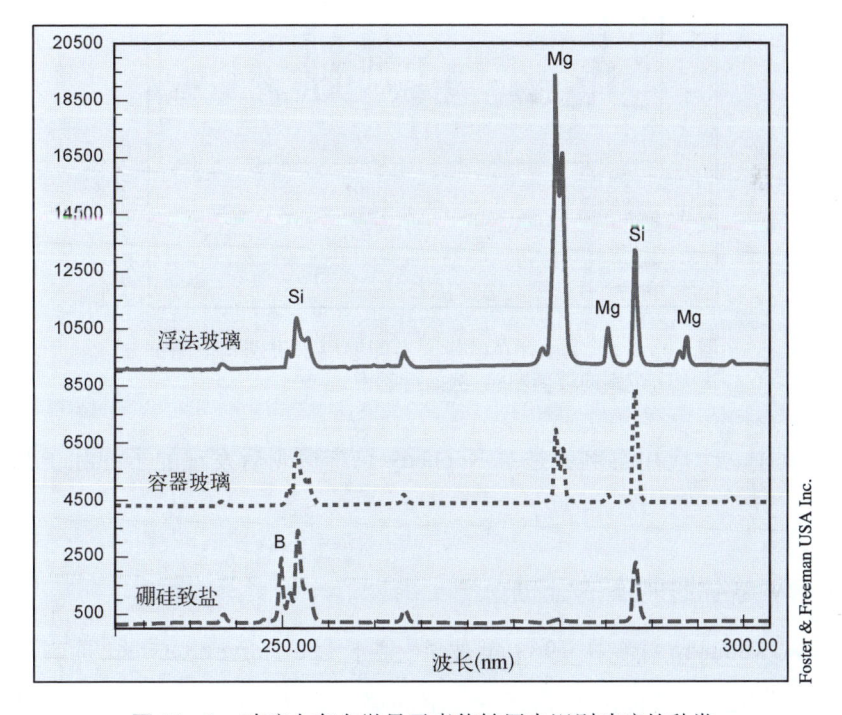

图 14-1 玻璃中存在微量元素能够用来识别玻璃的种类

同样，对玻璃中存在的微量元素进行比较，可以提供关于来源或生产有特殊意义的数据。玻璃制造技术的进步使最终产品更加均匀。不利的因素是会降低其最重要的、用来对玻璃进行比较的物理性质——折射率；有利的是由于原材料中存在天然杂质，因此玻璃的化学成分在批次之间和批次内存在微小变化。在玻璃中能够检测出高达 25 种不同元素。现在通过结合元素分析和折射率测定，能够提高与玻璃比对有关的法庭科学水平（见图 14-2）。物证研究人员还检查了土壤、纤维、油漆以及所有类型金属物体中微量元素的证据

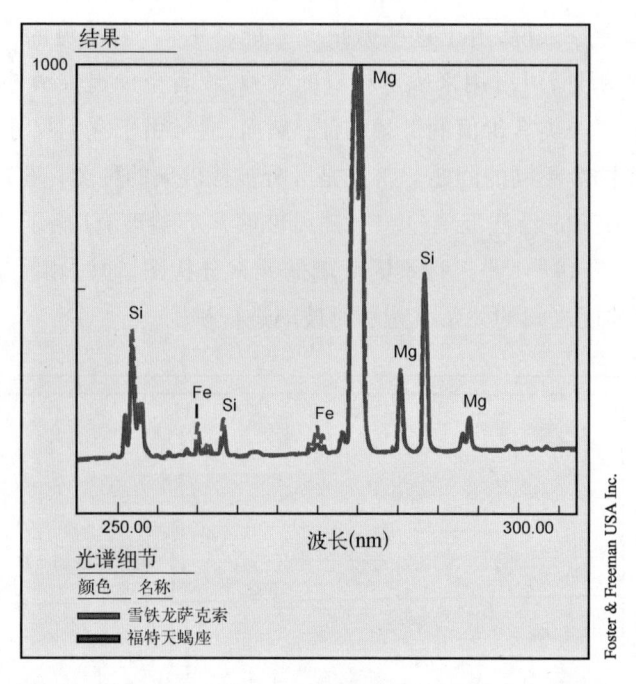

图 14-2 玻璃中存在微量元素能够用来辨别其他测试方法无法辨别的玻璃颗粒，例如折射率

价值。其中一个应用案例就是对 Kennedy 总统遇刺后发现的子弹和子弹碎片的检查。

Kennedy 总统遇刺案的证据

自从 Kennedy 总统在 1963 年被杀，关于 Lee Harvey Oswald 是刺杀总统阴谋的一部分，还是像沃伦委员会总结的那样是个人行动，一直存在着疑问。在得出结论的过程中，沃伦委员会对该罪行进行了如下重构：Oswald 在得克萨斯州教科书大楼内从总统身后开了三枪。两颗子弹击中总统，一颗子弹完全没有击中总统的豪华轿车。击中了总统背部的一颗子弹，从其喉咙射出后，继而射中了坐在总统前面的 Connally 州长。子弹先击中 Connally 的背部，然后从胸部射出，击中了他的右手腕后，暂时滞留在了他的左大腿上。后来在医院州长的担架上发现了这颗子弹。击中头骨的第二颗子弹使总统身受重伤（见图 14-3）。

在得克萨斯州教科书大楼中的一个房间里，发现了一支 6.5 毫米曼利彻·

图 14-3 John F. Kennedy 总统、得克萨斯州州长 John Connally 和 Jacqueline Kennedy 夫人在遇刺前一刻穿过达拉斯

卡卡诺军用步枪,上面有 Oswald 的掌纹。此外,还发现了三个 6.5 毫米 Western Carbond 公司/Mannlicher-Carcano(WCC/MC)废弹壳。Oswald 是图书保管处的一名雇员,有人在那天早晨和暗杀发生几分钟后在那儿看到过他,随后不久就消失了。枪击事件发生近两小时后,他在离仓库几英里的地方被捕。

沃伦委员会的批评者长期以来一直认为,有证据可以证明 Oswald 并不是独自行动的。目击者的描述和一些专家对声学数据的解释支持了另一种说法,即有人从豪华轿车前面的一个区域(草地小丘)向总统开枪。此外,是针对沃伦委员会基于只有一颗子弹造成了总统的咽喉伤和 Connally 的背部伤的假设,来对这起罪行进行重建的争论。批评人士认为,这种损伤会使子弹变形和残缺。相反,找到的子弹呈现出扁平化,没有变形,并且只减轻大约 1% 的重量。

1977 年,应美国众议院暗杀问题特别委员会的要求,对从 Connally 担架上提取的子弹,以及从汽车和各个伤口中找到的子弹碎片进行了微量元素检测。

用于制造子弹的铅合金中含有多种微量元素。例如,锑通常作为硬化剂添加到铅中；铜、铋和银是子弹铅中常见的其他微量元素。基于对子弹和子弹碎片的锑和银含量进行了比较。之前的研究充分证明，这两种元素的水平对于区别 WCC/MC 子弹非常重要。这类子弹弹药中锑的含量范围为 20~1 200 ppm（1 ppm = 10^{-6}），银含量范围为 5~15 ppm。

如表 14-1 所示，样本 Q1 和 Q9（分别是 Connally 担架上的子弹和 Connally 手腕上子弹的碎片）在锑和银含量上无显著性差异。样本 Q2、Q4、Q5 和 Q14（Q4 和 Q5 是来自 Kennedy 大脑中的子弹碎片，Q2 和 Q14 是从车内两个不同区域回收的子弹碎片）的锑和银含量也无显著性差异，但与 Q1 和 Q9 却不同。

表 14-1　Kennedy 遇刺调查中子弹和子弹碎片检验结果

样　本	说　　明
Q1	Connally 担架上的子弹
Q9	Connally 手腕上的碎片
Q2	汽车上的大碎片
Q4，Q5	Kennedy 大脑中的碎片
Q14	汽车中的小碎片

元素分析将子弹和碎片分为两个明显不同的组。Q1 和 Q9 的成分相似，分别含有 815 ppm[1] 的锑和 9.3 ppm 的银。Q2、Q4、Q5 和 Q14 属于第二组，分别含有 622 ppm 的锑和 8.1 ppm 的银。所有检测的样本均与 WCC/MC 弹头铅一致，但不能完全排除其他来源。

[1] 1 ppm 为 0.000 1%

研究这些结果得出的结论如下：

1. 有证据表明只有两枚子弹，一枚由 815 ppm 锑和 9.3 ppm 银组成，另一枚由 622 ppm 锑和 8.1 ppm 银组成。

2. 虽然不能完全排除其他来源，但两种子弹中的铅成分都与 WCC/MC 弹头高度一致。

3. 在 Connally 担架上发现的子弹也射伤了 Connally 的手腕。Kennedy 和 Connally 背部伤口中没有子弹碎片，因此无法将这些伤口与担架子弹联系起来。

这些结论都不能完全证实沃伦委员会对暗杀事件的重建，但结果至少与委员会的调查结果一致，即两枚 WCC/MC 子弹击中了总统轿车上的乘客。此外，2003 年，美国广播公司（ABC）的播放了一段对 1963 年 11 月 22 日事件进行了

10 年的 3D 计算机动画研究的结果。动画生动地显示了子弹造成的伤痕与 Kennedy 和 Connally 在枪击时的位置完全一致,通过追踪子弹的轨迹发现它们可能来自一个狭窄的圆锥体区域,得克萨斯州教科书大楼六楼的几扇窗户正处在这个区域中。

痕量分析原理与技术

原子发射光谱

我们已经知道分子具有选择性吸收紫外线、可见光或红外辐射的明显特征。对于分析化学家来说,元素也具有同样重要的、选择性地吸收和发射辐射的性质。这些结果形成了一种能够测定物质元素组成的重要的分析技术——发射光谱。

光谱的类型

元素发光的说法并不完全令人惊讶,例如,你只需要观察普通的钨丝白炽灯泡或霓虹灯的辉光就可以确认这一观察结果。当灯泡或任何其他光源发出的光通过棱镜时,就会分散为其组成的颜色或频率,这种颜色排列就称为**发射光谱**[①]。当阳光或白炽灯泡发出的光通过棱镜时,就会产生如一段彩虹一样的颜色光带。由于所有颜色相互融合或混合形成一个连续的光带,所以这种发射光谱被称为**连续光谱**[②]。然而,并非所有光源都能产生这样的光谱。例如,钠灯、汞弧灯或霓虹灯发出的光通过棱镜,产生的光谱就不是一个连续的波段,而是由暗空间隔开的几个单独的彩色线组成。在这里,每一条线代表一种确定波长或频率的光,且是独立的、不同于所有其他光谱中光。这种类型的光谱称为**线状光谱**[③]。图 14-4 显示了三种元素的线状光谱。

如果固体或液体处在高温条件下被蒸发并"激发",则物体中存在的每个元素都会发射出包含该元素特征频率的光谱。这种光谱本质上是元素的"指纹",其提供了一种实用的元素识别方法。例如,钠蒸气总是显示出与所有其他元素不相同的线状光谱。

---

① 发射光谱:从光源发出并被分散成其组成颜色或频率的光带。
② 连续光谱:一种发射光谱,表现为一个连续的、相互混合颜色带。
③ 线状光谱:一种发射光谱,显示由黑色区域分隔的一系列线条;每条线代表一个确定的波长或频率。

氢

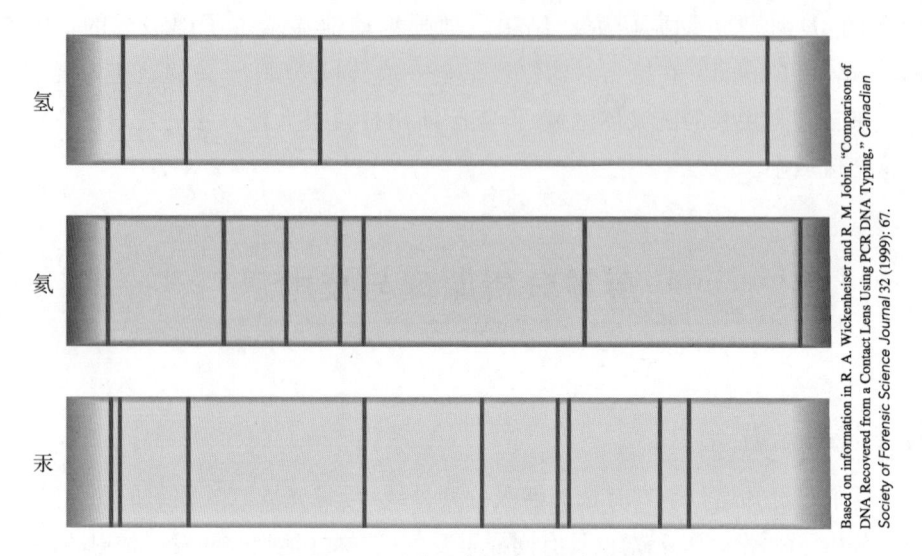

氦

汞

图 14-4　几种元素的特征发射光谱

原子结构

任何试图解释发射光谱起源的理论都必须与原子的基本结构有关。现在科学家认为原子是由更基本的粒子组成,这些粒子统称为亚原子粒子。重要的亚原子粒子是**质子**[④]、**电子**[⑤]和**中子**[⑥]。质子和中子的质量约为电子质量的1 837倍。质子带有正电荷,电子带有与质子大小相等的负电荷,中子是一个既没有正电荷也没有负电荷的中性粒子。质子、中子和电子的性质如下表所示:

粒子	符号	相对质量	电荷
质子	P	1	+1
中子	n	1	0
电子	e	1/1 837	-1

一种普遍的原子结构模型是核外电子围绕原子核在轨道上运动,这类似于太阳系中的行星围绕太阳的运动,是人们用来讨论发射光谱的模型,也

---

④　质子:一种带正电的粒子,是原子核的基本结构之一。
⑤　电子:一种带负电的粒子,是原子的基本结构单元之一。
⑥　中子:一种不带电荷的粒子,是原子核的基本结构之一。

第十四章　金属、油漆和土壤　　473

是本次讨论将采用的模型。将原子描绘为由围绕中心核运行的电子组成的图像，这一图像类似于我们的太阳系，其中行星围绕太阳旋转。⑦ **原子核**⑧由带正电的质子和不带电的中子组成，因为原子没有净电荷，所以质子的数量必须始终等于原子核周围轨道上带负电荷的电子的数量。

有了这些认识，我们现在可以开始对元素的原子结构进行描述；例如，氢原子的原子核是由一个质子组成的，没有中子，核外有一个绕轨道运动的电子。氦原子的原子核是由两个质子和两个中子组成的，核外有两个电子（见图 14-5）。

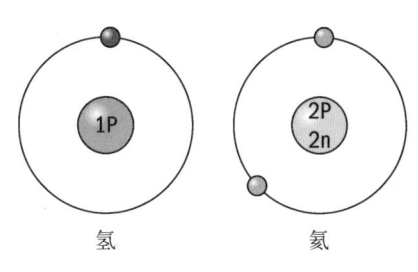

图 14-5　氢和氦原子的原子结构

区分一种元素和另一种元素的行为和属性必须与每个元素的原子结构的差异有关。其中一个区别是每个元素拥有不同数量的质子。这个数叫作元素的**原子序数**⑨。当回顾图 10-1 所示的元素周期表时，我们看到元素是连续编号的。这些数字代表与每个元素相关的原子序数或质子数。因此，**一种元素是具有质子数量相同的所有原子的集合**。因此，每个氢原子只有一个质子，每个氦原子有两个质子，每个银原子有 47 个质子，每个铅原子的核中有 82 个质子。

> **走进科学**
>
> ### 石墨炉原子发射光谱法
>
> 发射光谱仪是用来获取和记录元素线状光谱的仪器。本质上，该仪器需要使原子蒸发和激发后发射出能够区别于其他成分的光，并能对光谱结果进行记录。一种简单的石墨炉原子发射光谱仪如图所示。
>
> 被研究的样品在两个直流电弧通过的碳电极之间被激发。电弧产生足够的热量使原子蒸发并激发出发射光谱，发射光谱被透镜收集后聚焦到棱镜上，由棱镜将其按频率分散开后投影到感光板上，从而得到线状光谱图。

---

⑦　实际上，电子在原子核周围移动得非常快，通常把它想象成一团电子云，散布在原子表面。
⑧　原子核：原子的核心，包含质子和中子。**电子轨道**　电子绕原子核运动时的路径；每个轨道都与一个特定的电子能级有关。**激发态**　原子吸收能量，电子从较低能级移动到较高能级的状态。
⑨　原子序数：原子核中质子的数目；每个元素都有自己独特的原子序数。

通常，一个样本中包含有多种元素；因此，典型的发射光谱包含有许多谱线。将光谱中的每一种元素与包含有所有元素的位置的标准图表进行比较，就可以识别出光谱中的每一种元素。然而，物证分析通常只需要快速比较两个或多个样本的元素组成，因此只需要对发射谱线进行逐一匹配就能容易实现对物证的鉴定，如图所示，是两个漆屑的发射光谱的对比。

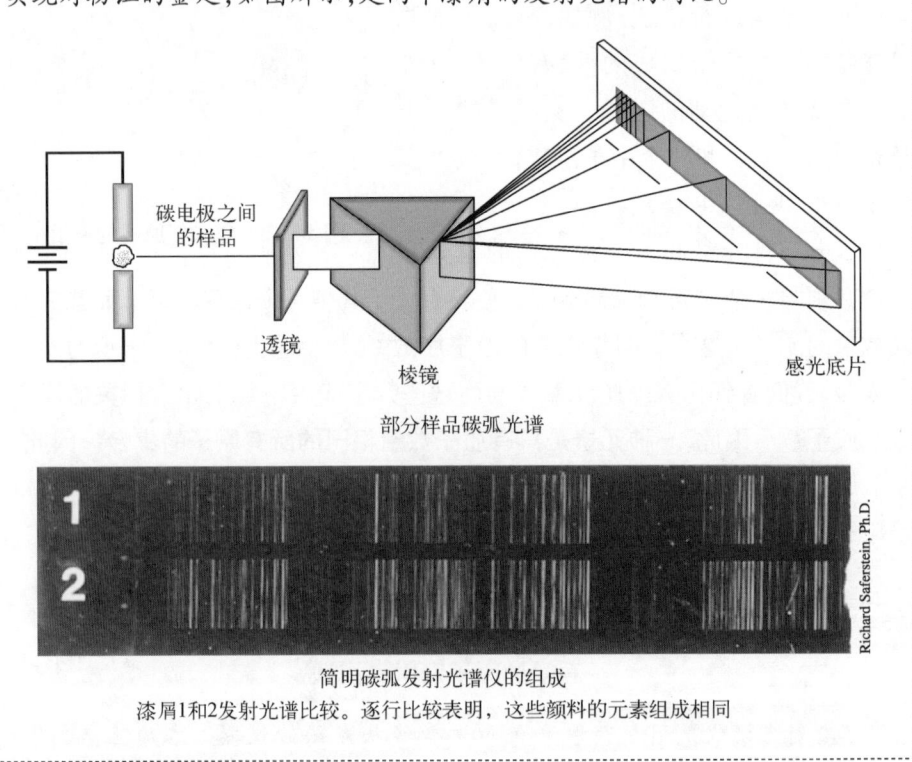

部分样品碳弧光谱

简明碳弧发射光谱仪的组成
漆屑1和2发射光谱比较。逐行比较表明，这些颜料的元素组成相同

电感耦合等离子体发射光谱法（ICP）

电感耦合等离子体发射光谱法（ICP）已取代了石墨炉原子发射光谱法。与石墨炉原子发射光谱法一样，ICP也是通过激发原子发出的光谱来对元素进行识别和测量。然而，ICP不是使用电弧，而是将样品置于高温等离子体炬管中去激发原子。炬管是一个具有三层同轴结构，能通过氩气的石英管，管外缠绕着射频（RF）线圈，射频线圈通电时能够产生强磁场。

ICP过程

该过程从高压火花作用于流经炬管的氩气开始，使氩原子电离出一些电子。

然后这些电子受磁场加速,与其他氩原子产生碰撞后电离出更多的电子。电子与氩原子的碰撞继续进行链式反应,将气体分解为氩原子、氩离子和电子,形成**感应耦合等离子体放电**。放电由射频能量维持,射频能量从线圈持续输入。等离子体放电就像一个强烈的连续火焰,产生 7 000—10 000℃ 范围内的极高温度。然后,样品以气溶胶形式被引入热等离子体中,与高能的氩电子发生碰撞,产生带电粒子(离子),发射出含有元素特征波长的光(见图 14-6)。

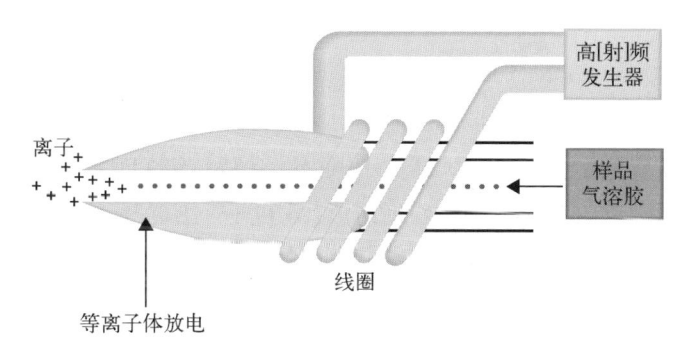

图 14-6 ICP 炬管放电产生带电粒子

同位素和放射性

到目前为止,我们对亚原子粒子的讨论仅限于质子和电子。然而,要理解核化学的原理,必须看到另一个重要的亚原子粒子,中子。虽然单个元素的原子必须具有相同数量的质子,但没有什么可以阻止它们具有不同数量的中子。原子核中质子和中子的总数称为**原子质量**[⑩]数。

质子数相同但中子数不同的原子称为**同位素**[⑪]。例如,氢有三种同位素;除了只有一个质子,没有中子的普通氢外,还有氘和氚这另外两种同位素。氘(或重氢)也有一个质子,但也包含一个中子。氚的核中有一个质子和两个中子。这些同位素的原子结构如图 14-7 所示。因此,所有氢同位素的原子序数都是 1,但原子质量数不同。氢的原子质量数为 1,氘的质量数为 2,氚的质量数为 3。普通氢在自然界中占所有氢原子的 99.98%。

与氢一样,大多数元素都有两种或更多的同位素。例如,锡有 10 种同位素。

---

⑩ 原子质量:原子核中质子和中子的总数。
⑪ 同位素:具有不同中子数的同种元素的原子。

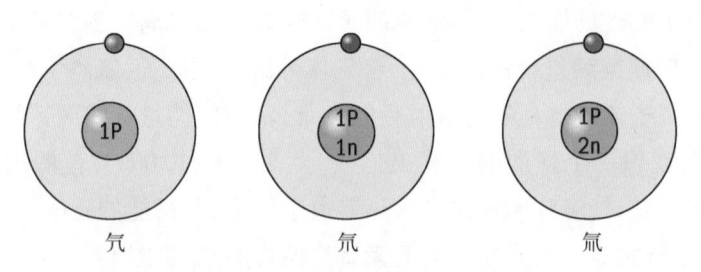

图 14-7　氢的同位素（氕、氘、氚）

大多数同位素是非常稳定的，无论出于何种目的，任何一种元素的同位素都具有无法区分的性质。然而，另有一些同位素则不那么稳定，随着时间的推移会通过放射性衰变过程而分解。**放射性**[12]是伴随着不稳定核的自发解体而产生的辐射。放射性实际上由三种类型的辐射组成：**α 粒子**[13]、**β 粒子**[14]和 **γ 射线**[15]。

α 粒子是带正电的粒子，每个粒子的质量大约是氢原子的四倍。这些粒子是从轨道剥离了电子的氦原子。β 粒子实际上是电子，γ 射线是与 X 射线类似的电磁辐射，但频率和能量更高（参见图 10-7 中的电磁频谱）。幸运的是，大多数天然同位素都没有放射性，而镭、铀和钍等同位素在地壳中的含量非常少，因此它们的放射性对人类的生存没有危害。

由于 α 粒子的质量很大，因此不会移动很远，穿透性也不是很强，一张纸或人的皮肤很容易阻止它们。然而，摄入的 α 粒子释放的同位素是危险的。如下面的案例所述，放射性同位素钋-210 能释放 α 粒子，曾与一名前克格勃特工的谋杀案有关。

如果不是因为科学家掌握了合成放射性同位素的技术，同位素的存在对法庭化学家来说就不重要了。如果元素同位素之间的唯一区别是每个元素所拥有的中子数，那么假设当原子受到中子轰击时，一些中子被原子捕获后生成新的同位素，难道这不合理吗？这正是核反应堆中发生的情况。核反应堆只是一个中子源，可以用来轰击样本的原子，从而产生放射性同位素。当原子核捕获一个中子时，就会形成一个新的同位素和一个额外的中子。在这种状态下，原子核被激活，许多原子核随即通过发出辐射而分解。

---

[12]　放射性：某些同位素的不稳定核发出的粒子和/或 γ 射线辐射。
[13]　α 粒子：放射性元素发出的一种辐射；辐射由氦原子减去其轨道上的电子组成。
[14]　β 粒子：放射性元素发出的一种辐射；辐射由电子组成。
[15]　γ 射线：放射性元素发出的高能电磁辐射。

走进科学

发射光谱的产生

为了解释原子光谱的产生过程,我们必须从原子的电子轨道开始。当电子围绕原子核运动时,它们被限制在一条确定的轨道上。这条轨道与一定的能量有关,因此被称为能级。每种元素在离原子核不同距离处都有自己的一组特征能级。一些能级被电子占据,其余的能级上没有电子。

当原子中所有电子都位于原子中能量最低的轨道上时,原子就处于最稳定的状态。当一个原子吸收能量,如热量或光,它的电子被推入了高能级轨道。在这种情况下,原子处于激发态。然而,由于能级具有固定的数值,在将电子从一个能级移动到另一个能级时,只能吸收一定量的能量。这是一个非常重要的观察结果,因为它意味着原子只吸收一定值的能量,而所有其他能量值都将被排除在外。同样,如果原子处在高温条件下,获得足够的能量就会将电子推入未被占据的高能级轨道。通常情况下,电子不会长时间处于这种激发状态,会迅速回落到其原始能级。当电子回落时释放能量。发射光谱证明了能量释放是以光发射的形式产生的,如图所示。发射光的频率由关系式 $E=hf$ 确定,其中 E 是高能级和低能级之间的能量差,h 是普朗克常数的常数,f 是发射光的频率。因为每个元素都有各自特征的能级,所以每个元素都会发出一组唯一的频率值。因此,发射光谱提供了围绕原子核的每个元素的能级"图片"。

因此,就原子而言,原子在吸收能量的同时也在释放能量,进去的能量一定要出来。化学家可以用任意一种方式来对原子进行研究。

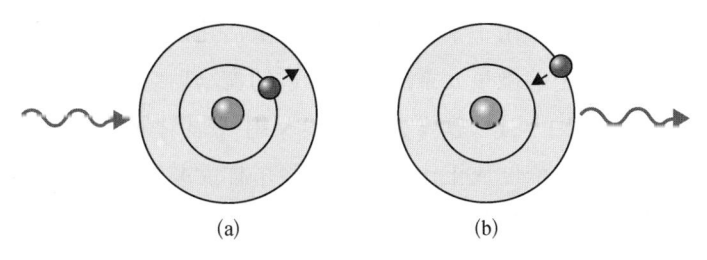

(a) 原子吸收光后,使电子跃入更高的轨道;(b) 电子落回较低轨道,产生原子发射光谱

> **走进科学**
>
> ### 子弹的 ICP 分析
>
> 残缺的子弹通常不适合用传统的显微镜与试射子弹进行对比。在这种情况下，ICP 被用来获取可疑子弹碎片的元素信息，以便与嫌疑人持有的未开过火子弹进行比较。多年来，物证科学家利用了铅质子弹成分之间的显著性差异。构成铅质子弹的微量元素的组成差别通常反映在铜、砷、银、锑、铋、镉和锡等元素上。当两个或多个子弹具有相似的元素成分时，可向法院提供其相似性的证据。
>
> 在这方面，铅质子弹的比较面临着与最常见种类的物证相同的困窘——在不能够提供统计或概率数据来支持观点时，如何向陪审团解释这些发现是对刑事调查具有意义的一个结果。此外，创建有意义的数据库，对基于元素构成的对比结果以统计的方式定义其显著性差异，目前是一项不切实际的任务。
>
> 尽管如此，子弹中的铅成分，就像我们的人口一样具有显著的多样性，与其他类别物证，如纤维、毛发、油漆、塑料和玻璃一样，使他们在犯罪现场出现的机会以及与被告的后续联系是极不可能发生的事情。然而，必须注意避免给事实审判者留下这样的印象：元素组成是完全匹配的。鉴于每年生产数百万颗子弹，与案件无关子弹巧合匹配的可能性是始终无法排除的。

中子活化分析法

法庭化学家可以通过用中子轰击样本并测量活化的同位素所发出的伽马射线的能量来表征样本中的微量元素。每个元素的伽马射线可以与特征能量值相关联。此外，一旦确定了元素，就可以通过其 γ 射线辐射强度来测量其浓度；辐射强度与试样中元素的浓度成正比。用中子轰击样品并测量产生的 γ 射线放射性的技术称为中子活化分析法。该过程如图 14-8 所示。

中子活化分析法的主要优点是提供了一种非破坏性的微量元素定性和定量分析方法。检测灵敏度的中值为十亿分之一克（1 纳克），使中子活化分析法成为定量检测许多元素的最灵敏的方法之一。此外，中子活化可以同时分

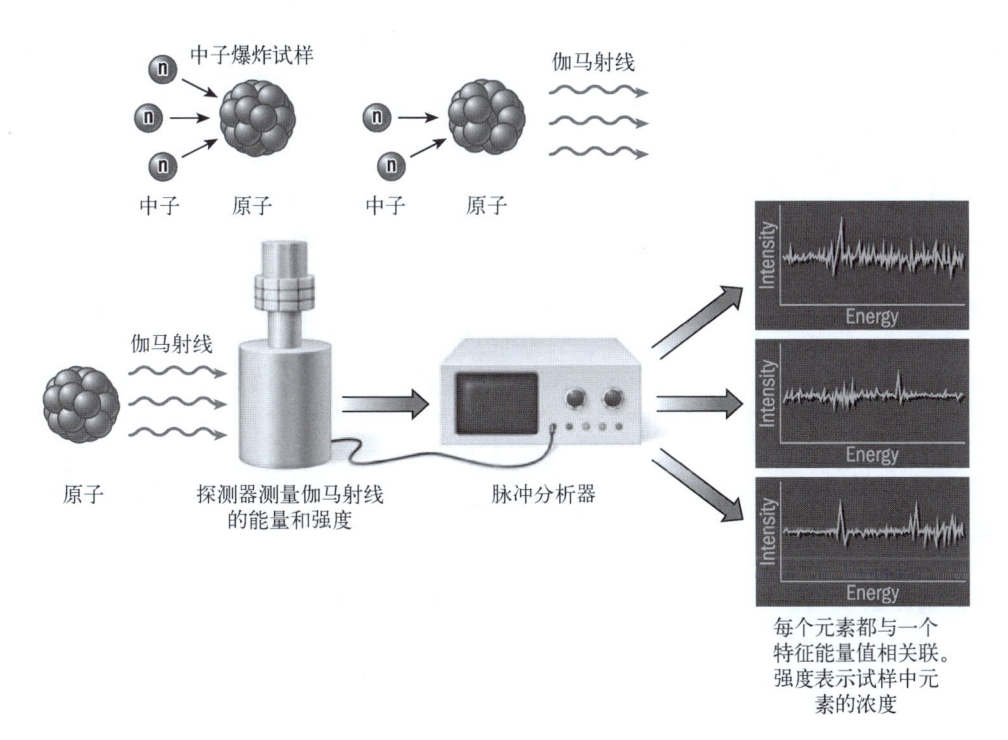

图 14-8 中子活化过程需要原子核捕获中子。新的原子具有了放射性并发出伽马射线。探测器可以通过测量发射的伽马射线的能量和强度来识别存在的放射性原子。（中子轰击样品，中子、原子、伽马射线；原子，伽马射线，探测器测量伽马射线的能量和强度，多通道分析仪，每个元素都有一个特征能量值。强度表示试样中的元素浓度）

析 20 到 30 种元素。该技术的主要缺点是其费用和监管要求。全世界只有少数犯罪实验室可以使用核反应堆；此外，需要先进的分析仪来检测和区分发射的 γ 射线。

就物证分析而言，中子活化已被用于表征金属、药物、油漆、土壤、火药残留物和头发中的微量元素。其应用的一个典型例子是发生在加拿大的一起铜线盗窃案的调查过程中。中子活化法将盗窃现场发现的四段铜线（A1、A2、A3、A4）与在废料场查获的涉嫌被盗的一段铜线（B）进行了比较。所有这些铜线都是裸露的单股铜丝，具有相同的物理外观，直径为 0.28 厘米。先前的实验表明，对于不同来源的电线，硒、金、锑和银等微量元素的浓度水平可能会存在显著性变化。对涉嫌盗窃电线中的这些元素进行了比较。将电线暴露在核反应中的中子后，中子活化分析显示，在实验误差范围内 A1 和 B 之间的数据匹配（见表 14-2）。调查结果表明，对照导线和可疑导线的来源相同。

表 14 - 2　铜线中微量元素的浓度

	硒	金	锑	银
对照铜线				
A1	2.4	0.047	0.16	12.7
A2	3.5	0.064	0.27	17.2
A3	2.6	0.050	0.20	13.3
A4	1.9	0.034	0.21	12.6
嫌疑铜线				
B	2.3	0.042	0.15	13.0

注：以百万分之一计量的平均浓度
引自：Source：R. K. H. Chan, "Identification of Single-Stranded Copper Wires by Nondestructive Neutron Activation Analysis," Journal of Forensic Sciences 17（1972）：93. Reprinted by permission of the American Society for Testing and Materials, copyright 1972.

案例分析

辐射中毒死亡

2006 年 11 月,濒死的 Alexander V. Litvinenko 躺在伦敦一家医院里。他感到极度疼痛,症状包括脱发、血细胞生成障碍和胃肠道不适。随着器官的慢慢衰竭,他在医院住了三个星期后死亡。

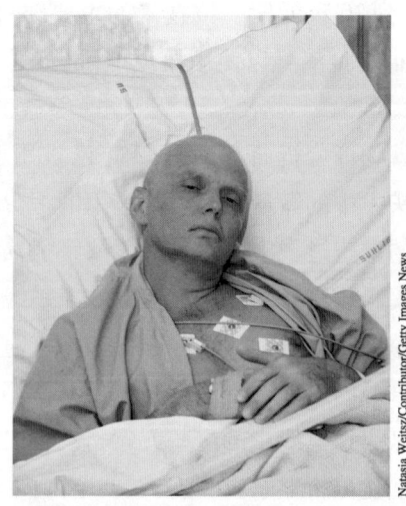

Alexander Litvinenko,前克格勃特工,生病前(左)后(右)

第十四章　金属、油漆和土壤

英国调查人员很快证实，Litvinenko 死于摄入放射性元素钋-210，这可能是元素钋-210 首次被用作谋杀武器（见图）。

Litvinenko 的死几乎立即在国际上引起了轩然大波。前克格勃特工 Litvinenko 曾公开批评俄罗斯间谍机构 FSB（克格勃的国内继任者）。2000 年，他逃到伦敦，并在那里获得庇护。Litvinenko 继续对俄罗斯间谍机构进行批评，并对俄罗斯总统 Vladimir Putin 提出了高度批评。据信，就在他去世前，他代表一家希望在俄罗斯投资数百万美元的英国公司编写了一份关于克里姆林宫高级官员活动的指控报告。

Litvinenko 的商业伙伴 Andrei Lugovoi 和 Dmitri Kovtun 立即遭到了怀疑。Lugovoi 本人是前克格勃官员。在 Litvinenko 生病的那天，他在伦敦千禧酒店的松木酒吧与 Lugovoi 和 Kovtun 见了面。见面时 Litvinenko 喝了茶壶里的茶。

法庭证据表明松木酒吧被钋-210 严重污染。最高读数是从 Litvinenko 先生坐的桌子和其中一个茶壶的内部获取的。Litvinenko 当天访问的任何其他地方都没有发现类似的污染水平。英国官员指控 Lugovoi 毒害了 Litvinenko。调查人员已将他和 Kovtun 与钋-210 放射性物质的踪迹联系起来，这些放射性物质从伦敦的酒店房间、餐厅、酒吧和办公室一直延伸到德国汉堡。每个人都否认杀害了 Litvinenko。

钋-210 具有高放射性和剧毒性。按重量计算，它的毒性大约是氰化物的 2.5 亿倍，因此一粒尘埃大小的颗粒都可能致命。它放射一种被称为 α 粒子的放射性射线。这种辐射不能穿透皮肤，因此钋-210 只有在吞食、吸入或注射时才会有效。钋-210 颗粒在体内扩散，首先破坏快速生长的细胞，如骨髓、血液、头发和消化道中的细胞。这与 Litvinenko 的症状一致。钋中毒没有解毒剂。

钋具有工业用途，由商业机构或核反应堆生产。钋-210 是制造去除薄膜、镜片以及造纸和纺织厂灰尘的抗静电装置的理想材料。它具有的非身体穿透性射线能使附近的空气带电。带有静电的灰尘在吸引带电的空气后发生电中和现象。灰尘一旦不带有静电就很容易被吹走或者刷掉。这种抗静电装置的制造商煞费苦心也没能将钋从其产品中去除。

2016 年，完成并公布了对 Alexander Litvinenko 之死的公开调查（https://www.litvinenkoinquiry.org/）。该调查是由英国退休高等法院法官 Robert Owen 主持，按照事件发生顺序记载了 Lugovoi 和 Kovtun 对 Litvinenko 的毒害过程。这份报告的结论是俄罗斯联邦安全局策划了 Litvinenko 中毒事件，这一行动可能得到了 Putin 总统的批准。

> **走进科学**
>
> ### 核 取 证 学
>
> 核取证学已成为反恐战争中的一个重要专业。核取证科学家负责由截获的完整核材料或核爆炸后产生的碎片来开发核材料的分析方法。核取证学可以追溯到冷战时期,当时美国飞机在苏联领空秘密飞行,采集核弹试验后的空气中的微粒。当苏联共和国解体,人们对苏联核材料的安全性产生担忧时,核取证学作为一门科学逐渐发展成熟,以防止这些材料可能落入恐怖组织手中,引起美国和其他西方国家出现卑部的核弹袭击事件。
>
> 核电厂外观
>
> 核取证学正在成为打击非法走私和贩运放射性和核材料的一个日益重要的工具。这些材料包括用于工业和医疗用途的材料、核材料,如核电厂核燃料循环中产生的材料(见图),以及可用于武器的更危险的核材料,如钚和高浓缩铀。自1990年代初以来,就报告了200多起非法贩运核材料的案件。
>
> 在美国,Lawrence Livermore 国家实验室和其他七个能源部国家实验室接受了美国联邦调查局和国土安全部的委托,负责开发美国核材料和放射性材料取证技术的能力。位于德国的卡尔斯鲁厄的欧盟委员会超铀元素研究所等组织已将核取证能力扩大到国际范围。
>
> 核取证学的一个主要重点是识别特征,即区分核材料或放射性材料的物理、化学和同位素特征。签名使研究人员能够识别最初制造材料所经过的过程,最终可能产生有关被扣押材料来源的线索。
>
> 归因是指整合所有信息,包括证据数据、执法和情报数据,以证实或排除核材料和装置的来源、过境路线以及责任群体或个人。

核取证学可以对广泛的物质进行。例如,在将铀矿转化为核电厂浓缩燃料的采矿、研磨、转化、浓缩或燃料制造过程中转移的被盗铀容器;铀的同位素组成和杂质会因铀的开采地点和加工方式而不同。另一个例子是用于医疗诊断和食品灭菌等应用的商业放射性材料。

研究人员分析了材料的化学和同位素组成,即包括测量微量元素的数量以及母同位素与子同位素的比率。这些测量有助于确定来源和样品的年龄。他们还检查材料的形态特征,如形状、大小和纹理。分析方法包括电子显微镜、X射线衍射和质谱。此外,当样本从一个地方移动到另一个地方时,还会携带诸如花粉、毛发、纤维、植物DNA和指纹等微量物证。这些被称为路线物质的物证可能提供有关谁处理过样本以及其经过的路径的信息。

当将样本的特征与铀矿和制造厂的已知特征进行比较时,研究人员可以通过收集来自世界各地的已知来源的核材料库而获益。核科学家与国内核材料供应商建立了合作关系,以组建这样一个数据库。与美国主要铀燃料供应商签订的合同为研究人员提供了样品和制造数据。法庭科学家还试图获取全世界铀产品的样本,以分析产品的同位素和微量元素含量、粒度和微观结构。拥有核能力的国家开始分享有关其核燃料工艺和材料的信息。开发数据库对于核取证科学家确定在黑市截获的或与恐怖事件有关的核材料的来源至关重要。

油漆物证检验

我们的周围成百上万的物体表面都涂有油漆。因此,以这种或那种形式出现的油漆是犯罪实验室收到的最普遍的物证之一。在肇事逃逸和入室盗窃案件中,油漆可能是最常遇到物证。例如,在与汽车发生碰撞时,干燥的油漆碎片或油漆污迹可能会转移到肇事逃逸案件受害者的衣服上,或者在实施盗窃时可能会将油漆污迹转移到工具上。显然,在许多情况下,油漆从一个表面转移到另一个表面可以赋予物体可识别的物证特征。

在大多数情况下,犯罪学家必须比较两种或两种以上的油漆,以确定它们的共同来源。例如,这种比较可能将个人或车辆与犯罪现场联系起来。然而,刑事专家不必仅限于比较。犯罪实验室通常通过检查事故现场回收的少量油漆来帮助识别汽车的颜色、品牌和型号。此类要求通常与肇事逃逸案件有关,可能指向对责任车辆的逮捕。

油漆物证的成分

涂在表面上的油漆干燥后会形成一层硬膜,其成分为悬浮在黏合剂中的颜料和添加剂。颜料赋予油漆颜色和遮盖力(或不透明度),通常是包含有多种无机和有机化合物的混合物,制造商在油漆中添加颜料以产生特定的颜色和特性。黏合剂是一种聚合物,为颜料和添加剂提供了支撑介质。因此,涂料是由黏合剂、颜料以及其他添加剂组分所组成,所有这些组分都是溶解或分散在合适的溶剂中。将油漆涂在物体表面后,溶剂会蒸发只留下坚硬的聚合物黏合剂和一些悬浮在其中的颜料。

汽车油漆是犯罪实验室油漆检验中最常见的一类物证。有助于对汽车油漆进行物证鉴定的一个有趣事实是,制造商在汽车车身上应用了多种涂料。这就增加了汽车油漆显著的多样性,并有助于汽车油漆比较的物证意义。汽车表面钢涂装工艺通常包括了至少四种有机涂层:

电泳层

汽车车身上的头道漆是电泳层底漆。底漆由环氧树脂组成,通过电泳涂装在汽车的车身上来抵抗腐蚀。所得涂层的外观和厚度均匀,其颜色从黑色到灰色不等。

中涂层

中涂层最初是用来防止腐蚀的,其成分为改性环氧聚酯或聚氨酯材料。通常在电泳层之后、面漆层之前进行涂装。因为颜色涂层将涂装在该层之上,所以该层的功能是完全平滑并隐藏任何接缝或缺陷,其颜色很深。彩色颜料是用来减小底漆和面漆之间的色差。例如,可以在柔和色漆下使用浅灰色底漆,在深色面漆下使用红色氧化物。

面漆层

汽车车身涂装的下一层油漆是面漆层或色漆层。这一层是汽车最终的颜色和美感,并代表了成品汽车的"视觉吸引力"。该层的完整性取决于其抵抗天气、紫外线辐射和酸雨的能力。最常见的是丙烯酸基聚合物和面漆黏合剂。有趣的是,汽车颜料的选择是取决于颜料的毒性和环境问题。因此,铅、铬和其他重金属颜料已被放弃使用,取而代之的是有机颜料。珍光或云母颜料也呈增长趋势。云母颜料上涂装一层金属氧化物以产生干涉色。此外,在汽车漆中加入铝片能使漆面具有金属光泽。

清漆层

涂上无色素透明涂层以提高汽车的光泽、耐用性和美观度。大多数清漆是丙烯酸基,但聚氨酯清漆越来越受欢迎。这些面漆具有出色的耐腐蚀性和美观度。

油漆的显微镜检查

显微镜一直并且仍然是定位和比较油漆样本的重要工具。考虑到数千种油漆颜色和色调,很容易理解为什么颜色比任何其他属性更能赋予油漆最鲜明的物证特征。在立体显微镜下,最好将被质疑和已知的标本并排进行颜色、表面纹理和颜色层顺序的比较(见图14-9和14-10)。

图14-9 两种汽车漆的立体显微镜比较。左侧被质疑的油漆层结构与右侧的对照油漆层(P)结构一致。

层结构的重要性对于评估油漆的证据意义无论怎样强调都不为过。当涂料样品具有在数量和颜色顺序上匹配的彩色层时,检验员可以开始将油漆与共同来源联系起来。必须匹配多少层后刑事专家才能得出油漆来自同一来源的结论?是没有一个公认的标准。这在很大程度上取决于每层颜色和纹理的唯一

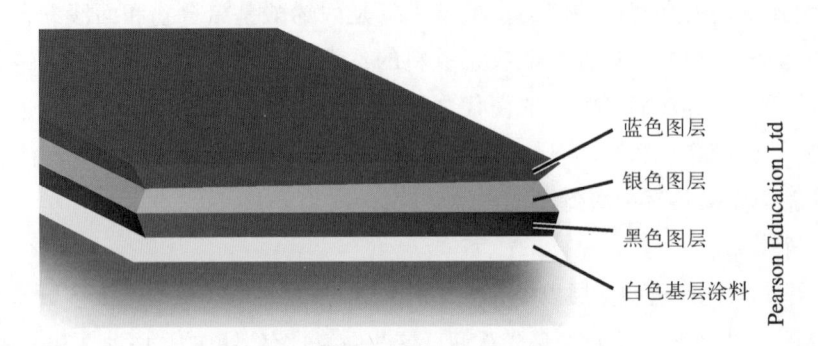

图 14-10 犯罪现场提取的油漆

性,以及观察到特定颜色组合出现的频率。由于没有任何书籍或期刊汇编过这类信息,刑事专家在作出这一决定时只能依靠自己的经验和知识。

不幸的是,呈交给刑事专家的油漆样本大多数没有足够复杂的层结构,无法确定其单一来源(见图 14-11)。然而,现代油漆中不同化学成分为样品的比较提供了额外的特征点。具体而言,油漆的彻底比较必须包括对油漆的颜料、黏合剂成分或两者的化学分析。

图 14-11 红色油漆碎片从墙上剥落,露出底层

油漆比对中使用的分析技术

汽车面漆中黏合剂的组成变化明显,这为油漆的比较提供了特别重要的信息。更重要的是汽车面漆的种类有数百种;这一点对试图将漆片和一辆区别于

第十四章　金属、油漆和土壤　　487

任何一年生产的数千种类似车型的汽车联系起来的刑事专家非常有用,例如,在美国和加拿大有 100 多家汽车生产厂。在一个车型年款期间,每家企业为了特定的颜色会选用一个或多个供应商。尽管油漆供应商必须对油漆的颜色进行严格的质量控制,但是由于基本原料的供应和成本,任何油漆黏合剂的批次配方都可能有所不同。

涂料黏合剂检测

裂解[16]　气相色谱法已被证明是一种能够对大多数油漆分子鉴别非常有用的技术。在鉴别过程中,只需让 20 微克的少量油漆碎片被加热分解成多种气体成分,并进入气相色谱仪。如图 14-12 所示,聚合物分子链通过高温的灯丝后分解,生成的产物进入并通过气相色谱柱。被分离的聚合物分解产物从色谱柱流出并被记录下来。色谱图或"裂解图"能够将一种聚合物与另一种聚合物区分开来。裂解图充分详细地反映了黏合剂的化学组成。图 14-13 描述了油漆热解图如何对从两辆不同汽车上提取的丙烯酸烤瓷漆进行区分。红外分光光度法是另一种提供涂料黏合剂成分信息的分析技术。[17] 黏合剂选择性吸收红外辐射,以产生具有高度特征的油漆样品光谱。

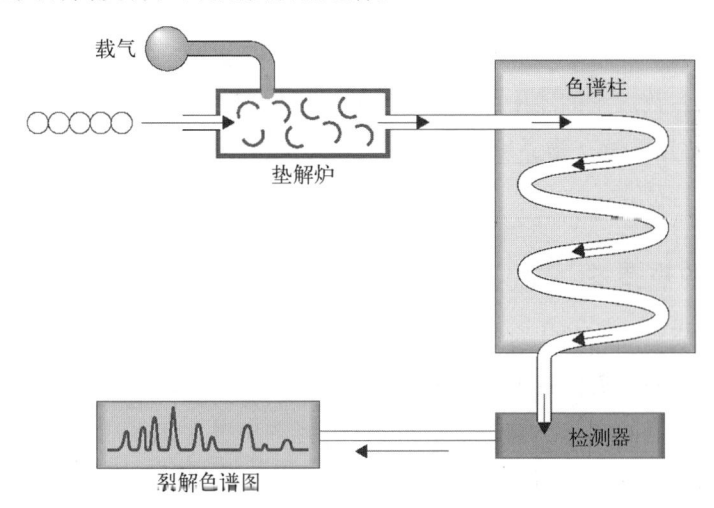

图 14-12　热解气相色谱原理图

[16]　裂解:有机物受热分解。

[17]　P. G. Rodgers et al., "The Classification of Automobile Paint by Diamond Window Infrared Spectrophotometry, Part I: Binders and Pigments," *Canadian Society of Forensic Science Journal* 9 (1976): 1; T. J. Allen, "Paint Sample Presentation for Fourier Transform Infrared Microscopy," *Vibration Spectroscopy* 3 (1992): 217.

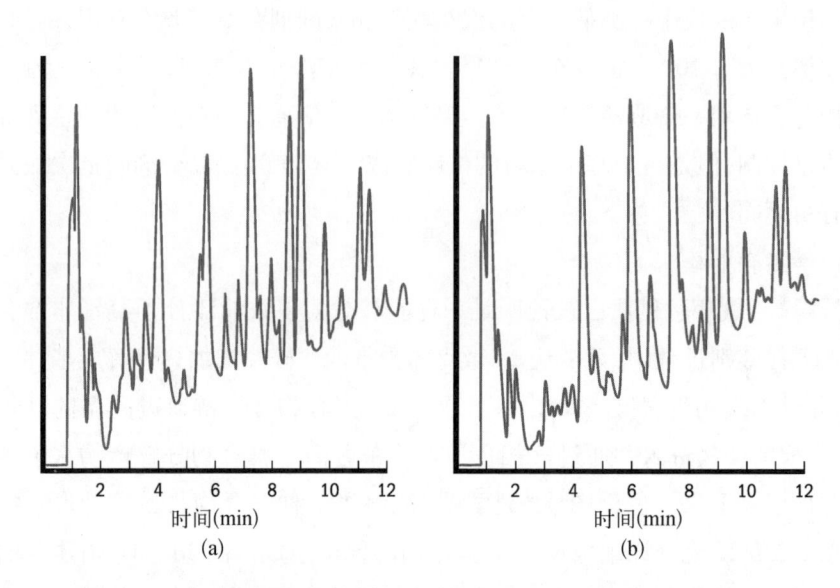

图 14-13　丙烯酸烤瓷漆色谱图。(a)福特车型和(b)克莱斯勒车型

颜料检测

油漆中组成无机颜料的元素能采用多种发射光谱技术来对其进行检测,如电感耦合等离子体(ICP)和 X 射线光谱法(第 182 页)。例如,发射光谱仪可以同时检测大多数汽车油漆中的 15 到 20 种元素。其中一些元素是所有油漆中都比较常见的,几乎没有物证价值;其他一些不常见的元素则提供了油漆样本之间比对的极好特征。

油漆证据的重要性

一旦完成对油漆的比对,评估比对结果的重要性任务就开始了。两种相似的油漆来自同一个表面的确定程度有多大?这如一个人偶然在路上或街道上看到无数相同颜色的汽车。如果是这种情况,将肇事逃逸现场中的油漆碎片与从可疑车辆上提取的油漆进行比较有什么价值呢?从之前的讨论中可以明显看出,油漆比对涉及的内容不仅仅只是表面油漆颜色的匹配。表层下方的油漆层为比对提供了有价值的特征。此外,物证分析人员可以检测油漆黏合剂配方的细微差异,以及油漆元素组成的主要或次要差异。显然,这些特性是裸眼无法识别的。

从加拿大多伦多物证中心收集的数据令人信服地证明了油漆比对的重要

性。⑱从260辆当地存放的毁损汽车中随机提取油漆碎片,通过颜色、涂层结构和红外光谱(如需要)进行比较。除了一对之外,所有的油漆都能分辨出来。从统计角度来看,如果通过前面讨论的测试结果来对犯罪现场油漆样品和从可疑车辆上取下的油漆标准/参考样品进行比较,则与来自另一辆随机选择的车辆油漆在犯罪现场的概率约为33 000比1。显然,这类证据必然会在嫌疑汽车和犯罪现场之间形成强有力的联系。

犯罪实验室经常被要求从犯罪现场留下的极少量油漆来识别汽车的品牌和型号。这些信息经常用于搜索肇事逃逸事件中的未知车辆。通常,当将可疑的油漆与代表各种品牌和车型的油漆颜色进行比较时,就可以识别出可疑的油漆。然而,在许多情况下,由于任何一种油漆颜色都可以在多个车型上找到,因此无法确定可疑车辆的确切品牌或型号。例如,在凯迪拉克、别克和雪佛兰生产线上的通用汽车可能使用相同的油漆颜色生产数年。

汽车面漆的颜色图表可从油漆制造商和再涂装厂获得(见图14-14)。从1974车型年开始,国家标准与技术研究所执法标准实验室收集并向犯罪实验室分发了美国国内乘用车的汽车油漆颜色样本。该样本集于1991年由弗吉尼亚州麦克莱恩的协作测试服务公司分发。自1975年以来,加拿大皇家骑警物证实验室一直在系统地收集汽车油漆的颜色和化学信息。这种计算机化的数据库称为PDQ(油漆数据查询),允许分析员获取与汽车品牌、型号和年份相关的油漆信息。该数据库包含了如汽车油漆每层的颜色、底漆颜色和黏合剂成分

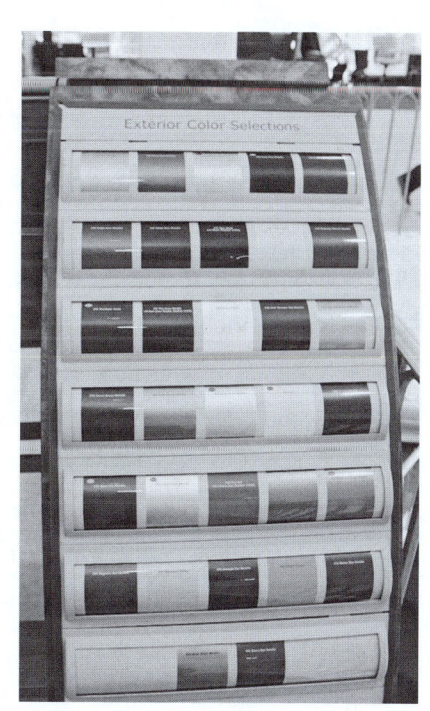

图14-14 各种车型汽车油漆颜色图表

---

⑱ G. Edmondstone, J. Hellman, K. Legate, G. L. Vardy, and E. Lindsay, "An Assessment of the Evidential Value of Automotive Paint Comparisons," *Canadian Society of Forensic Science Journal* 37 (2004): 147.

等参数。许多美国实验室可以访问 PDQ。[19] 此外,一些实验室也保存着与各种品牌和型号相关汽车油漆的内部样本集。

在汽车油漆之后,建筑油漆比对是物证实验室最常见的油漆分析项目。为了了解建筑油漆的物证价值,对北美各地收集的建筑涂料进行了大规模的研究。[20] 通过视觉、显微镜和红外技术,对随机采集的近 960 种油漆进行了相互比对,结果发现油漆的差别达到 99.99%,从而证明了我们周围建筑油漆的高度多样性及其作为一级证据的重要物证价值。一项针对 50 种单层白色建筑涂料(它们的特征有限)的后续研究表明,使用一系列常见的物证检测方法能够实现对这些涂料的高度鉴别(99.35%),进一步证明了建筑涂料比对可以提供强等级的证据。

案例分析

捕 食 者

除了 1984 年的 9 月略有不同外,亚利桑那州 9 月的天气都非常相似,通常又热又干。一场罕见的大雨持续下了两天,这对 8 岁的 Vicki Lynn Hoskinson 的朋友和家人来说一定不合适。Vicki 于那年 9 月 17 日失踪,她的失踪被视为绑架。一位认识 Vicki 的老师记得,那天他在学校附近看到一辆可疑的车,碰巧记下了车牌号。这一关键线索将警方引向了最近从加州监狱被假释的 28 岁的 Frank Atwood。警方很快获悉 Atwood 是因性犯罪和绑架一名男孩而被定罪的。这震惊了调查人员,他们意识到 Vicki 可能会受到一个危险且变态男人的摆布。

警方必须检查的唯一证据是 Vicki 的自行车,这辆自行车被发现遗弃在离她家几个街区的街道中央。警方发现了在 gravel 刹车片外面的自行车脚踏板在 Atwood 的车上留下的划痕,即 Atwood 车前保险杠上的、显然是从 Vicki 的自行车上转移过来的粉红色油漆。警方认为 Atwood 故意将正在骑自行车的 Vicki 撞倒在地。

首先用显微镜对 Atwood 保险杠上的粉红色油漆进行了观察,然后用裂解

---

[19] "Canadian Mounted Police Laboratory Services Automotive Paint Database," *Canadian Society of Forensic Science Journal* 30 (1997): 199. An excellent discussion of the PDQ database is also available in A. Beveridge, T. Fung, and D. MacDougall, "Use of Infrared Spectroscopy for the Characterisation of Paint Fragments," in B. Caddy, ed., *Forensic Examination of Glass and Paint* (New York: CRC Press, 2001), pp. 222–233.

[20] D. W. Wright et al., "Analysis and Documentation of Architectural Paint Samples via a Population Study," *Forensic Science International* 209 (2011): 86.

气相色谱法进行了检测。这为调查人员提供了油漆样本的"指纹",使他们能够将这种油漆与任何其他油漆证据进行比较。在本案中,Atwood 保险杠上的粉红色油漆与 Vicki 自行车上的油漆相匹配。

1985 年春天,在离家几英里的沙漠中发现了 Vicki 的遗骸。通过牙科记录得到了确认鉴定,但调查人员还想看看这些遗骸能否帮助他们来确定她已经死了多久。Vicki 失踪三天后,Atwood 因一项无关指控被判入狱,因此,大致的死亡日期对于证明他的罪行非常重要。调查人员在 Vicki 的头骨内发现了尸体在分解过程中产生白色的脂肪残留物——脂肪蜡。这为 Vicki 死后身体周围存在水分提供了证据。考虑到她的尸体是在亚利桑那州的沙漠中发现的,这似乎没有道理!对天气记录的检查显示,自从最后一次见到 Vicki 活着以来,只有在她失踪后仅 48 小时的一段时间内有不同寻常的降雨量。这使得 Vicki 的死亡完全在 Frank Atwood 失踪到被捕的三天时间内。Frank Atwood 因谋杀 Vicki Lynn Hoskinson 于 1987 年被判处死刑。他仍在死囚牢房等待处决。

油漆物证的收集和保存

如前所述,在肇事逃逸事件中,最有可能在人员或物体上或附近发现油漆碎片。必须极其小心地从衣服或路面上回收松散的漆屑,以保持漆屑完好无损。可以用镊子捡起或用一张纸铲起漆屑。如药剂师折叠的纸、玻璃或塑料瓶是很好的油漆容器。如果油漆被涂抹在衣服或物体上或嵌入物体中,研究人员不应试图去剥除油漆;相反,最好仔细包装整个物体,并将其送往实验室进行检查。

如果在肇事逃逸的情况下发生油漆转移,例如转移到行人受害者的衣服上,则必须始终从车辆的未损坏区域收集未污染的标准/参考油漆,以便在实验室进行比对。尤其重要的是,应在靠近怀疑与受害者接触的汽车区域收集油漆。因为汽车的其他部分可能已经褪色或重新喷过漆,所以这个取样要求是必需的。标准/参考样品的提取始终要包括至裸露金属的所有油漆层。最好用干净的手术刀或刀片提取油漆部分。1/4 平方英寸的样品足以进行实验室检测。每个油漆样品应单独包装,并记录其提取的准确位置。当两辆车之间发生油漆交叉转移时,同样必须从每辆车上提取所有涂层,包括异物和底层原始油漆。在这种情况下,还必须从每辆车的相邻未损坏区域采集标准/参考样品。在采集每个样品之前，无论刀具或刮刀的刀片都要用蒸馏水仔细擦拭，以避免油漆的交叉污染。

用于进入建筑物或保险柜的工具通常含有微量的油漆以及木材和安全绝缘材料等其他物质。必须注意不要丢失这种类型的微量证据。现场调查员不得试图清除油漆；相反，调查员应将该工具打包以供实验室检查。应从怀疑与工具接触的所有表面收集标准/参考油漆样本。同样，样本必须包含所有油漆层。

当工具在表面上留下印痕时，要从紧挨印痕的未污染区域收集标准/参考油漆。不能试图从印模中收集油漆。如果这样做，印痕可能会永久改变，其证据价值也会丢失。

土壤物证分析

土壤一词有多种定义；然而，出于物证学的目的，土壤可以被认为是位于地球表面或其附近的任何天然或人造物质。因此，土壤的物证检查不仅涉及对天然岩石、矿物、植被和动物物质的分析；它还包括对玻璃、漆屑、沥青、砖块碎片和煤渣等人造物体的检测。人造物体的存在可能会赋予土壤独特的特定位置特性。如果意外或仔细收集这些材料，并将其与正在调查的犯罪联系起来，则这些材料将会成为有价值的物证。

土壤证据的重要性

土壤作为证据的价值在于其在犯罪现场的普遍性和其在现场和犯罪人之间的可转移性。因此，当与犯罪现场采集的土壤样本进行比对时，黏附在嫌疑人衣服、鞋子或汽车上的土壤或干泥可能会将嫌疑人或物体与犯罪现场联系起来。与大多数类型的物证一样，物证土壤分析在本质上是比对检验；必须仔细收集嫌疑人所携带的土壤，然后与犯罪现场及其附近的土壤样本进行比较。

然而，即使犯罪地点尚未确定，也不应排除土壤的价值。例如，在远离犯罪现场的个人或物体上可能发现少量土壤。了解当地地质情况的地质学家能够利用地质图为警方指出土壤物证来源和犯罪发生的大致地区。

土壤物证检验

大多数土壤能够通过外观观察来区分开。对土壤样本的颜色和纹理进行并

第十四章 金属、油漆和土壤 493

排目视对比很容易,能够提供区分不同地区土壤的敏感特性。土壤潮湿时颜色较深;因此,当所有样品在相同的实验室条件下干燥时,必须始终进行颜色比较。据估计,土壤的颜色可分为近 1 100 种;因此,在土壤物证的比对中,逻辑上应首先对颜色进行检验(见图 14-15)。

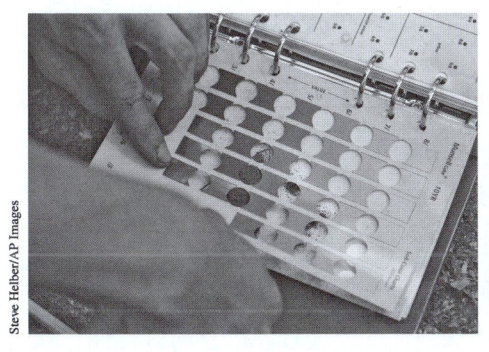

图 14-15 技术人员根据土壤颜色图表对土壤样品进行分类

图 14-16 显微镜下的矿石

低倍显微镜检查能够看到土壤中存在植物和动物以及人造碎屑等物质。高倍显微镜的进一步检查,有助于表征出土壤中的矿物和岩石成分。虽然这种土壤物证鉴定方法需要调查员要有地质学培训的专业知识,但该方法可以提供土壤样品之间最多样和最重要的比较点。只有仔细检查和比较土壤中天然存在的矿物和岩石,才能利用土壤之间的大量差异,从而增加比对的证据价值。

矿石是一种天然晶体,与任何其他晶体一样,其物理性质,例如颜色、几何形状、密度和折射率等对其鉴别非常有用。现存的矿石超过了 3 800 多种;然而,大多数都是很罕见的,以至于物证地质专家通常只会遇到大约 20 种。岩石是由多种矿石组成的,因此在地球表面存在着数千种不同的岩石。通常用其矿石含量和粒度来对其进行标识(见图 14-16)。

考虑到矿石和岩石种类繁多,土壤中可能存在人造碎屑,物证地质学家在两个或多个样本之间进行了许多比对。在得出样本是相似的结论和判定具有共同起源的可能性之前,必须考虑比对点的数量和其出现的频率。

岩石和矿物不仅只是土壤成分,而且还被用于制造各种各样的工业和商业产品。例如,撬保险箱嫌疑人的工具和衣服上往往有保险箱隔热材料的微量物证。保险箱隔热材料可能是由能提供重要识别特征点的多种矿石的混合物组合而成。类似地,砖块、灰泥和混凝土块等建筑材料是由矿石和岩石组成,在显微镜下能很容易地识别并与入室嫌疑人身上发现的矿石进行比较。

土壤成分的变化

土壤证据的最终物证价值取决于其在犯罪现场的独特性。例如,如果犯罪地点周围数英里内的土壤成分无法区分,那么将嫌疑人身上发现的土壤与特定地点相关联的价值将是有限的。当距犯罪现场每隔10至100码的土壤成分不同,通过土壤比对就可能会得出将嫌疑人与特定地点联系起来的重要结论。然而,即使存在这种变化,物证地质学家通常也不能区分任何一个位置的土壤,除非土壤中含有罕见的矿石、岩石或人造碎屑的异常组合。

土壤证据的可变性没有进行过任何统计上有效的物证检验研究。在加拿大安大略省南部进行的一项研究似乎表明该地区的土壤具有广泛的多样性。该研究估计发现两种颜色和矿石性质都不可区分,但源自两个相距至少1 000英尺的不同位置土壤的概率不到1/50。根据这些初步结果,预计美国北部、加拿大、北欧和东欧也会出现类似的多样性。然而,这种概率值通常只能表明这些地理区域内土壤的变化。每个犯罪现场必须单独评估,以确定其自身的土壤变化概率。

案例分析

土壤:无声的证据

1983年的一个星期一晚上,Alice Redmond 被她的丈夫报告失踪了。警方了解到有人看到她在那晚下班后与同事 Mark Miller 在一起。当警方询问 Miller 时,他说下班后两人只是"开着车到处转",然后他在家门口下了车。尽管 Miller 作出了解释,但因为他有入室盗窃的犯罪记录,他仍然是首要嫌疑人。

第二天早上在城里找到了 Alice 的车。车轮罩上覆盖了厚厚的泥浆,调查人员希望这能够提供一个很好的线索。当警方得知 Alice 和她的丈夫参加了周日的摩托车比赛,而且车在深深的泥浆中行驶过的时候,这些希望就破灭了。

经过仔细检查,在 Alice 的汽车上发现了两种颜色的泥土。最厚的土层是棕色的;在棕色层的顶部是一片看起来与该地区的任何土壤都不一样的微红色土壤。调查人员希望通过在周日晚上摩托车比赛之后、周二早上发现这辆车之前沉积的红色土壤来确定 Alice Redmond 的车去过的位置。

与 Mark Miller 妹妹的访谈为此案提供了突破口。她告诉警方，Mark 星期一晚上拜访了她。在拜访中他供认驾驶着 Alice 的车与她穿过阿拉巴马州线进入佐治亚州，杀死她后将她埋葬在了一个偏远的地方。因此调查人员有了在哪里寻找 Alice 的更好想法。物证分析专家采集了可能证明或反驳 Miller 妹妹所讲故事的土壤样本。

干燥每个现场的样品，并通过肉眼和立体显微镜将其颜色和纹理与从汽车上收集的红色土壤进行比对。接下来，对通过一系列筛网的土壤进行比较，每个筛网的规格都比上一个细。通过这种方式，土壤样品分成了颗粒大小不同的组分。最后，借助偏光显微镜对每种组分的矿物成分进行分析和比较。

只有从阿拉巴马州州界附近疑似垃圾场收集的样本与从 Alice 的汽车上发现的最上面的红色土壤一致。这一发现支持了 Miller 妹妹的说法，并对 Mark Miller 指控谋杀和绑架有帮助。在被告认罪后，他将当局带到了埋葬尸体的地方。埋葬地点与物证分析员收集到和 Alice 车上的土壤一致的地点不到半英里。

土壤证据的收集和保存

收集土壤样本时，取证人员必须首先考虑建立犯罪现场的土壤变化数据。因此，为了对可疑土壤进行比对，应在犯罪现场 100 英尺半径范围内以及犯罪现场的不同间隔收集标准/参考土壤。还应在嫌疑人可能声称的所有可能的不在场证明地点收集土壤样本。

收集的样本应包括嫌疑人动过的所有土壤。在大多数情况下，只会对犯罪过程中的表层土壤取样。因此，必须从表面提取标准/参考试样，而不必挖掘不具代表性的地下层土壤。每个样品的实验室完全比对分析所需的土壤大约要一到两汤匙。所有采集的标本应包装在单独的容器中，如塑料瓶。每个小瓶都应标记并指明取样的位置。

必须仔细保存嫌疑人身上发现的土壤，以便进行分析。如果发现黏附在物体上,如鞋上有泥土,研究人员不得将其取下。相反,每个物体都应该单独用纸包裹,以保证将完整的土壤样本送到实验室。同样,黏附在衣服上的松散土壤不能清除;这些物品应小心地单独用纸袋包装,并送往实验室进行分析。必须注意在运输过程中,衣服上脱落的颗粒可能会留在纸袋中。

当发现一块土壤时,应将整块收集并完整保存。例如,汽车一般收集挡泥板、车身等下方的堆积土层。汽车与其他物体的碰撞可能会使一些土壤松动。一旦嫌疑汽车被扣留,应将留在现场的泥土与汽车上残留的泥土进行比对,这可能会有助于确定该汽车当时在事故现场。在这些情况下,应从车辆的所有挡泥板和车架区域下方单独采集样本;对成团的土壤要小心提取,以保持土壤颗粒黏附在汽车和车上其他土壤上的顺序。毫无疑问,在汽车的正常使用过程中,土壤将被从许多地方、在数月或数年的时间内被富集。这种分层效应可能会使土壤具有更多的变化,因此要比通常松散的土壤具有更大的证据价值。

章节小结

许多制造出的产品和甚至大多数天然材料都含有浓度低于1%的元素。对于刑事专家来说,这些微量元素的存在有着特殊的用途,它们提供了"看不见"的标记,可以确定材料的来源,或者至少提供了额外的比对特征。

发射光谱法和电感耦合等离子体是物证专家用来确定材料元素组成的技术。发射光谱仪将样品气化并加热至高温,从而使材料中的原子达到"激发"状态。在这种情况下,被激发的原子会产生辐射。如果辐射被分为不同的成分,就可以观察到线状谱图。光谱中的每个元素都可以通过其特征频率来识别。在电感耦合等离子体中,以气溶胶的形式将样品引入高温的等离子体中产生带电粒子,并辐射出与存在元素相对应的特征波长的光。

中子活化分析法测量被中子轰击过的样品中的 γ 射线频率。该方法提供了高灵敏度和非破坏性的分析技术,可同时识别和定量20至30种微量元素。然而,由于这项技术需要涉及核反应过程,因此限制了该技术在物证分析中的价值。

涂在表面上的油漆干燥后形成一层由悬浮在黏合剂中的颜料和添加剂组成的硬膜。汽车油漆是犯罪实验室中最常检测的油漆类型之一。汽车制造商通常在车身上涂覆了多种涂层。因此,汽车油漆的广泛多样性有助于汽车油漆比对的物证意义。在立体显微镜下，最好将可疑样本和已知样本并排进行颜色、表面纹理和色层顺序比较。热解气相色谱法和红外分光光度法是区分大多数油漆黏合剂配方的重要技术，为物证油漆比对增加了进一步的意义。

泥土作为证据的价值在于其在犯罪现场的普遍性及其在现场和犯罪人之间的可转移性。大多数泥土可根据其总体外观进行区分。对泥土样本的颜色和纹理进行并排目视比较很容易，并为区分来自不同位置的泥土提供了敏感性。在许多法医实验室，法医地质学家能够对泥土中的矿物含量进行表征和比较。

应在犯罪现场 100 英尺半径范围内，以及犯罪现场以不同的间隔收集泥土样品，以便与所调查的泥土进行比较。还应在嫌疑人可能声称的所有可能的不在场证明地点收集泥土样本。收集的所有样本应包括嫌疑人清除的泥土。在大多数情况下，犯罪过程中只会捡起表层泥土。必须仔细保存嫌疑人身上发现的泥土，以便进行分析。携带泥土的物品应小心地单独用纸袋包装，并送往实验室进行分析。当发现一块泥土时，每一层的组成可能都会有重要的信息，因此应将其完整收集并保存。

问题回顾

1. 物质中_____元素的存在为物证的比对提供了有用的"不可见"特征。
2. 质子和电子（是或不是）质量大致相等。
3. 原子中的质子带_____电。
4. 质子数与原子核外轨道上的电子数（是或不是）始终相等。
5. 同种元素的原子在原子核内具有相同的_____。
6. 原子核内质子的数量称为_____。
7. 原子能够选择性的_____和_____光谱的理论为检测物质中存在的元素提供了重要的分析技术基础。
8. 光源发出的颜色或频率的排列称_____。
9. 判断正误：连续光谱是由不同颜色的光混合组成的。_____
10. _____光谱是光的特征频率或波长。
11. 元素的线状光谱（是或不是）元素的特征。
12. 原子的三种重要的亚原子微粒是_____、_____和_____。
13. 原子核中质子和中子的综述称为_____。

14. 只有中子数不同的同种原子称为＿＿＿＿＿＿＿＿。
15. 判断正误：在所有氢同位素中，氘的质子数最多。
16. 放射性由以下排辐射组成：＿＿＿＿、＿＿＿＿和＿＿＿＿。
17. β粒子实际上是＿＿＿＿＿＿＿＿。
18. 与X射线相似但能量更高的电磁波是＿＿＿＿＿＿＿＿。
19. 核反应器是＿＿＿＿＿＿＿＿＿＿＿＿＿＿＿。
20. 用中子轰击样本并测量产生的伽马射线发射的技术称为＿＿＿＿＿＿＿＿。
21. 从犯罪专家的观点来看，干油漆的两个最重要的组成部分是＿＿＿＿＿和＿＿＿＿＿。
22. 在物证比对中，油漆最重要的物理性质是＿＿＿＿＿＿＿＿＿＿＿＿＿＿＿＿。
23. 只有当油漆具有足够详细的＿＿＿＿＿＿＿＿＿＿＿＿时才能认为是同一来源。
24. ＿＿＿＿＿＿＿＿＿＿＿＿＿＿＿＿＿＿＿＿＿＿＿＿层为汽车提供了防腐作用。
25. 汽车的"视觉吸引力"来自＿＿＿＿＿＿＿＿＿＿＿＿＿＿＿＿＿＿＿＿＿层。
26. 裂解气相色谱是表征油漆中的（黏合剂/色料）的一种特别有价值的技术。
27. 判断正误：发射光谱技术能够用来测定油漆中色料的成分。
28. 判断正误：提取油漆样本检验时必须包括所有的油漆层。
29. 判断正误：大多数土壤的颜色和纹理难以区分。
30. 土壤中常见的天然晶体有＿＿＿＿＿＿＿＿＿＿＿＿＿＿＿＿＿＿＿＿＿＿。
31. 判断正误：土壤作为证据的最终价值取决于其在犯罪现场的变化。
32. 建立犯罪现场区域内的土壤变化数据，应在犯罪现场每＿＿＿＿＿＿＿英尺间隔内收集标准/参考土壤样本。
33. 判断正误：在犯罪现场收集的每件泥土证据必须单独用塑料包裹，保持土壤完整并送到实验室。

走进科学问题回顾

1. 判断正误：固态或液态物质产生的发射光谱是其成分的特征。＿＿＿＿＿＿
2. ＿＿＿＿＿＿＿＿＿＿＿＿＿＿＿＿＿＿＿＿＿仪器常用来得到和记录元素线状光谱的。
3. 当试样插入两个＿＿＿＿＿＿＿＿＿＿电极之间时，可以完成试样的击发。

第十四章 金属、油漆和土壤 499

4. 判断正误：每个元素都有自己的特征能级分布。_____
5. 判断正误：将电子从一个能级移动到下一个能级需要一定的能量。_____
6. 当电子从较高的能级下降到较低的能级时，它会发射_____。

应用与批判性思考

1. 你正在调查一起肇事逃逸事故，并已确定了一辆可疑车辆。描述你将如何收集油漆以确定可疑车辆是否卷入事故。请务必指明你将使用的工具以及采取的防止交叉污染的步骤。
2. 当地犯罪实验室的一名物证分析员从犯罪现场收到一些变形子弹的碎片。随后，获得了一颗由枪支分析人员从嫌疑人的枪支中发射出的子弹样本。下一步的分析是什么？
3. 全世界只有少数犯罪实验室可以使用核反应堆进行中子活化分析。为什么会这样，有哪些可能的原因？
4. 刑事学家 Jared Heath 对在农村社区的一条未铺路面车道上的袭击现场做出侧写。前一天晚上雨一直下个不停，使这个地区变得泥泞不堪。一名鞋上沾满泥土的嫌犯在附近被捕，但他声称是从自家花园或当地一家餐馆未铺砌的停车场上粘上的泥土。Jared 用铁锹从犯罪现场取出几个土壤样本，每个样本约 2 英寸深，然后分别放在一个单独的塑料瓶中。他提取了泥泞的鞋子，并用塑料包裹起来。在实验室，他每次只拆开一个土壤样本进行仔细地检测。然后，他分析了鞋子上的泥土，看看是否与犯罪现场的泥土相符。Jared 在调查中犯了哪些错误？

参考文献与延伸阅读

Caddy, B., ed., Forensic Examination of Glass and Paint. Boca Raton, FL: CRC Press, 2001.
Forensic Analysis: Weighing Bullet Lead Evidence. Washington, D.C.: National Academies Press, 2004.
Houck, Max M., ed., Mute Witnesses: Trace Evidence Analysis. Burlington, MA: Elsevier Academic Press, 2001.
Houck, Max M., ed., Trace Evidence Analysis—More Cases in Mute Witnesses. Burlington, MA: Elsevier Academic Press, 2004.
Murray, R. C., Evidence from the Earth: Forensic Geology and Criminal Investigation, 2nd ed.

Missoula, MT: Mountain Press, 2014.

Murray, R. C., and L. P. Solebello, "Forensic Examination of Soil," in R. Saferstein, ed. Forensic Science Handbook, vol. 1, 2nd ed. Upper Saddle River, NJ: Prentice Hall, 2002.

Pye, K., Geological and Soil Evidence: Forensic Applications. Boca Raton, FL: CRC Press, 2007.

Thornton, J. L., "Forensic Paint Examination," in R. Saferstein, ed., Forensic Science Handbook, vol. 1, 2nd ed. Upper Saddle River, NJ: Prentice Hall, 2002.

第十五章

法医血清学

学习目标

15.1 解释血液的性质和抗原抗体相互作用的概念
15.2 解释血清学在全血分型中的应用
15.3 描述法医学鉴定血液的方法
15.4 讨论遗传原则
15.5 总结表征精斑的实验室检查
15.6 描述强奸调查中物证的收集和分析

关键术语

acid phosphatase	酸性磷酸酶	hemoglobin	血红蛋白
agglutination	凝集反应	heterozygous	杂合子
allele	等位基因	homozygous	纯合子
antibody	抗体	hybridoma cells	杂交瘤细胞
antigen	抗原	locus	位点
antiserum	免疫血清	luminol	鲁米诺
aspermia	无精症	monoclonal antibodies	单克隆抗体
chromosome	染色体	oligospermia	少精症
deoxyribonucleic acid（DNA）	脱氧核糖核酸（DNA）	phenotype	表型
		plasma	血浆
egg	卵	polyclonal antibodies	多克隆抗体
erythrocyte	红细胞	precipitin	沉淀素
gene	基因	serology	血清学
genotype	基因型	serum	血清

| sperm | 精子 | Y chromosome | Y 染色体 |
| X chromosome | X 染色体 | Zygote | 受精卵 |

新 闻 头 条
O. J. Simpson——证据之山

1994 年 6 月 12 日,警察在 Nicole Simpson 家中看到了可怕的一幕。

在通往 Nicole 家的小路上,发现了 O. J. Simpson 分居的妻子 Nicole Simpson 和她的朋友 Ron Goldman 的尸体。两具尸体都浑身是血,刀口很深。Nicole 的头几乎与她的身体分离。一条血迹从谋杀现场向外延伸,预示着谋杀。血迹一直延伸到 Bronco 家的车道和门口。Simpson 的卧室里放着一只沾满鲜血的袜子,在他的住所外面发现了一只沾满血迹的手套。

当现场血迹中提取和分析 DNA 后,所有证据都表明这件案件十分明确。出现了一张似乎无可辩驳地将 Simpson 与谋杀联系起来的照片。犯罪现场的 DNA 痕迹与 Simpson 一致,包括在 Simpson 家中发现的 DNA 也是如此。Simpson 的 DNA 图谱与两个受害者的 DNA 图谱一起出现在 Bronco 家。手套里有 Nicole 和 Ron 的 DNA,袜子有 Nicole 的 DNA。庭审中,辩方辩称证据收集有明确的违法行为。辩护策略紧紧围绕警察取证的不合法开展。该策略奏效了,Simpson 被判无罪释放。

1901 年,Karl Landsteiner 宣布了 20 世纪最重大的发现之———血液分型,29 年后这一发现为他获得了诺贝尔奖。多年来,医生们一直在尝试将一个人的血液输给另一个人。他们的努力往往以失败告终,因为输入的血液往往会在接受者体内凝结,导致死亡。Karl Landsteiner 是第一个认识到所有人类血液都是不一样的;相反,他发现血液是可以通过其群体或类型来区分的。从 Karl Landsteiner 的工作中产生了一个分类系统,我们称之为 A-B-O 血型系统。现在医生掌握了正确匹配供血者与受血者的血液的关键。一种血型与不同的血型混合会造成灾难性后果。当然,这一发现对输血有重要的影响,拯救了数百万人的生命。与此同时,Karl Landsteiner 的研究结果为生物科学开辟了的一个全新的研究领域。人们开始寻找能够进一步区分血液的其他特征。到 1937 年,血液中的 Rh 因子被发现,此后不久,人们又发现了许多血液因子或类群。目前已有超过一百多种不同的血液因子被证实存在。然而,A-B-O 系统中的血液因子仍然是正确匹配供体和受者输血最重要的因素。

直到 20 世纪 90 年代初,法医科学家才开始关注血液因子,如 A-B-O,是作为将血液与个体联系起来的最佳手段。是什么让这些因素如此有吸引力？法医科学家认为,理论上除了同卵双胞胎外,没有两个人具有完全相同的血液因子组合。换句话说,血液因子是受基因控制的,并有可能成为个人身份识别的高度显著特征。这一现象之所以如此重要,是因为血迹在犯罪现场发现的频率很高,尤其是严重犯罪活动——凶杀、袭击和强奸。例如,考虑在争斗中受害者和攻击者之间的血迹转移,也就是说,受害者的血液被转移到犯罪嫌疑人的衣服上,反之亦然。如果刑事专家能够通过识别所有已知因素,并以此对人的血液进行个体化分类,将是将犯罪嫌疑人与犯罪现场联系起来的最有力的证据。

DNA 技术的出现极大地改变了法医科学家对血迹和其他生物证据进行个体化处理的方法。在血迹中寻找基因控制的血液因子已被通过**脱氧核糖核酸(DNA)**[①]选定的区域来确定生物学证据的技术所取代。血和其他生物物证的个体识别已成为现实,极大地改变了犯罪实验室在刑事调查中所发挥的作用。正如在下一章将要学习的 DNA 分析的高灵敏度甚至改变了从犯罪现场收集材料的类型。下一章将专门讨论通过 DNA 特征将血液和精液斑与单个个体联系起来的最新突破。本章重点介绍了法医学家在 DNA 时代来临之前寻求特征化和个性化生物学证据时所依赖的基本生物学概念。

血液的本质

"血液"这个词实际上是指细胞、酶、蛋白质和无机物的高度复杂的混合物。

---

① 脱氧核糖核酸(DNA)：携带机体遗传信息的分子;DNA 双链是双螺旋形状。

血液的液体部分称为**血浆**②。血浆主要由水组成,占血液含量的55%。悬浮于血浆中的是以细胞为主的固体物质,即**血红细胞**③、白细胞和血小板。血液的固体部分占其含量的45%。当血浆中称为纤维蛋白捕获将红细胞凝集时,血液就会凝结。如果要去除凝结的物质,就会留下称为血清的淡黄色液体。

显然,考虑到血液的复杂性,关于其功能和化学性质的任何讨论都必须是广泛的,超出了本文的范围。在这一点上,将我们的讨论集中在与血液鉴定法医学方面直接相关的血液成分——红细胞和**血清**④蛋白上,当然更具有针对性。

抗原和抗体

从功能上讲,血红细胞将氧气从肺部输送到机体各组织,然后将二氧化碳输送回肺部,并从肺部呼出。每个血红细胞表面都有数百万个称为**抗原**⑤的特征性化学结构。抗原赋予血红细胞特定的血型特征。血液抗原根据它们之间的相互关系分为不同的系统。迄今为止,已鉴定出超过15种血液抗原系统;其中,A-B-O和Rh体系最为重要。

如果一个人是A型,这仅仅表明每个血红细胞表面都有A抗原;同样,所有B型个体都有B抗原;AB型血红细胞同时含有A、B两种抗原。O型个体的细胞上既没有A抗原,也没有B抗原。因此,血红细胞上A和B抗原的存在与否决定了一个人在A-B-O系统中的血型。

另一种重要的血液抗原被称为Rh因子,或D抗原。有D抗原的人被称为Rh阳性;无此抗原的人为Rh阴性。在常规血库中,在检测供体和受体的相容性试验时,必须确定A、B和D三种抗原的存在与否。

血清很重要,因为它含有称为抗体的蛋白质。血液分型的基本原则是,对于每种抗原都存在特异性**抗体**⑥。每个抗体符号都包含前缀 anti-,后跟其特异性抗原的名称。因此,抗A仅对A抗原具有特异性,抗B仅对B抗原具有特异性,抗D仅对D抗原具有特异性。含血清的抗体被称为**抗血清**⑦,是指对某物(抗原)产生反应的血清。

---

② 血浆:未抽样的血液的液体部分。
③ 红细胞:红色的血液。
④ 血清:形成凝块时从血液中分离的液体。
⑤ 抗原:一种物质,通常是一种刺激身体产生抗体的蛋白质。
⑥ 抗体:一种破坏或灭活特定抗原的蛋白质;抗体在血清中发现。
⑦ 抗血清:含有特定抗体的血清。

抗体只与其特异性抗原发生反应,而不与其他抗原发生反应。因此,如果将含有抗 B 的血清携带 B 抗原的血红细胞中,两者立即结合,将抗体自身附着在细胞上。抗体通常是二价的——即有两个反应位点。这意味着每种抗体都能同时与位于两个不同红细胞上的抗原结合。这就形成了一个巨大的交联细胞网络,通常被视为聚集或**凝集**[8](见图 15 - 1)。

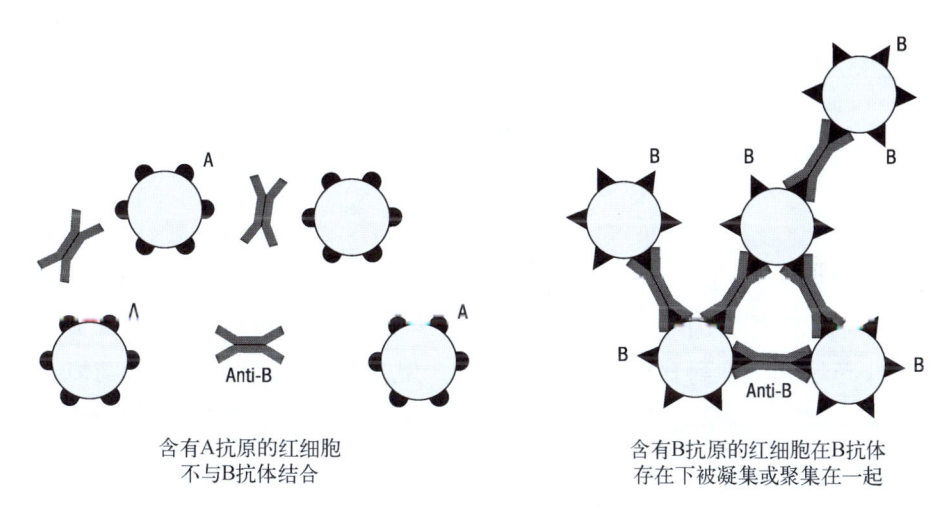

含有A抗原的红细胞
不与B抗体结合

含有B抗原的红细胞在B抗体
存在下被凝集或聚集在一起

图 15 - 1　血细胞凝集作用

让我们更仔细地看一下这种现象。在正常血液中,如图 15 - 2(a)所示,血红细胞上的抗原与抗体共存而不会相互破坏,因为存在的抗体对任何一种抗原

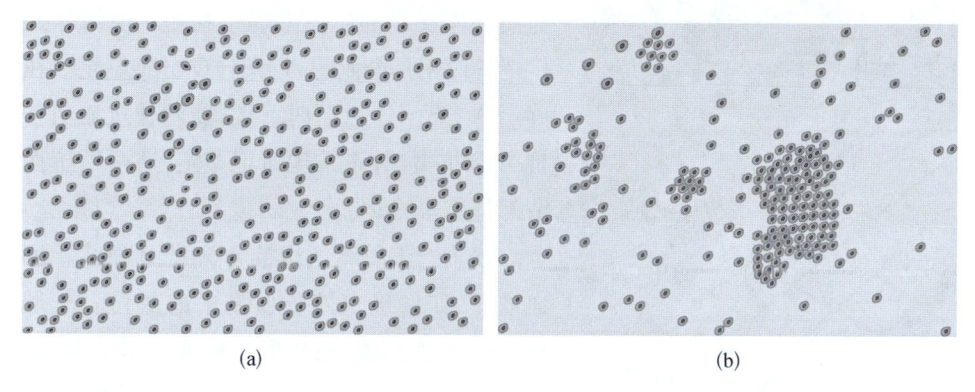

(a)　　　　　　　　　　　　　(b)

图 15 - 2　(a)正常红细胞的显微镜观察(500X);(b)凝集红细胞的显微镜观察(500X)

---

[8]　凝集:通过抗体的作用将红细胞聚集在一起。

都不具有特异性。然而,假设添加到血液中的外来血清引入了新的抗体。抗原-抗体特异性反应的发生立即导致血红细胞凝集,如图 15-2(b)所示。

很显然,自然界已经考虑到了这种情况,因为我们在检测 A 型血的血清时,发现了抗 B 而无抗 A。同样,B 型血只含有抗 A,O 型血同时含有抗 A 和抗 B,而 AB 型血既不含有抗 A 也不含有抗 B。正常血的抗原和抗体成分汇总于下表:

血型	抗体在红细胞	血清中的抗体
A	A	抗 B
B	B	抗 A
AB	AB	既无抗 A 又无抗 B
O	既无 A 又无 B	既有抗 A 又有抗 B

输血过程中混入不相容血液造成致命后果的原因现在应该相当明显了。例如,将 A 型血液输注到 B 型患者体内,会使 B 型患者血液中的天然抗 A 与传入的 A 抗原迅速反应,导致凝集。此外,供者输入的抗 B 将与患者的 B 抗原发生反应。

血　型

血清学[⑨]——词用于描述使用特异性抗原和血清抗体反应的广泛实验室检验。血清学最广泛的应用是全血的 A-B-O 分型鉴定。在确定 A-B-O 血型时,只需要两种抗血清——抗 A 和抗 B,对于常规血型鉴定,这两种抗血清都是市售的。

表 15-1 总结了用抗 A 和抗 B 血清检测血液时,如何确定四种血型中的身份。A 型血被抗 A 血清凝集;B 型血被抗 B 血清凝集;AB 型血同时被抗 A 和抗 B 凝集;O 型血不被抗 A 或抗 B 血清凝集(见图 15-3)。

图 15-3 对 A 型、B 型、AB 型、O 型血液检测。商业抗血清被系统地应用于可疑血液的血型确定

⑨ 血清学:抗原-抗体反应的研究。

表 15-1　用已知抗血清鉴定血液

抗 A 血清+全血	抗 B 血清+全血	抗原存在	血型
+	-	A	A
-	+	B	B
+	+	A 和 B	AB
-	-	既无 A 又无 B	O

注：+显示凝集；-显示没有凝集

鉴定存在于血液中的天然抗体为确定血型提供了另一条途径。检测血液是否存在抗 A 和抗 B 需要使用已知抗原的红细胞。同样，这些细胞是市售的。因此，当血液标本中加入 A 细胞时，只有在抗 A 的存在下才会发生凝集。同样，B 细胞也只有在抗 B 的存在下凝集。用已知的 A 和 B 细胞检测血液，四种 A-B-O 类型均可通过这种方式进行鉴定，如表 15-2 所示。

表 15-2　用已知细胞鉴定血液

A 细胞+血液	B 细胞+血液	抗体存在	血型
+	-	抗 A	B
-	+	抗 B	A
+	+	既抗 A 又抗 B	O
-	-	既不抗 A 也不抗 B	AB

注：+显示凝集；-显示没有凝集

世界各地血型的人口分布因地点和血统而异。在美国，典型的分布如下：

O	A	B	AB
43%	42%	12%	3%

免疫分析技术

特异性抗原抗体反应在其他领域也得到应用。最重要的是，这种方法已扩展到血液和尿液中的药物检测。与药物发生反应的抗体并不是天然存在的，它们可以在兔子等实验动物体内产生，其方法是首先将药物与蛋白质结合,并将这种结合注入动物体内。这种药物-蛋白质复合物作为抗原,刺激动物产生抗体(见图15-4)。回收的动物血清中会含有对该药物有特异或近乎特异的抗体。

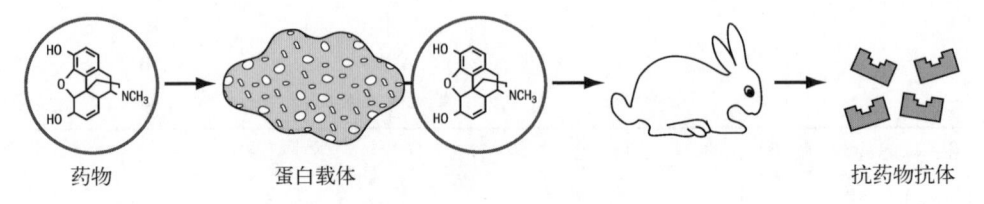

药物　　　蛋白载体　　　　　　　　　　　　抗药物抗体

图15-4　刺激药物抗体的产生

目前,成千上万的人定期接受尿检以检测药物是否存在。这些人包括军人、交通运输业员工、警察和惩戒人员,以及需要进行就业前药物筛查的对象。药物的免疫分析检测已被证明非常适用于处理快速分析药物含量的大量标本。检测实验室可以获得到许多商业制备的血清,这些血清是动物注射任何一种药物所产生的。尿液标本中加入的特定血清,旨在与阿片类、大麻素、可卡因、苯丙胺、巴比妥类药物、美沙酮或其他药物发生相互作用。注意:免疫检测本质上只是定性,其定量结果必须通过额外的检测来证实。具体来说,选择的确认测试是气相色谱-质谱联用,这将在第12章中更详细地阐述。

血迹的法医鉴定

刑事专家检查疑似血迹时必须回答以下问题:(1)是否为血液?(2)血源来自什么物种?(3)如果血液起源于人类,那么它与特定的个体关联程度如何?

颜色测试

最好通过初步的颜色试验来测定血液。多年来,最常用的检测方法是联苯胺显色试验。由于联苯胺已被确认为致癌物质,被普遍停止使用,因此通常用化学物质酚酞代替它(该试验又称 Kastle - Meyer 显色试验)。[10] 联苯胺和

---

[10] S. Tobe et al., "Evaluation of Six Presumptive Tests for Blood, Their Specificity, Sensitivity, and Effect on High Molecular-Weight DNA," *Journal of Forensic Sciences* 52 (2007): 102 - 109.

Kastle-Meyer 显色试验都是基于**血红蛋白**[11]具有过氧化物酶活性的反应。过氧化物酶是加速过氧化物氧化的酶。当血迹、酚酞试剂和过氧化氢混合在一起时，血液中的血红蛋白就会形成深粉色。

　　Kastle-Meyer 试验并不是血液的特异性试验；例如，一些植物材料可能会使 Kastle-Meyer 变成粉红色。这些物质包括土豆和辣根。然而，在犯罪行为中不太可能遇到这种材料，因此从实际角度来看，如果 Kastle-Meyer 试验阳性，高度表明是血迹。现场调查人员发现，Hemastix 试纸条是一种有用的假定现场血液测试手段。试纸条可用蒸馏水润湿，并与可疑血迹接触。显绿色表示是血液。

> **走进科学**
>
> ## 酶倍增免疫分析技术
>
> 　　几种免疫分析技术可以通过抗原-抗体反应检测药物。其中酶倍增免疫技术（EMIT）因其检测尿液中药物的速度快、灵敏度高等优点，在毒物学家中广受欢迎。
>
> 　　典型的 EMIT 分析首先向受试者的尿液中添加抗体，这些抗体与正在寻找的特定类型或类别药物结合。随后将化学标记的药物添加到尿液中。如图所示，标记和未标记药物（如果存在于受试者尿液中）之间将竞争与抗体结合。如果这种竞争确实发生在一个人的尿液中，这就意味着被检药物的尿液筛检试验呈阳性。例如，为了检查某人的尿液中是否含有美沙酮，分析人员会将美沙酮抗体和化学标记的美沙酮添加到尿液中。尿液中存在的任何美沙酮都会立即与标记的美沙酮竞争，从而与美沙酮抗体结合。然后测量未结合的化学标记美沙酮的量，该值与尿液中最初存在的美沙酮浓度有关。
>
> 　　EMIT 在法医实验室最常见的用途之一就是对可疑大麻使用者的尿液进行筛查。大麻中主要的药理活性物质是四氢大麻酚（THC）。为了促进 THC 的消除，机体将其转化为一系列更容易排出体外的称为代谢产物的物质。尿液中发现的主要 THC 代谢产物是一种称为 THC-9-羧酸的物质。

---

[11]　血红蛋白：一种在血液中运输氧气的红细胞蛋白；它负责血液的红色。

针对这种代谢物的抗体可用于 EMIT 测试。正常情况下，吸食大麻者的尿液中含有极少量的 THC‑9‑羧酸（少于百万分之一克）；然而，这个水平很容易被 EMIT 检测到。

检测尿液中大麻的最大问题是解读。虽然吸食大麻会导致检测到 THC 代谢物，但很难确定个人何时真正使用了大麻。对于经常吸食大麻的人，可在最后一次吸毒后的 2 到 5 天内被检测到。然而，有些人在最后一次使用大麻后长达 30 天可能还会产生阳性结果。在 EMIT 检测中，可能存在于尿液标本中的药物将与添加标记的药物竞争有限数量的抗体结合位点。标记的药物用星号指示。一旦抗体位点的竞争完成，剩余的未结合标记药物的数量与药物在尿液中的浓度成正比。

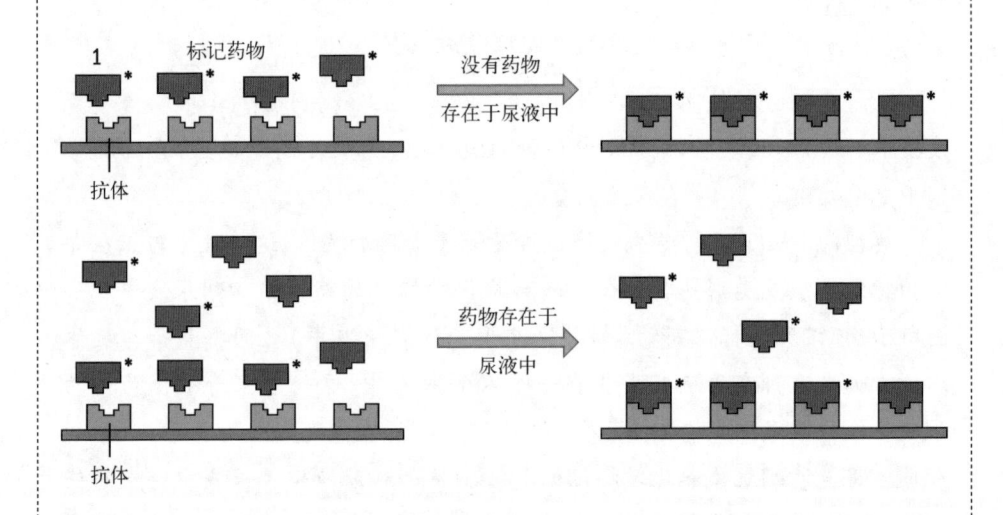

多克隆抗体和单克隆抗体

正如我们在上一节中看到的，当兔或鼠等动物注射某种抗原时，动物会产生与入侵抗原结合的抗体。产生对外来抗原有反应的抗体的过程比较复杂。一方面，抗原通常具有抗体可以结合的结构上不同的位点。因此，当动物主动产生攻击抗体时，会产生一系列不同的抗体，所有这些抗体都是为了攻击感兴趣的抗原上的某个特定位点。这些抗体被称为多克隆抗体。然而，多克隆抗体的缺点是随着时间的推移，动物可以产生成分随不同的抗体。

因此，不同批次的**多克隆抗体**⑫的特异性与特定抗原位点的结合能力可能存在差异。

产生单克隆抗体所需的步骤。

随着与法医学相关的技术越来越重要，在某些情况下，需要获得比传统多克隆抗体更统一的抗体成分和攻击能力。这种方法是通过动物产生旨在攻击抗原上一个且只有一个位点的抗体。这类抗体被称为**单克隆抗体**⑬。如何生产这种单克隆抗体？这个过程首先是向小鼠注射感兴趣的抗原。作为回应，小鼠的脾细胞会产生抗体来对抗入侵的抗原。从动物体内取出脾细胞，与生长迅速的血癌细胞融合，产生**杂交瘤细胞**⑭。然后允许杂交瘤细胞增殖并筛选其特异性抗体活性。然后选择具有目标抗体活性的杂交瘤细胞进行培养。如图所示，与所选抗体细胞相连的快速增殖的癌细胞会无限量地产生相同的单克隆抗体。

1. 向小鼠或兔子注射抗原
2. 切除脾脏，分离脾细胞，脾细胞会产生针对相关抗原的抗体
3. 将脾脏细胞与恶性细胞融合，细胞培养生长良好。
4. 培养杂交细胞，并分离目标抗体的细胞
5. 培养杂交细胞以产生几乎无限的抗体。

---

⑫ 多克隆抗体：通过向动物注射具有特异性抗原而产生的抗体；产生一系列抗体，对抗原上的各种不同位点作出反应。
⑬ 单克隆抗体：与单个抗原位点相互作用的相同抗体的集合。
⑭ 杂交瘤细胞：融合的脾脏和肿瘤细胞；用于在无限供应中产生相同的单克隆抗体。

> 单克隆抗体正以越来越高的频率被纳入商业化的法医检测试剂盒中。许多用于药物的免疫检测试剂盒正在用单克隆抗体制备。同样,结合单克隆抗体的精液免疫检测在犯罪实验室也得到了广泛的普及。
>
> 附带说明一下,1999 年,美国食品药品监督管理局批准了一种治疗癌症的单克隆药物。Rituxin 是一种无毒单克隆抗体,旨在攻击和破坏含有 CD20 抗原的癌变白细胞。其他单克隆药物治疗也在进行中。单克隆抗体终于开始实现他们长期以来的期望,成为医学版的"领导妙药"。

鲁米诺和蓝星

另一个重要的血液推定试验是**鲁米诺**[15]**显色反应**[16]。与联苯胺和 Kastle-Meyer 试验不同,鲁米诺与血液的反应产生的是光而不是颜色。通过将鲁米诺试剂喷洒在可疑物品上,侦查人员可以快速筛查大面积血迹。在观察光的发射(发光)时,喷涂物体必须位于暗区;任何血迹都会产生微弱的蓝光。一个相对较新的产品蓝星,现在可用来代替鲁米诺(http://www.bluestar-forensic.com)。蓝星很容易在现场混合。它与血液的反应可以很容易地被观察到,而无须制造完全黑暗。鲁米诺和蓝星测试极其敏感——能够检测到被稀释至十万分之一的血迹。因此,喷洒地毯、墙壁、地板或车辆内部等大面积区域,可能会发现在正常照明条件下不会被注意到的血迹或图案(见图 15-5)。值得注意的是,鲁米诺和蓝星不干扰后续的 DNA 检测。[17]

微晶试验

如果对材料进行微晶测试,可以使血液的鉴定更加具体。目前有几个测试可用,最受欢迎的是 Takayama 测试和 Teichmann 测试。这两者都取决于向血液中添加特定的化学物质,从而形成带有血红蛋白衍生物的特征晶体。微晶试验对血液鉴定方面的灵敏度远低于颜色试验,而且更容易受到污渍中可能存在的污染物干扰。

---

[15] 鲁米诺:最灵敏的化学测试,能够假定检测稀释至 100 000 分之一的血迹;它与血液的反应会发光,因此需要在黑暗区域观察结果。

[16] The luminol reagent is prepared by mixing 0.1 grams 3-amino-phthalhydrazide and 5.0 grams sodium carbonate in 100 milliliters distilled water. Before use, 0.7 grams sodium perborate is added to the solution.

[17] A. M. Gross et al., "The Effect of Luminol on Presumptive Tests and DNA Analysis Using the Polymerase Chain Reaction," *Journal of Forensic Sciences* 44 (1999): 837.

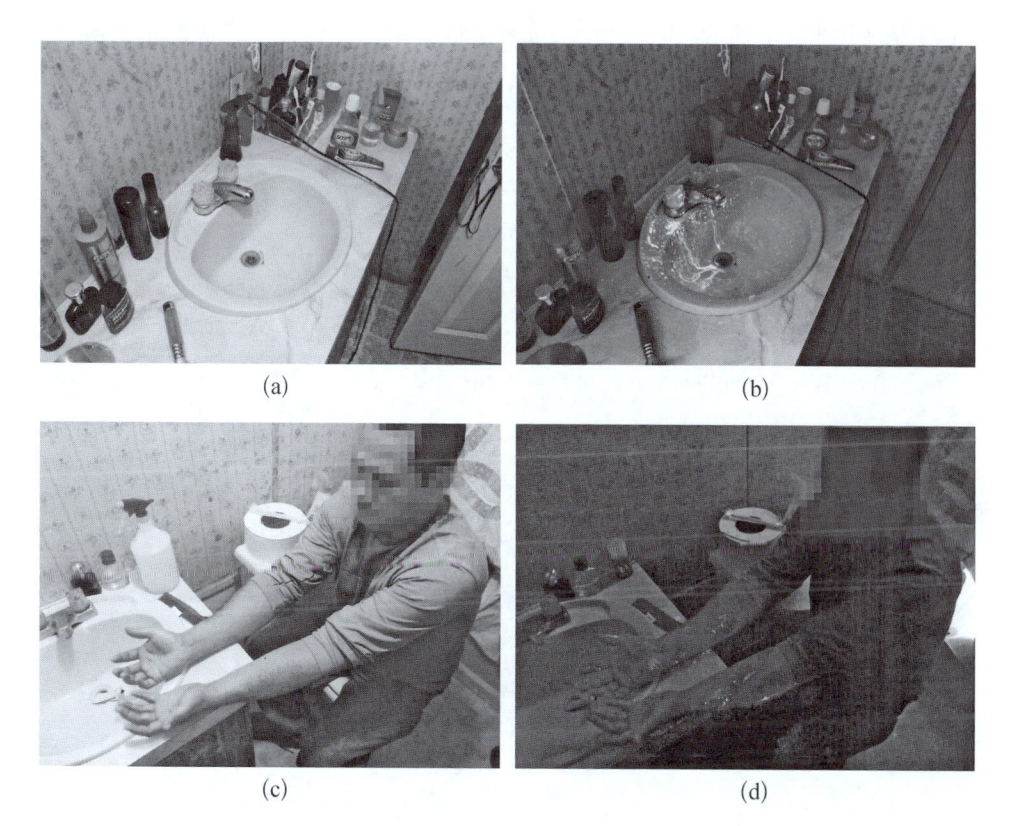

图 15-5 (a)(c) 使用蓝星试剂前的水槽和手臂;(b)(d) 蓝星应用显示血迹斑纹

沉淀试验

一旦污渍被定性为血迹,血清学家就需要确定污渍是来自人类还是动物。为此,采用标准的**沉淀测试**[18]加以确认。沉淀蛋白测试是根据动物(通常是家兔)注射人类血液时,抗体会与入侵的人类血液发生反应,以中和其存在。研究人员可以通过给动物放血和分离血清来回收这些抗体。这种血清含有与人类抗原特异性反应的抗体。因此,该血清被称人类抗血清。同样,通过向家兔注射其他已知动物的血液,几乎可以产生任何类型的动物抗血清。目前,抗血清在商业上可用于人类和各种常见的动物,例如狗、猫和鹿。

已有多种技术用于血迹的沉淀试验。经典的方法是将血迹提取物涂在人体

---

[18] 沉淀试验:与其相应的抗原反应形成沉淀物的抗体。

抗血清的毛细管中顶端。人类血液,或者提取物中的任何人类来源的蛋白质,都会与抗血清中的抗体发生特异性反应,在两种液体界面处形成混浊的环带或条带(见图15-6)。

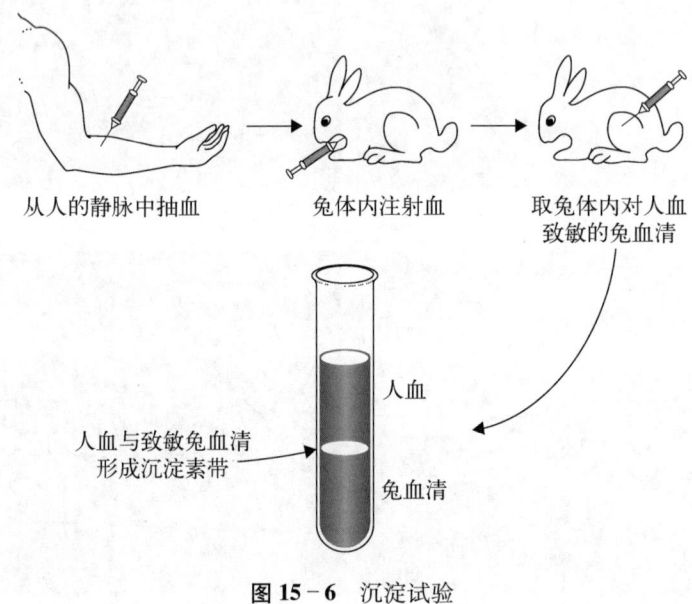

图15-6 沉淀试验

凝胶扩散

另一种称为凝胶扩散的沉淀试验是利用抗体和抗原在涂有天然高分子琼脂制成的凝胶培养基的平板上相互扩散或移动的事实。提取的血迹和人类抗血清置于凝胶上相互对立的不同的孔中。如果血液是人源性的,在抗原和抗体相遇的地方就会形成一条沉淀线。

同样,抗原和抗体也可在电场的作用下被诱导相互移动。电泳时,在凝胶介质中施加电势;特异性抗原-抗体反应由含有血液提取物的孔和含有人类抗血清的孔之间形成的沉淀线表示(见图15-7)。

沉淀测试非常敏感,仅需少量血液即可进行检测。人体血迹干燥10~15年或更长时间仍可能产生阳性沉淀反应。甚至是四五千年前的木乃伊的组织提取物也对本试验呈阳性反应。此外,人类血迹经水稀释后,仅留下微弱的颜色,仍可能产生阳性沉淀反应(见图15-8)。

一旦确定血迹为人源性血迹,就必须努力建立或排除血迹与特定的个体之

第十五章 法医血清学 515

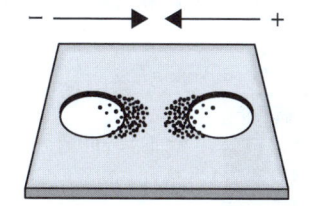

图 15-7 抗原和抗体在电势的影响下相互移动

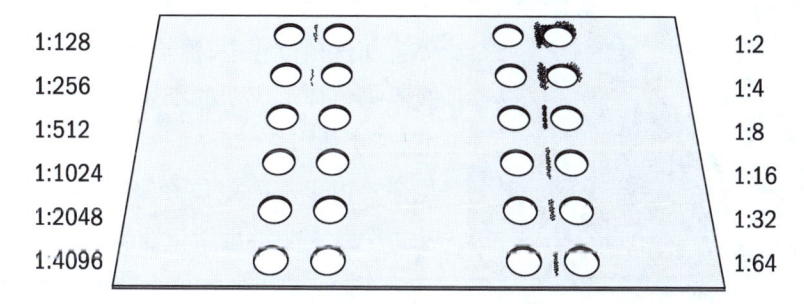

图 15-8 人体血清稀释至 4 096 分之一对人类抗血清的沉淀试验结果
血液稀释度高达 256 分之一时可见反应

间的联系。直到 20 世纪 90 年代中期,血迹的常规鉴定仍在沿用 A-B-O 类型;然而,DNA 图谱或分型的广泛使用使这一学科成为历史。

遗 传 原 理

前面章节中描述的所有抗原都是基因控制的特征。也就是说,它们是从父母那里继承的,从人受孕的那一刻起就成为一个人生物构成的永久特征。确定这些特征的身份,不仅为我们提供了一个人如何比较或区别于另一个人,而且使我们深入了解到,决定我们人类整体构成的基本生物物质以及这些物质从一代传到下一代的机制。

基因和染色体

遗传物质是通过被称为**基因**[19]的微观单位传递。基因是遗传的基本单位。

---

[19] 基因:由位于染色体上的 DNA 片段组成的遗传单位。

每个基因本身或与其他基因协同控制着新个体中特定特征的发展;基因决定了几乎每个身体结构的性质和生长。

基因位于**染色体**[20]上,染色体出现在每个体细胞的细胞核中(见图15-9)。所有有核的人类细胞都含有46条染色体,共23对。唯一的例外是人类生殖细胞,即**卵子**[21]和**精子**[22],它们只含有23条单倍染色体。在受精过程中,精子和卵子结合,各自贡献染色体形成新的细胞(**受精卵**[23])。因此,新个体以23对已配对的染色体开始新生命。由于基因定位在染色体上,新个体从每个亲本中继承遗传物质。

实际上,两条不同的染色体决定了性别。卵细胞总是含有一条称为 **X 染色体**[24]的长染色体,但精细胞可能含有一条短染色体,称为 **Y 染色体**[25],也可能含有一条长 X 染色体。当携带 X 的精子使卵子受精时,新细胞为 XX,并发育成雌性。携带 Y 的精子产生 XY 受精卵,并发育成雄性。因为精子细胞最终决定了染色体对的性质,所以可以说父亲在生物学上决定了孩子的性别。

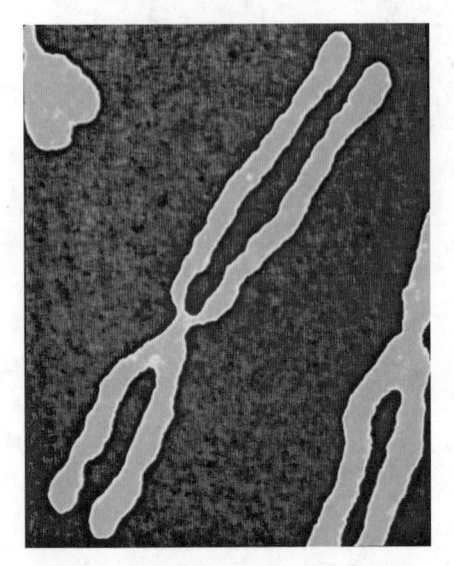

图 15-9 人类染色体的计算机增强显微照片图像

等位基因

正如染色体成对聚集在一起,它们所携带的基因也是如此。基因在染色体上所占据的位置就是它的**位点**[26]。控制给定特征的基因同样定位于母体和父体遗传的染色体上。因此,母亲染色体上的眼睛颜色基因将与从父亲遗传的相应染色体上的眼睛颜色基因对齐。影响特定特征并在染色体对上彼此排列的基因

---

[20] 染色体:细胞核中的杆状结构,基因沿着该结构定位;它由被其他物质包围的 DNA 组成,主要是蛋白质。
[21] 卵子:女性生殖细胞。
[22] 精子:男性生殖细胞。
[23] 受精卵:由卵子和精子细胞结合产生的细胞。
[24] X 染色体:女性性染色体。
[25] Y 染色体:男性性染色体。
[26] 位点:基因在染色体上的物理位置。

的替代形式称为**等位基因**㉗。

人类等位基因的另一个简单例子是属于 A－B－O 系统的血型。A－B－O 型的遗传最好用 A、B 和 O 三个基因来描述。由两个相似基因组成的基因对,例如 AA 和 BB 组成的基因是**纯合子**㉘;由两个不同基因组成的基因对是**杂合子**㉙,以 AO 为例。如果从父代遗传的染色体携带 A 基因,而从母代遗传的染色体携带相同的基因,则后代就会有 AA 组合。类似地,如果一条染色体含有 A 基因,另一条染色体含有 O 基因,则后代的基因组成为 AO。

显性和隐性基因

当一个人从父母那里继承了两个相似的基因时,确定这个人的血型就没有问题了。因此,AA 组合始终是 A 型、BB 型 B 型和 OO 型 O 型。但当两个不同的基因遗传时,一个基因将是显性的。可以说,A、B 基因是显性的,O 基因总是隐性的——也就是说,它的特性是隐藏的。例如,在 AO 组合中,A 总是比 O 占主导,个体将被分型为 A,同样,BO 组合被分型为 B,在 AB 的情况下,基因是共显性的,个体的血型将是 AB。只有当两个隐性基因同时存在时,O 的隐性特征才会出现。因此,组合 OO 被简单地类型化为 O。

> **走进科学**
>
> ### 基因型和表型
>
> 一对等位基因共同构成了个体的**基因型**㉚。然而,任何实验室检测都无法确定个体的 A－B－O 基因型。例如,一个人的外在特征或**表型**㉛可能是 A 型,但这并不能说明其基因型是 AA 还是 AO。基因型只能通过研究个体的家族史来确定。
>
> 如果已知父母双方的基因型,就可以预测他们后代可能的基因型。
>
> 解决这个问题的一个简单方法是构造一个 Punnett 表。为此,沿着一条水平线写出父本的两种基因,并在垂直栏写出母本的两种基因,如图所示。在我们的例子中,我们假设父本为 O 型,因此必须是 OO 基因型;母本为 AB 型,只能是 AB 基因型:

㉗ 等位基因:位于特定染色体对上同一点的基因的几种替代形式中的任何一种;例如,决定血型 A 和 B 的基因是等位基因。

㉘ 纯合子:在一对染色体的两个相应位置上具有两个相同的等位基因。

㉙ 杂合子:在一对染色体的两个相应位置上具有两个不同的等位基因。

㉚ 基因型:个体细胞中存在的基因的特定组合。

㉛ 表型:遗传特征的物理表现,如形状、颜色和血型。

```
            父亲基因型
              O    O
           ┌─────┬─────┐
        A  │     │     │
   母亲     ├─────┼─────┤
   基因型  B │     │     │
           └─────┴─────┘
```

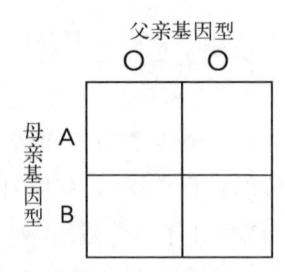

接下来,在每个方框中分别写出来雌性和雄性的相应基因。这些方格将包含父母可以在其后代中产生的所有可能的基因型组合:

```
              O    O
           ┌─────┬─────┐
        A  │ AO  │ AO  │
           ├─────┼─────┤
        B  │ BO  │ BO  │
           └─────┴─────┘
```

因此,在这种情况下,50%的子代可能是AO,另外50%可能是BO。这些是该组合中唯一可能的基因型。因为O是隐性的,所以50%的子代可能是A型,50%是B型。从这个例子可以看出,除非血型基因至少存在于父母中的一个,否则任何血型基因都不能出现在孩子身上。

虽然血液因子的基因分型在研究血液学特征从一代到下一代的传播具有有益的应用价值,但与刑事侦查并无直接关联。然而,它确实在有争议的亲子关系案件中具有重要意义,这些案件通常在民事法庭而非刑事审理中遇到。

当疑似父母和子代根据血型系统有亲缘关系时,很多有争议的亲子关系案件都可以得到解决。例如,在上一个例子中,如果孩子是AB型,疑似父亲将被排除。O型父亲和AB型母亲不可能有AB型孩子。另一方面,如果孩子是A型或B型,嫌疑人最大的可能就是父亲;这并不意味着他是父亲,只是基于血型不排除他。显然,其他许多男性也有O型血。当然,被测试的血型系统越多,将无辜男性排除在外的可能性就越大。相反,如果在子代与嫌疑人父亲之间没有发现差异,则可以确定嫌疑人确实是父亲。事实上,常规亲子鉴定涉及A-B-O以外的其他血液因子的检测。目前,亲子鉴定实验室已经对DNA等位基因进行了检测,可以将确定亲子关系的概率提高到99%以上。

精液的法医鉴定

在法医实验室收到的许多案件都涉及性犯罪，因此有必要检查证物是否存在精斑。

正常男性在射精过程中释放 2.5~6 mL 精液。每毫升含有 1 亿以上精子男性生殖细胞。对精斑进行法医学检查，实际上可以认为是一个两步过程。首先，在进行任何试验之前，必须对污渍进行定位。考虑到提交检查的外衣、内衣和被褥的数量和脏污情况，这可能是一项艰巨的任务。一旦找到，就必须对污点进行测试以证明性质；甚至可以检测起源的个体的血型。

精液检测

通常，在织物上很容易看到精斑，因为它们表现出僵硬、粗糙的外观。然而，依靠这种外观来定位污渍是不可靠的，只有当污点出现在一个比较明显的区域时才有用。当然，如果织物已经被清洗或仅含有少量精液，目视几乎没有发现污渍的机会。定位和鉴定精斑的最佳方法是进行酸性磷酸酶显色试验。

酸性磷酸酶试验 酸性**磷酸酶**[32]是由前列腺分泌到精液中的一种酶。其在精液中的浓度比任何其他体液中高达 400 倍。当它与 α-萘基磷酸钠和 Fast Blue B 染料的酸性溶液接触时，很容易检测到它的存在。同样，4-甲基伞形酮磷酸酯（MUP）与酸性磷酸酶接触时，在紫外线照射下发出荧光。

当需要在大量的衣服或大面积的织物区域寻找精斑时，酸性磷酸酶测试的效用是显而易见的。如果只是用水润湿滤纸，并轻轻擦拭可疑区域，酸性磷酸酶（如果存在）则被转移到滤纸上。然后，在纸上滴一滴或两滴 α-萘基磷酸钠和 Fast Blue B 溶液，出现紫色表示酸性磷酸酶存在。通过这种方式，可以系统地搜寻任何织物或表面的精斑。

如果需要搜索非常大的区域，例如床单或地毯，则可以分段测试物品，每次

---

[32] 磷酸酶：一种在精液中高浓度发现的酶。

连续测试都会缩小污渍的位置。或者,可以将被调查的服装压在适当大小的湿滤纸上。然后用 MUP 溶液喷涂滤纸。精斑在紫外光下呈强荧光区。阴性反应可以解释为没有精液。虽然一些蔬果汁(如花椰菜和西瓜)、真菌、避孕药膏和阴道分泌物对酸性磷酸酶试验呈阳性反应,但这些物质通常都不与精液迅速发生反应。反应时间小于 30 秒被认为是精液存在的强烈迹象。

精液显微镜检查

可以通过精液的显微镜检查明确是否有精子的存在。当通过显微镜检查定位精子时,须对检查液进行染色。精子细长,约为 50~70 μm,每个结构都有头部和细鞭毛状尾巴(见图 15-10)。刑事专家通常可以通过将染色物质浸泡在少量的水中来定位它们。液体的快速搅拌会将少量精子转移到水中。将待检液体滴在显微镜载玻片上干燥,在复合显微镜下进行染色和观察,放大倍数为 400 倍[33]。替代传统精子镜检的方法是使用免疫荧光染色试剂盒定位精子,即用单克隆抗体检测精子头部抗原。该试剂盒的设计目的是在适当配置的显微镜下观察精子头部呈绿色荧光(见图 15-11)[34]。

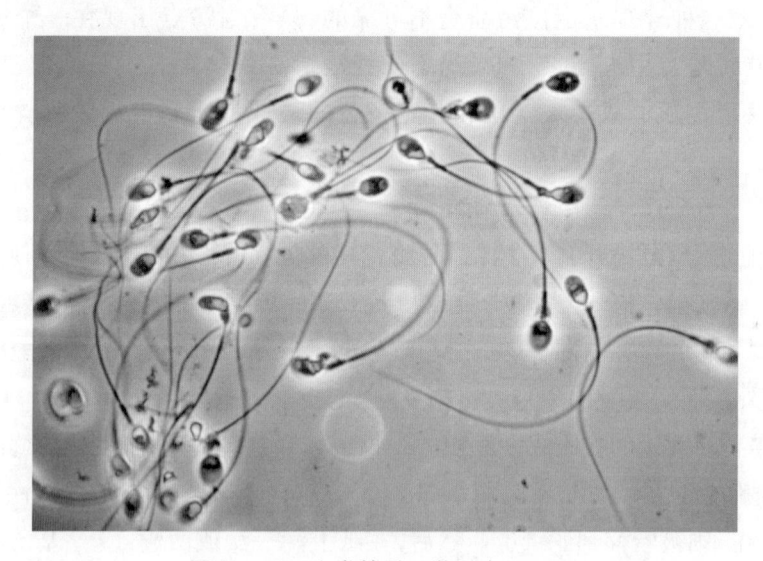

图 15-10 人类精子显微照片(300X)

---

[33] J. P. Allery et al., "Cytological Detection of Spermatozoa: Comparison of Three Staining Methods," *Journal of Forensic Sciences* 46 (2001): 349.

[34] K. W. P. Miller et al., "Developmental Validation of the SPERM HY-Liter™ for the Identification of Human Spermatozoa in Forensic Samples," *Journal of Forensic Sciences* 56 (2011): 853.

第十五章　法医血清学

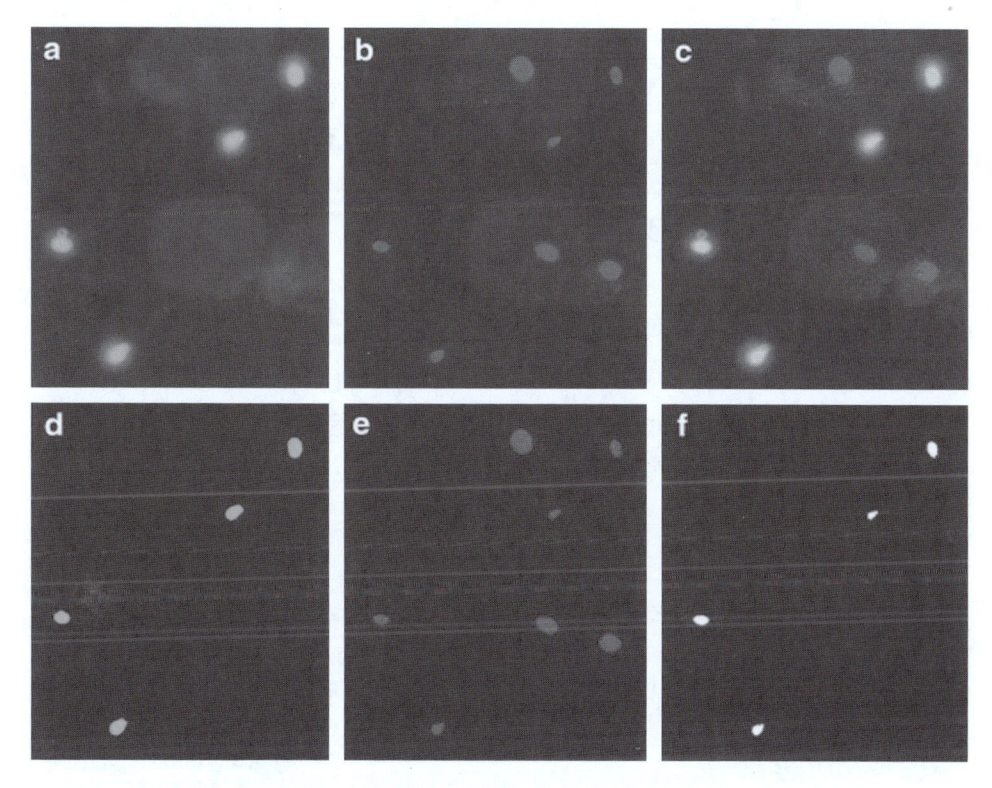

图 15-11　人类精子头部荧光检测——性侵犯涂片

理想情况下,精液中发现的精子数量比较多,定位的机会非常大;然而,实际情况不总是这样的。原因之一是精子与布料结合紧密[35];此外,精子在干燥时非常脆弱,如果污渍被洗涤或污渍与另一物体摩擦时极易分解,就像在处理和包装此类证据时经常发生的那样。此外,性犯罪可能涉及精子数量异常低的男性,这种情况称为**少精症**[36],也可能涉及没有精子(**无精症**[37])的人。值得注意的是,由于输精管切除术的日益普及,无精个体的数量正在增加。

前列腺特异性抗原(PSA)

法医分析人员通常必须检查他们怀疑含有精液(因为酸性磷酸酶的存在)但无法检测到精斑或拭子。那么,如何才能明确地证明精液的存在呢?这一问

---

[35]　In one study, only a maximum of 4 sperm cells out of 1,000 could be extracted from a cotton patch and observed under the microscope. Edwin Jones (Ventura County Sheriff's Department, Ventura, Calif.), personal communication.

[36]　少精症:精子数量异常低。

[37]　无精症:没有精子;男性不育。

题的解决方案显然是在 20 世纪 70 年代发现了一种称为 p30 或前列腺特异性抗原(PSA)的蛋白质。起初,这种蛋白质被认为是前列腺特异性的,因此是精液的唯一标识符。然而,进一步的研究表明,低水平的 p30 在其他人类组织中可以检测到。**明确鉴定精液更合理的方法是使用阳性的 PSA(p30)结合酸性磷酸酶显色试验,反应时间少于 30 秒。**[38]

当 PSA 被分离并注射到兔子体内时,会刺激多克隆抗体(抗 PSA)的产生。从这些免疫兔子中收集的血清可用来检测可疑精斑。如图 15-12 所示,将污渍提取物置于电泳板的一个孔中,抗 PSA 被放置在相对的孔中。当施加电位时,抗原和抗体会相互移动。在两个孔中间形成一条可见线,表明污渍中存在 PSA,并证明污渍在本质上是有精液的。

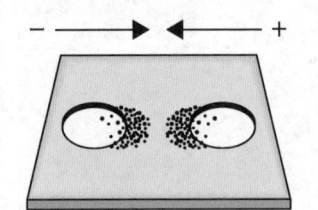

精液提取液和抗p30　　抗原和抗体相互移动　　在孔中间形成可见的降水线
分别加入各自的孔中　　　　　　　　　　　　显示染色中p30的存在证明
　　　　　　　　　　　　　　　　　　　　　　本质上是有精液的

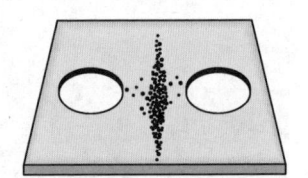

图 15-12　PSA 电泳检测

鉴定 PSA(p30)的一种更简便的方法是在与染料相连的单克隆 PSA 抗体存在的情况下,将可疑样本的提取物置于多孔膜上。若提取物中存在 PSA,则会形成 PSA 抗原-PSA 单克隆抗体复合物。然后该复合物沿着膜迁移,在此与嵌入膜中的多克隆 PSA 抗体相互作用。形成的抗体-抗原-抗体"三明治"将通过彩色线的存在而显现(见图 15-13)。这种单克隆抗体技术检测 PSA 的灵敏度大约是前一段所述的技术高 100 倍左右。

一旦检查的材料被证实是精液,接下来的任务是尽量将精液与单个个体紧密地联系起来。正如我们将在第 16 章中学习到的,法医学家可以用 DNA 技术将精液材料与一个人联系起来。同样重要的是,这项技术可以免除许多被错误指控的性侵犯。

---

[38]　S. Cavness et al., "Hospital Wet Mount Examination for the Presence of Sperm in Sexual Assault Cases Is of Questionable Value," *Journal of forensic Sciences* 59 (2014): 729.

第十五章 法医血清学 523

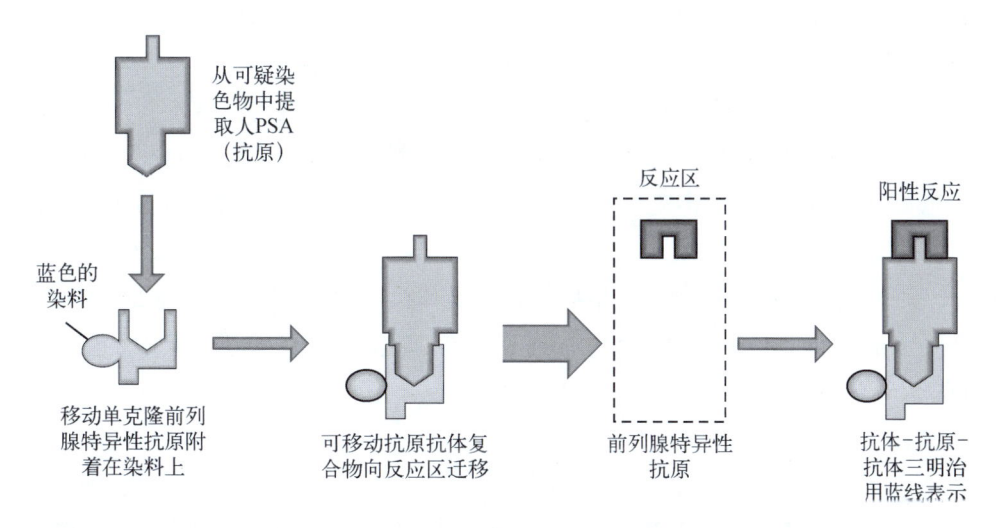

图 15-13 抗体-抗原-抗休三明治或复合物被视为彩色条带。这表明 PSA 存在于污渍提取物中,并阳性识别人类精液

强奸证据的收集和保存

性侵案件受害者的精液成分是发生性交的重要证据,但它们的缺失并不一定意味着强奸没有发生。瘀伤或出血等身体损伤往往证实确实发生了暴力袭击。此外,受害者与袭击者之间的强迫性身体接触可能导致物证——血液、精液、毛发和纤维的转移。这些物证的存在,将有助于性侵犯罪的现场重建。

收集和处理

为保护此类证据,涉案人员的所有外衣和内衣都要小心取出,并单独包装在纸袋(而非塑料袋)中。在地板上放一张干净的床单,并在床单上铺一张干净的纸。受害者站在纸上之前必须脱鞋。然后站在纸上脱下衣服,以便收集从衣服上掉下来的任何松散的异物。取出每件衣服,并将物品放在单独的纸袋中,以避免物证交叉污染。小心折叠纸张,以便所有异物都装在里面。

如果认为合适,应将发生袭击的床上用品或物体提交给实验室处理。怀疑含有精斑的物品必须小心处理。通过污渍折叠物品可能导致其脱落,就像污渍区域摩擦包装材料的表面一样。如果在特殊情况下,无法将污渍物品运送到实验室,则应将污染区域剪下来,并用未污染的物品作为底物对照。

在实验室中,分析人员尝试通过 DNA 分型技术将精液与捐赠者(s)联系起来。由于个人可能通过汗液将其 DNA 类型转移到污渍上,因此调查人员必须小心处理污渍物品,尽量减少直接的个人接触。当证据采集者必须触摸证据时,必须佩戴一次性乳胶手套。

强奸受害者必须在袭击发生后尽快接受体检。此时,由经过培训的人员收集适当的物证。证据收集者应有当地犯罪实验室的证据收集工具包(见图 15-14、图 15-15 和图 15-16)

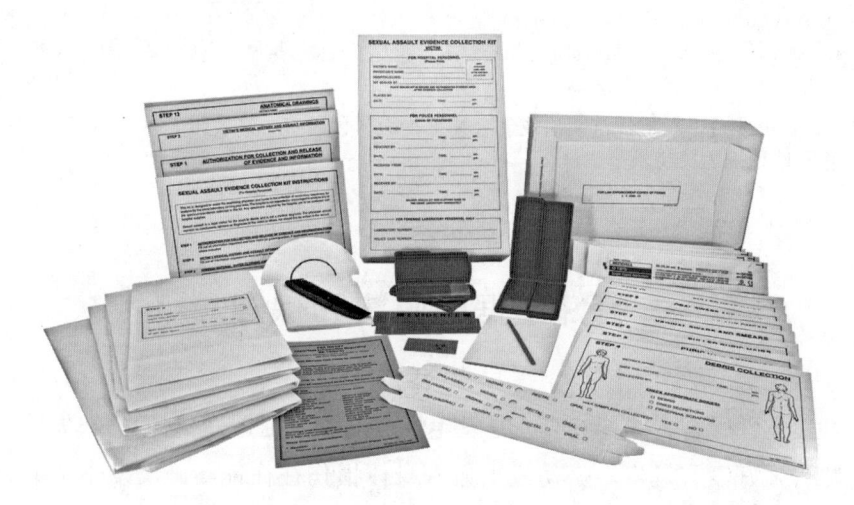

图 15-14 性侵案件受害者物证收集工具包,附有说明书以及病史和殴打表格信息。存放异物的信封。装外套和内裤的收集袋。包被用于碎屑、阴毛梳理和拔除耻毛。阴道拭子和直肠拭子涂于交换盒和显微镜载玻片的信封。口腔拭子和涂片的信封,带有显微镜和拭子盒,以及已知唾液样本的信封。已知血样信封。解剖图纸

需要收集以下实物证据:
1. 阴毛。将纸巾放在臀部下方,梳理耻骨区是否有松散或外来毛发。
2. 阴毛标准样本/参考样本。从耻骨区域的皮肤线处剪取 25 根全长阴毛。
3. 外生殖器皮肤干燥区。用至少一个干拭子和一个湿拭子擦拭。
4. 阴道拭子和涂片检查。同时使用两个拭子,小心擦拭阴道区域,并在包装前让拭子风干。使用另外两个拭子,重复擦拭程序,并将拭子涂抹在单独的显微镜载玻片上,让它们在包装前晾干。

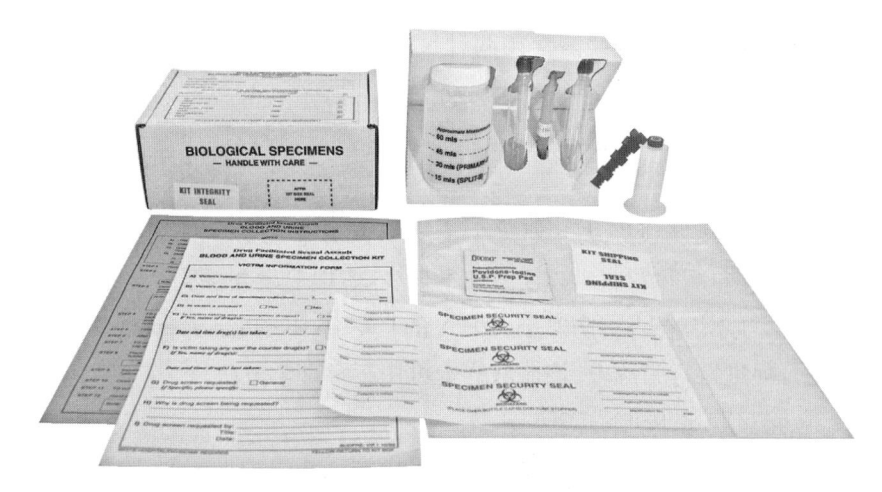

图 15-15 装有血液管和尿液样本瓶的药物促进性侵犯证据毒理学试剂

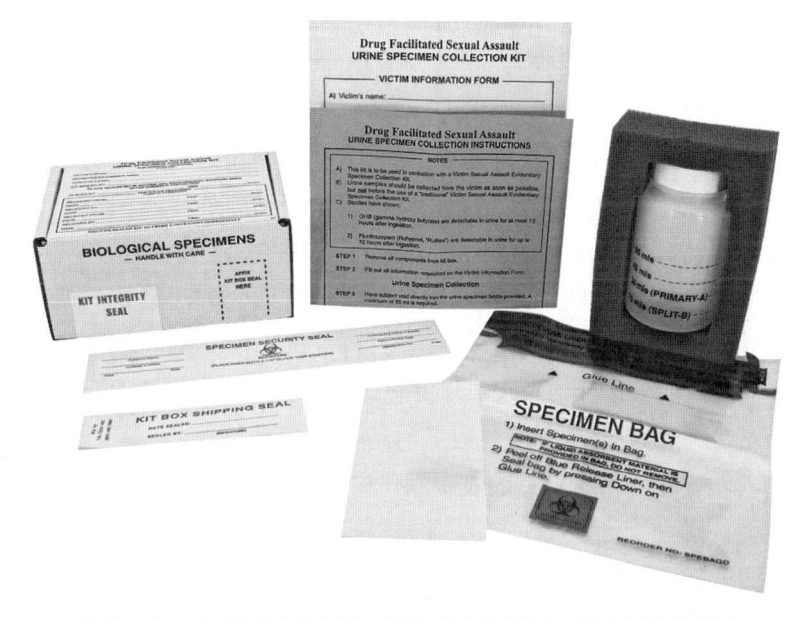

图 15-16 含有尿液标本瓶的药物促进性侵犯证据毒理学试剂盒

5. 宫颈拭子。同时使用两个拭子，小心擦拭子宫颈区域，并让拭子在包装前风干。

6. 直肠拭子和涂片检查。待有案史证明的情况下采取。同时使用两个拭子，擦拭直肠管，将其中一个拭子涂在显微镜载玻片上。让两个样品在包装前风干。

7. 口腔拭子和涂片检查。如果发生口腔-生殖器接触时应采取。同时用两个拭子擦拭颊侧区和牙龈线。使用两种拭子,制备一张涂片。包装前让拭子和涂片均晾干。

8. 身体部位的拭子,如乳房。若怀疑与因触摸或唾液产生的 DNA 有接触,则应采取。

9. 头发。在皮肤线处从下列每个头皮部位剪下至少 5 根完整的头发:中央、前部、后部、左侧和右侧。建议共剪下至少 25 根毛发并提交给实验室。

10. 血液样本。在含有防腐剂 EDTA 的真空管中收集至少 20 毫升。如果药物需要进行促进性行为调查,该血液样本可用于毒理学分析。

11. 收集口腔拭子进行 DNA 分型。

12. 指甲刮屑。用钝物在一张干净的纸上擦拭指甲的下表面,收集碎片。单独使用纸张,每只手各一张。

13. 所有的衣服。包装如前所述。

14. 尿液标本。收集受害者 30 毫升或更多尿液,以便对氟硝西泮、GHB 和其他与药物辅助性侵犯有关的物质进行药物毒理学分析。

通常在性侵犯案件的侦查过程中,受害人往往会报告犯罪人对受害人身体部位进行咬、吮或舔。正如我们在下一章将要了解到的那样,与 DNA 技术相关的巨大敏感性为侦查人员提供了从皮肤上收集的唾液残留物中识别犯罪者 DNA 类型的机会。从皮肤中回收唾液残留物最有效的方法是首先使用蒸馏水润湿的棉签旋转运动擦拭可疑区域。然后,将干拭子在皮肤上旋转,从湿拭子恢复皮肤表面的湿润残留物。拭子风干并包装在一起作为单个样品。

如果嫌疑人被逮捕,常规收集以下物品:

1. 所有在遭受袭击时穿过的衣服和任何其他物品。
2. 毛发梳理。
3. 头发和阴毛标准/参考样本。
4. 如果有合适的指征,在侵犯 24 小时内用阴茎拭子。
5. 用于 DNA 分型的口腔拭子。

DNA 分析技术的出现迫使调查人员重新思考哪些项目属于性侵犯证据。正如我们在第 16 章将要了解到的那样,在十亿分之一克的范围内,DNA 水平现在是犯罪实验室的常规表征。过去很少有人关注从涉嫌性侵犯的男性身上找到的内衣。从实践的角度来看,男性内衣上精液成分的存在几乎没有或根本没有调查价值。如今,DNA 分析的高度敏感性创造了新的研究领域。现在的经验告诉我们,通过分析从男性犯罪嫌疑人内衣的内表面找到的生物材料,可以在受害者和袭击者之间建立起联系。当调查时未能从受害者身上找到的物证上发现嫌疑人的 DNA,这一点尤为重要。

案例分析

DNA 优势

一种常见的 DNA 转移模式发生在性交过程中,来自受害者阴道壁上的皮肤细胞转移到嫌疑人身上。随后阴茎与犯罪嫌疑人内衣内表面的接触通常导致女性受害者的 DNA 从内衣内表面恢复。DNA 的力量在一个案件中恰如其分地体现出来,在这个案件中,被强奸的女性受害者在被另一名男性侵犯之前与男性伴侣发生了双方自愿的性关系。从犯罪嫌疑人内裤内侧前区提取的 DNA 显示出与受害者女性的 DNA 特征相匹配。本案中,额外的好处是在同一件内衣上发现了与自愿伴侣相匹配的男性 DNA。

基于 Gary G. Verret 论文集中包含的信息,"没有将生物材料从嫌疑人一次转移到受害者的性侵犯案件:生物材料从受害者转移到嫌疑人内衣的二次和三次转移的证据",《加拿大法医学会学报》,多伦多,2001 年 11 月

分析精液成分

阴道内存在精液成分可能成为确定涉嫌性侵犯时间的一个因素。虽然精子在阴道腔内的存在为性交提供了证据,但关于性活动时间的重要信息可以从活动或活精子通常在阴道腔内一般存活 4~6 小时的知识中获得。然而,要想成功寻找活动精子,需要从受害者取精后立即进行阴道涂片镜检。一些调查人员质疑将时间投入到寻找活动性精子的价值,并指出这种发现可能会在相对较少的病例中被发现(约占 5%)。[39]

后来在法医实验室对阴道收集物进行了更广泛的检查。性交后最多 3 天内,偶尔在 6 天后在女性体内可以发现不活动的精子。然而,完整的精子(带尾精子)通常不会在性交后 16 小时内出现,而是在性交后 72 小时才被发现。性交后阴道腔内发现精酸性磷酸酶的可能性随性交时间推移而显著下降,在性交后

---

[39] R. Dziak et al., "Providing Evidence-Based Opinions on Time Since Intercourse (TSI) Based on Body Fluid Testing Results of Internal Samples," *Canadian Society of Forensic Science Journal* 44 (2011): 59.

48小时识别该物质的机会很小。7 因此,考虑到性交后精子和酸性磷酸酶在阴道腔内长期持续存在的可能性,调查人员应确定最后一次自愿性行为是否发生在性侵犯之前。这一信息将有助于评估在女性受害者中发现这些精原成分的重要性。用于DNA分析的血液或口腔拭子应在检查前72小时内从与受害者发生性关系的任何自愿伴侣身上采集。

近期性活动的另一个重要指标是PSA。这种精液标记物通常在性交后72小时以内在阴道腔内检测到。[7]

章节小结

A-B-O血型中普遍存在A、B、D三种抗原。如果个体为A型,这仅仅表明每个红细胞表面都有A抗原;同样,所有B型个体都具有B抗原;AB型红细胞同时含有A、B两种抗原。O型个体的细胞上既没有A抗原,也没有B抗原。因此,红细胞上A和B抗原的存在与否决定了一个人在A-B-O系统中的血型。

血清学一词描述了使用特异性抗原和血清抗体反应的实验室检测的广泛范围。抗体只与特异性抗原发生反应或凝集。四种A-B-O血型中每个血型的身份都可以通过抗A和抗B血清检测来确定。特异性抗原-抗体反应的概念被应用于免疫分析技术检测血液和尿液中的药物。动物被注射抗原时,机体产生一系列不同的抗体,所有这些抗体都是为了攻击目标抗原上的某个特定位点。这种抗体的集合称为多克隆抗体。另外,还可以制造出更统一、更特异的抗体集合,旨在与单个抗原位点结合。这类抗体被称为单克隆抗体。

刑事专家检查血迹时必须回答以下问题:(1)是否为血?(2)这些血液来自什么物种?(3)如果血液起源于人类,那么它与特定的个体联系有多紧密?血液的测定最好通过初步的颜色试验进行。Kastle-Meyer颜色试验的阳性结果高度表明是血液。另外,鲁米诺和蓝星测试也被用来搜索犯罪现场的微量血液。沉淀试验通常使用兔子中提取的抗血清,这些兔子被注射已知动物的血液来确定可疑血迹的物种来源。在DNA分型出现之前,血迹通过A-B-O分型与来源相关联。这种方法现在已经被更新的DNA技术所取代。

许多送往法医实验室的案件都涉及性犯罪,因此有必要检查证物中是否存在精斑。定位和表征精斑的最佳方法是进行酸性磷酸酶显色试验。精液可通过精子的存在而被唯一识别。此外,PSA 蛋白结合酸性磷酸酶显色试验提供了明确的精液鉴定。法医学家可以通过 DNA 分型将精液与个体联系起来。强奸受害者必须在袭击发生后尽快接受体检。届时可以收集衣物、毛发、阴道和直肠拭子,以便进行后续实验室检查。如果犯罪嫌疑人在袭击后 24 小时内被逮捕,可能会在犯罪嫌疑人的男性内衣或阴茎拭子上检测到受害者的 DNA。

问题回顾

1. Karl Landsteiner 发现血液可以按其分类为_____。
2. 正确或错误:除了同卵双胞胎之外,没有两个人可以获得预期相同的血型或抗原组合。_____
3. _____是未凝血血液的液体部分。
4. 形成凝块时从血液中分离的液体称为_____。
5. _____将氧气从肺部输送到身体组织,并将二氧化碳带回肺部。
6. 在红细胞表面上有化学物质称为_____,它赋予细胞血型特征。
7. A 型个体的红细胞表面有_____抗原。
8. O 型个体的红细胞上都有(A 型和 B 型/既没有 A 型也没有 B 型)抗原。
9. 存在或不存在_____和红细胞上的_____抗原在 A-B-O 系统中决定一个人的血型。
10. D 抗原也被称为_____抗原。
11. 血清中含有称为_____的蛋白质,这些蛋白质会破坏或灭活抗原。
12. 抗体与(任何/仅特异性)抗原发生反应。
13. 正确或错误:凝集是指红细胞在抗体的作用下聚集在一起。_____。
14. B 型血含有_____抗原和_____抗体。
15. AB 型血具有(抗 A 和抗 B/既不抗 A 也不抗 B)抗原。
16. 可以将药物-蛋白质复合物注射到动物体内,形成该药物的特异性_____。
17. 术语_____描述了抗原-抗体反应。
18. AB 型血(是/不是)被抗 A 和抗 B 血清凝集。
19. B 型红细胞在加入(A/B)型血液时会凝结。
20. A 型红细胞在加入(AB/O)型血液时会凝结。
21. A 型血在美国的分布约为(42%/15%)。

22. AB 型血在美国的分布约为(12%/3%)。
23. (全部/大多数)血液血红蛋白具有过氧化物酶样活性。
24. 多年来,用于识别血液最常用的颜色测试是_____颜色测试。
25. _____试剂与血液发生反应,使其发光。
26. 血液可以通过_____测试来表征为人类起源。
27. 抗原和抗体(可以/不能)在电场的影响下相互移动。
28. 遗传的基本单位是_____。
29. 定位在线状体上的基因称为_____。
30. 人体中的所有有核细胞,除了生殖细胞,还有_____对染色体。
31. 后代的性别总是由(母亲/父亲)决定的。
32. 影响给定特征并在染色体对上彼此对齐的基因被称为_____。
33. 当一对等位基因相同时,这些基因被称为(纯合子/杂合子)。
34. _____颜色测试用于精斑的定位和表征。
35. 精液通过_____的显微外观被明确识别。
36. 精子数量低的男性被称为(少精子症/无精子症)。
37. 蛋白质_____对精液的表征是有用的。
38. 判断正误:DNA 可通过汗液转移到物体上。_____
39. 判断正误:精液成分在性交后可在阴道中停留 6 天。_____

走进科学问题回顾

1. 用于检测血液和尿液中存在微量药物的免疫学测定技术是_____。
2. 设计用于与特定抗原位点相互作用的抗体是(单克隆/多克隆)
3. 正确或错误:杂交瘤细胞用于产生抗原,旨在攻击抗体上的一个且唯一的一个位点。_____
4. A(表型/基因型)是个体的可观察特征。
5. 存在于个体细胞中的基因组合称为_____。
6. 当一个基因存在于父母一方时,它(会/不会)出现在孩子身上。
7. A 型、B 型个体可能具有该基因型_____或基因型_____。
8. AB 型母亲和 AB 型父亲将具有哪些可能的基因型的后代? _____。
9. A 型、AB 型母亲和 AB 型父亲将具有哪些可能的表型的后代? _____。

应用与批判性思考

1. 调查性侵犯现场的警察收回了一个大毯子,他们认为其中可能包含有用的物证。他们把它带到法医血清学专家 Scott Alden 的实验室,要求他检验精液是否存在。Scott 注意到毯子上有微弱的粉色污渍,他问调查的侦探是否知道最近可能在毯子上洒了什么东西。侦探报告说,在现场发现了一碗被掀翻的葡萄和西瓜,以及一个装有葡萄酒的碎玻璃杯。侦探离开后,Scott 选择并管理他认为的最佳测试来分析他所掌握的证据。测试完成 3 min 后,毛毯显示出阳性反应。斯科特选择了什么测试,他的结论是什么?解释你的答案。

2. 犯罪学家 Cathy Richards 正在收集性侵犯受害者的证据。她在地板上放了一张床单,要求受害者脱掉衣服,并将衣服放在纸袋中。在收集耻骨梳和阴毛样本后,她取了两条阴道拭子,在包装前允许晾干。最后,Cathy 从受害者身上收集血液、尿液和头皮毛发样本。她在收集这些证据时犯了什么错误(如果有的话)?

参考文献与延伸阅读

Jones, E. L., Jr., "The Identification and Individualization of Semen Stains," in R. Saferstein, ed., Forensic Science Handbook, vol. 2, 2nd ed. Upper Saddle River, NJ: Prentice Hall, 2005

Li, Richard, Forensic Biology, 2nd ed. Boca Raton, FL: CRC Press, 2015.

Shaler, R. C., "Modern Forensic Biology," in R. Saferstein, ed., Forensic Science Handbook, vol. 1, 2nd ed. Upper Saddle River, NJ: Prentice Hall, 2002.

Virkler, K., and I. K. Lednev, "Analysis of Body Fluids for Forensic Purposes: From Laboratory Testing to NonDestructive Rapid Confirmatory Identification at a Crime Scene," Forensic Science International 188 (2009): 1.

第十六章

DNA：不可或缺的法庭科学工具

学习目标

16.1 了解 DNA 及其结构
16.2 解释 DNA 结构如何决定蛋白质链中的氨基酸序列
16.3 探讨 DNA 复制现象和 PCR 技术对复制 DNA 链的影响
16.4 讨论 STR 分析和电泳的概念
16.5 描述核 DNA 和线粒体 DNA 的区别
16.6 列出为实验室 DNA 分析正确保存血迹证据的必要程序

关键术语

amelogenin gene	性别基因	multiplexing	多路复用
amino acids	氨基酸	nucleotide	核苷酸
buccal cells	口腔细胞	picogram	皮克（pg）
chromosome	染色体	polymer	聚合物
complementary base pairing	碱基互补配对	polymerase chain reaction（PCR）	聚合酶链式反应（PCR）
deoxyribonucleic acid（DNA）	脱氧核糖核酸（DNA）	primer	引物
		proteins	蛋白质
electrophoresis	电泳	replication	复制
epithelial cells	上皮细胞	restriction fragment length polymorphisms（RFLPs）	限制性片段长度多态性（RFLP）
human genome	人类基因组		
hybridization	杂交		
low copy number	低拷贝数	sequencing	测序
mitochondria	线粒体		

short tandem repeat	短串联重复	tandem repeat	串联重复
（STR）	（STR）	touch DNA	接触 DNA
substrate control	底物对照	Y‑STRs①	Y‑STRs

新闻头条
金州杀手

1974年于加利福尼亚州萨克拉门托东部地区犯罪猖獗。其中一名连环强奸犯在12年的时间里康特拉科斯塔县、斯托克顿和莫德斯托等多地实施了犯罪。他作案手法独特、条理清晰，在作案之前会仔细跟踪受害者并熟悉他们的家庭及日程安排。他涉嫌至少13起谋杀案、50多起强奸案和100多起入室盗窃案，被称为北加州的"东部地区强奸犯"和南部的"原始夜行者"。但这些罪行直到30年后才通过DNA②检测得以审判。

人们认为DNA检测的进步与2001年的几起强奸和谋杀相关。当时，警方掌握了凶手的DNA数据，但仍然不知其身份。因为嫌疑人DNA以及任何近亲的DNA均未收录于DNA联合索引系统（CODIS）数据库中。调查人员煞费苦心地收集嫌疑人样本，可是结果排除了每一个嫌疑人。2016年，联邦调查局与当地执法机构召开新闻发布会，宣布在全国范围内重新开展行动，悬赏50 000美元缉拿此人。

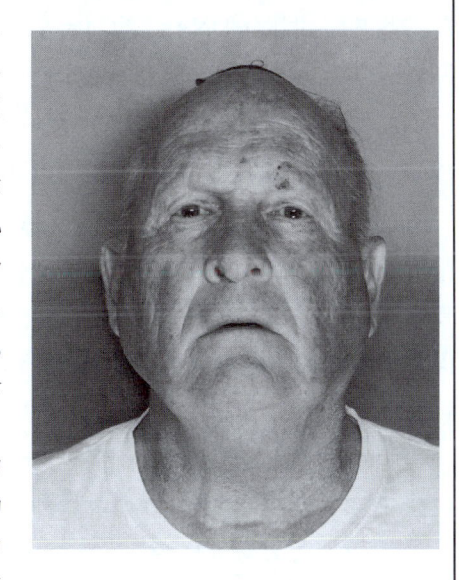

2017年，调查人员发现了一种基于DNA的新的个体识别方法。该方法被用于帮助失散的家庭团聚，例如收养。它被称为遗传谱系学，涉及检查相关人员共享的相似性，以寻找有关捐赠者血统的线索，如第3章所述。调查人员通过使用GEDmatch等亲子关系和相关性数据库将DNA追溯到家谱，继而缩小潜在嫌疑人的范围。调查人员在遗传谱系学家的帮助下，将DNA追溯到共同祖先，并使用出生记录、剪报和社交媒体资料构建了家谱。正是通过这种方法，警方将72岁的美国海军退伍军人和前警官约瑟夫·詹姆斯·迪安杰洛认定为金州杀手。他被控八项一级谋杀罪，目前正在等待审判。

---

① Y‑STRs：位于人类Y染色体上的短串联重复序列。
② 脱氧核糖核酸（DNA）：携带人体遗传信息的分子；DNA是双链的双螺旋形状。

脱氧核糖核酸（DNA）的发现、结构的破译以及对其遗传信息的解码是我们理解遗传基本概念的转折点。现在，随着分子生物学家以惊人的速度解开基因的基本结构，我们可以通过基因工程创造新产品，并开发遗传疾病的诊断工具和治疗方法。

多年来，这些发展似乎对法医学家来说是无关紧要。但在1985年，发生了革命性的改变，起初人们只是对人类基因结构进行或多或少的常规研究，结果发现某些基因的部分DNA结构与每个人的指纹一样独特。发现这些的是英国莱斯特大学的Alec Jeffreys和他的同事，他们命名了分离和读取这些DNA标记（DNA指纹）的过程。随着研究人员发现原始Jeffreys技术的新方法和变体，DNA分析和DNA分型这两个术语开始被用来描述这种相对较新的技术。

这一发现引起了法医学界的设想，因为法医学家长期以来一直希望将血液、精液、头发或组织等确定的生物学证据与单个个体联系起来。尽管传统的测试程序在缩小生物材料的来源方面已经走了很长一段路，但个体识别仍是一个难以实现的目标。而DNA分型使法医学家能够实现这一目标。该技术仍然相对较新，但在引入后的几年中，迅速成为公共犯罪实验室的常规检测项目，并已通过一些熟练的私人实验室的服务提供给感兴趣的各方。在美国，绝大多数法院承认并接受DNA证据的科学可靠性。

什么是DNA？

WEBEXTRA16.1 什么是DNA？

在人体的60万亿个细胞中，每一个细胞内都含有称为**染色体**③的遗传物质链。染色体排列，就像一根线上串联的珠子一样，有近25 000个基因。基因是遗传的基本单位。它指导身体细胞制造**蛋白质**④，这些蛋白质决定了我们从头发颜色到疾病易感性等相关的一切。每个基因实际上都由专门设计用于执行单一身体功能的DNA组成。

有趣的是，尽管DNA的首次发现早在1868年，但科学家们对它在遗传中的

---

③ 染色体：细胞中的棒状结构核，基因所在的核；它由包围着其他物质（主要是蛋白质）的DNA组成。
④ 蛋白质：在生物结构和功能中发挥基本作用的氨基酸聚合物。

基本作用的解读却异常慢。研究人员仅仅发现,DNA 可能是遗传指令从一代传到下一代的物质。直到 1950 年代初,在解读 DNA 工作原理方面的才有了重大突破,James Watson 和 Francis Crick 两位研究人员推导出 DNA 结构。事实证明,DNA 是一种非凡的分子,它执行着控制所有活细胞、植物和动物的遗传特征的任务。

DNA 结构

在研究 Watson 和 Crick 发现的 DNA 结构之前,我们先看看 DNA 是如何构建的。DNA 是一种**聚合物**[5]。而聚合物是由一系列重复单元连接而成的超级大分子。

核苷酸

在 DNA 的构造中,重复单元被称为**核苷酸**[6]。核苷酸由糖分子、含磷基团和称为碱基的含氮分子组成。图 16-1 显示了如何将核苷酸串联在一起形成 DNA 链。在该图中,S 表示糖成分,它与磷酸基团 P 连接形成 DNA 链主链。从骨干突出的是碱基基团。

理解 DNA 工作原理的关键在于了解与 DNA 相关的四种碱基:腺嘌呤、胞嘧啶、鸟嘌呤和胸腺嘧啶。下文将用名称的首字母来代表每个碱基,例如,A 代表腺嘌呤,C 代表胞嘧啶,G 代表鸟嘌呤,T 代表胸腺嘧啶。

同样,请注意图 16-1 中的碱基是如何从 DNA 的主干中投射出来的。此外,虽然该图显示了一条由四个碱基组成的 DNA 链,但请记住,理论上 DNA 链的长度是没有限制的;事实上,一条 DNA 链可以由一条长链组成,具有数百万个碱基。上述信息在 Watson 和 Crick 着手详述 DNA 结构前已经很清楚了。

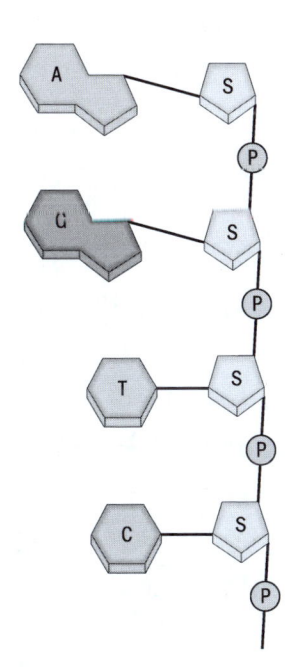

图 16-1 核苷酸如何连接形成 DNA 链。S 表示糖成分,P 表示磷酸基团,二者相连形成 DNA 骨架。从主链突出的是四个碱基基团:A 腺嘌呤;G 鸟嘌呤;T 胸腺嘧啶;C 胞嘧啶

---

⑤ 聚合物:由大分子组成的物质原子数;这些原子通常排列在重复单元或单体中。
⑥ 核苷酸:由四个碱基之一(腺嘌呤、鸟嘌呤、胞嘧啶或胸腺嘧啶)组成的 DNA 单位,这些碱基与磷酸糖基团相连。

他们的发现是 DNA 分子实际上是由两条缠绕成双螺旋的 DNA 链组成，可以想象成两条相互缠绕的电线。

当研究人员模拟 DNA 链的比例模型时，他们发现，每条链上的碱基可以在双螺旋结构中正确对齐的唯一方式是将碱基 A 与 T 相对、G 与 C 相对。Watson 和 Crick 解决了双螺旋的难题，并向世界展示了一幅既简单又优美的 DNA 图(见图 16-2)。

互补碱基配对

双螺旋结构中唯一可能的排列是碱基 A 与 T、G 与 C 配对，这一概念被称为碱基互补配对。虽然总是需要 A-T 和 G-C 配对，但对于 DNA 链上的碱基顺序没有限制。因此，可以观察到序列 T-A-T-T 或 G-T-A-A 或 G-T-C-A。当这些序列与它们的互补序列以双螺旋结构连接时，它们配对如下：

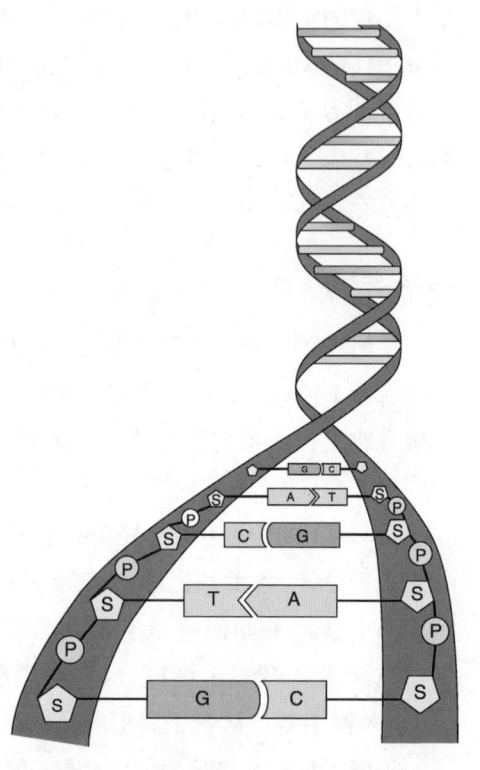

图 16-2 DNA 双螺旋示意图。两条 DNA 链在双螺旋结构中相互对齐的唯一排列是：碱基 G 和 C 相互配对、碱基 A 和 T 相互配对

```
T A T T      G T A A      G T C A
| | | |      | | | |      | | | |
A T A A      C A T T      C A G T
```

任何碱基都可以在 DNA 链上跟随另一个碱基，这意味着不同序列组合的可能数量非常惊人！人类染色体 DNA 平均包含 1 亿个碱基对。所有人类染色体加在一起包含大约 30 亿个碱基对。从这些数字中，我们开始了解 DNA 的多样性，从而了解生物体的多样性。DNA 就像一本说明书。用于创建这本书的字母表非常简单：A、T、G 和 C。而这些字母的排列顺序定义了 DNA 分子的作用和功能。

DNA 的作用

受 DNA 控制的可遗传特征源于其指导生产的蛋白质的复杂功能。蛋白质实际上是通过**氨基酸**⑦分子组合形成。尽管存在数千种蛋白质,但它们都衍生自 20 几种已知氨基酸的组合。蛋白质链中的氨基酸序列决定了蛋白质的形状和功能。例如:蛋白质——血红蛋白——存在于我们的红细胞中,它将氧气输送到我们的体细胞并从这些细胞中去除二氧化碳。"正常"血红蛋白的四个氨基酸链之一如图 16-3(a)所示。对镰状细胞性贫血患者的研究表明,这种遗传性疾病源于他们的红细胞中存在"异常"的血红蛋白。"异常"血红蛋白的氨基酸链如图 16-3(b)所示。请注意,"正常"和"异常"(或称为镰状细胞)细胞血红蛋白之间的唯一区别在于蛋白质链中一个氨基酸被另一个氨基酸取代。

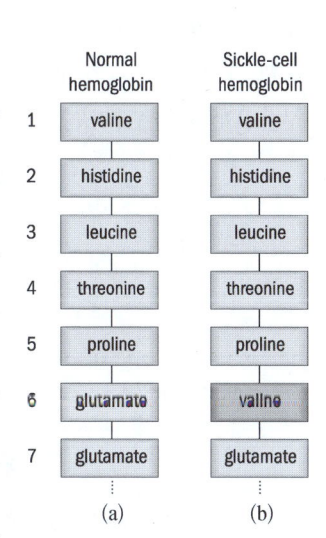

图 16-3 (a) 一串氨基酸组成了血红蛋白的一个蛋白质链;(b) 用蛋白质链中的一种氨基酸替换另一种氨基酸会产生镰状细胞血红蛋白

DNA 联合索引系统(CODIS)

DNA 分型技术中最重要的检索工具是 CODIS(Combined DNA Index System),它是由 FBI 开发的计算机软件程序,用于维护地方、州和国家的定罪罪犯、未解决的犯罪现场证据和失踪人员资料的 DNA 资料数据库。CODIS 系统允许犯罪调查实验室将从犯罪现场证据中恢复的 DNA 分型与被定罪的性犯罪者及其他被定罪人员的 DNA 分型进行比较。

CODIS 系统解决了数以千计的犯罪现场证据与已知定罪罪犯的关联调查。这种匹配能力在警方无法确认嫌疑人的情况下具有巨大价值。CODIS 概念已经对各州的警方调查产生了重大影响,如第 73 页的案例分析所示。

---

⑦ 氨基酸:是蛋白质的组成部分;有 20 种常见氨基酸;氨基酸连接形成蛋白质;氨基酸的类型和它们连接的顺序决定了每种蛋白质的特性。

决定人体每种蛋白质氨基酸序列的遗传信息以遗传密码的形式存储在DNA中,该遗传密码依赖于DNA链上的碱基序列。DNA的字母表很简单——A、T、G和C——但破译遗传密码的关键是要知道每个氨基酸是由三个碱基的序列编码的。例如,丙氨酸由C-G-T编码、天冬氨酸由C-T-A编码、苯丙氨酸由A-A-A编码。有了这个代码,我们可以看到蛋白质中的氨基酸序列链是由DNA的结构决定的。将DNA片段中包含的三元组代码:

-C-G-T-C-T-A-A-A-A-C-G-T-

转换为:

[C-G-T]-[C-T-A]-[A-A-T]-[C-G-T]
丙氨酸天冬氨酸苯丙氨酸丙氨酸

或蛋白质链:

丙氨酸-天冬氨酸-苯丙氨酸-丙氨酸

有趣的是,此代码不仅限于人类。迄今为止研究的几乎所有活细胞都使用与蛋白质合成语言相同的**遗传密码**[⑧]。

如果我们看一下"正常"和"镰状细胞"血红蛋白之间的区别(见图16-3),我们会发现后者是通过用一种氨基酸(缬氨酸)代替另一种(谷氨酸)形成的。在编码产生正常血红蛋白的DNA片段中,碱基序列是:

-[C-C-T]-[G-A-G]-[G-A-G]-
脯氨酸-谷氨酸-谷氨酸

而患有镰状细胞病的个体携带该序列:

-[C-C-T]-[G-T-G]-[G-A-G]-
脯氨酸-缬氨酸-谷氨酸

因此,我们看到单个碱基变化(缬氨酸中的A被T取代)是镰状细胞性贫血的根本原因,表明人体健康与疾病之间存在微妙的化学平衡。

随着科学家对DNA碱基序列的深入解读,他们对蛋白质在生命化学中所起的作用也有了更深入的了解。目前已经找到了导致血友病、杜氏肌营养不良

---

⑧ 遗传密码:组装蛋白质的指令实际上是由核糖核酸(RNA)从DNA携带到细胞的另一个区域。RNA利用从DNA获得的遗传密码直接参与蛋白质的组装。

症和亨廷顿病的基因。一旦科学家分离出致病基因,他们就可以确定该基因指导细胞制造的蛋白质。通过研究这些蛋白质——或者它们的缺失——科学家们将能够设计出治疗遗传疾病的方法。

确定所有 23 对人类染色体(也称为**人类基因组**⑨)碱基顺序的项目现已完成。了解特定染色体上 DNA 编码产生特定蛋白质的位置有助于诊断和治疗遗传疾病。这些信息对于了解癌症的根本原因至关重要。此外,将人类基因组与其他生物的基因组进行比较将有助于我们了解进化的作用和影响。

DNA 的复制⑩

自从发现了 DNA 的双螺旋结构,DNA 如何在细胞分裂之前进行自我复制就变得显而易见。DNA 中碱基配对的概念暗示了正链和负链的类比。双螺旋中的每条 DNA 链都具有相同的信息;可以从负链复制正链或从正链复制负链。

复制过程

从已有 DNA 合成新 DNA 开始于 DNA 双螺旋链的解开。然后将每条链暴露于一组游离核苷酸。根据碱基配对原理(A 与 T 和 G 与 C)以正确的顺序组装核苷酸,一个碱基一个碱基地重新创建双螺旋。结果是合成两个相同的 DNA 拷贝(见图 16-4)。而细胞可以在分裂时传递其遗传信息。

许多酶和蛋白质参与完成解开 DNA 链、保持两条 DNA 链分开以及组装新的 DNA 链。例如,DNA

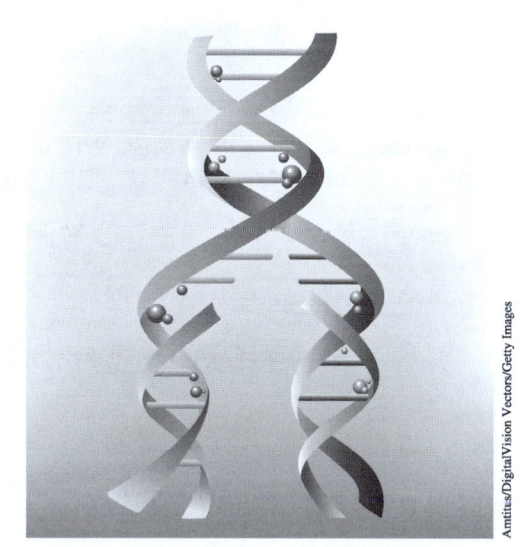

图 16-4 DNA 的复制。原始 DNA 分子链解开,两条新链组装起来

---

⑨ 人类基因组:在人类细胞核内发现的 DNA 总量;它由大约 30 亿个碱基对的遗传信息组成。
⑩ 复制:从现有 DNA 合成新的 DNA。

聚合酶是确定原始或亲本 DNA 链中的适当碱基序列,并开始组装新 DNA 链的酶。DNA 聚合酶还"校对"不断增长的 DNA 双螺旋以查找不匹配的碱基对,这些碱基对会被正确的碱基对替代。

至此,DNA 的复制现象似乎只能引起对 DNA 进行鉴定感兴趣的法医学家的关注。然而,当研究人员改进了使用 DNA 聚合酶复制位于活细胞外的 DNA 链的技术时,这种情况就发生了变化。这种实验室技术被称为**聚合酶链式反应**[11](PCR)。简而言之,PCR 是一种用于在实验室试管中复制或扩增 DNA 链的技术。

在 PCR 中,可以借助 DNA 聚合酶复制犯罪现场证据中发现的少量 DNA 或 DNA 碎片。复制过程高度依赖温度,可以使用 DNA 热循环仪以自动方式完成(见图 16-5)。PCR 技术的每个循环都会导致 DNA 加倍,如图 16-4 所示。在几个小时内,30 个循环可以使 DNA 倍增十亿倍。一旦拿到 DNA 拷贝,就可以用现代分子生物学的任何方法对其进行分析。复制少量 DNA 的能力为法医学家开辟了令人振奋的探索途径。这意味着样本量不再是表征犯罪现场遗留的 DNA 证据的限制因素。

图 16-5 DNA 复合扩增仪,进行细胞外 DNA 复制所需的快速、精确的控温仪器。在几个小时内,DNA 可以增加一百万倍

短串联重复序列的 DNA 分型

串联重复[12]

WEBEXTRA16.2 聚合物链式反应

遗传学家发现 DNA 分子的某些部分包含重复多次的碱基序列。事实上,

---

[11] 聚合酶链式反应(PCR):一种在活细胞外复制全部或部分 DNA 链的技术;可在短时间内扩增数百万个 DNA 链的拷贝。

[12] 串联重复:染色体的一个区域,包含以重复方式排列的核心 DNA 序列的多个拷贝。

超过30%的人类基因组是由重复的DNA片段组成的。这些重复序列或串联重复似乎充当DNA编码区之间的填充物或间隔物。尽管这些重复的片段似乎不会影响我们的外观或控制任何其他基本遗传功能,但它们仍然是基因构成的一部分,以邦尼特方格(第386页)所示的方式从父母那里继承而来。这些串联重复序列的起源和意义仍是一个谜,但对于法医学家来说,它们提供了一种通过DNA分型来区分个体的方法。

法医学家于1985年首次将DNA技术应用于个体识别。法医学家的注意力一开始就集中在基因组的串联重复序列上。这些重复可以被认为是一串相连的盒子,每个盒子都具有相同的DNA碱基核心序列(见图16-6)。所有人都有相同类型的重复,但我们每个人的重复次数却存在巨大差异。

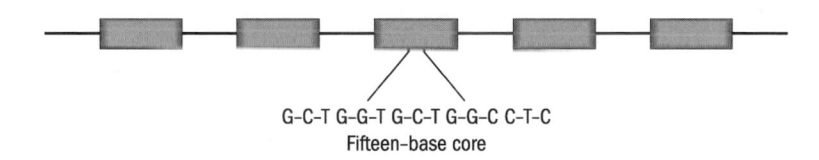

G-C-T G-G-T G-C-T G-G-C C-T-C
Fifteen-base core

图16-6 由一系列重复DNA单元组成的DNA片段。此图中,15个碱基核心可以重复数百次。整个DNA片段通常有数百到数千个碱基长。

走进科学

聚合酶链式反应

PCR最重要的特点是DNA聚合酶可以直接合成DNA的特定区域。PCR可用于重复复制或扩增一条DNA链数百万次。例如,下面这段我们想要通过PCR复制的DNA:

-G-T-C-T-C-A-G-C-T-T-**C-C-A-G**-
-**C-A-G**-A-G-T-C-G-A-A-G-G-T-C-

要对该DNA片段进行PCR反应,必须确定感兴趣区域每一侧的DNA短序列。在上述示例中,短序列在DNA片段中由粗体字母表示。如果PCR技术要发挥作用,这些短DNA片段必须以称为**引物**[13]的形式提供。

---

[13] 引物:一段DNA短链,用于对靶向DNA区域进行PCR复制。

PCR 的第一步是将 DNA 链加热到约 94℃。在此温度下,双链 DNA 分子完全分离:

-G-T-C-T-C-A-G-C-T-T-C-C-A-G-
-C-A-G-A-G-T-C-G-A-A-G-G-T-C-

第二步是将引物添加到分离的链中,并通过将试管温度降低到约 60℃ 使引物与链结合或**杂交**⑭。

-G-T-C-T-C-A-G-C-T-T-C-C-A-G-
-C-A-G-A

　　　　　　　　　　　　　C-C-A-G
-C-A-G-A-G-T-C-G-A-A-G-G-T-C-

第三步是将 DNA 聚合酶和游离核苷酸(A、C、G、T)的混合物添加到分离的链中。当试管加热到 72℃时,聚合酶指导双链 DNA 分子的重建,通过添加适当的碱基来延伸引物,一次一个,导致产生两对完整的双链链状 DNA 片段:

-G-T-C-T-C-A-G-C-T-T-C-C-A-G-
　C-A-G-A-G-T-C-G-A-A-G-G-T-C-
　G-T-C-T-C-A-G-C-T-T-C-C-A-G
-C-A-G-A-G-T-C-G-A-A-G-G-T-C-

这完成了 PCR 技术的第一个循环,DNA 分子的数量从一个增加到两个。然后重复加热、冷却和链重建的循环,使得 DNA 分子进一步加倍。在第二个循环完成后,从原始双链 DNA 样品中产生了四个双链 DNA 分子。通常,进行 28 到 32 个循环可以产生超过 10 亿个原始 DNA 分子的拷贝。每个循环不到两分钟。

直到 1990 年代中期,法医界一直致力于表征称为**限制性片段长度多态性**⑮(**RFLP**)的重复片段。法医学界选择了许多不同的 RFLP 进行 DNA 分型。通常,核心序列的长度为 15~35 个碱基,并且可以重复多达一千次。这些重复序

---

⑭ 杂交:将两条互补的 DNA 链连接起来形成双链分子的过程。
⑮ 限制性片段长度多态性(RFLP):由限制性内切酶切割 DNA 分子产生的碱基对的不同片段长度。

第十六章　DNA：不可或缺的法庭科学工具　　543

列被一种像剪刀一样的限制性内切酶从 DNA 双螺旋中切出。DNA 分子被限制性内切酶切割后，产生的片段可以通过**电泳**⑯技术分离出来。

RFLP DNA 分型的意义在于它是美国第一个被法庭接受的可用于 DNA 法医鉴定的程序。然而，结合 PCR 的新技术很快取代了 RFLP，在其短暂的历史中，也许 RFLP 最震惊的影响就是对 Bill Clinton 总统的弹劾审判。因为白宫实习生 Monica Lewinsky 女士声称其拥有一件沾有总统精液的衣服，使得总统与 Lewinsky 的关系调查发生了变化。联邦调查局实验室检测了从衣服污渍中提取的 DNA 与总统 DNA，结果显示，总统的 DNA 与污渍之间的 RFLP 相匹配。RFLP 中的七种 DNA 类型的总出现频率接近八万亿分之一，这是一个不可否认的联系。礼服和 FBI DNA 报告的副本如图 16-7 所示。

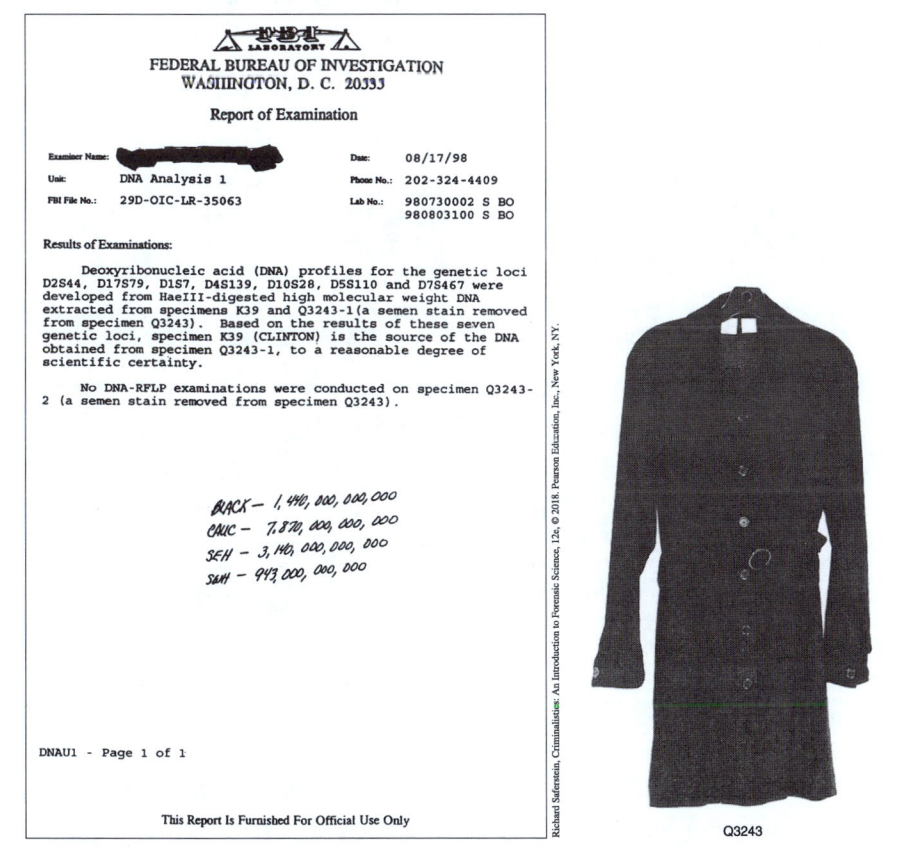

图 16-7　礼服和 FBI 对礼服上精液污渍的检测报告

⑯　电泳：一种在电势影响下通过分子在支持介质上的迁移来分离分子的技术。

为什么 PCR 技术不能应用于 RFLP DNA 分型？简而言之，RFLP 的链太长，通常包含数千个碱基。PCR 最适用于长度不超过几百个碱基的 DNA 链。这个问题的明显解决方案是表征比 RFLP 短得多的 DNA 链。短 DNA 链的另一个优势是，它们会更稳定，不易受到恶劣环境条件带来的降解影响。在犯罪现场常见的恶劣条件下，长 RFLP 链往往会断裂。

走进科学

凝胶电泳和毛细管电泳

电泳与薄层色谱法（已在第 12 章中讨论）相似，它们都根据材料在固定固相上的迁移速率来分离材料。但是，电泳不使用移动的液相来移动材料；相反，它在静止介质上放置一个电势（图 1）。该技术特别适用于分离和鉴定复杂的生化混合物。在法医学中，电泳对于鉴定干血中的蛋白质和 DNA 最有用。

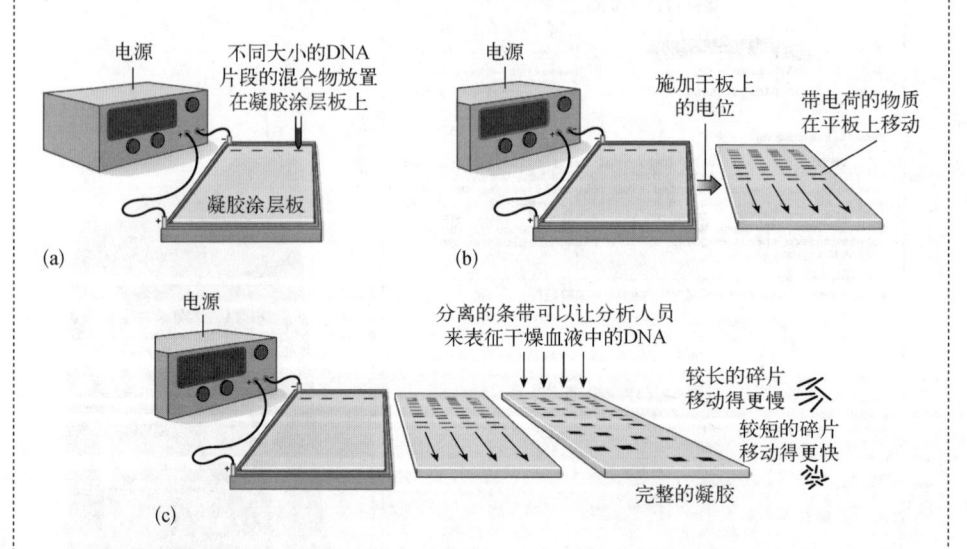

图 1　凝胶电泳技术。(a) 将样品添加到板上；(b) 对板施加电势以使碎片迁移；(c) 凝胶上的片段分离允许分析

法医血清学家已经开发了几种用于表征干血中 DNA 的电泳程序。DNA 片段的混合物可以通过凝胶电泳分离，因为 DNA 在凝胶涂层板上的移动速率取决于分子的大小。较小的 DNA 片段比较大的 DNA 片段沿板移动得更快。完成电泳运行后，分离的 DNA 用合适的显影剂染色以进行目视观察（见图 2）。

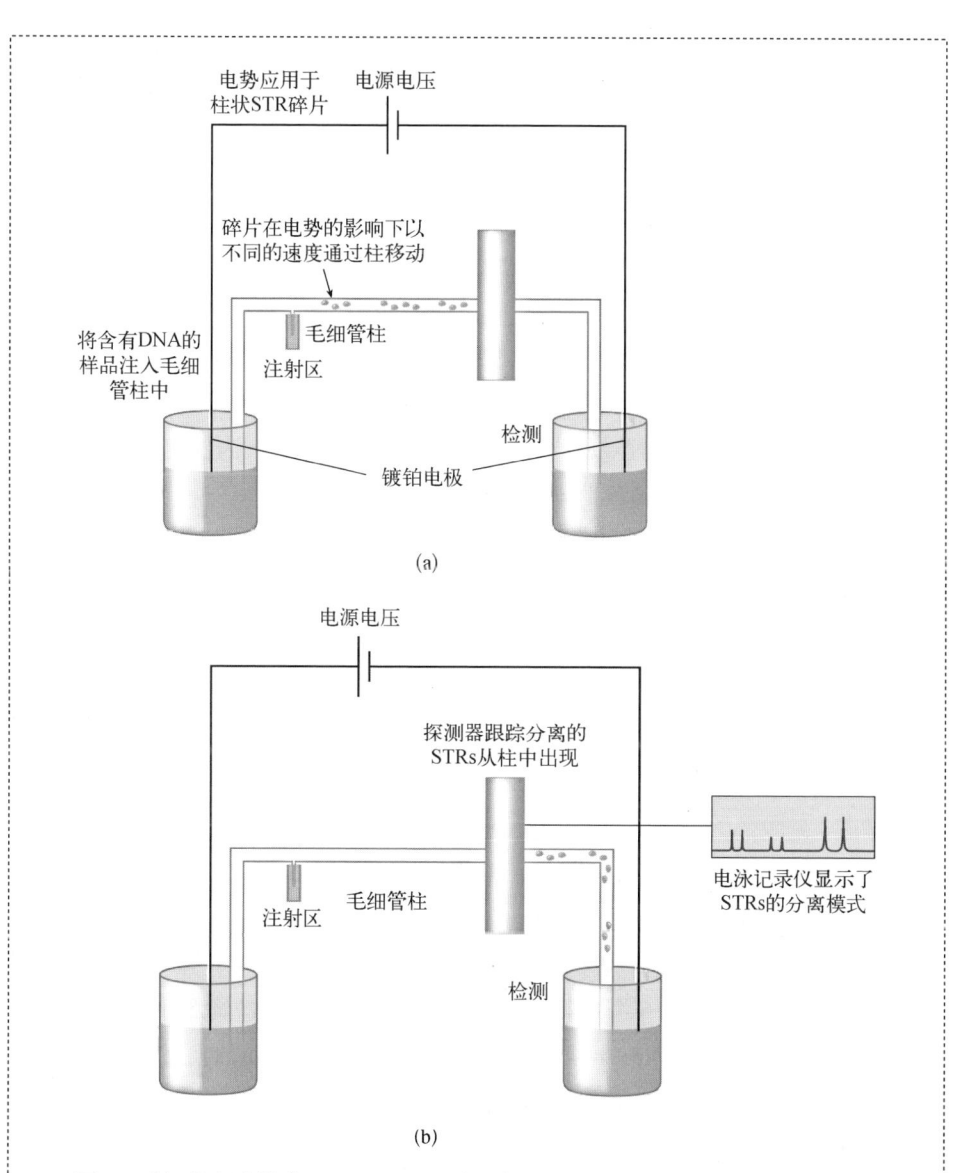

图2 毛细管电泳技术。(a) 通过电动注射将样品注入毛细管;(b) 样品碎片通过毛细管迁移,聚合物基质中的碎片分离允许分析

如前所述,STR 的分离通常可以在平坦的凝胶涂层电泳板上进行。然而,鉴于缩短分析时间、自动化采样以及数据采集等需求使得毛细管电泳成为表征 STR 的首选技术。毛细管电泳在薄玻璃柱中进行,而不是在镀膜玻璃板的表面上进行。

> 毛细管电泳技术从传统的平板凝胶电泳方法发展而来。DNA 片段的分离是在保持恒定电压的玻璃毛细管的内壁上进行的。DNA 片段的大小决定了它们通过色谱柱的速度。

短串联重复序列(STR)

目前,短串联重复(STR)[17]分析已成为最成功、最广泛使用的 DNA 分析程序。STR 是染色体上的位置(基因座),其中包含在 DNA 分子内重复的短序列元素。因为它们在整个人类基因组中大量存在,所以可以作为鉴定的有用标记。

WEBEXTRA16.3 凝胶的动画演示

STR 通常由三到七个碱基的重复序列组成;STR 的整条链也很短,不到 450 个碱基长度。这些链明显短于其他 DNA 分型程序中的 DNA 链。这意味着 STR 不太容易降解,并且通常可以从极度分解的尸体或污渍中回收。此外,由于它们片段短,所以 STR 是 PCR 方法的理想候选者,从而克服了通常与犯罪现场证据相关的样本量有限的问题。只需要大约 18 个含 DNA 的细胞即可获得 DNA 图谱。例如,STR 分型已被用于识别信封、邮票、汽水罐和烟头上唾液残留物的来源。

我们将通过一种常用的 STR——TH01——来了解 STR 在法医学中的实用性。TH01 包含重复序列 A-A-T-G。已在人类基因组中鉴定出七种 TH01 变体。这些变体包含 5~11 个重复的 A-A-T-G。图 16-8 显示了两个这样的 TH01 变体,一个包含 6 个重复的 A-A-T-G,另一个包含 8 个重复。

在法医检测过程中,TH01 从生物材料中提取出来,并如前所述通过 PCR 扩增。复制 STR 的能力意味着可以检测和分析极少量的分子。一旦 STR 被复制或扩增,它们就会被电泳分离。在这里,STR 在电势的影响下被迫穿过凝胶涂层板。较小的 DNA 片段比较大的 DNA 片段更快地沿板移动。通过检查 STR 在电泳板上迁移的距离,可以确定 STR 中 A-A-T-G 重复的数量。每个人都有两种 TH01 STR 位点,分别从父母双方继承。因此,人们可能会在精液染色体中发现 TH01 的 6 次重复和 8 次重复。在大约 3.5% 的人群中发现了这种 TH01 组合。重要的是要了解所有人都有相同类型的重复,但我们每个人的重复数量存在巨大差异。

---

[17] 短串联重复(STR):DNA 分子的一个区域,包含由三到七个重复碱基对组成的短片段。

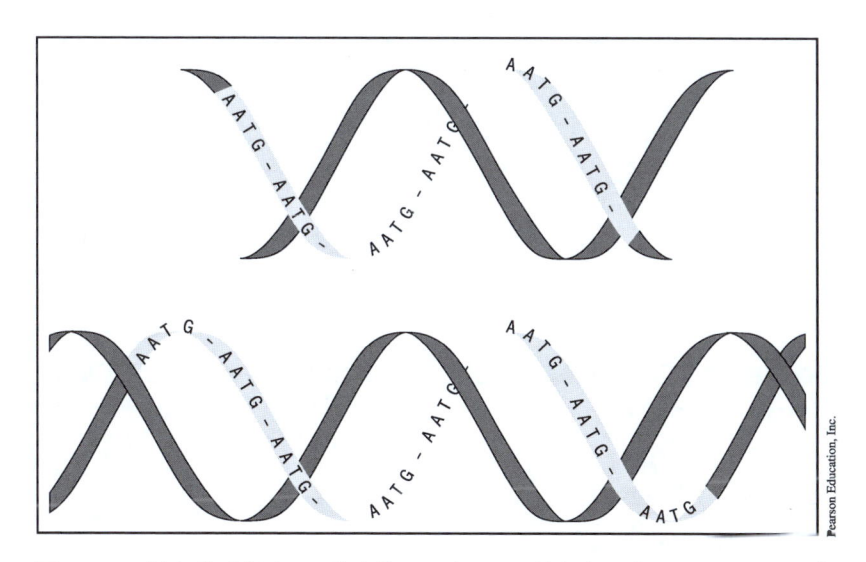

第十六章　DNA：不可或缺的法庭科学工具　　547

图 16-8　短串联重复 TH01 的变体。上方 DNA 链包含 6 个 A-A-T-G 重复序列；下方 DNA 链包含 8 个 A-A-T-G 重复序列。这种 DNA 类型被命名为"TH01 6,8"

在检测 STR 分型时，只需要寻找峰值之间的匹配即可。例如，在图 16-9 中，从犯罪现场污渍中提取的 DNA 与从三名嫌疑人之一中提取的 DNA 相匹配。当仅比较一个 STR 时，人群中的少数人将具有与嫌疑人相同的 STR 分型。然而，通过增加 STR 的使用数量，可以实现高度区分或完全个体化。

多路复用

　　STR 之所以对法医学家如此有吸引力，是因为在人类基因中发现了数百种 STR。一个人可以表征的 STR 越多，这些 STR 可以产生的人口百分比就越小。这就产生了多路复用的概念。使用 PCR 技术，可以同时提取和扩增不同 STR 的组合。

　　当今商业市场上的大多数 STR 系统都是多路复用系统。有些试剂盒可以同时扩增 X 和 Y 染色体上的 DNA，一次最多可扩增 24 个位点。该试剂盒为扩增和检测 STR 提供了必要的材料。系统的设计确保 STR 的大小不重叠，从而可以在电泳图上清晰地查看每个标记，如图 16-10 所示。在美国，法医学界最初对 13 个 STR 进行了标准化，以便进入一个称为 DNA 联合索引系统（CODIS）的国家数据库。2017 年，额外的 7 个 STR 基因座添加到 CODIS 数据库中，总共 20 个。由于其中许多基因座已包含在全球数据库中，因此扩展的 CODIS 基因座集将加强国际执法和反恐调查，以便欧洲和全球数据库的交叉比较。

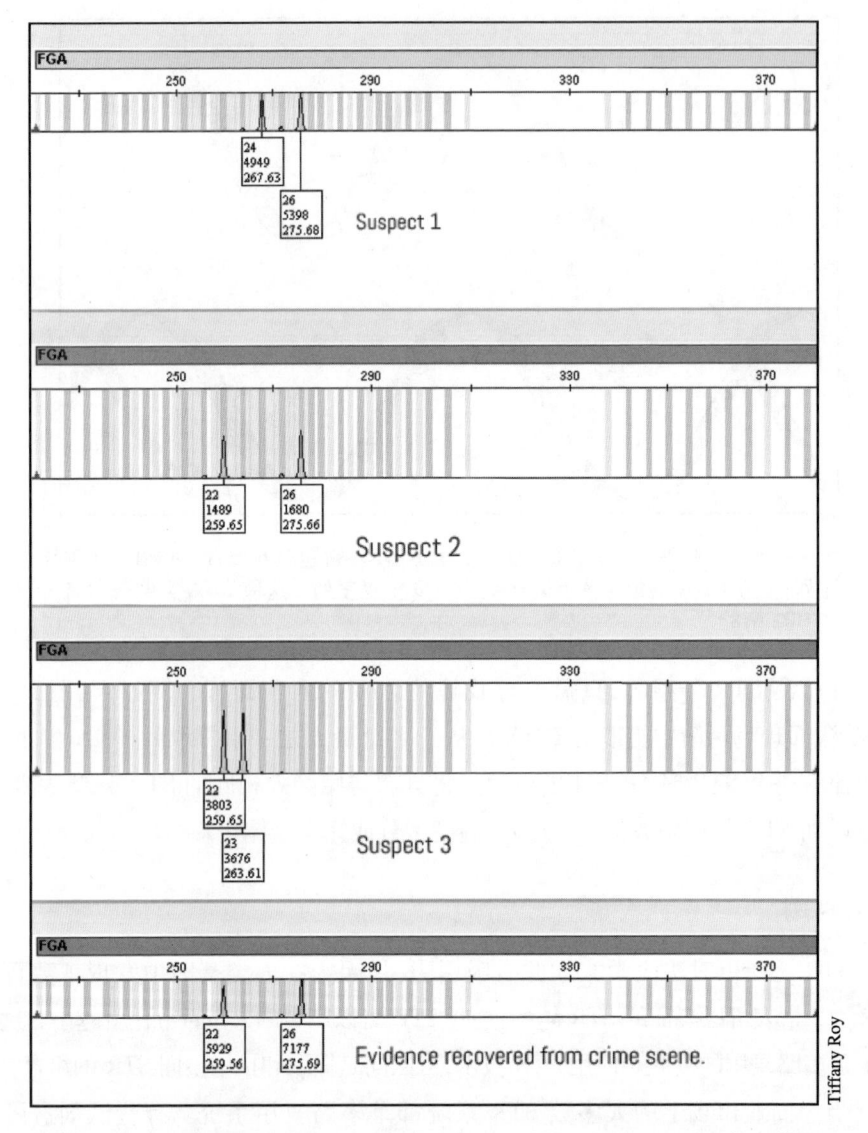

图 16-9 犯罪现场物证的 FGA 基因座 DNA 图谱与三个嫌疑人相比较。嫌疑人 2 与犯罪现场污渍相匹配

当选择一个 STR 进行分析时,不仅必须确定核心重复序列的身份和数量,而且还必须知道重复序列侧翼的碱基序列。这使得 STR 分型试剂盒的商业制造商能够制备正确的引物通过 PCR 扩增 STR 片段。此外,针对不同 STR 的不同引物的混合物将用于同时扩增大量 STR(即多重)。事实上,商业市场上的一些 STR 试剂盒可以同时复制 24 种不同的 STR(见图 16-11)。

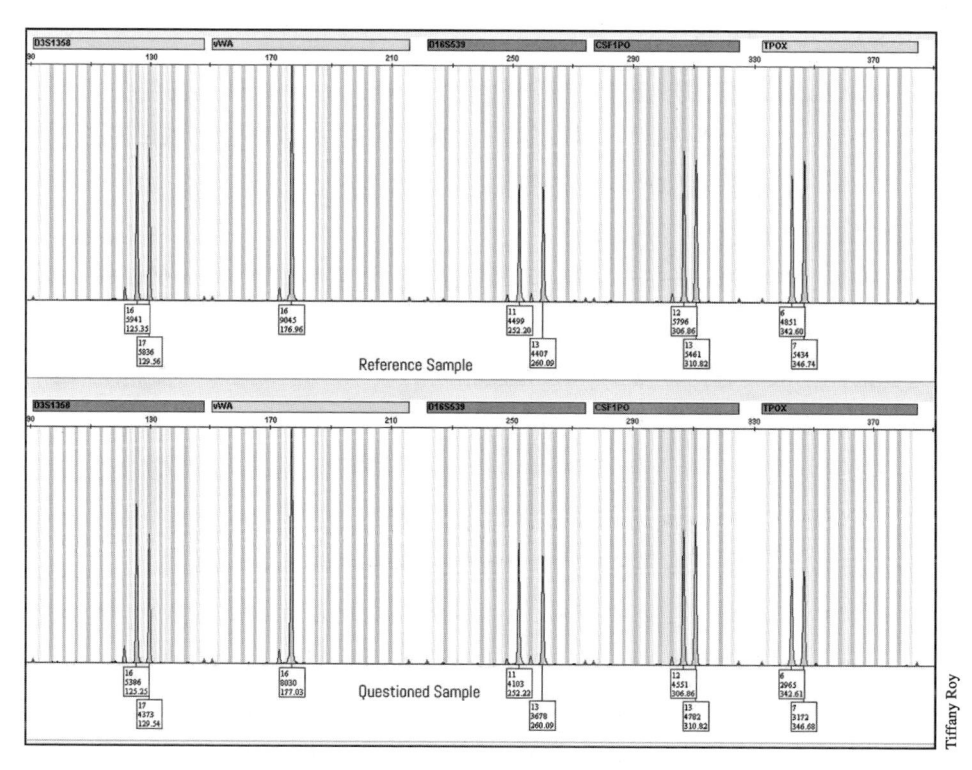

图 16-10 包含五个基因座(D3S1358、vWA、D16S539、CSF1PO 和 TPOX)的多路复用系统，用于未知样本与标准样本之间的匹配

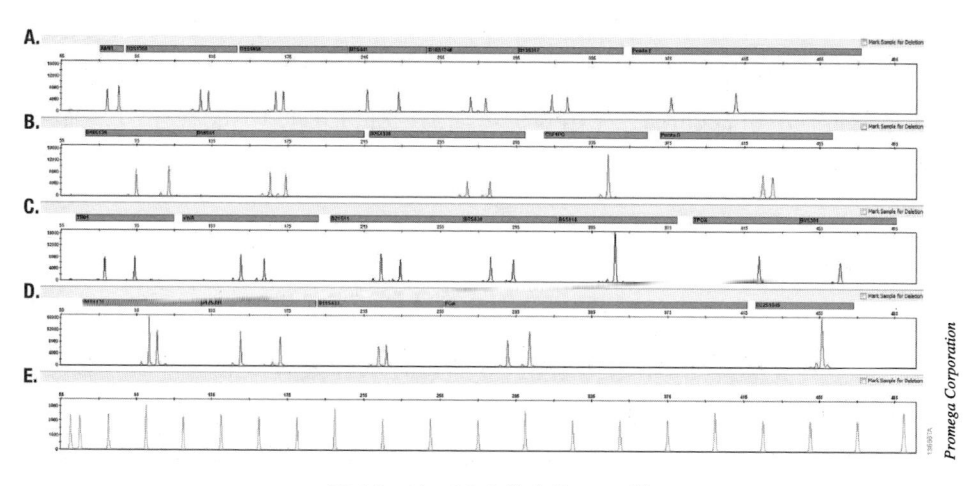

图 16-11 24 个位点的 STR 谱

使用 STR 估计权重

DNA 匹配和内含物的比例在不断变化，从与混合 DNA 样本的弱关联到强的单源 DNA 匹配。评估来自某项证据的 DNA 图谱与已知个体 DNA 图谱之间的关联权重一直是法医 DNA 鉴定很重要的一项工作。一般来说，如果分析报告匹配，则必须描述匹配的强度。

一开始，使用纳入概率和随机匹配概率的组合来估计权重。1996 年，美国国家科学院关于法医 DNA 证据的报告中首次描述了这些计算。他们描述了随机选择的两个人具有与证据中 STR 位点相同的概率。这个概率的值越小，匹配的辨别力越强。通过分析 STR 的组合，可以获得高度的区分甚至个性化。由于 STR 彼此独立发生，具有特定 STR 类型组合的生物学证据的概率取决于它们在人群中出现频率的乘积。这种组合称为乘积规则（参见第 66 页）。因此，表征的 STR 数量越多，被检测样本在人群中出现的频率就越低。

在 1990 年，DNA 检测产生的数据与今天的数据差异巨大。最初，DNA 分析人员需要大量且高质量的 DNA 来源如血液才能绘制出 DNA 图谱；在检测由许多不同人员接触的物品时，例如门把手或衣服，生成的图谱更难以解释。随着 DNA 检测变得越来越敏锐，现今，DNA 检验员能够仅从几个皮肤细胞中绘制出 DNA 图谱，概率计算方法也转向使用似然比。

似然比是两个（或多个）替代假设下混合数据的概率之比。该计算比较了犯罪污渍来自嫌疑人的证据概率与犯罪污渍来自未知、无关个人的证据概率。似然比使分析人员能够更充分地利用 DNA 数据来估计权重。它们已被集成到开发的软件程序中，以帮助在全国和全球范围内标准化的 DNA 解释，下一节将详细讨论。

走进科学

概率基因分型软件

概率基因分型是一种对 DNA 混合物进行统计分析的创新方法。它是为了应对全国犯罪实验室混合反卷积程序难度和不规则性的增加而创建的。概率基因分型软件可以分为两类：半连续或完全连续。在半连续方法（也称为液滴模型或离散模型）中，分析过程不考虑峰高和峰面积等轮廓信息,信息仅由等位基因的存在或不存在确定。完全连续模型尝试使用所有数据,包括峰高和峰面积,并结合生物学参数来解释等位基因下降。

概率基因分型软件减少了分析师做出的主观决定的数量,从而提高了一致性。这种方法使实验室能够分析统计分析方法和传统解释无法处理的过于复杂的混合物情况。

使用 STR 进行性别识别

WEBEXTRA16.4 了解毛细管电泳的操作原理

WEBEXTRA16.5 DNA 过程:综述

犯罪实验室通常使用的商业 STR 试剂盒的制造商提供了一项额外的有用信息以及 STR 位点,即 DNA 供体的性别。即,位于 X 和 Y 染色体上的**牙釉蛋白基因**[18]。该基因实际上是牙髓基因,非常有趣的是,它在 X 染色体上比 Y 染色体上短六个碱基。因此,当通过 PCR 扩增牙釉蛋白基因并通过电泳分离时,具有 X 和 Y 染色体的男性显示两个峰;有两条 X 染色体的女性只有一个峰。通常,这些结果是与 STR 位点一起获得的。

DNA 分析人员武器库中的另一项工具是能够建立位于 Y 染色体上的 STR。Y 染色体是男性特异性的,与 X 染色体配对。尽管已经确定了 400 多个 Y-STR,但其中只有一小部分可被应用于法医学。其中一个商业试剂盒可以对 Y 染色体上 17 个 STR 进行表征。什么时候使用 Y-STR 分型是有用的?通常,Y-STR可用于分析来自不止一名男性的血液、唾液或阴道拭子混合物。例如,当多名男性参与性侵犯时,Y-STR 被证明是有用的。进一步简化的分析是,混合物中源自女性的任何 DNA 都不会显示。

需要注意的是,源自 Y 染色体的 STR 位点仅源自该男性的单个染色体。女性受试者或具有 XX 染色体模式的受试者不提供任何 DNA 信息。此外,与源自两条染色体并通常显示两个峰的传统 STR 位点不同,Y-STR 的每种 STR 位点只有一个峰。

例如,在含有两名男性精液的阴道拭子中,传统的 STR 分型检测被证明过于复杂。预计每种 STR 位点将显示四个峰,每个男性有两个峰。使 DNA 图谱

---

[18] 牙釉蛋白基因:用于确定性别的基因位点。

复杂化的另一种可能是来自女性阴道壁的皮肤细胞 DNA。在这种情况下，在 Y-STR 极大地简化了 DNA 图谱的检测和分析。因此，当呈现两个男性和一个女性的 DNA 混合物时，Y-STR 分析将仅显示每种 Y-STR 类型的两个峰（每个男性一个峰）。

在评估可疑样本和已知样本之间 Y-STR 匹配的重要性时，应该考虑到所有男性父系亲属（例如兄弟、父亲、男性后代和叔叔）都应该具有相同的 Y-STR 特征。

使用 STR 技术的另一个优势是扩大从强奸受害者身上收集的阴道拭子中检测证据 DNA 的成功率。个案工作经验表明，传统 STR 从性交 3~4 天后采集的阴道拭子中获取男性供体的 DNA 图谱存在很大困难。然而，Y-STR 技术的应用通常会将检测时间延长至常规性交后 5 天。

案例分析

重启波士顿凶杀案

1960 年代初，Albert DeSalvo 强奸和谋杀 11 名妇女案震惊了整个国家。DeSalvo 以波士顿扼杀者而闻名，他通过伪装和计谋进入主要是单身女性的公寓。波士顿警方最终通过证人素描逮捕了 DeSalvo，并通过详细描述对罪行供认不讳。尽管他供认不讳，DeSalvo 后来还是放弃了，法医专家对他的罪行提出了质疑。DeSalvo 因无关的性侵犯被判处终身监禁，但从未被指控波士顿扼杀者杀人事件。Albert DeSalvo 于 1973 年在监狱中去世，使情况更加复杂。

在美国国家司法研究所的资助下，波士顿扼杀者案被重新审理，并采用新的 DNA 检测技术进行了审查。波士顿警察局的冷案小组使用在一名受害者玛丽沙利文身上发现的 DNA，将这些罪行与 DeSalvo 联系起来。法医学家将他们的研究重点放在（Y）染色体上，因为它与父系血统中的每个男性都有关。DeSalvo 的侄子提供了用于将 Albert 与杀戮联系起来的关键 DNA，并进行了精确匹配。侦探通过挖掘 DeSalvo 的尸体证实了这些结果。他们得出的结论是，其他人犯下这些罪行的概率是 2 200 亿分之一。波士顿扼杀者案终于结案。

走进科学

MiniSTR

当明显需要 DNA 短片段来满足 PCR 的要求时,法医学界转向了 STR。DNA 分型试剂盒的商业制造商准备了一系列 13 个 STR,并与长度从 100~450 个碱基不等的 CODIS DNA 数据库兼容。使用 DNA 短片段的一个明显优势是甚至可以从碎片化的 DNA 中提取到有用信息。事实证明,大部分情况下如此,但并非绝对。有时,会遇到严重受损的降解 DNA,以至于无法进行传统的 STR 分析。DNA 长时间暴露于极端环境因素,如极端温度、湿度或微生物活动,会导致这种降解。解决这个问题的一种方法是进一步缩短 PCR 过程中出现的 STR 链。

完成这项任务的方法是创建新的、更靠近 STR 重复区域的引物(见图)。现在 PCR 扩增后的较短的 STR 产物(称为扩增子)增加了表征严重片段化的 DNA 链的机会。这些较小的扩增子称为"miniSTR"。一家 STR 试剂盒制造商生产了一种 miniSTR 试剂盒,旨在扩增 8 个 miniSTR,其中 7 个与 CODIS 数据库完全兼容。miniSTR 的大小范围为 71~250 个碱基。如果样本量允许,怀疑样品降解的 DNA 分析人员现在可以选择同时运行传统的 STR 和 miniSTR 检测,或者只运行后者。

miniSTR 的出现意味着法医学家现在可以分析曾经被认为没有价值的样本。miniSTR 技术的首批受益者之一是确定了韦科分部大卫教火灾中的一些受害者。此外,miniSTR 技术还识别了一些世界贸易中心的受害者。另一个关注点是人的头发。过去,从毛干中提取核 DNA 非常困难。已发现头

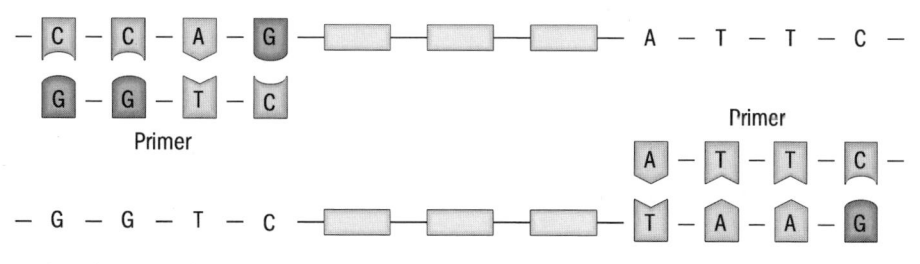

图片适当的引物位于 DNA 片段的重复单元附近,以启动 PCR 过程,从而产生短或迷你 STR。

发中 STR 的数量非常低并且高度降解。然而，一项研究表明，miniSTR 可以克服从脱落毛发中存在的降解 DNA 获得部分图谱的一些困难[19]。

DNA 分型的意义

WEBEXTRA16.6 查看 13 个 CODIS STR 及其染色体位置
WEBEXTRA16.7 请参阅如何计算 DNA 谱的出现频率
WEBEXTRA16.8 查看一个人 DNA 的电泳记录
WEBEXTRA16.9 描绘 Y-STR 的动画

STR DNA 分型已成为执法界必不可少的基本调查工具。该技术发展迅速，在短短几年内克服了无数法律挑战，成为解决暴力犯罪和性犯罪的重要证据。DNA 证据是不偏不倚的，牵连有罪者，免除无辜者。

在许多广为人知的案件中，DNA 证据证明了被错误定罪和监禁的个人无罪。DNA 分析在刑事调查中的重要性也增加了犯罪实验室的负担，以改善其质量保证程序并确保其结果的正确性。在几个广为人知的例子中，政府资助的实验室进行的 DNA 测试的准确性受到质疑。

线粒体 DNA

通常，当一个人在刑事调查的背景下描述 DNA 时，假设对象是细胞核中的 DNA。实际上，人体细胞包含两种类型的 DNA——核 DNA 和线粒体[20] DNA（mtDNA）。前者构成了我们细胞核中的 23 对染色体，父母双方均对这些染色体的基因构成作出了贡献；后者存在于细胞核外，仅从母体遗传。

线粒体是存在于所有人类细胞中的细胞结构。它们是身体的发电厂，提供身体运作所需的大约 90% 的能量。单个线粒体包含几个 DNA 环，所有这些环都与能量产生有关。此外，由于我们身体中的每个细胞都包含成百上千个线粒

---

[19] K. E. Opel et al., "Evaluation and Quantification of Nuclear DNA from Human Telogen Hairs," *Journal of Forensic Sciences* 53 (2008): 853.

[20] 线粒体：位于细胞核外的小结构；这些结构为细胞提供能量；在每个线粒体中都发现了母系遗传的 DNA。

体,因此人体细胞中有成百上千个 mtDNA 拷贝。相比之下,只有一个拷贝的核 DNA 位于同一细胞中。因此,当核 DNA 显著降解时,例如在烧焦的遗骸中,或者当核 DNA 含量较低时,例如在毛干中,法医学家将目光转移至更灵敏的 mtDNA 表征上。有趣的是,当警方无法从可能早已死亡或失踪的个体那里获得参考样本时,可以从任何与母系相关的亲属那里获得 mtDNA 参考样本。然而,所有具有相同母系血统的个体将无法通过 mtDNA 分析进行区分。

尽管 mtDNA 分析比核 DNA 分析更敏感,但 mtDNA 的法医分析比核 DNA 分析更严格、更耗时且成本更高。出于这个原因,只有少数公共和私人法医实验室可提供此类证据。FBI 实验室对应用 mtDNA 技术的案件类型进行了严格限制。

案例分析

悬 案 调 查

1990 年,在北卡罗来纳州的戈尔兹伯勒,一位名为"夜行者"的罪犯经常袭击老年人。在三月份的一次此类袭击中,一名年长的妇女遭到残酷的性侵犯,差点遇害。她女儿提早到家挽救了她的生命。嫌疑人逃走,遗留了企图掩盖罪行打算烧毁住宅和受害者的材料。

1990 年 7 月,另一名老年妇女在家中遭到性侵犯和谋杀。三个月后,第三名老年妇女遭到性侵犯并被刺死,她的丈夫也被谋杀。尽管他们的房子被点燃以试图掩盖罪行,但消防和救援人员在房子被火焰吞没之前将尸体从房子里拉了出来。从三名性侵犯受害者的阴道拭子中采集的生物证据的 DNA 分析结果显示案件为同一人所为。但遗憾是警方无锁定嫌疑人。

在这些罪行发生 10 多年后,执法当局使用更新的 DNA 技术重新检测了三起案件的生物学证据,并将 DNA 图谱输入北卡罗来纳州的 DNA 数据库。从犯罪现场证据开发的 DNA 档案与数据库中已有的数千个已定罪罪犯档案进行了比较。

2001 年 4 月,冷案调查计划锁定一人:DNA 图谱与被定罪者 DNA 数据库中的个体相匹配。罪犯被判向有人居住的住宅开枪,这项罪行需要将罪犯的 DNA 纳入北卡罗来纳州 DNA 数据库。嫌疑人被拘留接受讯问,并被送达搜查令以获取他的血液样本。对该样本进行分析并与犯罪现场证据进行比较,确认 DNA 数据匹配。当面对 DNA 证据时,嫌疑人对三项罪行供认不讳。

> **走进科学**
>
> ### 家族 DNA——扩展 DNA 数据库
>
> 　　1984 年，Deborah Sykes 在北卡罗来纳州温斯顿-塞勒姆上班时遭到强奸并被刺死。一个月后，时年 19 岁的 Darry Hunt 被捕且最终被判有罪。Hunt 坚持认为自己是无辜的，直至 1990 年，在 Sykes 身上发现的精液 DNA 检测证明精液不属于 Hunt。然而，北卡罗来纳州的检察官忽略了这一新证据，他仍被关在监狱里。最终，在北卡罗来纳州 DNA 数据库中对 Darry Hunt 的 STR 图谱进行搜索显示，与数据库中已经存在的 Hunt 兄弟的遗传图谱相近但并不完全相符。在 2003 年经过进一步调查，Willard Brown 承认了对 Sykes 的谋杀，Hunt 最终获释。
>
> 　　在这种情况下，DNA 分析证明了一名无辜男子的无罪，并帮助警方找到了真正的罪魁祸首。Sykes 案说明了如何大幅扩展犯罪 DNA 数据库的内容，以帮助警方通过搜索数据库中的匹配项来识别犯罪者。
>
> 　　通常，CODIS 数据库用于查找与犯罪现场 DNA 的精确匹配。然而，考虑到构成美国罪犯 DNA 数据库的 13 个 STR 基因座是遗传的，并且每个人的 DNA 图谱是由父母双方的遗传决定，这为使用数据库的原始数据寻找近亲创造了机会。与无关个体相比，相关个体的 DNA 图谱可能显示更高的共享 STR 基因座的比例。因此，在数据库中搜索具有高度共性的档案可能会识别出犯罪者的近亲。有趣的是，研究表明，如果父母或兄弟姐妹之前有过犯罪记录，这个人的犯罪机会就会增加。美国司法部 1999 年的一项调查发现，46% 的监狱囚犯至少有一个近亲也被监禁。
>
> 　　提高 DNA 数据库搜索效率的潜力是巨大的。对 DNA 数据库的家族搜索将使数据库的大小显著增加三倍或更多倍，因为输入的每个数据报告实际上都包含有关供体父母、兄弟姐妹和孩子的 STR 等位基因的遗传信息。一项研究估计，使用家族 DNA 搜索可以将"冷击"率提高 40%。考虑到美国已有大约 95 000 例感冒病例，家族 DNA 有可能识别出数千名额外的犯罪嫌疑人。
>
> 　　家族 DNA 搜索的概念已在英国常规采用。在美国，联邦调查局会通知调查人员使用其当前软件找到的匹配项，但该机构目前没有计划修改其搜索算法以优化数据库查找匹配项或匹配项的能力。这让各州决定是否发布

第十六章　DNA：不可或缺的法庭科学工具

有关其 DNA 与来自另一个州的犯罪现场样本非常匹配的罪犯的识别信息。家庭数据库搜索的挑战者称其违反了宪法对不合理搜索和扣押的保护。许多混合的州法院判决未能就家族 DNA 数据库搜索的合宪性达成共识。

走进科学

线粒体 DNA 的法医应用

如前所述，核 DNA 由连续的线性核苷酸链（A、T、G 和 C）组成。而 mtDNA 以圆形或环状结构组成。每个环包含足够的 A、T、G 和 C（大约 16 569 个单位）来组成 37 个参与线粒体能量产生的基因。已发现 mtDNA 的两个区域在人群中高度可变。如图所示，这两个区域被指定为高变区 I（HV1）和高变区 II（HV2）。如前所述，分析 HV1 和 HV2 的过程很烦琐，它涉及通过 PCR 生成这些 DNA 高变区的许多拷贝，然后确定构成高变区的 A－T－G－C 碱基的顺序。这个过程称为排序。FBI 实验室、武装部队 DNA 鉴定实验室和其他实验室合作编译了一个 mtDNA 种群数据库，其中包含来自 HV1 和 HV2 的碱基序列。

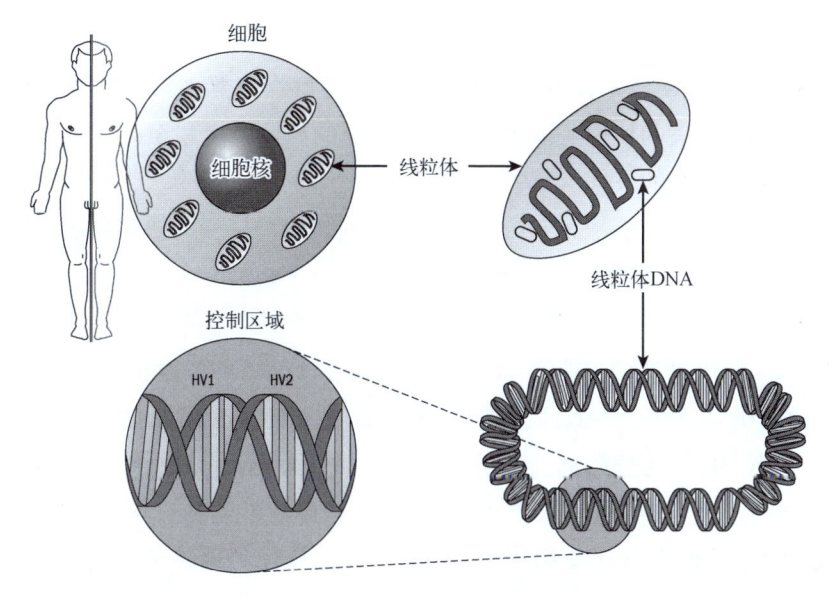

身体中的每个细胞都含有数百个线粒体，它们为细胞提供能量。每个线粒体都包含许多环状 DNA 拷贝。在称为 HV1 和 HV2 的 DNA 环上控制区域的两个特定片段中发现了个体之间线粒体 DNA 组成的显著差异

> 从案件样本中获得高变区的序列后,大多数实验室只需报告这些序列出现在 FBI 维护的 mtDNA 数据库中的次数。mtDNA 数据库包含大约 5 000 个序列。这种方法可以评估观察到的 mtDNA 序列在数据库中的常见或罕见程度。有趣的是,案件工作中已确定的许多序列对于现有数据库来说是唯一的,并且许多分型在数据库中的出现频率不超过 1%。因此,通常可以证明特定的线粒体 DNA 序列有多罕见。然而,即使在最好的情况下,mtDNA 分型的鉴别能力也无法接近 STR 分析。因此,mtDNA 分析最常用于根本无法进行核 DNA 分型的样本。

DNA 生物学证据的收集和保存

WEBEXTRA16.10　人类如何继承线粒体 DNA

WEBEXTRA16.11　研究线粒体 DNA 的结构并了解它如何用于 DNA 分型

自 1990 年代初以来,DNA 分析的出现使得生物犯罪现场证据的重要性达到了与指纹相媲美的地位。事实上,DNA 检测的高灵敏度甚至改变了警方调查人员定义生物证据的方式。

STR 分析到底有多敏感？法医分析人员使用当前接受的协议灵敏度水平可以低至 125 pg[21]。有趣的是,一个人体细胞估计有 7 pg DNA,这意味着只需要 18 个携带 DNA 的细胞即可获得 STR 图谱。然而,对该技术的修改可以很容易地将检测水平扩展到 9 个细胞。低于正常检测水平的 DNA 量被定义为低拷贝数[22]。而分析人员在分析低拷贝数 DNA 时必须格外小心,此外法院甚至不允许在刑事审判中使用这些数据。有了这项技术,刑事调查员的视野将超越传统的干血或精液污渍包括用唾液舔过的邮票和信封、接触过嘴唇的杯子或罐头、口香糖、帽子的汗带或含有死皮细胞的床单。同样,转移到武器表面、手套内部或

---

[21] pg：万亿分之一克,或 0.000 000 000 001 克。
[22] 低拷贝数：少于 18 个携带 DNA 的细胞。

钢笔上的皮肤或**上皮细胞**[23]也产生了 DNA 结果[24]。

通过皮肤细胞将 DNA 转移到物体表面的现象被称为触摸 DNA。理论上，只需残留在物体上的 18 个皮肤细胞即可获得 DNA 图谱。

生物证据的收集和包装

然而，在调查人员惊叹 DNA 的奇迹之前，他们应该首先意识到必须以传统方式处理犯罪现场。在开始采集物证之前，应对生物证据进行特写拍摄，并通过笔记、草图和照片记录其相对于整个犯罪现场的位置。如果血迹的形状和位置可以提供有关犯罪过程的信息，专家必须立即对血迹进行现场评估。当专家对整个犯罪现场进行现场勘查时，可以更好地确定血迹的位置和形状，并且可以更好地重建相关人员的行为轨迹。在这个阶段的调查完成之前，不应干扰血液证据。

证据采集者必须尽可能地减少个体接触来处理所有体液和生物染色材料。必须假定所有体液都具有传染性；因此，在处理证据时需要佩戴一次性非乳胶无粉手套（例如丁腈手套）。在处理不同的样品部位或接触任何表面后，均应更换双层手套的外层手套。出于安全考虑和避免污染，还需要佩戴口罩、实验室外套、护目镜、鞋套和可能的工作服。

DNA 通过唾液、汗液、皮肤、血液和精液沉积在犯罪现场物体上，形成了大量法医证据，这与 DNA 时代之前在犯罪现场采集的传统证据截然不同（见表 16-1）。生物证据不应包装在塑料或密封容器中，因为残留水分的积累可能会导致破坏 DNA 的细菌和真菌的生长。每件被染色的物品应单独包装在纸袋或通风良好的盒子中。每个容器都必须贴有红色的生物危害标签。最好将整个染色物品打包并提交检验。如果无法做到这一点，最好用无菌棉签从一个表面去除干血，该棉签用滴瓶中的蒸馏水轻轻润湿。回收污渍附近的一部分未染色表面材料同样必须被去除或擦拭并放置在单独的包装中。这被称为**底物对照**[25]。法医检验员可能会使用基材拭子作为阳性对照，来确定检测结果是由污渍还是其沉积的材料引起的。生物污渍沉积在衣服、床单和家庭内其他涉

---

[23] 上皮细胞：皮肤细胞的外层；这些带有 DNA 的细胞经常脱落或被遗留在从案发现场取回的物体上。

[24] R. A. Wickenheiser,"Trace DNA: A Review, Discussion of Theory, and Application of the Transfer of Trace Qualities Through Skin Contact," *Journal of Forensic Sciences* 47（2002）：442.

[25] 底物对照：靠近已沉积生物材料的区域的未染色物体。

及性关系的相关物品上,通常需要在实验室检查底物对照。DNA 在机器清洗过程中在物品之间转移的现象清楚地提醒人们,DNA 的二次转移很容易发生,并且需要确定污渍周围的区域没有证据 DNA。这是工作通过检测靠近污渍的区域来完成[26]。

表 16-1 犯罪现场 DNA

物 证	DNA 在物证上的可能位置	DNA 的来源
棒球棒或类似武器	手柄,末端	汗液、皮肤、血液、组织
帽子,头巾,面具	里侧	汗液,头发,头皮屑
眼镜	鼻托,镜腿,镜片	汗液,皮肤
面巾纸,棉签	表面	黏液,血液,汗液,精液,耳垢
脏衣服	表面	血液,汗液,精液
牙签	尖头	唾液
使用过的香烟	烟头	唾液
邮票或信封	舔过的地方	唾液
胶带或结扎线	内/外表面	皮肤,汗液,
瓶子,罐头,玻璃	侧面,瓶口	唾液,汗液,
使用过的避孕套	内外表面	精液,阴道,直肠细胞
毯子,枕头,床单	表面	唾液,汗液,精液,尿液,头发
"穿透式"子弹	外表面	血液,组织
咬痕	人的皮肤或衣服	唾液
指甲,部分指甲	刮伤	血液,汗液,组织

资料来源:美国国家司法研究所。

采集的拭子须在干燥状态下进行包装,这一点很关键。采集完成后,拭子必须风干约 5~10 min。然后最好将它放入一个棉签盒中(见图 16-12),棉签盒留有气孔,可供气体流通。再将拭子盒放入纸质或马尼拉纸信封中。

所有包含生物学证据的包裹都应冷藏或存放在阴凉处,避免阳光直射,直至交付实验室。然而,一个常见的例外是血液与土壤混合。土壤中的微生物会迅速降解 DNA。因此,土壤中的血液必须储存在干净的玻璃或塑料容器中并立即冷冻。

---

[26] S. Noel et al., "DNA Transfer During Laundering May Yield Complete Genetic Profiles," *Forensic Science International: Genetics* 23 (2016): 240.

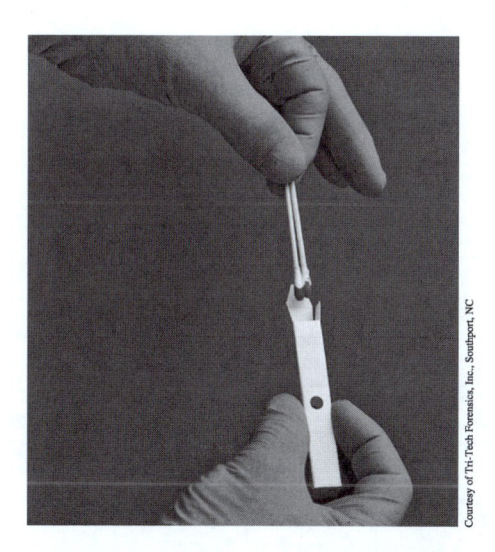

图 16‑12　将风干的拭子放入拭子盒中，以交付法医实验室

获取 DNA 参考样本

只有当分析人员将生物证据的 DNA 分型与从受害者和嫌疑人那里采集的已知 DNA 样本进行比较时，生物证据才能发挥其完整的法医价值。获得 DNA 标准/参考样本的最有效方法是口腔拭子，非医务人员也可以轻松使用。将棉签放入受试者的口中，用力擦拭脸颊内侧，导致口腔细胞转移到棉签上（见图 16‑13）。

如果无法提供个人 DNA 标准/参考样本，证据采集可以使用包括牙刷、梳子和发刷、剃须刀、脏衣服、使用过的烟头和耳塞等替代品。这些物品中的任何一个都可能包含足够数量的用于检测目的的 DNA。例如，在 2001 年 9 月 11 日世界贸易中心袭击事件的受害者遗体鉴定中，调查人员要求失踪者家属向纽约市 DNA 实验室提供上述类型的物品，以匹配回收的 DNA 与人类遗骸。

DNA 证据的污染

WEBEXTRA 16.12　盗窃案现场扮演第一反应人员的职责

WEBEXTRA 16.13　盗窃案现场样本采集人员的职责

现场采集含 DNA 样本的一个关键问题是污染。在采集过程中，通过咳嗽或打喷嚏将外来 DNA 引入到污渍上可能会产生污染，或者证据在包装过程中

562　法庭科学概论

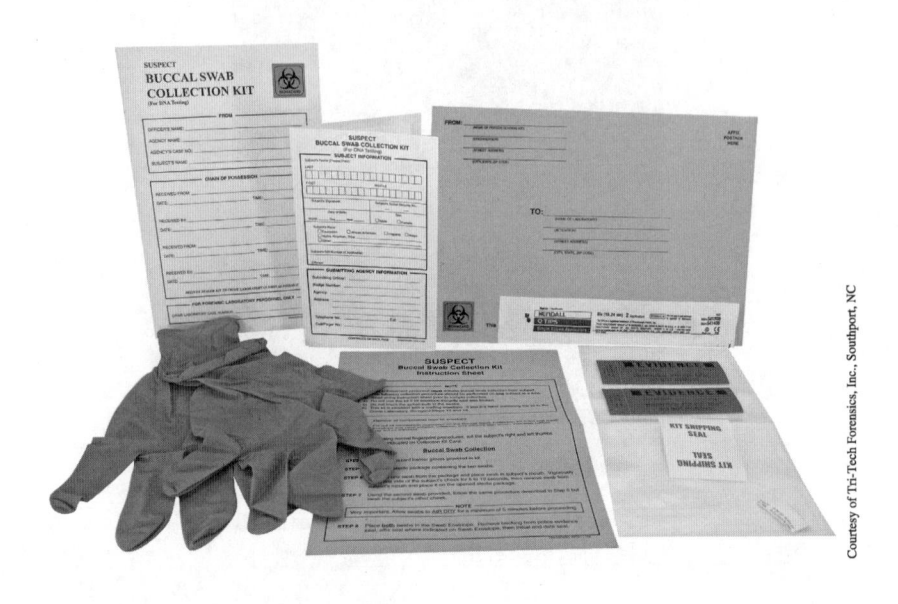

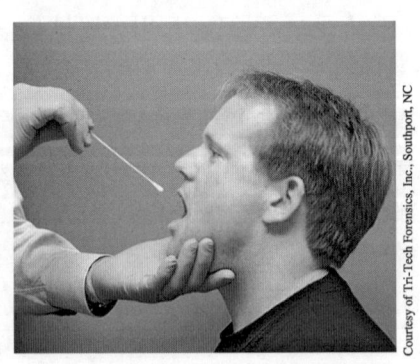

图 16－13　非医务人员专用的口腔拭子采集套装。将棉签放入受试者的嘴中,用力擦拭脸颊内侧,导致**颊细胞**[27]转移到棉签上。然后将该试剂盒送到法医实验室

---

[27]　颊细胞:源自口腔内脸颊内侧的细胞。

因失误造成相互接触时,可能会发生 DNA 转移。幸运的是,在实验室中对 DNA 检测过程很容易发现污染的存在。例如,在 STR 基因座中,人们会看到两个峰值,两个以上的峰表明来自多个来源的 DNA 混合物。

犯罪现场勘查人员可采取一些简单的步骤以减少对生物证据的污染:

采集证据时穿戴口罩、实验服、护目镜和鞋套。

佩戴双层一次性手套。

在处理每个新证据或接触表面之前更换外层手套。

为可能的后续实验室检测采集底物对照。

使用干净的一次性镊子捡起烟头、邮票等小物件。

每件证据分别包装在通风良好的容器中。

犯罪现场常见的情况是肉眼无法观察到的可疑血迹。这些情况下,通常会选择 luminol 或 Bluestar 测试(参见第 381 页),且二者对 STR 的检测和表征均无抑制作用[28]。因此,luminol 和 Bluestar 可用于定位血迹以及清洗后几乎无血液区域,而对 DNA 分型无影响。

案例分析

隐形眼镜证据

一名女士声称,她在公寓里被一名男性朋友违背自己的意愿扣押并对其进行性侵犯。在袭击过程中,受害者的一只隐形眼镜从眼睛上掉落下来。袭击发生后,她逃跑了,因害怕袭击者的威胁,她三天没有向警方报案。当警察检查公寓时,公寓已被彻底清洁。在查获的吸尘器袋中发现数块类似隐形眼镜碎片的材料。

在实验室中,从隐形眼镜碎片中回收了大约 20 ng 的人类 DNA。眼球和眼睑内部的细胞每 6~24 小时自然更换一次;因此,两者都是提供 DNA 的潜在来源。来自碎片的 DNA 特征与受害者相匹配,从而证实了受害者对犯罪的描述。九个匹配 STR 的估计人口发生概率约为 8.5 亿分之一。嫌疑人随后对犯罪事实供认不讳。

---

[28] A. M. Gross et al., "The Effect of Luminol on Presumptive Tests and DNA Analysis Using the Polymerase Chain Reaction," *Journal of Forensic Sciences* 44 (1999): 837.

STR 基因座	DNA 分型 受害者	DNA 分型 隐形眼镜
D3S1358	15,18	15,18
FGA	24,25	24,25
vWA	17,17	17,17
TH01	6,7	6,7
F13A1	5,6	5,6
fes/fps	11,12	11,12
D5S818	11,12	11,12
D13S317	11,12	11,12
D7S820	10,12	10,12

根据 R. A. Wickenheiser 和 R. M. Jobin 中的信息,"使用 PCR DNA 分型比较从隐形眼镜中采集的 DNA",*Canadian Society of Forensic Science Journal* 32(1999):67.

案例分析

JonBenét Ramsey 谋杀案
观点-对位

观点

2008 年 7 月 9 日

博尔德地区检察官 Mary T. Lacy 发布了以下关于调查 JonBenét Ramsey 谋杀案的公告:

1996 年 12 月 25 日至 26 日,JonBenét Ramsey 在她与母亲、父亲和兄弟住在一起的家中被谋杀。尽管进行了长期深入的调查,但 JonBenét 的死因至今未能解开。

多年来,这起谋杀案被大肆宣传,主要的怀疑对象是其中两名家庭成员。然而,起诉任何 Ramsey 家族成员的难点是死者 JonBenét 的 DNA。

作为对 JonBenét Ramsey 凶杀案调查的一部分,博尔德警方确定了具有明显证据价值的遗传物质。随着时间的推移,警方继续利用更新的技术手段检测 DNA。他们努力的结果之一是,从 JonBenét 被发现尸体时所穿内裤裆处的血滴中鉴定出遗传物质的 DNA 图谱。该基因图谱属于男性,且不属于 Ramsey 家族中的任何人。

警方认真地将该图谱与受害者、她的家人以及调查相关的大量人员进行了比较，但尚未确定该 DNA 的来源。过去负责这项调查的博尔德警察和检察官也与实验室分析人员认真合作，通过新方法和额外测试获得更好的结果。这些努力最终导致从这个男性档案中发现了足够的遗传标记，并将其输入国家 DNA 数据库。

2002 年 12 月，Mary T. Lacy 负责调查 JonBenét Ramsey 凶杀案，随后，本办公室与博尔德警察局继续合作调查此案。

2007 年 8 月上旬，地方检察官 Lacy 参加了由美国国家司法研究所赞助的西弗吉尼亚州法医生物学和 DNA 继续教育项目。演讲者讨论了一种被称为"触摸 DNA"的新方法和成果。触摸 DNA 采样的一种方法是"刮取法"。在这个过程中，法医学家会刮掉一个肉眼不可见的污渍或其他可能遗留 DNA 的表面，以采集任何可能存在的遗传物质进行分析。这种方法直到最近才开始广为人知，并且仍然很少使用。

2007 年 10 月，我们决定使用这种方法对 JonBenét Ramsey 凶杀案中的其他物品进行检测。根据科罗拉多州的一些消息来源核实了哪些私人实验室可进行这项工作；并根据包括博尔德警察局在内的多项建议，最终确定了位于华盛顿特区附近的博德技术集团，并与该实验室的专业人士展开了讨论。2007 年 12 月上旬，第一助理地区检察官 Peter Maguire 和调查员 Andy Horita 在博德工厂与其工作人员工作了一整天。

博德技术实验室通过刮取方法采集了在 JonBenét Ramsey 的尸体被发现时穿的长裤腰部两侧样本，以获得"触摸 DNA"。选择这些位置是因为证据支持犯罪者在移除和/或更换长裤时，可能是通过在靠近腰部的侧面触碰它们。

2008 年 3 月 24 日，博德通知我们，他们已经从长裤腰部两侧回收并鉴定了遗传物质。之前从内衣裤裆区域发现的未知男性特征与博德从长裤中采集的 DNA 相匹配。

我们咨询了来自其他实验室的 DNA 专家，给出的建议是进一步排除 DNA 来自尸检时脱去衣服的可能性。科罗拉多调查局协助我们完成了相关人员的样本采集及分析，并于 2008 年 6 月 27 日收到结果，排除了 DNA 来自尸检污染的可能性。如上所述，大量的 DNA 测试之前排除了与该家庭和调查相关的人，认为他们可能是无辜来源。

感谢博尔德警察局、博德科技集团、科罗拉多调查局和丹佛警察局法医实验室为此次调查所做的杰出工作和协助。

受害者衣服上无法解释的第三者来源 DNA 是非常重要和有力的证据。对于在受害者被谋杀时穿的两件不同衣服上的三个不同位置发现的 DNA 来源与案件无关的可能性很低。在本案中尤其如此，因为匹配的 DNA 图谱是在受害者内裤裆内和长裤两侧腰部附近同时发现的遗传物质，并且因为可能会确定来源（也可能是无辜的解释）的努力并没有得到回报。

因此，博尔德地区检察官办公室的立场是，此档案属于凶杀案逃逸者。

DNA 通常是我们希望在刑事调查中找到的最可靠的法医证据。我们经常依靠它来将那些犯罪的人绳之以法。在适当的情况下，它同样可以成为消除人们怀疑的可靠证据。

博尔德地区检察官办公室认为本案的嫌疑人并非 Ramsey 家族的任何成员，包括 John、Patsy 或 Burke。检察官现在宣布这一消息是因为最近获得了这一新的科学证据，这大大增加了先前科学证据的无罪价值。这样做是在充分感谢本案中的其他证据的前提下。

JonBenét Ramsey 谋杀案在当地、全美甚至国际上得到广泛关注。许多公众开始相信，Ramsey 一家包括她的母亲或她的父亲，甚至是她的兄弟，确认是这起残忍凶杀案的主谋。这些怀疑不是基于在法庭上得到检测证据，而是基于媒体报道的猜测。

伸张正义是每个检察官的责任。这一责任包括为那些名誉和生命可能因挥之不去的怀疑幽灵而遭受不可挽回的损害的人寻求正义。在高度关注的情况下，关注和怀疑对人们生活的不利影响可能是极端的。在本案中，对 Ramsey 一家的怀疑为 Ramsey 一家和他们的朋友带来了无尽的痛苦，包括对 JonBenét 死因的质疑。

基于上述原因，我们认为按司法规定，Ramsey 一家应被视为这起严重犯罪的受害者。我们将给予他们科罗拉多州法律所保障的暴力犯罪受害者的所有权利，以及所有尊重和同情。如果本办公室在任何时候或任何程度上增加了 Ramsey 家族所遭受的痛苦，我都表示最深切的歉意。

我们希望任何与正在进行的调查相关的线索都能以书面形式或通过电子邮件提交到 BoulderDA.org，或提交到我们的电话热线 (303) 441–1636。

本办公室将不再发表任何声明。

对位

在去年，时任科罗拉多州博尔德地区检察官的 Mary Keenan Lacy——过去几年一直在"调查"Ramsey 案——给 JonBenét 的父亲 John 写了一封信,为自己曾相信他或他已故的妻子或他们的当时 9 岁的儿子 Burke 与他们女儿 1996 年的死亡有关而道歉。Lacy 表示,弗吉尼亚州博德实验室最新检测表明,他们使用"新方法"——接触 DNA 发现了一个匹配项,证明入侵者是杀害 6 岁儿童的罪魁祸首,在这一案件中,该名儿童被猥亵、勒死并被打碎了头骨。

在孩子的内裤裆部,一直存在无法匹配的未知男性 DNA——很可能来自唾液。在她去世的那天晚上,有人用一把破画笔的尖端刺进她的血液,但因血液降解得太厉害而无法获得正确的 DNA 特征。由于 DNA 如此微小,因此理论上它来自案发过程中某人的咳嗽,然后血液滴在顶部使其再水化。如果 DNA 和血液同时沉积,它们将以相同的速度降解——但这里的血液样本是稳健的。

Lacy 写道,实验室发现,JonBenét 穿在内裤外面的秋裤腰部脱落的皮肤细胞与内裤 DNA 相匹配。

对于那些愿意相信存在一个与家庭成员无关的入侵者的人来说,这是一个好消息。没有人会想到一个父母会以如此残忍和可怕的方式伤害自己的孩子。唯一的问题是,成年人——包括父母——伤害孩子的情况屡有报道。虽然这起谋杀案的知名度如此之高,但从调查的角度来看,这只是一起谋杀案,需要仔细分析才能做出解释。任何理性地看待证据,并将其作为一个整体进行评估的人,都不会认可 Lacy 给 Ramsey 的信,也不会对她为这个案件中最大的嫌疑人洗脱罪名而满意。至少,这开创了一个糟糕的先例:在其他案件中,"被怀疑的保护伞下"的其他人,如果他们的调查需要很长时间才能到达法庭,就会要求同样的待遇。仅仅因为某人没有接受审判,或者一个案件已经不了了之,并不意味着真正的嫌疑人脱离了警方的监控。

Mary Lacy 于 2009 年 1 月离职,新的地方检察官或未来的任何一任地方检察官都可以撤销她的声明。坦率地讲,想要指责一个魔鬼需要一个勇敢的人来对抗舆论海洋。值得鼓舞的是,此案已退回博尔德警方,他们比检察官办公室更有能力进行调查。当 Ramsey 一家抱怨警方对他们的待遇不公时,此案已移交给 Lacy 的前任。众所周知,谋杀案没有诉讼时效。

在我看来,这并不能帮 Lacy 脱罪。以下是她鲁莽的决定所忽略的该案的一些事实……

接触 DNA 对执法部门来说并不新鲜,尽管博德只对其进行了大约三年的测试。10 年来,位于匡提科的 FBI 实验室和其他实验室一直使用它从口罩或手套内部以及枪支或刀具中捕获皮肤细胞。

　　Lacy 和博德都不会公布他们的检测结果，以便独立专家对其信息进行批判性审查。如果要使用科学证据进行论证，则应提供证据。也许一些媒体会提起诉讼以强制公开文件。

　　Lacy 和博德所说的是，神秘人的 DNA 位于腰部，并且该 DNA 与任何 Ramsey 家庭成员都不匹配。却并未说明在哪里发现了 Ramsey DNA 以及发现了多少。Patsy 给孩子穿上长裤，然后让她上床睡觉，而腰带正是 John 从被发现死者的地下室将女儿僵硬的身体竖直上楼时两只手接触的地方。而且由于 DNA 可以在多次转移中残留，我们无法确定这种接触 DNA 是何时留在腰带上的。

　　博尔德县验尸官 John Meyer 博士的尸检报告是本案的罗塞塔石碑。它解释了 JonBenét 受伤的类型和顺序——被勒住窒息，然后是头部重击。但它并未显示是谁杀死了女孩。许多分析人员认为这封长达三页的虚假勒索信是 Patsy 所写，并将 Ramsey 夫人视为侮辱儿童的逃逸者。但是，虽然可能有足够的证据可以逮捕，但还不足以定罪，而且内部人士之间还存在谁——如果是家庭成员——做了什么的争论。如果警察和检察官未能达成一致，陪审团有什么机会作出有罪判决？

　　尸检报告毫不含糊地指出，孩子遭受了"常期"的阴道损伤，也就是说，这是发生在谋杀之前的几天或几周。我们说的是反复的数字渗透侵蚀，而不是破裂她的处女膜。此外，她的阴道口是同龄儿童的两倍大。如果案件进入庭审，至少有三名儿科妇科医师会证实这些因素。这个不为人知的恋童癖者需要在她死前的晚上与 JonBenét 进行持续的亲密接触。Mary Lacy 早期的检察官生涯是一名性犯罪专家，为什么她没有认识到这个小女孩受伤的性质？

　　如果某些意外导致 JonBenét 被勒死，然后头部被猛烈撞击，正常的反应应该她的看护人会将她送往医院。但这并没有发生，我们猜想，是因为她先前生殖器损失会被注意到。于是，一场荒谬的、可悲的、有效的表演接踵而至。

　　Mary Lacy 应对 2006 年的惨败负责，她从泰国逮捕并带回了一个名叫 John Mark Karr 的假忏悔者。当内裤的 DNA 将他排除在嫌疑人之外时，Lacy 放走了他，并公开表示："DNA 可能是人为残留，不一定是凶手的。很有可能是凶手残留，但也可能是别人残留的。"

　　她补充说："在排除合理怀疑的前提下，在法庭定罪之前，没有人能被真正排除谋杀嫌疑。除非此人就在案发现场,否则我不认为任何检察官有为某人洗脱罪名的权利。"

是什么让她在为 Ramsey 一家洗脱罪名的时候改变了想法?

更重要的是,从绑在孩子脖子上的绳子、画笔、勺子、她临死前吃的一碗菠萝、盖在她身上的白色毯子、击中她头部的手电筒以及伪造勒索信中使用的笔和纸的入侵者的皮肤细胞在哪里? JonBenét 的内裤腰带上的入侵者接触 DNA 又在哪里? 陌生人是否拉下她的长裤,然后命令她拉下自己的内裤? 我们是否相信他会戴上手套或者可能是穿着全套潜水服,仅仅就因为没有身份不明的脚印、指纹、指纹、毛发或纤维?

勒在脖子上的绳子里,绳子上缠着一块破画笔,绳子里夹着 Patsy 那天晚上穿的独特夹克的纤维,内裤里的纤维来自 John 穿的那件羊毛衫。Patsy 的纤维也在画笔所在的手提包中,以及覆盖 JonBenét 嘴巴的胶带的黏性一侧——这条胶带很短,如果在她活着的时候贴到嘴上,很容易被她的舌头弹开。

Lacy 写道,尸检人员通过擦拭进行了 DNA 匹配检测,因此被排除在外,那么犯罪现场工作人员或实验室技术人员呢? 接触 DNA 图谱中有多少标记? 内裤的 DNA 不足以通过联邦数据库 CODIS 进行正确匹配。这并没有阻止蕾西定期发送邮件——如此忙碌的工作几乎没有希望以匹配结束,但这让它看起来好像是在做什么。

多年前,有一个关于这个案件的民事诉讼,一名联邦法官发表了一份声明,称根据她对提交给她的材料的阅读,入侵者比家庭成员更有可能成为杀手。当时,Mary Lacy 宣读了这份声明,根据司法裁决表明 Ramsey 一家是无辜的——尽管没有为他们洗脱罪名。据报道,该声明是由 Ramsey 的一名同事口授给她的。只有熟悉案情的人知道,民事诉讼的一方完全放弃了案件,从来没有提供书面文件,所以法官掌握的唯一信息来自 Ramsey 一方。因此,法官可以轻松作出决定。从那以后,Ramsey 的顾问一直在抨击 Lacy 以彻底清除这个家庭嫌疑,最终它实现了。

当时,人们普遍认为,博尔德大陪审团花了 13 个月的时间听取证词和权衡证据,却未能起诉 John 和 Patsy 与他们女儿的死亡有任何牵连。但是,在 2013 年,据了解,陪审团发出了针对父母双方的两项重罪指控:虐待儿童导致死亡和犯罪从犯。尽管他们强烈建议,但当时的地区检察官 Alex Hunter 拒绝进行审判,他认为没有足够的证据来赢得定罪。在大陪审团的 18 页文件中,只有 4 页被公布,迄今为止,记者和律师未能成功解封剩余的几页。

当法院官员歪曲科学证据以赢得政治支持时,这是令人震惊的。Mary Lacy 提出道歉是对的。但应该是 JonBenét 本人而不是她的家人。

资料来源：Dawna Kaufmann, investigative journalist. Co-author with Cyril H. Wecht, MD, JD, of A Question of Murder, Final Exams：True Crime Cases from Cyril Wecht, and From Crime Scene to Courtroom.

章节小结

理解 DNA 的关键在于了解只有四种碱基：腺嘌呤(A)、胞嘧啶(C)、鸟嘌呤(G)和胸腺嘧啶(T)。一般来说,A 与 T 配对,C 与 G 配对。这些碱基对的排列编码了体内所有的蛋白质。DNA 链可以由具有数百万个碱基的长链组成。DNA 分子实际上是由两条缠绕成双螺旋的 DNA 链组成——类似于两条相互缠绕的电线。

从现有 DNA 合成新 DNA 开始于双螺旋中 DNA 链的解开。然后将每条链暴露于一组游离核苷酸。根据碱基配对原理(A 与 T 和 G 与 C)以正确的顺序组装核苷酸,一个碱基一个碱基地重新创建双螺旋。结果是合成两个相同的 DNA 拷贝。这种实验室技术被称为聚合酶链式反应(PCR)。简而言之,PCR 是一种设计用于在实验室试管中复制或扩增 DNA 链的技术。

DNA 结构的某些部分对每个人来说都是独一无二的,就像指纹一样。基因是遗传的基本单位。每个基因都由控制我们细胞遗传特征的 DNA 组成。DNA 是由一系列称为核苷酸的重复单元连接而成的超级大分子。四种类型的碱基与 DNA 结构相关：A、G、C 和 T,双螺旋结构中唯一正确的排列是碱基 A 与 T、G 与 C 配对,这个概念被称为碱基互补配对。碱基的顺序是区分不同 DNA 链的关键。

DNA 分子内包含重复多次的碱基序列。对于法医学家来说,这些串联重复序列提供了一种通过 DNA 分型来区分个体的方法。与相对较短的重复 DNA 链相关的长度差异称为短串联重复(STR),是当前 DNA 分型程序的基础。STR 可作为有用的鉴定标记,是因为它们在整个人类基因组中大量存在。STR 通常由 3~7 个碱基长的重复序列组成,STR 的整个链也很短,不到 450 个碱基长度。这意味着 STR 不易降解,通常可以从已经分解的尸体或污渍中回收。此外,由于片段短,

STR 又是 PCR 扩增的理想候选者,其中 STR 链被倍增十亿倍。并且通过 PCR 方法检测 STR 分型,所需 DNA 含量可以低至 18 个携带 DNA 的细胞。表征的 STR 基因座越多,产生特定 STR 组合的人口百分比就越小。这就产生了多路复用的概念,即,使用 PCR 技术同时提取和扩增不同的 STR 组合。目前,美国犯罪实验室已经对 13 个 STR 进行了标准化。使用 STR 分析,只需 125 皮克 DNA。

另一种用于个体表征的 DNA 是线粒体 DNA。线粒体 DNA 位于细胞核外,遗传自母亲。然而,线粒体 DNA 分型在其鉴别能力方面无法睥睨 STR 分析,因此仅在无法进行 STR 分析的样本中使用线粒体 DNA 分型,例如仅有头发的情况下(无毛囊)。

因为残留水分的积聚可能会导致破坏血液的细菌和真菌的生长,所以血迹证据不应包装在塑料或密封容器中。每件被染色的证物应单独包装在纸袋或通风良好的盒子中。

问题回顾

1. 遗传的基本单位是_____。
2. 每个基因实际上是由_____组成的,用于执行单一的身体功能。
3. _____是由一系列重复单元连接而成的超级分子。
4. _____由一个糖分子、一个含磷基团和一个称为碱基的含氮分子组成。
5. DNA 实际上是一个非常人的分子,由一系列_____连接形成一种天然聚合物。
6. _____种不同的碱基与 DNA 的组成相关。
7. Watson 和 Crick 证明 DNA 是由两条盘绕成_____形状的链组成。
8. DNA 的结构要求碱基 A 与_____配对,碱基 G 与_____配对。
9. 碱基序列 T-G-C-A 可以与碱基序列_____以双螺旋结构配对。
10. 受 DNA 控制的可遗传性状源于 DNA 指导产生_____的能力。
11. _____来源于多达 20 种已知氨基酸的组合。
12. 氨基酸的产生是由 DNA 分子上的_____碱基序列控制的。
13. 判断正误:被称为 DNA 聚合酶的酶在复制过程中将新的 DNA 链组装成适

当的碱基序列。_____
14. 判断正误：DNA 可以在活细胞外复制。_____
15. 判断正误：DNA 中的所有碱基序列均用于转录蛋白质。_____
16. 在 STR DNA 分型中，典型的 DNA 模式显示(两个/三个)峰。
17. 判断正误：适合进行 DNA 分型的样本是血液、精液、身体组织和头发。_____
18. 包含 3~7 个碱基重复序列的短 DNA 片段称为_____。
19. 判断正误：DNA 链越长，越不容易降解。_____
20. STR 的长度很短，可以被_____复制。
21. _____是染色体上包含的短序列片段，并在整个人类基因组中大量存在，可作为个体识别标记使用。
22. (CODIS/AFIS)是维护地方、州和国家 DNA 资料的数据库，包括已定罪罪犯、未解决的犯罪现场证据和失踪人员资料。
23. STR 分析的灵敏度只需要_____携带 DNA 的细胞即可获得 STR 分型。
24. 在取证过程中，所有体液都必须被假定为_____，并用佩戴乳胶手套的处理。
25. (CODIS/多路复用)的概念涉及同时检测一种以上的 DNA 标记。
26. 性别基因显示两个峰在(男性/女性)中和一个峰在(男性/女性)中。
27. Y‐STR 分型在遇到包含多个(男性/女性)贡献者的 DNA 混合物时很有用。
28. 线粒体 DNA 遗传自(母亲/父亲)。
29. 判断正误：人类细胞中的线粒体 DNA 比核 DNA 更丰富。_____
30. 美国的国家 DNA 数据库已将_____STR 标准化，以便进入数据库。
31. 判断正误：Y‐STR 数据通常输入到 CODIS 数据库集合中。_____
32. 少量血液最好在(湿/干)状态下送至犯罪实验室。
33. 判断正误：密封包装是存放血液证据的最佳容器。_____
34. 为进行 DNA 分型而采集的全血必须置于含有防腐剂_____的真空中。
35. 来自单个个体的典型 STR DNA 基因座显示出(1/2/3)峰值。

走进科学问题回顾

1. 判断对错：被称为 DNA 聚合酶的酶在复制过程中根据模板链将新的 DNA 链

组装成适当的碱基序列。_____
2. 在 DNA 聚合酶和特异性引物的帮助下,犯罪现场的 DNA 证据可以通过 _____ 的过程进行复制。
3. DNA 片段可以通过(气相色谱法/毛细管电泳法)进行分离和鉴定。
4. 已发现线粒体 DNA 的(2/4)区域在人群中具有高度可变性。
5. 判断对错:聚合酶链式反应是 RFLP、STR 和线粒体 DNA 法医分析过程的一部分。_____

应用与批判性思考

1. 以下碱基序列位于 DNA 分子的一条链上:
C-G-A-T-C-G-C-A-A-T-C-G-A-C-C-T-G
列出将在 DNA 分子的另一条链上与之形成互补对的碱基序列。
2. 警方在几年前一名男子失踪的地方发现了一具严重腐烂的尸体。案件一直没有侦破,受害者的尸体也未找到。作为勘查员,你怀疑新发现的尸体是受害者的尸体。在使用 DNA 分型来确定你的怀疑是否正确时,你面临的主要挑战是什么?你将如何使用 DNA 技术来检验你的理论?
3. 你是一名法医学家,对送到你实验室的血液样本进行 DNA 分型。在对样本进行 STR 检验时,你会注意到一个 4 峰模式。你应该得出什么结论?为什么?
4. 一名女士报告说被一名蒙面袭击者抢劫,她在短暂的搏斗中抓伤了这名袭击者的手臂。受害者不确定攻击者是男性还是女性。DNA 分析人员从受害者指甲下的上皮细胞(据称属于攻击者)和受害者的口腔拭子中提取和扩增牙釉蛋白基因。样本通过凝胶电泳分离,结果如图所示。受害者的牙釉蛋白 DNA 在第 2 泳道,从指甲刮下来的牙釉蛋白 DNA 在第 4 泳道。你可以从这个结果中得出关于攻击者的什么结论?

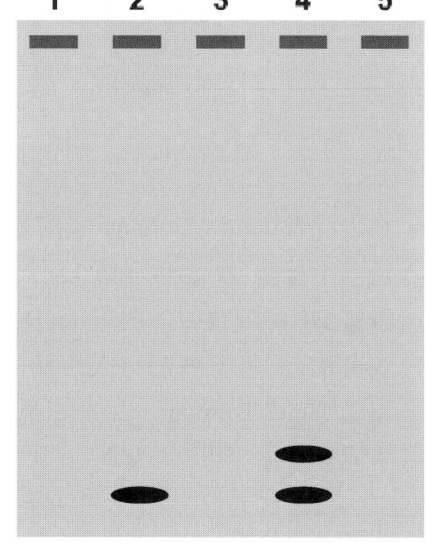

574　　法庭科学概论

你是如何得出这个结论的？

5. 在犯罪现场，您会遇到以下各项。对于每个项目，指出 DNA 的潜在来源。五种可能的选择是唾液、皮肤细胞、汗液、血液和精液。

(a) _____（donatas1205/Shutterstock）

(b) _____（Elena Elisseeva/Shutterstock）

(c) _____（somchaij/Shutterstock）

(d) _____（ROMA/Shutterstock）

(e) _____（Birgit Reitz-Hofmann/Shutterstock）

(f) _____（Lim Yong Hian/Shutterstock）

(g) _____（Tarasyuk Igor/Shutterstock）

(h) _____（Africa Studio/Shutterstock）

6. 在失踪者 James Dittman 家附近的树林深处发现了腐烂的遗骸。从这些遗骸中提取、扩增和分析 15 个 STR 基因座的 DNA（遗骸的 15 个 STR 基因座 DNA 图谱如下图所示，Dittman 的 15 个 STR 基因座 DNA 图谱如下表所示）。将下列图与表中的 STR 等位基因进行比较，以确定遗体是否属于 James Dittman。如果不是，这些图谱文件在哪个 STR 基因座上有所不同？

第十六章 DNA：不可或缺的法庭科学工具

STR 基因座	等位基因	STR 基因座	等位基因
D3S1358	15	D16S539	11,12
THO1	6,9.3	CSF1PO	13
D21S11	27	PENTA D	12,13
D18S51	15,16	AMELOGENIN	XY
PENTA E	10	VWA	17,19
D5S818	11	D8S1170	10,13
D13S807	10,13	TPOX	8,12
D7S820	9,10	FGA	21

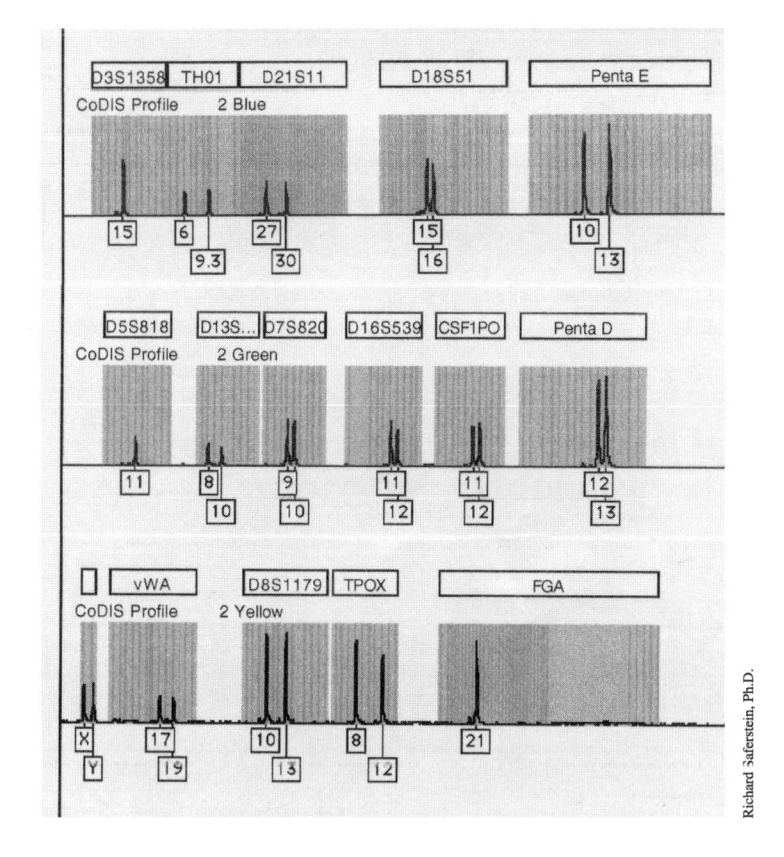

参考文献与延伸阅读

Butler, M. Advanced Topics in Forensic DNA Typing: Interpretation. San Diego, CA: Academic

Press, 2015.

Butler, M. Advanced Topics in Forensic DNA Typing: Methodology. Burlington, MA: Elsevier Academic Press, 2012.

Butler, M. Fundamentals of Forensic DNA Typing, 3rd ed. Burlington, MA: Elsevier Academic Press, 2010.

Isenberg, A. R. "Forensic Mitochondrial DNA Analysis," in R. Saferstein, ed., Forensic Science Handbook, vol. 2, 2nd ed. Upper Saddle River, NJ: Prentice Hall, 2005.

Isenberg A. R., and J. M. Moore, "Mitochondrial DNA Analysis at the FBI Laboratory," Forensic Science Communications 1, no. 2 (1999), https://www2.fbi.gov/hq/lab/fsc/backissu/july1999/index.htm

Kobilinsky, L. "Deoxyribonucleic Acid Structure and Function—A Review," in R. Saferstein, ed., Forensic Science Handbook, vol. 3, 2nd ed. Upper Saddle River, NJ: Prentice Hall, 2010.

The Biological Evidence Preservation Handbook: Best Practices for Evidence Handlers, http://nvlpubs.nist.gov/nistpubs/ir/2013/NIST.IR.7928.pdf

第十七章

火灾和爆炸的法庭科学研究

学习目标

17.1 解释起火和燃烧的化学反应
17.2 解释三种传热机制
17.3 识别起火位置以及加速燃烧的迹象
17.4 描述疑似纵火案件物证的收集方法
17.5 描述用于识别和检测烃类残留物的工作程序
17.6 解释爆炸过程中发生的化学反应
17.7 常见的商用、自制和军用炸药
17.8 爆炸现场物证采集和分析的程序

关键术语

Accelerant	助燃剂	glowing combustion	灼热燃烧
black powder	黑火药	heat of combustion	燃烧热
combustion	燃烧	high explosive	烈性炸药
deflagration	爆燃	hydrocarbon	烃
detonating cord	导爆索	ignition temperature	燃点
detonation	爆炸	low explosive	低力炸药
endothermic reaction	吸热反应	modus operandi	作案手法
energy	能量	oxidation	氧化
exothermic reaction	放热反应	oxidizing agent	氧化剂
explosion	爆破	primary explosive	起爆药
flammable range	可燃范围	pyrolysis	热解
flash point	闪点	safety fuse	安全引信

secondary explosive	次级炸药	smokeless powder (single-base)	无烟火药（单基）
smokeless powder (double-base)	无烟火药（双基）	spontaneous combustion	自燃

新闻头条
俄克拉荷马市爆炸案

这起爆炸案是美国历史上规模最大的大屠杀。1995 年 4 月，在一个阳光明媚的春日早晨，一辆租来的莱德卡车开进了俄克拉荷马城 Alfred P. Murrah 联邦大楼的停车场，司机从卡车驾驶室走下来，漫不经心地走开了。几分钟后，卡车突然爆炸，像一个火球，释放出的能量摧毁了联邦大楼，导致 168 人死亡，其中包括大楼日托中心的 19 名儿童和婴儿。

那天上午晚些时候，俄克拉荷马高速公路巡警拦下了一辆没有车牌的 1977 年产的老爷车 Mercury Marquis，车上的司机属无证驾驶。经过进一步调查，发现司机 Timothy McVeigh 持有一支上膛的枪支，该司机被指控运输枪支罪。在爆炸现场，找到了莱德卡车的残骸，根据卡车残骸很快追踪到一个化名叫 Robert Kling 的租客，其实名字是 Timothy McVeigh。巧合的是，Timothy McVeigh 的租赁合同和驾照上都写着他的朋友 Terry Nichols 的地址。调查人员后来在一张 2 000 磅硝酸铵的收据上发现了 McVeigh 的指纹，而硝酸铵是一种炸药成分。刑事技术人员还在 McVeigh 被捕当天穿的衣服上发现了季戊四醇四硝酸酯（PETN）的残留物，而 PETN 是导爆索的组成部分。经过三天的审议，陪审团宣布 McVeigh 犯有爆炸罪，并判处他注射死刑。

（Charles Porter IV/祖玛出版社/新闻通讯）

纵火案的调查往往复杂而困难。通常，作案人会认真策划犯罪行为，找到一个方便的时机作案，当警察开始对案件正式展开调查时，作案人已经离开了犯罪现场。此

外,此类犯罪现场最大的特征是现场遭到严重破坏,导致对犯罪行为的取证更加困难。在进行全面而充满困难的侦查过程中,必须确定作案动机、**作案手法**[①]和嫌疑人,面对这类纵火案件,刑事专家能做的主要工作只是其中的一个部分。

刑事专家的作用是有限的。通常,刑事专家能做的仅仅是识别和检测在现场收集的相关化学物质,并重建和鉴定点火装置。虽然化学家可以在碎片中检测出微量的汽油或煤油,但是还无法通过科学试验来判断纵火犯是否使用了一堆垃圾或纸来点火。此外,火灾可能有许多意外原因,包括线路故障、电机过热、加热系统清洁和调节不当,以及通常不会留下化学痕迹的吸烟行为。因此,火灾原因的最终确定必须考虑许多因素,并需要进行广泛的现场调查。最终的裁定必须由受过培训并具有丰富火灾调查实践经验的调查人员作出。

火的化学变化

人类早期对解释物质行为背后的物理概念所作的探索赋予了火一个核心和基本的作用。对古希腊哲学家来说,火是构成这个物质世界的四种基本元素之一。中世纪的炼金术士认为火是一种转化的工具,能够将一种元素转化为另一种元素。火的这种神秘力量正如在一个古老的配方中所说的:"朱砂这种物质,越加热,升华越细腻。朱砂会变成水银,经过一系列其他升华,会再次变成朱砂,从而循环使用。"

今天,我们知道火不是组成物质的一种元素,而是一种化学变化过程。在这个过程中,氧气与其他物质结合,产生大量的热量和光(火焰)。因此,要了解火灾发生和持续的原因及方式,就必须从火的基本化学反应开始——**氧化**[②]。

氧化

简单来说,氧化是氧与其他物质结合生成新产物的过程。因此,我们可以写出甲烷气体燃烧的化学方程式,甲烷气体是天然气的主要成分,如下所示:

$$CH_4 + 2O_2 \rightarrow CO_2 + 2H_2O$$

然而,并不是所有氧化反应都会发生燃烧。比如,氧气和金属的氧化反应会

---

① 作案手法:罪犯的作案方式。
② 氧化:氧与其他物质的结合。

形成氧化物,因此,铁的氧化会形成一种红棕色的氧化铁,也就是铁锈,如图 17-1 所示。

$$4Fe+3O_2 \rightarrow 2Fe_2O_3$$

然而,化学方程式并不能让我们完全了解氧化过程。我们必须考虑其他因素,以理解氧化的所有内涵,其他化学反应也是如此。甲烷遇到氧气发生燃烧,但仅仅将甲烷和氧气混合并不会产生火。例如,汽油在暴露于空气中时也不会燃烧。然而,对于任何一种燃料和空气的混合物(假设比例适当),只要点燃这些燃料会立即起火。

这些差异背后的原因是什么?为什么有些氧化过程我们会看到起火现象,而另一些则不会呢?为什么我们需要点燃火柴来启动某些氧化,而其他的氧化则在室温下就可以进行?这些问题的解释在于一个基本而抽象的概念——能量。

图 17-1 铁生锈是氧化的一个例子

能量

能量③的定义是一个系统或材料做功的能力或潜力。能量有多种形式,如热能、电能、机械能、核能、光能和化学能。例如,当甲烷燃烧时,甲烷中存储的化学能转化为热能和光能。这些热量可以用来烧开水或提供高压蒸汽推动涡轮机。这是将化学能转化为热能再转化为机械能的例子。涡轮机可以用来发电,将机械能转化为电能,电能可以用来驱动电动机。换句话说,能量可以做功,热量也是能量。

化学反应的热量来自化学键的断裂和形成。甲烷是由一个碳原子与四个氢原子结合而成的分子:

$$\begin{array}{c} H \\ | \\ H-C-H \\ | \\ H \end{array}$$

---

③ 能量:系统或材料做功的能力或潜力。

当两个氧原子成键时,就形成了氧分子:

$$O=O$$

在化学变化中,发生化学反应的原子并没有丢失或破坏,而是发生了原子的重新组合,基于此,甲烷氧化的产物是二氧化碳:

$$O=C=O$$

和水:

$$H-O-H$$

然而,这种重新排列意味着原子之间的化学键必须被打破,形成新的化学键。现在对化学反应的认识上,已经得到了一个基本的观察结论:分子必须吸收能量才能破坏化学键,而当化学键重新形成时,会释放能量。

化学键断裂所需的能量和形成化学键时释放的能量是所涉及化学键类型的典型特征。因此,一个化学反应一定伴随能量多少的变化,要么吸收能量,要么释放能量。每个反应所涉及能量的多少是不同的,这个由参与化学反应的物质决定。

燃烧

所有的氧化反应,包括甲烷的**燃烧**[④],都是释放的能量比破坏原子间化学键所需能量更多的反应。这样的反应称为**放热反应**[⑤]。多余的能量以热的形式释放出来,通常也以光的形式释放出来,称为**燃烧热**[⑥]。表 17-1 总结了火灾调查中一些重要燃料的燃烧热。

表 17-1　燃料(燃烧物)的燃烧热

燃料(燃烧物)	燃 烧 热[a]
石油(原油)	19 650 Btu/gal(加仑)
柴　油	19 550 Btu/lb(磅)
汽　油	19 250 Btu/lb(磅)
甲　烷	995 Btu/cu ft(m³)
天然气	128—1 868 Btu/cu ft

[④] 燃烧:氧与另一物质的快速结合,并伴有明显的热和光的产生。
[⑤] 放热反应:释放热能的化学变化。
[⑥] 燃烧热:燃烧过程中释放的热量。

续表

燃料(燃烧物)	燃烧热[a]
辛烷	121 300 Btu/gal(加仑)
木材	7 500 Btu/lb(磅)
煤,烟煤	11 000—14 000 Btu/lb(磅)
无烟煤	13 351 Btu/lb(磅)

a BTU(英国热量单位,British thermal unit)的定义是将一磅水在其最大密度点或其附近的温度提高 1 华氏度所需的热量。

Source:John D. DeHaan, Kirk's Fire Investigation, 2nd ed. Upper Saddle River, NJ: Prentice Hall, 1983.

虽然我们不会去关心这些,但有些反应需要的能量比它们最终释放的能量更多。这些反应被称为**吸热反应**[⑦]。

因此,化学反应需要能量输入来启动。可以把这个需求看作反应物和反应产物之间一个不可见的能量势垒(见图 17-2)。这个势垒越高,启动反应所需的能量就越多。那么,初始能量从何而来? 能量有许多来源,为了讨论的目的,我们暂且只看热源。

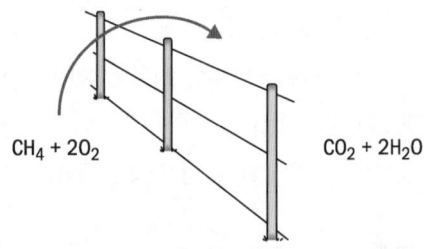

图 17-2 在甲烷和氧气等反应物相互结合形成物二氧化碳和水之前,必须跨越一个能量势垒

热量

铁转化为铁锈的能量势垒相对较小,在室外正常温度下,可以借助周围环境的热能克服这个能垒。但甲烷和汽油却不是这样,这些能量势垒相当高,必须施加很高的温度来启动这些燃料的氧化。因此,在发生火灾之前,这些燃料的温度必须提高到足以超过能量势垒,这个温度称为**燃点**[⑧]。从表 17-2 所示常见燃料的燃点,可以看出,这个温度对于普通燃料来说是相当高的。

表 17-2 几种常见燃料的燃点

燃料	燃点,℉
丙酮	869
苯	928

---

⑦ 吸热反应:从周围吸收热能的化学变化。
⑧ 燃点:燃料自燃的最低温度。

续表

燃　　料	燃点，℉
燃料油 2 号	495
汽油（低辛烷）	536
煤油（燃料油 1 号）	410
正辛烷	428
石油醚	550
松节油	488

燃料一旦开始燃烧，就会释放出足够的热量来维持反应的进行。本质上，燃料变成了一个连锁反应，吸收了自己释放的一部分热量，从而产生更多的热量。火一直燃烧到氧气或燃料耗尽为止。

通常，一根点燃的火柴就是一个方便的点火器。然而，火灾调查人员也必须考虑其他潜在的点火源，例如，放电、火花和化学物质，并重现火灾的起因。所有这些点火源的温度都高于大多数燃料的点火温度。

反应速率

虽然能量的释放可以解释氧化反应的许多重要特征，但不能解释反应的所有特征。显然，虽然所有的氧化都会释放能量，但并不是所有的氧化都伴随有火焰，比如铁氧化生锈。因此，反应发生的速率也需要考虑进来，对氧化的理解会更加完全。

分子之间相互结合或相互碰撞时会发生化学反应，如氧化反应。分子运动得越快，之间的碰撞次数就越多，反应速度也就越快。影响这些碰撞速率的因素有很多，在对氧化的描述中，只考虑了燃料的物理状态和温度这两点。

燃料的物理状态

燃料只有在处于气体状态时才会与足够多的氧气发生反应，从而产生火焰，因为只有在这种状态下，分子才会频繁碰撞，从而支持燃烧。无论燃料是固体，如木材、纸张、布料或塑料，还是液体，如汽油或煤油，都是如此。

例如，常温下铁原子不能达到气态，所以铁转化为铁锈的过程很慢。因此，氧与铁的结合范围仅限于暴露在空气中的金属的表面区域，这一限制严重降低了反应速率。另一方面，比如甲烷和氧气的反应就进行得很快，这是因为所有的反应物都是气态的。反应速度通过反应过程中产生的大量的热和光（火焰）来反映。

燃料温度

那么，液体或固体如何保持气态反应呢？液体燃料温度必须足够高，使燃料汽化。形成的蒸汽与氧气混合后燃烧形成火焰。**闪点**⑨是液体释放出足够的蒸汽与空气形成混合物以支持燃烧的最低温度。一旦达到燃点，燃料就会被外部的热源点燃，从而引发着火。燃料的燃点总是大大高于**闪点**。例如，汽油的闪点为-50 ℉，而汽油的燃点则是495 ℉。

对于像木材这样的固体燃料，产生蒸汽的过程更为复杂。固体燃料只有暴露在足以将固体分解成气体的高温下才会燃烧。固体物质的这种化学分解称为**热解**⑩。热解的气态产物与氧气结合，产生燃料（见图17-3）。这里，燃料又可以被描述为链式反应。火柴或其他热源引发固体燃料的热解，气态产物与空气中的氧气反应产生光和热，而这些热又反过来将更多的固体燃料热解成挥发性气体。

图17-3　高温导致固体燃料（如木材）分解成气态产物，这一过程被称为热解

通常当温度升高时，化学反应的速度就会加快。不同的反应，不同的温度范围，其增加的幅度也不同。对于大多数反应，温度每升高10℃（18 ℉）会使反应速率增加一倍或两倍。这一结果在一定程度上解释了燃烧迅速的原因。火势的蔓延提高了燃料-空气混合物的温度，从而提高了反应速度，这反过来又会产生更多的热量，再次提高反应速度。只有当燃料或氧气耗尽时，这种循环才会停止。

燃料与空气的混合

正如我们在关于气体燃料的讨论中所看到的，空气（氧气）和足够的热量是

---

⑨　闪点：液体燃料产生足够蒸汽燃烧的最低温度。
⑩　热解：固体有机物被加热分解。

燃烧的基本要素。还有一个需要考虑的因素就是气体燃料和空气的混合。气体燃料和空气的混合物只有其成分比例在一定限度内才能燃烧。如果燃料浓度过低(稀)或过大(浓),就不会发生燃烧。上下限之间的浓度范围称为**可燃范围**[11]。例如,汽油的可燃范围是 1.3%~6.0%。因此,为了使汽油和空气的混合物燃烧,汽油的含量必须至少占混合物的 1.3%,并且不超过 6%。

灼热燃烧

虽然燃烧的火焰只能由气体燃料来支撑,但在某些情况下,燃料可以在没有火焰的情况下燃烧。观察燃烧的香烟或灼热的木炭发出的红光(见图 17-4)。这些都是**灼热燃烧**[12]或阴燃的例子。在这些例子中,燃烧发生在固体燃料的表面,没有足够高的热量热解燃料。有趣的是,这种现象通常发生在火焰熄灭很久之后。例如,木材往往在火焰中燃烧,直到它所有的可热解成分都被耗尽。但是,木材的碳残留会在火焰熄灭后很长时间内继续阴烧。

图 17-4　发红光的木炭

自燃

自燃[13]是一种有趣的现象,也经常被纵火犯罪嫌疑人谎称为起火原因。实际上,自燃发生的条件相当有限,很少火灾能用自燃来解释。自燃是在通风不良的容

---

[11]　可燃范围:空气中能够燃烧的气体或蒸汽燃料浓度的全部范围。
[12]　灼热燃烧:在没有足够高的热量使燃料热解的情况下,固体燃料表面的燃烧。
[13]　自燃:在有足够的空气和燃料的情况下,由自然产生热量的过程引起的火灾。

器或地区自然产热的结果。例如,储存在谷仓中的干草为细菌提供了良好的生长介质,这些细菌可以产生热量。如果干草没有适当通风,热量积累到一定程度,就会促使干草发生放热的化学反应。最终随着热量的上升,干草达到燃点,自燃起火。

自燃的另一个例子与通风不恰当的容器有关。当容器内的抹布浸透了某种高度不饱和的油,如亚麻油,由于空气和油之间发生缓慢的放热氧化反应,热量积聚会达到起火温度。自燃的前提是储存条件必须是有助于长时间的热量积累。当然,碳氢化合物润滑油不会发生自燃,估计大多数家用脂肪和油也不会发生自燃。

总之,要启动和维持燃烧必须满足三个条件:
1. 必须有燃料。
2. 必须有足够的氧气与燃料结合。
3. 必须加热以启动燃烧,并且必须产生足够的热量来维持反应。

热 传 递

想想建筑物火灾是如何开始的。建筑物发生火灾的典型的情况是在一个部位点火,放出热量。这种场景可能是纵火犯点燃了浸满汽油的抹布,故障电器发出火花,或一个人在床上吸烟睡着了。最初在一个地方的火焰是如何扩散并吞没整个建筑的? 要了解起火原因,首先要了解热量在燃烧的建筑物中是怎样传播的。

上一节强调了热量在产生足够的蒸汽燃料以支持燃烧方面的重要性,以及热源温度要足够高以点燃燃料的要求。一旦起火,燃料与空气反应产生的热量就会被反馈到燃料与空气的混合物中,使化学反应继续进行。

随着燃烧的发展,燃烧过程产生的热量倾向于从高温区转移到温度较低的区域。了解从一个部位到另一个部位的热传递对于火灾起源的重建,以及理解火灾在建筑中传播的过程和原因很重要。传热的三种机制是传导、辐射和对流。

传 导

热量在固体之间的转移叫做传导。在这个过程中,受热物体中的电子和原子相互碰撞。热量总是通过传导从固体的热区传到冷区。原子或分子中含有游离电子的固体是热的良导体。金属拥有丰富的自由电子,因此是优良的热导体。当一个金属物体的一端插入明火中时,整个物体很快就会变得很热。

电子牢牢地附着在分子上的材料是热的不良导体。不良导体称为绝缘体。木头是很好的绝缘体,因此,易受高温影响的金属物品(如煎锅和炖锅)通常有木制把手(见图 17-5)。

图 17-5 图中这个炖锅的木柄是热的不良导体

在重建火灾现场时,要谨记的一点是热量可能会通过金属,如横梁、钉子、紧固件、螺栓和其他良好导体传播到远离初始热源的位置。结果是任何与导体接触的燃料都可能被点燃,形成新的起火点。另一方面,木材、塑料和纸张的传导性很低,这意味着从这些表面散发的热量传播性差,在远离初始热源的地方不会形成新的起火点。

辐 射

辐射是指通过电磁辐射将热能从受热表面转移到较冷表面。热的表面会发出不同波长的电磁辐射,在火灾现场,电磁辐射会沿直线从一个表面移动到另一个表面。辐射热在了解火灾如何在建筑中蔓延方面起着关键作用。例如,所有面对火的表面都暴露在辐射热中,当表面达到起火温度时就会爆发火焰。在非常严重的火灾中,附近的建筑物和车辆经常在一段距离内被辐射热点燃。

对　流

对流是通过液体或气体的分子运动传递热能。在炉子上加热水的例子说明了对流的概念。锅底水分子移动速度加快,分散开来,密度降低,从而向上移动。密度较大、温度较低的水分子随后迁移到锅底。通过这种方式,对流保持流体被搅拌,温度较高的流体远离热源,温度较低的流体向热源移动。发生火灾和加热水相类似,热空气膨胀,密度降低,导致热空气上升并向周围较冷的空气移动。

在建筑物的火灾中,燃烧产生的热气态产物发生膨胀,对流将热气体移动到建筑物的上部(见图17-6)。对流的热气体成为热源,向处于热气体下方的所有表面辐射热能,通常使得暴露在外的物体的热表面发生热解或分解,释放出气态分子。当所有可燃物同时点燃时,整个建筑被火焰吞没,这种现象称为闪燃现象。

图17-6　对流导致火焰上升到燃烧结构的上层

火灾现场勘察

火灾扑灭后,调查人员应立即对火灾现场进行检查,以确定是否有纵火迹象。大多数纵火案都是从含有石油基的**助燃剂**⑭开始的,比如汽油或煤油。因此,现场若发现存放助燃剂的容器则怀疑火灾是纵火引起的。另一个纵火迹象是发现点火装置,点火装置包含的内容很复杂,可以是蜡烛,也可以是延时设备。还有一种常见的纵火迹象是在地板或地面浇上助燃剂后形成的不规则图案(见图17-7)。火灾调查人员得到的警示是,纵火后不规则的图案很常见。因此,如果怀疑是可燃液体引燃导致了火灾,必须有助燃剂残留的检验证据,才能确认火灾现场有可燃液体的存在。除了这些指标外,调查人员还应寻找非法闯入和盗窃的迹象,并且还要询问火灾的目击者。

图17-7 由倒在地上的可燃液体引起的不规则形状的图案

调查的时效性

时间的流逝总是不利于火灾调查。火焰熄灭后残留的任何助燃剂都可能在几天甚至几个小时内蒸发掉。此外,考虑到生命财产的安全,要求尽快对火灾现场进行清理和救援行动。一旦错过时间,就不可能对火灾现场进行有意义的调查。土壤和植被中的助燃剂可在细菌作用下迅速降解,所以对于含有土壤或植被的样品应进行冷冻,从而防止助燃剂降解。

对火灾周围的情况立即展开调查是非常必要的,甚至比进入搜查房屋需要获得搜查令的要求更为重要。最高法院解释了在这个问题上的立场:

消防员不仅负责灭火,还负责寻找起火原因。为了防止火灾的再次发生,很有必要迅速确定火灾的起因,如通过检测像线路故障或加热炉有缺陷这种持久性的危险。立即调查也是必要的,以便保存证据,防止被证据故意或意外销毁。当然,

---

⑭ 助燃剂:用来生火或维持火燃烧的材料。

调查员们越早完成他们的任务,随后对受害者隐私的干扰就会越少,对受害者尽力从灾难中恢复的干扰也越少。因此火灾扑灭后,消防员们允许在建筑物内停留一段合理的时间来调查火灾的原因。未经许可进入建筑进行灭火并确定起火原因是符合宪法的,同样为达到这一目的而未经许可采集证据也是符合宪法的。

在确定什么是合理的调查时,必须认识到在这些条件下工作人员所面临的紧急情况,以及对个人隐私的合理期望[15]。

确定起火的位置

在火灾现场的搜索中,最重要的是找出起火位置。如果是寻找助燃剂或点火装置,最有效的方法就是找到起火点。在寻找起火点的具体位置时,调查人员可能会发现纵火的蛛丝马迹,如能够表明火灾是独立的、无关联的证据,或通过传递将火灾从一个地区蔓延到另一个地区。例如,纵火犯可能将汽油或纸张散布成细长的范围,导致火灾迅速从一个房间蔓延到另一个房间。

没有快速、简单的关于识别起火点位置的规则。通常情况下,火倾向于向上移动,因此,最可能的火源位置很可能是最接近具有最剧烈燃烧特征的最低点。有时当火焰向上燃烧时,在垂直的墙壁上形成V形图案,如图17-8所示。因为易燃液体总是流向最低点,所以如果在地板上发现比天花板上更严重的燃烧,可能表明存在助燃剂。如果使用可燃液体,家具、架子和其他物品的底部烧焦程度可能比顶部更严重。

然而,许多因素都可能导致火灾偏离正常特征。使用如焦炭的深度,V形图案,或低强度的燃烧区域,作为火灾起源的指标可能将我们引入

图17-8 典型的V形图案说明火向上运动

---

[15] Michigan 诉 Michigan 案,436 U.S.499(1978)。

歧途,特别是当一个建筑发生火灾,燃烧超过闪点,火焰扩展到整个建筑的所有房间时。闪燃是房间发生火灾的一种过渡阶段,在该阶段中,温度上升到足以引起房间中所有可燃物品的起火。对这一现象的研究表明,在一些闪燃现象中,在天花板上形成的热气体的辐射效应可能导致地板、家具和护墙板在没有直接火焰接触的情况下被点燃[见图17-9(a)~(c)]。因此,在建筑物的一个区域发生的火灾可能会点燃建筑物另一个区域的燃料,从而造成两场或两场以上不相关火灾的假象,被误认为是纵火。此外,流动的空气通过燃烧的房间也是一个主导因素。

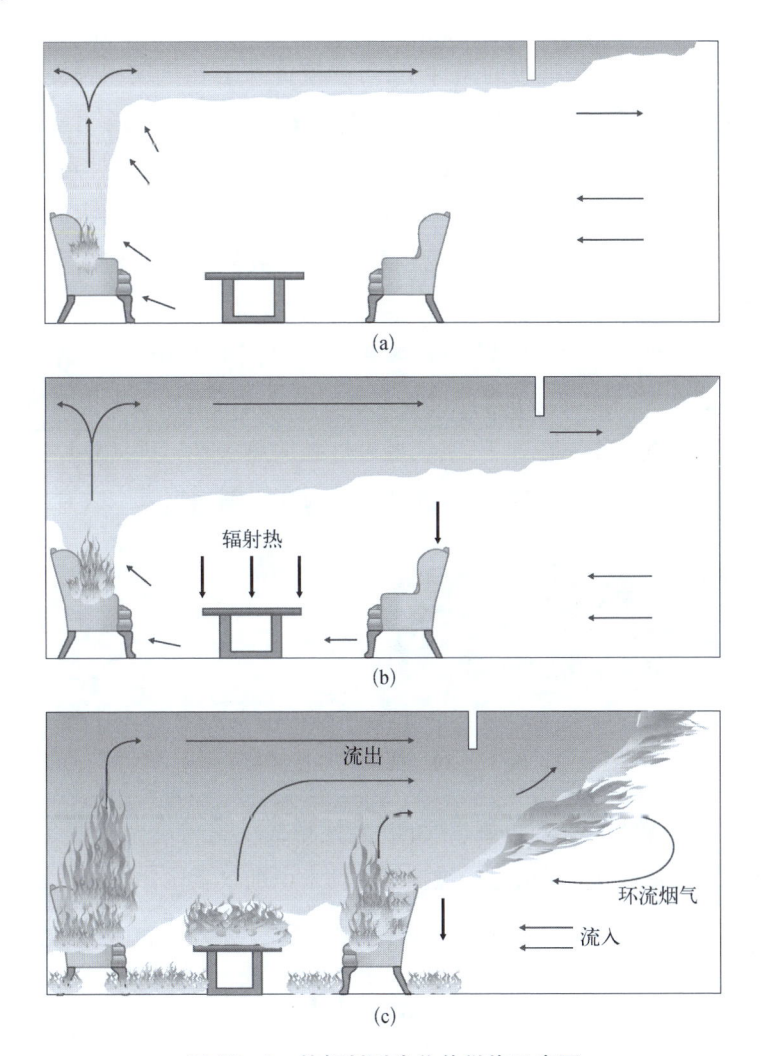

图 17-9　热辐射引发物体燃烧示意图

火灾调查人员在确定有关火灾起因的结论之前，还必须考虑其他因素，包括当时的风大小及风向、由于地面和屋顶倒塌而发生的二次火灾、着火建筑的物理布置、楼梯、电梯井、地板、墙壁或屋顶上的洞、灭火效果等。

一旦起火点确定，就将其保护起来，以便进行仔细的调查。与任何犯罪现场一样，在做记录、画草图和摄影之前，不能移动或触碰现场的物品。还必须检查可能的意外原因以及纵火的证据。纵火犯最常用来确保火势迅速蔓延和加剧的材料是汽油和煤油，或者任何挥发性易燃液体。

搜寻助燃剂

幸运的是，只有在最理想的条件下，可燃液体才会在火灾中被完全消耗掉。当液体被倒出并覆盖了较大的面积时，一部分液体可能会渗入多孔表面，如地板的裂缝、室内装饰、破布、石膏、墙板或地毯。这样就有足够的液体可以不发生燃烧而保持不变，从而将其送往实验室进行检测。此外，当用水灭火时，由于水冷却并覆盖了可燃液体浸泡过的材料，所以挥发性液体的蒸发速度可能会减慢。另外，水也不会干扰易燃液体残留物的实验室检测和表征。

使用灵敏的便携式蒸汽探测器或"嗅探器"（见图 17-10）可以帮助寻找易燃液体残留物的痕迹。该设备可以通过吸入可疑样品周围的空气来快速筛查挥发性残留物。该设备的工作原理如下：空气经过灯丝加热，如果有可燃蒸汽存在，蒸汽发生氧化，提高了灯丝的温度。灯丝温度的升高在探测器仪表上会有指示。

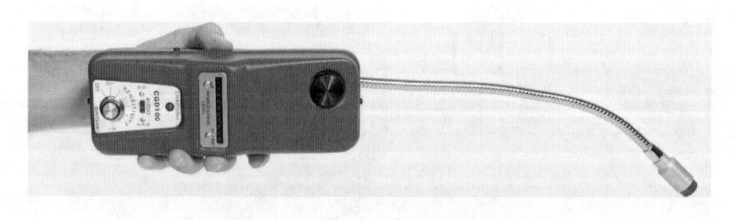

图 17-10　便携式烃检测器

当然，这种装置虽不是对可燃蒸汽的决定性测试，却是检查火灾现场可疑样本的绝佳筛选装置。另一方法是通过经过训练的狗来识别碳氢化合物助燃剂的气味。

案例分析

Sackett 街大火

1980 年 2 月，一场大火烧毁了纽约布鲁克林萨克特街的一栋联排别墅。那是一个寒冷的夜晚,消防队员奋力灭火时,消防水带的水都结冰了。在这座建筑里,一位母亲和她的五个孩子(年龄从9个月到9岁不等)死亡。火灾调查人员听取了房屋主人的陈述,她坚称火灾的原因是人为纵火,而且她认识纵火的那三个人。经过审判,这三名男子被判犯有纵火罪和六项重罪谋杀罪。观察发现,门厅和后卧室的破坏比公寓中间的破坏更严重,基于此,消防局长确定火灾是从一楼两个互不相连的地方开始的。虽然在实验室检验中没有发现助燃剂的痕迹,但是在大厅的瓷砖上留下了水坑形状的痕迹,再加上是独立的起火点,说明这极有可能是人为纵火。在审判中,消防局局长作证说门厅有变色和水坑形状,这表明是可燃液体起火。

2014年,专门从事火灾调查的著名法庭科学家John Lentini对该案件进行了调查。他的结论是,有关萨克特街大火是故意纵火的判定没有证据支持。他认为:"还没有充分的证据证明这场火灾的确切原因,也不能确定这场火灾的类型。"

第二年,一名法官推翻了这三名男子的纵火和谋杀罪名。其中两名男子在监狱中度过了30多年,第三名死亡。到底是哪里出了错?根据Lentini的说法,1980年,人们对火灾动力学了解甚少,调查者的许多观点都是错误的,尽管这些调查者本无恶意。反映了当时的主要问题是对火灾调查中的闪燃现象缺乏理解和认识。

当火燃烧得非常剧烈,整个房间都着火时,就会发生闪燃,所有可用的燃料,甚至是远离起火地点的燃料,如地板、家具、踢脚板,几乎会在没有直接火焰接触的情况下一次性点燃。闪燃发生后,在通风条件较好的几个地点,火势可能会更强烈,从而形成多处起火的假象,这是人为纵火的强烈迹象。即使是像传统的倾倒燃油留下的图案所表明的纵火行为,在闪燃环境中也容易被误解。在全屋参与燃烧的情况下,当没有可燃液体存在时,通常也可以产生看上去和倾倒燃油留下的图案相似的图案。萨克特街的火灾现场没有实验室证据证明存在微量助燃剂。萨克特街一楼公寓的底板被严重烧焦,这进一步证实了火灾现场存在闪燃现象。

根据Lentini的说法,由于对闪燃的误解而造成的错误是很多的。这导致了大量不符合事实的错误的起诉,以及得不到应有的保险赔偿。

纵火证据的收集和保存

如果怀疑有人纵火,在起火地点必须收集2~3夸脱的灰烬和烟灰碎片。该收集应包括所有多孔材料和所有其他被认为可能含有易燃残留物的物质，包括木地板、地毯、室内装饰和破布。

证据的包装和保存

样本应立即装入密封容器中，以免可能的残留物因蒸发而丢失。带有摩擦盖的干净的新油漆罐是很好的容器，因为它们成本低，密封，不易破碎，并且有各种尺寸（见图 17-11）。有密封盖的广口瓶也可以用来包装可疑样本。盛装样本的金属罐和玻璃罐应该填满一半到三分之二，在碎片上方留出空间。

图 17-11 各种大小的油漆罐，适合在火灾现场收集碎片

大块的样品应根据需要在现场切割成合适的尺寸，以便能装入可用的容器中。聚乙烯的塑料袋不适合包装样品，因为易与碳氢化合物反应，耗尽挥发性碳氢化合物。打开的瓶子或罐子里的液体必须收集起来并密封。即使有些容器看起来是空的，调查人员也要对其进行密封并保存，以防容器里面含有微量的液体或蒸汽。

底物控制物

收集的可疑物品如果含有挥发性液体，那么必须同时从火灾现场另一地区对相似的未受污染的控制样本进行仔细抽样。这些样本被称为底物控制物。例如，如果调查人员在起火点收集了地毯样本，那么调查人员必须在房间的另一个部分采集相同的地毯样本，前提是可以合理地假设这部分地毯没有放置易燃物质。

在实验室，犯罪学家对底物控制物进行检查，以确保没有任何可燃物。这一程序减少了地毯在正常维护过程中暴露于易燃液体（如清洁剂）的可能性。此外，对未燃烧的控制材料进行实验室检测，也有助于分析在火灾过程中，材料暴露在高温下产生的分解产物。常见的材料，如塑料地砖、地毯、油毡和黏合剂，在燃烧时会产生挥发性碳氢化合物，而这些分解产物有时会被误认为是助燃剂。

点火器和其他证据

还应该在现场仔细搜查是否有点火器。最常见的点火器是火柴。通常情况下,火柴在火灾中会被完全烧毁,因此不可能找到火柴。然而,在一些案例中,出于习惯,火柴被熄灭并扔到一边,后来被调查人员找回。如果犯罪学家能将这一案发现场的火柴与在犯罪嫌疑人身上找到的一包火柴相匹配,那么这一证据就可能被证明是有价值的。

纵火犯可以制造许多其他类型的装置来引发火灾。其中包括燃烧香烟、火器、弹药、机械火柴头、电子点火装置,以及燃烧弹——一种装有易燃液体的玻璃瓶,里面塞着一块布,然后当作导火索点燃。在调查的时候会发现相对复杂的机械装置更有可能在火灾中幸存下来。如果能找到碎玻璃和燃烧弹的灯芯,那么这些物质也必须保存起来。

犯罪嫌疑人的衣服也是一个重要的证据。如果此人在起火数小时内被逮捕,衣服上可能还残留有助燃剂。下一节将会看到,实验室可以检测到极少量的助燃剂,因此,检查嫌疑人的衣服是可行的调查方法。每件衣服都应该放在一个单独的密封容器中,最好是一个新的、干净的油漆罐。

易燃残留物分析

犯罪学家几乎一致认为气相色谱仪是检测和鉴定易燃残留物最灵敏、最可靠的仪器。大多数纵火案是由石油馏出物引发的,如汽油和煤油,是**烃**[16]的复杂混合物。气相色谱仪将这些液体中的碳氢化合物成分分离出来,并产生具有特定石油产品特征的色谱图。

顶空技术

在分析助燃剂残留物之前,首先必须从现场收集的碎片中提取助燃剂残留物。从火灾现场的碎片中提取助燃剂残留物的最简单方法是,对送到实验室的待检样本碎片密封加热。当密封容器被加热时,碎片中的挥发性残留物就会挥

---

[16] 烃:只由碳和氢组成的有机化合物。

发出来,并留在容器的封闭空间中。然后用注射器抽取蒸汽或顶空气体,如图 17-12 所示。

当蒸汽被注入气相色谱仪时,蒸汽的各个组分被分离,每个峰都被记录在色谱图上。对可燃液体分类的一种方法是根据沸点范围进行分类,沸点范围与混合物中存在的构成可燃燃料的碳氢化合物的碳分子数量有关。根据可燃性液体的沸点范围和碳原子数量来描述轻、中、重石油馏分是一种常见的分类系统。图 17-13 举例说明了轻、中、重石油馏分的色谱图。将色谱图的结果与已知石油产品的色谱图相比较,能够确定挥发性残留物的成分。例如,在图 17-14 中,从火灾现场回收的碎片的气相色谱分析显示,色谱图与已知的汽油标准品的色谱图相似,从而证明汽油的存在。

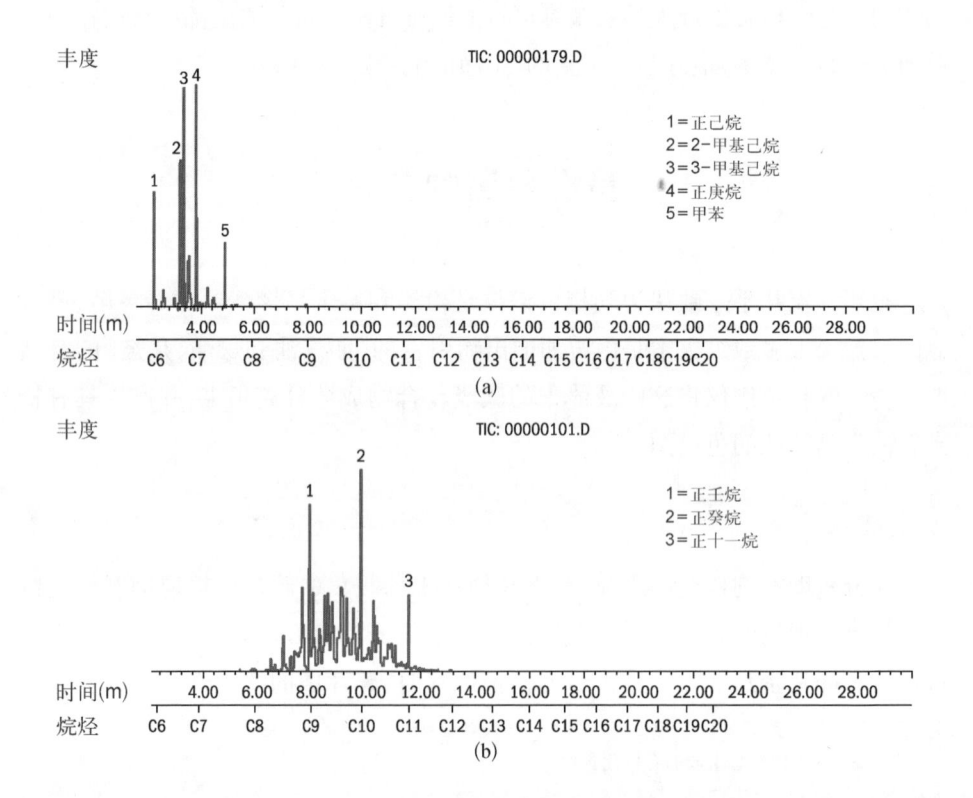

图 17-12 气相色谱分析用的密封容器中蒸汽的抽取

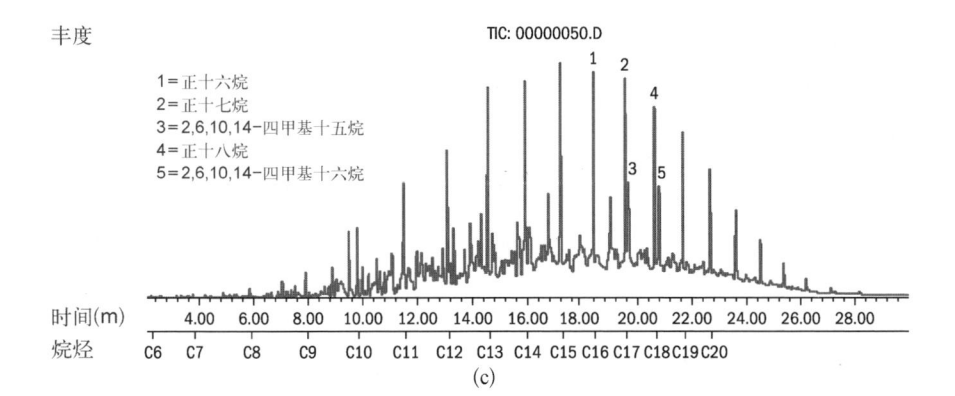

第十七章　火灾和爆炸的法庭科学研究　　597

丰度　　　　　　　　　　　　TIC: 00000050.D

1 = 正十六烷
2 = 正十七烷
3 = 2,6,10,14-四甲基十五烷
4 = 正十八烷
5 = 2,6,10,14-四甲基十六烷

时间(m)　　4.00　6.00　8.00　10.00　12.00　14.00　16.00　18.00　20.00　22.00　24.00　26.00　28.00
烷烃　　C6　C7　C8　C9　C10　C11　C12　C13　C14　C15　C16 C17 C18 C19 C20

(c)

图 17-13　可燃液体的色谱图。(a) 轻石油馏分；(b) 中石油馏分；(c) 重石油馏分

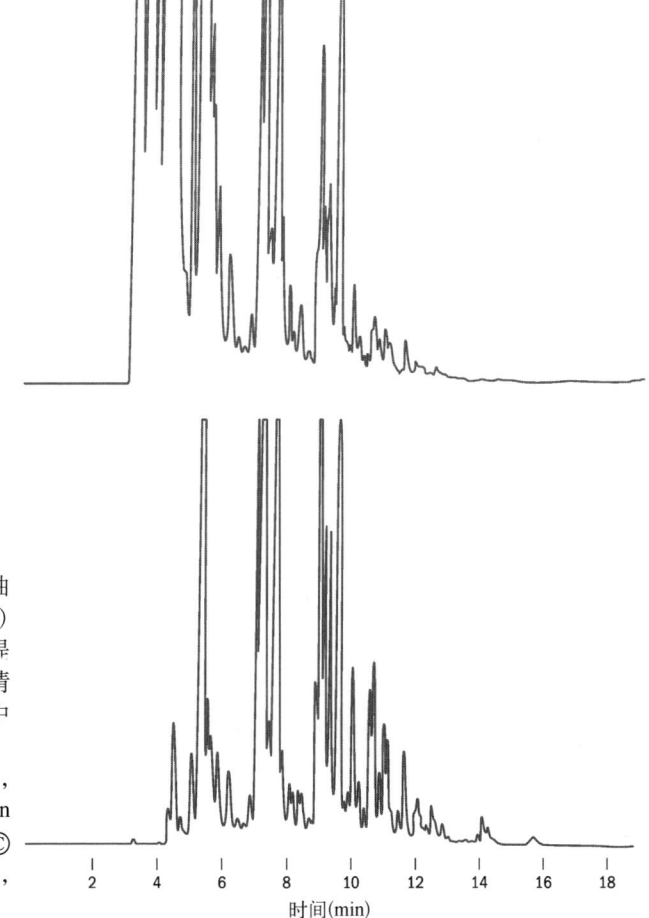

图 17-14　(上图)标准汽油样品的气相色谱图。(下图)从火灾现场回收的碎片中摄取的样本的气相色谱图。请注意，标准汽油图与从碎片中挥发出的蒸汽谱图的相似性
摘自：Richard Saferstein, Criminalistics: An Introduction to Forensic Science, 12e, © 2018. Pearson Education, Inc., New York, NY

时间(min)

在没有任何可识别谱图的情况下,当研究者将其保留时间与已知烃类标准谱图(如已烷、苯、甲苯和二甲苯)进行比较时,可以识别出单个峰。汽油样品的品牌目前还不能用气相色谱法或任何其他技术来确定。况且汽油市场的波动和各石油公司之间交换协议也排除了这种利用检测手段确定汽油品牌的可能性。

蒸汽浓缩

顶空技术的一个主要缺点是注射器的大小限制了从容器中取出并注入气相色谱仪蒸汽的体积。为了克服这一缺陷,许多实验室用一种叫作蒸汽浓缩的方法来改善顶空技术。此分析方法的一个设置如图 17-15 所示。

一种类似于环境监测标识的炭涂层条被放置在容器中,容器中装有从火灾现场收集的碎片[17],然后将容器加热到 60 摄氏度,保温大约一小时。在这个温度下,大量的助燃剂挥发到容器的空气中。木炭吸收与之接触的助燃剂蒸汽。这样,在很短的时间内,大量的助燃剂会被吸附并集中在木炭条上。

图 17-15 通过蒸汽浓缩提取助燃剂的仪器。密封容器中的蒸汽暴露在木炭中,木炭是一种化学吸附剂,蒸汽被木炭吸附供以后分析

加热过程完成后,分析人员从容器中取出炭条,用少量溶剂(二硫化碳)洗涤炭条,回收其中的助燃剂。然后将溶剂注入气相色谱仪进行分析。使用蒸汽浓缩气相色谱法的主要优点是灵敏度高。通过将助燃剂吸收到木炭条中,分析人员可以将助燃剂检测的灵敏度提高至少一百倍,比传统的顶空技术高出一百倍。

从图 17-14 可以看出,用气相色谱法识别汽油等助燃剂属于谱图识别。通常情况下,法庭分析技术人员会将样本的谱图与在相同条件下获得的助燃剂标准的色谱图进行比较。与许多其他助燃剂一样,可以将汽油的谱图放在一个可检索的数据库中。《可燃液体数据库》(ILRC)是一个非常有价值的参考资料,可以在 http://ilrc.ucf.edu 上找到。ILRC 很有用,包括大约 500 种可燃液体的色谱图。

---

[17] R. T. Newman et al., "The Use of Activated Charcoal Strips for Fire Debris Extractions by Passive Diffusion. Part 1: The Effects of Time, Temperature, Strip Size, and Sample Concentration," Journal of Forensic Sciences 41 (1996): 361.

走进科学

气相色谱质谱技术

有时用气相色谱法无法得到可识别的图谱。这可能是由于助燃剂是多种助燃剂的混合物,或助燃剂残留物与在火灾现场燃烧的材料产生的热分解产物混合所致。在这种条件下,很难解析气相色谱的谱图。在这些情况下,气相色谱-质谱联用(见第 12 章)是解决助燃剂残留检测难题的重要方法。

通过将从气相色谱柱中分离出来的组分通过质谱仪,可以简化复杂的色谱图。当每一个组分进入质谱仪时,被分解成一组离子。分析人员可以控制哪些离子被检测到,哪些不会被发现。本质上,质谱仪作为一个过滤器,允许分析人员只看到与特定助燃剂选定的离子相关的峰。用这种方法,可以通过消除可能会破坏色谱图案的多余峰来简化色谱图[18]。如图所示。

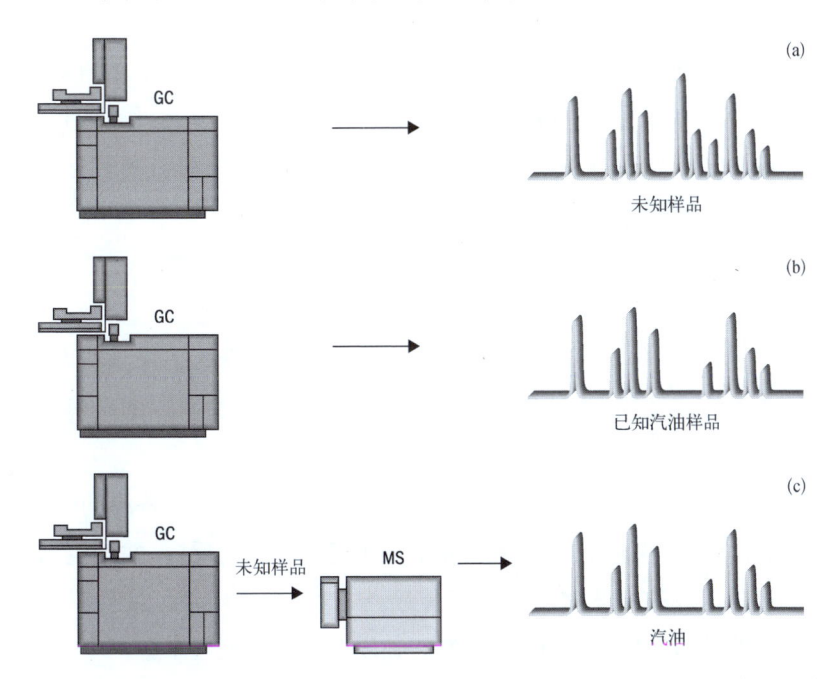

在火灾现场收集的残留样品的色谱图(a),显示出类似于汽油(b)的谱图。然而,只有在使用 GC/MS 从未知样品中消除了无关峰(c)后,才能得出一个确定的结论,即未知样品含有的汽油成分(c)

[18] M. W. Gilbert, "The Use of Individual Extracted Ion Profiles Versus Summed Extracted Ion Profiles in Fire Debris Analysis," Journal of Forensic Sciences 43 (1998): 871.

爆 炸 与 炸 药

容易爆炸且易获得的实验室化学品、硝化甘油炸药,以及在一些国家各种各样的军事炸药,都为社会上犯罪分子提供了致命的武器。炸药已经成为罪犯的武器,一心想实施报复、破坏商业活动,或者只是搞一些单纯的恶作剧,对社会来说是非常不幸的。

虽然带有政治动机的爆炸案件在世界范围内广泛传播,但在美国,大多数爆炸案件是由个人而不是有组织的恐怖分子实施的。这些案件通常涉及的爆炸物是自制爆炸物和燃烧装置。只要武器的设计者具有独创性和想象力,就能造出这种爆炸武器。

与纵火案调查一样,爆炸案的调查也需要一群在拆弹、爆炸现场调查、取证分析和刑事调查方面受过训练和经验丰富的专业人员的密切合作。刑事专家必须检测和识别从犯罪现场采集的爆炸性化学物质,以及识别引爆装置。本章的其余部分对这一问题进行专门讨论。

爆炸的化学原理

像火一样,**爆炸**[19]是伴随着气体和热量的产生而燃烧的结果。然而,爆炸的显著特征是反应速度快。爆炸源处气体压力的突然增加会对周围环境产生剧烈的物理破坏。

之前关于火的化学性质的讨论只涉及以空气为唯一氧气来源的氧化反应。然而还有其他情况。例如,炸药是能够发生快速放热氧化反应,并产生大量气体的物质。气体压力的突然增加会引起爆炸。爆炸发生得如此迅速,以至于空气中的氧气不能参与反应。因此,许多炸药必须有自己的氧气来源。

供氧的化学物质被称为**氧化剂**[20]。在黑火药中就有这样一种试剂,黑火药属于低爆速炸药,由下列化学成分的混合物组成:75%硝酸钾(KNO_3)、15%木炭(C)、10%硫黄(S)。

---

[19] 爆炸:由燃烧引起的化学或机械作用,伴随热量的产生和气体的迅速膨胀。
[20] 氧化剂:为化学反应提供氧的物质。

在混合物中，含氧硝酸钾作为木炭和硫黄燃料的氧化剂。对黑火药加热时，硝酸钾释放出氧气，同时与木炭、硫黄结合产生热量和气体（用↑表示），其化学反应方程如下：

$$3C+S+2KNO_3 \rightarrow 3CO_2\uparrow +N_2\uparrow +K_2S$$

有些炸药的氧气和燃料成分结合在一个分子中。例如，硝化甘油炸药的主要成分是硝化甘油，其化学结构由碳、氢、氮和氧组成：

$$\begin{array}{c}H\quad H\quad H\\|\quad\ |\quad\ |\\H-C-C-C-H\\|\quad\ |\quad\ |\\NO_2\ NO_2\ NO_2\end{array}$$

当硝化甘油爆炸时，分子分解时释放出大量能量，原子重新结合产生大量的二氧化碳、氮气和水。

例如，探讨将爆炸物限制在一个相对较小的封闭容器内的影响。爆炸时，炸药几乎在瞬间产生大量气体，对容器内壁施加巨大的高压。此外，爆炸释放的热能使气体膨胀，使其以更大的力推动壁面。如果用慢镜头观察铅管爆炸的效果，首先会看到管壁在每平方英寸数百吨的压力下伸展和膨胀。最后，管壁会破裂，向四面八方飞去。这些飞溅的碎片或弹片对邻近地区的生命和建筑体构成极大危险。

图 17-16 剧烈的爆炸

当气体从封闭空间中释放出来时,从爆炸的源头向外移动,爆炸的气体突然膨胀并压缩周围的空气层。这种爆炸效应,也就是气体向外喷射,其速度可达每小时 7 000 英里,产生冲击波,可以掀翻墙壁屋顶,破坏其经过路径上的任何物体。如果炸弹威力足够大,爆炸效应造成的破坏比断裂碎片造成的破坏更严重(见图 17-16)。

炸药的类型

炸药分解的速度各不相同,因此可以将其分为高爆速炸药和低爆速炸药。在低爆速炸药中,这个速度称为**爆燃**[21](燃烧)速度。特点是快速氧化、产生热、光和亚音速冲击波。在高爆速炸药中,被称为爆轰速度。**爆轰**[22]是指在炸包内产生超音速冲击波。这种冲击波打破了炸药的化学键,导致新的热量和气体瞬间积聚。

低爆速炸药

低爆速炸药[23],如黑火药和无烟火药,分解速度相对较慢,可达每秒 1 000 米。由于燃烧速度慢,这类炸药产生起到推进或投掷作用,因而适合作为弹药或火箭的推进剂。然而,这类爆炸物的危险性不可低估,因为当其中任何一种被限制在一个相对较小的容器内时,爆炸威力一样致命。

黑火药和无烟火药

在低爆速类炸药中使用最广泛的是黑火药和无烟火药。这两种炸药之所以受欢迎,是因为大众很容易得到。在任何枪械商店都可以买到这两种爆炸物,也可以由原料合成黑火药,这些原料从任何化学用品商店都可以轻易买到。

黑火药[24]是硝酸钾或硝酸钠、木炭和硫的混合物,性能相对稳定。在开放空间的情况下,仅仅发生燃烧而不爆炸。因此,它通常用于**安全引信**[25],将火焰引到炸包处。安全引信通常由黑火药包裹在织物或塑料外壳中构成。当安全引信被点燃时,足够长的安全引信会以足够慢的速度燃烧,从而使人有足够的时间离

---

[21] 爆燃:一种非常快速的氧化反应,产生能破坏周围环境的低强度压力波。
[22] 爆轰:一种极快的氧化反应,伴随强烈的破坏效应和强烈的高速冲击波。
[23] 低爆速炸药:一种爆炸速度小于每秒 1 000 米的炸药。
[24] 黑火药:通常是硝酸钾、碳和硫的混合物,比例为 75∶15∶10。
[25] 安全引信:一种含有黑火药芯的绳子,用于将火焰以均匀的速度传递到炸药包上。

开即将发生爆炸的地点。黑火药和其他低爆速炸药一样,只有在狭小的燃烧空间中才具有爆炸性和致命性。

最安全、威力最大的低爆速炸药是**无烟火药**。这种炸药通常由硝化棉或硝化纤维(**单基火药**[26])或硝化甘油与硝化纤维混合而成(**双基火药**[27])。根据应用需求,炸药粉末被制成各种粒度和形状(见图 17-17)。收集单基和双基无烟装弹粉末的信息和数据形成无烟火药数据库,定期更新这些信息。这些信息的来源广泛,包括执法机构、供应商和制造商。数据库包含每种粉末的显微照片、物理特性以及仪器分析数据。该数据库由中佛罗里达大学维护[28]。

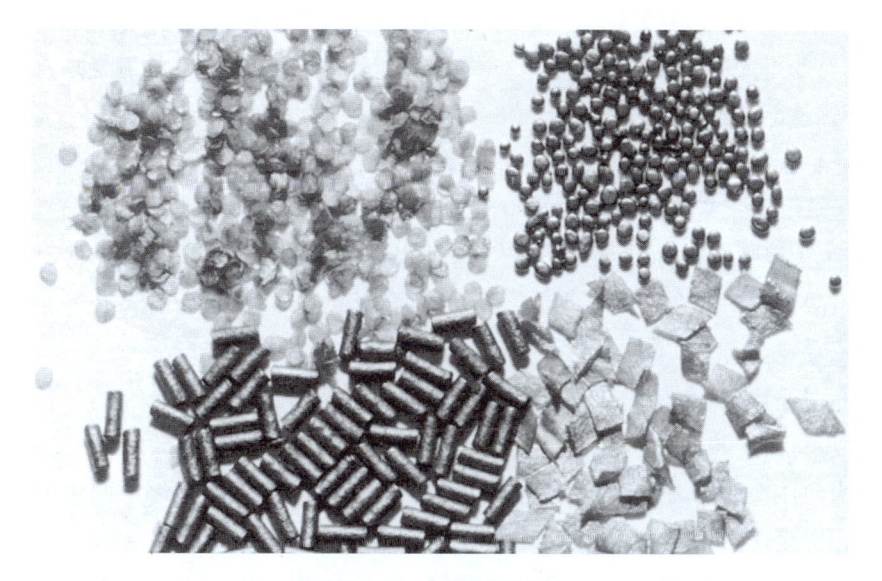

图 17-17　无烟火药样品

氯酸盐混合物

低爆速炸药的主要成分是燃料和良好的氧化剂。例如,氧化剂氯酸钾,当与糖混合时会产生一种爆炸性混合物,这种混合物很容易获得,也很流行。当这种爆炸性混合物被限制在一个小容器中时,例如一根管子,点燃这种混合物就会爆炸,其威力相当于硝化甘油炸药的 40%。

其他一些常见的可能与氯酸盐结合产生爆炸物的成分有碳、硫、淀粉、磷和

---

[26]　单基火药:由硝化棉或硝化纤维组成的炸药。
[27]　双基火药:一种由硝化甘油和硝化纤维素混合而成的炸药。
[28]　无烟粉末数据库可以在 http://www.ilrc.ucf.edu/powders 上找到。

镁屑。氯酸盐混合物也可能被化学反应产生的热量点燃。例如,当浓硫酸与糖氯酸盐混合物接触时,可以产生足够的热量来启动燃烧。

气体-空气混合物

当一定数量的天然气泄漏到一个有限的区域并与足够数量的空气混合时,就会产生另一种形式的低爆速爆炸。如果点燃这种混合物,会发生燃烧并在短时间内产生大量的气体和热量。在建筑物中,膨胀的气体迫使墙壁向外膨胀,导致屋顶落入建筑物内部,物体向外抛射,毫无规律地散落在四面八方。

空气和气体燃料的混合物只能在有限的浓度范围内爆炸或燃烧。例如,当空气中甲烷的浓度在 5.3% 至 13.9% 范围内,会引起爆炸。在空气太多的情况下,燃料变得太稀薄而无法点燃。如果燃料过多,由于没有足够的氧气来支持燃烧,燃烧就会被阻止。

达到或接近浓度上限的混合物会爆炸。然而,有些气体没有被消耗是因为没有足够的氧气来完成燃烧。当空气冲回爆炸的源头时,与残余的高温气体结合,产生了以嗖嗖声为特征的火灾。这种火灾通常比之前的爆炸更具破坏性。接近极限下限的混合物("稀"混合物)通常会引起爆炸,而不会引起火灾。

高爆速炸药

高爆速炸药[29]包括硝化甘油、TNT 炸药、PETN 炸药和黑索金炸药。几乎在瞬间以每秒 1 000~8 500 米的速度爆炸,粉碎目标物,具有十分猛烈的效果,也被称为烈性炸药。高爆速炸药根据其对热、冲击和摩擦的敏感性不同可分为起爆药和次级炸药两类。

起爆药[30]对热、冲击或摩擦非常敏感,在正常情况下会剧烈爆炸而不是燃烧。由于这个原因,起爆药被用来利用连锁反应引爆其他爆炸物,通常起爆药也被称为引物。起爆药包括叠氮铅、苯乙烯铅和重氮二硝基苯酚。雷管的主要成分就是起爆药(见图 17 - 18)。由于其极高的敏感性,这些炸药很少用作自制炸弹。

次级炸药[31]对热、冲击或摩擦相对不敏感,在露天少量点燃时,通常燃烧而不发生引爆。商业和军事爆破的炸药大多数都用次级炸药。常见的次级炸药有硝化甘油炸药,TNT(三硝基甲苯),PETN(季戊四醇四硝酸酯),RDX(环三亚甲

---

[29] 高爆速炸药:一种爆炸速度大于每秒 1 000 米的炸药。
[30] 起爆药:一种容易因热、冲击或摩擦而引爆的高强度炸药。
[31] 次级炸药:一种对热、冲击或摩擦相对不敏感的烈性炸药。

基三硝胺）和四硝基炸药（2,4,6-三硝基苯基甲基硝胺）。

硝化甘油炸药

人类追求和平的最高象征——诺贝尔和平奖的名字竟然是"炸药"的发明者。1867 年，瑞典化学家阿尔弗雷德·诺贝尔（Alfred Nobel）在寻找硝化甘油脱敏的方法时发现，当硅藻土（kieselguhr）吸收了大量硝化甘油后，其灵敏度大大降低，但仍保持其爆发力。因为硅藻土是一种吸热材料，诺贝尔后来决定使用纸浆作为吸附剂。

这种纸浆炸药是现在被称为纯硝甘炸药系列的鼻祖。当需要快速的爆破行动时，可以使用这些纸浆炸药。除了硝化甘油和纸浆，现在的纯硝甘炸药还包括硝酸钠（为完全燃烧提供氧气）和部分稳定剂，如碳酸钙。

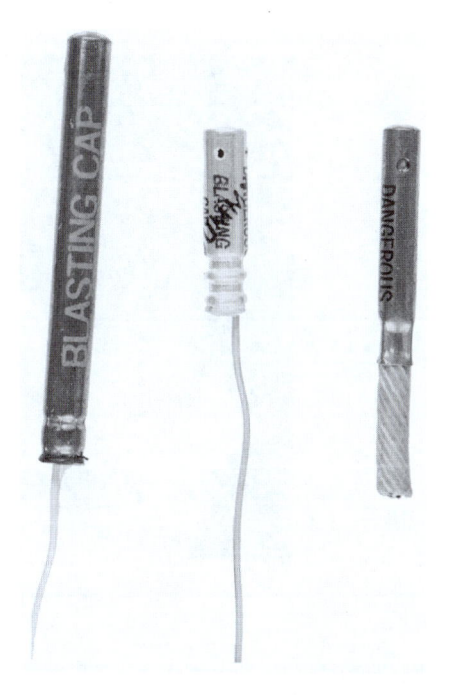

图 17-18 雷管。左帽和中心帽由电流启动；右边的瓶盖由安全引信启动

所有纯硝甘炸药都是由强度来评定的。强度等级由配方中的硝酸甘油的质量百分比确定。因此，40% 纯硝甘炸药指的是含有 40% 的硝化甘油，60% 纯硝甘炸药指的是含有 60% 的硝化甘油，以此类推。然而，不同强度炸药的相对爆破威力与其强度等级并不成正比。60% 纯硝甘炸药的强度不是 20% 炸药的三倍，而是只有 20% 炸药的 1.5 倍（见图 17-19）。

硝铵炸药

近年来，以硝化甘油为基础的炸药几乎已经在工业炸药市场上消失。在商业上，这些炸药主要被硝酸铵基炸药取代，也就是水凝胶、乳剂和铵油炸药。这些炸药将富氧的硝酸铵与燃料混合，形成一种低成本、稳定的爆炸物。

通常，水凝胶的黏稠度类似于凝胶或凝胶型牙膏。其性能特点是防水，以及在潮湿的条件下能进行所有类型的爆破。这些爆炸物的配方是硝酸铵和硝酸钠与天然多糖凝胶，如瓜尔胶。通常，在凝胶中加入铝粉等易燃物质作为爆炸物的燃烧剂。

乳化炸药不同于凝胶，由两种不同的相组成：油相和水相。在乳液中，作为

图 17-19　硝化甘油炸药棒

燃料的碳氢化合物包围着一滴过饱和的硝酸铵溶液。典型的乳化液由水、一种或多种无机硝酸盐氧化剂、油和乳化剂组成。通常,乳化炸药含有微米大小的玻璃、树脂或陶瓷球,即微球或微气球。这些球的大小控制着炸药的灵敏度和爆炸速度。

硝酸铵浸泡在燃油中形成铵油炸药。这种商业炸药价格低廉,处理安全,在采矿工业的爆破作业中得到了广泛的应用。肥料形式的硝酸铵是自制爆炸物的一种容易获得的原料。事实上,在1993年纽约世贸大厦爆炸事件中,美国联邦调查局(FBI)搜查了5名男子在纽约的藏身之处,并逮捕了他们。当时,他们正在混合燃料油和硝酸铵肥料以制作铵油炸药。

TATP

三聚过氧丙酮(TATP)是一种自制炸药,被以色列等中东国家的恐怖组织用作简易炸药。是通过丙酮和过氧化氢这些常见药品在酸催化剂,如盐酸的存在下反应而制备的。

TATP是一种对摩擦和冲击敏感的炸药,当被限放在狭小的容器中(如管道)时,其威力极大。2005年的伦敦交通爆炸案就是由TATP基的炸药引起的,这充分证明恐怖组织已经将TATP转移到了中东以外的地区。一辆被TATP炸弹摧毁的伦敦公共汽车如图17-20所示。由于制备容易,TATP成了恐怖组织

图 17-20　一辆伦敦巴士被一枚 TATP 炸弹炸毁

的首选。2016 年布鲁塞尔机场爆炸案的人员伤亡就是由 TATP 造成的。此外，在布鲁塞尔，调查人员发现了装有 TATP 的行李箱，其中还装有硝酸铵、金属螺栓和钉子。

据说，在用液体炸药炸毁 10 架从英国飞往美国的国际航班的阴谋中，计划将过氧化物基的 TATP 爆炸物偷运到飞机上。这一阴谋导致当局禁止乘客携带液体和凝胶登机。

军用高爆速炸药

关于高爆速炸药的讨论如果不提到军用高爆速炸药就不完整。在许多国家，恐怖组织容易获得烈性炸药，这使得烈性炸药成为自制炸弹的常见成分。黑索金作为最受欢迎和威力最大的军用炸药，通常以一种柔韧塑料的形式示人，这种塑料的黏稠度像面团一样，被称为 C-4 炸药（美国军方的名称）。

第二次世界大战期间，TNT 被大规模生产和使用，被认为是最重要的军事爆破炸药。可单独使用或与其他爆炸物联合使用，在炮弹、炸弹、手榴弹、爆破炸药和推进剂成分中得到广泛应用。有趣的是，军用炸药不含硝化甘油，而是由黑索金和 TNT 的混合物组成。像其他军用炸药一样，TNT 很少出现在美国的爆炸中。

军方将 PETN 和 TNT 混合用在小口径炮弹和手榴弹上。在商业上，PETN 被用作**导爆索**㉜的爆芯，代替燃烧较慢的安全引信。常用一根爆芯来连接一系列炸包装药，以便这些炸包能同时引爆。

雷管

与低爆速炸药不同，由高爆速炸药制成的炸弹必须通过一次初始爆炸来引爆。在大多数情况下，雷管是由铜或铝壳组成的爆破帽，填充叠氮铅，PETN 或 RDX 作为起爆药。雷管可以通过燃烧安全引信或电流引爆。

伪装在包裹、手提箱等物品中的自制炸弹，通常由连接在电池上的电雷管引爆。人们设计了无数开关机构来启动这些装置，其中钟表和水银开关是首选。布置炸弹的人有时更喜欢使用外部电源。例如，大多数汽车炸弹是在汽车点火开关打开时引爆的。

案例分析

液 体 炸 药

2006 年，美国和英国的安全机构发现了一起恐怖分子密谋使用液体炸药摧毁两国商业航空公司的案件。在数百种炸药中，大多数是固体炸药。只有大约有十几种是液体炸药。有些液体炸药很容易买到，有些则可以用数百种不难获得的化学物质制成。"9·11"恐怖袭击之后，对固体炸药的担忧成为人们最关心的问题。2001 年，Richard Reid 因试图破坏一架从巴黎起飞的美国航空公司航班而被捕。当局随后在他的鞋里发现了一枚带有 TATP 雷管的烈性炸药。因此，恐怖分子在最新的阴谋中转向液体炸药就不足为奇了。在联邦安全官员发布的一份有关炸

飞机乘客登机前丢弃的凝胶和液体

㉜ 导爆索：一种绳状炸药，内含高爆炸性物质，通常为 PETN，也叫传爆索。

毁10架国际飞机的备忘录中,强调了一种以过氧化氢为原料的液体炸药。

最常见的过氧化物炸药是TATP(三过氧化丙酮),由丙酮和过氧化氢两种广泛使用的物质组成。TATP可以用作雷管或起爆药,并被用于与恐怖组织有关的炸弹阴谋和自杀式炸弹袭击者。TATP本身是一种白色粉末,由丙酮和过氧化氢混合在一起时形成的晶体组成,通常会添加催化剂以加速化学反应。丙酮是洗甲水的主要成分,而过氧化氢是一种流行的防腐剂。当两种主要成分混合时,会形成一种白色粉末,可以很容易地用电火花引爆。

然而,市售过氧化氢的浓度不足以产生TATP。商店里出售的溶液含有大约3%的过氧化氢,相比之下,TATP需要大约70%的浓度。但是,从化学供应室可以获得30%以上的过氧化氢溶液。据炸药专家介绍,30%的过氧化氢和丙酮的混合物可以产生足以烧毁飞机机身的大火。

理论上,科学家知道如何识别过氧化氢炸药。我们面临的挑战是设计出能够快速有效地对数千名通过机场安检的乘客进行扫描的机器。目前机场的扫描机器是用来检测含氮化学物质的,而不是用来检测含过氧化物的爆炸性成分。自9·11事件以来,安全专家一直担心液体炸药可能以液体和凝胶的形式进入客机。

不用再等待能够找出危险液体的新式扫描设备在机场配置到位,毕竟这是一件奢侈的事情。专家们决定采用一种简单的方法,即限制乘客能带上飞机的液体种类和数量。

爆炸物证据的收集与分析

爆炸物残留检测分析中最重要的一步就是从爆炸现场采集合适的样品。无一例外地,未引爆的爆炸物残留会留在爆炸地点。在实验室中检验和鉴定这些爆炸物要依赖爆炸现场调查员的技能,以及调查员对可能含有此类物质区域的识别能力和对其进行取样的能力。

探测和收集爆炸物证据

高爆速炸药或含有低爆速炸药的爆炸物最明显特征是在爆炸源处有一个炸

坑。一旦找到炸坑,所有松散的土壤和其他碎片必须立即从坑内部清除,并保存下来供实验室分析。爆炸残留物的其他良好来源是位于起爆点附近的物体。木材、绝缘材料、橡胶和其他容易被渗透的软材料经常会留下爆炸物的痕迹。然而,爆炸附近的非多孔物体也不能被忽视。例如,在爆炸地点附近的金属物体表面可以找到残留物。从爆炸源吹走的物质也应该收集,因为也可能保留有爆炸残留物。

必须系统地搜查整个爆炸区域,并且十分小心地寻找爆炸地点以外的引爆装置或任何其他可疑物的痕迹。金属丝筛网最适合用于碎片的筛选。所有参与搜查爆炸现场的人员必须采取适当的措施避免污染现场,包括穿戴一次性手套、鞋套和工作服。

收集和包装

收集用于实验室检验的所有材料必须放在密封的容器中,并贴上相关信息的标签。在管式炸弹爆炸中,发现炸药的颗粒经常黏附在管帽或管螺纹上,这要么是由于爆炸的力量冲击到金属中,要么是在炸弹制造过程中沉积在螺纹中。土壤和其他软的松散的材料最好储存在密封的金属容器中,如干净的油漆罐。从不同地方收集的碎片和物品将被包装在不同的密封容器中。不应使用塑胶袋储存怀疑含有爆炸物残留物的证据,有些炸药可以透过塑料。还要防止锋利的物体刺穿塑料袋,最好把这些东西放在金属容器里。

走进科学

爆炸物证据分析

当爆炸现场的碎片和其他材料送至实验室后,所有东西都要首先进行显微镜检查,以检测未消耗的炸药颗粒。如果发现了回收的碎片和引爆装置,用低倍立体显微镜下仔细观察这些碎片和装置,努力寻找爆炸物的颗粒。黑火药和无烟火药由于其独特的形状和颜色,在碎片中相对容易找到(见图 17-17)。然而,硝化甘油炸药和其他烈性炸药的寻找对工作人员来说是一项十分困难的任务,通常须其他方法检测。

在现场或实验室中甄别爆炸物残留物的一种方法是离子迁移谱仪(IMS)[33]。图中显示了一个便携的 IMS。

---

[33] Keller et al., "Application of Ion Mobility Spectrometry in Cases of Forensic Interest," Forensic Science International 161 (2006): 130.

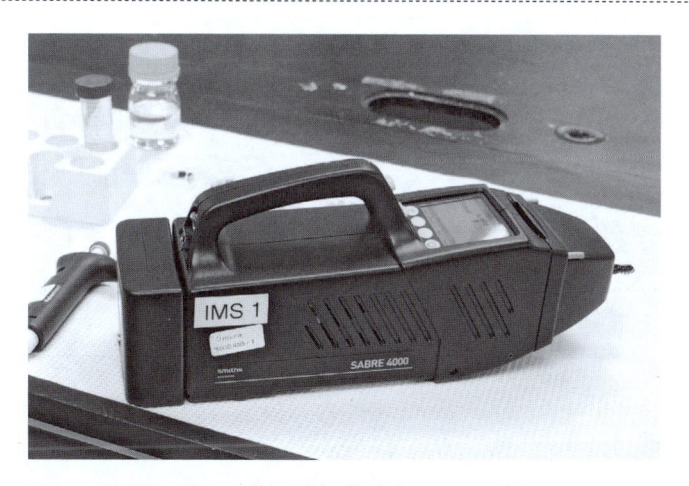

第十七章　火灾和爆炸的法庭科学研究　　611

Hardened Mobile Trace 是一种便携式离子迁移谱仪,用于快速检测和初步鉴定微量的爆炸物

　　这种手持式探测器使用抽真空从可疑表面收集爆炸物残留物,或者用聚四氟乙烯涂层的玻璃纤维圆盘擦拭疑似含有爆炸物残留物的表面,然后将收集到的残留物从圆盘上放入光谱仪。一旦进入 IMS,爆炸残留物被加热蒸发。这些蒸发的物质暴露在电子束或辐射镍发出的 β 射线下,转化为带电的分子或离子。然后让离子在电场的作用下通过检测区(漂移区)。图中展示了 IMS 的原理图。

　　可以通过记录爆炸物在管道中移动所需的时间来初步鉴定爆炸残留物。因为离子移动的速度取决于大小和结构,所以通过管道的速度可以是具有特征性的。作为一种筛选工具,这种方法可以快速检测出各种爆炸物,即使检测值很低。然而,所有结果都需要通过验证性试验进行验证。

　　显微镜检验后,用丙酮彻底冲洗回收的碎片。大多数炸药在丙酮中的高溶解度保证了能迅速从碎片中清除。当怀疑含有硝酸铵或低浓度炸药的水凝胶炸药时,应用水冲洗碎片,以便提取水溶性物质(如硝酸盐和氯酸盐)。表17-3列出了检查者可对丙酮提取物和水提取物进行的一些简单颜色试验,分别筛选是否存在有机炸药和无机炸药。

　　回收采集后,将丙酮提取物溶液浓缩,并使用色斑试验、薄层色谱(TLC)、高效液相色谱(HPLC)、气相色谱-质谱法进行分析。薄层色谱板上的轮廓清晰的斑点指示炸药的存在,这个斑点是对应于已知的炸药,如硝酸甘油,黑索今,或 PETN。

612　法庭科学概论

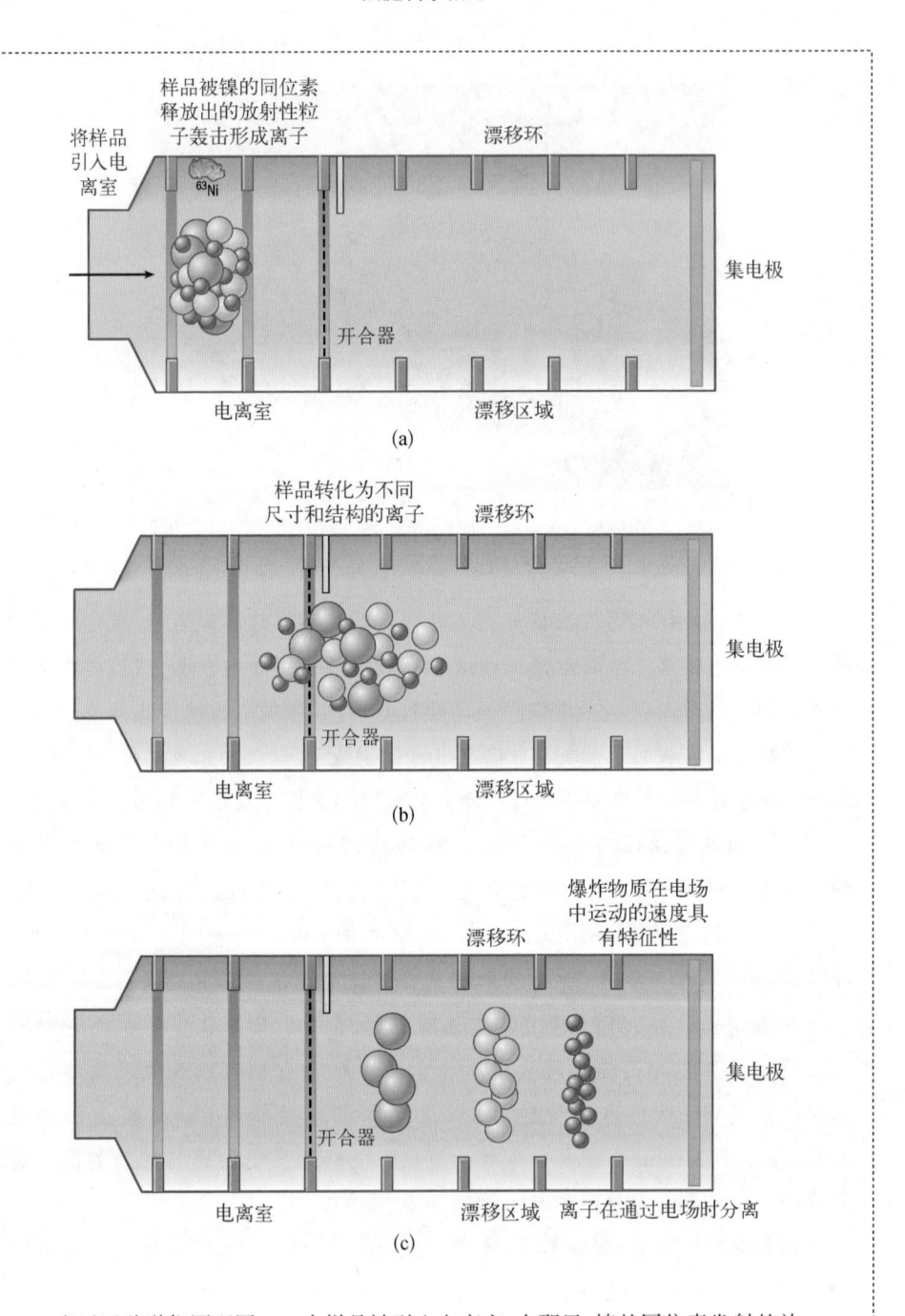

(a)

将样品引入电离室 　样品被镍的同位素释放出的放射性粒子轰击形成离子　漂移环　集电极　开合器　电离室　漂移区域

(b)

样品转化为不同尺寸和结构的离子　漂移环　集电极　开合器　电离室　漂移区域

(c)

爆炸物质在电场中运动的速度具有特征性　漂移环　集电极　开合器　电离室　漂移区域　离子在通过电场时分开

离子迁移谱仪原理图。一个样品被引入电离室，在那里，镍的同位素发射的放射性粒子轰击样品，样品转化为离子。离子移动到一个漂移区，由于存在电场，根据离子速度的不同，将离子分开

表 17-3 常见爆炸物色斑试验

物　质	格利斯[a]	二苯胺[b]	乙醇的 KOH 溶液[c]
氯酸盐	无色	蓝	无色
硝酸盐	粉到红	蓝	无色
硝化棉	粉	蓝黑	无色
硝化甘油	粉到红	蓝	无色
PETN	粉到红	蓝	无色
黑索金	粉到红	蓝	无色
TNT	无色	无色	红色
Tetryl	粉到红	蓝	红紫

表头：试　剂

a. 格利斯试剂：溶液 1：将 1 g 对氨基苯磺酸溶解到 100 mL 30%醋酸中。
　溶液 2：将 0.5 g N-1-萘基乙二胺溶于 100 mL 甲醇中，向可疑提取物中加入溶液 1 和溶液 2 及几毫克锌粉。
b. 二苯胺溶液：将 1 g 二苯胺溶于 100 mL 浓硫酸中。
c. 乙醇的 KOH 溶液：将 10 g KOH 固体溶于 100 mL 无水乙醇中

高效液相色谱法具有很高的灵敏度，可用于痕量爆炸物证据的分析。高效液相色谱在室温下工作，因此不会引起爆炸物在分析过程中分解，因为许多爆炸物是温度敏感的。当怀疑含有硝酸铵或低浓度炸药的水凝胶炸药时，应用水冲洗碎片，以便提取水溶性物质(如硝酸盐和氯酸盐)。

当收集足够数量的爆炸物时，可通过红外分光光度法进行验证试验。爆炸物产生独特的有机炸药指纹图谱，如图中 RDX 的红外光谱所示。

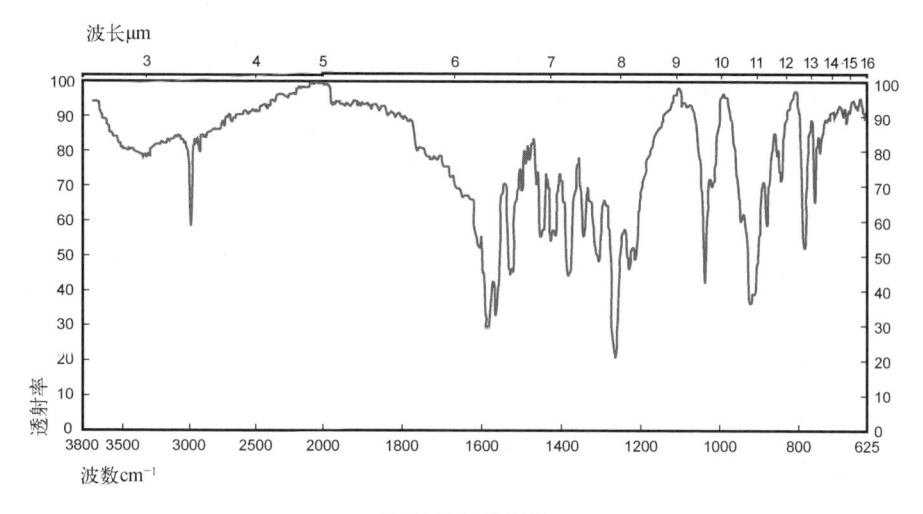

RDX 的红外光谱

章节小结

当火灾发生时,氧气与燃料结合,产生明显的热量和光(火焰)。要引燃和维持燃烧必须满足三个条件:(1)必须存在燃料,(2)必须有足够的氧气量与燃料结合,(3)必须施加足够的热量来引燃并产生热量维持反应。只有当燃料处于气态时,与氧气的反应速率才足以维持燃烧。

随着燃烧的持续,燃烧过程产生的热量往往从高温区域转移到低温区域。了解从一个地方到另一个地方的热传递对于重建火灾的起源,理解火灾如何在一个建筑物传播是很重要的。传热的三种机制是传导、辐射和对流。

火灾扑灭后,纵火案件调查人员必须检查火灾现场,寻找纵火的迹象。纵火的迹象包括单独和不相连的火灾的证据,通过传递将火势从一个地区蔓延到另一个地区,以及在地板上而不是在建筑物的天花板上发现的严重燃烧的证据。

火灾现场的搜查应该集中在寻找起火原因上。没有快速、简单的火灾发生规律。通常情况下,火倾向于向上移动,因此最可能的火源很可能是最接近强烈燃烧特征的最低点。有时当火焰向上燃烧时,在垂直的墙壁上形成 V 形图案。在可疑的火源处,应收集多孔材料并储存在密封容器中。

在实验室中,气相色谱仪是检测和表征易燃残留物最灵敏可靠的仪器。大多数纵火案是由汽油和煤油等石油馏分引起的。气相色谱仪分离烃类成分,并产生具有特定石油产品特征的色谱图。通过对比从火灾现场碎片中提取的物质和已知的易燃液体的气相色谱图,法庭分析人员能够确定起火的助燃剂。

炸药是一种发生快速氧化反应并产生大量气体的物质。气体压力的突然增加会引起爆炸。炸药按照分解的速度分为高爆速炸药和低爆速炸药。

使用最广泛的低爆速炸药是黑火药和无烟火药。在烈性炸药中,起爆药对热、冲击或摩擦非常敏感,是雷管中的主要成分。二次炸药通常构成烈性炸药的主要装药。

在烈性炸药中,硝酸甘油基的炸药几乎在工业炸药市场上消失,取而代之的是以硝酸铵为基础的炸药(如水凝胶、乳剂和铵油炸药)。在美国以外的许多国家,恐怖组织可以获得军用烈性炸药,这使其成为自制炸弹的常见成分。黑索金是最受欢迎的烈性军用炸药。

必须系统地搜查整个爆炸地点,十分小心地寻找引爆装置或爆炸地点以外的任何其他物品的任何痕迹。爆炸发生地或附近的物体必须收集起来进行实验室检查。挥发性物品应包装在密封容器中,如干净的油漆罐,以便运输到实验室。

通常情况下,在实验室中,用显微镜检查从爆炸现场收集的碎片中的未被消耗的爆炸颗粒。回收的碎片可以用有机溶剂彻底冲洗,并通过测试方法进行分析,包括色斑测试、薄层色谱、高效液相色谱和气相色谱质谱联用测试。

问题回顾

1. 判断正误:若没有化学残留物就可以排除纵火的可能性。_____
2. 氧与其他物质的结合产生新的化学物质被称为_____。
3. 判断正误:所有的氧化反应都会产生大量的光和热。_____
4. _____是做功的能力。
5. 燃烧甲烷加热水产生蒸汽以驱动涡轮机是将_____能源转化为_____能源的一个例子。
6. 化学反应产生的热量来源于化学键的_____和_____。
7. 分子必须(吸收/释放)能量来打破它们的化学键,并且在它们的化学键重新组合时(吸收/释放)能量。
8. 所有的氧化反应(吸收/释放)热量。
9. 释放热量的反应被称为_____。
10. 氧化反应释放的多余热能称为_____。
11. 一种从环境中吸收热量的化学反应称为_____。
12. 判断正误:所有反应都需要能量输入来启动。_____
13. 燃料燃烧的最低温度被称为_____温度。
14. 燃料与氧达到足够的反应速率,只在(气态/液态)状态下产生火焰。
15. 液体燃料产生足够蒸汽燃烧的最低温度是_____。
16. _____是将固体物质化学分解为气态产物。
17. _____是在没有火焰的情况下燃料燃烧的一种现象。
18. 化学反应的速率随着温度的升高而(增加/减少)。
19. _____描述了由自然产热过程引起的火灾。
20. 判断正误:在没有搜查令的情况下,可以立即开始对火灾现场的搜查。_____

21. 对火灾现场的搜索必须集中在寻找火灾的_____。
22. 判断正误：火灾的可能起火点最接近显示燃烧特征最强烈的最低点。_____
23. 在火源处收集的碎片应包括所有(多孔的/非多孔的)材料。
24. _____容器必须用于包装所有怀疑含有碳氢化合物残留物的材料。
25. 检测和表征易燃残留物最灵敏、最可靠的仪器是(气相色谱仪、红外分光光度计)。
26. 挥发性石油残渣的鉴别是由其气相色谱的(大小/图案)来确定的。
27. 判断正误：与气相色谱结合使用蒸汽浓缩技术的主要优点是它在检测火灾现场证据的挥发性残留物方面具有极高的灵敏度。_____
28. 判断正误：分析人员通常会将火焰样本生成的气相色谱图与谱图库进行比较，以确定助燃剂。_____
29. 刑事技术专家(可以/不能)通过品牌名称识别汽油残留物。
30. 伴有大量气体产生的快速燃烧描述了_____。
31. 判断正误：供应氧气的化学物质被称为氧化剂。_____
32. 分解速度相对较慢的炸药被归类为_____炸药。
33. 低爆速炸药分解的速度称为_____的速度。
34. 黑火药的三种成分有_____，_____和_____。
35. _____炸药几乎在瞬间爆炸，产生猛烈的粉碎效果。
36. 使用最广泛的低爆速炸药是_____和_____。
37. 低爆速炸药只有当它_____时才具有爆炸性和致命性。
38. 判断正误：空气和气体燃料以任何比例混合都会燃烧。_____
39. 烈性炸药分为_____炸药和_____炸药。
40. 在军队中使用最广泛的炸药是_____。
41. 起爆索的爆芯是_____。
42. 高爆速炸药通常由包含在雷管中的_____炸药引爆。
43. 烈性炸药的一个明显特征是在爆炸源处存在_____。
44. 热传递的三个机制_____，_____和_____。
45. 判断正误：从不同的区域收集爆炸现场的碎片和物品后，将被装入不同的密封容器。_____

走进科学问题回顾

1. 火会远离最初的着火点,因为燃烧过程产生的_____往往会从高温区域移动到温度较低的区域。
2. 暴露在高温下的固体中的电子、原子相互碰撞,导致热量在物体中转移,这一过程被称为_____。
3. 在一个被称为_____的过程中,一个受热的表面发出不同波长的电磁辐射,这些辐射沿着一条直线从一个表面移动到另一个表面,导致火在整个建筑物中蔓延。
4. 可以将从气相色谱柱分离出的组分穿过_____来简化复杂的色谱图。
5. 为了在现场或实验室中筛选爆炸残留物的存在,调查人员可以使用手持_____。
6. 在实验室中,通过_____对碎片的仔细检查,可以发现未消耗的爆炸物残留物。
7. 从爆炸现场回收的碎片通常用_____清洗,以便试图回收高爆速爆炸残留物。
8. 收集好丙酮提取物后,丙酮提取液首先用_____、_____和_____进行分析。
9. _____技术对有机炸药产生独特的吸收光谱。

应用与批判性思考

1. 指出哪种传热方法最有可能导致以下情况:
   a. 在起火的房间内,纸张被点燃。
   b. 在起火点邻接的房间内,电线被点燃
   c. 屋顶的木材被点燃
   d. 邻近房屋被点燃
2. 现在是8月下旬,在得克萨斯州的休斯敦,你正在调查一场发生在一个储存机油和其他润滑油的设施的火灾。一名目击者指出,一名男子据称在起火的同一时间从大楼跑了出来。你询问了那个人,结果发现他就是这个设施的主人。他告诉你,他在检查他的库存时,储存在不通风的后屋里的几桶废机油突然起火。房主称,火势蔓延太快,他不得不在拨打911之前逃离大楼。在和几名员工交谈后,你知道大楼里没有空调,石油在狭窄的后屋里储存了将近一年。你还从协助案件的警探那里得知,在过去的三个月里,业主增加了他的保险范围。是应该相信店主的话,还是应该怀疑是纵火?你的结论以什么为依据?

3. 刑事技术专家Mick Mickelson正在火灾现场收集证据。他从事发地点周围的几个房间收集了大约一夸脱的灰烬和煤烟碎片。他把碎片储存在一个新的干净的油漆罐里,大约四分之三满。看到几块他认为可能含有助燃剂残留物的木材,他将它们切割并放入密封塑料袋中。不久之后,一名嫌疑人被捕,Mick在他身上搜索是否有点火器或助燃剂的迹象。他在嫌疑人身上找到一个打火机,并将其作为证据,然后将嫌疑人移交给警方。Mick在收集证据时过程正确吗?如果不正确,犯了哪些错误?

4. 将下列可燃点液体的色谱图分为轻、中、重石油馏分。参见图17-12。

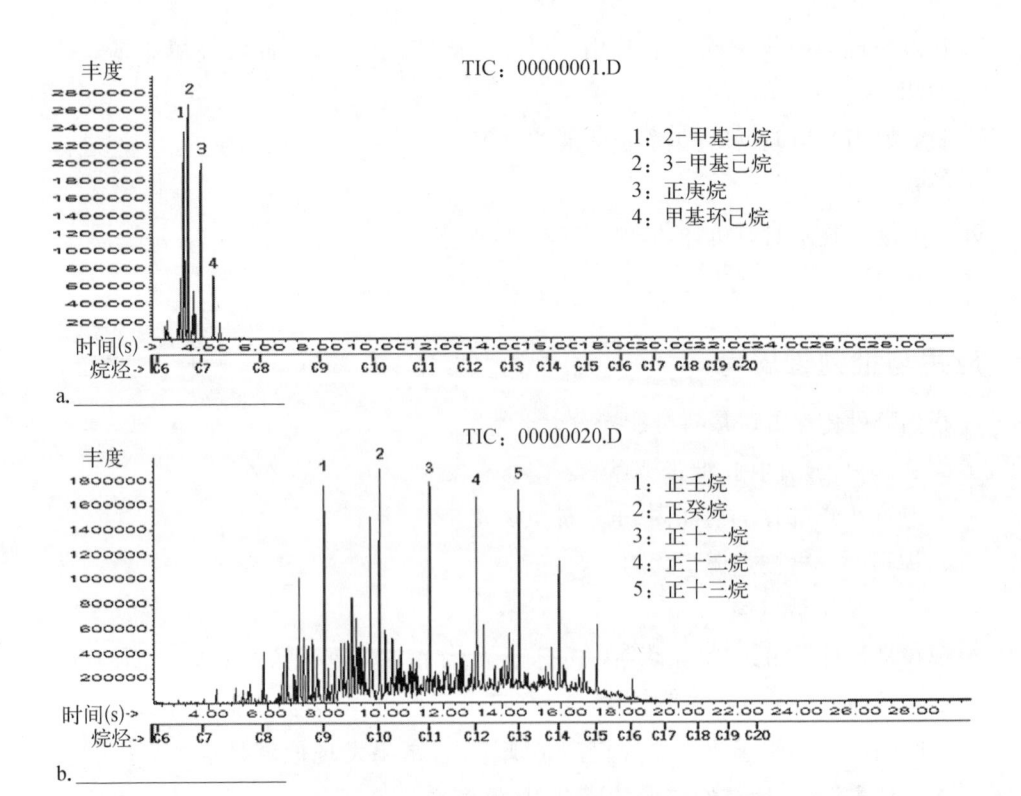

TIC:00000001.D

1:2-甲基己烷
2:3-甲基己烷
3:正庚烷
4:甲基环己烷

a. _____

TIC:00000020.D

1:正壬烷
2:正癸烷
3:正十一烷
4:正十二烷
5:正十三烷

b. _____

TIC：00000031.D

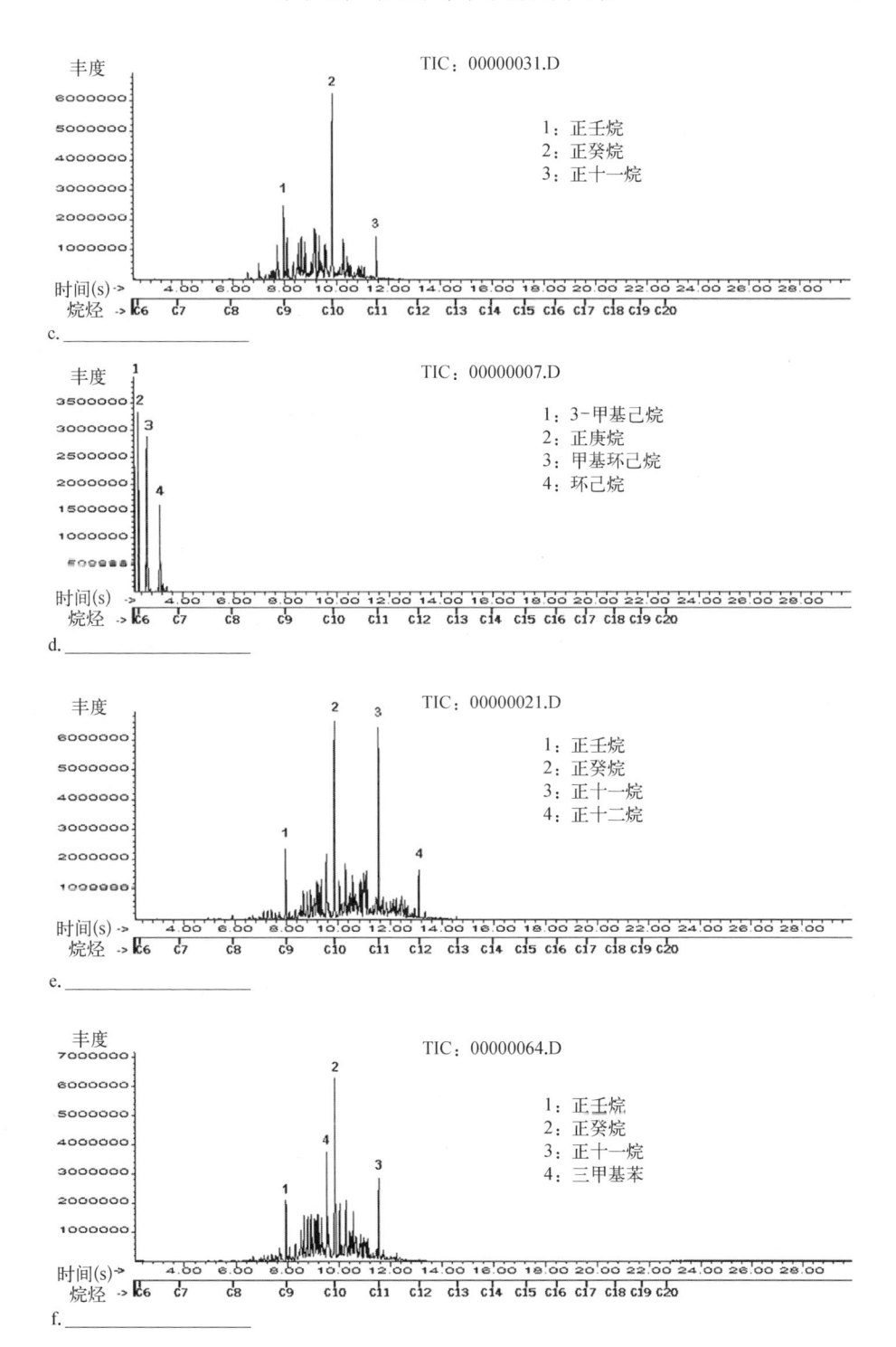

1：正壬烷
2：正癸烷
3：正十一烷

c. _____

TIC：00000007.D

1：3-甲基己烷
2：正庚烷
3：甲基环己烷
4：环己烷

d. _____

TIC：00000021.D

1：正壬烷
2：正癸烷
3：正十一烷
4：正十二烷

e. _____

TIC：00000064.D

1：正壬烷
2：正癸烷
3：正十一烷
4：三甲基苯

f. _____

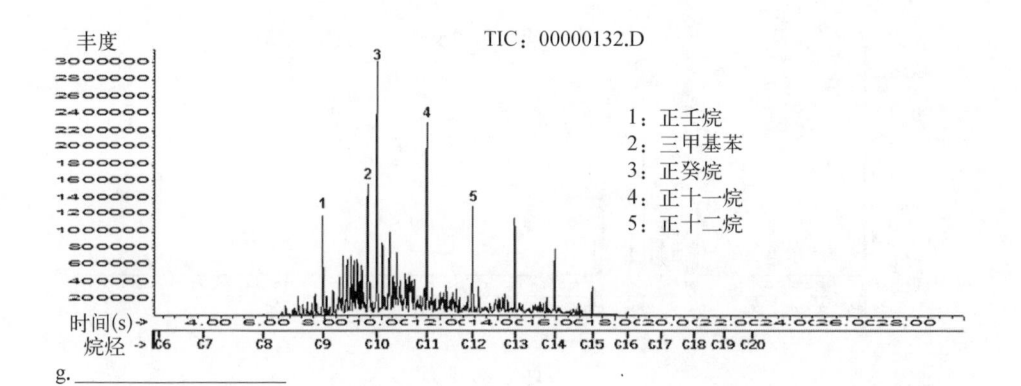

丰度
3000000
2800000
2600000
2400000
2200000
2000000
1800000
1600000
1400000
1200000
1000000
800000
600000
400000
200000

TIC：00000132.D

1：正壬烷
2：三甲基苯
3：正癸烷
4：正十一烷
5：正十二烷

时间(s)→ 4.00 6.00 8.00 10.00 12.00 14.00 16.00 18.00 20.00 22.00 24.00 26.00 28.00
烷烃 → C6 C7 C8 C9 C10 C11 C12 C13 C14 C15 C16 C17 C18 C19 C20

g. _____

5. 以下是在不同的爆炸地点发现的证据。对于每一项，指出爆炸是由低爆速炸药还是高爆速炸药引起的，并给出解释。

   a. 叠氮化铅残留物

   b. 硝化纤维素残留物

   c. 硝酸铵残留物

   d. 导爆索残屑

   e. 氯酸钾残留物

6. 你会先对可疑样本采取哪个测试或哪个颜色测试来检测下列爆炸物证据？并给出解释。

   a. 特屈儿

   b. TNT

   c. 氯酸盐

   d. 硝化纤维素

7. 刑事技术专家 Matt Weir 正在从爆炸现场收集证据。到达现场后，他立即开始寻找爆炸造成的爆炸坑。在找到爆炸坑后，他手工挑选现场的碎片，寻找雷管或外来物质的证据。Matt 从附近收集松散的土壤和碎片，把较小的碎片放入折叠的纸中。他将较大的物品储存在塑料袋中，以便运输到实验室。Matt 在收集和储存这些证据时操作过程正确吗？如果不正确，请指出他犯了哪些错误。

参考文献与延伸阅读

DeHaan, John D., and D. J. Icove, Kirk's Fire Investigation, 7th ed. Upper Saddle River, NJ:

Pearson Educational, 2012.

Hendrikse, J., M. Grutters, and F. Schafer, Identifying Ignitable Liquids in Fire Debris. London Wall, UK: Elsevier Academic Press, 2016.

Icove, David J., J. D. DeHaan, and G. A. Haynes, Forensic Fire Scene Reconstruction, 3rd ed. Upper Saddle River, NJ: Prentice Hall, 2013.

Lentini, J. J., Scientific Protocols for Fire Investigation, 2nd ed. Boca Raton, FL: CRC Press, 2013.

Midkiff, C. R., "Arson and Explosive Investigation," in R. Saferstein, ed., Forensic Science Handbook, vol. 1, 2nd ed. Upper Saddle River, NJ: Prentice Hall, 2002.

NFPA 921 Guide for Fire and Explosion Investigations. Quincy, MA: National Fire Protection Association, 2014.

Stauffer, Eric, Julia A. Dolan, and Reta Newman, Fire Debris Analysis. Burlington, MA: Academic Press, 2008.

Thurman, J. T., Practical Bomb Scene Investigation, 2nd ed. Boca Raton, FL: CRC Press, 2011.

第十八章

文件检验

学习目标

18.1 定义术语"可疑文件"
18.2 解释在比较不同类型笔迹时考虑的因素以及与之相关的挑战
18.3 列出为了与可疑文件比较而收集的笔迹样本的一些重要准则
18.4 认识打印机和复印机的常见种类和个别特征
18.5 列出文件检验人员用于揭示篡改、擦除和消退的常见技术
18.6 总结文件检验人员面临的其他问题

关键术语

charred document	烧焦文件
erasure	擦除
exemplar	样本
indented writings	压痕字迹
infrared luminescence	红外发光
natural variations	自然变化
obliteration	消退
questioned document	可疑文件

新闻头条
罗伯特·德斯特的生与死

罗伯特·德斯特（Robert Durst）于1973年4月与凯瑟琳·麦科马克（Kathleen McCormack）结婚，两人在曼哈顿过着忙碌的生活，凯西是一名医学生，

罗伯特为他家族的房地产生意工作。从各方面来看,他们的关系始于一段充满爱心的关系,但经过近10年的婚姻,这段婚姻正在衰落。凯西在布朗克斯医院接受面部疗伤治疗,并告诉一位朋友罗伯特殴打了她。1982年1月,在与朋友共进晚餐后的一个晚上,凯西失踪了。她再也没有被看到或听到过。

在他妻子失踪后,包括警察在内的许多人将德斯特视为嫌疑人。他经常向他的密友苏珊·伯曼(Susan Berman)寻求安慰和建议。伯曼担任德斯特的代表,在凯西失踪后代表他向新闻媒体发表声明,甚至在她失踪当晚向警方提供他下落的不在场证明。大约20年后,伯曼陷入了困境。警方认为她对凯西的失踪了解太多,并开始勒索德斯特,后者开始为她提供大笔钱的支票。2000年12月24日,苏珊·伯曼(Susan Berman)被发现在加利福尼亚州的家中被谋杀。据了解,德斯特在伯曼被杀前几天就已经在北加州,并在伯曼的尸体被发现的前一天晚上从旧金山飞往纽约。

警方在收到一封写给比弗利山庄警察局的匿名信后发现了这起罪行,该信提醒他们伯曼的住地有一具"尸体"。将这封信的笔迹与德斯特撰写的其他文件上的笔迹进行比较,包括其邮寄给伯曼的信件。"贝弗利"这个词的一个奇怪的拼写错误出现在给警察的"尸体"信件和其他由德斯特撰写的信件中。笔迹检验专家以及德斯特本人都承认他的笔迹与给比弗利山庄警方的信上的笔迹存在符合点。罗伯特·德斯特(Robert Durst)因与苏珊·伯曼(Susan Berman)于2015年3月死亡有关的一级谋杀罪被捕并被起诉,其中的一个依据就是对"尸体"信件进行的笔迹分析。他的审判定于2019年底开始。

文 件 检 验

通常,文件检验人员的工作涉及对笔迹和打印字迹进行检验以确定可疑文件的来源或真实性。但是，文件检验不限于对词组和字母所开展的视觉比对。文件检验人员必须了解如何使用显微镜、摄影技术甚至诸如色谱等分析方法以成功揭示各种旨在改变文件中的内容或意义的所有努力，无论这些改变是明显的还是细微不易被察觉的。

可以将通过覆盖、擦除或更明显地划掉单词来改变文件的行为看作并表征为试图更改或隐蔽文件的原始含义。文件检验人员利用他们的专门技能来恢复被烧毁或烧焦纸张中的书写内容，或者在辨读揭开书写本首页后发现下面的衬垫页上潜在笔迹内容。

当任何包含手写或打字标记的物品之来源或真实性存在疑问时都可能被称为**可疑文件**[①]。这一宽泛定义涵盖了我们在日常社交和商业活动中时常遇到的各类书写的和印刷形成的材料。信件、支票、驾驶执照、合同、遗嘱、选民登记证、护照、请愿书，甚至彩票等都是犯罪实验室更常接收到的样品。但是，我们不必将示例限制在纸质文件上。可疑文件还可能包括在墙壁、窗户、门或任何其他客体上发现的文字或其他标记。

文件检验人员并不拥有所谓的神秘力量或者科学万能公式来帮助识别笔迹的书写人。他们应用经过多年培训以及经验积累所得知识来识别比较可疑的和已知来源笔迹中的个体特征。为此，收集已知作者身份或出处的文件对检验结果是至关重要的。收集笔迹样本可能需要耗费相当多的时间和精力，样本收集过程也可能由于证人不配合或下落不明而受阻。然而，正是笔迹所具有的特定性，使得这类物证，也就如指纹那样，成为调查人员可用的少数具有确定个别特征的一种物证，这种确定性支撑着开展广泛调查工作。

笔 迹 比 对

文件检验专家不断证实不存在两个人写字写得完全一样的情形。而这并不是说两个人的笔迹无明显相似之处，因为有许多因素共同构成一个人笔迹的总体特性。

[①] 可疑文件：在某些方面被提出质疑或者成为调查对象的文件。

总体书写样式

对普通人而言,笔迹中最明显的特征是他的书写风格。在孩子时期,我们大都通过仿照老师向我们展示的具有标准形式或风格的字母以学习书写。学习者所习得的书写风格是在特定时间和地区所流行的书写风格。例如,在美国,使用最广泛的两种书写体系是在 1880 年首次被引入的帕尔默(Palmer)书写体系以及大约在 1895 年被引入的扎纳-布洛瑟(Zaner - Bloser)书写体系(见图 18 - 1)。在某种程度上,上述两个书写体系几乎在全美 50 个州都有推广教学。

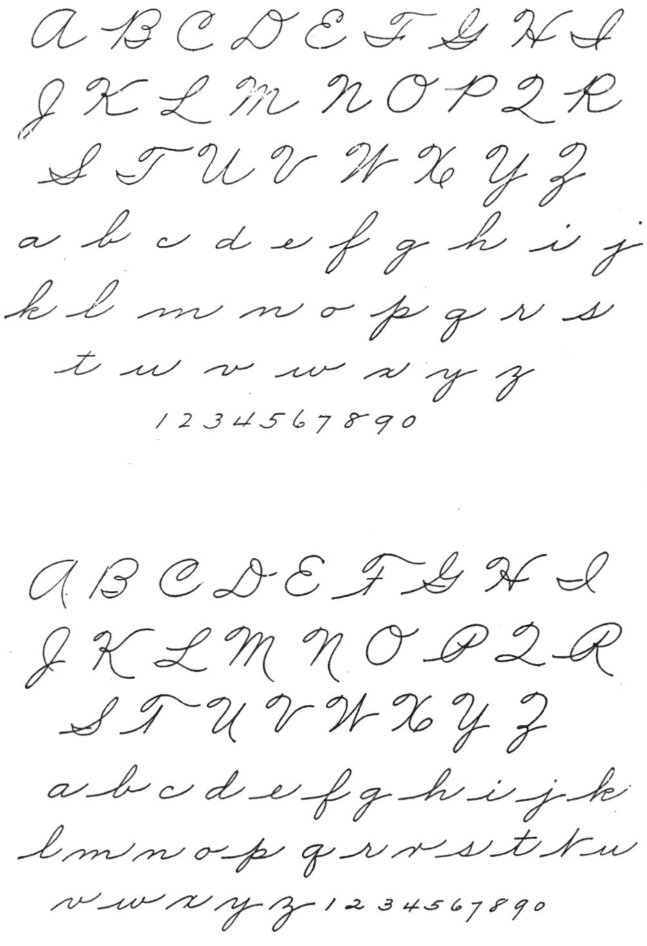

图 18 - 1 采用扎纳-布洛瑟体系书写的笔迹示例(上);采用帕尔默体系书写的笔迹示例(下)

在学习和练习书写的早期阶段中,一个特点便是学生有意识地努力复制标准字母的形式。让人毫不奇怪的情形是,在写字课上,许多学生起初倾向于具有彼此相似的书写风格,而不同人书写笔迹之间所存在的细微差异可归因于书写技能不同。然而,随着初始掌握的书写技能在不断提高,孩子通常会达到这样的一个阶段,即与书写活动有关联的神经和运动反应成为潜意识。从这时起,一个人的书写活动会形成大量习惯性形态和模式从而与其他人的对应方面区别开来。文件检验人员就是要寻找这些具有独特性的笔迹特征。

笔迹中的变化

两个人的无意识笔迹永远不可能完全相同。与机械、身体和心理功能相关的个体差异使得所有这些因素都不太可能被任何两个人精确地复制。因此,我们能够预期在角度、斜率、速度、压力、字母和单词间距、字母的相对大小、连接方式、执笔移动方式、书写技巧以及手指灵巧性等方面会出现变化。

此外,除了笔迹本身的特征之外,还应考虑许多其他因素。纸上文字的排列布局可能与所书写的笔迹本身一样具有特定性。边距、行间距、字间距、插入和对齐方式都是个人习惯的反映。拼写方式、标点符号、短语和语法等可以是具有个性的,因而,把上述方面充分结合起来将能够使书写人达到个体化。

在涉及笔迹书写人的问题中,必须考虑比较样本和可疑文件上的所有特征。两者之间的特征差异往往能够预示着笔迹是两个不同的人所写,除非这些差异可以从文件形成的事实方面得到逻辑上的解释。因为任何单一的特征,即使是最具有独特性的特征,也可能在其他个体的笔迹中找到,所以不应取以某一个单一的笔迹特征作为比较后作出认定结论的基础。最终的结论必须基于样本与可疑笔迹之间具有足够的共同特征,以有效地排除它们来自两个不同来源的可能性。

什么是构成足够数量的个人特征?同样,没有硬性并且简便的规则以界定怎样作出这样的判断。专家检验人员只能在个案的语境下作出这样的判断。

笔迹比对面临的挑战

检验人员收到合理数量的样本笔迹作为比较对照材料时,通常不难找到足够的证据来确定可疑文件的来源。然而,时常所遇到的一些情况,会妨碍他们作出认定结论,或者只能提出非确定性意见。这通常是在可供比较对照的样本笔迹数量不足时产生的。经比较,虽然没有发现任何能够明确表明可疑笔迹与和样本笔迹具有不同的来源,但是,样本笔迹中没有充足的与可疑笔迹相符的个性特征。

检验人员如果收到的是只包含几个单词的可疑笔迹,这些笔迹是故意以笨拙、非自然方式书写形成的或者经过精心设计并以能够掩盖书写人自然书写风格的方式书写的——尤其是在恐吓信或者淫秽信件中,检验这些笔迹也可能存在困难。将经过精心准备的笔迹,与那些基本不考虑整体细节的笔迹作比较是极其困难的,因为后者只包含书写人潜意识中的书写习惯。然而,尽管要改变一个人的几个单词或句子的书写习惯是相对容易的,但是,要在所增加的词句中依然保持上述努力将会变得越来越困难。

当检验人员获得足够数量的笔迹样本材料时,完全伪装的尝试可能会面临着失败。克利福德·欧文(Clifford Irving)试图以已故实业家霍华德·休斯(Howard Hughes)的名义伪造信件以便通过休斯的人生故事获得利润丰厚的出版合同,这个案例就充分说明了这一点。图18-2展示了伪造的霍华德·休斯(Howard Hughes)签名以及克利福德·欧文的样本签名。通过比较这些签名,美国邮政检查局的文件检验人员R. A. 卡巴内(R. A. Cabbane)在伪造签名中发现了许多属于欧文的个人特征。

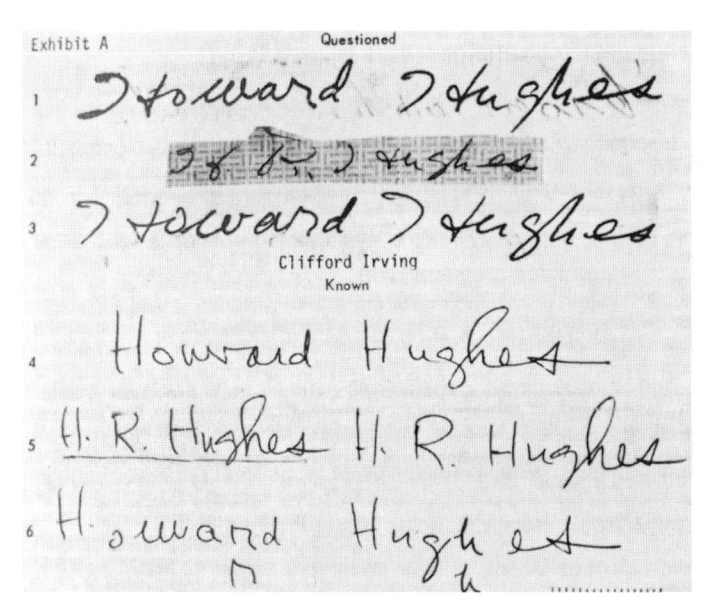

图18-2 伪造的"霍华德·休斯"签名和克利福德·欧文的笔迹样本

例如，读者可以留意第 1 行和第 3 行中单词"Howard"中字母"r"的写法，并将其与第 6 行的复合线相比。请观察欧文所写的字母"r"的末端笔画倾向于在基线处以小曲线方式结束，并与伪造的签名比较。同时，注意第 1 行和第 6 行中字母"w"的桥接下降的方式。此外，观察第 1 行字母"g"的形成与第 5 行的第二个签名的相似之处。

文件检验人员还必须意识到，由于药物或酒精的影响，书写习惯可能会变得面目全非。在这种情况下，可能无法获得嫌疑对象在与形成可疑文件时相当的书写条件下形成的样本。

收集笔迹样本

至此，相当明显的方面是，收集足够数量的已知笔迹（**样本**②）对于确定比较结果最为关键。一般而言，向检验人员提供的嫌疑人的已知笔迹应尽可能做到与可疑文件相似。对于书写工具和纸张尤其如此。如果一个人从铅笔切换到圆珠笔或钢笔，书写风格和习惯可能会有所改变。纸张上的格线类型，或者无格线，也可能影响一个特别习惯于某一种或者其他格线类型的人的笔迹。已知的笔迹还应包含与可疑文件相同的一些单词和字母组合。

确定真实性

已知笔迹的数量必须充分，才能向检验人员展示嫌疑对象书写特征的**自然变化**③范围。没有一个人所书写的两个笔迹样本在每一个细节上都是完全相同的。变化是自然书写笔迹中的固有部分。事实上，通过套摹真实签名而伪造的签名通常可以被探测到，即原始签名与套摹签名完全一致，而没有人签署过两个完全相同的签名（参见图 18-3 和图 18-4）。

调查人员可以从各种途径获得嫌疑人的真实笔迹样本。在选择样本笔迹时，一个重要的考虑因素是样本笔迹相对于可疑文件的时间。努力找到与可疑文件制作时间接近的样本是十分重要的。对于大多数成年人来说，基础书写变化相对而言是较慢的。因此，在有争议笔迹形成后的两三年内书写形成的样本

---

② 样本：用于比较目的的真实样本，例如笔迹。
③ 自然变化：在个人手写或任何打印设备形成的重复标本之间发现的正常变化。

图 18－3　同一个人的历时笔迹示例

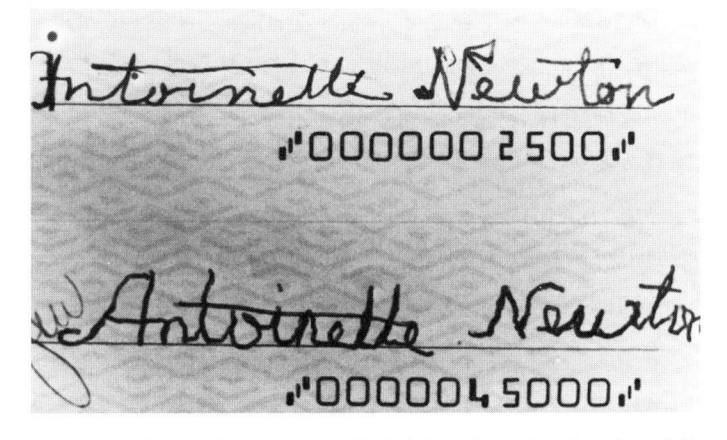

图 18－4　伪造签名。上面的签名是真实签名。下面的签名是摹仿伪造的。对由于留给签名空间有限而作出的相应调整是不正确的；签名中有不少笔画中断和重描之处。这个签名伪造得比较拙劣

材料通常用作比对;而随着样本和可疑笔迹之间时间跨度变大,样本笔迹的代表性会下降。

获取笔迹样本

尽管笔迹样本有许多潜在的来源,但可能很难甚至不可能收集到一套合适的样本。在这些情况下,可能必须通过自愿方式或者根据法院命令从嫌疑对象那里获得笔迹。有充分的司法判例支撑采集笔迹样本行为的合法性。在吉尔伯特诉加利福尼亚州(Gilbert v. California)[④]案件中,美国最高法院支持了在聘请律师之前采集笔迹样本的做法。法院还通过论证指出,笔迹样本属于宪法第五修正案确立的保护特权之外的可识别的物理特征。此外,在美国诉玛拉(United State v. Mara)[⑤]一案中,最高法院裁定,采集笔迹样本并不构成对某人的不合理搜查和扣押,因此,该行为并未侵犯宪法第四修正案所保障的权利。

与自然样本(即书写人在没有想到它们可能有一天会被用于警方调查的情况下书写的样本)相反,经要求形成的笔迹样本可能会存在被书写人有意识地更改的情形。但是,调查人员可以采取一些步骤来尽量减少欺瞒的企图。要求嫌疑对象连续书写几页笔迹的做法,通常能有效降低故意伪装或者紧张的情形,以获得有效比较所需要的足够样本。此外,以听写方式提取,也能够获得最能代表嫌疑人潜意识风格和特征的样本。

为了最大限度降低书写人有意识施加的影响,确保书写条件尽可能接近可疑笔迹的形成条件,可以采取的其他相关步骤,梳理如下:

1. 应允许书写人舒适地坐在桌子或桌子旁书写并且不会分心。

2. 在任何情况下,都不应该向嫌疑对象出示可疑文件,也不应告知嫌疑人如何拼写某些单词或使用什么标点符号。

3. 应向嫌疑人提供与可疑文件书写时所使用的笔和纸或者相似的笔和纸。

4. 听写时,所采用的口述文本应与可疑文件的内容相同,或者至少应包含文件中许多相同的单词、短语和字母组合。在手写印刷体笔迹检验案件中,不得告知嫌疑人是使用大写(大)还是小写(小)字母。如果在写了几页后,作者未能使用所需的字体类型,则可以指示他们书写包含有关字体的样本。总而言之,文本不得短于一页。

5. 听写应至少进行三次。如果书写人试图伪装书写,那么在三次重复之间

[④] 388 U.S. 263 (1967).
[⑤] 410 U.S. 19 (1973).

应该会出现明显的变化。如发现这一点,调查人员应持续进行重复听写。

6. 当要求嫌疑人将其他书面材料与签名相结合书写时,能够获得最佳的签名样本。例如,相对于要求单独书写一组签名的做法,应要求书写人填写 20 到 30 张支票或收据,并且每张支票或收据都包含一个签名。

7. 在向嫌疑人收取样本前,应咨询文件检验人员并其展示可疑签名的情况。

走进科学

希特勒的日记

1981 年,一位东德将军的兄弟披露了一份归因于阿道夫·希特勒的壮观手稿。这些文件包括希特勒的 27 卷日记和他自传第三卷的未知第三卷《我的奋斗》。这些作品的存在对受第二次世界大战影响的数百万人来说具有文化和政治意义。

日记的鉴定由两位世界知名专家进行,一位是瑞士人,一位是美国人。两人都宣称,手写手稿与已知的阿道夫·希特勒笔迹样本完全相同。竞标,开始争夺出版权,美国一家大型全国性报纸以近 400 万美元的价格获胜。

最初向世界市场发布这些文件的出版公司进行了"走进科学"自己的调查,最终揭示了一个聪明但狡猾的阴谋。写日记的纸上有一个白化剂,直到 1954 年希特勒自杀很久之后才存在。手稿装订线包含粘胶纤维和聚酯纤维,直到第二次世界大战后才提供。此外,手稿中使用的墨水都与据称这些页面编写的那一年中使用的墨水不一致。

此外,发送给瑞士和美国专家的样本,作为希特勒笔迹的已知例子,实际上与日记来自同一来源。因此,专家们有理由宣称这些文件是真实的,因为它们是由同一只手写的——只是不是希特勒所写的。后来对墨水的化学分析确定,"希特勒日记"实际上形成了不到一年——这令人惊叹,但却是假的!

打印文字的比较

随着数字技术的出现,文件检验人员会遇到各种新机器,这些机器所制作的文件容易被篡改或欺诈性使用。个人计算机使用菊花轮、点阵、喷墨和激光打印机。文件检验人员现在越来越多地遇到涉及这些机器的问题,这些机器通常会产生只有不明显缺陷的打印副本。

复印机、传真机和打印机检验

针对涉及复印机、传真机和计算机连接打印机的情况,检验人员需要识别可能用于打印文件的机器的品牌和型号。或者,检验人员需要比较可疑文件与从嫌疑机器打印的实验样本。通常而言,检验人员从每台嫌疑机器中制作提取约10份样本,以获得有关复印机特征的充分表征。然后将可疑文件与提取的打印样本进行并列比对,以比较分析由机器所形成的标记。

复印机

复印稿台玻璃板、内盖或复印机机械部分的随机性碎块所形成的瞬时缺陷印记会随着复印过程转印到所复印形成的文件图像中。这些图像的形状通常是不规则,有时还会形成独特图案。因此,当文件检验人员试图将可疑文件与有嫌疑的复印机联系起来时,这些复印特征会成为比较的重点。这些印记的逐渐变化、移动或重复出现等情况可能有助于检验人员确定文件的制作日期。

传真机

在分析计算机打印输出和传真时,检验人员使用相同的方法将可疑文件上的标记与嫌疑机器所生成的样本文件加以比较。比较所依据的印记包括碎片和其他无关材料可能产生的所有转印形成的图案。有趣的是,传真机在每个传真页面的顶部留有被称为传输终端标识符(TTI)的标记。对于文件检验人员来说,传输终端标识符是一个重要的比较点(见图 18-5)。页眉和文档的文本应具有不同的类型样式。传输终端标识符可能会以欺诈手段准备并放置在传真副本上的适当位置。然而,对传输终端标识符印刷品的微观检查很快就会发现将其与真正的传输终端标识符不同的重要特征。

在确定传真机的型号类型时,检验人员通常从分析传输终端标识符类型样式开始。该行的字体由所发送传真的机器所确定。在评估字符的数量、样式以及它们在标题中相对位置的特征价值时,有必要通过使用整合传输终端标识符字体样本信息的有用数据库来评估。其中一个可用的数据库是由美国可疑文件检验员协会所建立和维护的。

第十八章　文件检验

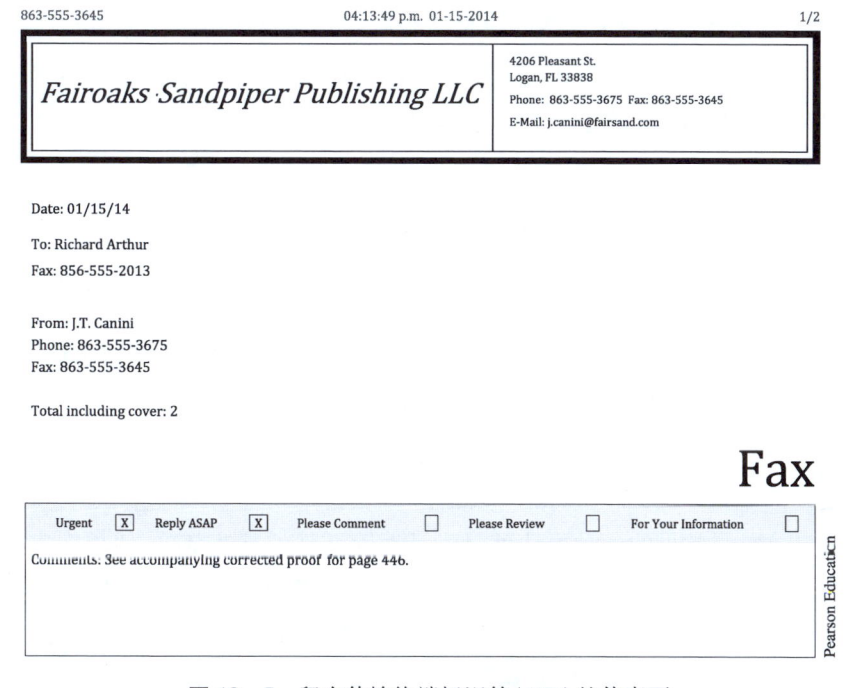

863-555-3645　　　　　　04:13:49 p.m. 01-15-2014　　　　　　1/2

Fairoaks·Sandpiper Publishing LLC

4206 Pleasant St.
Logan, FL 33838
Phone: 863-555-3675　Fax: 863-555-3645
E-Mail: j.canini@fairsand.com

Date: 01/15/14

To: Richard Arthur
Fax: 856-555-2013

From: J.T. Canini
Phone: 863-555-3675
Fax: 863-555-3645

Total including cover: 2

Fax

| Urgent [X] | Reply ASAP [X] | Please Comment [ ] | Please Review [ ] | For Your Information [ ] |

Comments: See accompanying corrected proof for page 446.

Pearson Education

图 18-5　留有传输终端标识符（TTI）的传真页

计算机连接的打印机

在确定计算机连接打印机的型号时，往往需要全面分析特定的打印机技术以及打印所使用的墨水类型。视觉和微观技术为确定上述方面提供有用信息。通常地，打印机根据墨料应用机制不同，可分为冲击式和非冲击式打印机。非冲击式打印机（如，喷墨和激光打印机）和冲击式打印机（如，热敏和点阵打印机）都具有相应打印文件的方式特征。使用低倍显微镜可以比较容易地确定字符形状、墨料表观以及应用方式的区别，以帮助检验人员缩小机具型号的可能范围。

当无法获得嫌疑打印机时，检验人员可能需要通过分析文件所反映的种类特征以确定嫌疑机具的品牌和型号。重要的是确定打印技术，纸张类型，所使用的碳粉或墨水的种类，碳粉的化学成分以及形成打印文件时碳粉到纸张的结合方式等。碳粉检验通常涉及运用显微镜分析其表面形态特征，然后深入鉴别碳粉中的无机和有机组分。根据上述分析结果，可以按照机械方面的和打印方面的特性将有关打印机型号划分为不同种类。常规情形下，文件检验人员可以通过访问数据库以帮助确定用于制作可疑文件的打印机型号和种类。检索数据库所返回的列表有望将潜在机器的数量减少到合理可控的范围。显然地，一旦识别出嫌疑机具，检验人员必须按照如前所述方式对有可疑的打印文件和嫌疑机具打印输出的样本进行并排比较。

添改、擦除和消退

文件往往在制备后被篡改或更改，以隐藏或伪造其原始意图。可以通过多种方式更改文件，针对不同方式，需要运用相应的发现技术。

擦除和添改

更改文件最常见的一种方法就是尝试擦除文件的某些部分，使用橡皮擦、砂纸、剃须刀片或小刀通过磨损或划伤纸张表面以去除书写笔迹或打印字迹。所有这些擦除活动都会破坏纸张表面纤维。当在显微镜下使用直射光或让光线从一侧斜射向纸张（即侧光）方法来检验可疑区域时，这些变化是显而易见的（见图18-6）。虽然显微镜检查可以揭示是否已经进行了**擦除**[⑥]，但它并不一定能够恢复原有的字母或单词。有的情况下，纸张上的大部分内容都被擦除了，以至于无法识别原始内容。

除了擦拭纸张外，犯罪者还可以选择通过化学消退方式抹去单词内容。在这种情况下，将强氧化剂置于油墨上，产生无色反应产物。虽然肉眼难以观察到这种方法产生的迹象，但在显微镜下检查能发现纸张上被处理过的区域的颜色发生改变。有时，在紫外线或红外线下检查文件后就能会发现纸张上经过化学处理的部分。有趣的是，在紫外线下检查文档也可

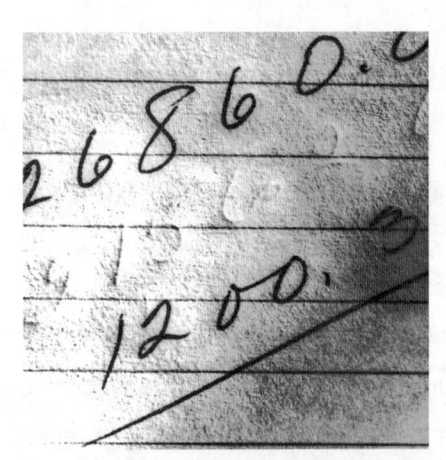

图18-6 在侧光照射下拍摄到支票簿存款存根中的擦除痕迹。所存入现金的金额发生了变化，其中的金额差额由簿记员侵占了

---

⑥ 擦除：从文字中删除书写笔迹，打字或打印印迹；其通常采取化学手段或研磨设备完成。

能显示存在室内一般光线环境下未被注意到的荧光墨水标记,这些标记如图 18-7 所示。

图 18-7 (a) 在室内一般光线条件下观察到的面额为 20 美元的纸币;(b) 经紫外线照射后纸币上被激发荧光的字迹油墨

一些油墨在暴露于蓝绿光时,会吸收辐射并向外辐射红外线。这种现象被称为**红外发光**[7]。因此,如果使用了与原始文件不同的油墨进行更改,有时可以用蓝绿光照射文件并使用红外敏感薄膜记录从文件表面发出的光来检测这种添改。通过这种方式,可以观察到油墨发光特性的任何差异。红外发光也能显现已被擦除的文字。这些字迹是以原始墨水的无形残留物形式嵌入到纸张当中的,即使在被擦除后仍然能够观察到。

红外摄影的另一个重要应用源于油墨吸收红外光的能力存在差异的观察。因此,用红外光照射文件并用红外敏感薄膜记录从文件表面反射的光,检验人员便可以区分化学成分不同的油墨(见图 18-8)。

抹去

通过覆盖或划掉来故意**抹去**[8]文字很少用于欺诈目的,因为它显而易见。然而,在所有类型的文件中都可能遇到这种情况。永久隐藏原始文字的效果取决于用于覆盖原有字迹的材料。如果使用与用于写入原始材料相同的墨水完成,则恢复不是不可能,但很困难。但是,如果两种油墨的化学成分不同,则使用

---

[7] 红外发光:一些染料在暴露于蓝绿光时会发出红外光的特性。
[8] 抹去:笔迹或印刷的印迹或抹黑,使原件不可读。

图 18-8 (a) 这张照片是在正常照明下拍摄的，显示美国运通支票的所有者是"弗雷达·C·布莱特利·琼斯"。实际上，这个签名被改变了。支票最初留有的是"小弗雷德·C·布赖特利"的签名。(b) 在红外照明下使用红外敏感胶片拍摄的这张照片清楚地表明，支票上的"弗雷达"后添加了字母"a"，在"Jr"中添加了字母"ones"。用于添写字迹的墨水是有明显区别的，其吸收红外光，而原始墨水则不吸收红外光

红外敏感胶片进行摄影则可能会显示原始文字。红外辐射可能穿过书写层的上层，同时被下层区域吸收（见图 18-9）。

图 18-9 用魔术标记抹去订单号，以掩盖盗窃。红外摄影用于穿透表层覆盖油墨以显现原始文字

仔细检查可疑文件有时会发现纸张中与文件正常制作顺序不一致的钉孔，交叉笔画或跨褶皱或穿孔的笔画。同样，这些差异现象可以通过微观观察或摄影来揭示（见图 18-10）。

红外摄影有时会显示意外或故意在火灾中烧焦文件的内容。破译**烧焦文件**[⑨]的另一种方法是以不同的角度接收纸张表面反射的光线，以便增强书写内容字迹与烧焦文件的对比度（参见图 18-11）。

---

⑨ 烧焦文件：任何因暴露于火或过热而变暗和变脆的文件。

第十八章 文件检验

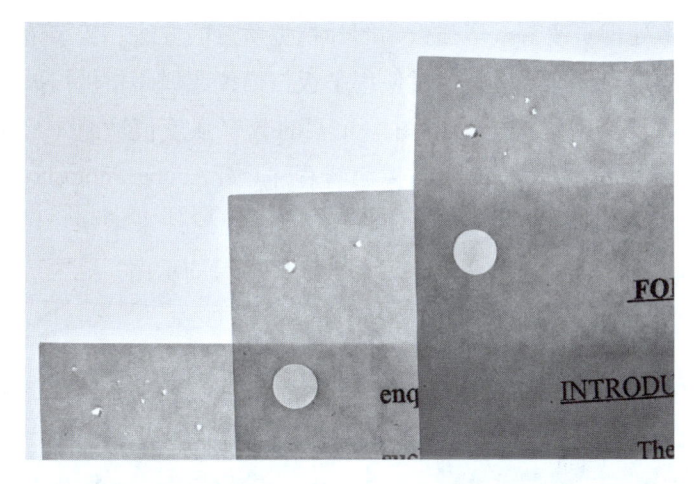

图 18-10 检验装订的钉孔。根据订书钉钉孔形态差异证明中间一页被替换的事实

图 18-11 破译在突袭可疑博彩机构时查获的烧焦纸张。烧焦的文件是用反射光拍摄的

数字图像处理是改善或增强数字图片视觉质量的方法。数字化是将图像存储在内存中的过程。这通常是通过使用平板扫描仪或数码相机扫描图像并通过计算机将图像转换为称为像素或图像元素的数字强度值数组来完成的（见第147页）。图像数字化后，将使用图像编辑程序（如 Adobe Photoshop）来调整图像。图像可以通过变亮、变暗以及颜色和对比度控件来增强。图 18-12 和 18-13 显示了该技术如何应用于法庭科学文件检验的示例。

原貌

滤色

排除

曲线调整

色阶调整

颜色替换

图 18-12 该合成展示了可以应用于数字化图像的各种变化，以揭示已被遮挡的信息。使用照片编辑器（Adobe Photoshop），将原始照片复制并粘贴为第二层。使用"滤色"和"排除"选项更改图像选定区域的颜色。"替换颜色"允许用户选择特定颜色或颜色范围，并使所选颜色的色调变亮、变暗或更改色调。"色阶"和"曲线"工具可以调整最亮和最暗的颜色范围，并优化图像的对比度、高光和阴影细节，以提高清晰度

第十八章 文件检验 **639**

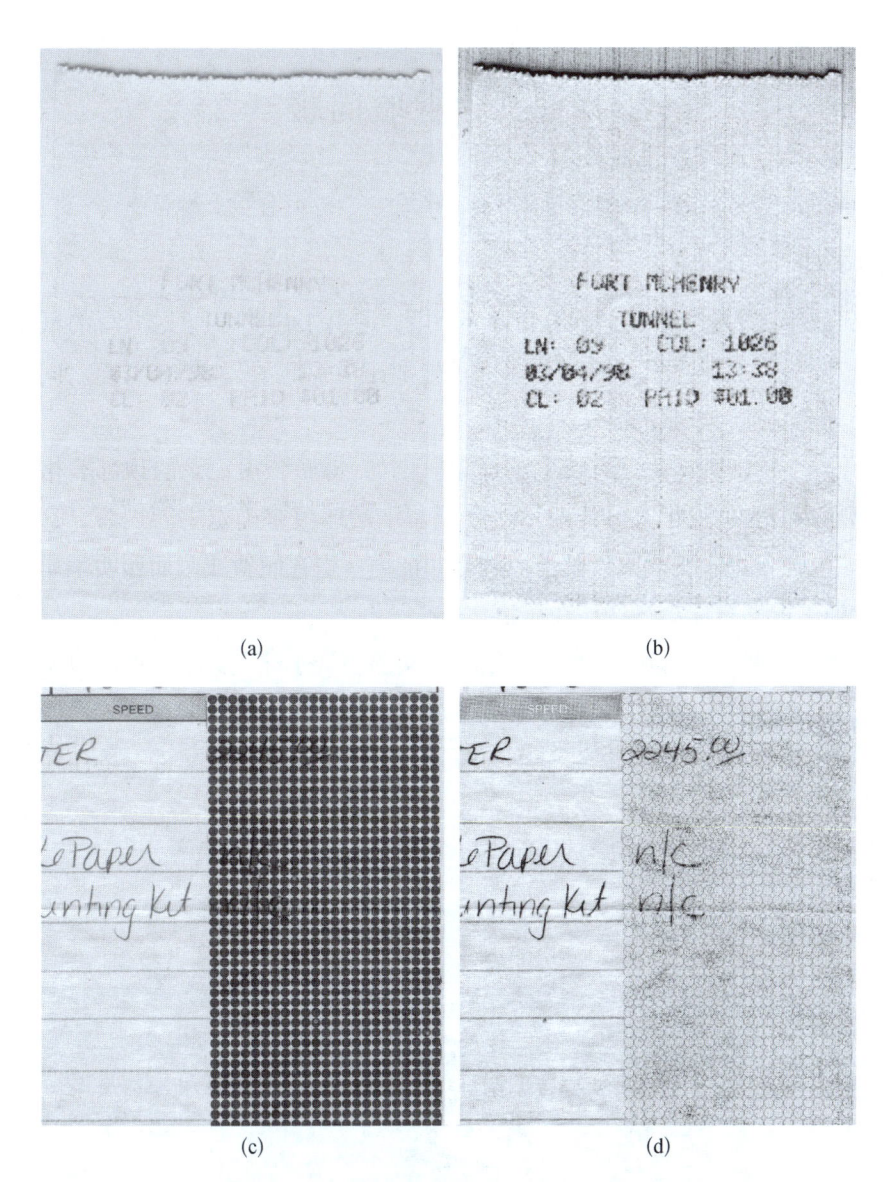

(a) (b)

(c) (d)

图 18-13 （a）在调查中通过"收据"确定受害者的下落，证明嫌疑人不在犯罪现场，并证实一系列个人行为。不幸的是，很多时候由于磨损、老化或收银机印刷不良，"收据"上的信息可能无法辨读。这可以使用照片编辑软件进行更正。在此示例中，原始的收费收据以最高颜色分辨率扫描，允许再现超过 1 600 万种颜色。然后通过调整图像的最亮和最暗的级别以及图像的颜色内容来调整图像以显示打印的细节。（b）发票可载有对调查很重要的交易详情。随商品一起提供的副本可能会屏蔽该信息。此信息可以使用数字成像技术恢复。左图显示了原始运输单。右图显示了更换块状图案颜色后所得到显现的信息

其他文件检验问题

压痕字迹

压痕字迹[10]是一张纸上部分可见的凹陷，是由于衬垫于可见书写的纸张下面而形成的。这种凹陷是由对书写工具施加压力引起的，如果在页面之间插入碳纸，则会显示为纸张的副本。

压痕字迹已被证明是有价值的证据。例如，博彩公司记录的顶部表格可能已被删除和销毁，但仍有可能通过垫子上留下的印痕来确定书写内容。这些印痕可能包含支持非法赌博活动指控的有罪证据。当在倾斜或侧面照明下研究纸张时，通常能够辨读出这些潜在压痕。

伦敦印刷学院与伦敦警察具法庭科学实验室[11]协同开发出一种压痕字迹可视化的新方法。该方法涉及将静电荷施加到与相关文件接触的聚合物薄膜的表面，如图18-14所示。通过在带电的薄膜上涂上碳粉来显示文件上的压痕。对

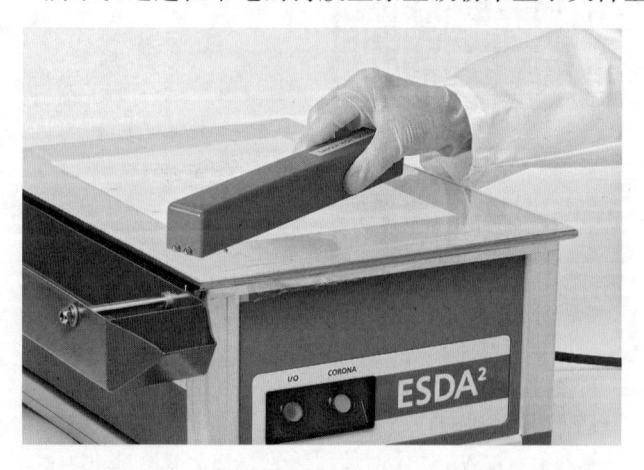

图 18-14 静电检测装置（ESDA）的工作原理是将静电电荷施加到怀疑包含缩进文字的文档中。然后，通过应用电荷敏感碳粉来可视化压痕

---

[10] 压痕字迹：在一张纸上书写并在衬垫在下方的纸张上所遗留的相应压痕。

[11] D. M. Ellen，D. J. Foster 和 D. J. Morantz：《运用静电成像技术探测潜在压痕》，载《国际法庭科学》1980年第15卷第53页。

于通过此过程检验的许多文件,可以发现在正常照明下看不到或几乎看不见的压痕内容并变为清晰可读的图像。目前已经能够购买到静电检测压痕字迹的仪器设备,其也经常被文件检验人员所使用。

墨水和纸张比较

研究文件上书写墨水的化学成分可以验证样本文件与可疑文件是否由同一支笔书写形成的。使用可见分光光度计是比较墨水笔画所采用的无损方法(见第 177—178 页[12])。图 18-11 显示了将此方法应用于墨迹分析的案例示例。薄层色谱也适用于油墨比较。大多数商业油墨,特别是圆珠笔油墨,实际上是几种有机染料的混合物。这些染料可以在适当显影的薄层色谱板上分离。对于具有不同染料成分的油墨,组分染料的分离模式明显不同,因此在已知油墨和可疑油墨之间提供了许多比较点。

可以用经过打磨针头的皮下注射针从纸上的书写笔画线条中打出一小块样品。大约 10 个墨水微点足以进行色谱分析。美国特勤局和国税局共同维护美国国际墨水图书馆。该系列包括 9 200 多种墨水,其历史可以追溯到 20 世纪 20 年代。每年,来自书写笔、喷墨机和墨粉的新笔和墨水配方都会添加到样品库当中。这些油墨已根据薄层色谱法开发的染料图谱(TLC,见图 18-15)进行系统编目。在一些情况下,这种方法被用来证明文件制作时间存在问题。例如,在一个实例中,可以确定日期标称为 1958 年的文件实际是"倒签"的,因为在可疑的墨水中所鉴定出的染料直到 1959 年才被合成。

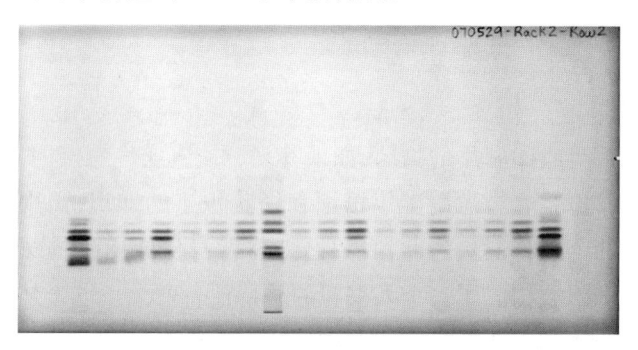

图 18-15 蓝色圆珠笔墨水的不同 TLC 图谱

---

[12] P. W. Pfefferli:《显微分光光度法在文件检验中的应用》,载《国际法法庭科学》1983 年第 23 卷第 129 页。

为了进一步帮助法庭化学家处理墨水测年事宜，几家墨水制造商应美国财政部的要求，在制造过程中自愿标记他们的墨水。标记程序允许通过每年更改标签来确定墨水的确切生产年份。

文件检验人员的另一个查询领域是编写或打印文件的纸张。纸张通常由木材中的纤维素纤维和从再生纸制品中回收的纤维制成。与纸张检验相关的最常见特征包括一般外观、颜色、重量和水印（见图18-16）。其他检验领域包括纤维鉴定以及纸制品中存在的添加剂、填料和颜料的特征分析。

图18-16 紫外光检验结果显示文件存在被换页。通过暴露在紫外光下，中间一页与其余各页在纸张特性上存在差别

章节小结

任何带有手写或印刷品的物品，如果其来源或真实性有疑问，都可能被称为可疑文件。文件检验人员运用多年培训和经验积累的知识，识别和比较可疑文件和样本文件的个别特征。为此，收集已知作者身份或出处的文件对检验结果至关重要。许多因素构成了一个人书写的总特征。两个不同个体的无意识笔迹永远不可能完全相同。此外，一个人的书写风格可能会因毒品或酒精的影响而改变得面目全非。收集足够数量的已知文字对于确定笔迹比较的结果至关重要。样本笔迹应包含可疑文件中存在的一些单词和字母组合。

在检验打字机和印刷设备时，检验人员最常提出的两项要求是确定是否可

第十八章　文件检验　　**643**

以识别用于制作可疑文件的打字机和打印设备的品牌和型号,以及是否可以确定由特定的嫌疑打字机或打印设备制作可疑文件。将单个文字字符的样式、形状和大小与过去和现在字体的完整参考集合进行比较。与任何机械设备一样,使用打印设备会导致机器运动部件的磨损和损坏。这些变化随机和不规则地发生,从而赋予打印设备单独的特征。文件检验人员必须处理涉及商业和个人计算机的问题,这些计算机通常会产生只有细微缺陷的印刷副本。

　　文件检验人员必须处理以多种方式更改的证据,例如通过删除,擦除和消退等。压痕字迹已被证明是有价值的证据。有可能确定纸垫上留下的印模所写的内容。将静电荷施加于与可疑文件接触的聚合物薄膜表面,即可将潜在压痕文字可视化。对书写墨水在文件上的化学成分的研究可以验证已知和有问题的文件是否由同一支笔制备。

问题回顾

1. 任何包含手写或打字字迹的且其来源或真实性有疑问的对象均被称为_____。
2. 机械、身体和心理功能的变化(可能/不太可能)使得两个不同个体的笔迹能够被区分开来。
3. 在判断笔迹的书写人身份之时,需要考虑并且比较_____和_____。
4. 判断正误:单个笔迹特征本身可以作为正面比较的基础。_____
5. 判断正误:通常,笔迹样本不需要包含可疑文件中存在的单词和字母组合。_____
6. 随着真实笔迹和未知笔迹之间的时间差异越来越大,样本趋向于(更多/更少)地代表已知的真实笔迹。
7. 在_____案件中,美国最高法院认为笔迹是不受第五修正案特权保护的非证明性证据。
8. 当嫌疑人要求撰写时,必须注意尽量减少_____。
9. 在_____或_____照明下检验文件可能会发现单词或数字中存在的化学擦除事实。
10. 有些油墨在蓝绿色光照射时,会吸收_____辐射并发光。
11. 含有不同化学成分墨水的笔迹,可以用_____胶片摄影来区分。

12. _____文字是一种部分可见的印迹,其出现在一张纸上,在完成可见文字的纸张下方。

13. 许多油墨染料可以通过_____。

14. 由复印机的_____、_____或者_____上随机碎片产生的瞬态缺陷标记会产生图像。

应用与批判性思考

1. 刑事技术专家朱莉·桑德尔(Julie Sandel)正在整理一系列用铅笔书写并发送给当地政客的威胁字条。一名嫌疑人被捕,朱莉指示嫌疑人准备书写样本,以作为与字条笔迹比对的样本。她让嫌疑人坐在空旷办公室的办公桌前,给了他一支笔和一张纸。她开始阅读其中一张字条,并要求嫌疑人写下她口述的文字。在阅读了大约半页后,她停了下来,然后第二次为嫌疑人口述了字条的同一部分。有一次,嫌疑人表示他不知道如何拼写其中一个单词,所以朱莉为他提示了拼写。完成任务后,朱莉将嫌疑人的原始笔记和口述写作带给文件检验人员。请指出朱莉在上述操作过程中可能存在的错误之处。

2. 在下列情形中,请说明您将如何恢复那些肉眼不可见的原始书写内容:
   a. 原来的单词已经用与用于撰写原始单词的墨水不同的墨水进行了识字。
   b. 原来的单词已经被化学擦除了。
   c. 原文是用荧光墨水写的。
   d. 原始文件已烧焦或烧毁

3. 您被要求确定30年前准备的手写遗嘱是真实的还是现代伪造的。为了完成这个检验任务,您将检验文件的哪些方面?请解释您将如何使用薄层色谱法来帮助您得出结论。

参考文献与延伸阅读

Brunelle, Richard L., "Questioned Document Examination," in R. Saferstein, ed., Forensic Science Handbook, vol. 1, 2nd ed. Upper Saddle River, NJ: Prentice Hall, 2002.

Ellen, David, The Scientific Examination of Documents — Methods and Techniques, 3rd ed. Boca Raton, FL: CRC Press, 2005.

Held, D. A. E., "Handwriting, Typewriting, Shoeprints, and Tire Treads: FBI Laboratory's Questioned Documents Unit," Forensic Science Communications, 3, no. 2 (2001), https://www2.fbi.gov/hq/lab/fsc/backissu/april2001/index.htm

Kelly, J. S., and B. S. Lindblom, Scientific Examination of Questioned Documents, 2nd ed. Boca Raton, FL: CRC Press, 2006.

第十九章

计算机取证

学习目标

19.1 计算机硬件及软件基础知识
19.2 硬盘数据的存储与检索
19.3 计算机犯罪调查中合理的证据保存方式
19.4 直接数据及潜在数据的分析与解读
19.5 网络犯罪相关数据的调查
19.6 IP地址在网络犯罪中的作用
19.7 电脑入侵调查技术的讨论
19.8 现代移动设备服务的介绍，如移动电话及其潜在的调查价值

关键术语

bit	比特	Internet cache	网络缓存
bookmark	标签	Internet history	上网历史
byte	字节	latent data	潜在数据
central processing unit（CPU）	中央处理器（CPU）	Message Digest 5（MD5）/Secure Hash Algorithm（SHA）	消息摘要（MD5）/安全哈希算法（SHA）
cluster	簇		
cookies	缓存文件		
file slack	文件碎片	motherboard	主板
firewall	防火墙	operating system（OS）	操作系统
hacking	入侵	partition	硬盘分区
hard disk drive（HDD）	硬盘驱动器	random-access memory（RAM）	随机访问存储器（RAM）
hard ware	硬件		

sector	扇区	temporary files	临时文件
software	软件	unallocated space	未分配空间
swap file	交换文件	visible data	可见数据

新闻头条
"BTK",虐杀者

丹尼斯·雷德于 2005 年 2 月被捕,被指控自 1974 年以来在堪萨斯州威奇塔地区犯下了 10 起谋杀案。他的绰号是"BTK"即捆绑、折磨、杀戮的意思,这对于他的作案手法来说是非常恰当的描述。他自 1991 年以来就没有谋杀过,但在 2004 年初重新露面,当时他给当地一家报纸写信,声称对 1986 年的杀人事件负责。信中还附上了受害者驾照的复印件和三张尸体的照片。

之后,BTK 杀手又恢复了他嘲讽警察的老习惯。三个月后,另一封信浮出水面。这一次,这封信详细描述了 BTK 第一批谋杀案受害者的一些事件。1974 年,他勒死了约瑟夫和朱莉·奥特罗以及他们的两个孩子。在犯下这些谋杀案后不久,他给当地一家报纸写了一封信,在信中他给自己起了一个绰号"BTK"。2004 年 12 月,在公园发现的包裹中,其中有另一名 BTK 受害者的驾照和用连裤袜捆住双手、用塑料袋覆盖的玩偶。

这起案件的重大突破来自 BTK 向当地电视台寄出的一张软盘。磁盘中"被删除"的信息被计算机取证专家恢复,信息被溯源到威奇托的路德会基督教堂。随后,该磁盘很快与教会理事会主席丹尼斯·雷德(Dennis Rader)联系起来。至此寻找 BTK 杀手的漫长旅程终于宣告结束。

自 20 世纪 90 年代以后,计算机技术发展迅速。电脑不再是一种奢侈品,也不再服务于少数特定的领域。科技和电子数据成为日常生活的一部分,渗透到社会的各个方面。因此,在日益扩大的犯罪活动范围中,计算机作为证据来源已变得越来越重要。此外,在企业方面更加重视对企业内部的监管,如 HIPAA 和萨班斯-奥克斯利法案,以及员工不当行为的问题,使得 IT 调查和数据取证成为公司安全规范的必要组成部分。

警方调查人员在所有类型的案件中经常遇到电脑和其他数字设备。当凶杀案调查人员在筛选线索时,他们可能会询问,例如,是否在互联网上研究了谋杀的方法,是否在电子邮件或残存的即时消息中发现了婚外情的迹象(这些都可能提供了杀害配偶或雇凶杀人的动机),或者在谋杀前是否有跟踪狂向受害者发出过威胁。纵火案的调查人员则想知道计算机上的财务记录能否揭示纵火的动机,例如制造以营利为目的火灾。如果执法部门能证明盗窃所得源于网上出售——通过 eBay 或类似的在线拍卖网站——那么这些信息对入室盗窃案的调查肯定有帮助。

计算机的使用也带来了一些威胁。如儿童上网的便利性以及网络匿名性的特点,为性犯罪者提供了一个在网上寻找儿童性侵受害者的途径。此外,计算机易受黑客攻击的缺点使得数据的存储安全问题不断受到关注。最后,计算机实际上控制了世界上大部分的关键基础设施,这也使得信息中心成为潜在恐怖分子垂涎的目标。

计算机取证涉及计算机数据的保存、获取、提取、分析和解析。虽然这是一个简单的定义,但其实所涉及的内容很复杂。这种复杂性有一部分原因在于技术本身。越来越多的设备能够存储电子数据,如:手机,个人数字助理(PDAs),iPods,数码相机,数字存储卡,智能卡,闪存,和其他设备。更复杂的问题是设备的交互依存的特性。手机现在有着与个人电脑相同的能力,而个人电脑也经常被用来进行个人通信。从这些设备中提取数据的方法和手段都受到设备特性的挑战,但是,健全的司法实践要求能够适用于所有的电子设备。如此看来从最常见的电子数据来源:个人电脑,作为研究电子司法实践的对象是最符合逻辑的。

从输入到输出:计算机是如何工作的?

硬件与软件

在讲述计算机的具体细节之前,我们必须确定硬件和软件之间的重要区别。

第十九章 计算机取证

硬件[①]由计算机的物理部件组成：计算机机箱、显示器、键盘、鼠标、硬盘驱动器、随机存储器(RAM)、中央处理器(CPU)等(见图19-1)。这个列表很广泛，一般来说，如果它是一个计算机的组件或外围设备，是可以看到、感受到和触摸到的，那么它就是硬件。

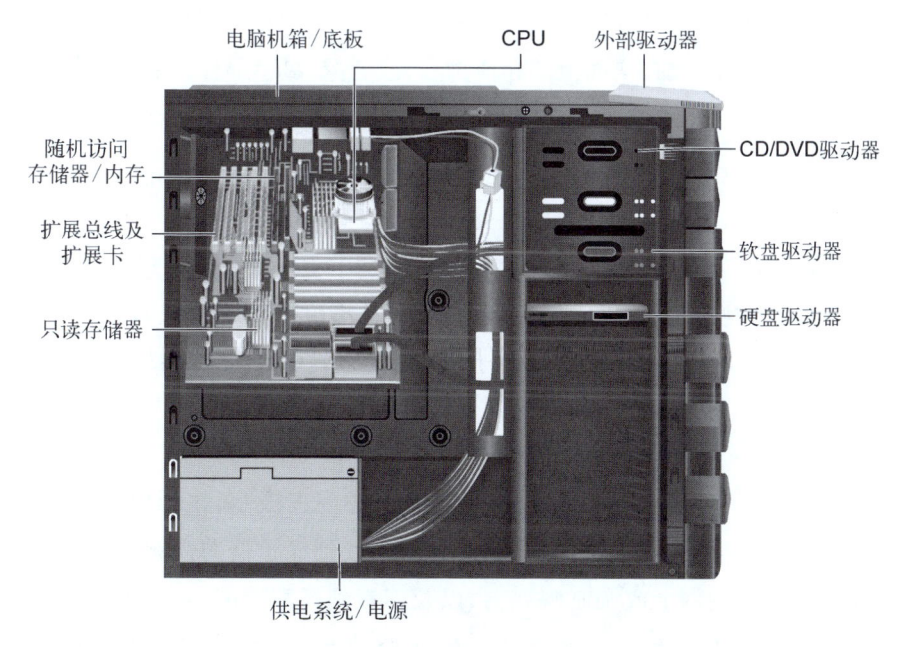

图 19-1　个人计算机的平面图，展示组成计算机系统的各种硬件

软件[②]是被编译执行特定任务的程序的一组指令集合。软件由系统软件和应用程序组成，它们在硬件上执行一组指令。操作系统(如 Windows、Mac OS、Linux 和 Unix)、文字处理程序(如 Microsoft Word 和 Word Perfect)、web 浏览应用程序(如 Internet Explorer、Safari 和 Firefox)和会计应用程序(如 Quicken、QuickBooks 和 Microsoft Money)都是软件的例子。

注意不要把软件和它所展现出来的物理媒体混淆。当你购买像微软 Office 这样的应用程序时，它是在光盘(CD)上的。包含这一套应用程序的 CD 通常被称为软件，但这在技术上是错误的。光盘是包含软件的外部计算机媒体，它是一

---

① 硬件：计算机的物理部件：机箱、键盘、显示器、主板、RAM、硬盘、鼠标等；一般来说，如果是你能摸到的电脑部件，那就是硬件。
② 软件：被编译为执行某一特定任务的程序的指令集合；软件由系统程序和应用程序组成，它们在硬件上执行一组指令。

组指令的容器,也是将指令加载到硬盘驱动器(即硬件)的介质。

硬件组成部分

系统单元

机箱是固定计算机内部各个组件的物理盒子。机箱有多种形状和尺寸：完全直立的塔式机箱,放在桌面上的超薄型号,或者像 iMac 那样的显示一体式/电脑机箱。从我们目的出发,用系统单元来描述扣押底架作为证据可能是最合适的术语。系统单元准确地指的是机箱,包括主板和其他内部组件。

电力供应

"供电"这个词其实有点用词不当,因为它实际上并不供电,电是由电力公司供应的。更准确地说,计算机的电源将电力从墙壁的插座转换为计算机及其组件可用的形式。不同的电源具有不同的额定功率,或者更具体地说,计算机的部件决定了电源供应。

主板

计算机(或其他电子设备)中的主电路板被称为**主板**[③]。主板包含用于芯片的插座和扩展卡插槽。扩展卡包括将计算机连接到显示器的视频卡,连接到内部网络或互联网的网卡或调制解调器,以及连接到扬声器的声卡。主板上的插槽安装内存或 CPU。键盘、鼠标、CD‐ROM 驱动器、软盘驱动器、显示器和其他外设或组件通过有线或无线连接到主板。

系统总线

系统总线在主板上,是一个庞大而复杂的电线网络,将数据从一个硬件设备传输到另一个硬件设备。这个网络类似于一条复杂的数据高速公路。数据以"1"和"0"的形式沿总线发送(或者,更准确地说,作为表示"开"或"关"状态的电脉冲);这种数据的两种形态被称为二进制计算。

只读存储器(ROM)

这是描述主板上特殊芯片的通用术语。ROM 芯片存储称为固件的程序,用于启动系统引导过程和配置计算机的组件。今天的 ROM 芯片被称为 flash ROM,是过去主板技术中使用的两种芯片的组合。第一个是众所周知的系统

[③] 主板:计算机的主要系统板(以及许多其他电子设备),它提供供电电路、数据和指令的传输通路;电脑中的每个部件都与主板直接或间接相连。

ROM，它负责启动系统和处理"假定"存在于计算机中的系统硬件。因为一般来说系统 ROM 不能改变，随着技术的成熟，对"假设"存在硬件的改变越来越普遍，下面将介绍不同类型的芯片。互补金属氧化物半导体(CMOS)是一个单独的芯片，允许用户对几个系统组件进行设置控制。不管这种技术是如何出现在主板上的，它都可以被称为 BIOS，用于基本的输入输出系统。BIOS 的操作与计算机取证的几个程序有关，特别是启动程序。它是与 ROM 中的 BIOS 相关联的一组规定动作，它启动系统引导过程，并使计算机能够与系统中的各种设备能够通信，如磁盘驱动器、键盘、显示器和打印机。正如本章将阐明的，重要的是在计算机调查阶段不要引导到原始的硬盘驱动器。这将导致数据的变化，从而破坏证据的完整性。BIOS 允许取证调查员在某种程度上控制引导过程。

中央处理器(CPU)

中央处理器(CPU)④，也被称为处理器，是计算机实际上的大脑。它是插入主板插座的主要(通常也是最大的)芯片。CPU 是计算机中进行实际计算的部分。基本上，计算机执行的所有操作都是通过 CPU 来运行。CPU 按步骤执行程序来响应请求的任务。CPU 有各种形状、大小和类型。英特尔公司(Intel)的芯片和超微半导体公司(AMD)的芯片是最常见的芯片。

随机访问存储器(RAM)

这是最常见的计算机内存类型之一。**随机访问存储器(RAM)**⑤减轻了计算机处理器和硬盘驱动器(HDD)的负担。如果计算机每次需要数据时都必须访问硬盘，则运行速度会异常缓慢且效率低下。意识到计算机在某些时刻可能只需要特定的数据，将数据存储在 RAM 中就可以大幅度提高计算效率。可以将 RAM 想象成一个大型的电子表格，每个单元格代表一个内存地址，CPU 可以使用它作为检索数据的参考。RAM 被称为易失存储器，因为它不是永久性的；它的内容不断变化，一旦电脑断电，其存储的数据就会全部丢失。RAM 采用芯片物理形式来插入主板；SIMMs(单内联内存模块)、DIMMs(双内联内存模块)和 SDRAM(同步动态随机访问内存)只是芯片类型中的少数几种。常见的 RAM 容量大小有 4 G、8 GB 等⑥。

---

④ 中央处理器(CPU)：计算机内部最主要的芯片，可以认为是计算机的大脑，它负责处理绝大多数的操作(例如，计算机代码和指令的执行)。

⑤ 随机访问存储器(RAM)：计算机中的易失性存储器，程序和指令被存储和执行，当掉电后其中的内容将会丢失。

⑥ 一兆字节(MB)大约是一百万字节；一个 GB (GB)大约是 10 亿字节，或 1 000 兆字节。

输入设备

输入设备用于把数据输入给计算机或给予相应的计算机指令。输入设备是计算机"用户"端的一部分。例如键盘、鼠标、操纵杆和扫描仪。

输出设备

输出设备是从计算机中获得数据的设备。输出设备也是计算机"用户"端的一部分,负责用户任务的结果。它们包括显示器、打印机和扬声器。

硬盘驱动器(HDD)

一般来说,**硬盘驱动器(HDD)**[7]是个人计算机的主要存储部件(见图19-2)。它通常存储操作系统(如 Windows、Mac OS、Linux 或 Unix)、程序(如 Microsoft Word、Internet Explorer、Open Office)和用户创建的数据(如文档、电子表格、会计信息、公司数据库)。与 RAM 不同,HDD 是永久存储,即使在系统断电后也能保存信息。

图 19-2　硬盘驱动器中盘片和读写头的内部视图

硬盘在控制器下工作,通常是主板的一部分,但有时也以扩展卡的形式插入主板。最常见的硬盘控制器类型是集成驱动器电子(IDE),小型计算机系统接口(SCSI)和串行 ATA(SATA)。每种类型的硬盘都有不同的接口来连接到控制器。无论控制器的类型是什么,数据以基本相同的方式存储。HDD 是经过映

---

[7] 硬盘驱动器(HDD):计算机中最主要的主要存储设备,由许多装在硬盘盒中的盘片组成(台式计算机通常为 3.5 英寸而笔记本为 2.5 英寸),操作系统、应用程序和用户数据通常都存储在硬盘上。

第十九章　计算机取证　653

射或格式化的,并且有一个定义好的布局。它们在逻辑上分为扇区、簇、磁道和柱面(请参阅标题为"数据存储与检索"部分)。

硬件组合

一个人走近电脑,坐下,按下电源按钮。电源被唤醒并将电力输送到主板和所有连接到计算机的硬件。此时,主板上的闪存 ROM 芯片(包含 BIOS 的芯片)进行上电自测(POST),以确保所有硬件工作正常。

闪存 ROM 还轮询主板,以检查附加硬件,并遵循程序设定好的启动顺序,确定它应该从什么设备加载启动程序。通常,启动设备是硬盘,也可以是 CD 或 USB 驱动器。如果是硬盘,硬盘就会获得控制权。它定位其磁盘的第一个扇区(称为主引导记录),确定其布局(分区),并引导操作系统(例如,Windows、Mac OS、Linux 或 Unix)。然后,人们会看到一个计算机工作环境,通常称为桌面。

现在电脑已经开始工作了,用户双击桌面上的一个图标,比如微软的 Word 快捷方式,打开程序并开始键入文档。CPU 处理这个请求,定位硬盘上的 Microsoft Word 程序(使用预定义的驱动器映射又称文件系统),执行与应用程序相关的编程指令,通过系统总线将 Microsoft Word 加载到内存中,并通过内置在主板上或连接到主板上的视频控制器将信息发送到显示器。

走进科学

其他常用存储设备

虽然硬盘是个人计算机最常见的存储设备,但还有许多其他的存储设备。存储数据的方法和数据结构可能因设备而异。例如,CD-ROM 用于写入数据的技术和格式与智能卡或 USB 盘不同。尽管设备之间存在差异,但获取数据的基本取证原理是相同的。常见的存储设备包括:

D-R/RW(Compact Disc-Record/Rewrite)和 DVD-R/RW(DVD-Record/Rewrite)　光盘(CD)和数字化视频光盘(DVD)是两种最常见的外部数据存储形式。它们被用来存储各种各样的信息,如音乐、视频和数据文件。它们的主要成分是塑料,以及一个铝材质的反射层可以反射激光光束用于读取 CD/DVD 中的资料。蓝光光盘也出现在市场上,可以提供比其他光学载体更大的存储容量。除了更大的存储容量外,蓝光光盘是用蓝色激光读取的,而 CD 和 DVD 是用红色激光读取的。不同的光学介质采取不同的方式编码,这使得取证的工作有时很困难。

USB 存储器(U 盘)和智能卡多媒体(闪存卡) 这些设备可以存储大量的数据——高达 512 GB。它们被称为固态存储设备,因为它们没有可移动的部件。智能媒体卡通常存在于数码相机、移动设备和 PAD 中,而 USB 存储器有着不同的形状、大小和存储容量。

磁带 磁带有许多不同的格式和存储容量。它们通常都带有自己的硬件读写器,有时还带有读写其内容的专有应用程序。磁带和 U 盘通常用于备份目的,因此具有很大的取证价值。

网卡(NIC) 今天很少有人遇到没有网卡的电脑。无论它们是在本地网络还是 Internet 上,当计算机需要彼此通信时,它们通常通过网卡进行通信。网卡有许多不同的形式:插到主板上的外接卡、主板上的固件、笔记本电脑的外接卡(PCMCIA)和通用串行总线(USB)外接卡等等。有些是有线卡,这意味着它们需要网线与网络连接,还有一些是无线的,这意味着它们通过无线电波接收数据。

用户通过敲击键盘输入数据并传输到内存之中,完成后,用户可以打印文档或将其保存到硬盘供以后检索。当需要打印时,数据从内存中取出,由 CPU 处理,以适合打印的格式排版,以及通过系统总线发送到连接打印机的外部端口。如果文档被保存,数据从内存中取出,由 CPU 处理,传递给硬盘控制器(即 IDE、SCSI,或 SATA)通过系统总线的方式,写入硬盘的某一个分区中。之后,HDD 的文件系统表被更新,因为它需要知道以后在哪里可以检索到这些数据。实际的过程比这要复杂得多,取证调查员必须对相关过程有深入的了解。

前面的例子大致说明了 CPU、RAM 和系统总线三大组件是如何工作的。当用户打开更多的应用程序并同时执行多个任务(即多任务)时,实际情况会变得更加复杂。多个任务可以同时加载到 RAM 中,CPU 能够同时处理它们。这允许系统有多任务环境和在应用程序之间来回切换的能力。所有这些都由操作系统进行统筹安排,并用计算机语言进行编译——1 和 0。从取证的角度来看,唯一缺失的细节是更好地理解数据是如何存储在硬盘上的。下面讨论这个问题。

数据的存储与检索

在开始理解数据如何存储在硬盘上之前,首先了解**操作系统(OS)**[8]的角色。操作系统,如 Windows、Mac 操作系统、Linux 或 Unix,是用户和计算机电子部件之间的桥梁。它为用户提供了一个工作环境,方便系统组件之间进行交互。每个操作系统都支持特定类型的文件系统,不同的文件系统会以不同的方式存储数据。

硬盘格式化与分区

一般来说,在操作系统向硬盘写入数据之前,必须先对其进行格式化。在格式化之前,必须定义分区。**分区**[9]是一组连续的块,这些块被定义为一个独立的磁盘。这意味着一块硬盘可以容纳几个分区,使得一个硬盘看起来如同几个磁盘一样。

对一个磁盘驱动器进行分区可以想象成分割一个6边形容器。我们在容器的前面开一个洞,插入两个抽屉并打开和关闭它们所需的硬件,刚刚创建了一个有两个抽屉的文件柜,并将每个抽屉定义为连续的存储块。磁盘管理器或 fdisk 等分区程序定义了一个或多个抽屉(即分区),这些抽屉稍后将在硬盘驱动器上保存数据。就像文件柜抽屉的风格、大小和形状可以变化一样,分区也同样可以。

硬盘分区完成后,通常会进行格式化。(这里是指高级格式化,不要与低级格式化混淆,低级格式化通常是由硬盘制造商进行的。)格式化过程会初始化硬盘的分区并创建文件系统。文件系统可以看作是存储设备上存储和定位数据的系统。文件系统的类型有 FAT12(通常在软盘上)、FAT16(较旧的 DOS 和较旧的 Windows 系统)、FAT32(Windows 文件系统)、NTFS(大多数当前的 Windows 系统——Windows 7 和 8)、EXT2 和 EXT3(Linux 系统)和 HPFS(一些苹果系统)。

---

[8] 操作系统(OS):在系统硬件和用户之间提供桥梁的软件;操作系统允许用户与硬件交互,并管理文件系统和应用程序。例如 Windows(XP、Vista、Windows 7 和 Windows 8)、Linux 和 Mac OS。

[9] 分区:由一组被定义的连续块组成,被当成独立的磁盘对待。

每个文件系统都有不同的存储、检索和分配数据的方式。总之，驱动器需要三个过程：低级格式化（通常由制造商完成，将盘片划分为磁道和扇区）、分区（通过 fdisk 或磁盘管理器等分区工具完成，定义一组连续的块）和格式化（即初始化磁盘的分区并创建文件系统结构）。在这些基本步骤完成后，驱动器被逻辑格式化了。（之所以称"逻辑"，是因为没有真正的划分。也就是说，如果你打开硬盘在分区和格式化之前或之后，肉眼所看到的磁盘都是一样的。）

磁盘空间映射

如图 19-3 所示，硬盘由几个垂直堆叠的盘片组成，其在逻辑上被分为扇区、簇、磁道和柱面。**扇区**[10]的大小通常是 512 字节（一个**字节**[11]**是 8 位**；**位**[12]是单个的 1 或 0）。（目前，正在努力增加硬盘中最小单元扇区的大小，以提高驱动器的性能。然而，目前 512 字节仍然是大多数硬盘的标准）**簇**[13]是一组扇区；它们的大小由文件系统定义，而且是扇区大小的 2 的倍数。（尽管 NTFS 分区允许每个簇只有一个扇区，但通常不会这样选择。）簇通常由 2 个、4 个、8 个、16 个……扇区组成（现在的文件系统支持用户查看簇的大小）。磁道是同一盘片上不同半径的同心圆，柱面是一组磁道，由在垂直方向相同位置的磁道组成。

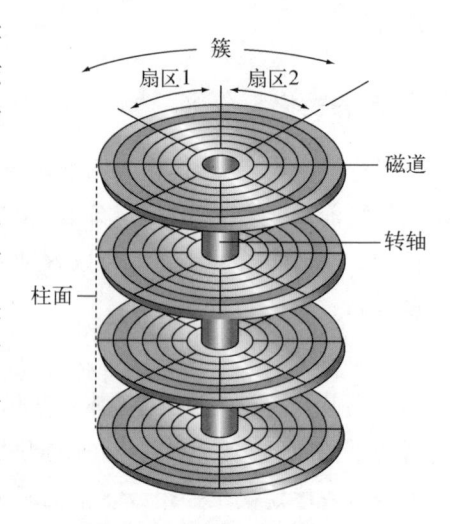

图 19-3 硬盘驱动器的分区

此外，硬盘驱动器还有一个文件系统表，即该分区中定义文件空间分布的映射表。FAT 文件系统的英文为 file allocation table（这是 FAT 首字母缩写的来源）来跟踪文件和文件夹（即数据）在硬盘上的位置，而 NTFS 文件系统（目前多见于 Windows 系统——Windows 7 和 8）使用主文件表（MFT）。每个文件系统表以不同的方式跟踪数据，计算机取证人员应该精通他们所检查的硬盘在技术上

---

[10] 扇区：硬盘驱动器中最小的可访问单元；通常是 512 个字节大小。
[11] 字节：由 8 个比特组成的数据单元。
[12] 位：二进制数字的简称，形式为一个 1 或者一个 0；它是计算机中最小的信息单元。
[13] 簇：一组由 2 的倍数个扇区组成的单元，簇的大小与文件系统相关而且是存储文件时最小的空间分配单元。

的细微差别。但是,对于取证目的来说,仅仅将文件系统表可视化为数据位置映射就足够了。这个映射表可根据扇区、簇、磁道和扇面的编号来跟踪数据。

可以把分区和文件系统想象成一个满是保险箱的房间。房间代表分区,而盒子表示数据。为了确定是谁租了哪个箱子,以及每个租客的财产在哪里,需要一个中央数据库。如果一个人租了两个位于房间两端的盒子(就是硬盘上不连续的数据)。跟踪保险箱位置的数据库就像是跟踪房间中数据位置的文件系统表。

这个例子对于理解重新格式化硬盘的概念也很有用。如果管理保险箱位置的数据库被清空了,其中的财产将依然存在;我们只是不知道哪里有什么。硬盘也是如此。如果用户要清除了文件系统表(例如重新格式化),数据本身是不会消失的。跟踪保险箱位置的数据库和跟踪数据在硬盘中位置的文件系统表都是映射——它们不是实际的内容。(有些文件系统也有例外,比如 NTFS 文件系统,它将极小的文件数据存储在文件系统表中,即主文件表)。

电子犯罪现场处理

处理电子犯罪现场与处理传统犯罪现场有很多共同之处。调查人员必须首先确保符合适当的法律要求(例如搜查令和同意),以便搜查现场并收集证据。然后,调查人员应根据案件事实和实际地点制定行动计划。在调查人员开始接触任何计算机部件之前,应尽可能详细地记录现场情况。当然,在某些情况下,调查人员必须迅速采取行动,比如当数据正在被删除的时候,应在记录现场之前先拔掉电源插头。

犯罪现场记录

典型的犯罪现场记录包括绘制现场图和现场勘查拍照。电子犯罪现场也不例外。首先按照平面结构图勾画场景(见图 19-4),然后拍摄现场的整体照片。在有网络的情况下,如果可能的话,还应该包括一个网络拓扑结构图。

在拍摄完现场的整体照片后,接下来应当拍摄局部的特写照片。任何运行的计算机显示器的桌面都应该被拍摄。所有与主系统单元连接的外围设备(如键盘、显示器、扬声器和鼠标),都应当拍照。如有必要,系统单元需小心移动,以方便拍照(见图 19-5)。如果可以的话,还应对设备序列号进行近距离拍照。

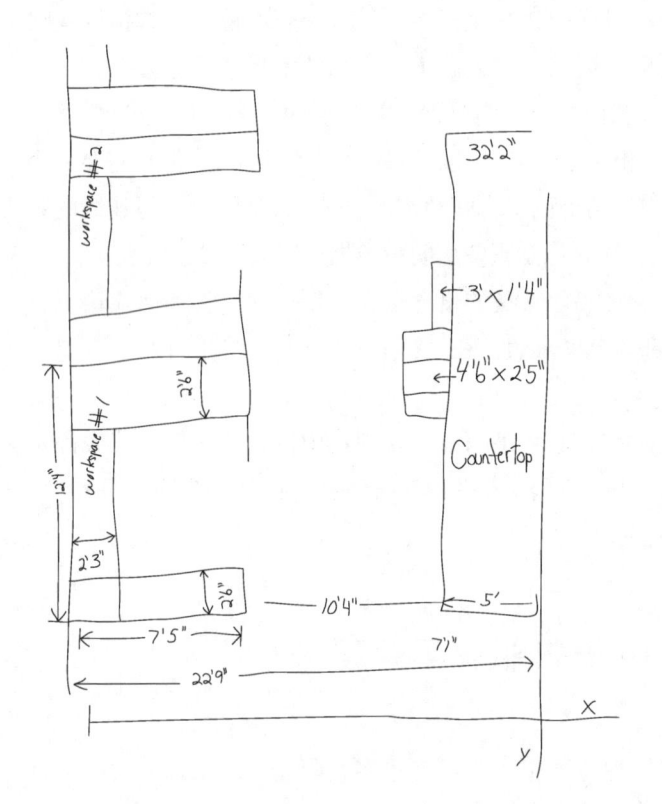

图 19-4　犯罪现场画的草图,包括必要的测量 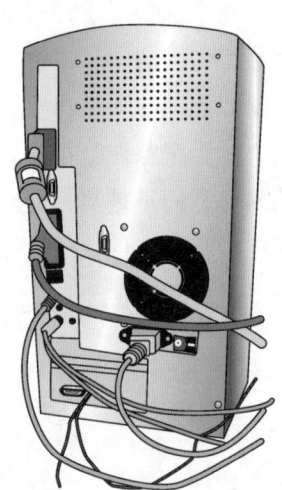　　　图 19-5　计算机的背面照,显示所有的连接

实时计算机数据获取

　　此时,调查人员必须决定是采集实时数据、关闭系统(如服务器设备)、拔掉计算机后面的插头,还是同时做这些事情。拔插头指拔掉电脑的电源插头。此时需注意,当有电池备份(UPS)时,如果拔掉电源插头,UPS 将向系统发出警报,并保持设备"上电"。其次还有以下几个因素影响现场采取的动作。例如,如果正在使用加密,则拔掉电源插头后数据将被加密,在没有密码或密钥的情况下无法读取,这种情况下拔掉插头是不对的。同样,如果关键的证据数据存在于内存中,并且没有保存到硬盘中,这些数据将会丢失。综上所述,系统断电前这些因素都需要被考虑。不管怎样,所有电子设备很可能会被封存,只有网络公司的情况例外,毕竟服务器是网络业务的基础。

计算机存在不同的状态,其中包括开机(即运行或通电)和关机(即未运行或断电)。在计算机取证中,传统处理正在运行的计算机的方法是及时拔掉电源插头。这样,调查员能够及时冻结数据,从而防止对硬盘驱动器的任何添加或修改。尽管这种方法仍然有其局限性,但由于当今计算机技术的特点和证据方面的考虑,需要在断开电源之前对现场进行检查。通过研究众多动态检查实例中的一个,可以很好地了解这个过程的工作方式。

假设一名调查员来到一名 14 岁女孩失踪的现场,并注意到女孩卧室的桌子上有一台笔记本电脑。仔细观察会发现,笔记本电脑是在线的,屏幕上显示了一个即时消息对话框。此外,可以看到对话内容是讨论与一个较年长男人见面的事宜。调查工作需要从识别对话中的男人的身份开始。与此同时,这段有可能只存在于内存中的证据需要妥善保存。这里必须考虑"易失性顺序",调查人员需要使用计算机系统这一事实意味着数据(即电子犯罪现场)将会发生变化。考虑易失性的顺序可以让研究者制定一系列步骤,限制每次变化对后续步骤和收集方法的影响,从而保证最大数量的未改变证据数据的收集。在本例中,步骤可能按以下顺序完成:

1. 拍照对话屏幕的所有部分,以用户看到的相同视角记录对话。仅通过滚动对话屏幕来拍摄整个对话是最小的干扰,并且只会发生有限的(可以说是无关紧要的)变化。

2. 根据调查员的技能水平,希望能获取内存中的数据,可以通过运行专业的取证程序来获取。当然,生成的内容需要写在计算机硬盘驱动器以外的地方,因此,调查员应该使用额外的干净的存储器,至少能够存储下内存镜像的大小。对此有多种选择,就不展开了。

3. 接下来,调查员可以考虑复制文本并将其粘贴到新文档中,或者在聊天应用程序中使用 save 命令将对话保存为文本格式。同理,这个新的文件不应该保存到被检查计算机的硬盘上。

4. 如果调查人员认为计算机正在使用某种加密程序,可以考虑在实时环境下对整个硬盘驱动器生成镜像。因为在加密的情况下关闭计算机会使硬盘中某些内容在没有密码的情况下无法读取,所以在硬盘处于解密状态的时候获得它的镜像是一个好主意。这需要特殊的工具和能够保存大容量镜像的外部存储器。

以上只是一种对上述例子和其他现场取证的步骤。步骤的具体顺序也可以由取证调查人员进行调整。以下是调查员在取证时应考虑的重要问题：

1. 我调查的是什么类型的案件？
2. 我要寻求的证据是什么？
3. 我怎样才能在不破坏电子犯罪现场的情况下获得全部证据呢？
4. 我应该按照什么顺序实施这些步骤？（易失性的顺序）
5. 我是否有完成这项工作的培训、教育、经验、设备和工具，以及是否需要帮助？

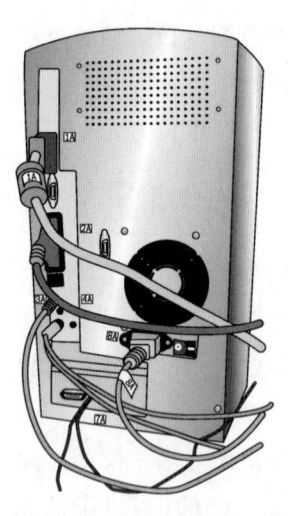

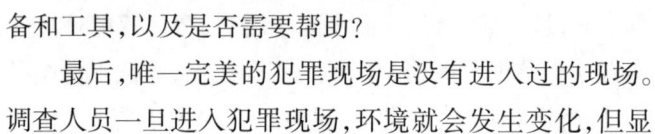

最后，唯一完美的犯罪现场是没有进入过的现场。调查人员一旦进入犯罪现场，环境就会发生变化，但显然，进入物理犯罪现场是收集证据的必要步骤。处理应该按照一定的顺序进行，比如采集指纹不会妨碍采集血液、头发、纤维等。电子犯罪现场也是如此。

在完成现场勘查拍照和现场测绘，并进行现场检查（如果合适的话）后，在将外设与计算机断开连接之前，应在每个外设的电源线上贴上标签，并在其连接的端口上贴上相应的标签。如果现场有多台计算机，应设计一种编码方案，以进一步识别每个系统单元（图 19-6）。现场绘图、现场拍照和标签的组合应该能够充分记录现场，防止未来组件与系统单元的混淆，并在实验室或法庭需要时进行重建。

图 19-6 计算机的背面，使用标签将计算机外围设备与其端口进行关联

生成取证镜像

现场所有的设备已经被封存，接下来就是获取设备中的所有数据并进行分析。能够存储数据也就是可能是证据的电子设备种类实在是太多了。以硬盘为例，适用于硬盘的取证原则和实践流程同样适用于其他类型的设备。

在整个过程中，计算机取证人员必须使用干扰最小的方法。硬盘中的数据必须是在不改变的情况下获取到的，哪怕改变 1 个 bit 也不行。

由于引导硬盘上的操作系统启动会改变许多文件，可能破坏证据数据，因此获取硬盘数据通常将硬盘从计算机中移除并将其放置在实验室的取证计算机中，以生成取证镜像文件。然而，有时被查封计算机的 BIOS 对硬盘结构的解释与取证计算机不同，在这些情况下，必须使用被查封计算机获得硬盘的镜像。无

论如何，在生成取证镜像时，取证员必须确保待取证的硬盘处于"写保护"或只读状态。此外，调查员需要证明获得的镜像和硬盘原始状态是一模一样的，没有对 HDD 造成哪怕一个 bit 的更改或写入。

为此，在镜像前后对硬盘进行一种类似指纹的处理。此指纹是通过使用**消息摘要 5（MD5）/安全哈希算法（SHA）**[14]或类似的经过验证的算法来获取的。在对驱动器生成镜像之前，运行该算法，并根据驱动器的内容生成一个 32 字节的数字字符串。然后，将该算法与生成的取证镜像文件进行对比；如果没有任何变化，则生成相同的数字字符串，从而表明镜像包含了所有的原始内容，并且在这个过程中没有发生任何变化。

硬盘（包括软盘、CD、DVD、磁带、闪存设备和任何其他存储介质）的数据镜像仅仅是驱动器中全部内容的精确副本。换句话说，驱动器的所有部分都被复制，从第一个比特（1 或 0）到最后一个比特。为什么调查人员要复制硬盘中空白或未使用的部分？答案很简单：保存潜在数据，这将在本章后面讨论。这里足以说明，数据存在于驱动器的任何区域，通常对大多数终端用户来说，部分数据是未知和不可访问的，但这些数据可以作为有价值的证据。因此，硬盘的数据镜像有必要复制驱动器上的每一个比特信息。取证镜像不同于数据备份或数据副本，因为后者获取的是操作系统知道的全部内容，而不是所有的数据。

很多取证软件都具备获取取证镜像文件的功能。最流行的软件取证工具——Encase、Forensic Toolkit（FTK）、Forensic Autopsy（基于 Linux 的免费软件）和 SmartMount（ASR Data 数据公司基于 Linux 开发的取证软件）都具有生成取证镜像文件的方法。所有这些软件会生成独立的镜像文件，而且支持对这些镜像文件进行解释和分析。它们还能够对镜像进行压缩以节省存储空间。事实上，镜像文件是独立的，压缩的，这样可以让多个来自不同案件的镜像文件被存储在同一个取证存储设备上，助于案例的管理和存储（见图 19-7）。

---

[14] 消息摘要 5（MD5）/安全哈希算法（SHA）：一种软件算法，用于对文件或磁盘内容生成"指纹"；主要用于检验数据的完整性。在取证分析中，它通常用于验证获取的待调查数据在生成镜像的过程中有没有发生改变。

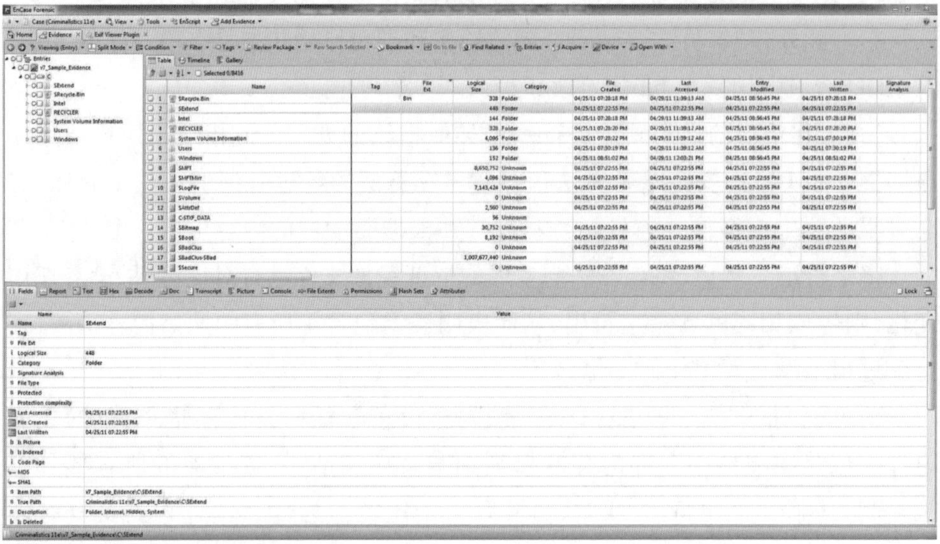

图 19-7 EnCase 软件的屏幕截图。EnCase 是常见的取证软件,能够对数据生成镜像成像和对数据进行辅助分析

电子数据分析

对电子数据的分析几乎是无限的,只与检验员的水平有关。检验员对计算机、操作系统、应用软件、数据存储和众多的其他学科越熟悉,那么在寻找证据数据方面就越是游刃有余。

由于计算机相关领域庞大而复杂,讨论可能包含证据的每个部分,如文件、目录、日志或计算机进程都超出了一章的范围,甚至可能超出了整本书的范围。下面是一些比较常见的分析领域。在阅读本节时,你应当思考自己的计算机知识,并考虑哪些数据有证据价值,以及这些数据可以在哪里被发现。

可见数据

可见数据[15]的类别包括操作系统能知道的所有信息,这些信息是用户可以

---

[15] 可见数据:操作系统中可以感知到的所有数据且对于用户来说是可以访问的。

第十九章 计算机取证

随时访问到的。在此，我们列出几种在取证分析中常见的可见数据类型。这个列表是不详尽的，它应该包括任何有证据价值的信息。

电脑生成的数据文件或工作文件

被搜索电脑中的文件或文件夹是一个很有可能找到证据的地方。这个类别非常广泛，几乎包括任何软件程序的数据。微软的 Word 和 WordPerfect 文字处理程序通常生成的文本文件，如打印文档及相关文档。这些程序和许多其他文字处理程序已经取代了打字机。它们是刑事案件中常见的证据来源，尤其是涉及白领犯罪的案件。

与白领犯罪相关的还有金融犯罪调查，任何与个人和企业财务有关的数据都值得被检验。像 QuickBooks 这样的财务管理软件和 Peachtree 专业会计软件可以管理中小企业的整个财务。同样，在计算机中发现个人银行账户记录也很常见，这些记录是用个人理财软件（如微软 Money 和 Quicken）管理的。此外，犯罪人员有时使用如电子表格程序来记录和跟踪从受害者那里窃取来的银行账户。计算机取证人员应该熟悉掌握这些程序，包括它们存储数据的方式，以及提取和读取数据的方法。

打印机技术的进步使许多家庭都负担得起高质量的彩色打印机，尽管这对家庭办公人员和那些对图像艺术感兴趣的人来说是一个巨大的好处，但这项技术常常被用于犯罪。伪造、支票和文件欺诈借助大多数家庭电脑就能实施，所需要的只是一台高档的喷墨打印机和扫描仪。包括电脑在内，一个人花不到 1 500 美元就可以制造假币。检验员必须学习用于不法目的的图形图像和照片编辑程序，能够识别这些程序所产生的各类数据以及如何显示这些图像是识别这类证据的关键。

交换文件

当应用程序运行时，程序和被访问的数据被加载到内存中。计算机的内存 RAM 比硬盘的"读取"速度快得多，这就是为什么程序被加载在这里——为了快速访问和运行。当然，内存也有其局限性。有些计算机只有一到两个 GB 的内存，有些则多一些如 4 到 8 GB。尽管如此，大多数操作系统（Windows、Linux 等）在被设计了尽可能节省内存的功能，但当内存容量不足又需要打开新的应用程序时，这时就需要**交换文件**⑯了。操作系统将保留目前内存中正在使用的

---

⑯ 交换文件：硬盘上的一个文件或者是一个预先定义好的空间，被用来保存内存中的数据；数据被交换或者以页面的方式保存在文件或者硬盘空间上以便腾出内存中的空间用于加载新的应用。

数据和应用程序,其他已经被加载到内存中但又在等待用户调用的应用程序可能会被交换出内存并保存到硬盘的**交换空间**[17]中。

例如,一名零售店经理正在根据销售量写季度报告。他打开了 Microsoft Word 程序,此时他需要查阅销售记录,又打开了 Microsoft Excel 程序。此时,计算机根据上打开的应用程序以及内存占用情况,可能将原来的 Word 文档从内存中交换到 Windows 系统的"虚拟内存"或者 Linux 系统的"交换空间"中,为 Excel 腾出内存空间。

根据操作系统和文件系统类型(例如 FAT、NTFS、EXT2),交换文件或交换空间可以定义为一个特定的文件,甚至是一个单独的硬盘分区。对于 Windows 系统,根据 Windows 系统的版本和文件系统类型不同,交换文件是 Win386.sys 和 pagefile.sys。Linux 和最新的 Mac OS 系统则可以指定一个分区与内存进行数据交换。可以通过取证软件或二进制编辑器(如诺顿磁盘编辑器或 WinHex)来检查硬盘驱动器并读取交换空间中的数据(参见图 19-8)。

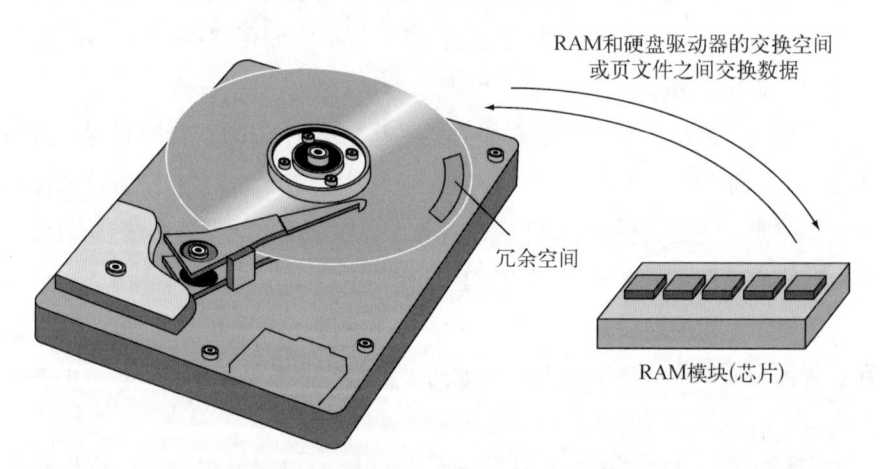

图 19-8 当用户启动了多个任务并在应用程序之间进行切换时,数据在内存和计算机的硬盘之间来回交换。硬盘驱动器上的这个区域被称为交换空间或页面文件

临时文件

任何一个用户都可能遇到在输入文档的过程中突然断电的情况,此时临时文件就显得非常有价值。大多数程序都有自动将正在处理的文件的副本保存为

---

[17] 交换空间:实际上,更合适的术语可能是页面,而不是交换。这是因为整个程序通常不会从内存进出交换空间;相反,内存页被放置在那里。

临时文件[18]的功能。在文档输入、处理电子表格或处理幻灯片演示完成之后，用户可以保存更改，从而将临时副本更改为实际文件状态。临时文件是作为一种动态备份创建的。如果计算机突然失去电源或其他灾难性故障，可以恢复临时文件，限制丢失的数据量。如此一来，可以有效减小损失，但也不能完全避免，因为临时文件不是实时更新的。根据应用程序的设置，它会定期进行保存，大多数文字编辑程序的默认间隔是 10 min。

临时文件有时可以在取证检查期间被恢复。此外，早期版本遗留下来的一些数据也可能被恢复，即使它并不是完整的文件。就比如一个文档在输入后被打印，并没有保存在硬盘上，也可能被恢复。临时文件的创建使得一些"未保存"的数据在分析期间被恢复成为可能。

另一种对计算机调查取证有价值的临时文件是打印机的 spool 文件夹。当打印作业被发送到打印机时，Print Spooler 服务对需要打印的队列进行管理并将数据发送到打印机。这样，当打印在后台进行时，其余应用程序可以正常工作。为了方便这一点，创建了一个存储临时打印文件的文件夹 spool；该文件通常包括要打印的数据和打印机的信息。操作系统可以用不同的方法实现这一点，根据这一过程创建的文件也各不相同。有时可以从虚拟打印中以可读格式查看到创建的文件数据。

潜在数据

潜在数据[19]

指从用户的角度被忽视（不一定是故意的）的数据。它包括文件和磁盘中有数据但是对计算机用户不可见的区域。潜在数据是创建取证镜像的原因之一。如果只生成数据副本，那么只会看到逻辑数据（即操作系统所知道的数据）。磁盘镜像能够获取所有数据并确保隐藏在潜在数据中有价值的证据不会被遗漏。

一旦包含所有内容的镜像文件被生成，如何查看其中的潜在数据？用户可以在二进制（1 和 0）级别上对硬盘驱动器进行检验。诺顿磁盘编辑器和 WinHex 等应用程序提供了对硬盘或其他计算机文件的二进制访问，因此，这些

---

[18] 临时文件：由某个运行的程序写入的用于执行某个功能或者提供备份功能的临时性文件，作用是防止计算机发生灾难性的损失。

[19] 潜在数据：存在于文件或磁盘中但对用户（操作系统）不可见的数据。

应用程序有时也被称为十六进制编辑器（计算机语言的十六进制简写），允许在二进制级别上读取所有数据，而不依赖于操作系统的文件系统表。诸如此类的程序可以对被检验的存储介质进行数据写操作，进而改变了原始数据，因此，应该使用软件或硬件写保护工具。

数据取证中更常见的选择是使用专门的取证分析软件。用于 Windows 的 EnCase 和 Forensic Toolkit 以及用于 Linux 的 SMART 和 Forensic Autopsy 都是最常见的取证软件。每一种工具都可以在二进制级别上搜索证据，并且具有执行通用取证分析的自动化工具。然而，检验员应该谨慎，不要过度依赖自动化工具。过于依赖自动化工具，而不了解案件可能发生了什么，以及为什么证据数据可能存在于特定的位置，将严重阻碍调查取证的结果。

松弛空间

由于硬盘存储文件的方式，松弛空间是指在硬盘上创建的但未写入数据的空间。回想一下，尽管最小的数据单位是 1 位（1 或 0），但硬盘无法对如此小的单位进行寻址或处理。事实上，甚至一个字节（8 位）都不能被寻址。更确切地说，硬盘可寻址的最小空间单位是扇区。硬盘驱动器通常以 512 字节的倍数来分配扇区，而 CD‑ROM 的每个扇区大小为 2 048 个字节。

如果硬盘的最小寻址单位是 512 字节，如果文件只有 100 字节，会发生什么？在这种情况下，有 412 字节的松弛空间。然而，这还没有结束，因为还有一个最小簇的要求。您应该还记得，簇是用于存储文件和文件夹的扇区组。簇是逻辑分区定义和使用的最小存储单元。正是由于硬盘的最小可寻址扇区和分区的最小存储单元要求，才有产生松弛空间。

簇的大小被定义为扇区的 2 的倍数。因此，一个簇包括两个、四个、八个或十六个或更多的扇区。回到最初的 100 字节文件的例子，假设一个硬盘驱动器定义簇的大小为两个扇区，这意味着硬盘将为这个 100 字节的文件分配至少两个 512 字节的扇区（总共 1 024 字节）大小的存储空间。剩下的 924 个字节是松弛空间（见图 19‑9）。

为了说明这一点，让我们对前面的保险箱的例子进行扩展。银行提供特定尺寸的保险箱，这相当于硬盘的簇。一个只想把房契放在箱子里的人和一个想把钱装满的人得到的箱子一样大。前者的箱子还剩余了很大的空间来存储其他的东西。这个空的空间就相当于松弛空间。如果盒子满了，但此时储户需要更多的空间来存储物品呢？很显然那个人必须得到第二个盒子。类似地，如果一

第十九章　计算机取证

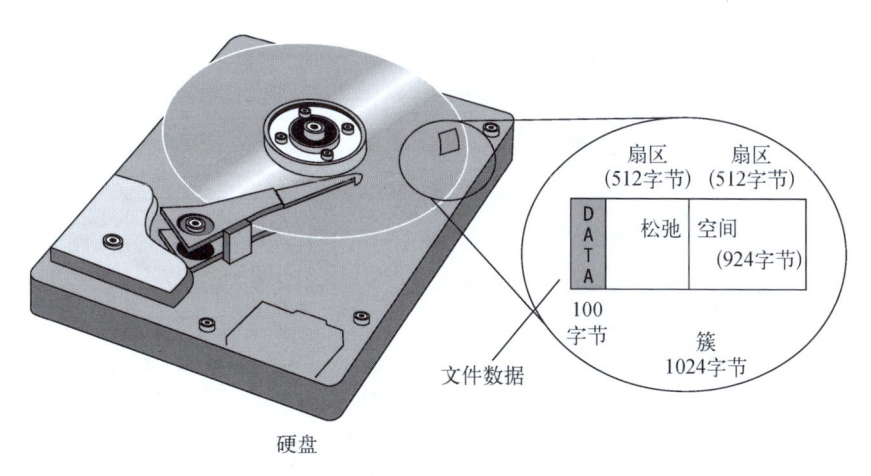

图 19-9　两扇区大小的簇中的松弛空间。簇的大小通常大于两个扇区，但为了简单起见，这里显示了两个扇区

个文件的体积增长到填满了一个簇，则需要分配第二个簇。第二个簇中的剩余空间是松弛空间。随着越来越多的簇被分配以适应不断增长的文件，这种情况将继续下去。

实际上有两种残留空间：内存残留空间和文件残留空间。内存残留占用的空间从文件的实际（即逻辑数据）结束位置到簇的第一个被占用扇区之间。**文件残留**[20]会占用簇中剩余空间。内存残留是一个更适用于旧操作系统的概念。请记住，硬盘可以寻址的最小数据单元是 512 字节的扇区。因此，如果文件大小只有 100 字节，则剩余空间会被其余数据所填充。一些较老的操作系统用内存中包含的数据填充这个区域。这可能包括 web 页面、密码、数据文件或在写入文件时存在于内存中的其他数据。现代的 Windows 操作系统用零填充了这个空间，但是一些检验仍然可能在这个领域发现有价值的数据。

让我们回到最小两个扇区的簇中存放 100 字节文件的例子。在逻辑数据结束之后（即超过 100 字节），扇区的剩余 412 字节是 RAM 残留；簇中的额外 512 字节则是文件松弛，示例如图 19-10 所示。现在的问题是，能在松弛空间中找到什么，为什么这很重要？答案是：有价值的垃圾。

文件残留，指从包含逻辑数据的最后一个扇区结束开始并到簇结束的区域。另一方面，文件残留可能包含大量孤立的数据。为了说明这一点，让我们进一步

---

[20]　文件残留：从包含逻辑数据的最后一个扇区开始到簇结束位置之间的空间。

668　法庭科学概论

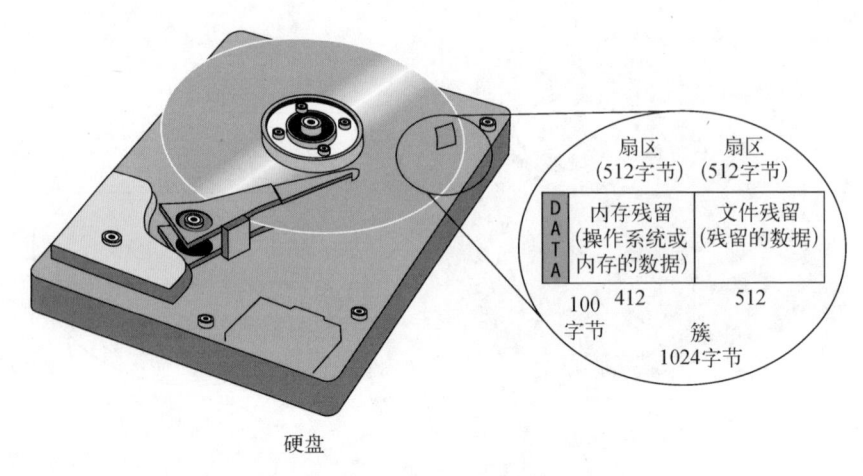

图 19-10　文件残留

　　看一下这个 100 字节文件的示例。假设硬盘的簇为 2 个扇区(两个扇区总计 1 024 字节),在硬盘上写 100 字节的文件之前,一个 1 000 字节的文件占用了这个空间,但被用户删除了。当一个文件被"删除"时,数据仍然留在硬盘上,所以可以肯定的是,这个簇的前 100 字节被新的数据占据而剩余的空间里依然是原来的 1 000 字节的文件数据。这个例子可以说明,为什么会有数据存在于文件残留空间中,为什么文件残留可能是有价值的证据。

　　让我们以保险箱的比喻再次进行说明。假设一个人租了两个保险箱,每个保险箱代表一个扇区,两个保险箱加起来代表一个簇。如果一个人把她房子的契约放在第一个盒子里,那个盒子里剩下的空间将类似于内存残留。第二个保险箱中的空间相当于文件的残留空间。唯一的区别是,与保险箱的空闲空间不同,文件的残留空间可能包含有价值的证据数据。

　　操作系统并不关心内存残留和文件残留空间中包含的数据,对操作系统而言,这些空间是空的,是可以使用的。然而,在此之前,使用前面提到的任何一种取证工具都能对这些空间进行检查并查看,从而找到孤立数据中可能包含的证据,对于未分配的空间也是如此。

未分配空间

　　潜在的证据数据也可能驻留在未分配空间中。什么是**未分配空间**[21],数据

---

[21]　未分配空间:硬盘中未使用的区域,操作系统的文件系统表认为该区域是空的(即不包含任何逻辑文件),但可能包含早期文件的数据。

是怎么被分配在那里的,怎样才能访问到这个空间？如果我们有一个 80 GB 的硬盘驱动器,只有一半的硬盘驱动器充满了数据,那么另一半,即 40 GB,是未分配的空间(见图 19 - 11)。回到保险箱的例子,如果整个银行有 100 个保险箱,其中只有 50 个在使用,那么剩余的 50 个将相当于未分配空间。硬盘的未分配空间通常包含大量有用的数据。硬盘上的文件不断地创建又被删除,文件被不断重写到其他地方,导致未分配空间中的数据成为孤立数据。在创建交换文件或交换空间的过程中,或者在删除文件的过程中,数据可能成为孤立的文件碎片。

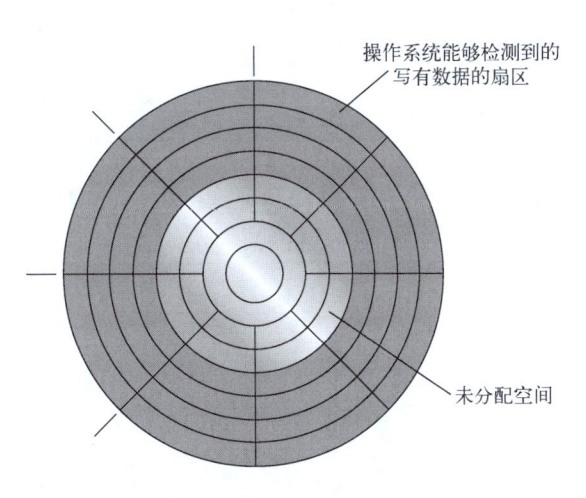

图 19 - 11 简单的硬盘盘片视图,展示未分配空间的概念

磁盘碎片整理

硬盘碎片整理会移动不连续的数据碎片把较小的碎片整合成较大的文件。请记住,文件存储有最小预留空间的要求,如果存储文件只需要 100 字节的空间,操作系统分配的空间可能会比这多得多。此外,如果一个文件被重新编辑也会而增加文件长度,也就是新文件的大小超过了已分配给它的空间,则需要额外的簇存放增加的部分。但如果此时另一个文件占用了文件存储空间的下一个簇,那么操作系统将不得不在驱动器上寻找额外的空间来存放增加的数据。在这种情况下,文件就是碎片化的,因为同一个文件的数据被存储在不连续的簇中。在硬盘中文件的反复写入和删除会导致大量数据在未分配空间中孤立存在。

最终,大量文件的碎片会导致硬盘性能的降低,因为磁头必须遍历整张盘片来定位数据。而磁盘碎片整理则可以将不连续的数据重新整合成连续的簇。还是以保险箱为例,如果租户需要存放比原来的保险箱更多的财产,银行将租给她第二个保险箱。而此时保险箱周围的所有盒子都被占用了,唯一空闲的盒子在房间的另一区域,那么她的财产就被分开存放。银行将不得不"整理"保险箱,以便使拥有多个保险箱的用户的财产放入相邻的保险箱中。

交换文件/交换空间

回想一下，计算机使用硬盘来增大它的存储容量，通过将内存数据存放到硬盘上的一个预定位置，从而释放优先级较低程序占用的内存空间。内存中数据的不断移出与加载操作会导致交换文件中的内容经常发生改变——在 Windows 或 Linux 系统的 win386.swp 或 pagefile.sys 文件。数据经常性地在内存与硬盘之间进行交换，可能在未分配的空间中产生大量的孤立数据。

删除文件

删除文件是在未分配空间中孤立数据的另一种方式。在取证分析中，可以看到多种来自删除文件的数据。文件删除时发生的操作会因文件系统而异。然而一致的是，数据通常不会被真正删除。以下为用户或程序使用 FAT 文件系统删除 Windows 操作系统中的文件时发生的情况。当一个文件被删除时，文件系统目录中的第一个字符（即其文件名中）将被替换为希腊字母 sigma。按照系统的常规设置，当第一个字符被替换为 sigma 后，文件将不再可见，操作系统把删除文件所占用的空间视为可用，但实际上，数据仍然存在。

这个例子没有说明 Windows 回收站的操作。当在 Windows 操作系统中设置为将删除的文件放入回收站时，同时删除原始的文件目录，此时在回收站文件夹中为特定用户创建一个新的目录。文件的完整路径和文件名存储在 Recycled 文件夹中名为 Info 或 Info2 的文件中，如果用户将文件还原，则文件被恢复到删除之前的位置。关于回收站功能的详细讨论超出了本章的范围，但需要说明的是，即使回收站已经被"清空"，数据通常仍然落后，直到它被新的数据覆盖。尽管 Windows NTFS 分区和 Linux EXT 分区处理删除文件的方式不同，但删除后，数据通常是存在的。

如果在原来有的文件位置创建一个新的文件即数据被写入了原始文件的位置，会发生什么？一般情况下，原有数据会被覆盖。当然，除非新文件只是部分覆盖了原始文件：例如删除了占了两个簇的文件，而新文件只覆盖了其中的一个簇，那么第二个簇中的数据将成为未分配空间中的孤立数据。直到又有一个新文件完全覆盖了第二个簇，否则在此之前，原来的数据仍然处于未分配的空间中。

再次以保险箱为例，例如，如果两个保险箱的租赁者不再租用它们，银行就会将它们列为可用。如果租赁者不清理它们，内容将保持不变。如果新主人租了其中一个箱子，前租赁者的东西就会被新租赁者的财产所取代。因此，第二个保险箱仍然存放着前租赁者的东西。前租赁者的资料将留在这个"未分配的盒子",直到另一个租赁者占用它。

互联网数据取证分析

对于电子数据的分析取证来说,熟悉互联网活动的相关证据是很重要的。对计算机系统的分析取证揭示了相当多用户在互联网上活动的行为。接下来将使用本章前几节概述的取证技术讲述互联网数据的获取访问和检验。

网络缓存

web 浏览的证据通常存在用户的计算机上。大多数网页浏览器(例如 Internet Explorer 和 Firefox)使用缓存技术来加快网页浏览速度,使上网更加高效,尤其在拨号上网的时代。当用户访问一个网站(如纽约时报主页)时,数据将从该服务器(本例中是纽约时报的服务器)通过互联网服务提供商向用户提供的线路发送到用户的计算机。如果这台计算机是通过拨号连接访问互联网的,纽约时报主页的传输可能需要很长时间,因为基于电话线路的数据传输速率和能力(带宽)是有限的。即使使用高速的光纤或电缆连接,节省带宽始终是一个需要考虑的问题。

考虑到这一点,web 浏览器将访问页面的部分内容存储或缓存到本地硬盘上。这样,当页面被重新访问,网页可以很快地根据这些保存的数据重建,而不是使用宝贵的带宽再次从 Internet 下载。

网络缓存[22]是计算机取证调查的一个潜在的证据来源。部分访问过的网页,或者某些情况下所有网页都可以根据缓存进行重建。为了安全起见,现代的互联网浏览器会采取清除或擦除网页缓存的措施。但在某些情况下,即使被删除,这些缓存文件也可以被恢复(参见标题为"已删除文件"的部分)。调查人员必须知道如何搜索嫌疑人使用的特定网络浏览器中的这些数据。

Cookies

Cookie 是另一个可以发现潜在证据的位置。要了解 cookie 的价值,首先必

---

[22] 网络缓存:访问过的网页的一部分放置在本地硬盘驱动器上,以便在网页被重新访问时能够更快地检索。

须了解它们是被放置在计算机中的,以及它们的作用。如果用户的 web 浏览器 (如 Internet Explorer)设置为允许,则 **cookie**[23] 被用户访问过的网站放置在本地硬盘上。Microsoft Internet Explorer 将 cookie 放置在专用目录中。网站可以用 cookie 来跟踪访问者的某些信息,这些信息可以是任何信息,例如访问历史、购买习惯、密码和用于识别用户身份的用户名和密码。

有这样一个用户,他在美国最大的巴诺书店的网站上注册了一个账户,几天后用同一台计算机访问该网站,该站点将显示"欢迎你,＊＊＊(用户名)"。该数据就是从放置在用户计算机的硬盘上的 cookie 文件中检索到的,这是网站在用户首次访问和注册时记录下的。

读者可以把 cookie 想象成网站的来电显示。网络站点识别并检索访问者的信息,就像销售人员从来电显示识别来电者并快速提取客户的文件一样。对于取证任务来说,Cookie 文件是很有价值的证据来源。在 Internet Explorer 中,它们以纯文本文件的形式存放,可以用标准的文本阅读器或文字处理程序打开。文件本身的存在,不管其中包含的信息是否可以作为证据但至少可以显示用户的网络访问历史。一个典型的 cookie 内容可能如下:rsaferstein@ forensicscience.txt。由此我们可以推测,有人使用本地计算机以用户名 rsaferstein 访问了 forensic science 网站。Cookie 也可能是弹窗广告存放的,并不是用户访问的网站存放的,但与计算机数据中的其他证据相比,特定网站的 cookie 具有确定的证据价值。

网络历史记录

大多数网页浏览器记录用户访问网页的历史,这样做可能只是为了方便,就像手机上的"最近通话"列表一样。互联网**历史记录**[24]记录了最近访问网站的历史,可以记录数周的访问记录。用户可以通过查看浏览器的历史记录并访问他们最近访问过的网站。大多数 web 浏览器将这些信息存储在一个特定的文件中;IE 使用"index.dat"文件。在 Windows 系统上,为计算机上的每个登录用户名创建一个 index.dat 文件。

最新的计算机取证软件可以查找并读取历史文件。可以显示历史文件所记

---

[23] cookie:由被访问网站放置在计算机上的文件,用于跟踪该网站的访问和使用情况。
[24] 历史记录:网站访问记录;不同的浏览器以不同的方式存储这些信息。

录的每个访问网站的统一资源定位符(URL),以及访问该网站的日期和时间。涉及互联网使用的案件调查对互联网历史数据的检验是必不可少的。

某种程度来说,术语 Internet history 不够全面,因为它没有反映记录的包含这些文件的所有功能。一些浏览器——如 Internet Explorer,还存储了互联网访问记录以外的一些有价值证据。历史记录不仅保留了网络访问记录,此外,访问外部介质(如 CD 或 U 盘)中的文件也可能出现在历史记录中。无论如何,互联网历史数据都是值得研究的,是有价值证据的重要来源(见图 19－12)。

书签和收藏夹

允许用户快速访问网站的另一种方法是将它们标记成**书签**[25]或进行收藏。与预设广播台一样,web 浏览器也允许用户将来更便捷地访

图 19－12 互联网历史显示的不仅仅是网页浏览活动,还可以看到当天访问的 Microsoft Word 文档和图片

问添加的书签(见图 19－13)。从用户的书签站点可以挖掘到很多东西。你可以了解到一个人对哪种类型的新闻感兴趣,或者他有什么类型的爱好。你也可能看到某些人将儿童色情或电脑黑客网站标记为书签。

在 IE 中,收藏夹为一个文件夹,其中包含了指向特定 URL 的链接文件或快捷方式,它们按类型分组存放在子文件夹中。Firefox web 浏览器也是如此,只是 Firefox 的书签是以超文本标记语言(hypertext markup language,HTML)编写并存放在文档中,web 浏览器就是使用这种 HTML 语言对网页进行解释的。

---

[25] 书签:记录用户喜欢的网站,提供网站快速访问的一种功能。

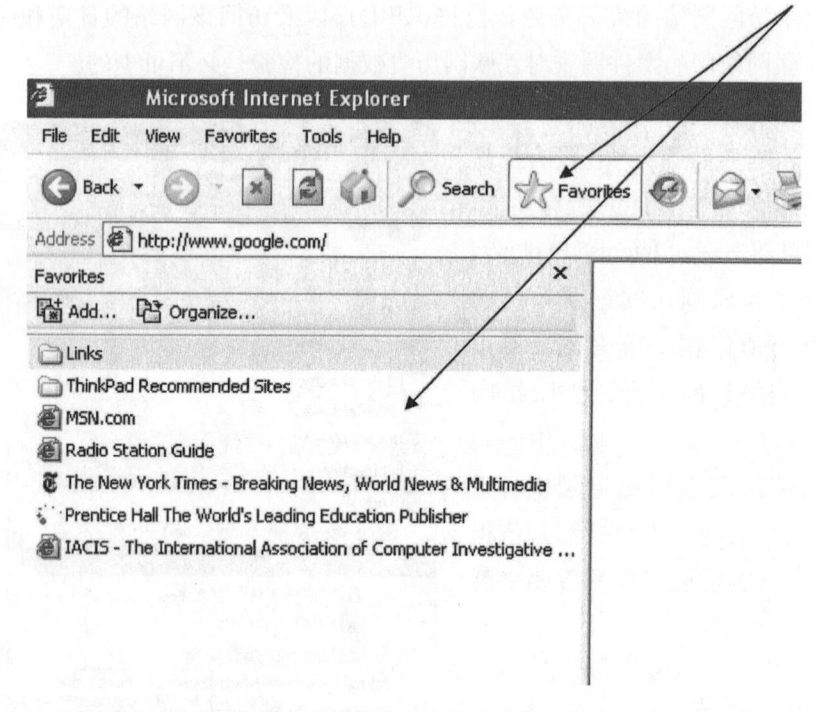

图 19-13　绝大多数浏览器都有提供快速访问功能的书签和收藏夹

互联网通信取证调查

互联网通信信息通常是计算机调查最关心的，也是互联网犯罪调查的开始。无论是多人之间的聊天对话，两个人之间的即时消息对话，还是来回交换的电子邮件，人与人之间交流的信息一直是证据资料的主要来源。无论是哪种类型的交流，调查人员通常都很感兴趣。

IP 的作用

对于所有的计算机设备制造商和软件开发人员来说，必须要有能够支持计算机能够在全世界范围内互相通信的规则。就像人类需要有规则的语言才能成功沟通一样，计算机的语言也是如此。因此，为计算机提供连接服务的互联网服务提供商必须为连接到互联网的计算机分配一个地址，即网际互联协议（IP）地址。

第十九章 计算机取证

IP 地址的形式为###.###.###。###，一般来说，###可以是 0 到 255 之间的任何数字。一个典型的 IP 地址可能是这样的：66.94.234.13。IP 地址不仅提供了将数据路由到合适位置的方法，而且还提供了供大多数互联网调查员调查网络通信的方法（见图 19-14）。根据 IP 地址可以识别真实上网人员的身份，如果一个 IP 地址与真实人员身份之间有对应关系，那么就可以根据 IP 地址在网络上识别某人的身份。

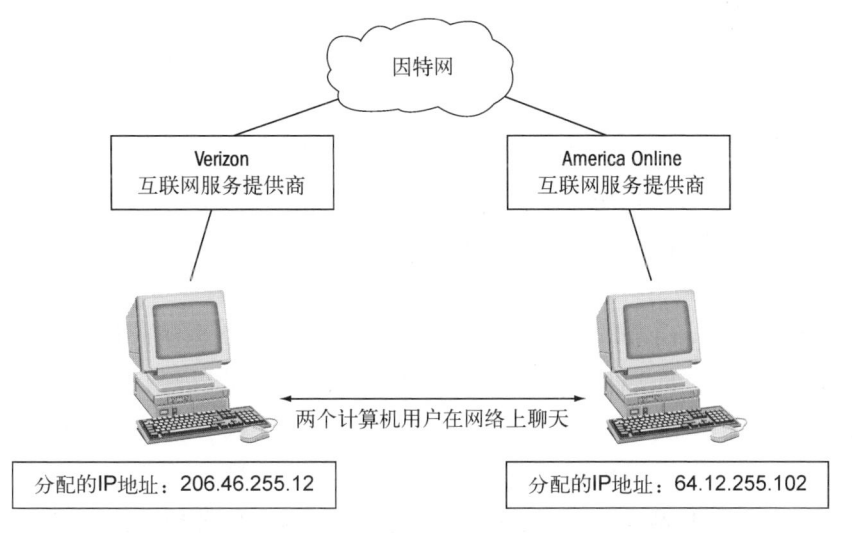

图 19-14 两台计算机通过互联网向对方的 IP 地址发送数据进行通信。每台计算机的 IP 地址由各自的互联网服务提供商进行分配

举个例子，假设有一个互联网用户，他的名字是约翰·史密斯（John Smith），他从家里通过 Verizon（一家美国电信服务提供商）的光纤上网业务连接到互联网。在这种情况下，Verizon 将负责为 Smith 提供一个用于网络通信的 IP 地址。Verizon 从跟踪 IP 地址使用情况的监管机构处获得一组 IP 地址，用于为客户提供服务（显然，没有一个地址同时被两个不同的用户使用）。

假设史密斯决定威胁她的前女友，他在上网的时候向给她发了一封电子邮件，并告诉他的前女友他要杀了她。电子邮件在网上传输的途中，必须首先通过史密斯的互联网服务提供商的路由器（这里是 Verizon 的路由器），最后发送到史密斯的女朋友处。这封电子邮件会记录整个传输过程中经过的所有服务器的地址，其中就包括 Verizon 给史密斯分配的用于互联网会话的 IP 地址。

负责跟踪该电子邮件的调查人员能够在电子邮件头中定位到电子邮件发送

出去的原始 IP 地址。可以使用许多互联网站点(例如 www.centralops.net)对该 IP 地址进行分析,以确定是哪家互联网服务提供商为其用户提供了此 IP 地址。然后,调查人员就可以向互联网服务提供商(即 Verizon)发出传票,询问是哪些客户在特定日期和时间使用了该 IP 地址。

对于不同的 Internet 通信方式,定位 IP 地址所在真实位置的方法也不同。电子邮件在邮件的头部有 IP 地址,这需要进行一些配置才能显示。每个电子邮件客户端也是不同的,需要根据情况具体分析。对于即时通信或聊天会话,聊天通信的提供者——AOL、Yahoo! 等公司可以提供用户的 IP 地址。

电子邮件、聊天和即时通信

电子邮件文件可以被众多邮件客户端或软件程序读取。在当今的 Internet 中,两种最流行的访问、阅读和存储电子邮件的方式是 Microsoft Outlook 和浏览器。大多数人两类工具都使用。

如果 Microsoft Outlook 绑定了电子邮件的账户,那么电子邮件存储在复合文件中(具有多层的文件)。通常,接收的电子邮件(即收件箱)、发送的电子邮件和删除的电子邮件都是复合文件。用户还可以对保存的电子邮件进行分类,创建不同的类别(在 Outlook 中为不同的文件夹)。大多数计算机取证软件应用程序可以查看或加载这些复合文件,可以查看电子邮件的各种信息,包括文件附件。这些文件也可以导入到一个干净的 Microsoft Outlook 副本(即没有绑定任何账户),电子邮件可以在那里进行查看。调查人员还必须意识到,在计算机网络环境中,用户的 Outlook 文件可能并不存在于用户工作的计算机上,而是在邮件服务器或文件服务器上。

大多数用户通过 web 界面访问电子邮件,这类邮件被称为网页邮件。这样,用户就可以从其他计算机远程访问电子邮件。对于通过 web 浏览器访问的网页邮件,前面提出的基于互联网电子邮件证据的规则同样适用。web 界面将电子邮件转换为适合在浏览器中阅读的文档。因此,基于 web 的电子邮件有时可以在 Internet 缓存中找到。对于如 Hotmail 和 Yahoo! 这样的免费互联网电子邮件提供商也一样。

在线聊天和即时通信聊天也是互联网通信证据的重要来源,尤其是在涉网儿童性虐待案件的调查中。目前市面上有太多的程序提供在线聊天和即时通信服务。大多数聊天对话和即时消息都不被相关软件保存,虽然大多数软件允许

第十九章 计算机取证 677

保存对话，但默认情况下该设置是关闭的。因此，这种对话信息通常只存在于物理内存这种易失空间中。

回想一下，RAM 被称为具有易失性，因为它只在计算机通电时保存数据。拔下计算机的电源插头将导致内存中的数据丢失。但是，如果内存中有与证据相关的聊天通信或即时消息对话数据，即使计算机被关闭，内存中的数据也需要被查出，因为其有可能不会完全丢失。这是因为，在计算机的内存和硬盘之间有一个交换空间。内存对于计算机非常重要但又容量有限，因此操作系统需要尽可能地提高内存的利用率，通过数据在内存与交换空间或页面文件之间的交换来腾出内存空间。因此，在对硬盘进行取证检验时，经常会在交换空间或页面文件中发现聊天对话的残余内容。然而，这些残余数据通常是碎片化的、不相连的、不完整的。因此，如果聊天或即时消息仍然出现在屏幕上（未关机依然在内存中），调查人员需要尽可能地保存和收集它。

从内存中捕获易失性数据的详细讨论超出了本章的范围，但在处理实时（运行）计算机时需要考虑的因素已经在"实时计算机数据获取"一节中讨论过。请注意，一些商业取证软件可以捕获这些数据[26]。类似地，基于 Linux 的取证工具也可以完成这一点。检查者甚至可以将数据远程导出到另一个设备。无论使用哪种方法，数据都必须获取。

此外，许多程序，如 AOL 即时通信、雅虎通和 IRC（Internet Relay Chat）等即时聊天工具会根据用户聊天使用的房间或频道或屏幕窗口名称创建了相关的文件夹。取证调查员应该研究每个应用程序，并在计算机取证检查时了解程序的各项功能。

非 法 入 侵

未经授权的计算机入侵，通常称 **Hacking**[27]，是每个计算机管理员都关心的问题。黑客侵入计算机系统的原因有很多。部分是商业间谍；其他时候，仅仅是为了在技术社区内炫耀；不过，最常见的情况是，有一定计算机网络知识的流氓

---

[26] WEBEXTRA 19.1　追踪电子邮件在互联网上的传播轨迹
[27] Hacking：俚语，经常用来指未经授权对计算机或网络进行入侵。

或心怀不满的员工想要造成破坏。无论动机如何,美国公司经常求助于执法部门来调查和起诉这些案件。

一般来说,当调查未经授权的计算机入侵时,调查人员将精力集中在三个地方:日志文件、易失性内存和网络流量。日志通常记录计算机用于网络通信的 IP 地址,日志可以位于计算机网络上的多个位置。互联网上的大多数服务器使用日志文件记录与客户端计算机的连接信息。此外,路由器(即负责网络数据路由的设备)的日志文件包含了详细描述网络连接的信息。

同样的,**防火墙**[23]设备的日志文件会详细记录被合法计算机发出的网络连接或连接到个人计算机系统的访问(或仅仅是尝试)。防火墙是一种设备(以硬件或软件的形式),它只允许合理请求的流量进入计算机系统,或者更恰当地说,进入网络。换句话说,如果用户没有从特定的系统发送 Internet 流量请求,则防火墙应该阻止其进入,除非设备之前的配置允许该流量通过。如果日志文件捕获了入侵者的 IP 地址,那么揭示 IP 地址背后的用户的过程与检验电子邮件的过程相似。总之,调查计算机入侵相比其他类型的调查更加复杂。

通常,在非法访问计算机或网络的情况下,入侵者会试图掩盖其计算机系统的 IP 地址。在这些情况下,可能需要更先进的调查技术来揭示黑客的真实身份。当入侵正在进行时,调查人员必须要捕获易失性数据或内存中的数据。在入侵发生时,内存中的数据可以提供发现入侵者身份的宝贵线索,或至少可以反映入侵者采取的攻击方法或工具。当即时消息或聊天对话正在发生的情况下,内存中的数据也必须要获取。

调查入侵案件的另一个标准策略是全面记录系统中安装和运行的所有程序,以便发现入侵者安装的任何旨在入侵系统的恶意软件。调查者使用专门的软件记录正在运行的进程、注册表文件、打开的端口和任何安装的文件。

此外,作为证据收集和调查过程的一部分,调查人员希望能够捕获实时网络数据流。在网络上传输的数据流以数据包的形式传输。除了数据,这些数据包还包含源 IP 地址和目的 IP 地址。如果攻击需要双向通信,比如黑客窃取数据的情况,那么必须使用目标 IP 地址将数据回传给黑客的计算机。了解到这一点后,调查可以集中在该特性上。然而,必须注意目标 IP 地址可能不是黑客的计算机,而是属于黑客控制下的不知情的、先前已被入侵的计算机。此外,网络上

---

[23] 防火墙:被设计用于防止网络入侵的硬件或软件。

正在传输的一些特定类型的数据可能是正在发起的网络攻击的线索；例如网络信息泄露案件，或者是涉及恶意攻击的特定软件的数据包。

移动设备取证

本节的标题也可以叫作"移动电话取证"，但由于移动技术的进步，手持设备远不只是手机。传统电脑和手机之间确实存在很多相似的地方。除了传统的移动电话服务，移动设备还能够提供很多计算机和其他设备提供的服务。这些设备可以在调查中提供大量有用的证据数据。

> **走进科学**
>
> **移动服务**
>
> 以下是当今移动设备上最常见的服务列表，以及几个具有潜在证据价值的例子：
>
> 1. 短信息服务(SMS)—文本信息
>
> 短信是一种常见的交流方式。它可以简单地通过互相发送信息的方式建立起两个人之间的联系。曾经有过这样的案例：一个人进入一家企业实施抢劫，另一名同伙则留在外面的车辆里观察情况，他们之间使用短信进行沟通。
>
> 2. 彩信服务
>
> 彩信也称多媒体信息服务，可以认为是带有附件(如视频剪辑、声音文件或图片)的多媒体信息服务文本消息。在一个案件中，罪犯拍摄了自己性侵一名残疾女孩的视频，并通过彩信将视频发送给他的朋友。
>
> 3. 联系人及通话列表
>
> 与移动设备所有者有联系的人员的姓名、电话号码、地址和/或电子邮件地址，以及所有者最近的联系人记录，一般在调查取证中都可以获得，并进行分析和利用。
>
> 4. 日历、记事本和备忘录
>
> 这些信息可以解释嫌疑人在特定日期的行为，可能提供有关的证据。

5. 上网记录/网络历史/网络通信

就像电脑一样，移动设备上的互联网活动具有很大的证据价值。例如，在儿童性侵案中，它可以将嫌疑人关联到特定的社交网站或登录名。通常，移动设备包含与计算机相同的网络构件，例如 cookie、浏览器历史记录和书签。

6. 数码照片/视频

在相当多的案件中，有人利用该技术在商场或商店里对毫无防备的女性进行偷拍。

7. 电子邮件

在大多数移动设备上都可以使用浏览器访问电子邮件或通过客户端（即电子邮件软件）进行访问，这也是潜在证据的一个来源。

8. 定位系统

许多设备，如 Droid 和 IPhone，具备 GPS 定位功能。这些应用程序中记录的数据在反映嫌疑人的旅行记录方面非常有价值。

移动设备可以提供的服务可以列得很长，而且无法完全列出。但是，很明显，除了大小和结构之外，计算机系统能提供的服务和移动设备可以提供的服务之间几乎没有区别。因此，移动设备的取证检验与计算机取证有很多共同点，至少在原则上是这样。计算机配件的生产标准化程度很高，但在移动设备领域却并非如此。不同厂商、不同设备的操作系统不同。此外，移动设备的远程通信功能以及设备与服务提供商之间的持续通信使证据的收集和保存都比较困难。

回顾之前所学内容，收集和分析电子证据的主要任务之一是避免发生数据篡改。随着移动设备不断向服务提供商提供注册位置，同时不断接受 GPS 位置更新，使得防止数据更改成为一个挑战。再加上许多移动设备提供远程操作和关闭程序的能力，对于调查人员来说就很头疼了。貌似关闭移动设备来保存数据是可行的，但通常不建议这样做，因为这样会清除存在于易失性内存（像计算机内存）中的未保存数据。

最好的方法是让移动设备继续运行，但需要阻断它的通信。法拉第屏蔽袋常被用于移动设备的证据收集，这种屏蔽袋由移动取证设备制造商设计，它将阻止设备与服务提供商之间的通信（信息接入或信道切换）。需要注意的是，某些移动设备被放置在屏蔽袋后也可能会正常工作,因此选择哪种类型的屏蔽方式需要考虑,而且这种选择的有效性必须得到验证。

对这些设备进行取证,搜集数据时需要考虑的另一个因素是保持持续地供电,以保证设备能够被正常挪动、存储和最终进行取证分析。移动取证设备制造商提供电池设备,可以保证设备被运送到实验室的过程中持续运行。如果可能的话,调查人员应该在现场收集移动设备的充电器和相关的充电线。由于缺乏标准化,不同设备之间的充电器和充电线的差异很大,取证人员几乎不可能拥有所有设备的电源充电线。

无论如何,移动设备上的数据必须被提取和分析,但与计算机取证不同的是,针对移动设备的取证方法更为复杂。这种复杂性是因为不同的设备存储和管理数据的方式不同。此外,制造商用于存储数据的内存类型各不相同,这涉及扩展卡和内部存储结构(RAM/ROM)的组合。同样的,不同设备的操作系统也不同。例如,摩托罗拉使用谷歌的 Android 操作系统,而 iPhone 使用的是苹果的操作系统,也被称为 iOS 系统,两者在分区、文件和目录结构上有所不同。这只是取证调查人员遇到的大量设备中的两种,因此,移动设备取证人员必须熟悉大量移动设备并掌握相关取证技能。

提取和分析移动设备数据的方法有很多。数据提取可以在物理层上完成,这样可以最大限度地对数据进行收集,但也会对数据的分析带来挑战。提取也可以在逻辑层进行,虽然获得的数据相对有限,但数据更容易被分析。调查员通常根据案件的类型、需要寻找的证据、自己的技术水平、移动设备的技术限制以及可使用的分析工具来作出具体的决定。

根据大多数移动设备调查员的经验,一个实验室必须配备几种不同的工具来获取和分析移动设备的数据。

章节小结

计算机已经渗透到社会的方方面面,无数种新的应用方式以及无数的应用程序被使用和开发。同样的,电子数据在取证调查工作中的应用在过去十年中实现了指数级增长。计算机和其他电子数据存储设备的用户会留下足迹和数据使用痕迹。计算机取证包括设备的保存、计算机数据的获取、提取、分析和解释。在当今的技术世界中,许多设备都能够存储数据,因此它们都可以归入计算机取证领域。

中央处理器（CPU）是计算机的大脑——负责实际计算的主要芯片。随机存取存储器（RAM）是一种易失性存储器，当电源关闭时，它所包含的数据将永远丢失。程序被加载到 RAM 中是因为它的读取速度更快。硬盘驱动器（HDD）是计算机存储数据的主要设备。

不同的操作系统对 HDD 的映射方式不同，调查人员必须熟悉他们正在检查的文件系统。证据以不同的形式存在于硬盘上的不同位置。这些证据可以分为两大类：可见数据和潜在数据。

可见数据是操作系统能够感知的数据，因此对用户来说是可以访问的。从证据的角度来看，它可以包含由用户创建的任何类型的数据，例如文字处理文档、电子表格、会计记录、数据库和图片。作为一种动态备份，程序创建的临时文件被证明是有证据价值的。最后，交换空间中的数据（用于节省计算机系统中 RAM 的空间）可以产生有证据价值的可见数据。

另一方面，潜在数据是操作系统通常不关注的数据。潜在证据数据可能存在于内存残留冗余和文件残留中。内存残留是从文件逻辑末尾到真实占据的扇区末尾之间的区域。文件残留区域是指从包含逻辑数据的最后一个扇区到真实占据簇的结束扇区之间的区域。潜在数据可能存在的另一个区域是未分配的空间。未分配的空间是在硬盘中，但操作系统认为是空的、预备存放数据的空间。数据的不断写入、删除、碎片整理以及发生在交换空间中的数据交换，会造成大量的孤立数据，这些都能会成为潜在数据。最后，当用户删除文件时，数据通常依然是保留的，因此被删除的文件成为取证分析时待检查的另一个重要的潜在数据来源。

调查人员可以利用计算机存储或缓存部分保留访问过的网页这一事实来对用户的互联网访问历史记录进行调查，而网站通常也会创建 cookie 来跟踪网站访问者的某些信息。在追踪电子邮件来源时，调查员可以分析电子邮件的头部区域并找到发件人的 IP 地址。聊天和即时通信消息通常存在于计算机的内存中。要确定未授权的计算机入侵（黑客）的来源，则需要调查计算机的日志文件、内存数据和网络流量等。

移动设备提供许多原本由计算机和其他设备提供的服务。移动设备可以在调查中提供大量有用的证据。在移动设备上保存数据的首选方法是让移动设备保持运行状态，但需要将其放置于可以阻碍其通信的地方。由于设备类型众多，

第十九章　计算机取证　　683

存储和管理数据的方式多种多样，对移动设备中数据进行有效的提取和分析相对要复杂得多。

问题回顾

1. 计算机取证包含了对计算机数据的_____，_____，_____，_____和_____。
2. 判断正误：硬件包括计算机的物理部件。_____
3. _____是一组编译为程序的指令，用来执行特定任务的。
4. （ROM/RAM）芯片存储用于启动引导过程的程序。
5. 用来描述底架的术语，包括主板和个人电脑的任何内部组件，是_____。
6. 判断正误：主板是一个复杂的电路网络，它将数据从一个硬件设备传输到另一个设备。_____
7. 判断正误：当你在取证调查中遇到计算机系统时，你应该做的第一件事是通电并启动系统。_____
8. RAM 被称为易失性内存，因为它不是_____。
9. _____被称为是计算机的大脑。
10. _____是个人计算机的主要存储部件。
11. 个人计算机之间主要是通过_____实现相互通信的。
12. 计算机的____可以允许用户管理文件和应用程序。
13. 硬盘驱动器的分区通常被分为_____、_____、_____和_____。
14. 一个_____是二进制中的一个 1 或 0，也是计算机语言中最小的单元。
15. 一个_____由 8 位 bit 组成。
16. 一组扇区，大小通常是 2 的倍数，被称为_____。
17. 一个硬盘驱动器全部数据的精确副本被称为_____。
18. 计算机用户可以随时获取的所有数据被称为_____。
19. 将数据从 RAM 移动到硬盘上以节省空间时创建的文件被称为_____。
20. 大多数程序自动将正在处理的文件副本保存到_____文件中。
21. 创建存储设备的镜像文件的原因是因为_____数据的存在。
22. 硬盘驱动器中最小的寻址单元是_____。
23. 两种残留空间类型是_____残留和_____残留。

24. _____残留是指从文件的数据部分的末端到扇区的末端的区域。

25. 没有存储任何数据的分区被称为_____。

26. 判断正误：对硬盘驱动器进行碎片整理是指将不连续的数据移动到一起。_____

27. 判断正误：被"删除"文件的一部分可能会在计算机的未分配空间中被找到。_____

28. _____采用一系列的数字形式将数据路由到 Internet 上的适当位置。

29. 用户的硬盘驱动器将_____一部分访问过的网络页面。

30. _____是被网站放置在硬盘驱动器上用来跟踪其访问者的某些信息。

31. 电子邮件的头部包含发件人的_____地址。

32. 判断正误：通过 Internet 进行的聊天和即时通信的消息通常存储在随机访问存储器中。_____

33. 在调查黑客入侵事件时，调查人员的工作主要集中在三个地方：_____，_____和_____。

34. 只允许外部请求数据进入计算机系统的设备被称为_____。

35. _____是一种可以阻止手机与服务提供商通信的设备。

36. 判断正误：从移动设备中提取和分析数据相对更加复杂，因为这些设备的制造商以各种方式存储和管理数据。_____

走进科学问题回顾

1. 如果一个文件系统定义簇的大小为六个扇区，那么每个簇可以存储多少比特的信息？请解释你的答案。

2. 犯罪学家汤姆·帕劳达正在调查一起涉及电脑犯罪的现场。到达后，他拍摄了整个场景，并对所有与这台计算机相关的连接进行了近距离拍摄，还对计算机和所有外围设备的序列号进行了拍照。之后，汤姆在每个外围设备上都贴上了标签，然后将它们与电脑断开连接。在确定 RAM 中的所有数据都保存到硬盘驱动器后，他把电脑从墙上拔了下来。请问，这个过程中汤姆有没有犯错，如果有的话，犯了什么错误？

3. 你正在调查一宗会计为某家公司做假账的案件。在检查他的计算机时，您注意到嫌疑人使用了两种不同的会计程序，它们能够读取相同类型的文件。有了这些信息，你还可以从哪里开始搜索计算机上的潜在数据？为什么？
4. 您正在检查两台计算机，以确定发送威胁电子邮件的 IP 地址。第一台计算机使用 Microsoft Outlook 作为电子邮件客户端，而第二台计算机使用基于 web 的电子邮件客户端。在这些计算机中，你最可能在哪台计算机上先找到 IP 地址？

参考文献与延伸阅读

Digital Evidence in the Courtroom: A Guide for Law Enforcement and Prosecutors. Washington, D.C.: National Institute of Justice, 2007, http://www.nij.gov/pubs-sum/211314.htm

Electronic Crime Scene Investigation: A Guide for First Responders, 2nd ed. Washington, D.C.: National Institute of Justice, 2008, https://www.ncjrs.gov/pdffiles1/nij/219941.pdf

Forensic Examination of Digital Evidence: A Guide for Law Enforcement. Washington, D.C.: National Institute of Justice, 2004, https://www.ncjrs.gov/pdffiles1/nij/199408.pdf

第二十章

移动设备取证

学习目标

20.1 识别哪些是可以被称为"移动设备"的计算设备
20.2 理解相比计算机取证的移动设备取证挑战
20.3 解释提取移动设备有用数据的两种方式
20.4 理解可以提供有用数据的移动设备架构
20.5 描述移动设备中证据的类型及恢复方式
20.6 解释如何在案件调查中对移动设备进行取证

关键术语

analog	模拟
architecture	体系结构
broadband	宽带
CDMA（Code Division Multiple Access）	CDMA（码分多址接入）
file system	文件系统
geolocation	地理位置
GSM（Global System for Mobile Communication）	GSM（全球移动通信系统）
GPS（Global Positioning System）	GPS（全球定位系统）
logical extraction	逻辑提取
operating system（OS）	操作系统（OS）
physical extraction	物理提取
SIM（Subscriber Identification Module）card	SIM（用户身份识别模块）卡
SD（Secure Digital）card	SD卡（安全数字卡）
SMS（Short Message Service）	SMS（短信息服务）
Wi-Fi	无线网络（移动热点）

彼得·斯蒂文森博士,具有拥有50年专业经验的网络犯罪专家和教育家,曾撰写、编辑、撰稿过相关国内外重大贸易、技术、科技著作18部,发表文章及科学出版物数百篇。斯蒂文森博士在诺威治大学担任副教授为研究生和本科生讲授网络攻击与防御、数字取证和网络调查课程,退休后加入了Point Cyber公司。他曾担任诺威治大学首席信息安全师及先进计算和数字取证中心主任。斯蒂文森博士曾获得研究生学院和继续学习学院颁发的杰出教师奖。他拥有世界上最早的数字调查博士学位,也是首批获得(ISC)认证的网络取证资格的人。他还持有CISSP和CISM认证并且是美国法庭科学学会和维克多协会的会员。此外,他还拥有外交硕士学位,专攻恐怖主义。

新闻头条
米歇尔·凯特:短信自杀案

2014年7月13日周日,时年18岁的康拉德·罗伊被发现死于一氧化碳中毒。警察开始调查他的死因,罗伊和他的异地恋女友,米歇尔·凯特之间的一系列短信被发现。在2014年7月6日至7月12日期间,凯特设计了一个利用汽车尾气中的一氧化碳实施自杀的计划,并在罗伊感到害怕的时候,怂恿他克服自己的恐惧,指示他在离开汽车后重新回到车里。

她告诉罗伊,他足够"坚强"来执行自杀计划,一旦他死了那么他就会很快乐。在给康拉德的信中,她写道,他将"在上帝的指引下直接进入天堂"。

康拉德回复道:"我会再次获得快乐。"凯特写道:"是的,你会的(笑脸)……你不可能失败……你很勇敢……我对你的爱如月亮一样远,比海洋还要深,比松树还要高,宝贝,我对你的爱直到永远。这一点也不疼而且很快。"以下是在康拉德·罗伊死的那天,米歇尔·凯特和他的短信摘录:

康拉德:我最近为什么这么犹豫。就像两周前我还愿意尝试一切,但现在我感觉很糟,真的很糟糕,我不想再坚持下去了。

> 凯特： 你很犹豫,是因为你总是在想这件事,一直在拖延。你现在唯一要做的就是付诸实现。康拉德。你越抗拒它,它就会越折磨你。你早就准备好了,你所要做的就是打开发动机,之后,你会得到自由和快乐。不要犹豫,更不要等待。
>
> 康拉德：你说得对。
>
> 康拉德：我不知道。我又要抓狂了。我没法不去想。
>
> 凯特： 我知道你想去这么做。这次时间刚刚好,你也已经准备好了。你只需要去做就行了。你不能总这样生活下去。你只要像上次那样去做就行了,不用多想,直接去做,宝贝。你总不能每天都这样。
>
> 康拉德：我确实想,但我很为我的家人担心。我不知道。
>
> 凯特： 康拉德,我说过我会照顾他们的。每个人都会照顾他们,保证他们不会孤单,大家会帮助他们渡过难关。我们已经谈过了,他们会接受的。自杀的人是不会考虑这么多的,他们只需要做就行了。
>
> 康拉德：我准备好了。
>
> 凯特： 很好,现在时间正好。宝贝,你是知道的,你知道的。当你从海滩回来的时候(原文如此),你就得去做这件事。你已经准备好了,你已经下定决心了,已经到了做这件事的最佳时机了。
>
> 康拉德：好的,我会的。
>
> 凯特： 你回来了没?
>
> 康拉德：无须多想。
>
> 凯特： 是的,无须多想,你只需要多就行了,不要再等待了。
>
> 康拉德：我不知道,我很紧张。
>
> 凯特： 没事,放松,一切都OK。干就完了,宝贝,不要再多想了。
>
> 康拉德：好,好的。我这就干。
>
> 凯特： 好,你做,我相信你,对了,你把信息删掉了吗?
>
> 康拉德：是的,但你要一直给我发信息。
>
> 凯特： 我会的,一直到你打开发动机为止。
>
> 米歇尔·凯特被指控在康拉德·罗伊的死亡案中犯有过失杀人罪,并被判处15个月的监禁。

在所有的数字取证领域中,移动设备取证可以说是最复杂的。之所以说它最复杂,有以下几个原因：第一,移动设备数量与日俱增且数量众多;第二,设备之间的区别性很大,哪怕是同一厂家生产的设备彼此之间的差别也很大;另外移动设备对于电脑和笔记本电脑的替代性增强且其数量增长迅猛;最后,这些设备都是无线电和计算机技术的混合体,在取证时不同地区所面对的法律也不同。这些都导致取证范式的复杂性。

移动设备是第二次世界大战中船岸无线电通信的产物。那时,手持无线电收发器,步话机已经被大量使用,并在20世纪40年代演变为车载移动电话。但移动设备真正出现爆炸式增长是在很久之后,在此之前,摩托罗拉手机在1973年首次亮相。从此时起,移动通信技术的不断进步促成了随后的手机繁荣。早期的移动电话系统是**模拟制式**[①](1G)。其次是数字网络(2G)。

当移动**宽带**[②]网络(3G)于2001年在日本出现的时候,移动设备的前景已经完全改变了。现在,手机可以做的可不仅仅是通话,手机具有小型计算机一样的功能,而且可以通过互联网速度来传输数据。随着原生IP网络(4G)的出现,智能机诞生了,智能机就如同其他计算设备一样成为互联网的一个节点。随着**无线网络**[③]的普及,智能手机的范畴扩展到平板电脑,iPad等各式产品,这些都是小型电脑的可行替代品。

移动设备的邻居:
什么让移动设备可以"移动"?

首先从蜂窝系统的概念开始。蜂窝系统是一个由相对短距离的收发器组成的网络,这些收发器有策略地间隔开来,这样低功率的发射器就可以覆盖区域内的所有手机,且手机中的发射器也能够以极低的功率将信号发送到信号塔。自20世纪60年代以来,切换和频率复用的概念允许用户在不同的蜂窝之间移动而不发生通话中断。通常,下面我们将看到,1G网络遭受这个问题的困扰,这使得他们的用户非常震惊。手机基站的布局及覆盖区域如图20-1所示。虽然如红色圆圈所示存在重叠区域,但由于信号塔天线阵列的传输模式,其发射模式为六边形。

回到早期的(1G)模拟手机,我们讨论几个为现代移动设备奠定了基础的问

---

① 模拟制式:传统无线信号调制方式。
② 宽带:比标准电话线数据通信速率更高的通信信道。
③ 无线网络:无线局域网的专用术语。

题,某些问题至今依旧存在,仍然困扰着取证实践人员。1G网络是模拟信号,这意味着其工作模式与老式的无线广播方式相同,无线移动设备由一台计算机和一个或多个无线电收发设备组成。计算机可能会相当原始且无线电收发设备会与某种类型的网络进行通信。由于蜂窝网络与Wi-Fi网络有很大的不同,设备需要两个无线电收发模块。1G通信设备通常只能与蜂窝系统进行通信。

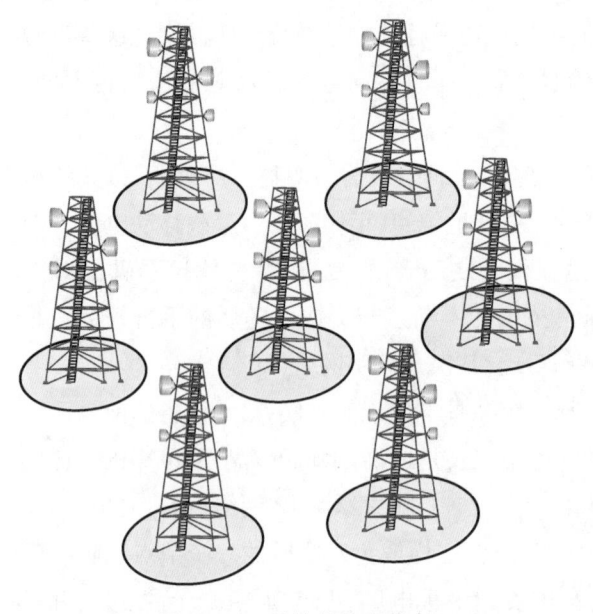

图20-1 基站的地理分布

数字蜂窝网络(2G)出现在90年代,有两个标准:GSM④(全球移动通信系统)和CDMA⑤(码分多址)。全新一代的通信标准让手机出现了小型化、手持式的变化,同时,因为新标准是数字化的,新的网络为数据通信打开了大门,并开始了所谓的"功能手机"。这些手机除了能简单地打电话和接电话外,还有更多的功能,因此得名。功能手机可以发送和接收文本消息,与电子邮件同步,并提供其他的功能,这些功能推动着移动设备向着智能手机和平板电脑的方向发展。

由于通信速率较低,如上网,下载图片都需要花费较长的时间。随着基站数量的增加,无线接收装置小型化趋势明显增强,既延长了电池的寿命又减小了手机的体积。

移动宽带(3G)的出现打开了移动通信的阀门,从而使市场上的移动设备出现了爆炸性的增长。2G和3G之间的架构功能有很大的区别,2G是基于电路交换进行通信的而3G是基于分组交换的模式。在此不用过多地介绍二者之间的技术差异,可以简单地认为,电路交换类似于有线座机系统,分组交换类似于互联网。分组交换的好处是能够更加容易地连接到互联网。

---

④ GSM:第二代数字蜂窝网络的一系列标准。
⑤ CDMA:数字蜂窝移动网络扩频通信技术。

分组交换移动电话网络的出现使得移动设备几乎可以访问任何类型的数据,比如网络可以支持照片的传输、流媒体视频和电视、视频聊天以及其他的高级服务。3G 于 2001 年在日本推出,于是智能手机诞生了。

原生 IP(4G)网络在技术上不同于 3G 网络,它们可以直接访问 Internet,极大地提高了数据传输速度和带宽。4G 网络中,通过智能手机或平板电脑与电脑进行任何形式的交流都成为可能。移动设备的时代如火如荼地到来了。

取证的挑战:移动设备如同小型计算机

在很多方面,现代移动设备和小型个人电脑差不多。但它们确实有一些独特的方面,这使得数字取证过程有点复杂。让我们从 1G 设备开始梳理。在世界上的一些地方甚至在美国,1G 网络仍然有一些铁杆用户。尽管这种情况非常罕见,但是 15 岁以下的青少年犯罪案件里经常出现 1G 手机的身影。这些老旧设备的问题是常用的电子数据调查所使用的技术无法对其奏效。它们几乎没有所谓的**操作系统**[6],能获得的最多的信息就是电话号码簿。有些可能会保留呼叫日志,但保留的呼叫数量相当少。任何被删除的内容都不再可用,不像其他的操作系统,对于这种情况无法恢复删除的信息。

当发展到 2G 后,手机发生了很大的变化。首先这些手机目前仍然存在,大多数生活在 2G 网络区域的用户对其有限的功能感到满意,这些手机的功能虽然相比智能手机要少很多,但远远比 1G 手机多,而且大多数 2G 设备都有真正的操作系统。这些操作系统大多是为手机(如 Palm 和黑莓)定制的,在某种程度上可以说,它们是智能手机操作系统的先驱。

某些 2G 手机,比如功能手机,比其他手机更接近智能手机。然而,不同型号的手机之间的差别很大,这是因为手机有操作系统但其操作系统和个人电脑是不一样的。虽然操作系统执行的许多功能与 PC 机相同,但它不一定以相同的方式执行这些功能,在多数情况下,二者是相同的。

部分手机具有其他的功能,如高带宽要求,但带宽越高,设备的性能越差。对取证来说,能从 2G 设备中提取多少有用的数据是个未知数。更重要的是,在

---

⑥ 操作系统:一个专门设计的程序,用于控制移动设备的各个组件以发挥其功能。

此期间,移动设备制造商开始疯狂地发布新产品。由此带来的问题是——现在仍然是——即便两部手机看起来很像,具有相同的功能,使用相同的操作系统,也不能保证它们是相同的,如果你的移动设备取证工具没有专门为该手机设计的驱动程序,那么你在取证方面就不走运了。这仍然是困扰移动设备取证的一个最困难的问题:几乎不可能与现有的移动设备模型保持同步。

3G 和 4G 手机在**架构**[⑦]和设计上最接近个人电脑。它们的运行方式相同——尤其是 4G 设备——而且它们有能力下载和安装应用程序("APP")就如同任何 PC 机或 Mac 一样。

在处理器和文件系统等架构问题上,它们是相同的,但移动设备和计算机之间在这些架构的本质还是不同的,因为移动设备的一些特殊要求,如多个无线接收模块(如 Wi-Fi 和 4G)、尺寸限制和存储空间的大小等。

对于取证调查人员来说,应用程序既是其优势也是困扰。每个应用程序都有其特定的操作参数,不同的应用程序与外界的交流方式(如果可以看作是交流的话)是不一致的。苹果已经采取措施来标准化 iPad 和 iPhone 应用程序的开发,但 Android 应用程序开发受到的限制则要少得多。此外,为 iOS 操作系统编写的应用程序并不意味着它在 iPad 和 iPhone 上运行能取得相同的表现,在这方面,Android 应用程序的差异性就更大了。

对于取证调查员来说,了解正在检查的移动设备上运行的是什么应用是一个关键问题,也是一个非常重要的问题。就算调查员了解了正在运行的程序,同样也很难弄清楚应用程序在做什么,以及它是如何与用户和外部进行交互的。移动设备取证的一个有趣方面是**地理位置**[⑧]。一些设备和许多应用程序会报告设备的地理位置(见图 20-2),这样就更容易追踪设备拥有者的行踪了。

此外,提供地理定位服务的移动设备不仅包括智能手机和平板电脑,我们还可以分析**全球定位系统**[⑨](GPS)设备,如 Garmin(导航手表)或 TomTom(导航仪)。与其他移动设备一样,GPS 设备也需要特殊的工具和驱动,而且它像智能手机和平板电脑一样高产、不断变化。

手机取证的另一个挑战是制造手机的芯片组,这给操作系统、模型、制造商和应用程序的组合增加了另一个变量。

---

⑦ 架构:移动设备的基本组件。
⑧ 地理位置:对移动设备的实际地理位置的估计。
⑨ 全球定位系统:通过比较几颗卫星发出的无线电信号来确定位置的系统。

图 20-2　移动设备使用地理位置服务示意图

芯片组是设备工作的硬件。如今，芯片组数量相当庞大，其中最难处理的是中国仿制的美国芯片，因为并不是所有这些芯片的表现都与美国芯片相同，因此需要为移动设备的取证工具设置特殊的驱动程序。

最大的问题是，即使这些设备中的一些是真正的小型计算机也拥有类似计算机的操作系统，但它们也不能使用典型的计算机取证工具进行检查。每个设备都有自己的特殊性，每个设备都需要特殊的连接器和特殊的设备驱动程序来检测和破译设备上存储的内容。

设备存储也有多种形式，如板载非易失性存储器和 mini-SD 卡，为现代智能手机或平板电脑增加存储空间。这还不包括在类计算机架构出现之前的设备，它们需要特殊的驱动程序和连接器，但是可以收集到的信息很少，因为它们存储的信息量本来就很少。

提取有用数据：不同类型移动设备的差异

当对一台移动设备进行取证时，调查员通常通过几个来源获得有用的信息。通常最有用的信息是网页搜索，对这款手机进行搜索通常会发现大量信息，比如使用手机的经历、电池充电技术，以及如果手机信息被删除，哪些内容可以恢复，哪些不能恢复。有些手机和平板电脑相当现代也更加简单，对于这些设备，直接连接到取证工具进行提取就行了。在设备连接之前做一些准备工作是很重要的，所有的移动设备都应保存在法拉第屏蔽袋或法拉第盒，这样可以防止设备中的信息被远程更改。信息更改可能是由设备的所有者发起的，比如远程擦除来销毁证据，某些是无意的，比如设备的移动运营商所做的更新，可能会覆盖证据。专家们对法拉第防护罩的有效性一直存在争议，但使用它们仍然是大家的共识。

因此，调查员的第一步是确定他们调查的设备类型。设备是一款非常老旧的功能手机，典型的 iPad 或 iPhone，还是一款刚刚发布的最先进的智能手机？调查员必须做出判断，选择一个工具，然后再作以下决定：物理提取还是逻辑提取（或者二者皆有）？以电脑为例，**物理提取**[10]是最好的选择，物理取证镜像是对文件系统字节级的拷贝，其中包含了已删除的数据。**逻辑提取**[11]是文件系统的快照，仅显示文件系统希望用户看到的内容。这里，调查员将获得与用户相同的视图。

一些工具，比如以色列 Cellebrite 公司出产的取证工具 UFED Touch，可以知道哪些设备支持物理提取。对于支持物理提取的设备，生成其物理镜像。当设备不支持物理镜像时，也可以生成设备的逻辑镜像。某些手机中的短信可能与谋杀案有关，但短信也有可能丢失——被人为地删除了——由于手机结构的原因，恢复被删除的短信几乎是不可能的。唯一的解决方案是获取发送短信的另一部电话，从那部电话中提取信息。如果没有那部电话中没有相关信息，调查员只能获取部分信息，其中可能包括证据——也可能不包括。

UFED 和 MPE+ 等工具极大地简化了设备分析工作。这些并不是分析移动设备的唯一可用工具，其他如 Oxygen 公司发布的手机取证软件，就是一款优秀的取证软件，它支持设备获取和设备的自动分析。

移动设备的取证分析可以提供覆盖物证和时间线如同计算机取证的时间线，能更清晰地描绘犯罪事件的前后顺序。然而，调查员收集到这些信息的有效性在很大程度上取决于被取证的移动设备。从第一代到第四代设备的能力有很大的差异，尤其是第三代和第四代设备拥有更为强大的功能。

---

[10] 物理提取：对移动设备中所有数据的复制。
[11] 逻辑提取：移动设备中的文件系统的快照。

第二十章　移动设备取证　　695

　　当你分析这些设备时请务必遵守取证工具提出的建议。如果你对特定的设备不熟悉，在购买和分析之前，请在互联网上进行搜索以尽可能多地了解设备的制造和型号信息。

　　YouTube 上有海量的视频，可以让你一步步地了解设备的相关功能。一些特定工具也是需要的，比如可以防止地毯表面聚集的静电危害设备里芯片的工具。此时，对移动设备进行取证时，佩戴接地的防静电腕带是明智的选择，特别是设备需要拆卸的情况下。

　　当调查员明确了设备的信号以及提取数据的流程后，接下来的步骤就是运行工具和获取镜像文件了。调查员通常会运行两次镜像程序生成两个镜像，一个作为证据，另一个作为分析文件。这样做的目的是以防万一，如果工作副本被无意中损坏，调查员可以将证据原始的另一份副本作为新的分析文件。

　　对于大多数设备来说，生成逻辑镜像相当快，这取决于设备有多大的存储空间以及可用存储空间的大小。制作物理镜像则需要的时间较长时间尤其是在面对较大存储空间的设备时，此时需要注意存储镜像的空间大小即便设备的存储空间未满，镜像生成时须查看整个存储空间而不是只看存储有数据的空间大小。调查员应该根据待取证设备的特性来决定是进行物理提取还是逻辑提取，或者两者兼有。逻辑提取的速度很快，而调查时借助取证工具制作设备的物理镜像，目的是想对它进行全面的检查以寻找相关的证据。

　　调查员从他们的工具箱中为设备选择合适的连接器或适配器也同样重要。

走进科学

浸泡设备的分析

　　许多人竭尽全力隐藏他们在手机上的活动。有些人会把手机浸泡在各种油料、清洁剂、燃料或其他易燃液体中以试图把手机彻底毁掉。然而，数字证据具有很强的可恢复性，配备了正确工具和知识的电子取证调查员仍然可以从受损的智能手机中找到有价值的信息。

　　来自 VTO 实验室（科罗拉多州的数字取证和网络安全公司的 VTO 实验室）的科学家团队，包括马歇尔大学（Marshall University）计算机取证研究项目目的实习生，研究了将智能手机浸入不同液体的影响。在研究中，他们将 49 部拥有相同型号和操作系统的手机浸入不同油性液体、易燃液体和特殊化学液体中长达7天。结果表明,即使在电路板组件严重腐蚀的情况下,仍然可以提取出完整的镜像文件。

即使在最严重的物理损坏情况下——下水道清洁试验——该团队也能将手机上的所有3 909 091 328字节的数据提取成镜像文件,这与手机被淹没前的镜像完全相同。

由于每台手机的外壳和电路板都受到了损坏,研究人员不得不将内存芯片从被清洁剂浸泡透了的设备上进行移除和修复,并直接从芯片上获取数据,这种技术被称为"芯片剥离"。在此之前,这些设备需要用特定的方法进行清洗,那些他们认为是最有效的方法。

该实验室此前曾测试过电子设备浸入各种类型的水(包括淡水、盐水、自来水和泳池氯化水)中不同时间后的表现。在之前的研究中,该团队成功地从淹没了长达三年的手机中提取了数据。他们发现,盐水实际上比油性液体、汽油或下水道清洁剂对手机的损害更大。

移动设备架构:设备内部是什么,它的用途是什么?

所有的移动设备都有一个系统结构。就像计算机一样,体系结构定义了设备的基本组件。数据如何存储以及存储在哪里?使用什么样的处理器?文件系统是什么样子的?是否有正式的文件系统?这些问题和其他问题构成了数据分析的基础。只有当需要分析额外的存储器(如额外的SD卡),提取才会受到影响。大多数分析工具都需要增加外接存储模块,这是有用的,因为这样不会漏掉数据。

SIM卡和SD卡

SD卡[12]是被绝大多数移动设备所支持的存储扩展卡,多用于存储音乐或者照片,而且SD卡具有非易失性,因此不用担心设备关机后存储的音乐和泳池边的美照丢失(见图20-3)。

---

[12] SD卡:移动设备存储扩展卡。

第二十章 移动设备取证 697

图 20 - 3　32 GB 的微型 SD 卡（右）及适配器

图 20 - 4　准备插入手机的 SIM 卡

SIM 卡[13]（用户识别模块）则不同。每个 SIM 卡都有一个国际移动用户标识（IMSI）号码，该号码将手机与用户使用的移动网络相关联。在很多情况下，只要把 SIM 卡换到新手机上，就可以保留所有用户信息。SIM 卡还可以存储文本信息和其他用户数据，例如用户的电话簿和设备的电话号码。并不是所有的移动设备都使用 SIM 卡，此外 SIM 卡上的信息也可能存储在设备上。然而，出于取证目的，调查员必须提取该信息，因为这是在取证中能够明确目标设备的一种方法。

每个 SIM 卡上都有集成电路标识符（ICCID），固化在 SIM 卡中。ICCID 包含了包含电信运营商的识别号（IIN）、用户账户识别号和一个校验位。移动设备的取证镜像文件需要用工具提取并记录 ICCID 号。调查员在检验鉴定时如果只有一张 SIM 卡，而且是一张没有嵌入手机的 SIM 卡，那么调查员就只能看到 SIM 中所包含的信息而不是手机的。图 20 - 4 是 SIM 卡准备插入手机的场景。注意是嵌入到电路板上而不是外置的。

人们希望像制作物理镜像一样能克隆移动设备的 SIM 卡，通过克隆 SIM 卡，调查员出于保留证据的目的可以获得完美的拷贝。一些移动设备取证工具的厂商，如 AccessData，MPE+的开发者，提供了 SIM 克隆功能，调查人员通过克隆 SIM 可以保留证据。

---

[13]　SIM 卡：插入移动设备中的卡，用于网络中用户账号的识别，完成身份验证，并提供基础的用户数据和网络信息的存储功能。

除了内存,典型的移动设备还包含一个数字信号处理器、一个微处理器、一个射频发射器/接收器、音频组件以及电源,设备需要电池来运行设备,并提供电池充电的能力。因此,移动设备是一个简单的无线电收发器,而在某些方面它则更像一台电脑。

这种无线电和计算机的混合结构意味着数字调查员必须关注涵盖这两者的法律。从计算机方面考虑,他们必须关心诸如隐私保护方面。在无线电方面,也有许多需要注意的保护条款,而美国各州的司法各有不同彼此间的差异很大。

文件系统——或者说没有

每个移动设备都有一个**文件系统**[14],这种说法既正确又不正确。当然,设备需要有一种方法来记录电话本之类的东西,但在某些情况下,检验员只能简单地查看平面文件数据库。平面文件数据库是单个文件,通常是人可阅读的,它包含了一些数据,在手机中就是姓名和电话号码。早期、原始的移动设备都有这样的文件结构。

当提到文件系统时,我们通常会想到一些有组织性的方法来收集各种类型的文件并记录它们。在计算机中,用文件列表来记录文件系统中的文件以及它们在计算机硬盘上的物理位置。一个真正的文件系统必须能够完成两件事:记录文件在设备上的逻辑位置,并将它们与文件的物理位置联系起来。越来越多的现代移动设备做到了这两件事,有的使用专有文件系统,有的使用开放的文件系统。

文件位置包括逻辑位置和物理位置,需要依靠某种数据库来完成。有的数据库是专有的,并与文件结构本身绑定,有的是标准数据库,如 SQL Lite(SQLite)。在这两种情况下,分析工具必须知道设备使用的文件系统结构,并且必须知道如何在物理层和逻辑层处理设备中的文件。从这样的数据结构中提取文件信息对于移动设备的分析至关重要,与计算机上分析文件一样,文件的提取和分析都极为相似。

文件系统分析的一个重要方面是可访问性。例如,检验员是否可以访问已删除的文件?是否有一些迹象表明,就像计算机上的 Windows 操作系统一样,(存在 link 或.lnk 文件),一个文件是否仍然存在,即使它已经被删除?不幸的

---

[14] 文件系统:一种软件机制,定义文件的命名,存储、组织、访问规则。

是,答案是"也许"。如表20-1所示,不同的操作系统有不同的文件系统,有一些的可恢复性比较高。

表20-1　移动设备文件系统(并非全部)

黑莓	SQLite or MS exFAT
安卓	Ext4, YAFFS, or vendor proprietary
iOS	HFSX

移动设备上一些文件类型删除后是不可能从设备上被恢复的,如电子邮件、文本以及照片。例如,黑莓系统的手机就不能直接恢复。要恢复被删除的文件,检验员必须找到文件备份——电脑备份或其他——再进行恢复。另一种办法是从后台服务器进行恢复,如果可以的话。从iOS设备中恢复已删除的文件比较容易,Cellebrite的UFED等工具可以通过物理提取实现。Android系统的设备通常也是可恢复的,因为本质上它是Linux操作系统的一种形式。

分析移动设备：寻找有价值的物证

仅关于移动设备的详细分析就可以单独写成一本书。目前世上有太多不同的设备(根据某些统计,在5万到10万之间),并且一些设备有好几代,因此在章中无法就设备分析作全面的介绍。此外,有必要对计算机和移动设备的架构进行全面而细致的理解,以掌握更多的知识点来分析获取有价值的信息。在本节,我们只讨论这个过程,并给出两个移动设备领域两端的例子。下面将介绍苹果iPad和三星SCH R350。

首先从三星手机开始。R350是于2009年左右流行起来的功能手机,它有许多功能,例如音乐播放器,但需要额外的存储卡。总的来说,R350手机如果把所有的功能都开启的话,你会发现它几乎拥有今天智能手机的所有功能。它的文件系统是EFS文件系统(一种加密文件系统)。通过查看UFED提取的报告项目树,可以发现用户是否浏览了网页以及对应的网页浏览历史。此外,通过浏览UFED提取的报告项目树,可以找到与电话簿和日历相关的文件夹。

iPhone 上充满了可以阅读的数据。日历之所以被称为日历而不是任务列表,因为日历是手机的专用术语,UFED 使用它来保持一致性。

除了日历之外,我们浏览 UFED 的报告项目树,并看到 iPhone 可供分析的其他几个资源。有详细的通话记录、聊天记录(包括已删除的消息)、联系人(包括最近联系的人)、Cookie、**短信息(短消息服务)**[15](文本)、语音邮件等。这是一个名副其实的关于手机用户和用户行为的数据宝藏。但如果我们看得更深一些,就会发现更多。例如,把手机的所有活动都放在一个时间线上,数字取证调查的成功依赖于时间线。事实上,当移动设备和电脑的时间线与物理犯罪的时间线重叠时,就提供了一个很好的尺度来衡量围绕犯罪本身的事件。由于 iPhone 4S 智能手机提供了大量的数据,检验员是可以创建这样的时间线的。

UFED 还提供了分析电话呼叫的功能,提供接听、呼叫、未接通和来电提醒记录等业务的分析功能。

移动设备另一种有用的功能是 GPS。GPS 可以定位用户的位置,就如同使用时间线时,可以确定用户的犯罪时间一样。时间线是数字取证调查的核心,因为计算机和移动设备有着非常精确的时钟,检验员可以将这些设备上的活动与实际犯罪活动进行匹配,从而进行犯罪预防、犯罪期间(犯罪事件期间)和犯罪后的分析。

以佳明公司 nuvi40 系列 GPS 为例,UFED 可以对其提取时间线,这个 GPS 的时间线与特定的位置有关。在时间线中有特定的条目来记录 GPS 在特定的时间在特定的纬度和经度上的位置可以借助谷歌地图对这些坐标位置进行追踪,就可以知道 GPS 在某些特定时间段的位置。为了使追踪更加简单,GPS 提供行程列表,记录了行程中每一个位置的坐标。这样就可以与设备的时间轴视图相关联,简化了对特定日期的 GPS 跟踪。

此外,GPS 还提供了一个使用者最喜欢的目的地及其坐标的列表。

软件工具可以从各种设备中提取和编译信息。这些分析工具提供数据排序,生成地理位置图示、位置关系、通话记录、地理位置、时间轴分析和其他关键信息(见图 20-5 至图 20-8)。

---

[15] 短信息(短消息服务):一种允许用户发送和接收文本信息的蜂窝网络设备。

第二十章 移动设备取证

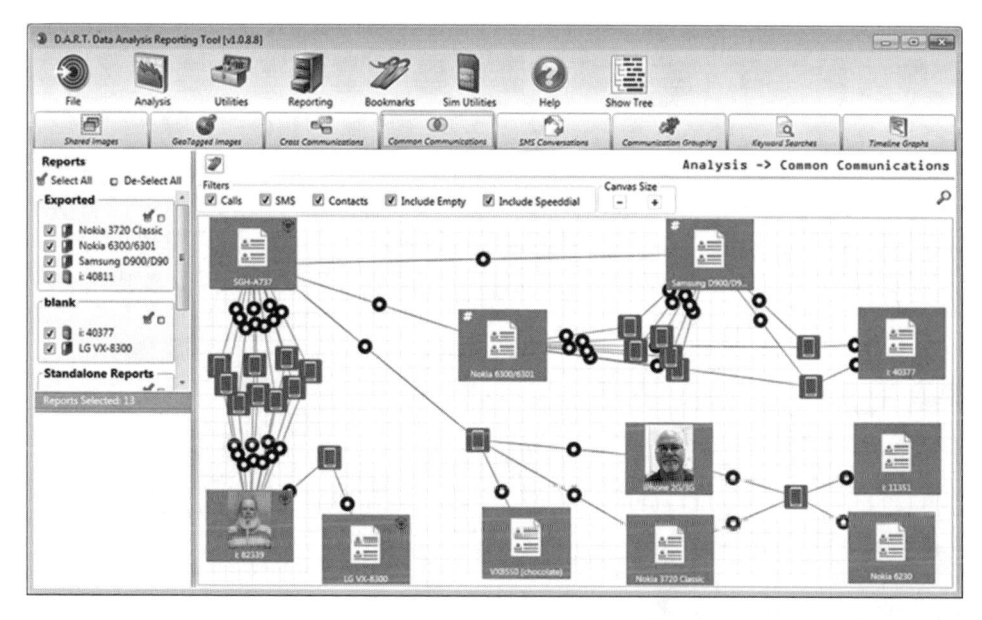

图 20-5 人员与设备关联关系图

图 20-6 设备位置标记的地理图像

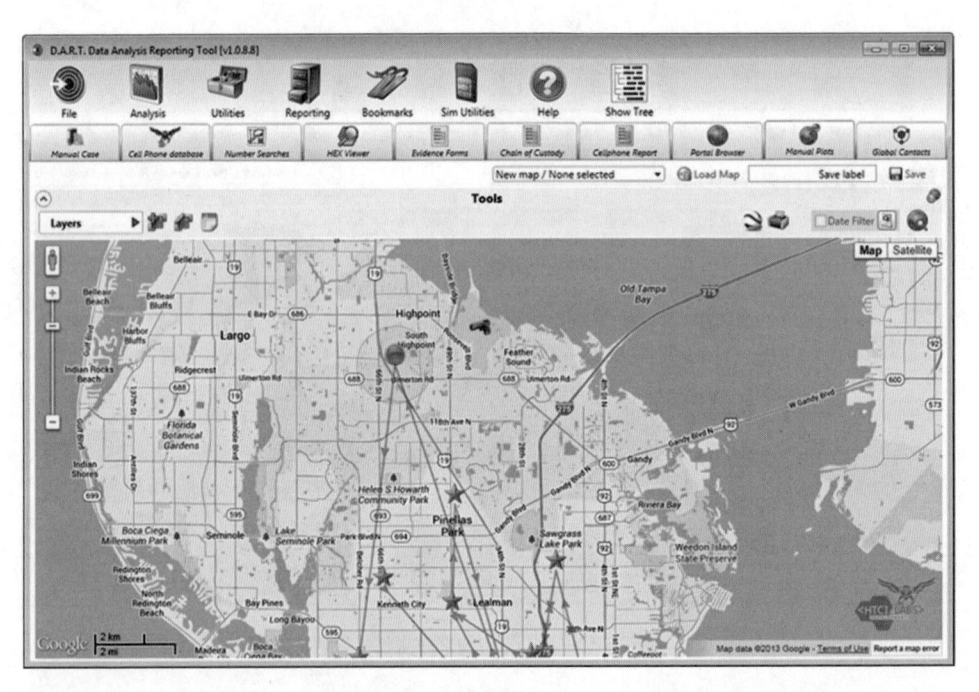

图 20-7　根据蜂窝基站位置来分析移动设备的使用位置

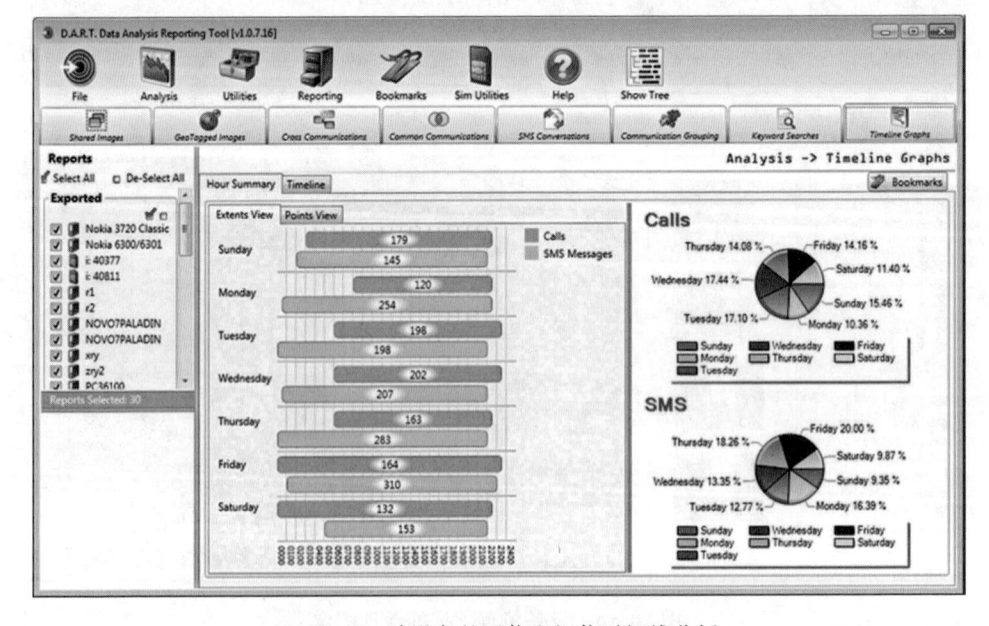

图 20-8　跨设备的通信和短信时间线分析

案例分析

FBI 诉苹果：加密争端

2015年12月，赛义德·里兹万·法鲁克（Syed Rizwan Farook）和妻子塔什芬·马利克（Tashfeen Malik）在加利福尼亚州圣贝纳迪诺内陆地区中心发动大规模枪击和炸弹袭击，造成14人死亡，22人受伤。这对夫妇在发动袭击后不久就在与警方的枪战中被击毙。法鲁克的手机是一部苹果iPhone 5C手机，被完好无损地找回。手机被四位数字密码锁定。由于手机的高级加密系统，FBI花了两个月的时间试图解锁该手机，但以失败告终。结果，FBI询问苹果公司能否开发一个允许FBI绕开某些安全功能版本的iPhone操作系统。苹果公司以其从不破坏IT产品安全系统政策的理由拒绝了这一要求。FBI随后在加州地方法院起诉苹果公司，要求苹果遵守政府的要求，然而，两个月后，FBI撤回了诉讼，称他们在第三方的帮助下解锁了手机。

移动设备的使用在刑事案件调查中发挥着越来越重要的作用。除了圣贝纳迪诺案，苹果还从联邦法院收到了至少10项不同的请求，要求从锁定的IPhone中提取联系人、照片和电话等数据。苹果公司一贯反对这些要求，他们的立场是，让执法部门更轻松地访问，也会给黑客打开后门入侵手机盗取存储在客户手机中的个人数据。

苹果和FBI之间的对峙是科技与权力的斗争，其核心是公司通过加密数据，保护客户的隐私，以及政府访问加密数据以开展刑事案件调查意愿之间不断升级的斗争。

混合犯罪调查：将移动设备融入数字取证调查

现在我们已经大致了解了如何在移动设备上进行数据取证，将该过程纳入整个调查过程将是有用的。在所有的案件调查中，证据链是非常重要的。证据链（与存证链不同，存证链描述的是获取证据的途径）描述了构成犯罪事件的事件和伴随的证据。证据链有两种类型，分为时序链和因果链。时序链按事件发生的时间顺序显示，又被称为时间线，对于非专业人士，如案件的审判官来说，可以做到犯罪事实的可视化呈现，尤其对于犯罪事实复杂的案件特别有效。

证据的因果链描述了一个犯罪事件的原因和结果。链中的节点是证据碎片，它们是基于一个节点如何影响一个或多个其他节点而联系在一起的。我们称前一个节点导致了后一个节点的发生，这反过来又引来了另外两个的联系——事件——发生，以此类推，直到链接完全描述了犯罪事件本身。从我们的目的出发——并且为了易于管理——本文将继续使用时序链，这就需要一种叫做混合犯罪调查的技术。

混合犯罪调查是一种调查人员在面对有数字元素的真实犯罪时可以使用的技术，例如谋杀、强奸或抢劫等，案件中包含的数字元素如电脑、手机或其他移动设备。其想法是将所有这些因素联系在一起，形成一个单一的犯罪现场，并使用时间线来构建一个犯罪场景以描述犯罪事件及相关的证据。这个工作非常有效，事实上，至少有一个案件用它来描述枪击被害者生命中的最后几 min，而真实世界的事件被证实发生在枪击发生前半小时以上，而且与犯罪事实本身没有任何关系。

在这方面，值得注意的是用时间线展示的事件中，有一些事件与实际的犯罪事实无关，仅作为时间标记——就像时钟上的刻钟，没有发挥任何作用。在枪击案中，被害者在被谋杀前的几 min 才停止操作电脑的活动。综合考虑犯罪现场和尸体的位置，操作电脑的行为非常重要。警方几乎确定枪击事件发生的时间在八 min 内，这证实了目击者的说法。此外还能对事件后续发生的事情进行一定程度的描述，而且描述中的部分是可以被证实的，因为计算机在短暂关闭后重新启动了。

这是一个简单的例子，将真实的犯罪事件与计算机事件的时间线联系起来。在这种情况下，计算机上的不活动时间可以被测量出来，而这条时间线——非常准确，因为它是基于计算机的时钟——可以与物理时间线相对照，以填补空白并证实目击证人的说法。从取证的角度看，移动设备的工作方式与计算机的工作方式基本相同。当我们添加移动设备的信息以后，我们便拥有了案件时间线的分层视图，如案件、案前事件以及案后事件的元素/证据。移动设备是其中的一个层，在大多数情况下，是最准确的一层。

移动设备与网络时钟同步，这意味着网络提供商——如 AT&T、Verizon 或

T-mobile等网络提供商——向联网的移动设备发送时钟信号以校对时钟。因为网络提供商很可能会获取美国海军天文台的时间信号作为标准,因此移动设备作为衡量事件发生时间的标准是极其准确的。用户在移动设备上进行的任何行为可以通过时间维度得到精准地衡量。

移动设备,像大多数电脑一样,执行各种类型的任务。这意味着设备需要不断地做一些工作来维持自己的运行。例如,它必须持续与移动网络(或Wi-Fi网络,如果设置为连接)保持联系。它必须确保所有内部功能都正常工作,所以它不断地测试自己的各个部分。当设备被使用时,它能做很多的事情。当它处于待机状态时,它做得很少,当它关机时,很明显,它什么也不做。例如,如果你把设备设置为"飞行模式",此时无线接收和发送模块是关闭的,但电脑(手机)的其余部分仍在工作。通过检查日志,可以看到无线接收和发送模块是何时关闭或打开的。

正如我们所看到的,从移动设备上获得的信息量因设备的型号不同而差异巨大。不幸的是,大多数讲授移动设备取证的教科书都假设数字取证调查人员会遇到相当新的设备。也就是说,他们假设老旧的手机很可能都是功能机,其实现实情况是功能各异的功能机随处可见,甚至还有一些功能更为简单的手机。尽管这些手机能提供用于构建时间线的信息很少,但无论如何调查员还是得检查一下。

然而,当移动设备中有需要丢弃的信息时,这些信息可能会非常有用。例如,当移动设备打开无线网络连接设置时,它将识别其信号范围内的任何Wi-Fi网络。由于Wi-Fi的安全设置,哪怕手机没有连接到无线网络,但移动设备依然能检测到Wi-Fi并记录在列表之中。此时设备将记录网络的名称,这是如今的移动设备(如智能手机)都有的一个功能。IPhone 4S可以查看它的时间轴,将其放大到最大分辨率就可以看到,例如,在2012年6月12日15:42:30,手机位于百斯特购物商店内。因为可以看到手机在这个时间连接到了百斯特购物商店的Wi-Fi。

与其他证据相比,如GPS位置信息,证人证言,或个人的讯问/审讯报告的时间线,这提供了一个很好的确定性证明,在某些情况下,可能提供不在场证明或者可能在犯罪现场附近的证明。如果检验得再仔细一点,可以检测移动设备在特定时间发生的一切操作。然后,调查人员可以把移动设备的日志(相当精确)和可能不是特别精确的所有物证碎片放在一起进行进一步的分析。

走进科学

什么是"黄貂鱼"

"黄貂鱼"是由哈里斯公司于2013年设计的国际移动用户身份捕捉器（IMSI）。这项技术被世界各地的军事、情报和执法机构用于手机监控。它允许这些机构拦截移动电话流量，发送假短信，注入恶意软件，并跟踪移动电话使用者的行动。黄貂鱼冒充手机基站，通过镜像手机发射塔从用户那里收集数据。黄貂鱼有两种工作模式：主动和被动。在主动模式下，设备简单地模仿蜂窝基站的行为，以迫使附近的所有移动电话和其他蜂窝数据设备连接到它。在被动模式下，黄貂鱼会主动与蜂窝设备进行交互，执行数据提取和位置跟踪等功能。黄貂鱼系列设备可以被安装在车辆、飞机、直升机和无人机上。手持式版本的商标是 KingFish。目前在美国的24个州，有超过70多个州和地方执法机构以及13个联邦机构使用黄貂鱼来监控手机用户。

案例分析

卡彭特诉美国政府

Carpenter v. United States 是美国最高法院历史上一个具有里程碑意义的案件，对该案件的调查，执法机构需要从网络服务提供商处获取手机的通话记录和地理位置等信息（CSLI）。在卡彭特之前，政府部门可以通过法院申请获得手机的位置记录，理由是这些信息是调查的一部分。执法机构可以强迫第三方实体（网络服务提供商）提供这些记录，因为他们在手机的正常业务过程中保留了相关记录。

在卡彭特案中，最高法院确定了政府部门需要什么样的法律授权才能迫使第三方网络服务提供商交出包含手机地理位置的历史记录。卡朋特的律师认为，该授权应该是搜查令。美国的律师认为，这项授权应该是一项公开信息的法院指令，而获得"披露指令"的要求没有获得搜查令的要求严格。

公开指令是一种法庭指令，通常指示第三方交出其所掌握的与调查有关的信息。要从法院获得公开信息的指令，政府部门必须提供具体和明确的事实，表明有合理的理由相信所寻求的信息与正在进行的刑事调查有重要关联。政府部门不要求出示合理的理由就可以获得公开指令。

根据美国宪法第四修正案，人民有权免于对其"个人、房屋、文件和财物"的不合理搜查，除非政府部门有依据合理的理由获得的搜查令。政府部门为理性人提供其所掌握的事实和情况，使其相信确实发生了犯罪，并且只有待搜查的对象与犯罪有关时，才可能获批搜查令。

最高法院以 5 票对 4 票的裁决认定，在没有合理的理由以及由法官或地方法官签署的搜查令的情况下获取这些记录违反了美国宪法第四修正案。在卡彭特案之后，政府部门必须获得搜查令然后才能访问这些记录来进行国内刑事案件的调查。

章节小结

移动设备最初是第二次世界大战期间船岸无线电技术的产物。当时还出现了手持无线电收发机或对讲机，并在 20 世纪 40 年代发展成为汽车上的移动电话。早期的移动电话系统是模拟制式的（1G），这意味着它们的行为与老式无线电台的行为完全相同。然后是 2G，即 20 世纪 90 年代出现的使用两个标准的数字蜂窝网络：GSM（全球移动通信系统）和 CDMA（码分多址）。这最终奠定了"功能手机"的时代。随着 3G 和 4G 手机的出现，智能手机诞生了。随着 Wi-Fi 网络的普及，智能手机演变为平板电脑，而像 iPad 这样的产品成为小型电脑的实际替代品，因为它们能下载和安装应用程序（"apps"），就像任意一台 PC 机或 Mac 一样。地理位置是手机取证的一个重要内容。

移动设备的基本体系结构由硬件和软件组成。手机的最主要硬件是处理器，它控制设备中的所有其他部件，如显示器、键盘、电源、音频和视频。移动设备的架构保证了设备在不断地移动中信号的稳定连接。

SD 卡也称安全数字卡，是许多移动设备支持的存储扩展卡，可以为移动设备增加内存。SIM 指的是"用户身份（或'身份'）模块"。每个 SIM 卡都有一个国际移动用户标识（IMSI）号码，该号码将手机与用户的移动网络相关联。在大多数情况下，只要把 SIM 卡切换到新手机，就可以保留所有的用户信息。在每张 SIM 卡上还有集成电路卡标识符（ICCID），这个号码也印在 SIM 卡上。ICCID 包含网络服务提供商识别号（IIN）、个人账户识别码和一个校验位。

移动设备的另一个非常有用的工具是 GPS，它可以定位用户的位置，当与时间线一起使用时，可以对用户在犯罪现场附近的位置进行定位。证据链描述了构成犯罪的事件及其伴随证据。证据链有两种类型，时序链按事件发生的时间顺序显示事件——通常称为时间线。因果链描述了一起犯罪事件的原因和结果。

当检验员确定了设备和提取数据的程序后，下一步就是运行取证工具生成镜像文件。检验员通常会运行两次镜像生成程序，取其中一份镜像作为证据。另一个是证据检验镜像。检验员根据对移动设备所能支持的功能来决定，是生成物理镜像还是逻辑镜像，或者两者兼有。逻辑镜像的生成速度很快，但当检验员想对移动设备进行全面检查以寻找证据时，就需要生成物理镜像。

对移动设备的取证分析可以提供物证的全面概况，并且时间线就像计算机取证的时间线，时间线能够更清晰地描绘犯罪事件前后的事件。然而，收集这些信息的有效性很大程度上取决于待取证移动设备的性能。移动设备从第一代发展到第四代，其技术之间的差异相当巨大。

问题回顾

1. 早期的移动电话系统之后是数字_____网络。
2. 判断正误：区分 2G 和 3G 的架构功能是 2G 系统采取电路交换，3G 系统进行分组交换_____。
3. 判断正误：分组交换的好处之一是能够更容易地连接到互联网_____。
4. 保持与现有移动设备的同步是很_____（容易/困难）的。
5. 苹果已经采取了重大措施规范应用程序的_____和_____开发。
6. 部分设备和许多应用程序会报告设备的_____。这样更容易追踪手机主人的行踪。
7. 当对移动设备进行取证时，调查人员有几个有用的信息来源。对调查者来说，最有用的信息来源可能是_____。
8. 检验员应该决定是否获得移动设备的_____提取或_____提取，或者二者皆有。
9. 判断正误：如果检验员有一个支持物理提取的设备，那就是对该设备进行成像的方法。只有当设备不支持物理镜像时，才做逻辑提取_____。

第二十章 移动设备取证 709

10. 判断正误：逻辑抽取是文件系统的字节级拷贝，其中包括已删除的数据_____。
11. 检验员通常运行镜像提取程序_____（一次/两次）。
12. _____提取相当快，当工具生成目标的物理镜像时，检验员可能希望检查它以寻找明显的证据。
13. 就像计算机一样，_____定义了移动设备的基本组件。
14. _____是许多移动设备都支持的存储扩展卡。
15. 判断正误：SD 卡是非易失性的，这意味着即使关掉设备电源，你也不会丢失你的音乐或照片_____。
16. 很多情况下，只要把_____卡换到新手机上，就可以保留用户信息。
17. 人们通常希望_____SIM 卡，就像为了保留一份副本作为证据而对移动设备或电脑生成物理镜像一样。
18. 判断正误：总是可以从移动设备中恢复已删除的文件，如电子邮件、文本和照片。_____
19. _____描述了构成犯罪事实的事件和伴随的证据。
20. _____证据链按照事件发生的时间顺序来显示事件。
21. _____证据链描述了犯罪事件的因果关系。
22. _____犯罪调查试图将犯罪的所有要素联系在一起，形成一个单一的犯罪现场，并使用时间线来构建一个犯罪场景以描述犯罪事件及相关的证据。
23. 移动设备作为衡量事件发生的时间标准是极其准确的，因为设备可能与_____时钟同步。
24. 当移动设备被设置为启用_____时，它将识别其范围内的任何_____网络。
25. 判断正误：对移动设备的取证分析可以提供物证的全面概况以及时间线，就像计算机取证的时间线，时间线能更清晰地描绘犯罪事件前后的事件_____。
26. EFS 是_____的缩写。

应用与批判性思考

1. 在开始移动设备获取/取证前，检验员应该首先采取什么措施？
2. 区分证据链和存证链，并给出二者在移动设备有重要作用的案件调查下的例子。
3. 执法部门如何利用手机信号塔的位置？
4. 今天的移动设备与个人电脑有什么不同和相同之处？
5. 什么是 SIM 卡和 SD 卡，为什么移动设备需要它们？是所有的移动设备都有它们中的一个还是两个？如果不是，那用什么代替呢？
6. IMSI 是什么，它可能存在于哪里，它有什么用？数字取证调查人员如何使用它？
7. 如果智能手机上有 GPS 功能，调查人员会如何利用它呢？它对相关性有用吗？这种关联是什么样的？又是如何实现的？

参考文献与延伸阅读

Ayers, R., S. Brothers, and W. Jansen, Guidelines on Mobile Device Forensics, http：//nvlpubs.nist.gov/nist-pubs/SpecialPublications/NIST.SP.800-101r1.pdf

Ayers, R. et al., Cell phones Forensic Tools：An Overview and Analysis Update, http：//csrc.nist.gov/publications/nistir/nistir-7387.pdf

Digital Evidence and Forensics, 2010, http：//www.nij.gov/ topics/forensics/evidence/digital/welcome.htm

Electronic Crime Scene Investigation：A Guide for First Responders, 2nd ed., 2008, https：//www.ncjrs.gov/pdf- files1/nij/219941.pdf

附录一

法庭科学执业专业责任规范

法庭科学实践职业责任守则

以下法庭科学实践职业责任守则,定义了一个促进诚信和尊重科学过程的框架。法庭科学提供者——从业者和机构,包括管理人员——必须满足 1—15 条要求。第 16 条专门针对法庭科学管理人员。

1. 具有相关专业领域的教育、培训、经验。

2. 在专业事务中诚实守信,包括不干扰他人的工作。

3. 通过培训、能力验证、认证、展示和研究成果发表等活动培养和提高专业能力。

4. 致力于相关法庭科学的持续学习,并与新发现、新设备和新技术保持同步。

5. 使用科学方法实践研究法庭科学案例。根据现有的质量管理休系进行内部或实验室间验证测试。

6. 保护证据材料以防止证据材料被篡改、掺假、丢失或不必要的消耗。

7. 避免参与任何存在利益冲突的情况。

8. 进行公平、公正和符合性考试。

9. 制作并保留所有检查、测试、测量和结论的同时,清晰、完整和准确地记录,其详细程度足以使精通该学科的独立专业人员进行有意义的审查和评估。

10. 确保有足够数据支持的解释、意见和结论,并尽量减少对任何一方的影响和偏见。

11. 仅在从业者的熟练程度或专业知识范围内提出解释、意见或结论。

12. 使用清晰直接的术语准备报告和作证,清楚地区分数据与解释、意见和结论。报告应披露已知的局限性,这对于理解研究结果的重要性是必要的。

13. 不随意更改报告和其他记录或隐瞒信息。

14. 记录不合格和违反法律或专业标准的情况,并在适当的情况下通知管理层或质量保证人员。

15. 在法律和机构允许沟通的情况下,就与其分析相关的所有信息与所有各方(调查员、检察官、辩护方和其他专家证人)诚实沟通。

16. 通过适当的实验室管理途径,将对先前发布的报告或证词产生不利影响的,重大不合格或违反法律或专业标准的情况通知检察官。

附录二

法庭科学服务手册——FBI

  法庭科学服务手册为收集、保存、包装和运输证据的安全有效方法提供了指导和程序,并描述了 FBI 实验室部门和技术部门的审核。读者可以在名为"FBI Handbook"的 iPhone 应用程序或名为"Handbook of Forensic Services"的 Android 应用程序上找到该手册的内容。

附录三

射击残留物（GSR）收集说明

INSTRUCTIONS FOR COLLECTING GUNSHOT RESIDUE (GSR)
for Scanning Electron Microscopy and Atomic Absorption Analysis

NOTE

In control test firings, it has been shown that the concentration of gunshot residue significantly declines on living subjects after approximately 4 hours. In view of these findings, if more than 4 hours have passed since the shooting, it is recommended that you check with your crime laboratory before submitting samples for analysis.

S.E.M. COLLECTION PROCEDURE

(A) When the covering is removed from the metal stubs, the adhesive collecting surface is exposed and care must be used to not drop the stub or contaminate the collecting surface by allowing this exposed surface to come in contact with an object other than the area that is to be sampled. (See Figure 1.)

(B) *Do not* return paper stub cover to stubs after collection. *(Discard stub covers.)*

(C) Heavily soiled or bloody areas should be avoided if possible.

(D) When pressing the stubs on the questioned areas, use enough pressure to cause a mild indentation on the surface of the subject's hand.

STEP 1 Fill out all information requested on the enclosed Gunshot Residue Analysis Information Form.

STEP 2 Put on the disposable plastic gloves provided in this kit. *Do not substitute with other gloves!*

> NOTE: If there is blood on the subject's hands or clothing, the investigating officer should put on latex or other approved barrier gloves to protect him/her from bloodborne pathogens, then put on the plastic gloves provided in this kit.

STEP 3 <u>RIGHT BACK:</u>

(A) Carefully remove the cap from the vial labeled RIGHT BACK, then remove the paper covering from the metal sample stub.

(B) While holding the vial cap, press the collecting surface of the stub onto the back of the subject's right hand until the area shown below in Figure 2 has been covered.

(C) After sampling the back of the subject's right hand, return the cap, with metal stub, to the RIGHT BACK vial. *Do not return paper covering to metal stub!*

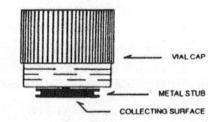

Fig. 1 — VIAL CAP, METAL STUB, COLLECTING SURFACE

STEP 4 <u>RIGHT PALM:</u>
Repeat the procedure described in Step 3, using the metal stub in the vial marked RIGHT PALM. Make sure to sample the area shown below in Figure 3.

STEP 5 <u>LEFT BACK and LEFT PALM:</u>
For collection from the left hand, repeat Steps 3 and 4 using the vials labeled LEFT BACK and LEFT PALM.

STEP 6 After sampling all four areas, return capped vials to kit envelope.

Fig. 2 (BACK)   Fig. 3 (PALM)

A.A. COLLECTION PROCEDURE

NOTE: (A) This second part of the GSR collection is *ONLY* to be performed *AFTER* sampling with the SEM stubs.
(B) If you feel that during the SEM collection procedure you have contaminated the gloves, discard contaminated gloves, then thoroughly wash your hands with soap and water and dry with a clean towel. At no time during the collection process should your hands (with or without gloves) come into contact with the cotton tip of the swab.
(C) When dispensing nitric acid, use 2 - 3 drops of 5% nitric acid solution to moisten each swab (do not over-moisten). In order to dispense an appropriate amount of the nitric acid solution, hold the acid dispenser in a horizontal position above and *almost* touching the top of the swab, and squeeze gently.
(D) To swab the subject's hands, the investigator should grasp the subject's arm above the wrist with one hand and swab with the other. The subject's hand should be in a "spread" position. Thorough swabbing of the hands is carried out by using moderate pressure while swabbing. The swab should be rotated during this procedure to insure that all of the surface of the cotton tip is utilized. At least 30 seconds per swab is required.
(E) When placing swabs in tubes, always place cotton tips *FACE DOWN*.

STEP 7 **CONTROL SWABS:** Remove *two* of the swabs from the unmarked ziplock bag. Moisten both swabs with 2 - 3 drops of the 5% nitric acid solution supplied in kit (do not substitute). Place both swabs in the tube labeled CONTROL. Then recap tube and set it aside.

STEP 8 **RIGHT BACK**:
(A) Moisten the tip of *ONE* swab with 2 - 3 drops of nitric acid solution, then thoroughly swab the back of the subject's right hand including the back of the fingers and all of the web area which would be exposed while holding a weapon. Fig. 4 illustrates the area of hand for swabbing. Place swab used in the tube labeled RIGHT BACK.
(B) Repeat the above procedure using a *SECOND* swab. Place the second swab used in the RIGHT BACK tube, then recap tube and set it aside.

Fig. 4 (BACK)

STEP 9 **RIGHT PALM**:
(A) Moisten the tip of *ONE* swab with 2 - 3 drops of nitric acid solution, then thoroughly swab the palm of the subject's right hand as shown in Fig. 5. Place swab used in the tube labeled RIGHT PALM.
(B) Repeat the above procedure using a *SECOND* swab. Place the second swab used in the RIGHT PALM tube, then recap tube and set it aside.

Fig. 5 (PALM)

STEP 10 **LEFT BACK/LEFT PALM:** Follow the same procedures described in Steps 8 and 9, but swabbing the subject's left hand.

STEP 11 **CARTRIDGE CASE:**

NOTE: For .22 cal and foreign manufactured ammunition, it is necessary that either Steps A and B described below be completed *OR* the casings be submitted to the laboratory. If latent prints are required on the expended casing(s), Steps A and B should be omitted and the casings should be submitted for latent print processing. If for any reason the CARTRIDGE CASE swabs are not used, mark the tube "*NOT USED*".

(A) Moisten the tip of *ONE* swab with 2 - 3 drops of nitric acid solution, then thoroughly swab the inside of the cartridge case. Place swab used in the tube labeled CARTRIDGE CASE.
(B) Repeat the above procedure using a *SECOND* swab. Place second swab used in the CARTRIDGE CASE tube, and then recap tube and set it aside.

FINAL INSTRUCTIONS

(A) Fill out all information requested on the front of the kit envelope.
(B) With the exception of the 5% nitric acid dispenser and the disposable gloves, return all other kit components, used or unused, to kit envelope.
(C) Moisten kit envelope flap, then seal envelope. Affix Police Evidence Seal where indicated, then initial seal.
(D) Mail or hand deliver sealed kit to the crime laboratory for analysis. (If mailed, package kit in a cardboard box to prevent damage in transit.)

附录四

潜指纹显现的化学配方

碘喷雾试剂

1. 准备以下解决方案：

解决方案 A：将 1 g 碘溶解在 1 L 环己烷中

解决方案 B：溶解 5 g α-萘黄酮在 40 mL 二氯甲烷中

2. 将 2 mL 溶液 B 加入 100 mL 溶液 A。使用磁力搅拌器，充分混合 5 min。

3. 通过面巾纸、纸巾和滤纸将溶液过滤到烧杯中。使用气溶胶喷雾装置或压缩空气驱动的小型喷枪将溶液轻轻喷洒在样品上。

4. 轻轻喷洒几次可疑区域，直到潜印充分显现。

备注

- 溶液 A 可在室温下储存，保质期超过 30 天。
- 溶液 B 必须冷藏，保质期超过 30 天。
- 混合后的工作溶液（A 和 B）应在混合后 24 小时内使用。
- 碘喷雾溶液对大多数表面（多孔和无孔）都有效。
- 精细喷雾是最有效的应用形式。
- 氰基丙烯酸酯（强力胶）工艺不能在碘喷雾试剂工艺之前使用。然而，氰基丙烯酸酯可以在碘喷雾试剂之后使用。
- 在多孔表面上，可以在碘喷雾后使用 DFO 或茚三酮。
- 丙醇可用于去除碘喷雾试剂的染色。
- 1,1,2-三氯三氟乙烷可以代替环己烷。

1,8-二氮杂芴-9-酮(DFO)

第1步：储备溶液：将1 g DFO溶解在200 mL 甲醇、200 mL 乙酸乙酯和40 mL 乙酸中。

第2步：工作溶液（根据需要配制）：从储备溶液开始，用石油醚(40℃—60℃沸点馏分)稀释至2 L。也可以使用戊烷。

将纸质文件浸入工作溶液中并使其干燥。再次浸泡并干燥。完全干燥后，加热(200℃10到20 min)。可以使用烤箱、吹风机或熨斗。

使用450、485、525和530 nm的备用光源进行可视化，并通过橙色护目镜观察。如果表面纸是黄色的，例如法律纸，可能需要在570 nm处可视化纸并通过红色护目镜查看。

资料来源：部分来自显现潜在印刷品的处理指南，2000年修订版。华盛顿特区：FBI；http：//www.fbi.gov/about-us/lab/forensic-science-communications/fsc/jan2001/lpu.pdf

1,2-茚二酮

2.0 g 1,2-茚二酮

70 mL 乙酸乙酯

930 mL HFE7100(3M 公司)

茚三酮

20 g 茚三酮

3 300 mL 丙酮

保质期约为一个月

或

5 g 茚三酮

30 mL 甲醇

40 mL 2-丙醇

930 mL 石油醚

保质期约为一年

将纸质文件浸入工作溶液中并使其干燥。再次浸泡并干燥。当完全干燥时,可以加热。蒸汽设置应使用蒸汽熨斗。请勿将熨斗直接接触纸张。应将熨斗放在纸上方,让蒸汽加热。

氯化锌溶液(茚三酮后处理)

5 g 氯化锌晶体

2 mL 冰醋酸

100 mL 甲醇

向混合物中加入 400 mL 的 1,1,2-三氯三氟乙烷并搅拌。

添加 2 mL 的 5% 次氯酸钠溶液(市售液体漂白剂,如 Clorox、Purex 等)。

用锌溶液轻轻喷洒纸张,根据需要重复喷涂,不要过度喷洒。

用该溶液处理的茚三酮显影印刷品可在室温下使用替代光源发出荧光。为获得最大荧光,将纸放入液氮浴中,并用备用光源再次检查。

物理显影剂

混合和使用这些溶液时,确保玻璃器皿、加工托盘、搅拌棒和搅拌磁铁绝对清洁。不要使用金属托盘或镊子。

储备洗涤剂溶液:将 3 g N-十二烷基胺乙酸盐与 4 g Synperonic-N 混合在 1 L 蒸馏水中。

硝酸银溶液:将 20 g 硝酸银晶体混入 100 mL 蒸馏水中。

氧化还原溶液:将 60 g 硝酸铁混合在 1 800 mL 蒸馏水中。此溶液充分混匀后,加入硫酸亚铁铵 160 g,混匀后加入柠檬酸 40 g,混匀。

马来酸溶液:将 50 g 马来酸放入 2 L 蒸馏水中。

物理显影剂工作溶液:从 2 125 mL 氧化还原溶液开始,加入 80 mL 储备洗涤剂溶液,充分混合,然后加入 100 mL 硝酸银溶液并充分混合。

将样品浸入马来酸溶液 10 min。在物理显影剂(PD)工作溶液中孵育 15—20 min。在自来水中彻底冲洗样品 20 min,风干并拍照。

氰基丙烯酸酯荧光增强试剂

罗丹明 6G

储备液

100 mg 罗丹明 6G

100 mL 甲醇(搅拌至完全溶解。)

工作溶液

3 mL 罗丹明 6G 储备溶液

15 mL 丙酮

10 mL 乙腈

15 mL 甲醇

32 mL 2-丙醇

925 mL 石油醚(按所列顺序混合。)

Ardrox

2 mL Ardrox P-133D

10 mL 丙酮

25 mL 甲醇

10 mL 2-丙醇

8 mL 乙腈

945 mL 石油醚

MBD

7-(对甲氧基苄氨基醇)-4-硝基苯-2-恶唑-1,3-二唑

储备液

100 mg MBD

100 mL 丙酮

工作溶液

10 mL MBD 原液

30 mL 甲醇

10 mL 2-丙醇

950 mL 石油醚(按所列顺序混合。)

碱性黄 40

2 g 碱性黄 40

1 L 甲醇

RAM 组合增强剂*

3 mL 罗丹明 6G 储备溶液

2 mL Ardrox P-133D

7 mL MBD 储备溶液

20 mL 甲醇

10 mL 2-丙醇

8 mL 乙腈

950 mL 石油醚(按所列顺序混合。)

射线组合增强剂*

向 940 mL 异丙醇或变性乙醇中添加:

1.0 碱性黄 40 g

1.1 g 罗丹明 6G

8 mL Ardrox P-133D

50 mL 乙腈(可选)

* 资料来源: John H.Olenik, 弗里蒙特, 俄亥俄州。

MRM 10 组合增强剂

3 mL 罗丹明 6G 储备溶液

3 mL 碱性黄 40 储备溶液

7 mL MBD 储备溶液

20 mL 甲醇

10 mL 2-丙醇

8 mL 乙腈

950 mL 石油醚

(按所列顺序混合。)

上述溶液用于已用氰基丙烯酸酯(强力胶)烟雾处理的证据。这些溶液对附着在潜在印刷残留物上的氰基丙烯酸酯残留物进行染色。在证据上清洗染料。可能需要用溶剂(例如石油醚)冲洗表面,以去除多余的污渍。

注意:这些溶液含有可能会刺激呼吸道的溶剂,因此应将其混合并在通风橱中使用或在佩戴全面罩呼吸器时使用。此外这些溶剂可能会对塑料、布料、木材和油漆表面造成损坏。

由于可能刺激呼吸道和喷洒的效率一般低下,不建议喷洒这些溶液。为了获得最好的效果和覆盖面,建议使用这些溶液浸泡、浸没或清洗证据。

附录五

血液中鞋印显现的化学配方

氨基黑

染色溶液：

1.2 g 萘 12B 或萘酚蓝

10 mL 冰醋酸

90 mL 甲醇

冲洗液：

90 mL 甲醇

10 mL 冰醋酸

将物品喷洒或浸入染色溶液约 1 min 来染色印模。接下来，用冲洗液处理以去除非印痕区域的污渍。然后用蒸馏水冲洗干净。

考马斯蓝

染色液（按此顺序添加）：

0.44 g 考马斯亮蓝

200 mL 甲醇

40 mL 冰醋酸

200 mL 蒸馏水

冲洗液：

40 mL 冰醋酸

200 mL 甲醇

200 mL 蒸馏水

用染色溶液喷洒物体,完全覆盖相关区域。然后用冲洗液喷洒物体,清除背景。最后用蒸馏水冲洗。

Crowle's 双重染色

显色剂:

2.5 g Crocein Scarlet 7B

150 mg Coomassie Brilliant Blue R

50 mL 冰醋酸

30 mL 三氯乙酸

将上述成分混合,然后用蒸馏水稀释至 1 L。将溶液放在搅拌装置上,直到所有 Crocein Scarlet 7B 和 Coomassie Brilliant Blue R 溶解。

冲洗:

30 mL 冰醋酸

970 mL 蒸馏水

通过浸渍将显影剂涂抹在物品上。完全覆盖目标区域,让显影剂保持开启状态约 30~90 s,然后冲洗。最后,用蒸馏水冲洗干净。

二氨基联苯胺(DAB)

溶液 A(定影液):

20 g 5 磺基水杨酸溶解在 1 L 蒸馏水中

溶液 B:

100 mL 1 mol/L 磷酸盐缓冲液(pH7.4)

800 mL 蒸馏水

溶液 C:

1 g 二氨基联苯胺

溶解在 100 mL 蒸馏水中

工作溶液（使用前混合）：

900 mL 溶液 B

100 mL 溶液 C

5 mL 30%过氧化氢

将印模区域浸入定影液 A 中约 4 min。取出并用蒸馏水冲洗。将印模区域浸入工作溶液中约 4 min，或直到完全显影。取出并用蒸馏水冲洗。

酸 性 品 红

20 g 磺基水杨酸

2 g 品红酸

溶解在 1 L 蒸馏水中

将物品喷洒或浸入染料溶液中约 1 min，对印模进行染色。用蒸馏水冲洗干净。

无 色 结 晶 紫

10 g 5-磺基水杨酸

500 mL 3%过氧化氢

3.7 g 乙酸钠

1 g 无色结晶紫

如果无色结晶紫晶体是黄色而不是白色，请勿使用。这表明晶体是旧的，将不起作用。

喷洒物体直至完全覆盖。然后让物体风干。印记的显现将在 30 s 内发生。将溶液储存在琥珀色玻璃器皿中并冷藏。

无色结晶紫野外分析箱

当用下列方式分离试剂时，可以制备"现场试剂盒"。现场套件分离可延长保质期。

A 瓶：

10 g 5-磺基水杨酸

500 mL 过氧化氢 3%

B 瓶：

1.1 g 无色结晶紫

称出试剂并放入一个 60 mL（2 盎司）的琥珀色瓶子中。

C 瓶：

4.4 g 乙酸钠

称出试剂并放入一个 60 mL（2 盎司）的琥珀色瓶子中。

将大约 30 mL 的 A 瓶试剂添加到 B 瓶中。盖上盖子并摇动 B 瓶 2～3 min。将 B 瓶的内容物倒回 A 瓶中。

将大约 30 mL 的 A 瓶试剂添加到 C 瓶中。盖上盖子并摇动 C 瓶大约 2～3 min。将 C 瓶中的内容物倒入 A 瓶中。盖上 A 瓶的盖子并彻底摇匀。

喷洒目标区域；显现将在 30 s 内发生。喷洒后，用纸巾或纸巾吸干该区域。然后让物体风干。

专 利 蓝

20 g 磺基水杨酸

2 g 专利蓝 V(VF)

溶解在 1 L 蒸馏水中

将物品喷洒或浸入染料溶液中约 1 min，对物品进行染色。用蒸馏水冲洗干净。

柠 檬 黄

20 g 磺基水杨酸

2 g 酒石黄

溶解在 1 L 蒸馏水中

将物品喷洒或浸入染料溶液中约 1 min，对物品进行染色。用蒸馏水冲洗干净。